에듀윌과 함께 시작하면,
당신도 합격할 수 있습니다!

심리학을 전공하며 전문 임상심리사로 성장하고자
임상심리사 2급 자격증을 준비하는 미래의 전문가

독학을 통해 지식을 쌓으며
새로운 진로와 도전을 향해 나아가는 비전공자

심리·상담 현장에서의 경험에 전문성을 더하기 위해
자격 승급을 결심한 현업 종사자

각자의 자리와 이유는 다르지만,
임상심리사 2급 자격증을 준비하는 순간부터
그 길은 누군가의 마음 속 어둠을 이해하고,
다시 빛을 찾도록 돕는 여정이 됩니다.

당신이 쌓아가는 지식과 태도는
불안과 고통 속에 있는 이들에게
안정과 희망을 전하는 든든한 힘이 될 것입니다.

이 책의 마지막 페이지를 덮으면,
임상심리사 합격의 길이 시작됩니다.

전과목 빈출이론
무료특강 제공

고퀄리티의 강의로 임상심리사 2급
합격에 한 걸음 더 가까워집니다.

이용경로 | 에듀윌 도서몰 ▶ 동영상강의실 ▶ '임상심리사' 검색
(book.eduwill.net)

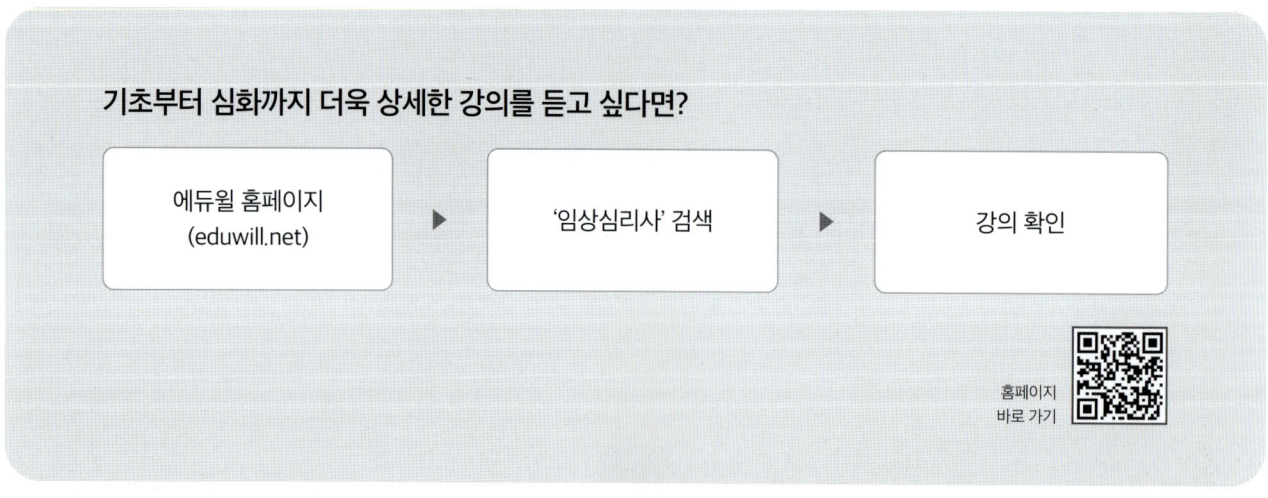

취업문 활짝! 1타 3피 전략
에듀윌 복지/심리/상담 시리즈

과목 유사 자격증 3종 세트,
에듀윌로 끝낼 수 있습니다.

사회복지사 시리즈

임상심리사 시리즈
(2차 실기: 12월 출간 예정)

청소년상담사 시리즈

* 교재 출간일과 표지 디자인은 내부 사정에 따라 변동될 수 있습니다.

3회독 완성
회독 플래너

| 회독 플래너 활용 TIP |
1. 이론 및 기출(복원)문제 학습 후 회독표에 학습한 날짜를 기록하세요!
2. 회독용 OMR을 통해 반복적으로 기출(복원)문제를 풀고, 〈회독 플래너〉에 표시하여 보세요!

챕터	절	1회독	2회독	3회독
Ⅰ 심리학개론	01 심리학의 역사와 연구방법론	___월 ___일 ☐	___월 ___일 ☐	___월 ___일 ☐
	02 발달심리학	___월 ___일 ☐	___월 ___일 ☐	___월 ___일 ☐
	03 성격심리학	___월 ___일 ☐	___월 ___일 ☐	___월 ___일 ☐
	04 학습 및 인지심리학	___월 ___일 ☐	___월 ___일 ☐	___월 ___일 ☐
	05 사회·동기·정서심리학	___월 ___일 ☐	___월 ___일 ☐	___월 ___일 ☐
Ⅱ 이상심리학	01 이상심리학의 개요와 이론	___월 ___일 ☐	___월 ___일 ☐	___월 ___일 ☐
	02 이상행동 ① – 발달·인지 및 정신증적 장애	___월 ___일 ☐	___월 ___일 ☐	___월 ___일 ☐
	03 이상행동 ② – 기분·불안 및 해리 관련 장애	___월 ___일 ☐	___월 ___일 ☐	___월 ___일 ☐
	04 이상행동 ③ – 행동·신체·성·성격 관련 장애	___월 ___일 ☐	___월 ___일 ☐	___월 ___일 ☐
Ⅲ 심리검사	01 심리검사의 기본개념	___월 ___일 ☐	___월 ___일 ☐	___월 ___일 ☐
	02 지능검사	___월 ___일 ☐	___월 ___일 ☐	___월 ___일 ☐
	03 성격검사	___월 ___일 ☐	___월 ___일 ☐	___월 ___일 ☐
	04 신경심리검사와 기타 심리검사	___월 ___일 ☐	___월 ___일 ☐	___월 ___일 ☐
Ⅳ 임상심리학	01 임상심리학의 역사와 연구방법	___월 ___일 ☐	___월 ___일 ☐	___월 ___일 ☐
	02 심리평가	___월 ___일 ☐	___월 ___일 ☐	___월 ___일 ☐
	03 심리치료	___월 ___일 ☐	___월 ___일 ☐	___월 ___일 ☐
	04 임상심리학자의 자문, 교육, 윤리	___월 ___일 ☐	___월 ___일 ☐	___월 ___일 ☐
	05 임상 특수분야	___월 ___일 ☐	___월 ___일 ☐	___월 ___일 ☐
Ⅴ 심리상담	01 심리상담의 기본개념	___월 ___일 ☐	___월 ___일 ☐	___월 ___일 ☐
	02 심리상담의 주요 이론	___월 ___일 ☐	___월 ___일 ☐	___월 ___일 ☐
	03 심리상담의 실제	___월 ___일 ☐	___월 ___일 ☐	___월 ___일 ☐
	04 문제별 상담 유형	___월 ___일 ☐	___월 ___일 ☐	___월 ___일 ☐

에듀윌
임상심리사 2급
필기 통합이론서

eduwill

저자의 말

"사람의 마음을 이해하고 돕는 전문적인 여정을 시작하는 수험생 여러분"

임상심리사는 사람의 몸과 마음의 건강을 증진하고자 노력하는 전문직입니다. 그 시작인 임상심리사 2급 자격을 취득하기까지 거쳐야 하는 관문이 많은 만큼 결코 쉽지 않은 여정입니다.

이에 본서는 수험생 여러분이 보다 효율적이고 전략적으로 학습할 수 있도록 다음과 같이 구성하였습니다.

첫째, 최근 10개년(2025~2016) 기출(복원)문제를 분석하여 시험에 자주 출제되는 개념을 중심으로 구성하였습니다. 강조 표시, 용어 설명, 심화 개념 설명 등 다양한 구성으로 수험생들에게 필요한 핵심 내용을 한눈에 볼 수 있습니다.

둘째, 최근 10개년 기출(복원)문제를 각 과목 흐름에 맞는 챕터별로 분류하였습니다. 회독용 OMR을 이용하여 기출(복원)문제를 반복 풀이하여 시험에 대비할 수 있도록 구성하였습니다.

셋째, 실전에 대비하여 문제를 풀어볼 수 있는 모의고사 7회분을 준비하였습니다. 최근 10개년 기출(복원)문제 중 출제 가능성이 높은 문제들을 선별한 기출복원 모의고사 3회분과 신유형 출제를 대비한 신유형 모의고사 1회분 CBT, 그리고 실제 기출 3회분 CBT를 통해 실전에 대비할 수 있도록 하였습니다.

시험 준비가 때로는 마라톤처럼 길게 느껴지고, 때로는 단거리 경기처럼 긴박하게 다가오기도 합니다. 그 과정에서 "내가 과연 잘하고 있는가?"라는 불안을 느끼는 것은 너무도 자연스러운 일입니다. 이 책이 여러분의 여정에 든든한 길잡이가 되기를 바라며, 끝까지 포기하지 않는 수험생 여러분 모두가 반드시 합격의 기쁨을 누리시길 진심으로 기원합니다.

저자 진성오

| 약력 |

중앙대학교 심리학과 임상심리전공 박사수료

(現) 공감심리의학과 의원 부설 공감심리연구소 소장
(現) 세종사이버대학교 상담심리학과 겸임교수(심리검사 및 평가, 이상심리학 담당)
(現) 한국상담심리교육협회 이사
(現) 세종사이버대학교 임상심리사 수련과정 수련감독관

(前) 가람신경정신과 병실장
(前) 진태원신경정신과 청소년정신건강연구소 연구원
(前) 유일신경정신과 임상심리 실장
(前) 아이마인드심리학습연구소 소장

자격시험 Q&A

1 임상심리사는 어떤 자격증인가요?

임상심리사는 인간의 심리적 건강 및 효과적인 적응을 다루어 궁극적으로는 심신의 건강 증진을 돕고, 심리적 장애가 있는 사람에게 심리평가와 심리검사, 개인 및 집단 심리상담, 심리재활프로그램의 개발과 실시, 심리학적 교육 등의 직무를 수행합니다.

2 심리학 비전공자도 응시할 수 있나요?

임상심리사 2급 필기 응시자격은 학부 전공 상관없이 대학졸업자, 대학졸업 예정자이어야 하며, 여기에 추가로 1년 이상의 실습수련을 증명하거나, 2년 이상의 실무경력이 있어야 응시가 가능합니다.

3 실습수련과 실무경력의 차이는 무엇인가요?

실습수련은 병원, 대학교 부설 기관, 또는 산업인력공단이 인정하는 상담센터 등에서 실습수련 지도자(슈퍼바이저)의 지도를 받으며 임상심리와 관련된 과제를 수행하는 것입니다. 실무경력은 실제로 임상심리 관련 업무를 수행하며 4대 보험이 적용되는 일자리에서의 경력을 의미합니다.

4 자격증을 취득하면 어떤 기관에서 활동할 수 있나요?

임상심리사 2급을 포함한 관련 타 자격증의 보유 여부, 개인 역량 등에 따라 병원 및 의료기관의 정신과, 심리상담센터, 정신건강복지센터, 보건소, 학교 상담실 등의 분야에서 활동할 수 있습니다.

GUIDE | 시험안내

1. 응시자격
- 임상심리와 관련하여 1년 이상 실습수련을 받은 자 또는 2년 이상 실무에 종사한 자로서 대학졸업자 및 그 졸업예정자
- 외국에서 동일한 종목에 해당하는 자격을 취득한 자

2. 수련내용
- 실습수련 및 실무경력의 내용 및 이수 시간 기준 없음(기관별 상이)
- 실습수련감독자 요건: 심리학 분야 대학 교수, 심리학 관련 자격(임상심리사, 정신건강임상심리사) 보유자, 임상심리전문가((사)한국심리학회)

3. 수련과정
자격 규정에 따라 병·의원, 센터 등에서 실습 수련 또는 임상심리 관련 실무 종사 → 실습수련증명서, 경력증명서 제출 → 필기시험 응시 → 실기시험 응시 → 자격증 교부

4. 시험과목

구분	시험과목	검정방법
필기시험	① 심리학개론 ② 이상심리학 ③ 심리검사 ④ 임상심리학 ⑤ 심리상담	객관식, 과목당 20문항(150분)
실기시험	임상 실무	필답형(3시간)

⑤ 필기시험 일정

구분	원서접수일	필기시험	최종합격자 발표
2026년 1회	2026년 1월 경	2026년 2월 경	2026년 3월 경
2026년 2회	2026년 4월 경	2026년 5월 경	2026년 6월 경
2026년 3회	2026년 7월 경	2026년 8월 경	2026년 9월 경

※ 자세한 일정은 시행처의 사정상 변경될 수 있습니다. 시험 접수 전 큐넷 홈페이지를 확인하시기 바랍니다.

⑥ 실기시험 일정

구분	원서접수일	실기시험	최종합격자 발표
2026년 1회	2026년 3월 경	2026년 4월 경	2026년 6월 경
2026년 2회	2026년 6월 경	2026년 7월 경	2026년 9월 경
2026년 3회	2026년 9월 경	2026년 11월 경	2026년 12월 경

※ 자세한 일정은 시행처의 사정상 변경될 수 있습니다. 시험 접수 전 큐넷 홈페이지를 확인하시기 바랍니다.

⑦ 합격기준

필기
- 100점을 만점으로 하여 과목당 40점 이상
- 전 과목 평균 60점 이상

실기
100점을 만점으로 하여 과목당 60점 이상

※ 필기시험 면제: 필기시험에 합격한 자에 대하여는 필기시험 합격자 발표일로부터 2년간 필기시험을 면제한다.

STRUCTURE | 이 책의 구성

10개년 기출 분석기반 전과목 빈출이론

❶ 출제 비중 & 공략 포인트 & 수험 키워드

과목 내 각 챕터가 출제된 비중과 챕터별 공략 포인트와 키워드를 제공하여 학습 방향을 제시하였습니다.

❷ 빈출 핵심 발문

최근 10개년 기출(복원)문제에서 출제된 발문을 빠르게 파악하여 더 집중해야 하는 개념이 무엇인지 알 수 있습니다.

❸ 용어 및 개념 설명

Tip과 용어 설명 및 개념 보충설명으로 이론의 빠른 이해를 돕습니다.

❹ 개념플러스

시험에 나오는 개념 중 추가적으로 알아두어야 할 개념을 정리하여 설명합니다.

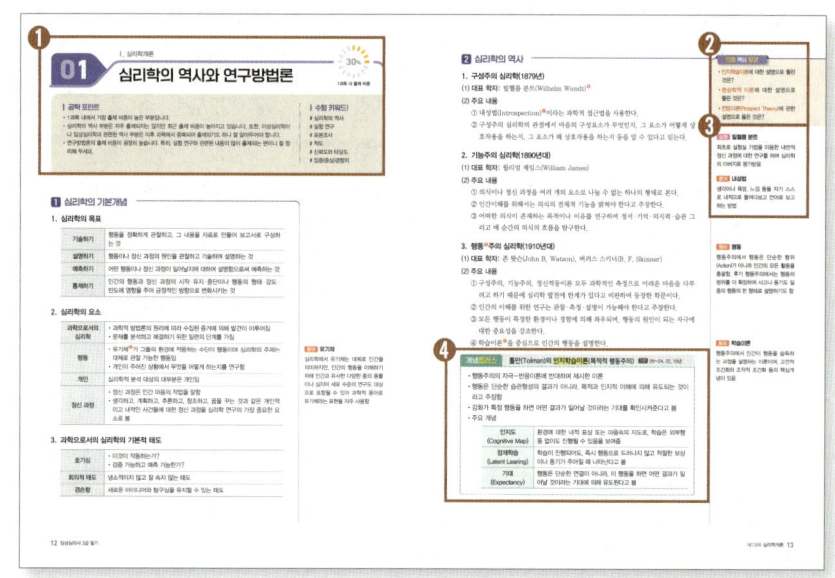

3회독은 기본! 챕터별 기출(복원)문제

❶ 기출(복원)문제

각 챕터에 해당하는 최근 6개년 기출(복원)문제를 중심으로 수록하였습니다.

❷ 빈출문제

3개년 이상 출제된 문제에는 '빈출' 표시를 하였습니다.

❸ 회독용 OMR

CBT형 OMR 답안지를 통해 문제를 풀고, 틀린 문제도 다시 풀어보며 반복학습을 할 수 있습니다.

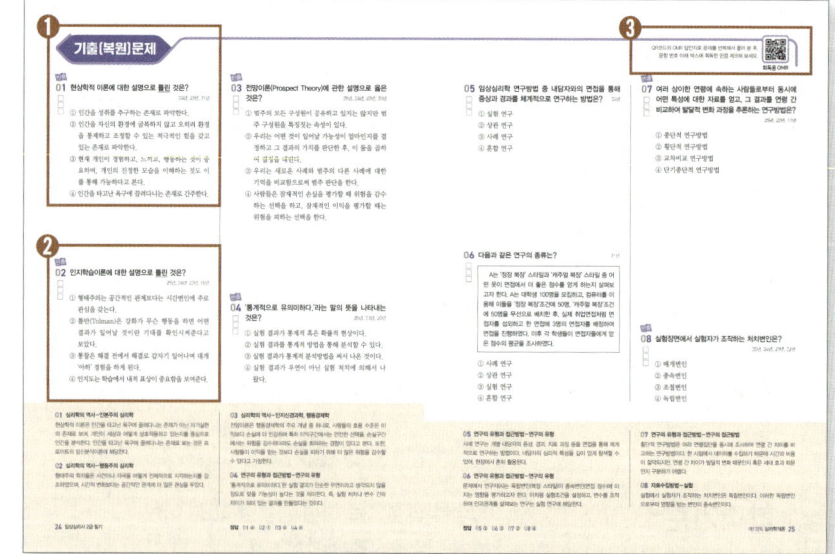

회독용 OMR 사용방법

[1회독] QR코드 스캔 → 로그인 → 응시하기 → 답안 입력 → 답안 제출

[2회독 이후] QR코드 스캔 → 로그인 → 문제 다시 풀기 → 응시하기 → 답안 입력 → 답안 제출

※ 다시 풀고 싶은 문제의 답안만 입력하는 것도 가능합니다.

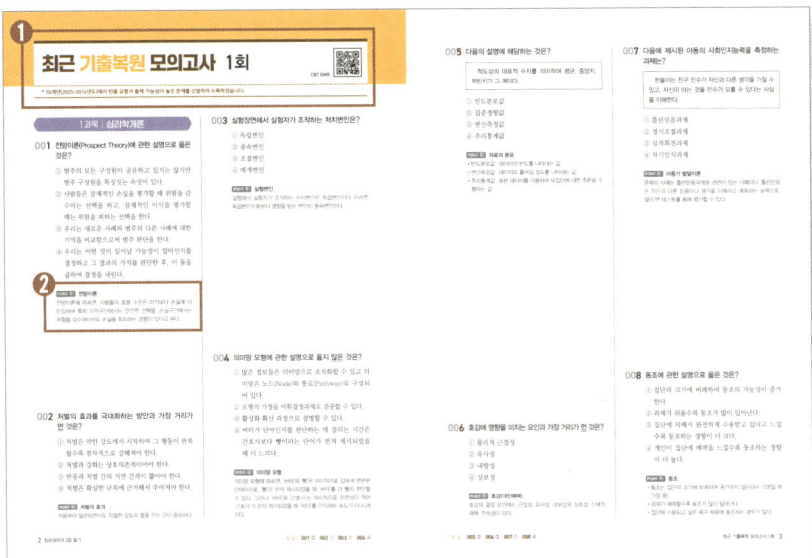

10개년 기출 중 선별!
최근 기출복원 모의고사

❶ 최근 기출복원 모의고사

최근 10개년(2025~2016) 기출(복원) 문제 중 출제 가능성이 높은 문제들만 선별하여 수록하였습니다. QR코드를 스캔하면 나오는 CBT OMR에 답안을 입력하면 채점과 성적분석을 한번에 받을 수 있습니다.

❷ POINT 콕!

빠르게 문제의 키워드와 해설을 확인할 수 있습니다.

추가 제공

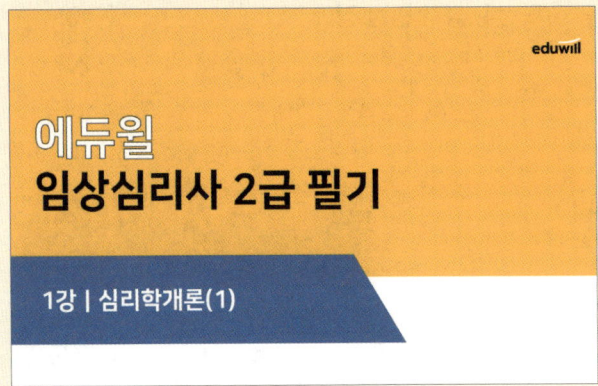

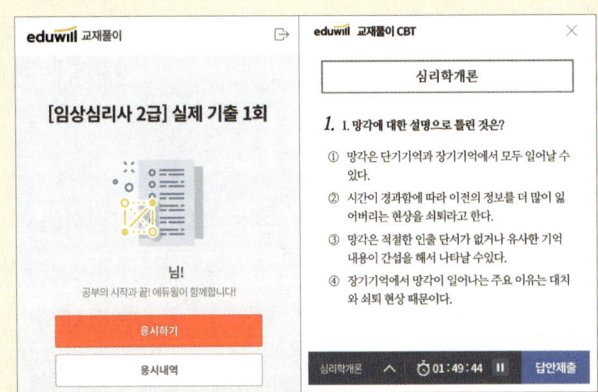

❶ 저자가 직접 강의하는 전과목 빈출이론 특강

임상심리사 2급 개념 완성을 위해 10강의 핵심강의를 무료로 제공합니다.

※ 수강경로: 에듀윌 도서몰 ▶ 동영상강의실 ▶ '임상심리사' 검색

❷ CBT 시험 4회분

신유형 출제에 대비하여 신유형으로만 구성된 신유형 모의고사 1회분과 실제 기출 3회분을 CBT로 제공합니다.

※ 이용경로: 교재 내 QR코드 스캔

CONTENTS | 차례

I 심리학개론

- **01** 심리학의 역사와 연구방법론 ········ 12
  - 기출(복원)문제 ········ 24
- **02** 발달심리학 ········ 34
  - 기출(복원)문제 ········ 43
- **03** 성격심리학 ········ 48
  - 기출(복원)문제 ········ 63
- **04** 학습 및 인지심리학 ········ 74
  - 기출(복원)문제 ········ 85
- **05** 사회·동기·정서심리학 ········ 94
  - 기출(복원)문제 ········ 103

II 이상심리학

- **01** 이상심리학의 개요와 이론 ········ 112
  - 기출(복원)문제 ········ 122
- **02** 이상행동 ① – 발달·인지 및 정신증적 장애 ········ 126
  - 기출(복원)문제 ········ 138
- **03** 이상행동 ② – 기분·불안 및 해리 관련 장애 ········ 148
  - 기출(복원)문제 ········ 167
- **04** 이상행동 ③ – 행동·신체·성·성격 관련 장애 ········ 180
  - 기출(복원)문제 ········ 209

III 심리검사

- **01** 심리검사의 기본개념 ········ 226
  - 기출(복원)문제 ········ 236
- **02** 지능검사 ········ 242
  - 기출(복원)문제 ········ 253
- **03** 성격검사 ········ 262
  - 기출(복원)문제 ········ 281
- **04** 신경심리검사와 기타 심리검사 ········ 296
  - 기출(복원)문제 ········ 307

IV 임상심리학

- 01 | 임상심리학의 역사와 연구방법 ········ 320
  - 기출(복원)문제 ········ 326
- 02 | 심리평가 ········ 330
  - 기출(복원)문제 ········ 342
- 03 | 심리치료 ········ 350
  - 기출(복원)문제 ········ 366
- 04 | 임상심리학자의 자문, 교육, 윤리 ········ 382
  - 기출(복원)문제 ········ 388
- 05 | 임상 특수분야 ········ 392
  - 기출(복원)문제 ········ 406

V 심리상담

- 01 | 심리상담의 기본개념 ········ 418
  - 기출(복원)문제 ········ 423
- 02 | 심리상담의 주요 이론 ········ 428
  - 기출(복원)문제 ········ 451
- 03 | 심리상담의 실제 ········ 466
  - 기출(복원)문제 ········ 478
- 04 | 문제별 상담 유형 ········ 488
  - 기출(복원)문제 ········ 508

• 최신 기출복원 모의고사 3회분

I

심리학개론

과목공략 포인트

☑ 심리학의 가장 기본이 되는 개념을 다루는 과목이기 때문에, 심리학의 역사와 연구방법론에 대한 내용이 시험에서 가장 많이 출제됩니다. 전반적인 개념을 반드시 잘 정리해 두세요.

☑ 1과목에서 다루는 내용은 이후 과목들의 기본개념이 되는 내용을 다룹니다. 출제 비중이 낮다고 하더라도 이후 과목에서 다시 한번 다루거나 심화된 개념을 다루기 때문에 반드시 1과목에서 숙지하고 넘어가세요.

최근 10개년 챕터별 출제경향 분석

구분	출제 현황	빈출 키워드
01 심리학의 역사와 연구방법론	30%	형태주의 심리학, 인본주의 심리학 전망이론, 실험, 변인(변수) 척도, 신뢰도와 타당도 집중(중심)경향치
02 발달심리학	8%	피아제, 보존개념 에인스워스의 애착 유형 성 도식이론
03 성격심리학	27%	성격의 정의와 특성 프로이트, 로저스, 카텔 성격 5요인 이론 강화, 소거와 자발적 회복
04 학습 및 인지심리학	24%	고전적 조건형성, 조작적 조건형성 도피학습과 회피학습 강화물, 강화계획, 처벌 기억, 역행·순행간섭
05 사회·동기·정서심리학	11%	귀인이론, 기본적 귀인 오류 휴리스틱, 인상형성이론 동조, 설득, 사회적 촉진, 사랑

01 I. 심리학개론
심리학의 역사와 연구방법론

1과목 내 출제 비중 30%

공략 포인트
- 1과목 내에서 가장 출제 비중이 높은 부분입니다.
- 심리학의 역사 부분은 자주 출제되지는 않지만 최근 출제 비중이 높아지고 있습니다. 또한, 이상심리학이나 임상심리학과 관련된 역사 부분은 이후 과목에서 중복되어 출제되기도 하니 잘 알아두어야 합니다.
- 연구방법론의 출제 비중이 굉장히 높습니다. 특히, 실험 연구와 관련된 내용이 많이 출제되는 편이니 잘 정리해 두세요.

수험 키워드!
심리학의 역사
실험 연구
표본조사
척도
신뢰도와 타당도
집중(중심)경향치

1 심리학의 기본개념

1. 심리학의 목표

기술하기	행동을 정확하게 관찰하고, 그 내용을 자료로 만들어 보고서로 구성하는 것
설명하기	행동이나 정신 과정의 원인을 관찰하고 기술하여 설명하는 것
예측하기	어떤 행동이나 정신 과정이 일어날지에 대하여 설명함으로써 예측하는 것
통제하기	인간의 행동과 정신 과정의 시작·유지·중단이나 행동의 형태·강도·빈도에 영향을 주어 긍정적인 방향으로 변화시키는 것

2. 심리학의 요소

과학으로서의 심리학	• 과학적 방법론의 원리에 따라 수집된 증거에 의해 발견이 이루어짐 • 문제를 분석하고 해결하기 위한 일련의 단계를 가짐
행동	• 유기체❓가 그들의 환경에 적응하는 수단이 행동이며 심리학의 주제는 대체로 관찰 가능한 행동임 • 개인이 주어진 상황에서 무엇을 어떻게 하는지를 연구함
개인	심리학적 분석 대상의 대부분은 개인임
정신 과정	• 정신 과정은 인간 마음의 작업을 말함 • 생각하고, 계획하고, 추론하고, 창조하고, 꿈을 꾸는 것과 같은 개인적이고 내적인 사건들에 대한 정신 과정을 심리학 연구의 가장 중요한 요소로 봄

용어 유기체
심리학에서 유기체는 대체로 인간을 의미하지만, 인간의 행동을 이해하기 위해 인간과 유사한 다양한 종의 동물이나 심지어 세포 수준의 연구도 대상으로 포함될 수 있어 과학적 용어로 유기체라는 표현을 자주 사용함

3. 과학으로서의 심리학의 기본적 태도

호기심	• 이것이 작동하는가? • 검증 가능하고 예측 가능한가?
회의적 태도	냉소적이지 않고 잘 속지 않는 태도
겸손함	새로운 아이디어와 탐구심을 유지할 수 있는 태도

2 심리학의 역사

1. 구성주의 심리학(1879년)
(1) **대표 학자:** 빌헬름 분트(Wilhelm Wundt)
(2) **주요 내용**
① 내성법(Introspection)이라는 과학적 접근법을 사용한다.
② 구성주의 심리학의 관점에서 마음의 구성요소가 무엇인지, 그 요소가 어떻게 상호작용을 하는지, 그 요소가 왜 상호작용을 하는지 등을 알 수 있다고 믿는다.

2. 기능주의 심리학(1890년대)
(1) **대표 학자:** 윌리엄 제임스(William James)
(2) **주요 내용**
① 의식이나 정신 과정을 여러 개의 요소로 나눌 수 없는 하나의 형태로 본다.
② 인간이해를 위해서는 의식의 전체적 기능을 밝혀야 한다고 주장한다.
③ 어떠한 의식이 존재하는 목적이나 이유를 연구하여 정서·기억·의지력·습관 그리고 매 순간의 의식의 흐름을 탐구한다.

3. 행동주의 심리학(1910년대)
(1) **대표 학자:** 존 왓슨(John B. Watson), 버러스 스키너(B. F. Skinner)
(2) **주요 내용**
① 구성주의, 기능주의, 정신역동이론 모두 과학적인 측정으로 어려운 마음을 다루려고 하기 때문에 심리학 발전에 한계가 있다고 비판하며 등장한 학문이다.
② 인간의 이해를 위한 연구는 관찰·측정·설명이 가능해야 한다고 주장한다.
③ 모든 행동이 특정한 환경이나 경험에 의해 좌우되며, 행동의 원인이 되는 자극에 대한 중요성을 강조한다.
④ 학습이론을 중심으로 인간의 행동을 설명한다.

개념플러스 톨만(Tolman)의 **인지학습이론**(목적적 행동주의) 기출 25~24, 22, 18년

- 행동주의의 자극-반응이론에 반대하며 제시한 이론
- 행동은 단순한 습관형성의 결과가 아니라, 목적과 인지적 이해에 의해 유도되는 것이라고 주장함
- 강화가 특정 행동을 하면 어떤 결과가 일어날 것이라는 기대를 확인시켜준다고 봄
- 주요 개념

인지도 (Cognitive Map)	환경에 대한 내적 표상 또는 마음속의 지도로, 학습은 외부행동 없이도 진행될 수 있음을 보여줌
잠재학습 (Latent Learing)	학습이 진행되어도, 즉시 행동으로 드러나지 않고 적절한 보상이나 동기가 주어질 때 나타난다고 봄
기대 (Expectancy)	행동은 단순한 연결이 아니라, 이 행동을 하면 어떤 결과가 일어날 것이라는 기대에 의해 유도된다고 봄

빈출 핵심 발문
- 인지학습이론에 대한 설명으로 틀린 것은?
- 현상학적 이론에 대한 설명으로 틀린 것은?
- 전망이론(Prospect Theory)에 관한 설명으로 옳은 것은?

심화 빌헬름 분트
최초로 실험실 기법을 이용한 내면적 정신 과정에 대한 연구를 하며 심리학의 아버지로 평가받음

용어 내성법
생각이나 욕망, 느낌 등을 자기 스스로 내적으로 들여다보고 언어로 보고하는 방법

용어 행동
행동주의에서 행동은 단순한 행위(Action)가 아니라 인간의 모든 활동을 총괄함. 후기 행동주의에서는 행동의 범위를 더 확장하여 사고나 동기도 일종의 행동의 한 형태로 설명하기도 함

용어 학습이론
행동주의에서 인간이 행동을 습득하는 과정을 설명하는 이론이며, 고전적 조건화와 조작적 조건화 등의 핵심개념이 있음

4. 형태주의 심리학(1910년대) 기출 25~24, 22, 18년

TIP 전통적 행동주의가 간과했던 '내적 인지 과정'을 강조하며 비판적으로 등장한 학문이라고 할 수 있습니다.

(1) **대표 학자:** 막스 베르트하이머(Max Wertheimer), 볼프강 쾰러(Wolfgang Köhler)

(2) **주요 내용**
① 인간의 환경에 대한 지각과 인식을 전체적인 관점에서 이해해야 한다고 주장한다.
② 환경에 대한 지각과 인식이 조직화된 전체적인 패턴이나 형태로 이루어진다.
③ 내적 통찰을 통해 갑작스럽게 해결책을 발견한다고 본다(통찰학습). → '아하' 경험
④ 시간적 연결보다 공간적 배열이나 구조 속의 관계성을 강조한다.

5. 인본주의 심리학(1940~50년대) 기출 24~23, 21년

(1) **대표 학자:** 칼 로저스(Carl Rogers, 현상학적 이론 주장), 에이브러햄 매슬로우(Abraham Maslow, 욕구이론 주장)

(2) **주요 내용**
① 아동기 기억이나 조건반응이 아닌 인간의 성장 잠재력의 촉진과 제한방식에 주의를 기울인다.
② 인간을 성취를 추구하는 존재이자 자기실현의 존재로 본다. 또한, 자신의 환경을 통제하고 조정할 수 있는 적극적인 힘을 갖고 있는 존재로 본다.
③ 현재 개인이 경험하고, 느끼고, 행동하는 것이 중요하며 이를 통해 개인의 진정한 모습을 이해하는 것도 가능하다고 본다.

6. 인지심리학(1950~60년대)

(1) **대표 학자:** 조지 밀러(George A. Miller), 울릭 나이서(Ulric Neisser)

(2) **주요 내용**
① 행동주의의 한계에 대한 반발과 컴퓨터 정보처리개념의 도입으로 등장한 학문이다.
② 의미 있는 인간행동은 단순한 자극-반응의 결과가 아니라, 기억 속에 저장된 정보와 현재의 상황을 종합적으로 처리하고 판단한 결과로 나타난다고 본다.
③ 인간의 인지를 정보처리체계로 보고, 지각·주의·기억·언어 등의 인지 과정을 분석하였다.

7. 인지신경과학, 행동경제학(1970년대 이후)

(1) **인지신경과학**
① 인지심리학과 두뇌의 과학인 신경과학이 결합한 학문이다.
② 심적 활동에 기저하는 두뇌 활동을 연구한다.

(2) **행동경제학** 기출 25~23, 20년
① 인간의 심리적 특성을 경제학에 적용한 학문이다.

② 주요 개념

제한된 합리성	사람들이 항상 모든 정보를 완벽하게 처리하지 못하고, 제한된 정보만을 바탕으로 결정을 내린다는 것
휴리스틱	사람들이 복잡한 상황에서 빠르게 결정을 내릴 때 사용하는 간단한 규칙으로, 때때로 비합리적인 선택을 이어지기도 함
사회적 비교	사람들이 다른 사람들과의 비교나 사회적 기준에 영향을 받아 경제적 결정을 내림
전망이론	• 사람들의 효용 수준이 이익보다 손실에 더 민감함 • 이익구간 → 확실하고 안전한 선택 • 손실구간 → 위험을 감수하더라도 손실 회피

8. 문화심리학, 진화심리학(1980년대 이후)

(1) 문화심리학
① 행동의 원인과 결과에 대한 비교문화적 차이를 연구하는 학문이다.
② 문화보편성과 특수성을 바탕으로 인간의 경험을 연구한다.

(2) 진화심리학
① 현대 심리학을 찰스 다윈(Charles Darwin)의 진화론과 연결하려는 시도로 탄생한 학문이다.
② 인간의 뇌가 어떻게 진화적 환경에 적응해 왔는지에 대하여 연구한다.
③ 학문의 주요 해석 원리가 진화하는 매우 긴 시간에 초점을 두었다는 점에서 심리학의 다른 관점과 근본적인 차이가 존재한다.

3 연구의 유형과 접근방법

1. 연구의 유형 기출 25, 23~20년

상관 연구 (Correlational Study)	• 인간행동에 영향을 미치는 여러 변인들 간의 상호 연관성을 밝히는 연구 • 인과적 관계를 보여주는 것이 아닌, 변인들 간의 연관성에 초점을 둠
실험 연구 (Experimental Study)	• 인간행동에 영향을 미치는 여러 변인들 간의 인과관계를 밝히는 연구 • 가장 직접적으로 인과관계를 알 수 있는 연구방법으로, 실험을 통해 통계적으로 유의미한 결과를 얻고자 함 • 독립변인과 종속변인의 관계를 통해 인과관계를 밝히는 연구
사례 연구 (Case Study)	• 한두 명의 사람을 연구 대상으로 하여, 그들의 여러 측면을 자세하게 관찰하거나 조사하여 일반적인 양상을 추론하는 연구 • 연구 대상자의 증상, 경과, 치료 과정 등을 면접을 통해 체계적으로 연구하기도 함

빈출 핵심 발문

• '통계적으로 유의미하다.'라는 말의 뜻을 나타내는 것은?
• 여러 상이한 연령에 속하는 사람들로부터 동시에 어떤 특성에 대한 자료를 얻고, 그 결과를 연령 간 비교하여 발달적 변화 과정을 추론하는 연구방법은?

심화 통계적 유의미

'통계적으로 유의미하다.'는 것은 실험의 결과가 확률적으로 봤을 때 단순한 우연이라고 생각되지 않을 정도로 맞을 가능성이 높다는 것을 의미함

예 0.05%의 확률로 어떤 일이 발생했을 때, 이는 우연히 발생하기 힘든 확률에서 일어난 사건으로 보며, 이를 '의미 있다.'고 판단하는 것

2. 연구의 접근방법(설계) 기출 25, 22~21, 17년

(1) **횡단적 방법**: 여러 연령집단을 한 번에 표집하여 연령이 다른 사람들을 동시에 비교하는 방법이다.

(2) 종단적 방법
　① 한 연령집단을 표집하여 여러 시간에 걸쳐 반복해서 측정하는 방법이다.
　② 종단적 연구방법의 종류에는 코호트 연구, 패널 연구, 추세 연구가 있다.

코호트 연구	• 같은 특성을 가진 집단 연구 • 특정 집단(코호트)을 일정 기간 추적하여 시간 경과에 따라 변하는 추이를 추적·관찰
패널 연구	동일한 사람을 대상으로 반복 측정
추세 연구	시간에 따른 모집단의 일반적인 변화를 조사

(3) **횡단적-단기종단적 방법**: 횡단적 설계의 대상을 단기간 동안 추적함으로써 종단적인 변화를 측정하는 방법이다.

(4) **발생 과정 분석방법**: 극히 적은 수의 표본의 특정 행동이 단기적으로 형성되고 변화하는 과정을 면밀히 추적하여 분석하는 방법이다.

(5) 각 방법의 장점과 단점

방법	장점	단점
횡단적 방법	• 자료수집 용이 • 연령 간의 차이 규명	• 연령 간 차이가 발달적 변화 때문인지, 세대 효과 때문인지 구분이 어려움 • 동시대 집단 효과로 인해 개인의 성장·발달에 있어서 참모습을 알기 어려움
종단적 방법	개인의 변화 과정을 밝힐 수 있음	• 자료수집이 어려움 • 시간과 비용이 많이 듦 • 반복 측정에 따른 연습 효과 • 중도탈락자 문제
횡단적- 단기종단적 방법	비교적 짧은 기간에 발달적 변화를 연령 효과, 동시대 집단 효과, 측정 시기에 따른 효과로 구분 가능	• 자료수집이 어렵고 시간과 비용 측면에서 비효율적 • 연구에 포함되지 않은 집단에 대한 일반화 문제
발생 과정 분석방법	관심 있는 행동을 반복 측정함으로써 발달의 변화 과정을 직접 관찰할 수 있음	반복 측정에 따른 연습 효과

용어 **세대 효과(Cohort Effect)**
같은 시기에 태어나고 자란 사람들이 공유하는 경험때문에 나타나는 차이

4 자료수집방법

1. 자기보고법 기출 25, 23, 20년
(1) **개념**: 피험자가 자신의 생각·태도·관점·성격·능력 등과 같은 내적인 특성들을 스스로 평가하고 보고하게 하는 방법이다.
(2) **방법**: 대표적으로 면접법, 질문지법 등이 있다.
(3) **사례**: 알프레드 킨제이(Alfred Kinsey)는 인간의 성 행동을 연구한 선구자로, 1940~50년대에 수천 명의 사람들을 대상으로 성적 행동과 태도에 대한 설문조사 및 면접조사를 실시하였다.
> TIP 설문조사 및 면접조사는 성인을 대상으로 하는 연구에서 많이 사용되는 자료수집방법입니다.

2. 실험 기출 25~18, 16년
(1) **개념**: 통제된 환경에서 한 가지 이상의 변인(독립변인)을 조작하여 이에 따른 변화(종속변인)를 객관적으로 관찰하는 방법이다.
(2) **변인(변수)**
  ① 독립변인(변수): 연구자가 실험을 통해 조작하거나 변화시키는 변인을 말하며, 결과(종속변인)에 영향을 미치는 원인 역할을 한다.
  ② 종속변인(변수): 독립변인의 변화에 의해 영향을 받는 변인으로, 실험의 결과로 측정된다.
  ③ 매개변인(변수): 독립변인과 종속변인 사이에 존재하며, 독립변인의 결과인 동시에 종속변인의 원인이 되는 변인이다.
  ④ 조절변인(변수): 독립변인과 종속변인에 미치는 영향의 크기나 방향성에 영향을 미치는 변인이다.
  ⑤ 외생변인(변수): 가외변인(변수)이라고도 하며, 독립변인과 종속변인 모두에 영향을 미치는 변인으로, 두 변인이 실제로 관련성이 없는 허위관계임에도 두 변인이 유의미한 관련성이 있는 것처럼 보이게 만드는 제3의 변인이다.

(3) **실험집단과 통제집단**

실험집단	• 가설의 원인이 제공되는, 즉 독립변인의 적용을 받는 집단 • 실험 처치(조작)의 효과를 측정하기 위한 집단
통제집단	• 가설의 원인이 제공되지 않는, 즉 독립변인의 적용을 받지 않고 실험집단과 비교되는 집단 • 실험 처치의 영향을 비교하기 위한 기준이 되는 집단

3. 관찰법 기출 19년
> TIP 관찰법에 대한 자세한 설명은 4과목 01. 임상심리학의 역사와 연구방법(320쪽)에서 정리하였습니다.

자연관찰법	자연스러운 환경과 조건에서 연구 대상의 행동이나 현상을 관찰하는 방법
실험관찰법	연구자가 일정한 조건을 설정하고 변인을 조작하여 연구 대상의 반응을 관찰하는 방법
참여관찰법	연구자가 직접 연구 대상집단에 참여하여 그 안에서 대상을 관찰하는 방법

빈출 핵심 발문

• 심리학의 연구방법 중 인간의 성 행동을 연구한 킨제이(Kinsey)와 그의 동료들이 남성의 성 행동과 여성의 성 행동을 연구하기 위해 주로 사용한 것은?
• 연구방법의 주요 개념에 관한 설명으로 옳지 않은 것은?
• 실험장면에서 실험자가 조작하는 처치변인은?

5 기초 심리통계

1. 표본조사 기출 25~23, 21~20년

(1) 개념: 심리학의 연구 대상자 전체의 특성을 반영하는 모집단을 대표할 수 있는 일부 대상을 선택하여 조사·연구하는 것이다.

(2) 표집(Sampling)

① 표본(관찰 대상)을 추출하는 과정을 말하며, 표집단위와 관찰단위(자료수집단위)를 추출하는 과정도 포함한다.

② 모집단을 일반화하는 핵심은 확률 표집과 무작위 추출에 있다.

③ 표집의 과정

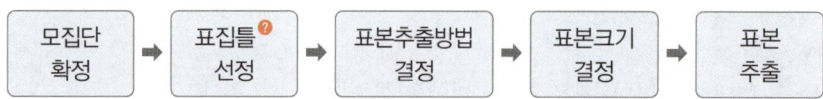

모집단 확정 → 표집틀 선정 → 표본추출방법 결정 → 표본크기 결정 → 표본 추출

④ 표집오차(=표본오차, Sampling Error)

㉠ 표본추출 과정에서 발생하는 오차를 말한다.

㉡ 표본이 모집단을 완벽하게 대표하지 못할 때 오는 우연적인 오차로, 표본크기와 표본추출방법에 따라 달라질 수 있다.

㉢ 표본크기가 커질수록 표집오차는 작아진다.

개념플러스 심리검사에서의 오차 기출 21년

- **외인적 오차:** 외부적 요인(피실험자의 건강 상태, 시험 환경 등)이 검사 결과에 영향을 미칠 때 발생하는 오차
- **해석적 오차:** 검사 결과를 잘못 해석하거나 편향된 해석으로 인해 발생하는 오차
- **항상적 오차:** 특정한 원인에 의해 반복적으로 발생하는 오차
- **검사자 오차:** 검사자를 포함한 사람에 의해 발생하는 오차

2. 표본추출방법 기출 23, 19~18년

(1) 확률 표집(Probability Sampling): 무작위 추출로 표본을 선정하는 방식으로, 모집단 내 사례가 표본으로 선정될 확률을 알 수 있는 방식이다.

단순무작위 (무선)표집	• 확률 표집방법 중 가장 널리 사용하는 방법 • 모집단으로부터 표본을 무작위로 표집함으로써, 각각의 피험자들이 모집단으로부터 선발될 수 있는 기회를 동일하게 하는 표집방법 • 각각의 관찰치 등에 대해 일련번호를 부여한 다음 컴퓨터 프로그램이나 난수표를 이용하여 선정함
체계적 표집	• 표집틀에서 처음 표본을 추출할 때만 단순무작위방식으로 하고, 이후의 표본은 일정한 간격을 두고 선정(매 n번째)하는 방법 • 표본을 전체 모집단에서 고르게 추출하기 위하여 사용
층화 표집	• 모집단에서 바로 표본을 추출하는 것이 아니라, 모집단을 몇 개의 하위 집단으로 층화·분류한 후 각각의 하위 집단에서 적절한 수의 피험자를 무작위로 추출하여 표본을 구성하는 방법 • 표집오차의 수준을 감소시킴으로써 표본의 대표성을 향상시킴

빈출 핵심 발문

- **표본조사**에 대한 설명으로 옳지 않은 것은?
- **척도**와 그 **예**가 올바르게 짝지어진 것은?
- **종속변인**에 나타난 변화가 **독립변인**의 영향 때문이라고 추론할 수 있는 정도를 의미하는 것은?
- 검사에 포함된 각 질문 또는 **문항들이 동일한 것을 측정하는 정도**를 나타내는 것은?
- 연구설계 시 **내적 타당도를 위협하는 요인**이 아닌 것은?
- **조사 연구**에서 참가자의 인지기능을 측정하기 위해 그가 가입한 정당을 묻는 것은 어떤 점에서 가장 문제가 되는가?
- **집중경향치**에 관한 설명으로 틀린 것은?
- **최빈값**에 관한 설명으로 옳지 않은 것은?

용어 모집단(Population)
연구에서 측정하고자 하는 변인에 해당하는 집단 전체

용어 일반화
단일한 연구를 통해 연구 결과가 다른 상황에서도 적용되는 정도를 의미

용어 표집틀
표본이 추출되는 요소들의 목록을 말함. 예를 들어, 학생들을 연구한다면 학생명부가 표집틀이 됨

심화 표준오차와 구분하기
표준오차는 표본 통계량(표본 평균·비율 등)이 얼마나 변동하는지를 나타내는 값을 말하며, 표본의 크기가 커져야 표준오차가 작아지는 특징이 있음

군집 표집	• 표집단위가 개인이 아닌 군집(Cluster) • 층화 표집과 동일하게 모집단을 하위 집단들로 나누지만, 층화 표집과 달리 군집이 가능한 이질적인 요소들로 구성됨

(2) **비확률 표집(Nonprobability Sampling)**: 표본 선정 시 무작위 추출이 아닌 연구자의 주관에 의해 특정 표본을 선정하는 방식이다.

유의 표집	주관적 판단 표집 또는 의도적(목적) 표집이라고도 하며, 연구자가 모집단을 잘 대표한다고 생각하는 일부 대상(지역)에 한하여 표집하는 방법
눈덩이 표집	• 모집단의 크기가 작고 해당되는 연구 대상을 찾기 어려울 때 사용하는 방법 • 연구에 필요한 소수의 표본을 찾은 후, 추가될 피험자들은 원래 표본에 속한 피험자들의 소개나 그들이 제공하는 정보로 연구자가 원하는 수의 표본을 채움
할당 표집	• 비확률 표집방법 중 가장 활용도가 높은 방법으로, 성별, 지역 등과 같은 할당틀을 적용하여 표본을 추출하는 방법 • 할당영역과 범주의 크기를 정한 후 해당 범주마다 정해놓은 수의 표본을 임의로 추출
편의(임의) 표집	연구자가 손쉽게 구할 수 있는 대상 중에서 표본을 추출하는 방법으로, 주로 필요한 정보를 신속하고 적은 비용으로 수집하고자 하는 경우에 사용

3. 측정

(1) 측정의 수준(척도) 기출 25, 23~18년

① 명목(명명)측정(척도)
   ㉠ 성별, 종교적 선호, 대학전공, 계절, 혼인 여부 등과 같이 변수를 구성하는 속성들이 서로 별개이고 계량적인 속성을 가지고 있지 않은 것을 말한다.
   ㉡ 계량적이지 않기 때문에 수학적 연산이 불가능하다.
   ㉢ 성별, 운동선수 등번호 등이 해당한다.

② 서열측정(척도)
   ㉠ 논리적으로 순위를 매길 수 있는 속성을 가진 변수를 말한다.
   ㉡ 학급석차, 학업성취도 등이 해당한다.
   ㉢ 하위 유형

리커트 척도	응답자가 특정 진술에 대해 얼마나 동의 혹은 반대하는지를 여러 선택지(일반적으로 5점 또는 7점 척도)로 제공하는 척도
거트만 척도	응답자들의 태도를 측정할 때 용이한 척도로, 각 문항이 단계적이고 일관성 있게 서열을 이루고 있는 척도
어의변별 척도	특정 현상이나 사물에 대해 한 쌍의 양극적인 형용사를 사용하여 응답자 자신의 감정을 표시하는 방식으로, 이를 통해 평가 대상이 되는 현상이나 사물에 대해 응답자가 평소 자신의 생각이나 태도, 느낌 등의 정도를 표현하게 한 척도

용어 측정과 척도
• 측정: 연구자가 관심 있는 개념, 현상, 속성에 대해 일정한 규칙으로 만들어진 도구(척도)를 이용하여 계량화(수치화)하는 것
• 척도: 측정 대상에 적용할 수 있도록 만들어진 계량적 도구, 즉 측정 도구를 의미

> **개념플러스** 리커트 척도와 거트만 척도의 예시
>
> - **리커트 척도**: 각각 독립된 문항을 제시하며, 강도의 정도를 측정하는 구조
>
> | 문항 | 매우 불만족 (1점) | 불만족 (2점) | 보통 (3점) | 만족 (4점) | 매우 만족 (5점) |
> |---|---|---|---|---|---|
> | 1. 강사에 대한 만족도 | | | | | |
> | 2. 교육일정에 대한 만족도 | | | | | |
>
> - **거트만 척도**: 마지막 4번 문항을 찬성한다면 1~3번 문항도 당연히 찬성하게 되는 구조(위계 구조)
>
> | 문항 | 찬성 | 반대 |
> |---|---|---|
> | 1. 교도소가 우리 시에 있는 것을 어떻게 생각하십니까? | | |
> | 2. 교도소가 우리 구에 있는 것을 어떻게 생각하십니까? | | |
> | 3. 교도소가 우리 동에 있는 것을 어떻게 생각하십니까? | | |
> | 4. 교도소가 우리 동네에 있는 것을 어떻게 생각하십니까? | | |

③ 등간측정(척도)
  ㉠ 온도, 지능지수(IQ) 등과 같이 측정 대상에 할당된 범주들 사이에 일정한 간격이 존재한다.
  ㉡ 순서가 있고 인접한 값 간에 같은 거리를 갖는 속성으로 변수를 기술하는 측정 수준이다.
  ㉢ 가감은 가능하나 절대영점(Zero)이 존재하지 않기 때문에 곱셈과 나눗셈은 불가능하다.
  ㉣ **서스톤 척도**: 가장 부정적인 태도(1점)부터 가장 긍정적인 태도(11점)까지 등간격으로 구분하여 만든 척도로, 각 진술(문항)에 가중치를 부여하여 분석하는 척도이다.

④ 비율측정(척도)
  ㉠ 명목, 서열, 등간측정의 모든 특성에 더하여 절대영점(Zero)이 존재한다.
  ㉡ 길이, 몸무게, 나이, 소득, 자녀 수, 근무경력 등 특정 행동의 발생 빈도 등이 해당한다.

구분	순위	동일 간격	절대영점	측정	수학연산
명목측정	×	×	×	분류	
서열측정	○	×	×	순서	
등간측정	○	○	×	간격	+, −
비율측정	○	○	○	절대량	+, −, ×, ÷

(2) 측정의 질 기출 24~21, 19~18년

① 신뢰도(Reliability)
  ㉠ 개념: 같은 현상을 같은 대상에 반복적으로 측정했을 때 매번 같은 결과가 나오는 정도를 말하며, 측정 도구 혹은 척도의 일관성 및 안정성과 관련된다.

ⓒ 측정방법

채점자(평가자) 간 신뢰도	• 2명 이상의 채점자(평가자)가 채점했을 때 그 결과가 어느 정도 일치하는가를 확인하는 방법 • 채점자(평가자)의 기술 수준으로 인해 신뢰도가 높거나 낮게 나올 수도 있으므로 해석에 유의함
검사-재검사 신뢰도	• 같은 사람들에게 동일한 도구를 사용하여 시간 간격을 두고 두 번 실시한 다음 이 두 측정 결과의 일관성을 확인하는 방법 • 두 결과 간의 상관계수를 이용함
동형검사 신뢰도	• 두 개의 동형검사를 제작하고, 그것을 같은 피험자에게 실시하여 두 검사에서 얻은 점수 사이의 상관계수를 산출하는 방법 • 기억, 변화, 연습, 성숙 등의 측정학적인 문제를 통제할 수 있다는 장점이 있음
내적 일관성 신뢰도	• 검사문항 간 상관관계를 통해 신뢰도를 평가하는 방법 • 반분 신뢰도: 한 검사에 포함된 문항들을 가능한 동형검사에 가깝도록 두 부분으로 나누어 부분 간의 상관계수를 확인함 • 크롬바흐 알파계수: 문항의 일관성(내적 일치도)을 나타내는 계수로, 계수가 높을수록 신뢰도가 높은 것으로 해석함

개념플러스 내적 신뢰도와 외적 신뢰도 기출 22, 18년

- **내적 신뢰도**: 측정 도구 내 문항들이 서로 얼마나 일관성 있게 측정하는지의 정도(문항 간의 일관성)
- **외적 신뢰도**: 시간, 평가자, 상황 등의 외부 조건이 변해도 일관된 측정 결과를 얻을 수 있는 정도(검사-재검사 신뢰도, 채점자 간 신뢰도 포함)

② 타당도(Validity)
  ㉠ 개념: 측정하려는 개념을 정확하게 측정하고 있는가(정확성)를 나타내는 정도를 말한다.
  ㉡ 측정방법

안면 타당도	• 특정 도구(예 검사문항)에 대해 수검자의 입장에서 나름대로 검토하여 타당성 여부를 판단하는 것 • 수치로 나타내기는 어려움 • 도구 개발 과정에서 타당성을 확보하기 위한 중요 방법
내용 타당도	• 논리적 타당도(Logical Validity)라고도 함 • 측정하고자 하는 내용이 측정 도구에 반영되었는지를 연역적·논리적으로 검토하는 것 • 측정 도구의 대표성과 관련이 있음 • 보통 전문가의 주관적 판단에 근거함
구인(구성) 타당도	특정 도구가 측정하려고 하는 개념이 정말로 그러한 특성을 측정하는지 이론적인 가설을 세워 경험적·통계적으로 검증하는 것
준거 타당도	• 공인 타당도(Concurrent Validity): 같은 내용을 측정하는 도구 중 이미 널리 사용하고 있는 도구와 상호관련성을 검토하여 도구의 타당성을 검토하는 것 • 예언 타당도(Predictive Validity): 특정 도구를 사용한 결과가 피험자의 미래에 발생할 행동이나 특성을 얼마나 잘 예언할 수 있는지를 나타내는 것

용어 구인(구성)
어떤 개념을 구성하는 하위개념

ⓒ 종류

구분	내적 타당도	외적 타당도
특징	변수 사이의 인과관계가 실제 실험처치로 인해 발생하는지 정도를 말하며, 연구의 정확성과 관련	실험의 결과를 다른 대상·시기·상황에 일반화할 수 있는 정도
저해 요인	• 성숙 요인(시간의 경과) • 역사 요인(우연한 사건): 실험 통제가 불가능한 사건의 발생 • 선별 요인(선택 요인): 선택된 실험 대상의 내적 차이 • 상실 요인(실험 대상의 탈락): 피험자 탈락의 실험이나 통제집단의 특성이 변화 • 통계적 회귀 요인: 측정이 반복될 때 평균값으로 측정값이 가까워지는 특성 • 검사 요인(테스트 효과): 측정에 대한 학습 효과 • 도구 요인: 측정 도구나 측정기준의 변화 • 모방(개입의 확산): 실험집단의 영향이 통제집단에 영향을 미침 • 인과관계 방향의 모호성: 변수 간의 선행이 모호한 경우 무엇이 원인인지 파악하기 어려워짐	• 연구 표본의 대표성: 연구 표집이 모집단을 대표하지 못할 경우 연구 결과가 특정 집단에만 타당할 수 있음 • 조사반응성(반응 효과): 피검자가 연구자의 바람에 따라 반응하거나 스스로 의식하여 평소와 다른 반응을 보이는 경우 일반화가 낮아짐

4. 자료의 분포 [기출] 25~16년

(1) **변산도**: 자료가 분포되어있는 정도를 말하며, 이를 확인할 수 있는 것(변산측정값)에는 범위, 분산, 표준편차, 사분편차 등이 있다.

(2) **집중(중심)경향치**

① 데이터의 전반적인 경향을 파악하고, 데이터를 분석하는 데 있어 중요한 역할을 한다.
② 점수분포의 중심값이자 대표하는 값으로, 평균치, 중앙치, 최빈치가 있다.

평균치	모든 데이터값을 더해 자료의 수로 나눈 값
중앙치	데이터값을 순서대로 정렬했을 때 중간에 위치하는 값
최빈치	• 자료에서 가장 빈번하게 나타나는 값으로, 데이터분포에서 빈도가 높은 값 • 극단값의 영향을 받지 않음

③ 분포의 모양에 따라 평균치, 중앙치, 최빈치의 위치가 다르다. ⊕

(3) **그 외 분포**

빈도분포	데이터 집합 내에서 각 값이나 값의 범주가 얼마나 자주 발생하는지를 보여줄 때 사용
t-분포	모집단의 표준편차를 모를 때와 표본크기가 작을 때(n<30) 사용
x^2(카이제곱)분포	모집단의 분산을 추정할 때 사용

> [심화] **집중(중심)경향치의 위치**
>
> • 정규분포
>
>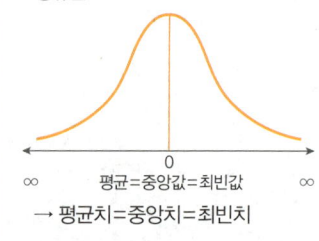
>
> → 평균치=중앙치=최빈치
>
> • 정적편포
>
>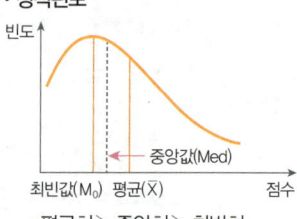
>
> → 평균치 > 중앙치 > 최빈치
>
> • 부적편포
>
>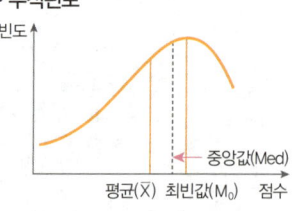
>
> → 최빈치 > 중앙치 > 평균치

F분포	두 모집단의 분산 비율을 비교할 때 사용
정규분포	모집단의 표준편차를 알고 있거나, 표본의 크기가 충분히 큰 경우 사용

5. 통계 분석방법: 추리통계⊕방법 [기출] 21년

t-검정	• 두 집단의 평균치를 검정할 때 사용 • 두 집단의 차이가 유의한지 파악할 때 사용
분산 분석	• 3개 이상의 집단 간 평균 차이를 검정할 때 사용 • 3개 이상의 집단이 서로 차이가 있는지 파악할 때 사용
카이제곱 검정	• 집단의 빈도 자료에 대한 차이를 검정할 때 사용 • 성별, 종교와 같이 연속적이지 않은 집단 간의 차이가 있는지 파악할 때 사용
상관 분석	두 변인 간의 상관정도를 확인할 때 사용
단순회귀 분석	두 변인(독립변인 1개, 종속변인 1개) 간의 관계를 분석할 때 사용
중다회귀 분석	2개 이상의 독립변인이 1개의 종속변인에 미치는 영향을 분석할 때 사용

심화 추리통계

- 직접 조사할 수 없는 모집단(전체집단)의 특성을 표본 데이터를 사용하여 추론하거나, 실험 가설이 통계적으로 유의미한지 가설을 검정하는 데 사용되는 통계기법
- 각 분석방법을 통해 계산되는 특정 통계량(추리통계값)을 통해 검정이 진행됨
  예 t값, F값, 카이제곱값 등

기출(복원)문제

빈출

01 현상학적 이론에 대한 설명으로 <u>틀린</u> 것은?

24년, 23년, 21년

① 인간을 성취를 추구하는 존재로 파악한다.
② 인간을 자신의 환경에 굴복하지 않고 오히려 환경을 통제하고 조정할 수 있는 적극적인 힘을 갖고 있는 존재로 파악한다.
③ 현재 개인이 경험하고, 느끼고, 행동하는 것이 중요하며, 개인의 진정한 모습을 이해하는 것도 이를 통해 가능하다고 본다.
④ 인간을 타고난 욕구에 끌려다니는 존재로 간주한다.

빈출

02 인지학습이론에 대한 설명으로 <u>틀린</u> 것은?

25년, 24년, 22년, 18년

① 형태주의는 공간적인 관계보다는 시간변인에 주로 관심을 갖는다.
② 톨만(Tolman)은 강화가 무슨 행동을 하면 어떤 결과가 일어날 것이란 기대를 확인시켜준다고 보았다.
③ 통찰은 해결 전에서 해결로 갑자기 일어나며 대개 '아하' 경험을 하게 된다.
④ 인지도는 학습에서 내적 표상이 중요함을 보여준다.

빈출

03 전망이론(Prospect Theory)에 관한 설명으로 옳은 것은?

25년, 24년, 23년, 20년

① 범주의 모든 구성원이 공유하고 있지는 않지만 범주 구성원을 특징짓는 속성이 있다.
② 우리는 어떤 것이 일어날 가능성이 얼마인지를 결정하고 그 결과의 가치를 판단한 후, 이 둘을 곱하여 결정을 내린다.
③ 우리는 새로운 사례와 범주의 다른 사례에 대한 기억을 비교함으로써 범주 판단을 한다.
④ 사람들은 잠재적인 손실을 평가할 때 위험을 감수하는 선택을 하고, 잠재적인 이익을 평가할 때는 위험을 피하는 선택을 한다.

빈출

04 '통계적으로 유의미하다.'라는 말의 뜻을 나타내는 것은?

25년, 23년, 20년

① 실험 결과가 통계적 혹은 확률적 현상이다.
② 실험 결과를 통계적 방법을 통해 분석할 수 있다.
③ 실험 결과가 통계적 분석방법을 써서 나온 것이다.
④ 실험 결과가 우연이 아닌 실험 처치에 의해서 나왔다.

---

01 심리학의 역사-인본주의 심리학
현상학적 이론은 인간을 타고난 욕구에 끌려다니는 존재가 아닌 자기실현의 존재로 보며, 개인이 세상과 어떻게 상호작용하고 있는지를 중심으로 인간을 분석한다. 인간을 타고난 욕구에 끌려다니는 존재로 보는 것은 프로이트의 정신분석이론에 해당한다.

02 심리학의 역사-행동주의 심리학
형태주의 학자들은 사건이나 자극을 어떻게 전체적으로 지각하는지를 강조하였으며, 시간적 변화보다는 공간적인 관계에 더 많은 관심을 두었다.

03 심리학의 역사-인지신경과학, 행동경제학
전망이론은 행동경제학의 주요 개념 중 하나로, 사람들의 효용 수준은 이익보다 손실에 더 민감하며 특히 이익구간에서는 안전한 선택을, 손실구간에서는 위험을 감수하더라도 손실을 회피하는 경향이 있다고 본다. 또한, 사람들이 이익을 얻는 것보다 손실을 피하기 위해 더 많은 위험을 감수할 수 있다고 가정한다.

04 연구의 유형과 접근방법-연구의 유형
'통계적으로 유의미하다.'란 실험 결과가 단순한 우연이라고 생각되지 않을 정도로 맞을 가능성이 높다는 것을 의미한다. 즉, 실험 처치나 변수 간의 차이가 의미 있는 결과를 만들었다는 것이다.

정답 01 ④ 02 ① 03 ④ 04 ④

QR코드의 OMR 단안지로 문제를 반복해서 풀어 본 후, 문항 번호 아래 박스에 회독한 만큼 체크해 보세요.

회독용 OMR

05 임상심리학 연구방법 중 내담자와의 면접을 통해 증상과 경과를 체계적으로 연구하는 방법은? 22년

① 실험 연구
② 상관 연구
③ 사례 연구
④ 혼합 연구

빈출

07 여러 상이한 연령에 속하는 사람들로부터 동시에 어떤 특성에 대한 자료를 얻고, 그 결과를 연령 간 비교하여 발달적 변화 과정을 추론하는 연구방법은?

25년, 22년, 17년

① 종단적 연구방법
② 횡단적 연구방법
③ 교차비교 연구방법
④ 단기종단적 연구방법

06 다음과 같은 연구의 종류는? 21년

A는 '정장 복장' 스타일과 '캐주얼 복장' 스타일 중 어떤 옷이 면접에서 더 좋은 점수를 얻게 하는지 살펴보고자 한다. A는 대학생 100명을 모집하고, 컴퓨터를 이용해 이들을 '정장 복장'조건에 50명, '캐주얼 복장'조건에 50명을 무선으로 배치한 후, 실제 취업면접처럼 면접자를 섭외하고 한 면접에 3명의 면접자를 배정하여 면접을 진행하였다. 이후 각 학생들이 면접자들에게 얻은 점수의 평균을 조사하였다.

① 사례 연구
② 상관 연구
③ 실험 연구
④ 혼합 연구

빈출

08 실험장면에서 실험자가 조작하는 처치변인은?

25년, 24년, 23년, 22년

① 매개변인
② 종속변인
③ 조절변인
④ 독립변인

05 연구의 유형과 접근방법 – 연구의 유형
사례 연구는 개별 내담자의 증상, 경과, 치료 과정 등을 면접을 통해 체계적으로 연구하는 방법이다. 내담자의 심리적 특성을 깊이 있게 탐색할 수 있어, 현장에서 흔히 활용된다.

06 연구의 유형과 접근방법 – 연구의 유형
문제에서 연구자(A)는 독립변인(복장 스타일)이 종속변인(면접 점수)에 미치는 영향을 평가하고자 한다. 이처럼 실험조건을 설정하고, 변수를 조작하여 인과관계를 살펴보는 연구는 실험 연구에 해당한다.

07 연구의 유형과 접근방법 – 연구의 접근방법
횡단적 연구방법은 여러 연령집단을 동시에 조사하여 연령 간 차이를 비교하는 연구방법이다. 한 시점에서 데이터를 수집하기 때문에 시간과 비용이 절약되지만, 연령 간 차이가 발달적 변화 때문인지 혹은 세대 효과 때문인지 구분하기 어렵다.

08 자료수집방법 – 실험
실험에서 실험자가 조작하는 처치변인은 독립변인이다. 이러한 독립변인으로부터 영향을 받는 변인이 종속변인이다.

정답 05 ③ 06 ③ 07 ② 08 ④

09 기온에 따라 학습 능률이 어떻게 달라지는가를 알아보기 위해 기온을 13℃, 18℃, 23℃인 세 조건으로 만들고 학습 능률은 단어의 기억력 점수로 측정하였다. 이때 독립변수는 무엇인가? 23년, 20년

① 기억력 점수
② 기온
③ 학습 능률
④ 예언

10 불안이 수행에 미치는 영향을 알아보는 실험에서 종속변인은? 18년

① 피험자의 수행
② 불안의 원인
③ 불안의 수준
④ 피험자의 연령

빈출
11 연구방법의 주요 개념에 관한 설명으로 옳지 않은 것은? 25년, 23년, 22년, 21년

① 측정: 한 변인의 여러 값들에 숫자를 할당하는 체계
② 실험: 원인과 결과에 대한 가설을 정밀하게 검사하는 것
③ 독립변인: 실험자에 의해 정밀하게 통제되는 가설의 원인으로써 참가자의 과제와 무관한 변인
④ 실험집단: 가설의 원인이 제공되지 않는 집단

빈출
12 심리학의 연구방법 중 인간의 성 행동을 연구한 킨제이(Kinsey)와 그의 동료들이 남성의 성 행동과 여성의 성 행동을 연구하기 위해 주로 사용한 것은? 25년, 23년, 20년

① 실험
② 검사
③ 관찰
④ 설문조사

---

09 자료수집방법 – 실험
실험에서 독립변수는 연구자가 조작하거나 변화시키는 변수이다. 따라서 문제의 실험에서 독립변수는 기온이다.

10 자료수집방법 – 실험
종속변인은 독립변인의 변화에 의해 영향을 받는 변인으로, 피험자의 불안에 따른 피험자의 수행능력을 알아보는 실험이기 때문에 여기서 종속변인은 '피험자의 수행'이다.

11 자료수집방법 – 실험
실험집단은 가설의 원인인 독립변인이 제공되는 집단이며, 통제집단은 가설의 원인인 독립변인이 제공되지 않는 집단이다.

12 자료수집방법 – 자기보고법
킨제이는 인간의 성 행동을 연구한 선구자로, 1940~50년대에 수천 명의 사람들을 대상으로 성적 행동과 태도에 대한 설문조사 및 면접조사를 실시하여, 연구 결과를 〈킨제이 보고서〉라는 이름으로 출간하였다.

정답 09 ② 10 ① 11 ④ 12 ④

13 놀이방에서 몇 명의 아동에게 몇 가지 인형을 주어 노는 방법의 변화를 1주일에 1시간씩 관찰하는 연구방법은?   19년

① 실험법
② 자연관찰법
③ 실험관찰법
④ 설문조사법

14 마리화나가 기억에 미치는 영향을 알아보기 위한 연구에서 선행조건인 마리화나의 양은 어떤 변수에 해당하는가?   19년, 16년

① 독립변수
② 종속변수
③ 가외변수
④ 외생변수

15 특정 검사에 대한 반복 노출로 인해 발생하는 연습 효과를 줄이기 위해 이 검사와 비슷한 것을 재는 다른 검사를 이용하여 측정하는 검사의 신뢰도는?   24년, 19년

① 반분 신뢰도
② 동형검사 신뢰도
③ 검사 – 재검사 신뢰도
④ 채점자 간 신뢰도

빈출

16 조사 연구에서 참가자의 인지기능을 측정하기 위해 그가 가입한 정당을 묻는 것은 어떤 점에서 가장 문제가 되는가?   24년, 23년, 21년

① 안면 타당도
② 외적 타당도
③ 공인 타당도
④ 예언 타당도

---

13 자료수집방법 – 관찰법
연구자가 인형을 제공하며 연구 대상의 반응을 관찰하고 있으므로, 실험관찰법에 해당한다.

14 자료수집방법 – 실험
독립변수는 연구자가 실험을 통해 조작하거나 변화시키는 변수로, 결과에 영향을 미치는 원인 역할을 한다. 문제의 연구에서 마리화나의 양이 기억이라는 종속변수에 영향을 미치므로, 독립변수라고 할 수 있다.

15 기초 심리통계 – 측정의 질
반복 노출로 인해 발생한 연습 효과는 검사의 신뢰도에 영향을 미칠 수 있어 신뢰도를 유지하기 위해 다양한 방법을 사용한다. 문제에서는 두 개의 유사검사(동형)를 이용하여 측정하는 동형검사 신뢰도를 이용하였다.

16 기초 심리통계 – 측정의 질
인지기능을 측정하기 위해 참가자의 정당을 묻는 것은 관련성이 없어 타당성 여부를 판단하는 안면 타당도에서 문제가 된다.

정답 13 ③ 14 ① 15 ② 16 ①

17 표본조사에 대한 설명으로 옳지 않은 것은?

25년, 24년, 23년, 20년

① 연구자가 모집단의 모든 성원을 조사할 수 없을 때 표본을 추출한다.
② 모집단의 특성을 일반화하기 위해서는 표본은 모집단의 부분집합이어야 한다.
③ 표본의 특성을 모집단에 일반화하기 위해서 무선표집을 사용한다.
④ 표본추출에서 표본의 크기가 작을수록 표집오차도 줄어든다.

18 연구설계 시 내적 타당도를 위협하는 요인이 아닌 것은?

24년, 23년, 22년

① 평균으로의 회귀
② 측정 도구의 변화
③ 피험자의 반응성
④ 피험자의 학습 효과

19 검사에 포함된 각 질문 또는 문항들이 동일한 것을 측정하는 정도를 나타내는 것은?

24년, 23년, 21년

① 내적 일치도
② 경험 타당도
③ 구성 타당도
④ 준거 타당도

20 표본의 크기에 관한 설명으로 틀린 것은?

25년, 24년, 21년

① 모집단이 동질적일수록 표본크기는 작아도 된다.
② 동일한 조건에서 표본의 크기가 클수록 통계적 검증력은 증가한다.
③ 사례 수가 적으면 표준오차가 커지므로 작은 크기의 효과를 탐지할 수 있다.
④ 측정 도구의 신뢰도가 낮을 경우 대규모 표본을 이용하는 것이 효과적이다.

---

17 기초 심리통계-표본조사
표집오차(표본오차)는 표본을 추출할 때 발생하는 오차로, 표본의 크기가 커질수록 표집으로 인한 오차는 줄어든다.

18 기초 심리통계-측정의 질
오답해설
피험자의 반응성은 외적 타당도의 저해 요인 중 하나이다. 내적 타당도 저해 요인에는 통계적 회귀 요인(①), 도구 요인(②), 검사 요인(테스트 효과, ④), 성숙 요인(시간의 경과) 등이 있다.

19 기초 심리통계-측정의 질
한 검사에 포함되어 있는 문항들이 서로 얼마나 동일한지를 측정하는 정도는 내적 일치도를 말하며, 이는 크론바흐 알파계수를 통해 알 수 있다.

20 기초 심리통계-표본조사
표준오차는 표본 통계량(표본 평균·비율 등)이 얼마나 변동하는지를 나타내는 값으로, 표본의 크기(사례 수)가 커야 표준오차가 작아져 작은 크기의 효과를 보다 정확하게 탐지할 수 있다.

정답 17 ④ 18 ③ 19 ① 20 ③

21 다음 (　　)에 알맞은 것은? 24년, 17년

> 어떤 고등학교의 2학년 1반 학생들과 2반 학생들의 지능지수 평균은 110으로 같았으나, 1반 학생들의 지능지수분포는 80~140인 반면, 2반 학생들의 분포는 95~120으로 (　　)는 서로 달랐다.

① 중앙치　② 최빈치
③ 변산도　④ 추정치

22 심리검사의 타당도를 측정하는 방법 중 검사의 내용이 측정하려는 속성과 일치하는지를 논리적으로 분석 검토하여 결정하는 것은? 24년

① 예언 타당도
② 공존 타당도
③ 구성 타당도
④ 내용 타당도

23 연결망을 통해 원하는 만큼 많은 수의 표본을 추출하는 방법은? 23년, 19년

① 할당 표집(Quota Sampling)
② 유의 표집(Purposive Sampling)
③ 임의 표집(Convenience Sampling)
④ 눈덩이 표집(Snowball Sampling)

빈출
24 척도와 그 예가 올바르게 짝지어진 것은? 25년, 23년, 20년

① 명명척도: 운동선수 등번호
② 서열척도: 온도계로 측정한 온도
③ 등간척도: 성적에서의 학급석차
④ 비율척도: 지능검사로 측정한 지능지수

---

21 기초 심리통계-자료의 분포
변산도는 자료가 분포되어있는 정도를 의미하며, 이를 확인할 수 있는 것에는 범위, 분산, 표준편차, 사분편차 등이 있다.

22 기초 심리통계-측정의 질
내용 타당도는 검사가 측정하고자 하는 속성을 제대로 측정하였는가를 판단할 때, 논리적 사고에 근거하여 판단하는 타당도이다. 보통 전문가의 주관적 판단에 근거한다.

23 기초 심리통계-표본추출방법
눈덩이 표집은 모집단의 크기가 작고 해당되는 연구 대상을 찾기 어려울 때 사용하는 표집방법으로, 연구에 필요한 소수의 표본을 찾은 후 이들이 추가로 새로운 응답자를 추천하는 방식이다.

24 기초 심리통계-측정의 수준
오답해설
②, ④ 등간척도의 예이다.
③ 서열척도의 예이다.

정답 21 ③ 22 ④ 23 ④ 24 ①

25 최빈값에 관한 설명으로 옳지 않은 것은?
25년, 22년, 20년, 17년

① 주어진 자료 중에서 가장 많이 나타나는 측정값이다.
② 최빈값은 대표성을 갖고 있다.
③ 자료 중 가장 극단적인 값의 영향을 받는다.
④ 중심경향성 기술값 중의 하나이다.

26 심리검사의 오차 유형 중 측정 결과에 변화를 주는 것은?
21년

① 해석적 오차
② 항상적 오차
③ 외인적 오차
④ 검사자 오차

27 일반적으로 사용되는 분포의 집중경향치로 옳게 짝지어진 것은?
22년

① 평균값 – 중앙값
② 평균값 – 백분위
③ 백분위 – 상관계수
④ 중앙값 – 상관계수

28 심리 측정에 관한 설명으로 옳은 것은?
22년, 18년

① 일반적으로 검사 도구가 측정하고자 목적한 바를 측정할 때 그 검사 도구는 신뢰도가 있다고 한다.
② 내적 일관성 신뢰도는 검사를 1회 시용한 결과만을 가지고 신뢰도를 계산해야 할 때 사용될 수 있는 방식이다.
③ 검사 – 재검사 신뢰도는 서로 다른 집단의 사람들에게 검사를 반복적으로 사용하였을 때 동일한 결과가 나오는 정도이다.
④ 내용 타당도는 어떤 검사가 그 검사를 실시한 결과를 통해서 알고자 하는 준거변수와의 상관 정도를 말한다.

---

25 기초 심리통계-자료의 분포
최빈값은 주어진 자료에서 가장 자주 등장하는 값을 의미하며, 집중(중심)경향치의 대푯값 중 하나이다. 평균이나 중앙값과 달리 극단값의 영향을 받지 않는다.

26 기초 심리통계-표본조사
측정 결과에 영향을 주는 오차는 외인적 오차이다. 외인적 오차는 변수와 관계없는 외부적 요인(피험자의 건강 상태, 시험 환경 등)이 검사 결과에 영향을 미칠 때 생기는 오차를 말한다.

27 기초 심리통계-자료의 분포
집중(중심)경향치에는 평균값, 중앙값, 최빈값이 있다.

28 기초 심리통계-측정의 질

오답해설
① 타당도에 관한 설명이다.
③ 검사 – 재검사 신뢰도는 같은 집단에게 동일한 검사를 반복적으로 시행하여 결과의 일관성을 확인하는 방법이다.
④ 준거 타당도에 관한 설명이다.

정답 25 ③ 26 ③ 27 ① 28 ②

29 통계 분석에 관한 설명으로 옳지 않은 것은?

21년

① 2개의 모평균 간에 차이가 있는지를 검정하기 위해서 중다회귀 분석(Multiple Regression Analysis)을 이용한다.
② 3개 또는 그 이상의 평균치 사이에 차이가 있는지를 검정하기 위해서 분산 분석을 사용한다.
③ 빈도 차이의 유의성을 검증하기 위해서 x^2 검정을 사용한다.
④ 피어슨 상관계수 r은 근본적으로 관련성을 보여주는 지표이지 어떠한 인과적 요인을 밝혀주지는 않는다.

30 설문조사에서 문항에 대한 응답을 '매우 찬성'에서 '매우 반대'까지 5개의 답지로 응답하게 만든 척도는?

20년

① 리커트(Likert) 척도
② 서스톤(Thurstone) 척도
③ 거트만(Guttman) 척도
④ 어의변별(Semantic Differential) 척도

31 다음 중 모집단의 표준편차를 적은 수의 표본 자료에서 추정할 경우 사용하는 분포로 가장 적합한 것은?

20년

① 정규분포
② t-분포
③ x^2분포
④ F분포

---

29 기초 심리통계-통계 분석방법
2개의 모평균 간의 차이가 있는지를 검정하려면 t-검정(t-Test)을 사용해야 한다. t-검정은 두 집단 간의 평균 차이가 유의미한지를 검토할 때 사용하며, 중다회귀 분석은 여러 개의 독립변인이 종속변인에 미치는 영향을 분석할 때 사용한다.

30 기초 심리통계-측정의 수준
리커트 척도는 응답자가 특정 진술에 대해 얼마나 동의 혹은 반대하는지에 대해 여러 선택지(일반적으로 5점 또는 7점 척도)를 제공하여 응답자가 자신의 의견을 명확하게 표현할 수 있도록 한다.

31 기초 심리통계-자료의 분포
모집단의 표준편차를 모를 때 혹은 표본의 크기가 작을 때(n<30) 사용하는 것은 t-분포이다.

오답해설
① 정규분포는 모집단의 표준편차를 알고 있거나, 표본의 크기가 충분히 큰 경우 사용한다.
③ x^2(카이제곱)분포는 모집단의 분산을 추정할 때 사용한다.
④ F분포는 두 모집단의 분산 비율을 비교할 때 사용한다.

정답 29 ① 30 ① 31 ②

32 다음 중 온도나 지능검사의 점수를 측정할 때 사용되는 척도는?   21년

① 명목척도
② 서열척도
③ 등간척도
④ 비율척도

34 다음의 설명에 해당하는 것은?   23년, 22년, 21년, 18년

> 척도상의 대표적 수치를 의미하며 평균, 중앙치, 최빈치가 그 예이다.

① 빈도분포값
② 추리통계값
③ 변산측정값
④ 집중경향값

33 집중경향치에 관한 설명으로 <u>틀린</u> 것은?   25년, 24년, 16년

① 일반적으로 집중경향치에는 평균치, 중앙치, 최빈치가 있다.
② 최빈치는 분포 중 가장 많은 대다수를 표현한다.
③ 대칭적 분포에서는 평균치와 중앙치가 동일하다.
④ 편포된 분포에서 집중경향치를 선택할 때 어떤 집중경향치를 선택해도 똑같은 의미를 지닌다.

---

32 기초 심리통계-측정의 수준
온도나 지능검사 점수처럼 점수 간의 간격이 동일하며, 차이가 일관되게 유지되는 것을 측정할 때 사용되는 척도는 등간척도이다.

33 기초 심리통계-자료의 분포
집중(중심)경향치는 점수분포의 중심값이자 대표하는 값으로, 평균치·중앙치·최빈치가 있다. 편포된 분포(분포가 한쪽으로 치우친 경우)에서는 집중(중심) 경향치가 서로 일치하지 않아 서로 같은 의미를 지닌다고 볼 수 없다.

34 기초 심리통계-자료의 분포

오답해설
① 빈도분포값은 데이터의 빈도를 나타내는 값으로, 특정 값이 얼마나 자주 나타나는지를 보여준다.
② 추리통계값은 표본 데이터를 이용하여 모집단에 대한 추론을 수행하는 통계값을 말한다.
③ 변산측정값은 데이터의 흩어짐(변동성)의 정도를 나타내는 값이다.

정답 32 ③ 33 ④ 34 ④

35 변산성을 측정하는 기술치로 짝지어진 것은? 19년

① 범위, 최빈치
② 범위, 표준편차
③ 표준편차, 평균
④ 중앙치, 편포도

37 종속변인에 나타난 변화가 독립변인의 영향 때문이라고 추론할 수 있는 정도를 의미하는 것은? 25년, 22년, 18년

① 내적 신뢰도
② 외적 신뢰도
③ 내적 타당도
④ 외적 타당도

36 비율척도에 해당하는 것은? 22년, 18년

① 성별
② 길이
③ 온도
④ 석차

---

35 기초 심리통계-자료의 분포

변산성(변산도)은 자료가 분포되어있는 정도를 말하며, 이는 범위, 분산, 표준편차, 사분편차 등을 통해 확인할 수 있다.

36 기초 심리통계-측정의 수준

오답해설
① 명목(명명)척도에 해당한다.
③ 등간척도에 해당한다.
④ 서열척도에 해당한다.

37 기초 심리통계-측정의 질

오답해설
① 내적 신뢰도는 측정 도구 내 문항들이 서로 얼마나 일관성 있게 측정하는지의 정도를 의미한다.
② 외적 신뢰도는 시간, 평가자, 상황 등의 외부 조건이 변해도 일관된 측정 결과를 얻을 수 있는 정도를 말한다.
④ 외적 타당도는 실험의 결과가 실험 외의 상황이나 다른 집단에 얼마나 일반화될 수 있는지를 의미한다.

02 발달심리학

I. 심리학개론

1과목 내 출제 비중 8%

공략 포인트
- 1과목 내에서 가장 출제 비중이 낮은 부분이지만, 03. 성격심리학이나 3과목 심리검사와 연계되는 부분이 많으니 잘 알아두어야 합니다.
- 해당 이론에서는 학자별 발달이론이 자주 출제되니 해당 부분을 잘 정리해 두세요.

수험 키워드!
\# 피아제
\# 아동기
\# 보존개념
\# 성 도식이론
\# 죽음 5단계 이론

1 발달의 개념과 특징

1. 발달의 개념

(1) 발달의 정의
① 인간의 생명이 시작되는 수정의 순간부터 죽음에 이르기까지의 전 생애의 모든 변화의 양상과 과정을 말한다.
② 신체, 운동기능, 지능, 사고, 언어, 성격, 사회성, 정서, 도덕성 등 인간의 모든 특성이 포함된다.
③ 발달과 유사한 개념

성장 (Growth)	• 신체크기의 증대, 근력의 증가 등과 같은 양적 확대 • 주로 신체적 특성의 변화를 뜻함
성숙 (Maturation)	인간의 내적 또는 유전적 기제의 작용에 의해 나타나는 체계적이고 규칙적으로 진행되는 신체 및 심리적 변화
학습 (Learning)	• 후천적 변화의 과정 • 특수한 경험·훈련·연습과 같은 외부자극이나 조건, 즉 환경에 의해 개인이 내적으로 변하는 것

(2) 발달심리학의 정의
① 인간 유기체의 전 생애 동안 성장과 변화의 과정을 생물학적, 심리적 측면에서 연구하는 학문이다.
② 인간 성장 과정의 보편적 변화를 이해하는 데 도움을 준다.
③ 개인차나 행동에 영향을 미치는 환경에 대한 깊은 이해를 추구한다.

(3) 발달과 관련된 논쟁: 유전과 환경의 논쟁
① 천성(Nature) 대 양육(Nurture)의 중요성과 관련된 이슈로, 유기론적 관점은 유전적 요인의 중요성을 더 강조하며 기계론적 관점은 환경적 요인⊕을 더 강조한다.
② 다만, 현대의 발달이론들은 어느 한쪽을 고집하지 않고, 유전적 요인과 환경적 요인을 통합적으로 받아들이며 서로 상호작용하여 발달이 이루어진다고 본다.

심화 환경적 요인
- **물리적 경험**: 사물을 대상으로 하는 지적 활동
- **사회적 요인**: 사람들과의 상호작용

2. 발달의 특징 `기출` 21년

일정한 순서와 방향성	• 중심부에서 말초부, 머리에서 하체로 발달 진행 • 전체운동에서 특수운동으로, 미분화운동에서 분화운동으로 진행
개인차	환경과 유전적 요인에 따른 개인차가 존재
상호연관성	한 영역의 발달이 다른 영역의 발달에 영향을 줌
결정적 시기	• 발달이 이루어지는 결정적 시기가 존재하며, 이 시기를 놓치면 학습되기 어려움(효율성 저하) • 각인(Imprinting): 생물학적인 발달개념으로 매우 짧은 시기(수초에서 수분)에 학습하는 능력 예 언어발달의 결정적 시기를 0~12세로 보는 관점
분화와 통합의 과정	발달은 점진적으로 분화하고, 신체·인지·정서 각 측면은 밀접한 상호작용을 통해 발달하며 통합됨
성숙과 학습	신체발달인 성숙과 자극 습득인 학습의 산물

2 인지발달이론

1. 피아제(Piaget)의 인지발달이론

(1) 특징

① 인간은 대상과 상호작용하면서 인지가 형성되고, 반사기능만을 가지고 태어나지만 인지 구조를 바꾸면서 외부 환경에 적응해 간다고 본다.
② 인지기능은 인지도식의 발달과 인지 구조의 변화를 가능하게 한다고 본다.
③ 인지 구조의 발달은 생득적 요인인 성숙과 환경적(경험적) 요인이 상호작용하며 이루어진다고 본다.

(2) 주요 개념

도식
(스키마)
	• 경험이나 학습을 통하여 인간의 기억 속에 축적된 사고 또는 기본 구조로, 사람들이 외부 환경으로부터 사물이나 현상을 받아들이고, 해석·전환·조직하는 기본적인 이해와 인식의 틀
	• 도식의 적응 과정
	  – 동화: 새로운 경험을 기존의 도식에 맞춰 이해
	  – 조절: 외부 사물을 인지할 때 상황에 맞게 기존의 도식을 변화시켜 이해

평형화	• 인지적 구조가 일관성 있고 안정된 행동양식으로 유지하려는 경향을 말하며, 동화와 조절 과정의 반복으로 인지 구조의 평형 상태 유지 • 개인의 정신적 활동과 환경 간의 균형 상태를 말함 • 개인이 스스로 자신의 인지 구조를 형성하고 재구성하는 인지발달의 핵심기능

(3) 인지발달단계 `기출` 22, 20~18년

> **TIP** 피아제는 성인기 이후 발달을 다루지 않았습니다.

① 개인의 지능이나 환경에 따라 각 단계에 도달하는 데 개인차는 존재할 수 있으나 발달 순서는 바뀌지 않는다.
② 각 단계는 전 단계의 심리적 구조가 통합된 것이며, 다음 단계의 심리적 구조로 통합될 준비 과정이다.

빈출 핵심 발문

• 과자의 양이 적다는 어린 꼬마에게 모양을 다르게 하였더니 많다고 좋아한다. 이 아이의 논리적 사고를 피아제의 이론으로 본다면 무엇에 해당하는가?
• 피아제(Piaget)가 발달심리학에 끼친 영향과 가장 거리가 먼 것은?

③ 각 단계의 사고 과정은 서로 다르며 시간이 경과하면서 더 복잡하고 객관적이며, 타인의 관점을 생각하는 방향으로 발전한다.

구분	연령	특징
감각운동기	0~2세	• 반사행동에서 목표지향적 행동, 도식의 발달(빨기와 잡기의 결합), 모방능력의 발달, 대상영속성 습득 • 감각운동기 하위 6단계 존재
전조작기	2~7세	• 물활론적 사고: 무생물에 생명이 있다고 생각 • 전인과적 추론: 동시에 일어난 사건에 대한 원인이 하나라고 추론, 원인과 결과 혼돈 • 자아중심성 발달: 타인의 생각·감정·관점을 이해하지 못하고 자기 입장에서만 이해 • 외양과 실제의 구분 및 눈에 보이지 않는 조작과 추리에 의한 배열을 어려워함 • 하나의 준거에 의해서만 물체 수집 및 분류
구체적 조작기	7~11세	• 구체적 문제에 대한 논리적 사고 가능 • 탈중심화 발생: 여러 조작에 의한 과학적 사고와 문제해결 가능 • 가역성의 이해: 현상을 역으로 상상·추리하고 어떤 상황을 본래의 상황으로 변환 가능 • 논리적 조작에 의한 보존개념 습득 • 대상을 여러 차원 및 속성에 따라 분류하며, 두 개 이상의 기준을 동시 고려하여 분류하는 중·다분류 가능 • 이행성, 다중서열 가능

형식적 조작기	11·12세~	• 경험에 근거한 정신적 활동에서 개념과 명제에 근거한 정신적 활동 가능
		• 추상성(Abstractness) 형성
		  – 대상의 존재 여부와 상관없이 형식논리에 의해 대상을 사고
		  – 추상적 상징과 은유를 많이 사용하고 상위 인지 발달
		• 자기성찰과 내성의 발달
		• 가설-연역적 사고: 가설이나 일반적 사실을 설정하고 이를 전제로 특정 결과를 추론하는 명제적 사고 기능
		• 조합적 사고 발달

용어 대상영속성
대상이 보이지 않을 때도 여전히 대상이 존재한다는 것을 이해하는 능력

심화 감각운동기 하위 6단계
• 반사기능(0~1개월): 빨기·잡기 등 생득적 반사 연습
• 1차 순환반응기(1~4개월): 반사기능으로부터 적응적 도식의 발달
• 2차 순환반응기(4~8개월): 흥미로운 사태를 재현하는 절차 발달
• 2차 도식협응기(8~12개월): 수단과 목표를 결합하는 의도적 행동 표출
• 3차 순환반응기(12~18개월): 탐색과 시행착오를 통해 새로운 수단-목표 결합
• 정신적 표상기(18~24개월): 표상 및 상징기능 출현

용어 보존개념
양, 수, 부피 등이 물리적 변형이나 겉모습의 변화에 영향을 받지 않음을 이해하는 능력

(4) 도덕성 발달단계

구분	연령	특징
전도덕성 단계	4세 이전	자신의 욕구 충족을 우선하는 시기로, 도덕적 인식이 전혀 없는 단계
타율적 도덕성 단계	5~6세	성인이 정한 규칙을 맹목적으로 복종하는 시기로, 외적 준거와 행위의 결과에 의해 판단하는 단계
자율적 도덕성 단계	7세 이후	규칙이 상호 합의에 의해 정해지고 서로 동의하면 규칙도 변할 수 있다고 생각하는 시기로, 행위의 결과와 의도를 함께 고려하는 단계

(5) 평가 기출 24~23, 20년
① 아동을 환경 속의 자극을 적극적으로 구축하는 가설 생성적인 개체로 보는 데 기여하였다.
② 발달 심리학에서 추구하는 학습이론이 구조와 규칙에 대한 심리학이 되는 데 그 기반을 제공하였으며, 발달심리학이 인간의 복잡한 지적 능력의 변화를 탐색하는 분야가 되는 데 기여하였다.
③ 유전적 요인뿐만 아니라 발달단계에 맞는 개입과 환경 요인의 중요성이 대두되는 데 일조하였다.
④ 문화적·사회경제적·인종적 차이에 따른 발달차를 충분히 고려하지 않았으며, 발달단계별 발달기제가 모호하며 설명이 명료하지 않다.
⑤ 영유아, 아동의 발달이 피아제의 판단보다 더 빠르다는 최근 연구가 있다.

2. 비고츠키(Vygotsky)의 인지발달이론

(1) 특징
① 발달은 변증법적 교류에 의해 이루어지며, 사회적 상호작용과 언어가 사고발달에 영향을 미친다고 본다.
② 정신적 발달은 환경과의 교류 결과를 내면화하는 과정이다.
③ 지식은 다음 행동을 위한 명제(Theses)나 지식이 된다고 본다.

(2) 주요 개념

사적 언어 (개인적 언어)	• 아동이 자신과 대화하는 것 → 행동 및 사고 조절, 문제해결능력발달에 영향을 주며 인지발달에 중요한 역할을 함 • 발달 과정: 소리 내어 말하기 → 속삭이기 → 입술만 움직이기 → 내적 언어

근접발달영역 (ZPD)	• 실제적 발달 수준과 잠재적 발달 수준 사이의 영역
	  – 실제적 발달 수준: 독립적으로 기능할 수 있는 범위
	  – 잠재적 발달 수준: 교육적인 사회적 상호작용에 참여함으로써 기능할 수 있는 범위
	• 아동이 혼자서는 해결할 수 없지만 유능한 타인의 도움을 받으면 문제를 해결할 수 있는 영역

비계(발판)	• 아동이 자신의 능력보다 높은 수준의 과제를 수행할 때, 옆에서 도와주어 인지적 향상을 꾀하는 발판 역할을 하는 체계 • 아동의 기능이 향상됨에 따라 아동이 더 많은 책임을 갖도록 자극

3. 콜버그(Kohlberg)의 도덕성 발달이론 기출 24년

(1) 특징
① 피아제의 이론을 성인기까지 확장하였다.
② 10~16세 소년을 대상으로 하인츠 딜레마⊕ 상황과 같은 도덕적 갈등 상황을 제시하고 그 답변을 분석하여 도덕성 발달 수준을 3수준 6단계 구조로 구분하였다.
③ 도덕발달단계는 보편적이고 불변적인 순서로 진행된다.

심화 하인츠 딜레마
하인츠의 부인이 희귀한 암을 앓고 있었고, 이를 치료하는 약이 한 가지밖에 없었으나 그 약을 판매하는 약사가 약값을 원가의 10배나 요구하였음. 돈이 부족했던 하인츠는 여기저기서 돈을 모았지만, 약사가 요구한 값을 채우지 못하였고 절망에 빠진 하인츠는 결국 약방을 부수고 들어가서 자신의 부인을 위하여 그 약을 훔쳐내었음

(2) 도덕성 발달단계

전인습적 수준 (4~9세 이전)	1단계	처벌과 복종 지향
	2단계	도구적 상대주의(개인적) 보상 지향
인습적 수준 (10세 이상)	3단계	대인관계에서의 조화, 착한 소년·소녀 지향, 사회적 규범이 도덕적 사고의 기준이 됨
	4단계	법과 질서 지향
후인습적 수준 (20세 이상)	5단계	사회적 계약과 합법적 행동 지향
	6단계	보편적인 윤리적 원리 지향

(3) 평가

① 문화적 다양성을 고려하지 않고 서구사회기준을 보편적 원리로 제시한 점과 도덕추론만을 강조하고 도덕적 감정과 행동을 간과한 점에서 비판받았다.
② 길리건(Gilligan)은 여성의 도덕성에 대한 평가를 절하하였다고 비판하였다 (1982).

3 정신분석(역동)이론

1. 프로이트(Freud)의 정신분석이론

TIP 프로이트의 정신분석 이론은 03. 성격심리학(49쪽)에서 정리하였습니다.

(1) 심리성적 발달단계 기출 19년

구분	연령	특징
구강기	0~18개월	• 씹기, 빨기, 물어뜯기와 같은 입을 통한 자극이 상호작용의 창구로 작용 • 구강기 고착: 유아기의 구강적 만족이 억제된 결과로, 다른 사람들의 사랑에 대한 불신과 거부감이 생기고, 관계를 맺지 못할 것이라는 두려움으로 발전
항문기	18개월~3세	• 18개월 이전 만 1세가 지나면 배변 훈련 시작 • 항문기-공격형 성격: 배변 훈련이 너무 엄격한 경우, 부적절한 장소에서 배변을 함으로써 분노를 표현하기도 함. 이러한 부적절한 분노표현, 극단적 무질서 등은 성인기 성격의 기초가 될 수 있음 • 항문기-보유형 성격: 배변 시 과도한 칭찬과 관심은 아이가 지나치게 이를 중요하게 생각하도록 함. 이는 극단적 질서정연, 탐욕, 인색함, 고집 등과 같은 고착행동을 일으킴
남근기	3~6세	• 이성의 부모에 대한 무의식적 성적 관심과 욕구가 커지는 것이 주요 갈등 초점으로, 이후의 성적 발달이나 적응에 대한 강력한 결정 요인이 됨 • 이성의 부모를 차지하려는 욕구와 함께 경쟁자인 동성의 부모를 제거하고 싶은 무의식적 욕구도 나타남 • 남아: 거세 불안, 오이디푸스 콤플렉스(Oedipus Complex) • 여아: 남근 선망, 엘렉트라 콤플렉스(Electra Complex)

심화 오이디푸스 콤플렉스
• 아들이 어머니를 이성적으로 사랑하며 겪는 갈등으로, 아버지를 경쟁자로 생각해 적대적 감정을 가지기도 함
• 아버지가 경쟁자이기 때문에 자신의 성기를 거세할 것 같다는 불안감을 느낌
• 오이디푸스적 갈등이 적절히 해소되어 가면 아들의 어머니에 대한 감정은 수용할 수 있는 애정으로 바뀌며, 아버지와 동일시하고자하는 강한 욕구에 따라 아버지의 행동을 모방하려고 함

심화 엘렉트라 콤플렉스
• 딸이 아버지를 이성적으로 사랑하며 겪는 갈등
• 딸은 남근이 없다는 불안감을 겪으며, 어머니가 자신에게서 아버지를 빼앗기 위해 남근을 제거했다고 믿고 어머니에 대해 적대감을 가지고 남근을 선망함
• 어머니의 행동특성을 모방하며 동일시 과정이 시작됨

잠복기	6~11, 12세	• 성 본능 잠재기로, 성적 충동은 학교 활동, 운동, 동성 간의 우정으로 승화 • 성격의 주요 구조(원초아, 자아, 초자아)가 형성되고 하부 체계들 사이의 관계도 형성됨 • 사회화가 일어나고 더 넓은 세계로 흥미를 돌림
생식기 (성기기)	사춘기 이후	• 이 단계에는 성적 에너지가 다시 분출되어 이성에 대한 성적 관심과 욕구 증가 • 이전 단계까지는 자기 자신으로부터 성적 만족을 취하는 자기애적 성향을 특징으로 지니고 있었으나 이 단계에서 이성애적 성향으로 바뀜 • 이 단계까지 순조로운 발달을 성취한 사람은 점차 타인에 대한 관심과 협동의 태도를 갖게 되어 이타적 성격의 소유자로 발달

(2) 평가
① 인간의 성적 욕망을 지나치게 강조했으며, 인간을 성욕과 거세불안에 지배되는 수동적·소극적 존재로 보았다.
② 과학적 절차로 검증되기 어렵고, 무의식적 동기에 대한 관찰·연구가 어렵다.
③ 청년기와 그 이후에 대한 고찰이 부족하다.

2. 에릭슨(Erikson)의 심리사회적 발달이론

(1) 특징
① 사회적 경험이 인간발달에 중요하다고 보았으며, 인간발달은 자신의 필요와 사회적 요구 사이의 갈등 해결을 통해 이루어진다고 본다.
② 프로이트 이론의 기본적 체계를 받아들이고, 전 생애 발달개념을 도입하였다.

(2) 심리사회적 발달단계 기출 22, 16년

위기	연령	특징
신뢰감 대 불신감	0~18개월 (영아기)	• 부모로부터 적절한 보살핌을 받아 기본적인 요구를 충족하면 자신과 주변에 대한 신뢰감 형성 • 반면, 욕구 좌절로 인한 부정적인 경험이 많은 영아는 근원적인 불신감을 갖게 됨 • 심리사회적 미덕: 희망(Hope)
자율성 대 수치심	18개월~3세 (걸음마기)	• 자기통제행동은 부모에 의해 규제받게 되거나 스스로 실행하며 실패함 • 자기통제의 성공과 실패를 통해 자기통제에 기본적인 자신감을 갖게 되어 자율성이 형성됨 • 과도한 외부의 통제는 자신에 대한 수치와 회의에 빠져들게 함 • 심리사회적 미덕: 의지(Will)
주도성 대 죄책감	4~6세 (학령전기)	• 자기주도적 활동이 적절한 비율로 성공하면 주도성이 확립됨 • 실패의 경험이 많으면 주도성은 위축되며 자기주장에 대해 죄의식을 갖게 됨 • 심리사회적 미덕: 목적(Purpose)

> **용어 심리사회적 미덕**
> 발달단계별 심리사회적 미덕은 발달단계를 잘 이행하였을 때 얻을 수 있는 일종의 심리학적 장점임

근면성 대 열등감	6~11세 (아동기)	• 학교에서 부과하는 여러 과제들을 통해 근면성 획득 • 학교, 가정에서 자신에게 주어진 일에 적절한 성취를 느끼지 못하면 열등감에 빠짐 • 심리사회적 미덕: 능력(Competence)
정체성 대 역할 혼미	12~20세 (청소년기)	• 정체성 확립이 이루어지는 시기 • 가정과 가정 밖에서 경험한 가치관, 도덕관, 인생관 등이 갈등·방황·통합 과정을 통해 자기 고유의 주체의식으로 확립됨 • 반대로 사춘기 적응장애, 격정, 자살 시도, 문란한 성 행동, 약물 남용, 학업 실패 등 지나친 행동이나 감정변화 등의 심한 발달장애가 올 수 있음 • 심리사회적 미덕: 충성(Fidelity)
친밀감 대 고립감	21~40세 (청년기/ 초기 성인기)	• 배우자를 포함한 상대방과 의견충돌 내지 불만이 있을 때에 상대방과의 관계를 깨지 않으면서 대화를 통해 자기의견을 주장하여 서로가 만족할 수 있는 관계로 이끌어 가는 능력 필요 • 실패하면 고립 발생 • 심리사회적 미덕: 사랑(Love)
생산성 대 침체성	중년기	• 부모의 역할을 하는 것이 이 시기의 주된 과제 • 직업과 가정에서의 성공을 이룬다면 생산성을 획득하나 그렇지 못하면 정체가 옴 • 심리사회적 미덕: 관심(Care)
통합성 대 절망감	노년기	• 자신의 삶을 수용하고 지금까지의 삶을 통합하는 시기 • 심리사회적 미덕: 지혜(Wisdom)

4 애착이론

1. 에인스워스(Ainsworth)의 애착 유형 기출 21, 19년

(1) 안정 애착(Secure Attachment)

① 주 양육자에게 안정적으로 애착되어 있는 유형이다.
② 활발하게 잘 놀며 주변을 탐색하기 위해 주 양육자와 쉽게 떨어지고, 주 양육자와 함께 놀 때는 밀접한 관계를 유지한다.
③ 주 양육자와의 짧은 이별로 고통을 경험하고, 주 양육자와의 재회 시 적극적 접촉을 시도하지만, 접촉 후에는 곧바로 안정을 되찾고 다시 놀이에 몰두한다.

(2) 불안정 애착(Insecure Attachment)

회피 애착 (Avoidant Attachment)	• 주 양육자에게 불안하게 애착되어 있어 주 양육자를 회피하는 유형 • 주 양육자와 재회할 때 주 양육자를 회피하고, 주 양육자와의 두 번째 짧은 이별 후에 회피행동이 더 강하게 나타남
저항 애착 (Resistant Attachment)	• 주 양육자에게 불안하게 애착되어 주 양육자에게 저항하는 유형 • 주 양육자와 분리 후 재회할 때 자신을 두고 떠난 주 양육자에 대하여 화를 내면서도 주 양육자와 가까이 있고 싶어 하며 접촉하려고 시도하지만, 주 양육자가 안아주면 뿌리치고 밀어내는 양면성을 보이며 쉽게 안정감을 찾지 못함

심화 애착과 기질의 차이
• 애착은 주 양육자와의 정서적 유대 관계를 말하며, 환경적 영향을 크게 받아 환경에 따라 애착 유형이 생김
• 기질은 선천적인 생물학적 기초를 가지며, 유전과 신경학적 기반에 의해 결정되기 때문에, 자극에 대한 반응과 행동에 대한 개인차를 설명해 줌

2. 동물행동학적 이론

로렌츠(Lorenz)의 각인이론	• 특정 대상을 보호자로 인식하는 본능적 학습 과정을 말함 • 각인은 자동적으로 결정적 시기에만 발생되며, 비가역적인 특징 존재
볼비(Bowlby)의 아동애착이론	• 애착형성은 종의 보존과 생존에 중요한 의미를 갖는 본능적 반응의 결과로 봄 • 영아는 피동적 존재가 아니라 스스로 보살핌을 이끌어내는 적극적인 역할을 한다고 봄 • 내적 작동 모델: 아동이 주 양육자와의 초기 애착 경험을 통해 형성한 자신과 타인에 대한 인지적·정서적 틀로, 아동의 대인관계에 대한 지표 역할을 함
할로(Harlow)와 지머맨(Zimmerman)의 연구	새끼 원숭이 실험에서 우유를 먹을 때만 철사로 만든 대리모에게로 가고 놀 때나 스트레스 상황에서는 천으로 만든 대리모에게 가는 점에서 신체적 접촉이 주는 위안이 우유를 주는 것보다 애착형성에 더 중요하다는 결론 도출

5 발달단계와 관련된 그 외 발달이론

1. 아동기 발달이론 기출 25~21년

(1) 마음이론

① 타인에 대한 이해: 아동이 타인의 감정, 의도, 신념을 이해하고 타인이 자신과 다른 생각을 가질 수 있다는 개념을 인식하는 능력을 말한다.

② 틀린 믿음
  ㉠ 자신과 다른 믿음이나 생각을 이해하고 예측하는 능력을 말한다.
  ㉡ 샐리 앤 테스트(Sally-Anne Test)를 통해 평가할 수 있으며, 보통 4~5세부터 타인의 감정, 의도 등이 있다는 것을 이해하기 시작한다.

(2) 성 도식이론

① 아동이 성(Gender)과 관련된 정보를 조직하고 처리하는 방식을 설명하는 이론이다.

② 성에 대한 문화적 기대와 사회적 영향을 받아 특정한 도식이 형성된 아동이 이를 통해 세상을 해석한다고 본다.

2. 성인기와 노년기 발달이론

(1) 성인기 발달이론 기출 24년

리겔(Riegel)의 변증법적 사고	• 사고의 발전이 모순과 갈등을 해결하는 과정으로 이루어진다고 설명함 • 변증법적 사고: 상반되고 모순된 개념의 통합을 통해 새로운 시각이나 관점을 도출해내는 것을 말하며, 이를 통해 더 복잡하고 다층적인 사고로 발전 • 사고는 단순한 정보 축적이 아니라, 갈등 해결을 통한 질적 변화를 의미하며, 성인기에 특히 더 발달하는 경향을 보임
후형식적 사고	• 성인기에 나타나는 인지발달양식으로, 보다 복잡하고 현실적인 문제를 다루는 능력을 말함 • 상황에 따라 진리가 달라질 수 있다고 봄

> **빈출 핵심 발문**
> • 퀴블러 로스가 주장한 죽음의 단계에 대한 순서로 옳은 것은?

(2) 노년기 발달이론: 퀴블러 로스(Kübler Ross)의 죽음 5단계 이론 기출 25, 22, 20년

부정	죽음에 대한 이야기를 사실로 받아들이지 않고, 의사의 오진이라고 생각함 (현실 부정)
분노	'왜 하필 나에게'라고 생각하고 가족이나 의사에게 분노를 표현함
타협(협상)	죽음에 대해 일부 수용하고 특정 대상(의료진이나 신)과 협상을 하고자 함
우울	이별할 수밖에 없는 상황에 대해 우울해함
수용	죽음에 대한 사실을 받아들임

기출(복원)문제

회독용 OMR

QR코드의 OMR 답안지로 문제를 반복해서 풀어 본 후, 문항 번호 아래 박스에 회독한 만큼 체크해 보세요.

01 발달의 일반적 특징으로 틀린 것은? 　　21년
① 발달은 이전 경험의 누적에 따른 산물이다.
② 한 개인의 발달은 역사·문화적 맥락의 영향을 받는다.
③ 발달의 각 영역은 상호의존적이기보다는 서로 배타적이다.
④ 대부분의 발달적 변화는 성숙과 학습의 산물이다.

[빈출] 02 피아제(Piaget)가 발달심리학에 끼친 영향과 가장 거리가 먼 것은? 　　24년, 23년, 20년
① 환경 속의 자극을 적극적으로 구축하는 가설 생성적인 개체로 아동을 보게 하였다.
② 인간 마음의 변화를 생득적·경험적이라는 두 대립된 시각으로 보는 데 큰 기여를 했다.
③ 발달심리학에서 추구하는 학습이론이 구조와 규칙에 대한 심리학이 되는 데 그 기반을 제공했다.
④ 발달심리학이 인간의 복잡한 지적 능력의 변화를 탐색하는 분야가 되는 데 기여였다.

[빈출] 03 과자의 양이 적다는 어린 꼬마에게 모양을 다르게 하였더니 많다고 좋아한다. 이 아이의 논리적 사고를 피아제의 이론으로 본다면 무엇에 해당하는가? 　　25년, 22년, 18년
① 자기중심성의 문제
② 대상영속성의 문제
③ 보존개념의 문제
④ 가설 – 연역적 추론의 문제

04 Piaget의 인지발달단계 중 보존개념이 획득되는 시기는? 　　20년
① 감각운동기
② 전조작기
③ 구체적 조작기
④ 형식적 조작기

---

01 발달의 개념과 특징 – 발달의 특징
한 영역의 발달이 다른 영역의 발달에 영향을 주기 때문에, 발달의 각 영역은 상호의존적이다.

02 인지발달이론 – 피아제의 인지발달이론
피아제는 생득적 요인인 성숙과 환경적(경험적) 요인이 서로 상호작용하면서 인지발달이 이루어진다고 보았다.

03 인지발달이론 – 피아제의 인지발달이론
문제에서 아이는 과자에 물리적 변형이 가해진 상황에서 양이 많아졌다고 인식하고 있으므로 양, 수, 부피 등이 물리적 변형이나 겉모습의 변화에 영향을 받지 않음을 이해하는 능력인 보존개념을 습득하지 못한 상태라고 볼 수 있다.

04 인지발달이론 – 피아제의 인지발달이론
보존개념을 획득하는 시기는 구체적 조작기(7~11세)이다.

정답 01 ③ 02 ② 03 ③ 04 ③

05 생후 22주 된 아동들은 사물이나 대상이 눈앞에 보이지 않더라도 계속 존재한다는 것을 안다. 이를 나타내는 것은? 20년

① 대상영속성
② 지각적 항상성
③ 보존
④ 정향반사

06 Piaget의 인지발달단계 중 대상영속성(Object Permanence)의 발달이 최초로 이루어지는 단계는? 19년

① 감각운동기
② 전조작기
③ 구체적 조작기
④ 형식적 조작기

07 콜버그(Kohlberg)의 도덕발달이론에 관한 설명과 가장 거리가 먼 것은? 24년

① 도덕발달단계들은 보편적이며 불변적인 순서로 진행된다.
② 문화권에 따른 차이와 성차 그리고 사회계층의 차이를 충분히 고려하지 않았다는 비판을 받고 있다.
③ 도덕적 인식이 전혀 없는 단계, 외적 준거와 행위의 결과에 의해 판단하는 단계, 행위의 결과와 의도를 함께 고려하는 단계 순으로 나아간다.
④ 벌과 복종 지향, 개인적 보상 지향, 대인관계 조화 지향, 법과 질서 지향, 사회계약 지향, 보편적 도덕 원리 지향의 단계 순으로 나아간다.

08 Frued의 발달이론에서 오이디푸스 갈등을 경험하는 시기는? 19년

① 구강기
② 항문기
③ 남근기
④ 잠복기

---

05 인지발달이론-피아제의 인지발달이론
생후 22주 된 아동은 감각운동기에 해당하며, 생후 약 5개월(22주)이 지나면 대상이 보이지 않더라도 그 존재를 인식하는 대상영속성의 기초를 형성하여, 약 6~8개월이 지나면서 대상영속성을 습득한다.

06 인지발달이론-피아제의 인지발달이론
대상영속성은 피아제가 주장한 인지발달단계 중 감각운동기에 최초로 발달이 이루어진다.

07 인지발달이론-콜버그의 도덕성 발달이론
피아제의 도덕성 발달이론에 관한 설명이다. 콜버그는 도덕성 발달을 전인습적 수준, 인습적 수준, 후인습적 수준의 3수준으로 구분하였다.

08 정신분석이론-프로이트의 정신분석이론
오이디푸스 콤플렉스는 남근기의 남아가 겪는 갈등으로, 아들이 어머니를 이성적으로 사랑하며 겪는 갈등이다.

정답 05 ① 06 ① 07 ③ 08 ③

09 Erikson의 심리사회적 발달이론이나 단계에 관한 설명으로 가장 적합한 것은? 16년

① 성인 초기의 심리사회적 위기는 생산성과 침체감이다.
② Erikson이 주장한 8단계 중 앞의 몇 단계는 아동 초기에 나타나며 Freud의 구강기, 항문기 및 남근기와 어느 정도 상응하는 측면이 있다.
③ 인간의 성격발달은 아동기 이후에는 멈춘다.
④ 6세~사춘기에는 자아와 환경에 대한 기본적 통제를 획득해야하는 발달과제를 안고 있는 시기이다.

10 에릭슨(Erikson)의 심리사회적 발달이론에서 노년기에 맞는 위기는? 22년

① 고립감
② 열등감
③ 단절감
④ 절망감

11 Ainsworth의 낯선 상황 실험에서 낯선 장소에서 어머니가 사라졌을 때 걱정하는 모습을 약간 보이다가 어머니가 돌아왔을 때 어머니를 피하는 아이의 애착 유형은? 19년

① 안정 애착
② 불안정 혼란 애착
③ 불안정 회피 애착
④ 불안정 양가 애착

---

09 정신분석이론 - 에릭슨의 심리사회적 발달이론

오답해설
① 성인기의 발달 위기는 친밀감 대 고립감이다.
③ 에릭슨은 성인기 이후의 발달단계도 다루었다.
④ 6세~사춘기는 에릭슨의 근면성 대 열등감 시기에 해당하며, 이 시기는 열등감을 극복하는 것을 발달과제로 안고 있는 시기이다.

10 정신분석이론 - 에릭슨의 심리사회적 발달이론
에릭슨은 생애 전반에 걸친 인간의 발달 과정 속 8단계의 위기 중, 노년기에는 '통합성 대 절망감'이라는 위기를 경험한다고 하였다.

11 애착이론 - 에인스워스의 애착 유형
에인스워스가 구분한 애착 유형 중 불안정 회피 애착에 관한 설명이다.

12 기질과 애착에 관한 설명으로 틀린 것은? 21년

① 불안정 – 회피 애착 아동은 주양육자에게 과도한 집착을 보인다.
② 내적 작동 모델은 아동의 대인관계에 대한 지표 역할을 한다.
③ 기질은 행동 또는 반응의 개인차를 설명해 주는 생물학적 기초를 가지고 있다.
④ 주양육자가 아동의 기질을 고려하여 적절하게 양육한다면 아동의 까다로운 기질이 반드시 불안정 애착으로 이어지는 것은 아니다.

빈출
13 퀴블러 로스가 주장한 죽음의 단계에 대한 순서로 옳은 것은? 25년,22년, 20년

① 부정 → 분노 → 타협 → 우울 → 수용
② 분노 → 우울 → 부정 → 타협 → 수용
③ 우울 → 부정 → 분노 → 타협 → 수용
④ 타협 → 부정 → 분노 → 우울 → 수용

14 다음에 제시된 아동의 사회인지능력을 측정하는 과제는? 24년

> 한울이는 친구 민수가 자신과 다른 생각을 가질 수 있고, 자신이 아는 것을 민수가 모를 수 있다는 사실을 이해한다.

① 자기인식과제
② 정서조절과제
③ 심적회전과제
④ 틀린믿음과제

---

12 애착이론-에인스워스의 애착 유형
에인스워스가 구분한 애착 유형 중 불안정 회피 애착을 가진 아동은 주양육자에게 과도한 집착을 보이지 않으며, 오히려 주양육자의 접촉을 피하거나 거부하는 경향이 있다.

13 발달단계와 관련된 그 외 발달이론-성인기와 노년기 발달이론
퀴블러 로스는 죽음을 받아들이는 심리적 과정을 5단계로 구분하며, '부정 → 분노 → 타협(협상) → 우울 → 수용' 순서로 이루어진다고 하였다.

14 발달단계와 관련된 그 외 발달이론-아동기 발달이론
문제의 사례는 틀린믿음과제와 관련이 있는 사례이다. 틀린 믿음은 자신과 다른 믿음이나 생각을 이해하고 예측하는 능력으로, 샐리 앤 테스트를 통해 평가할 수 있다.

정답 12 ① 13 ① 14 ④

15 성인기 인지발달에 관한 설명으로 옳지 <u>않은</u> 것은?

24년

① 지혜는 연령이 증가할수록 발달하는 경향이 있다.
② 리겔(K. Riegel)의 변증법적 사고에서는 모순과 한계를 인식하는 불평형 상태에서 인지발달이 이루어진다고 본다.
③ 후형식적 사고에서는 상황에 따라 진리가 달라질 수 있다고 가정한다.
④ 변증법적 사고는 현실적 문제해결 사고에서 가설 연역적 사고로 변화하는 것이다.

16 다음 설명에 해당하는 것은?

25년, 23년, 22년, 21년

- 아동들의 자기개념이 왜 우선적으로 남자 – 여자 구분에 근거하는지를 설명하고자 한다.
- 아동에게 성이라는 렌즈를 통해 세상을 보도록 가르치는 문화의 역할을 중요시한다.

① 성 도식이론
② 인지발달이론
③ 사회학습이론
④ 정신분석학 이론

---

15 발달단계와 관련된 그 외 발달이론 – 성인기와 노년기 발달이론

리겔의 변증법적 사고는 상반되고 모순된 개념의 통합을 통해 새로운 시각, 관점을 도출해내는 것을 말한다. 이러한 과정을 되풀이하면서 항상 더 나은 해결책을 찾는다고 보기 때문에, 가설을 세우고 이를 검증하는 가설 연역적 사고와는 거리가 멀다.

16 발달단계와 관련된 그 외 발달이론 – 아동기 발달이론

성 도식이론에 관한 설명이다. 성 도식이론은 아동이 성(Gender)과 관련된 정보를 조직하고 처리하는 방식을 설명하는 이론이다. 성에 대한 문화적 기대와 사회적 영향을 받아 특정한 도식이 형성된 아동이 이를 통해 세상을 해석한다고 본다.

정답 15 ④ 16 ①

03 성격심리학

I. 심리학개론

1과목 내 출제 비중 27%

공략 포인트
- 두 번째로 출제 비중이 높은 부분입니다. 성격이론에 관한 문제, 특히 정신분석(역동)이론에 관한 출제 비중이 높습니다. 그 외 성격이론의 내용도 잘 정리해 두세요.
- 성격에 관한 기본적인 개념과 관련된 문제가 종종 출제되는 편이니 잘 알아두어야 합니다.

수험 키워드!
성격
정신역동이론
현상학적 이론
특질이론
강화계획

1 성격의 기본개념

1. 성격의 개념과 특징 기출 25~20, 17~16년

(1) 성격의 개념

① 일을 처리할 때나 대인관계에서 나타나는 그 사람의 두드러진 특정 행동양식을 의미한다.

② 한 개인이 환경에 적응해 나가는 과정에서 일관성 있게 나타나는 개인 특유의 행동 및 사고양식을 의미한다.

③ 학자별 성격에 대한 정의

길포드 (Guilford, 1959)	한 인간의 특성의 독특한 유형
아이젱크 (Eysenck, 1960)	환경에 대한 독특한 적응에 영향을 미치는 한 개인의 인격(Character), 기질(Temperament), 지성(Intellect) 등이 안정성 있고 지속적으로 조직화된 것
카텔 (Cattell, 1965)	인간이 주어진 환경에 놓여 있을 때 무엇을 할 것인가를 구별짓는 것
홀랜더 (Hollander, 1967)	한 개인을 유일하고 독특하게 하는 특징의 총합

(2) 성격의 특징

일관성(공통성)	어떤 시간과 상황이든 일관되게 나타내는 행동, 반응패턴
안정성	시간이 지나도 크게 변하지 않고 일관되게 유지되는 특성
독특성(고유성)	각 사람의 성격이 다른 사람들과 구별되는 개별적인 특성

빈출 핵심 발문
- 성격의 일반적인 특성과 가장 거리가 먼 것은?
- 성격을 정의할 때 고려하는 특징으로 가장 거리가 먼 것은?
- 성격과 환경 간의 상호작용 중 개인의 성격은 타인으로부터 독특한 반응을 이끌어낸다는 것은?

심화 인격과 기질
보통 Personality를 성격이라고 번역함. 인격(Character)은 변화되기 어려운 측면과 더불어 사회·문화적 특성이 포함되는 용어로, 누군가를 사회적으로 평가할 때 긍정적 의미로 인격자라는 용어를 사용하기도 하지만(성격자라는 용어는 없음), 생물학적 측면에 기원하는 성격적 요소를 기질(Temperament)이라고 함

2. 성격형성의 요인

(1) 유전적 요인과 환경적 요인 기출 24, 21년

유전적 요인	• 신체의 특징(체격이나 용모, 건강 상태 등)을 말함 • 내분비선: 내분비선에서 분비되는 호르몬들은 개체의 성장 및 분화, 신진대사, 생식 활동 등과 관련되어 있으며, 직·간접적으로 성격에 영향을 미침 • 기질과 밀접하게 연관됨 • 유전적 영향에 대한 증거는 주로 쌍생아 연구를 통해 얻어지고 있음
환경적 요인	• 문화적 요인: 사회가 기대하는 역할을 학습하고 행동하며, 사회적 가치와 습관을 그대로 비판 없이 받아들이는 경향이 있음 • 가족관계: 개인이 최초로 대인관계를 경험하는 단위이자 직접적으로 밀접한 관계로, 성인이 되기까지 지속적으로 영향을 미침 • 어렸을 때 부모와의 관계가 성격형성에 미치는 영향이 대단히 큼

(2) 성격을 정의할 때 고려하는 요인 기출 24~20, 16년
① 시간적 일관성
② 환경에 대한 적응성
③ 개인의 독특성

(3) 성격과 환경 간의 상호작용 유형 기출 24, 22~21년

유도적 상호작용	개인의 기질적 차이가 환경으로부터 특정한 반응을 이끌어내는 것을 말함
반응적 상호작용	개인별로 동일 환경자극에 대해 다른 반응을 하게 되는 것을 말함
주도적 상호작용	개인이 주도적으로 환경을 선택하고 구성해 나가는 것을 말함

2 프로이트(Freud)의 정신분석(역동)이론

1. 기본가정과 인간관 기출 25, 21, 18년

(1) 기본가정
① 무의식적 동기와 정신결정론, 즉 의식 밑에 있는 거대한 무의식의 세계가 우리의 행동과 사고에 영향을 미친다.
② 우리의 모든 행동, 느낌, 생각들에는 의미와 목적이 있으며, 우연적인 것도 실상은 무의식적 생각, 소망, 갈등의 표현이다.

(2) 인간관
① 인간의 행동과 사고를 의식적·합리적으로 보기보다는 무의식적·비합리적으로 보았다.
② 인간을 본능적인 충동과 이를 억압하려는 사회적 체제 사이에서 항상 고민하는 갈등적 존재로 파악하였다.

빈출 핵심 발문

• 비행기 여행에 두려움을 가지고 있는 환자의 경우, 정신분석적 입장에서 볼 때 이 두려움의 주된 원인으로 가정할 수 있는 것은?

• 프로이트(S. Freud)의 성격 구조에 관한 설명으로 옳은 것은?

• 프로이트(Freud)가 설명한 인간의 3가지 성격구성요소 중 현실 원리를 따른 것은?

• 방어기제 중 성적인 충동이나 공격성을 사회적으로 용인된 바람직한 방향으로 변화시켜 표현하는 것은?

2. 주요 개념

(1) 의식의 수준: 인간의 정신세계를 의식, 전의식, 무의식으로 구분하였다.

의식	자각하고 있는 정신 활동 및 기억
전의식	조금만 알고자 노력하면 알 수 있고, 이용 가능한 정신 활동 및 기억
무의식	인식하거나 확인할 수 없는 정신 활동, 기억

(2) 성격 구조 기출 25~19, 16년

원초아 (Id)	• 태어나면서부터 존재하는 심적 에너지의 저장고 • 쾌락 원리(Principle of Pleasure) 추구
자아 (Ego)	• 원초아의 충동적인 욕구와 초자아의 도덕적 요구를 조정하는 중재자 역할을 담당 • 현실 원리(Principle of Reality)를 추구하며, 항문기에 주로 발달함 • 원초아의 충동을 지연시킴
초자아 (Super Ego)	• 부모가 주는 보상과 벌을 통해 점차 기존 사회의 규범과 가치에 부합하는 방향으로 발달 • 부모를 포함한 주변 사람들로부터 영향을 받은 사회의 가치와 도덕이 내면화된 것 • 초자아는 현실보다 이상을 추구하며, 쾌락보다 완전함을 추구함 • 남근기에 부모의 가치와 사회적 규범을 내면화하며 발달함

① 원초아, 자아, 초자아는 각각 독립적으로 작동하지만, 서로 상호작용한다.
② 원초아, 자아, 초자아는 항상 갈등적이기도 하여, 자아는 원초아와 초자아를 적절히 통제하고 조정하는 역할을 한다.
③ 자아가 원초아와 초자아를 통제·조정할 능력이 부족하면 성격체계 내에 갈등이 발생하고, 이로 인해 불안을 야기한다.

> **심화 자아의 역할**
> • 자아는 원초아의 욕구를 무작정 충족시키거나 초자아의 완벽한 이상을 따르는 대신, 현실적으로 가능한 최선의 해결책을 찾아 행동을 결정하고 실행함 → 성격의 '집행자' 역할
> • 이 역할을 수행하기 위해 인지적 기능(인지능력)을 활용함

3. 방어기제 기출 23, 21~19년

(1) 개념: 원초아의 본능적 충동이 자아를 위협하고, 초자아의 도덕적 제재로 자아가 불안해지면 불안에 압도당하지 않기 위해 방어 장치를 마련하는 것으로, 무의식 속에서 진행되는 심적 과정을 말한다.

(2) 종류

투사	• 자신의 부정적이거나 바람직하지 않은 생각, 감정을 다른 사람에게 전가하는 것 • 자신 안의 갈등이나 불안한 감정을 외부로 돌려 자신을 보호하려는 방어기제 • 관계망상이나 피해망상의 주요 기제
해리	의식세계에서 수용하기 힘든 성격의 일부가 자아를 벗어나 독립된 기능을 수행하는 것 예 지킬박사와 하이드
부인	자신이 겪고 있는 현실이나 감정을 부정하거나 인정하지 않는 것
억압	• 의식에서 용납하기 힘든 생각이나 욕망, 충동 등을 무의식 속으로 눌러 넣어 버리는 것 • 이유 있는 망각, 불편함이나 고통을 가져다주는 존재에 대한 무의식적 부정을 말함 • 긍정적·성공적 방안의 존재에도 불구하고 독점적으로 작동하여 본인의 역할수행을 실패하게 하고, 긍정적인 측면도 방해함

주지화	• 고통스럽거나 감정적으로 어려운 상황을 감정적인 반응 대신 추상적이고 지적인 용어로 설명하거나 대치하여 감정을 억제하거나 그 상황으로부터 심리적 거리를 두는 것 • 주로 불안을 통제하고 감소시키기 위해 본능적 욕동을 지적 활동에 묶어두는 것
합리화	받아들이기 힘든 행동이나 감정에 대해 논리적으로 그럴듯한 이유를 만들어 스스로를 정당화하는 것 예 이솝우화의 신 포도 이야기
취소	• 자신의 욕구와 행동(상상 속 행동 포함)으로 인하여 타인에게 피해를 주었다고 느낄 때 그 행동을 중지하고 원상 복귀시키려는 일종의 속죄 행위 • 어떤 감정표현을 없애기 위해 무의식적으로 특정한 태도나 행동을 취함
반동형성	• 자신이 실제로 가지고 있는 감정이나 충동을 반대로 표현하는 것 • 부정적 정동 → 긍정적 정동/증오 → 사랑/동경 → 경멸/질투심 → 끌림
전위(전치, 대치)	어떤 대상에 대한 감정을 직접 표현하지 못하고 덜 위협적인 다른 대상에게 전이시키는 것
승화	본능적이거나 사회적으로 용납되지 않는 충동(성적 충동, 공격성 등)을 사회적으로 용인되는 바람직한 행동이나 활동으로 변형하여 표현하는 것
동일시	불안을 없애기 위해 불안의 원인이 되는 사람과 같아지려고 하는 것
저항	• 고통과 불안한 기제가 의식세계로 떠오르는 것을 막는 것 • 상담의 진행을 방해하거나 현재 상태를 유지하려는 내담자의 의식적 또는 무의식적 사고와 감정
퇴행	스트레스 상황에서 어린 시절 행동양식으로 후퇴하는 것

용어 욕동
정신과 육체 사이에 존재하는 개념으로, 유기체의 내부에서 생겨나 마음에 도달한 자극의 표상

참고 신 포도 이야기
자기 키보다 높이 달려 있는 포도를 딸 수 없었던 여우가 자신의 능력 문제가 아닌 포도가 실 것이라고 결론을 내려 합리화를 한 이야기

4. 심리성적 발달단계 기출 16년

TIP 심리성적 발달단계에 대한 자세한 설명은 02. 발달심리학(38쪽)에서 정리하였습니다.

구강기 (0~18개월)	• 씹기, 빨기, 물어뜯기 • 구강기 고착 문제
항문기 (18개월~3세)	• 배변 훈련이 엄격한 경우 → 항문기에 공격형 성격이 형성됨 • 배변 시 과도한 칭찬을 하거나 관심을 보일 경우 → 항문기에 보유형 성격이 형성됨
남근기 (3~6세)	• 남아의 경우, 오이디푸스 콤플렉스로 인해 거세 불안을 겪음 • 여아의 경우, 엘렉트라 콤플렉스로 인해 남근 선망을 가짐
잠복기 (6~11, 12세)	• 성격의 주요 구조(원초아, 자아, 초자아)형성 시기 • 사회화 발생
생식기 (사춘기 이후)	성적 에너지 재분출 시기로, 이성에 대한 관심이 높아짐

① 성적 본능의 에너지를 리비도(Libido)라고 하며, 심적 에너지의 원천으로 본다.
② 리비도는 일생을 통하여 정해진 일정한 순서에 따라 신체 부위(=성감대)에 집중된다.
③ 그 다음 단계로 넘어가지 않고 현재의 단계에 머물러 있으면 고착성향(발달장애)이 나타난다.

3 인본주의 이론 기출 22, 20, 17년

1. 로저스(Rogers)의 현상학적 이론

(1) 인간관 기출 25~24, 20년

① 기본적으로 자유롭고 행동에 책임을 지며, 유목적적·합리적·건설적인 방향으로 지속적인 성장 및 성취를 추구하는 미래지향적 존재라고 본다.
② 선천적으로 타고난 성장 가능성을 실현하는 과정에서 자신의 인생목표와 행동 방향을 스스로 결정하고 이러한 결정에 따르는 책임을 수용하는 자유로운 존재라고 본다. → 선택의 자유를 강조하는 인본주의적 입장+자기실현을 강조하는 자기이론적 입장
③ 자신의 내부에 자기이해, 자기개념과 기본적 태도의 변화 및 자기지향적 행동을 위한 거대한 자원을 갖고 있다고 본다.
④ 개인이 현상을 어떻게 경험하고 느끼는지, 즉 개인이 현실을 지각하는 방식에 초점을 둔다.
⑤ 인간을 통합적 존재로 규정한다.

(2) 주요 개념 기출 22, 20~19, 16년

① 현상학적 장
  ㉠ 개인의 주관적인 경험의 세계를 말하며, 특정 순간에 개인이 지각하고 경험하는 모든 것을 포함한다.
  ㉡ 인간과 인간행동을 이해하려면 사람들이 자신의 경험을 어떻게 느끼는지를 이해해야 한다고 보았다.

② 자기와 자기개념

자기
(자아)
	• 인간이 자신에 대해 가지고 있는 전반적인 인식, 즉 자신이 어떤 사람인지에 대한 자각
	• 인간의 심리적 적응은 자기와 경험 간의 일치 여부에 있음
	  → 불일치할 경우, 심리적 부적응을 경험하며 불안을 유발함
	• 이상적 자기와 실제 자기
	  − 이상적 자기: 개인이 원하는 자아의 모습을 말하며, 개인의 목표나 바람에 따라 다름
	  − 실제 자기: 개인이 실제로 경험하는 자신에 대한 인식, 즉 자신이 현실에서 어떻게 행동하고 느끼고 생각하는지를 나타냄
	  → 이 둘이 너무 괴리된 경우, 심리적 불안과 불만족이 커짐

자기개념 (자아개념)	• 자신에 대한 인식과 신념의 총체로, 사람의 행동·생각·감정 등을 반영하며, 개인이 자신을 어떻게 보는지에 따라 영향을 받음 • 개인이 자신을 평가하는 방식이자 경험을 해석하고 개인을 인식하는 틀 • 의식적인 지각을 바탕으로 형성되며, 타인의 반응이 자기개념의 형성에 중요한 영향을 미침

③ 실현화 경향성
  ㉠ 인간은 자신을 유지하고 향상시키는 방향으로 자신이 지닌 능력을 개발하려는 성향을 가지고 있다.
  ㉡ 단순한 실체에서 복잡한 실체로 성장하게 하며, 발달을 촉진하고 지지한다.
  ㉢ 인간의 타고난 잠재력의 실현을 강조한다.

빈출 핵심 발문

• 인본주의 성격이론에 대한 설명으로 옳은 것은?
• 현상학적 성격이론에 관한 설명으로 옳지 않은 것은?
• 매슬로우(Maslow)의 5단계 욕구 중 '금강산도 식후경'이라는 속담의 의미와 일치하는 욕구는?

심화 현상학적 이론

• 현상학이란 철학적 개념 중 하나지만, 심리학에서는 다음과 같은 입장으로 이해됨
• 정신분석이나 정신역동에서는 인간의 행동이 우리가 인식하지 못하는 무의식적인 동기에 의해 결정된다고 보지만, 현상학적 이론가들은 인간의 행동은 현재 일어나고 있는 그대로의 것을 지각하고 이해해야 하는 것으로 봄
• 현상학적 이론들에는 로저스의 인간중심 상담뿐만 아니라 실존주의, 게슈탈트, 현실치료 등 현대의 상담심리학적 이론들이 해당됨

TIP 심리학에서 자기(Self)와 자아(Ego)를 구분하여 사용하거나 혼용해서 사용하는 경우가 있습니다. 학자마다 어떤 측면에서 자기나 자아라는 용어를 사용하는지 확인하여 보세요.

④ 가치의 조건화
  ㉠ 의미 있는 대상으로부터 긍정적 자기존중을 받기 위해 자기의지와 관계없이 겉으로 최선을 다하며 자신의 내적 경험을 무시한다.
  ㉡ 실현화 경향성을 성취하는 것을 방해하며, 개인의 주관적인 경험을 왜곡하고 부정하게 만든다.
⑤ 완전히 기능하는 사람
  ㉠ 자기의 잠재력을 인식하고 능력과 자질을 발휘하며, 자신에 대해 제대로 이해하고 경험을 쌓는 방향으로 나아가는 사람을 말한다.
  ㉡ 자기와 유기체적 경험 사이의 완전한 일치를 보이며, 경험에 완전히 개방적이고 실존적인 삶을 살아간다.

개념플러스 실존주의적 관점 기출 22, 18년

인간관	• 인간의 삶과 죽음이라는 현실을 바탕으로 인간이 내리는 선택과 결정이 성격을 결정한다고 봄 • 인간을 자유롭게 선택하고 책임을 지는 존재로 보고, 인간의 존재의 의미를 스스로 창조하는 과정을 중시함
특징	자기결정과 자유의지를 강조하며, 삶의 의미를 찾는 과정에서 내적 갈등을 겪는다고 설명함

2. 매슬로우(Maslow)의 욕구위계이론 기출 25, 23, 19년

(1) **개념**: 인간행동의 동기를 '욕구'와 '욕구체계'로 보았다.

(2) **욕구 5단계**

생리적 욕구	생존을 위한 가장 기본적인 욕구
안전의 욕구	신체적·경제적 안전에 대한 욕구
소속 및 애정의 욕구	사회적 관계와 애착 욕구
자기존중의 욕구	자기존중 및 타인으로부터 인정받고 싶은 욕구
자기실현의 욕구	자신의 잠재력을 최대한 발휘하려는 욕구

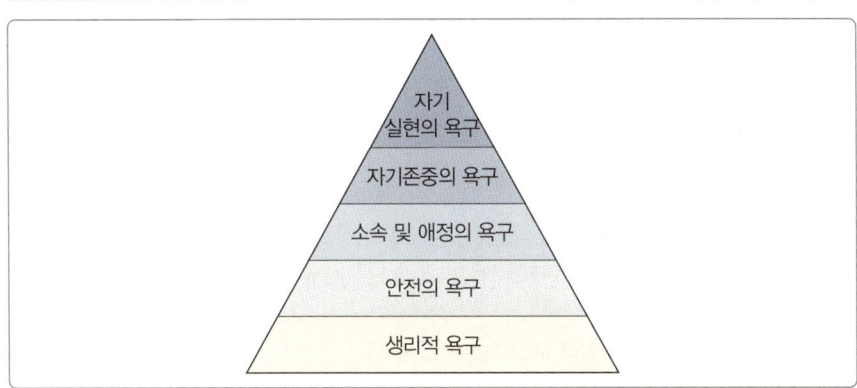

▲ 욕구 5단계

4 특질(특성)이론과 성격 유형론

> **빈출 핵심 발문**
> - 인간의 성격을 공통특질과 개별특질로 구분한 학자는?
> - 카텔(Cattell)의 성격이론에 관한 설명과 가장 거리가 먼 것은?
> - 성격심리학의 주요한 모델인 성격 5요인에 대한 설명으로 옳은 것은?

1. 올포트(Allport)의 특질(특성)이론 기출 24, 18년

(1) 성격의 개념: 개인의 특유한 행동과 사고를 결정하는 심리·신체적 체계인 개인 내의 역동적 조직을 말한다.

역동적 조직	성격은 개인이 마주친 상황과 환경에 따라 끊임없이 변화·성장·퇴보함
심리·신체적 체계	정신적 측면뿐 아니라 신체적 측면도 성격에 영향을 미침
특유한 행동과 사고를 결정	한 개인의 모든 행동과 사고는 독특하고 고유한 개인의 것이며, 개인의 성격의 모든 측면은 매우 구체적인 행동과 사고를 활성화하거나 인도함

(2) 성격의 원리

동기 원리	• 동기를 성격 연구의 핵심으로 보며, 현재 의식되는 동기를 중시 • 고려 대상: 다양한 유형에 속하는 동기, 계획 세우기와 의도 등 인지 과정의 역동적인 힘, 동기의 구체적인 독특성
학습 원리	• 성격이 어떻게 발달하는가는 기본적으로 학습의 문제로 봄 • 인간은 학습에 의해서 자아를 형성해 나감
현재성 원리	인간은 과거가 아닌 현재에 살고 생각한다고 봄
독특성 원리	성격은 보편적이지 않으며, 항상 한 개인에게만 국한되는 특정한 것으로 봄
자아 원리	• 자아 내부에 막강한 긍정적인 힘을 지닌 역동적 과정이 존재한다고 봄 • 인간의 모든 습관, 특성, 태도, 감정, 경향성 등을 통합하는 힘으로 봄
연속성 – 비연속성 원리	• 삶의 여러 측면이 연속선상에 있는 것은 아니라고 봄 • 한 사람을 다른 사람과 연속적으로 이어지는 것이 아닌 분리된 개별적 실체로 봄
특성 원리	개인 간 비교를 하고자 할 때 특성을 유일하게 사용할 수 있는 접근방식으로 봄

(3) 성격의 유형

① 인간의 성격을 공통특질과 개별(개인)특질로 구분하였다.

공통특질	• 한 문화의 구성원들은 비슷한 사회적 영향과 진화의 영향을 받아 공통적인 특성이 형성됨 • 정치·사회적 태도, 언어 사용 등을 포함 예 국민성
개별(개인)특질	개인이 가지고 있는 독특한 성격

② 개별특질을 주 특질, 중심특질, 이차적 특질로 구분하였다.

주 특질	• 특정한 한 특성이 개인 삶의 행동 전반에 걸쳐 강력하고 지배적으로 나타나는 특징 • 사람들 각자의 삶의 주제는 주 특성이 확산된 것으로 보며, 소수의 사람만이 주 특질(성)을 소유한다고 주장
중심특질	• 인간에게 있어 상당히 일반화된 특징 • 중심특질의 수는 5~10개 정도로, 개인 스스로 해당 특성을 자주 나타내서 주위 사람들이 쉽게 판별할 수 있는 특성
이차적 특질	• 덜 일반적이고 덜 일관적인 특성으로, 밀접한 관계인 사람만이 알아차릴 수 있는 특성 • 인간이 가장 많이 가지고 있는 특질로, 상황적으로 결정되는 특성, 음식에 대한 기호 등을 말함

(4) 성격의 발달단계

단계	발달 성격	특징
1	신체적 자아	• 자신의 존재를 인식하고 자신의 신체와 환경에 있는 대상을 구별함 • 고유자아가 형성되기 시작하며, 신체적인 자기를 인식하기 시작
2	자아정체감	• 정체감의 연속성을 느끼는 시기 • 주변에서 많은 변화가 일어남에도 불구하고 자신이 같은 사람으로 유지됨을 깨달음으로써 자아정체감을 갖게 됨
3	자아존중감	• 자기의 성취에 대해 자랑스러워하며 자존감을 느낌 • 아이가 접한 환경에 있는 대상을 탐구하고 조작하며, 이를 새롭게 만들도록 동기화됨
4	자아 확장	주변에 있는 대상과 사람들이 자신의 세계에 속한 일부라는 것을 깨닫게 됨
5	자아상	자신에 대한 실제적이며 이상화된 이미지를 발달시키며, 자신의 행동이 부모의 기대를 만족시키는지 여부를 인식
6	합리적 적응체로서 자아	• 초등학교를 다니는 시기에 발달 • 일상적인 문제의 해결에 이성과 논리를 적용하기 시작
7	고유자아 추구	• 청소년기에 발달 • 인생의 장기목표 및 계획을 형성하기 시작

2. 카텔(Cattell)의 성격특질(특성)이론 [기출] 24, 22, 18년

TIP 카텔의 16 성격 요인검사는 3과목 03. 성격검사(272쪽)에서 정리하였습니다. 병행하여 학습하시길 권장합니다.

(1) 성격의 개념
개인이 어떤 환경에 주어졌을 때 그가 무엇을 할 것인가를 말해주는 것으로, 개인의 행동반응이 그의 성격과 주어진 상황에 의해 결정된다고 보았다.

(2) 성격의 유형
① 요인 분석을 활용하여 성격의 특질을 구분하였다.
② 특질의 보편성에 따라 공통특질과 개별특질로 구분하였다.

공통특질	모든 사람이 어느 정도 가지고 있는 특성 예 지능, 외향성 등
개별특질	인간의 개인차를 반영한 개인 혹은 소수의 사람들이 갖는 특성

③ 특질의 안정성과 영속성에 따라 표면특질과 근원(원천)특질로 구분하였다.

표면특질	관찰 가능한 성격으로, 몇 가지의 원천특성 혹은 행동요소로 구성된 성격특성
근원(원천)특질	표면특성의 배후에 있는 기본적인 16가지 특성으로, 안정적이며 영속적인 단일 성격 요인

참고 표면특질과 근원특질의 구분
개인의 특정 행동을 설명할 수 있느냐에 따라 구분한 것이기도 함

④ 그 외 능력특질과 기질특질, 역동적 특질로 구분하기도 하였다.

능력특질	개인이 얼마나 효과적으로 어떤 목표를 수행할 것인가를 결정 예 지능
기질특질	개인의 행동에 대한 일반적 스타일과 정서적 상태
역동적 특질	행동의 추진력인 개인의 동기, 흥미, 야망

3. 성격 유형론

(1) 성격 5요인(빅파이브) 이론 기출 23, 21~19년

① 개념
  ㉠ 사람의 성격을 다섯 가지 주요 차원으로 설명하는 이론이다.
  ㉡ 사람들의 성격을 설명하는 데 있어 널리 인정받고 있는 모델이다.

② 성격의 유형

구분	특징
개방성	• 새로운 경험과 아이디어에 대한 개방성과 호기심을 보임 • 높은 개방성을 가진 사람은 창의적이고 상상력이 풍부하며, 새로운 경험을 즐김
성실성	• 목표 지향적이고 책임감 있는 행동을 나타냄 • 성실성이 높은 사람은 계획적이고 조직적이며, 신중하게 일을 처리함 • 전두엽의 발달과 관련되며, 성실성이 높은 사람일수록 전두엽이 더 큰 경향이 있음
외향성	• 외부세계와의 상호작용을 즐김 • 외향성이 높은 사람은 사교적이고 에너지가 넘치며, 다른 사람들과 어울리는 것을 좋아함
우호성 (친화성)	• 타인과의 협력과 친밀감을 중시함 • 우호성(친화성)이 높은 사람은 다정하고, 신뢰감이 있으며, 타인의 감정을 잘 이해하고 배려함
신경성(증)	• 감정적으로 불안하고 스트레스에 민감함 • 신경성이 높은 사람은 불안, 우울, 분노 등의 부정적인 감정을 자주 경험할 수 있음

③ 특징
  ㉠ 각 성격 요인에 대한 개인차는 유전적 요인과 환경적 요인의 영향을 모두 받는다.
  ㉡ 각 성격특질은 뇌영역의 크기나 밀도뿐만 아니라, 여러 뇌영역 간의 연결성(상호작용)과도 밀접한 관련이 있다.
    예 외향성이 높은 사람의 경우 보상과 관련된 뇌영역의 연결성이 더 활발한 경향을 보임
  ㉢ 일반적으로 성인은 정서적 불안정성인 신경성(증)이 감소하고, 성실성·우호성이 증가하며, 외향성·개방성은 비교적 안정되거나 소폭 감소하는 경향을 보인다.

(2) 융(Jung)의 성격 유형론

유형	외향적	내향적
사고형	여러 외부 자료를 종합하여 경험적·귀납적으로 생각	사고 과정이 개인의 이념이나 관념에서 시작
감정형	객관적 기준이 감정 판단의 기준이 되며, 주위 사람들의 기대에 맞추어 행동	자기 자신의 주관에 의해 감정 판단
감각형	현실주의적 경향이 강하며, 구체적인 사물에 대한 현실적인 경험 추구	외부의 자극에 의하지 않고 주관적인 감각에 의존
직관형	미래에 일어날 가능성에 대한 예측에 예민한 감각을 가지고 있음	직관의 방향이 자기 내부로 향하여 정신세계의 가능성을 중시

(3) 히포크라테스(Hippocrates)의 기질 이론

① 엠페도클레스(Empedocles)의 우주 4원론에 대응하여 4가지 체액론을 세시하였다.
② 각각에 대응하는 인간의 체액으로서 혈액, 흑담즙, 황담즙, 점액을 생각하고 이에 대응하는 기질로 다혈질, 우울질, 담즙질, 점액질로 분류하였다.

다혈질	• 명랑하고 따뜻하고 활기차고 열정적인 기질의 성격 • 외부의 자극에 쉽사리 마음이 바뀌며 감수성이 예민하기 때문에 민감하게 반응함
우울질 (흑담즙질)	• 감정적으로 예민한 기질의 성격 • 창의적 사고와 상상력이 풍부한 편으로 혼자 있기를 즐김
담즙질	• 말보다 행동이 빠르며 활동적이고 실용적인 기질의 성격 • 미래지향적이며 자신의 신념을 높이 평가하는 사람
점액질	• 과거에 대한 기억력이 남다르게 좋아 과거 지향적이며 느긋한 기질의 성격 • 과거에 매달리는 점이 있으나 결국에는 과거를 딛고 일어설 수 있음

> **참고 특질과 기질**
> • 특질: 습관적인 행동이나 사고패턴
> • 기질: 타고난 성격적 소질

(4) 크레치머(Kretschmer)의 기질 유형론

구분	특징
순환기질 (조울기질)	• 사교적이며 친절한 것이 기본기질 • 기분이 고양된 상태 → 명랑하며 유머 감각이 있고 활발함 • 기분이 저하된 상태 → 조용하고 침착하며 조울 경향이 있음
분열기질	비사교적이며 조용하고, 주의 깊으며 진지한 것이 기본기질
점착기질	하나의 일이나 상태에 고착되기 때문에 변화하거나 동요하는 일이 적음

(5) 셀던(Sheldon)의 배엽기원설: 체격·체형을 측정하여 성격을 유형화하였다.

내배엽형 -내장긴장형	• 체격이 부드럽고 둥근 특징이 있으며, 골격과 근육이 잘 발달하지 않음 • 이러한 체격의 경우, 안락을 좋아하고 사교성이 좋으며, 음식·사람에 대한 애정 욕구가 강함
중배엽형 -신체긴장형	• 체격이 단단한 직각을 이루고 있으며, 특히 골격과 근육이 잘 발달함 • 이러한 체격의 경우, 신체적 모험을 즐기고 위험을 무릅쓰며 왕성한 신체 활동에 대한 욕구가 강함
외배엽형 -두뇌긴장형	• 체격이 직선적이고 허약하며, 보통 가늘고 가벼운 근육이 발달함 • 이러한 체격의 경우, 조심스럽고 내향적이며 예술적임

> **개념플러스 아이젱크(Eysenck)의 성격위계 모델** 기출 24, 22, 18년
>
> • ==성격특질이 서열적으로 조직화==되어 있다고 보는 이론
> • 성격 구조를 다음의 4단계로 정리함
>
> | 보편적 차원 | 외향성이나 내향성 등의 특질군으로 보편적 차원 혹은 기본적 유형 |
> |---|---|
> | 보편적 특질 | 습관적 반응들과 관련된 특질군 |
> | 습관적 반응 | 유사한 상황에서 특징적으로 발생하는 구체적 행동군 |
> | 특정 반응 | 실제 관찰 가능한 행동 예 밥 먹기, 씻기 등 |

5 행동주의 이론

TIP 행동주의 이론에 대한 자세한 설명은 04. 학습 및 인지심리학(74쪽)에서 정리하였습니다.

1. 개요 [기출] 22년

(1) **대표적 학자:** 왓슨(Watson), 파블로프(Pavlov), 스키너(Skinner)

(2) **성격에 대한 입장**

① 성격은 행동패턴의 집합이라고 보며, 성격이론을 구성하는 것을 거부하는 입장이다.

② 성격없는 성격이론: 인간이 갖는 어떤 경향성을 무시하고 오직 어떤 상황에서 비롯되는 행동과 그것의 결과를 강조한다.

2. 주요 개념 [기출] 25~19년

(1) **고전적 조건형성과 조작적 조건형성**

고전적 조건형성	• 자동적(무조건적) 반응을 일으키는 자극과 연합된 중립자극도 나중에는 반응을 유발하게 된다는 것 • 대부분의 정서적인 반응은 고전적 조건형성을 통해 학습될 수 있음
조작적 조건형성	• 원하는 결과를 얻기 위해 선택적으로 환경에 작용하는 자발적 반응 • 자극에 대한 반응의 결과에 따라 반응행동이 늘어나거나 줄어드는 학습 원리 • 토큰경제: 규칙적 행동을 형성하기 위해 사용되는 조작적 조건형성 원리로, 내담자가 적절한 행동을 했을 경우 치료자가 토큰을 제공하여 토큰이 일정량 모이면 내담자가 원하는 특권을 교환하는 것을 말함

(2) **강화와 처벌**

강화	• 행동에 보상을 제공해 행동의 빈도를 높이는 것 • 정적 강화물을 제시하거나 부적 강화물(부정적 자극)을 제거하여 빈도를 증가시킴
처벌	부정적 자극 제시나 강화물(긍정적 자극) 제거를 통해 행동 빈도를 감소시키는 것

(3) **강화계획**

① 조작적 행동을 배우고 유지할 수 있도록 강화물을 제시하는 빈도와 간격의 조건을 나타내는 규칙이다.

② 계속적(연속적) 강화계획과 간헐적 강화계획으로 구분한다.

계속적(연속적) 강화계획		원하는 행동이 일어날 때마다 강화물 제시
간헐적 강화계획	고정간격강화계획	시간을 정해놓고 그 시간이 지나면 강화물 제시
	변동간격강화계획	미리 정한 평균적인 시간이 지나면 강화물 제시
	고정비율강화계획	정해진 횟수에 도달하면 강화물 제시
	변동비율강화계획	평균적으로 정해진 횟수만큼 반응이 일어나야 강화물 제시 예 도박장의 슬롯머신, 복권 추첨기계 등

빈출 핵심 발문

• 훈련받은 행동이 빨리 습득되고 높은 비율로 오래 유지되는 강화계획은?

• 단순 공포증이 유사한 대상에게 확대되는 현상을 설명하는 학습 원리는?

(4) 자극과 변별조건형성

자극	변별	• 자신이 이전에 학습한 것을 바탕으로 자극에 따라 선택적인 반응을 보이는 것을 말함 • 어떤 자극에는 자신의 반응을 강화하고, 다른 자극에는 자신의 반응을 강화하지 않는 것
	일반화	어떤 자극에서 강화된 행동이 유사한 상황에서도 나타나는 현상
변별조건형성		특정 자극에만 반응하고 다른 자극에는 반응하지 않는 것

(5) 소거와 자발적 회복

소거	형성된 조작행동이 줄거나 나타나지 않는 것
자발적 회복	• 조작행동이 소거된 이후에도 다시 조건자극을 제시하였을 때 소거된 조건반응이 나타나는 것 • 소거가 영구적 망각이 아니라는 증거가 되기도 함

> **심화** 소거에 대한 저항
> • 강화로 유지되던 행동이 강화 없이도 얼마나 잘 유지되는지를 의미함
> • 부분 강화 효과 → 강화계획 중 변동비율강화계획이 소거에 대한 저항이 가장 강함

(6) 조성(조형)
복잡한 행동을 학습시키는 데 유용한 방식으로, 원하는 목표 행동까지 강화를 점진적으로 옮겨가는 방식이다.

6 인지이론

1. 엘리스(Ellis)의 인지적 성격이론

(1) 성격의 3가지 측면

생리적 측면	• 인간 성격의 생물학적 측면 강조 • 인간에게는 사용되지 않은 거대한 성장 자원이 있으며, 자신의 사회적 운명과 개인적 운명을 변화시킬 수 있는 능력이 있음 • 다만, 예외적으로 비합리적인 생각을 하고 스스로에게 해를 끼치려는 강력한 선천적 경향성도 있음 • 자신이 원하는 것을 얻지 못한다고 여길 때 자신과 타인, 세상을 두루 비난하는 매우 강한 경향을 가지고 태어남
사회적 측면	• 개인이 타인의 인정과 승인을 절대적이며 긴박하게 추구하는 것과 관련됨 • 타인이 자신을 인정·승인한다고 믿고 있을 때, 보통 자신을 선량하고 가치 있는 사람으로 봄
심리학적 측면	부적절한 감정이나 행동은 비합리적인 신념에서 유발됨을 강조함

(2) 주요 개념

① 당위성

자신에 대한 당위성	• 자신에 대해 당위성을 강조하는 것 예 나는 실패해서는 안 된다. • 자신에 대한 당위적 사고가 이루어지지 않을 때 자기파멸이라는 생각을 가짐
타인에 대한 당위성	• 자신과 밀접하게 관련된 부모, 자식, 부인, 남편, 애인, 친구, 직장동료 등에게 당위적인 행동을 기대하는 것 　예 자식이니 어떠한 경우에도 부모 말을 들어야 한다. • 당위적 사고가 이루어지지 않을 때 인간에 대한 불신감을 갖게 됨 • 불신감은 인간에 대한 회의를 낳아 결국 자기비관이나 파멸을 초래함

조건에 대한 당위성	• 주어진 조건에 대해 당위성을 기대하는 것 예 방은 항상 깨끗해야 한다. • 당위적 조건을 기대하면서 그렇지 않은 경우에 화를 내거나 부적절한 행동을 함

② 비합리적 사고(신념)

　㉠ 인간의 사고와 감정은 서로 연관되어 있으며, 부정적 감정과 심리적 증상들은 비합리적 사고에서 기인한다고 보았다.

　㉡ 11가지 비합리적 사고(신념)

인정의 욕구	자신이 알고 있는 모든 의미 있는 사람들로부터 인정받고 사랑받는 것이 필연적임
과도한 자기기대감	자신이 가치 있는 사람이려면 모든 측면에서 철저하게 능력이 있어야 함
비난 성향	어떤 사람은 절대적으로 나쁘고 사악해서 그러한 사악함 때문에 가혹하게 비난받고 처벌받아야 함
좌절적인 반응	일이 자기가 원하는 대로 되지 않을 경우, 이는 끔찍하고 파국적인 일임
정서적 무책임	인간의 불행은 외적인 사건에서 비롯되었고 사람들은 자신의 슬픔과 장애를 통제할 능력이 없음
과도한 불안	위험하거나 두려운 일이 있으면 그 일에 대해 몹시 걱정하고 그 일이 일어날 가능성을 계속해서 가져야 함
문제 회피	인생의 어려움이나 자기책임감을 직면하는 것보다는 피하는 것이 더 용이함
의존성	사람은 다른 사람에게 의지해야 하고 자신보다 강한, 의지할 수 있는 누군가가 있어야 함
무력감	자신의 과거사가 현재 행동의 중요한 결정 요인이며, 이미 발생했던 중요한 일이 자신의 인생에 영향을 미쳤던 것처럼 그것이 계속 유사한 영향을 미침
타인에 대한 지나친 염려	타인의 문제나 장애로 인해 자신이 몹시 당황하거나 속상해하여야 함
완전무결주의 (완벽주의)	문제의 완전한 해결책이 항상 있고 만약 이러한 완전한 해결책을 찾지 못하면 파국임

2. 벡(Beck)의 인지적 성격이론

(1) 4가지 인지 수준

자동적 사고	• 마음속에서 계속 진행되는 인지의 흐름 • 상황과 정서를 중재
중재적 신념	자동적 사고를 형성하는 극단적·절대적인 규칙과 태도를 반영
핵심 신념	• 많은 자동적 인지에 바탕이 되는 자신에 대한 중심적 생각 • 세계, 타인, 자신 그리고 미래에 대한 자신의 견해를 반영
스키마	핵심 신념을 수반하는 정신 내의 인지 구조

(2) 인지적 왜곡

① 그릇된 가정 및 잘못된 개념화로 이끄는 체계적 오류이다.

② 정보처리가 부정확하거나 비효과적일 때 나타나며, 대개 비현실적인 세계관을 나타내거나 비논리적인 추론과 관련이 있다.

③ 유형

자의적 추론	• 충분하고 적절한 증거가 없음에도 결론에 도달하는 것 • 상황에 대한 비극적 결말이나 최악의 시나리오를 생각하는 것
선택적 추상	사건의 일부 세부사항만을 기초하여 결론을 내리고 전체 맥락 중의 중요한 부분을 간과함
과잉일반화 (과일반화)	• 단일 사건에 기초하여 극단적인 신념을 가지고 그것들을 유사하지 않은 사건들이나 장면에 부적절하게 적용하는 과정 • 한 가지 사건에 기초한 결론을 광범위한 상황에 적용시킴
극대화 혹은 극소화	• 불완전을 최대화하거나 좋은 점을 최소화함 • 대개 사람들은 자신의 실수나 결점 또는 개인들의 재능을 바라볼 때 그것들을 실제보다 좀 더 큰 것처럼 보게 되는 경향이 있음 • 반면에 자신의 장점이나 타인들의 문제를 대할 때에는 축소하여 사건을 작고 멀게 봄
개인화	자신과 관련이 없는 외적 사건을 자기 자신과 관련짓는 경향
이분법적 사고	완전한 실패 아니면 대단한 성공과 같이 극단적으로 흑과 백으로 구분하려는 경향
정서적 추론	정서적 감정이 왜곡으로 보이지 않고, 현실과 진실의 반영으로 여기는 것 예 나는 우울함을 느낀다. 그러므로 나는 쓸모 없는 사람이다.
긍정 격하	개인이 자신의 긍정적인 경험을 격하시켜 평가하는 것
파국화	개인이 걱정하는 한 사건을 지나치게 과장하여 두려워하는 것
잘못된 명명	개인이 자신의 오류나 불완전함에 근거하여 하나의 부정적 정체성을 창조하고 그것이 마치 진실한 자신인 것처럼 단정 짓는 것

7 그 외 성격이론

> **빈출 핵심 발문**
> • 자극추구 성향에 관한 설명으로 옳은 것은?

1. 켈리(Kelly)의 개인적 구성개념이론 기출 21년

(1) 이론의 특징

① 인간을 직관적 과학자로 본다.

② 성격 연구의 핵심은 사람들이 세상을 해석하는 방식을 이해하는 것이라고 주장하며, 그것이 인간의 성격을 형성한다고 보았다.

③ 즉, 인간은 과학자처럼 자신의 경험을 해석하고 미래를 예측하며, 이를 위해 스스로 개념체계(구성개념)를 만들어 사용한다고 보았다.

(2) 구성개념

① 개인이 경험을 이해하고 해석하기 위해 사용하는 인지적 분류 틀 또는 차원을 말한다.

② 특징
- ㉠ 일반적으로 대조적 쌍(Pair)을 활용하여 세상을 분류한다.
- ㉡ 대조적 쌍이라고 하여 항상 반대일 필요는 없으며, 자신만의 차원을 만들어 세상을 이해한다.

2. 손다이크(Thorndike)의 효과의 법칙 기출 20~19년

(1) 이론의 특징: 인간이나 동물은 시행착오를 통해 행동을 학습한다고 보았다.

(2) 주요 개념

효과의 법칙	학습의 결과에 따라 행동이 강화되거나 약화되는 경험적 과정
도구적 조건형성	유기체가 특정 행동을 통해 원하는 결과(보상)를 얻는 학습방식
시행착오학습	처음에는 무작위로 행동하다가 보상이 따르는 행동을 발견한 후, 그 행동을 점차 반복하여 행동을 정교화해 가는 과정

(3) 관련 실험: 문제상자(Puzzle Box)
① 동물의 행동을 실험적으로 관찰한 장치이다.
② 동물이 문제를 풀면서 보상을 얻고 점차 그 행동을 반복하는 학습 과정을 설명하기 위해 사용되었다.

3. 주커만(Zuckerman)의 자극추구 성향 기출 20, 17년

(1) 개념
① 자극적이고, 새롭고, 강렬한 경험을 추구하려는 성격적 경향을 말한다.
② 위험을 감수하고서라도 자극을 얻으려는 성향도 포함된다.

(2) 특징
① 자극추구 성향은 신경생리학적 기질과 밀접한 관련이 있으며, 특히 노르에피네프린(NE), 도파민과 같은 신경전달물질과 관련이 있다.
② 자극추구 성향이 높은 사람은 내부 흥분 수준이 낮거나 자극에 덜 민감하여, 더 강한 자극을 필요로 하는 경향이 있다.
③ 이러한 성향은 유전적 혹은 생리적 원인과 관련이 있다고 본다.
④ 자극추구 성향은 주커만이 개발한 감각추구척도(SSS)로 측정 가능하다.
⑤ 자극추구 성향은 외향성과 관련이 있기는 하지만, 흥분 수준이나 자극에 대한 반응성 등을 설명하는 데에 중점을 두기 때문에 외향성과 내향성을 구분하는 생리적 기준점으로 사용하지 않는다.

기출(복원)문제

QR코드의 OMR 답안지로 문제를 반복해서 풀어 본 후, 문항 번호 아래 박스에 회독한 만큼 체크해 보세요.

회독용 OMR

01 성격의 결정 요인에 관한 설명으로 틀린 것은?

24년, 21년

① 유전적 영향에 대한 증거는 쌍생아 연구에 근거하고 있다.
② 초기 성격이론가들은 환경적 요인을 강조하여 체형과 기질을 토대로 성격을 분류하였다.
③ 환경적 요인이 성격에 영향을 주는 방식은 학습이론의 맥락에서 이해할 수 있다.
④ 성격은 유전적 요인과 환경적 요인의 상호작용에 의하여 결정된다.

[빈출]
02 성격의 일반적인 특성과 가장 거리가 먼 것은?

25년, 24년, 20년

① 독특성
② 안정성
③ 일관성
④ 적응성

[빈출]
03 성격과 환경 간의 상호작용 중 개인의 성격은 타인으로부터 독특한 반응을 이끌어낸다는 것은?

24년, 22년, 21년

① 유도적 상호작용
② 반응적 상호작용
③ 주도적 상호작용
④ 조건적 상호작용

---

01 성격의 개념-성격형성의 요인
초기 성격이론은 히포크라테스의 체액론에서 시작되어 이후 체형론 등의 생물성격학적 이론이 발전하게 되었다. 환경적 요인을 강조하였다는 것은 옳지 않다.

02 성격의 개념-성격의 개념과 특징
적응성은 상황과 환경에 맞춰 행동을 변화시키는 능력을 말하며, 이는 성격의 일반적인 특성에는 해당하지 않는다. 하지만, 성격을 정의할 때 고려하는 사항 중에 한 가지이다.

03 성격의 개념-성격형성의 요인

오답해설
② 반응적 상호작용은 같은 환경적 자극에 대해서 개인이 자신의 특성에 따라 반응하는 것이다.
③ 주도적 상호작용은 개인이 적극적으로 환경적 조건을 선택하고 구성하는 것이다.
④ 조건적 상호작용은 조건, 환경 변화나 자극의 연합, 행동 결과에 따라 상호작용이 달라진다는 것을 말한다. 이 용어는 심리학의 정식 용어는 아니지만, 그 안에 담긴 개념은 조작적 조건화 또는 사회학습이론의 주요 원리를 담고 있다.

정답 01 ② 02 ④ 03 ①

04 성격을 정의할 때 고려하는 특징으로 가장 거리가 먼 것은? 　　　　　　　　24년, 23년, 22년, 16년

① 시간적 일관성
② 환경에 대한 적응성
③ 개인의 독특성
④ 개인의 자율성

05 성격의 정의에 관한 설명으로 옳지 않은 것은? 　　　　　　　　　　　　　　　22년, 21년

① 성격에는 개인이 가지고 있는 고유하고 독특한 성질이 포함된다.
② 개인의 독특성은 시간이 지나도 비교적 안정적으로 변함없이 일관성을 지닌다.
③ 성격은 다른 사람이나 환경과 상호작용하는 관계에서 행동양식을 통해 드러난다.
④ 성격은 타고난 것으로 개인이 속한 가정과 사회적 환경에 영향을 받지 않는다.

06 프로이트(S. Freud)의 성격 구조에 관한 설명으로 옳은 것은? 　　　　　　　　25년, 24년, 21년

① 자아는 현실 원리를 따르며 개인이 현실에 적응하도록 돕는다.
② 자아는 일차적 사고 과정을 따른다.
③ 자아는 자아이상과 양심으로 구성되어 있다.
④ 초자아는 성적 욕구와 관련된 것으로 쾌락의 원리를 따른다.

07 프로이트(Freud)가 설명한 인간의 3가지 성격구성 요소 중 현실 원리를 따른 것은? 　　　　23년, 21년, 19년

① 자아(Ego)
② 원초아(Id)
③ 초자아(Superego)
④ 원초아(Id)와 자아(Ego)

---

04 성격의 개념 - 성격형성의 요인

오답해설
성격은 한 개인이 환경에 적응해 나가는 과정(②)에서 일관성 있게(①) 나타나는 개인 특유의 행동 및 사고양식(③)을 말한다.

05 성격의 개념 - 성격형성의 요인
성격은 유전적 요인뿐만 아니라 성장 과정에서의 학습, 경험, 문화적 배경 등의 환경적 요인에 의해 발달 및 변화할 수 있다.

06 프로이트의 정신분석이론 - 주요 개념
프로이트는 인간의 성격 구조를 원초아, 자아, 초자아로 구분하였고, 원초아는 쾌락 원리, 자아는 현실 원리, 초자아는 도덕 원리를 추구한다고 보았다.

07 프로이트의 정신분석이론 - 주요 개념
프로이트는 성격의 구조를 원초아, 자아, 초자아로 구분하였으며 그중 현실 원리를 따르는 것은 자아(Ego)이다.

정답 04 ④ 05 ④ 06 ① 07 ①

08 방어기제 중 성적인 충동이나 공격성을 사회적으로 용인된 바람직한 방향으로 변화시켜 표현하는 것은? 23년, 20년

① 합리화
② 주지화
③ 승화
④ 전위

09 프로이트(Freud)의 성격의 구조에 대한 설명으로 옳지 않은 것은? 22년

① 이드는 쾌락 원칙을 따른다.
② 초자아는 항문기의 배변 훈련 과정을 겪으면서 발달한다.
③ 성격의 구조 가운데 가장 마지막으로 발달하는 체계가 초자아이다.
④ 자아는 성격의 집행자로서, 인지능력에 포함된다.

10 프로이트(Freud)에 따르면, 거세불안을 극복하는 과정에서 형성되는 성격의 요소는? 22년, 19년

① 원초아
② 자아
③ 초자아
④ 무의식

---

08 프로이트의 정신분석이론 – 방어기제

오답해설
① 합리화는 받아들이기 힘든 행동이나 감정에 대해 논리적으로 그럴듯한 이유를 만들어 스스로를 정당화하는 것이다.
② 주지화는 감정을 배제하고 논리적·이성적으로 접근하는 방어기제를 말한다.
④ 전위는 원래 대상에게 표현하지 못한 감정을 다른 대상에게 돌리는 방어기제를 말한다.

09 프로이트의 정신분석이론 – 주요 개념
초자아는 주로 남근기에 부모의 가치와 사회적 규범을 내면화하면서 발달한다. 항문기에는 주로 자아가 발달하여 현실 원칙을 따르게 된다.

10 프로이트의 정신분석이론 – 주요 개념
거세불안은 남근기에 일어나는 갈등 중 오이디푸스 콤플렉스 과정에서 발생하는 것으로, 이 과정을 극복하면서 아버지의 가치와 규범을 내면화하고, 그 결과 초자아가 형성된다.

정답 08 ③ 09 ② 10 ③

11 프로이트(Freud)의 성격체계에서 자아(Ego)의 역할이 <u>아닌</u> 것은? 20년

① 중재 역할
② 현실 원칙
③ 충동 지연
④ 도덕적 가치

12 마음에 용납할 수 없는 충동들에 의해 야기되는 불안을 감소시키기 위해 사용하는 방법은? 20년

① 흥분성 조건형성
② 자기규제
③ 방어기제
④ 억제성 조건형성

13 다음은 무엇에 관한 설명인가? 21년

> 방어기제 중 우리가 가진 바람직하지 않은 자질들을 과장하여 다른 사람들에게 부여함으로써 우리의 결함을 인정하지 않도록 막아주는 것

① 부인
② 투사
③ 전위
④ 주지화

---

11 프로이트의 정신분석이론 – 주요 개념
도덕적 가치는 초자아의 역할로, 초자아는 양심과 사회적 규범을 내면화하여 도덕적 판단을 담당한다.

12 프로이트의 정신분석이론
자아가 내면의 갈등이나 외부의 스트레스에 대처하기 위해 사용하는 방법은 방어기제이다. 방어기제는 받아들이기 어려운 충동이나 감정을 억제하거나 왜곡하여 불안을 줄이고, 자아가 심리적인 안정성을 유지하도록 돕는다.

13 프로이트의 정신분석이론 – 방어기제

오답해설
① 부인은 자신이 겪고 있는 현실이나 감정을 부정하거나 인정하지 않는 방어기제를 말한다.
③ 전위는 감정이나 충동을 다른 대상이나 상황으로 전환시키는 방어기제를 말한다.
④ 주지화는 감정적으로 고통스러운 상황을 논리적이고 분석적으로 처리하려는 방어기제를 말한다.

정답 11 ④ 12 ③ 13 ②

14 정신분석의 방어기제 중 투사에 해당하는 것은?

21년

① 아주 위협적이고 고통스러운 충동이나 기억을 의식에서 추방시키는 것
② 반대되는 동기를 강하게 표현함으로써 자신의 동기를 숨기는 것
③ 자신이 가진 바람직하지 않은 자질들을 과장하여 다른 사람에게 부여하는 것
④ 불쾌한 현실이 있음을 부정하는 것

16 잔인한 아버지가 자식을 무자비하게 때리면서 매질이 자식을 위한 것으로 확신하고 있다고 하는 것처럼, 자기 자신의 감정이나 행위를 보다 허용 가능한 것으로 해석하는 방어기제는?

19년

① 투사
② 반동형성
③ 동일시
④ 합리화

[빈출]

15 비행기 여행에 두려움을 가지고 있는 환자의 경우, 정신분석적 입장에서 볼 때 이 두려움의 주된 원인으로 가정할 수 있는 것은?

25년, 21년, 18년

① 두려운 느낌을 갖게 만드는 무의식적 갈등의 전이
② 어린 시절 사랑하는 부모에게 닥친 비행기 사고의 경험
③ 비행기의 추락 등 비행기 관련 요소들의 통제 불가능성
④ 자율신경계 등 생리적 활동의 이상

---

14 프로이트의 정신분석이론-방어기제

오답해설
① 방어기제 중 억압에 관한 설명이다.
② 방어기제 중 반동형성에 관한 설명이다.
④ 방어기제 중 부인에 관한 설명이다.

15 프로이트의 정신분석이론-기본가정과 인간관

정신분석(역동)적 입장에서 두려움이나 불안은 종종 무의식적 갈등에서 발생한다고 본다. 비행기 여행에 대한 두려움이 단순히 비행기 자체와 관련된 경험에서 비롯된 것이 아니라, 무의식적으로 다른 사람이나 사건과 관련된 감정이나 갈등이 전이되어 나타날 수 있다는 것이다.

16 프로이트의 정신분석이론-방어기제

오답해설
① 투사는 자신의 부정적이거나 바람직하지 않은 생각, 감정을 다른 사람에게 전가하는 방어기제이다.
② 반동형성은 자신이 실제로 가지고 있는 감정이나 충동을 반대로 표현하는 방어기제이다.
③ 동일시는 불안을 없애기 위해 불안의 원인이 되는 사람과 같아지려고 하는 방어기제이다.

정답 14 ③ 15 ① 16 ④

17 다음 중 '고통스러운 상황을 추상적이고 지적인 용어로 대치함으로써 그 상황으로부터 멀어지려고 하는 것'과 관련된 방어기제는?   20년

① 합리화
② 주지화
③ 반동형성
④ 투사

18 다음과 같은 입장을 취하고 있는 성격이론은?   16년

> 자신을 형편없는 학생으로 지각하는 학생이 매우 좋은 성적을 받을 경우, 이 학생은 긍정적인 경험을 부정적인 자기개념과 일치시키기 위해 '운이 좋았어'라는 식으로 왜곡할 수 있다. 이 학생은 자기개념과 경험이 일치하지 않을 때 불안과 내적 혼란을 경험할 가능성이 높기 때문에, 자기개념을 유지하기 위해 경험을 부정하는 방어적 반응을 보인다. 이 학생이 경험을 부정하거나 왜곡하지 않도록 하기 위해서는 타인이 이 학생을 무조건적이고 긍정적으로 존중해주고 공감해 주어야 한다.

① 특질이론
② 정신역동이론
③ 현상학적 이론
④ 사회인지이론

19 현상학적 성격이론에 관한 설명으로 옳지 <u>않은</u> 것은?   24년, 20년

① 사건 자체가 아니라 그 사건에 대한 개인의 주관적 경험이 행동을 결정한다.
② 세계관에 대한 개인의 행동을 예측하고 이해하기 위해서는 개인의 지각을 이해해야 한다.
③ 어린 시절의 동기를 분석하기보다는 앞으로 무엇이 발생할 것인가에 초점을 둔다.
④ 선택의 자유를 강조하는 인본주의적 입장과 자기실현을 강조하는 자기이론적 입장을 포함한다.

빈출
20 인본주의 성격이론에 대한 설명으로 옳은 것은?   25년, 22년, 20년, 17년

① 무의식적 욕구나 동기를 강조한다.
② 대표적인 학자는 반두라(Bandura)와 왓슨(Watson)이다.
③ 외부 환경자극에 의해 행동이 결정된다고 본다.
④ 개인의 성장 방향과 선택의 자유에 중점을 둔다.

---

17 프로이트의 정신분석이론 - 방어기제
주지화는 고통스럽거나 감정적으로 어려운 상황을 추상적이고 지적인 용어로 설명하거나 대치함으로써 감정을 억제하거나 그 상황으로부터 심리적으로 거리를 두는 방어기제이다. 이를 통해 사람은 감정적인 부담을 덜어내고, 상황을 객관적이고 이성적으로 다루려고 한다.

18 인본주의 이론
제시된 사례에 '자기개념, 경험 불일치, 왜곡, 공감, 무조건적 존중' 등 현상학적 이론에서 다루는 주요 개념이 모두 포함되어 있다.

19 인본주의 이론 - 로저스의 현상학적 이론
현상학적 이론은 어린 시절의 동기나 앞으로 무엇이 발생할지에 대한 것보다는 개인이 현재 현상을 어떻게 경험하고 느끼는지, 즉 현실을 지각하는 방식에 초점을 둔다.

20 인본주의 이론
인본주의 이론은 개인의 성장과 잠재력을 강조하는 이론이다. 자율성, 자유의지, 자기실현을 주요 개념으로 하며, 대표적인 학자로는 로저스와 매슬로우가 있다.

정답 17 ② 18 ③ 19 ③ 20 ④

21 로저스(Rogers)의 '자기개념'에 관한 설명으로 옳지 않은 것은?   22년, 20년

① 사람의 세상에 대한 지각에 영향을 준다.
② 상징화되지 못한 감정들로 구성되어 있다.
③ 자기에는 지각된 자기 외에 되고 싶어 하는 자기도 포함된다.
④ 지각된 경험에 의해 형성된다.

22 성격이란 삶과 죽음이 교차하는 현실 속에서 그 사람이 내리는 선택과 결정에 의해 좌우되는 것이라고 보는 관점은?   22년, 18년

① 정신분석적 관점
② 인본주의적 관점
③ 실존주의적 관점
④ 현상학적 관점

23 로저스의 성격이론에서 심리적 적응에 가장 중요한 역할을 한다고 가정한 것은?   19년

① 자아강도(Ego Strength)
② 자기(Self)
③ 자아이상(Ego Ideal)
④ 인식(Awareness)

빈출
24 매슬로우(Maslow)의 5단계 욕구 중 '금강산도 식후경'이라는 속담의 의미와 일치하는 욕구는?   25년, 23년, 19년

① 생리적 욕구
② 안전의 욕구
③ 자기실현의 욕구
④ 소속 및 애정의 욕구

---

21 인본주의 이론 – 로저스의 현상학적 이론
'상징화되지 못한 감정'이란 의식되지 않은 경험(무의식)을 말하며, 의식적으로 지각하고 있는 기반으로 형성된 '자기개념'에 포함되지 않는다.

22 인본주의 이론
실존주의적 관점은 인간의 삶과 죽음이라는 현실을 바탕으로 인간이 내리는 선택과 결정이 성격을 결정한다고 본다. 또한, 인간을 자유롭게 선택하고 책임을 지는 존재로 보고 자기결정과 자유의지를 강조하며, 삶의 의미를 찾는 과정에서 내적 갈등을 겪는다고 설명한다.

23 인본주의 이론 – 로저스의 현상학적 이론
로저스는 자기와 개인의 경험 간의 일치 여부가 심리적 적응과 부적응을 결정한다고 주장하였다.

24 인본주의 이론 – 매슬로우의 욕구위계이론
'금강산도 식후경'이라는 속담은 아무리 아름다운 경치(고차원적 욕구)도 배가 고프면(기본적 욕구) 즐길 수 없다는 의미이기 때문에, 기본적인 생리적 욕구에 해당한다고 볼 수 있다.

정답 21 ② 22 ③ 23 ② 24 ①

25 인간의 성격을 공통특질과 개별특질로 구분한 학자는?
24년, 18년
① 올포트(Allport)
② 카텔(Cattell)
③ 아이젠크(Eysenck)
④ 아들러(Adler)

빈출
26 성격심리학의 주요한 모델인 성격 5요인에 대한 설명으로 옳은 것은?
23년, 21년, 19년
① 5요인에 대한 개인차에서 유전적 요인은 찾아볼 수 없다.
② 뇌의 연결성은 5요인의 특질에 영향을 미치지 않는다.
③ 성실성 점수가 높은 사람의 경우 행동을 계획하고 통제하는 것을 돕는 전두엽의 면적이 더 큰 경향이 있다.
④ 정서적 불안정성인 신경증은 일생동안 계속해서 증가하고 성실성, 우호성, 개방성과 외향성은 감소한다.

27 성격의 5요인 이론 중 다른 사람들의 복지에 대해 관심을 가지며, 사람들을 신뢰하고, 다른 사람에 대해 편견을 덜 갖는 경향을 나타내는 것은?
21년
① 개방성(Openness)
② 외향성(Extraversion)
③ 우호성(Agreeableness)
④ 성실성(Conscientiousness)

---

25 특질이론과 성격 유형론
올포트는 인간의 성격을 공통특질과 개별특질로 구분하였다. 공통특질은 공통 문화에 속한 다수의 사람이 가지고 있는 보편적 특징을, 개별특질은 개인만이 가지고 있는 독특한 성격을 말한다.
참고 카텔도 공통특질과 개별특질이라는 용어를 사용하였으나, 올포트는 이를 이론적 핵심개념으로 삼았고, 카텔은 성격 구조 구분의 보조개념이기 때문에 가장 1순위 정답은 올포트입니다.

26 특질이론과 성격 유형론－성격 5요인 이론
성격 5요인 이론 중 성실성이 높은 사람은 계획적이고 자기통제력이 높은 특징이 있다. 전두엽은 충동 조절, 계획 수립과 관련이 있어 성실성이 높은 사람의 경우 전두엽이 더 발달하는 경향을 보인다.

27 특질이론과 성격 유형론－성격 5요인 이론
오답해설
① 개방성은 새로운 경험에 대해 개방적이고 호기심이 많은 정도를 말하며, 창의적이고 상상력이 풍부한 성향이 있다.
② 외향성은 사회적 상호작용을 즐기고, 활발하게 에너지를 발산하는 정도를 말하며, 사람들과의 교류를 좋아하고 적극적·긍정적 성향이 있다.
④ 성실성은 신중하게 행동하는 정도를 말하며, 책임감이 강하고 목표 달성을 위해 꾸준히 노력하는 성향이 있다.

빈출

28 카텔(Cattell)의 성격이론에 관한 설명과 가장 거리가 먼 것은?　24년, 22년, 18년

① 주로 요인 분석을 사용하여 성격 요인을 규명하였다.
② 지능을 성격의 한 요인인 능력특질로 보았다.
③ 개인의 특정 행동을 설명할 수 있느냐에 따라 특질을 표면특질과 근원특질로 구분하였다.
④ 성격특질이 서열적으로 조직화 되어 있다고 보았다.

29 성격의 5요인 모델에 속하지 않는 것은?　20년

① 개방성
② 성실성
③ 외향성
④ 창의성

빈출

30 단순 공포증이 유사한 대상에게 확대되는 현상을 설명하는 학습 원리는?　25년, 24년, 22년

① 변별조건형성
② 자극 일반화
③ 자발적 회복
④ 소거

---

28 특질이론과 성격 유형론-카텔의 성격특질이론
성격이 서열적으로 조직화 되어 있다고 본 이론은 아이젱크의 성격위계 모델이다.

29 특질이론과 성격 유형론-성격 5요인 이론
성격 5요인 모델에는 개방성, 성실성, 외향성, 우호성(친화성), 신경성이 있다. 창의성은 해당하지 않는다.

30 행동주의 이론-주요 개념

오답해설
① 변별조건형성은 자극 일반화와 반대로 특정 자극에 대해서만 반응을 보이는 경우를 말한다.
③ 자발적 회복은 소거 이후 자극에 대한 반응이 학습 경험 없이 다시 나타나는 것을 말한다.
④ 소거는 자극에 대한 반응이 줄거나 더 이상 나타나지 않는 것을 말한다.

정답 28 ④　29 ④　30 ②

31 강화계획 중 유기체는 여전히 특정한 수의 반응을 행한 후에 강화를 받지만 그 숫자가 예측할 수 없게 변하는 것은? 20년

① 고정비율강화계획
② 변동비율강화계획
③ 고정간격강화계획
④ 변동간격강화계획

빈출
32 훈련받은 행동이 빨리 습득되고 높은 비율로 오래 유지되는 강화계획은? 25년, 23년, 21년, 16년

① 고정비율계획
② 고정간격계획
③ 변화간격계획
④ 변화비율계획

33 성격이론과 대표적인 연구자가 잘못 짝지어진 것은? 22년

① 정신분석이론 – 프로이트(Freud)
② 행동주의 이론 – 로저스(Rogers)
③ 인본주의 이론 – 매슬로우(Maslow)
④ 특질이론 – 올포트(Allport)

34 소거(Extinction)가 영구적인 망각이 아니라는 증거가 될 수 있는 것은? 21년

① 변별
② 조형
③ 자극 일반화
④ 자발적 회복

---

31 행동주의 이론-주요 개념
평균적으로 정해진 횟수만큼, 즉 예측할 수 없는 횟수만큼의 반응이 일어나야 강화를 제시하는 것은 변동비율강화계획이다.

32 행동주의 이론-주요 개념
행동을 가장 빨리 배우고 오래 유지하려면 보상이 불규칙하여 다음 보상을 기대하며 행동을 지속하는 변화비율계획이 유용하다. 도박이나 복권, 게임 보상 시스템이 변화비율계획의 대표적인 예시이다.

33 성격심리학
행동주의 이론과 관련된 대표적인 학자는 왓슨, 스키너, 파블로프 등이 있다. 로저스는 인본주의 학자로 현상학적 이론을 주장하였고, 인간중심치료와 자기실현을 강조하였다.

34 행동주의 이론-주요 개념
자발적 회복은 소거 후 시간이 지난 뒤, 다시 조건자극을 제시했을 때 소거되었던 조건반응이 다시 나타나는 현상을 말한다. 즉, 소거는 영구적인 망각이 아니다.

정답 31 ② 32 ④ 33 ② 34 ④

35 켈리(Kelly)의 개인적 구성개념이론에 관한 설명으로 옳지 <u>않은</u> 것은? 21년

① 성격 연구의 목적은 개인이 자신과 자신의 사회적 세상을 해석하는 데 사용하는 차원을 찾는 것이어야 한다.
② 개개인을 직관적 과학자로 보아야 한다.
③ 특질검사는 개인의 구성개념을 측정하기에 가장 적합하다.
④ 구성개념의 대조 쌍은 논리적으로 반대일 필요가 없다.

36 손다이크(Thorndike)가 제시한 효과의 법칙(Law of Effect)과 관련이 <u>없는</u> 것은? 20년

① 고전적 조건형성
② 도구적 조건형성
③ 시행착오학습
④ 문제상자(Puzzle Box)

37 자극추구 성향에 관한 설명으로 옳은 것은? 20년, 17년

① 아이젱크(Eysenck)는 자극추구 성향에 관한 척도를 제작했다.
② 자극추구 성향이 높을수록 노르에피네프린(NE)이라는 신경전달물질을 통제하는 체계에서의 흥분 수준이 낮다는 주장이 있다.
③ 성격특성이 일부 신체적으로 유전된다는 주장을 반박하는 근거로 제시된다.
④ 내향성과 외향성을 구분하는 생리적 기준으로 사용된다.

---

35 그 외 성격이론-켈리의 개인적 구성개념이론
특질검사는 성격의 고정적인 특질을 측정하는 데 중점을 두는 검사로, 사람들이 세상과 자신을 해석하는 방식이 개인의 성격을 형성한다고 보는 켈리의 개인적 구성개념이론과는 거리가 멀다.

36 그 외 성격이론-손다이크의 효과의 법칙
고전적 조건형성은 파블로프가 제시한 개념이다.

37 그 외 성격이론-주커만의 자극추구 성향
주커만은 자극추구 성향이 높을수록 신경전달물질인 노르에피네프린(NE)이 통제하는 시스템에서 자극에 대한 반응성이 덜 민감하고 내부 흥분 수준이 낮다고 본다. 이러한 사람들은 자극에 대해 더 많은 자극을 추구하거나 필요로 하는 경향이 있다고 본다.

정답 35 ③ 36 ① 37 ②

04 학습 및 인지심리학

I. 심리학개론

24%
1과목 내 출제 비중

| 공략 포인트
- 학습심리학에서는 행동주의 이론의 출제 비중이 매우 높은 편입니다. 고전적 조건화, 조작적 조건화, 강화계획 등 행동주의 이론의 주요 개념과 관련된 내용을 잘 숙지해 두어야 합니다.
- 인지심리학에서는 기억과 관련된 내용의 출제 비중이 매우 높습니다. 기억에 관련된 내용을 모두 잘 정리해 두세요.

| 수험 키워드!
고전적 조건화
강화계획
처벌
기억 과정
간섭이론

1 학습심리학

1. 학습의 기본개념

(1) 학습의 정의
① 과거 경험이나 훈련의 결과로 생긴 행동 또는 비교적 영속적인 변화를 말한다.
② 항상 행동적으로 수행되는 것은 아니다.

(2) 학습의 기본적인 형태: 연합학습 기출 23, 20년

고전적 조건화	중립자극(NS)이 무조건자극(UCS)과 짝지어짐으로써 조건자극(CS)이 됨
조작적 조건화	어떤 자극에 뒤따르는 행동이나 반응에 대해 강화나 처벌을 하는 것을 통해 행동상의 변화를 초래하는 것

2. 학습이론 (1): 행동주의 이론

(1) 고전적 조건형성이론 기출 25, 23~20, 18년

① 고전적 조건화: 어떤 기능도 하지 않았던 중립자극(NS)이 어떤 반응을 무조건적으로 이끌어내는 무조건자극(UCS)과 연합하여 그 반응을 유발하는 것을 말한다.

② 고전적 조건화 실험

구분	파블로프의 개 실험	왓슨의 어린 알버트 실험
1단계: 무조건자극(UCS) → 무조건반응(UCR)	• 개에게 먹이를 줌 → 타액 분비 • 종소리를 들려줌 → 소리가 나는 쪽으로 고개를 돌림	큰 소리 → 두려움, 공포
2단계: 중립자극(NS) + 무조건자극(UCS) → 무조건반응(UCR)	종소리를 들려준 후 개에게 먹이를 줌 → 먹이로 인한 타액 분비 → 종소리와 먹이를 짧은 시간 간격으로 제공	큰 소리를 들려준 후 흰 쥐 제시 → 큰 소리로 인한 두려움, 공포 → 큰 소리와 흰 쥐를 짧은 시간 간격으로 제시
3단계: 조건자극(CS) → 조건반응(CR)	먹이 없이 종소리만 제시 → 타액 분비	소리 없이 흰 쥐만 제시 → 두려움, 공포

빈출 핵심 발문

- 조건형성의 원리와 그에 해당하는 예를 잘못 연결시킨 것은?
- 고전적 조건형성에서 조건자극과 무조건자극을 배열할 때 조건형성 효과가 가장 오래 지속되는 배열은?
- 고전적 조건형성에 관한 설명으로 옳은 것은?
- 처벌의 효과적인 사용방법에 대한 설명으로 틀린 것은?

참고 심리학에서 행동의 의미
- 단순히 눈에 보이는 혹은 인간의 어떤 활동만을 의미하지 않음
- 학습이라는 과정을 거쳐 일정하게 반복적으로 유지되는 다양한 인간의 경험과 활동을 포괄하는 개념
- 더불어 최근에는 인간의 내적 사고나 겉으로 드러나지 않는 경험까지도 포함하는 포괄적인 개념으로 사용되기도 함

참고 행동주의 이론에서 학습의 의미
- 경험에 의한 행동의 비교적 지속적인 변화를 의미, 즉 자극과 반응의 연합을 통해 외부 환경과의 상호작용 속에서 행동이 변화하는 과정을 의미
- 내면의 사고나 감정은 고려되지 않으며, 관찰 가능한 행동을 중요시 여김

2026 최신판

© eduwill · edugong

에듀윌 임상심리사 2급
필기 통합이론서

기출(복원) 모의고사 7회분+무료특강

최신 기출복원 모의고사 3회분
AI 분석으로 출제 가능성이 높은 문제만 선별!

2026 최신판

에듀윌 임상심리사 2급
필기 통합이론서
기출(복원) 모의고사 7회분+무료특강

AI 분석으로 출제 가능성이 높은 문제만 선별한

최신 기출복원 모의고사 3회분

최근 기출복원 모의고사 1회

CBT OMR

* 10개년(2025~2016년도)에서 빈출 유형과 출제 가능성이 높은 문제를 선별하여 수록하였습니다.

1과목 | 심리학개론

001 전망이론(Prospect Theory)에 관한 설명으로 옳은 것은?

① 범주의 모든 구성원이 공유하고 있지는 않지만 범주 구성원을 특징짓는 속성이 있다.
② 사람들은 잠재적인 손실을 평가할 때 위험을 감수하는 선택을 하고, 잠재적인 이익을 평가할 때는 위험을 피하는 선택을 한다.
③ 우리는 새로운 사례와 범주의 다른 사례에 대한 기억을 비교함으로써 범주 판단을 한다.
④ 우리는 어떤 것이 일어날 가능성이 얼마인지를 결정하고 그 결과의 가치를 판단한 후, 이 둘을 곱하여 결정을 내린다.

POINT 콕! 전망이론
전망이론에 따르면, 사람들의 효용 수준은 이익보다 손실에 더 민감하며 특히 이익구간에서는 안전한 선택을, 손실구간에서는 위험을 감수하더라도 손실을 회피하는 경향이 있다고 본다.

002 처벌의 효과를 극대화하는 방안과 가장 거리가 먼 것은?

① 처벌은 약한 강도에서 시작하여 그 행동이 반복될수록 점차적으로 강해져야 한다.
② 처벌과 강화는 상호의존적이어야 한다.
③ 반응과 처벌 간의 지연 간격이 짧아야 한다.
④ 처벌은 확실한 규칙에 근거해서 주어져야 한다.

POINT 콕! 처벌의 효과
처음부터 일관되면서도 적절한 강도의 벌을 주는 것이 중요하다.

003 실험장면에서 실험자가 조작하는 처치변인은?

① 독립변인
② 종속변인
③ 조절변인
④ 매개변인

POINT 콕! 실험변인
실험에서 실험자가 조작하는 처치변인은 독립변인이다. 이러한 독립변인으로부터 영향을 받는 변인이 종속변인이다.

004 의미망 모형에 관한 설명으로 옳지 않은 것은?

① 많은 정보들은 의미망으로 조직화할 수 있고 의미망은 노드(Node)와 통로(Pathway)로 구성되어 있다.
② 모형의 가정을 어휘결정과제로 검증할 수 있다.
③ 활성화 확산 과정으로 설명할 수 있다.
④ 버터가 단어인지를 판단하는 데 걸리는 시간은 간호사보다 빵이라는 단어가 먼저 제시되었을 때 더 느리다.

POINT 콕! 의미망 모형
의미망 모형에 따르면, '버터'와 '빵'은 의미적으로 강하게 연관된 단어이므로, '빵'이 먼저 제시되었을 때 '버터'를 더 빨리 판단할 수 있다. 그러나 '버터'와 '간호사'는 의미적으로 관련성이 적어 '간호사'가 먼저 제시되었을 때 '버터'를 인식하는 속도가 더 느려진다.

| 정답 | 001 ② 002 ① 003 ① 004 ④

005 다음의 설명에 해당하는 것은?

> 척도상의 대표적 수치를 의미하며 평균, 중앙치, 최빈치가 그 예이다.

① 빈도분포값
② 집중경향값
③ 변산측정값
④ 추리통계값

POINT 콕! 자료의 분포
- 빈도분포값: 데이터의 빈도를 나타내는 값
- 변산측정값: 데이터의 흩어짐 정도를 나타내는 값
- 추리통계값: 표본 데이터를 이용하여 모집단에 대한 추론을 수행하는 값

006 호감에 영향을 미치는 요인과 가장 거리가 먼 것은?

① 물리적 근접성
② 유사성
③ 내향성
④ 상보성

POINT 콕! 호감(대인매력)
호감의 결정 요인에는 근접성, 유사성, 상보성과 상호성, 신체적 매력, 친숙성이 있다.

007 다음에 제시된 아동의 사회인지능력을 측정하는 과제는?

> 한울이는 친구 민수가 자신과 다른 생각을 가질 수 있고, 자신이 아는 것을 민수가 모를 수 있다는 사실을 이해한다.

① 틀린믿음과제
② 정서조절과제
③ 심적회전과제
④ 자기인식과제

POINT 콕! 아동기 발달이론
문제의 사례는 틀린믿음과제와 관련이 있는 사례이다. 틀린믿음은 자신과 다른 믿음이나 생각을 이해하고 예측하는 능력으로, 샐리 앤 테스트를 통해 평가할 수 있다.

008 동조에 관한 설명으로 옳은 것은?

① 집단의 크기에 비례하여 동조의 가능성이 증가한다.
② 과제가 쉬울수록 동조가 많이 일어난다.
③ 집단에 의해서 완전하게 수용받고 있다고 느낄수록 동조하는 경향이 더 크다.
④ 개인이 집단에 매력을 느낄수록 동조하는 경향이 더 높다.

POINT 콕! 동조
- 동조는 집단의 크기에 비례하여 증가하지 않는다(4~5명일 때 가장 큼).
- 과제가 애매할수록 동조가 많이 일어난다.
- 집단에 수용되고 싶은 욕구 때문에 동조하는 경우가 많다.

009 성격과 환경 간의 상호작용 중 개인의 성격은 타인으로부터 독특한 반응을 이끌어낸다는 것은?

① 반응적 상호작용
② 유도적 상호작용
③ 주도적 상호작용
④ 조건적 상호작용

POINT 콕! 성격형성의 요인
환경으로부터 개인의 성격적 특성의 특정한 반응을 유도해 내는 상호작용은 유도적 상호작용이다.

010 켈리(Kelly)의 공변 모형에 의하면 사람들은 세 가지 정보를 검토하여 외부귀인하거나 내부귀인한다고 한다. 이 세 가지 정보에 해당하지 않는 것은?

① 일관성(Consistency)
② 특이성(Distinctiveness)
③ 동의성(Consensus)
④ 현저성(Salience)

POINT 콕! 켈리의 공변 모형
켈리의 공변 모형에서는 사람들의 특정 행동이 상황, 대상, 행위자에 따라 어떻게 나타나는지를 판단할 때, 일관성, 특이성, 동의성을 동시에 고려한다.

011 연구방법의 주요 개념에 관한 설명으로 옳지 않은 것은?

① 실험집단: 가설의 원인이 제공되지 않는 집단
② 실험: 원인과 결과에 대한 가설을 정밀하게 검사하는 것
③ 독립변인: 실험자에 의해 정밀하게 통제되는 가설의 원인으로써 참가자의 과제와 무관한 변인
④ 측정: 한 변인의 여러 값들에 숫자를 할당하는 체계

POINT 콕! 연구방법
가설의 원인이 제공되지 않는 집단은 통제집단으로, 실험집단은 가설의 원인인 독립변인이 제공되는 집단이다.

012 단순 공포증이 유사한 대상에게 확대되는 현상을 설명하는 학습 원리는?

① 변별조건형성
② 자발적 회복
③ 자극 일반화
④ 소거

POINT 콕! 학습 원리
- 변별조건형성: 자극 일반화와 반대로 특정 자극에 대해서만 반응을 보이는 것
- 자발적 회복: 소거 이후 자극에 대한 반응이 학습 경험 없이 다시 나타나는 것
- 소거: 지속적으로 조건자극만을 제시하면 이미 습득되었던 조건반응의 강도가 점차 약화되고 완전히 사라지는 것

| 정답 | 009 ② 010 ④ 011 ① 012 ③

013 카텔(Cattell)의 성격이론에 관한 설명과 가장 거리가 먼 것은?

① 성격특질이 서열적으로 조직화 되어 있다고 보았다.
② 지능을 성격의 한 요인인 능력특질로 보았다.
③ 개인의 특정 행동을 설명할 수 있느냐에 따라 특질을 표면특질과 근원특질로 구분하였다.
④ 주로 요인 분석을 사용하여 성격 요인을 규명하였다.

POINT 콕! 카텔의 성격이론
아이젱크의 성격위계 모델에서는 성격이 서열적으로 조직화 되어 있다고 본다.

014 앳킨슨과 시프린(Atkinson & Shiffrin)의 기억 모형에 관한 설명으로 틀린 것은?

① 계열위치 효과는 이 모형으로 잘 설명된다.
② 감각기관들은 직렬적으로 기능하기 때문에 정보처리에 유리하다.
③ 밀러(Miller)가 주장한 단기기억 용량 7±2 청크도 이 모형과 잘 부합된다.
④ 단기기억에는 시연, 부호화, 결정, 인출 전략의 4가지 통제 과정이 있다.

POINT 콕! 앳킨슨과 시프린의 기억 모형
감각기관은 독립적이고 병렬적으로 기능하기 때문에 정보 저장 및 처리에 유리하다.

015 피아제(Piaget)가 발달심리학에 끼친 영향과 가장 거리가 먼 것은?

① 환경 속의 자극을 적극적으로 구축하는 가설 생성적인 개체로 아동을 보게 하였다.
② 발달심리학이 인간의 복잡한 지적 능력의 변화를 탐색하는 분야가 되는 데 기여했다.
③ 발달심리학에서 추구하는 학습이론이 구조와 규칙에 대한 심리학이 되는 데 그 기반을 제공했다.
④ 인간 마음의 변화를 생득적·경험적이라는 두 대립된 시각으로 보는 데 큰 기여를 했다.

POINT 콕! 피아제의 인지발달이론
피아제는 생득적 요인과 환경적(경험적) 요인이 서로 상호작용하면서 인지발달이 이루어진다고 보았다.

016 단기기억의 특성이 아닌 것은?

① 정보의 용량이 매우 제한적이다.
② 거대한 도서관에 비유할 수 있다.
③ 현재 의식하고 있는 정보를 의미한다.
④ 작업기억(Working Memory)이라 불린다.

POINT 콕! 단기기억의 특성
기억의 유형 중 거대한 도서관에 비유할 수 있는 것은 장기기억이다.

017 방어기제 중 성적인 충동이나 공격성을 사회적으로 용인된 바람직한 방향으로 변화시켜 표현하는 것은?

① 합리화
② 승화
③ 주지화
④ 전위

POINT 콕! 방어기제
- 합리화: 받아들이기 힘든 행동이나 감정에 대해 논리적으로 그럴듯한 이유를 만들어 스스로를 정당화하는 방어기제
- 주지화: 감정을 배제하고 논리적, 이성적으로 접근하는 방어기제
- 전위: 원래 대상에게 표현하지 못한 감정을 다른 대상에게 돌리는 방어기제

018 조사 연구에서 참가자의 인지기능을 측정하기 위해 그가 가입한 정당을 묻는 것은 어떤 점에서 가장 문제가 되는가?

① 안면 타당도
② 외적 타당도
③ 예언 타당도
④ 공인 타당도

POINT 콕! 타당도
인지기능을 측정하기 위해 참가자의 정당을 묻는 것은 관련성이 없어 타당성 여부를 판단하는 안면 타당도에서 문제가 된다.

019 현상학적 성격이론에 관한 설명으로 옳지 않은 것은?

① 어린 시절의 동기를 분석하기보다는 앞으로 무엇이 발생할 것인가에 초점을 둔다.
② 세계관에 대한 개인의 행동을 예측하고 이해하기 위해서는 개인의 지각을 이해해야 한다.
③ 사건 자체가 아니라 그 사건에 대한 개인의 주관적 경험이 행동을 결정한다.
④ 선택의 자유를 강조하는 인본주의적 입장과 자기실현을 강조하는 자기이론적 입장을 포함한다.

POINT 콕! 현상학적 성격이론
현상학적 이론은 어린 시절의 동기나 앞으로 무엇이 발생할지에 대한 것보다는 개인이 현재 현상을 어떻게 경험하고 느끼는지, 즉 현실을 지각하는 방식에 초점을 둔다.

020 프로이트(Freud)의 성격체계에서 자아(Ego)의 역할이 아닌 것은?

① 중재 역할
② 현실 원칙
③ 도덕적 가치
④ 충동 지연

POINT 콕! 자아(Ego)
도덕적 가치는 초자아의 역할에 해당한다.

| 정답 | 017 ② 018 ① 019 ① 020 ③

2과목 | 이상심리학

021 소인-스트레스이론(Diathesis-stress Theory)에 대한 설명으로 가장 적합한 것은?

① 소인은 스트레스 상황에서 발현된다.
② 스트레스가 소인을 변화시킨다.
③ 소인과 스트레스는 서로 억제한다.
④ 소인은 생후 발생하는 생물학적 취약성을 의미한다.

POINT 콕! 소인-스트레스이론
소인-스트레스이론에 따르면, 질병 소인이 있는 경우 스트레스를 받으면 해당 소인이 발현되어 질병에 걸린다고 본다.

022 공황장애의 특징에 해당하는 것을 모두 고른 것은?

㉠ 메스꺼움 또는 복부 불편감
㉡ 몸이 떨리고 땀 흘림
㉢ 호흡이 가빠지고 숨이 막힐 것 같은 느낌
㉣ 미쳐버리거나 통제력을 상실할 것 같은 느낌

① ㉢, ㉣
② ㉠, ㉡, ㉢, ㉣
③ ㉡, ㉢, ㉣
④ ㉠, ㉡, ㉣

POINT 콕! 공황장애의 특징
제시된 내용 모두 공황장애의 특징에 해당한다.

023 도박장애는 DSM-5의 어느 진단 범주에 속하는가?

① 성격장애
② 적응장애
③ 파괴적, 충동 조절 및 품행장애
④ 물질 관련 및 중독장애

POINT 콕! 도박장애
도박장애는 물질 관련 및 중독장애의 하위 범주에 해당한다.

024 알츠하이머병으로 인한 신경인지장애에 관한 설명으로 틀린 것은?

① 허혈성 혈관 문제 혹은 뇌경색과 관련이 있다.
② Apo-E 유전자 형태와 관련이 있다.
③ 여성호르몬 에스트로겐(Estrogen)과 상관이 있다.
④ 노인성 반점(Senile Plaques)과 신경섬유다발(Neurofibrillary Tangle)과 관련이 있다.

POINT 콕! 알츠하이머병
알츠하이머병으로 인한 신경인지장애와 허혈성 혈관 문제 혹은 뇌경색으로 인한 신경인지장애는 서로 다른 형태의 장애이다.

025 옐리네크(Jellinek)는 알코올 의존이 단계적으로 발전하는 장애라고 주장하면서 4단계의 발전 과정을 제시하였다. 다음 중 4단계의 발전 과정을 바르게 나열한 것은?

① 전알코올 증상단계 – 전조단계 – 중독단계 – 만성단계
② 전조단계 – 결정적 단계 – 남용단계 – 중독단계
③ 전조단계 – 유도단계 – 중독단계 – 만성단계
④ 전알코올 증상단계 – 전조단계 – 결정적 단계 – 만성단계

POINT 콕! 알코올 의존(중독)단계
옐리네크의 알코올 중독 4단계는 '전알코올 증상단계–전조단계–결정적 단계–만성단계'이다.

026 자폐스펙트럼장애의 진단에 특징적인 증상만으로 묶인 것은?

① 구두 언어발달의 지연, 비영양성 물질을 지속적으로 먹음, 상징적 놀이발달의 지연
② 일반적인 의학적 상태, 타인과의 대화를 시작하거나 지속하는 능력의 현저한 장애, 발달 수준에 적합한 친구관계발달의 실패
③ 사회적 – 감정적 상호성의 결함, 관계 발전이나 유지 및 관계에 대한 이해의 결함, 상동증적이거나 반복적인 운동성 동작
④ 동물에게 신체적으로 잔혹하게 대함, 반복적인 동작성 매너리즘(Mannerism), 다른 사람들과 자발적으로 기쁨을 나누지 못함

POINT 콕! 자폐스펙트럼장애
자폐스펙트럼장애의 진단기준에서는 크게 사회적 의사소통 및 상호작용에서 지속적인 결함을 보이거나, 제한적이고 반복적인 행동 및 특정 주제에 대한 지나친 집착과 관심을 보이는 등의 특징적인 증상이 나타나는 것을 기준으로 삼고 있다.

027 품행장애에 대한 설명으로 틀린 것은?

① 발병연령은 일반적으로 7~15세이며, 이 진단을 받은 아동 중 3/4은 소년이다.
② 주요한 사회적 규범을 위반하고 다른 사람들의 기본적인 권리를 종종 침해한다.
③ 청소년기 발병형은 아동기 발병형에 비해 성인기까지 지속되는 경향이 있다.
④ 사람이나 동물에 대한 공격적 행동, 절도나 심각한 거짓말 등이 전형적인 행동이다.

POINT 콕! 품행장애
품행장애는 아동기 발병형이 청소년기 발병형보다 더 만성적이고, 성인기까지 지속되어 반사회적 성향으로 진행될 가능성이 높다.

028 DSM-5에서 성별 불쾌감에 대한 설명으로 가장 거리가 먼 것은?

① 성인의 경우 반대 성을 지닌 사람으로 행동하며 사회에서 그렇게 받아들여지기를 강렬하게 소망한다.
② 동성애자들이 주로 보이는 장애이다.
③ 아동에서부터 성인에 이르기까지 다양한 연령대에서 나타날 수 있다.
④ 자신의 생물학적 성과 성 역할에 대해 지속적으로 불편감을 느낀다.

POINT 콕! 성별 불쾌감(성 불편증)
성별 불쾌감과 동성애는 분명한 차이가 있다. 동성애는 생물학적으로 같은 동성에게 성적 매력을 느끼며, 같은 성의 대상과 관계를 원하는 것이다.

029 친밀한 관계에서의 문제, 인지 및 지각의 왜곡, 행동의 괴이성 등을 주요 특징으로 보이는 성격장애는?

① 조현형 성격장애
② 조현성 성격장애
③ 편집성 성격장애
④ 회피성 성격장애

POINT 콕! 성격장애
조현형 성격장애와 조현성 성격장애는 유사한 임상적 특징을 보이지만, 괴이한 언행을 하는 경우, 이는 조현형 성격장애라고 진단할 수 있다.

030 외상적 사건에 대한 기억과 연관된 불안을 감소시키는 데 초점을 맞추고 있으며, Foa에 의해 개발된 이후 외상 후 스트레스장애에 대해 경험적으로 지지된 치료로써 학계로부터 널리 인정을 받고 있는 치료법은?

① 불안 조절 훈련
② 안구운동 둔감화와 재처리치료
③ 인지적 처리치료
④ 지속노출치료

POINT 콕! 외상 후 스트레스장애 치료법
포아가 개발한 외상 후 스트레스장애의 치료법은 지속노출치료이다.

031 주의력결핍 및 과잉행동장애(ADHD)에 대한 설명으로 가장 적절하지 않은 것은?

① 학령전기에는 과잉행동이, 초등학생 시기에는 부주의 증상이 더욱 두드러진다.
② 페닐알라닌 수산화효소 부족으로 인해 발생한다.
③ 유전성이 높다.
④ 몇 가지의 부주의 또는 과잉행동-충동성 증상은 12세 이전에 나타나야 한다.

POINT 콕! 주의력결핍 및 과잉행동장애
페닐알라닌 수산화효소 부족으로 인해 발생하는 것은 페닐케톤뇨증이다.

032 우울증의 임상 양상과 원인 등의 양분된 차원으로 틀린 것은?

① 지체성 우울 / 초조성 우울
② 정신병적 우울 / 신경증적 우울
③ 내인성 우울 / 반응성 우울
④ 조발성 우울 / 만발성 우울

POINT 콕! 우울증의 분류
- 정신운동 양상에 따른 분류: 지체성 우울/초조성 우울
- 정신병적 증상 동반 여부에 따른 분류: 정신병적 우울/신경증적 우울
- 외부적 촉발사건에 따른 분류: 내인성 우울/반응성 우울

| 정답 | 029 ① 030 ④ 031 ② 032 ④

033 주요 신경인지장애와 경도 신경인지장애의 감별 진단기준으로 적절하지 <u>않은</u> 것은?

① 언어능력의 감퇴 정도
② 성격의 변화 정도
③ 기억과 학습 감퇴 정도
④ 독립적 생활의 장애 정도

POINT 콕! 신경인지장애
인지적 능력, 즉 기억력과 학습력, 언어능력 등 하나 이상의 영역에서 과거보다 심각한 인지적 저하 수준을 나타내어 독립적인 생활을 영위하기 힘든 경우에 주요 신경인지장애로 진단한다.

034 자기애성 성격장애에 대한 설명으로 <u>틀린</u> 것은?

① 과도한 숭배를 원한다.
② 자신의 방식에 따르지 않으면 일을 맡기지 않는다.
③ 자신의 중요성에 대해 과대한 느낌을 가진다.
④ 대인관계에서 착취적이다.

POINT 콕! 자기애성 성격장애
자신의 방식을 따르지 않으면 일을 맡기지 않는 것은 강박성 성격장애의 특징이다.

035 순환성 장애의 특징이 <u>아닌</u> 것은?

① 양극성 장애로는 발전하지 않는다.
② 남녀 간의 유병률에 큰 차이가 없다고 보고된다.
③ 양극성 장애보다 경미한 증상이 2년 이상 지속된다.
④ 청소년기나 초기 성인기에 시작된다.

POINT 콕! 순환성 장애
순환성 장애는 양극성 장애로 발전할 확률이 15~50% 정도이다.

036 신경성 식욕부진증에 관한 설명으로 <u>틀린</u> 것은?

① 체중과 체형이 자기평가에 지나치게 영향을 미친다.
② 폭식하거나 하제를 사용하는 경우는 해당하지 않는다.
③ 말랐는데도 체중의 증가와 비만에 대한 극심한 두려움이 있다.
④ 체중을 회복시키고 다른 합병증의 치료를 위해 입원치료가 필요한 경우도 있다.

POINT 콕! 신경성 식욕부진증
DSM-5 진단기준 신경성 식욕부진증의 하위 유형에는 제한형과 폭식 및 제거형이 있다. 두 유형은 폭식 혹은 제거행동(자발적 구토, 하제 남용)이 반복적·정기적으로 진행되었는지에 따라 구분된다.

| 정답 | 033 ② 034 ② 035 ① 036 ②

037 불안과 관련된 장애에 관한 설명으로 옳지 <u>않은</u> 것은?

① 공황장애는 광장공포증을 동반하기도 한다.
② 특정 공포증 환자는 자신의 공포반응이 비합리적임을 알고 있다.
③ 외상 후 스트레스장애는 외상과 관련된 자극에 대한 회피가 특징이다.
④ 사회공포증은 주로 성인기에 발생한다.

POINT 콕! 불안장애
사회공포증은 주로 아동이나 청소년기에 발생한다.

038 알코올 금단에 대한 설명으로 틀린 것은?

① 알코올 금단을 경험하는 대부분의 사람들은 진전섬망을 경험한다.
② 수 시간에서 수일 이내에 진전, 오심 및 구토 등이 나타난다.
③ 과도하게 장기적으로 사용하다가 중단(혹은 감량) 후에 나타난다.
④ 알코올이나 벤조디아제핀을 투여하면 금단 증상이 경감된다.

POINT 콕! 알코올 금단
알코올 금단 증상 중 하나인 진전 섬망은 가장 심각한 상태인 입원한 알코올 중독 환자 중에서도 5~10% 정도 겪는 증상이다.

039 블로이어(Bleuler)가 제시한 조현병(정신분열병)의 4가지 근본 증상, 즉 4A에 해당하지 <u>않는</u> 것은?

① 감정의 둔마(Affective Blunting)
② 자폐증(Autism)
③ 무논리증(Alogia)
④ 양가감정(Ambivalence)

POINT 콕! 블로이어의 4A
블로이어가 분류한 4A 증상에는 감정의 둔마, 자폐증, 양가감정, 연상장애가 있다.

040 주요 우울장애 환자가 일반적으로 나타내는 특징적 증상이 아닌 것은?

① 정신운동성 초조
② 불면 혹은 과다수면
③ 거절에 대한 두려움
④ 일상 활동에서의 흥미와 즐거움의 상실

POINT 콕! 주요 우울장애 환자의 특징적 증상
거절에 대한 두려움은 회피성 성격장애의 특성이다.

3과목 | 심리검사

041 신경심리평가 시 고려해야 할 사항과 가장 거리가 먼 것은?

① 손상 후 경과 시간
② 연령
③ 교육 수준
④ 성별

POINT 콕! 신경심리검사 시 고려사항
신경심리검사 시 성별은 전반적인 인지기능이나 점수에 직접적 영향을 크게 주지 않는 항목이기 때문에 주요 고려사항은 아니다.

042 모집단에서 규준집단을 표집하는 방법과 가장 거리가 먼 것은?

① 비율 표집(Ratio Sampling)
② 유층 표집(Stratified Sampling)
③ 단순무선 표집(Simple Random Sampling)
④ 군집 표집(Cluster Sampling)

POINT 콕! 표집방법
모집단을 대표할 수 있어야 하는 규준집단을 표집하는 방법으로는 확률 표집이 적절하다. 비율 표집은 모집단의 실제 구성비율을 고려하지 않고 임의의 비율을 정해 표본을 추출하는 비확률 표집이다.

043 두정엽의 병변과 가장 관련이 있는 장애는?

① 시각양식의 장애
② 청각기능의 장애
③ 구성장애
④ 고차적인 인지적 추론의 장애

POINT 콕! 두정엽
두정엽은 공간지각, 신체 감각처리, 구성적 작업을 담당하는 뇌 영역으로, 여기에 병변이 생기면 구성장애가 발생할 수 있다.

044 노인집단의 일상생활기능에 대한 양상 및 수준을 평가하기에 가장 적합한 심리검사는?

① MMPI-2
② K-Vineland-Ⅱ
③ K-WAIS-Ⅳ
④ K-VMI-6

POINT 콕! 노인집단 대상 심리검사
노인집단의 일상생활기능에 대한 양상 및 수준을 평가하기에 가장 적합한 심리검사는 바인랜드 적응행동척도이다.

| 정답 | 041 ④ 042 ① 043 ③ 044 ②

045 지능검사를 해석할 때 고려사항으로 옳지 <u>않은</u> 것은?

① 지수점수 간의 비교를 통해 상대적 약점이 문제의 원인이 될 수 있는지 확인한다.
② 지수점수를 해석할 때 여러 지수들 간에 점수 차이가 유의한지를 살펴봐야 한다.
③ 작업기억과 처리속도는 상황적 요인에 민감한 지수임을 감안한다.
④ 지수가 유의한 차이가 있을 경우 전체척도 IQ는 해석하기가 용이하다.

POINT 콕! 지능검사의 해석 시 고려사항
지능검사 해석 시 지수점수 간 차이가 클 경우, 전체척도 IQ(FSIQ)의 일관성과 안정성이 낮아져 해석이 어려워진다.

046 TAT(주제통각검사)에 관한 설명으로 <u>틀린</u> 것은?

① TAT 성인용 도판은 남성용, 여성용, 남녀 공용으로 나누어진다.
② TAT는 준거조율 전략(Criterion Keying Strategy)을 통해 개발되었다.
③ TAT는 대인관계상의 역동적인 측면을 파악하는 데 유용하다.
④ TAT반응은 순수한 지각반응이 아닌 개인의 선행 경험과 공상적 체험이 혼합된 통각적 과정이다.

POINT 콕! TAT(주제통각검사)
A집단과 B집단 간에 통계적으로 유의미하게 차이가 나는 문항만을 선별하여 검사문항으로 채택하는 방식인 준거조율 전략은 MMPI와 같은 객관적 검사의 제작방식이다.

047 심리검사 사용 윤리와 가장 거리가 <u>먼</u> 것은?

① 자격을 갖춘 사람만이 심리검사를 사용해야 한다.
② 자격을 갖춘 사람만이 심리검사를 구매할 수 있다.
③ 검사 결과는 어떠한 경우라도 사생활보장과 비밀유지를 위해 수검자 본인에게만 전달되어야 한다.
④ 쉽게 이해할 수 있고 검사 목적에 맞는 용어로 검사 결과를 제시하는 것이 좋다.

POINT 콕! 심리검사 사용 윤리
심리검사의 기본 원칙이자 검사자의 의무인 사생활보장과 비밀유지는 수검자가 자신이나 타인을 해칠 위험이 있는 경우, 아동학대·성폭력과 같은 중대한 범죄에 연루된 경우 혹은 법원의 명령이 있는 경우에는 그 의무가 제한될 수 있다.

048 BGT에 의해 아동의 정서적 문제를 알아보고자 할 때, 고려해야 할 지표와 가장 거리가 <u>먼</u> 것은?

① 도형크기의 변화 여부
② 도형의 각도변화
③ 도형 배치의 순서
④ 선긋기의 강도

POINT 콕! BGT
BGT의 정서적 지표에는 도형 배치의 순서(혼란), 도형크기의 변화(과대묘사/과소묘사), 선긋기의 강도(약한 선, 강한 선), 반복 시행, 확산 등이 있다.

049 지능의 개념에 관한 연구자와 주장의 연결이 옳지 않은 것은?

① 웩슬러(Wechsler)-지능은 성격과 분리될 수 없다.
② 스피어만(Spearman)-지적 능력에는 g 요인과 s 요인이 존재한다.
③ 카텔(Cattell)-지능은 유동적 지능과 결정화된 지능으로 구분할 수 있다.
④ 혼(Horn)-지능은 독립적인 7개 요인으로 이루어져 있다.

POINT 콕! 학자별 지능의 개념
서스톤은 지능을 기본 정신능력이라 일컫고 이를 구성하는 7가지 요인을 제시하였다.

050 MMPI 타당도 척도 중 L과 K 척도는 T 점수로 50에서 60 사이이고 F 척도는 70 이상인 점수를 얻은 사람의 특징으로 적합한 것은?

① 자신의 문제를 인정하는 동시에 그런 문제와 관련하여 자신을 방어하려고 애쓰는 사람이다.
② 감정을 억제하고 있으며, 행동을 적절하게 통제하고 있다.
③ 경험하는 스트레스의 정도가 미미하며, 사회적 상황에 효율적으로 대처하는 사람이다.
④ 지나친 방어적 태도 때문에 면담하기 어려운 사람이다.

POINT 콕! MMPI 타당도 척도 해석
제시된 척도 점수 조합은 약간 방어적이지만 문제를 완전히 부정하지 않고 어느 정도 인정하며, 동시에 심리적 어려움을 어느 정도 표현하고 있는 상태로 해석한다.

051 MMPI-2의 타당도 척도 점수 중 과잉보고(Over Reporting)로 해석 가능한 경우는?

① TRIN(f 방향) 82점, FBS 35점
② F(B) 52점, K 52점
③ VRIN 80점, K 72점
④ F 75점, F(P) 80점

POINT 콕! MMPI-2 타당도 척도 해석
MMPI-2의 타당도 척도 중 F 척도와 F(P) 척도는 모두 과잉보고를 탐색하는 척도로, 제시된 선지에서 두 척도 모두 70점 이상의 높은 수준을 보여 과잉보고로 해석이 가능하다.

052 기억장애를 보이고 있는 환자에게 기억 및 학습 능력을 평가하는 데 가장 적합한 것은?

① SCL-90-R
② K-WMS-IV
③ Face-Hand Test
④ Trail Making Test

POINT 콕! 기억 및 학습능력평가검사
기억 및 학습능력을 평가하는 검사에는 웩슬러 기억검사(WMS) 뿐만 아니라, 레이 복합도형검사(Rey Complex Figure Test), 레이-킴 기억검사(Rey-Kim Memory Test) 등이 있다.

| 정답 | 049 ④ 050 ① 051 ④ 052 ②

053 발달검사를 사용할 때 고려해야 할 사항과 가장 거리가 먼 것은?

① 일반적인 기능적 분석만 사용해야 한다.
② 다중기법적 접근을 취해야 한다.
③ 규준에 의한 발달적 비교가 가능해야 한다.
④ 경험적으로 타당한 측정 도구를 사용해야 한다.

POINT 콕! 발달검사 사용 시 고려사항
발달검사 사용 시 단순한 기능적 분석만으로는 정확한 진단과 평가가 어렵기 때문에, 다양한 평가방법이 필요하다. 예를 들어, 발달적 규준과 비교하고, 타당한 검사를 활용하는 것 등이 있다.

054 아동의 지적 발달이 또래집단에 비해 지체되어 있는지, 혹은 앞서고 있는지를 평가하기 위해 Stern이 사용한 IQ 산출계산방식은?

① 지능지수(IQ) = [신체연령/정신연령] × 100
② 지능지수(IQ) = [정신연령/신체연령] + 100
③ 지능지수(IQ) = [정신연령/신체연령] × 100
④ 지능지수(IQ) = [신체연령/정신연령] ÷ 100

POINT 콕! 비율지능지수
비율지능지수는 아동의 지적 발달을 평가하기 위해 지능지수를 산출할 때 사용하는 것으로, 정신연령을 신체연령으로 나누고 100을 곱한다.

055 MMPI 임상척도의 제작방식은?

① 외적 준거방식
② 내적 준거방식
③ 내적 구조 접근 및 요인 분석
④ 직관적 방식

POINT 콕! MMPI 임상척도
MMPI 임상척도는 실제 환자들의 반응을 기반으로 한 외적 준거방식의 경험적 제작방법으로 만들어졌다.

056 MMPI-2에서 4-6 코드의 대표적인 특성으로 옳은 것은?

① 외향적이고 수다스러우며 사교적이면서도 긴장하고 안절부절못한다.
② 자신의 잘못에 대해 타인을 비난하기 때문에 이에 대한 자신의 통찰이 약하다.
③ 연극적이고 증상과 관련된 수단을 통해 사람을 통제한다.
④ 기묘한 성적 강박관념과 반응을 가질 수 있다.

POINT 콕! MMPI-2 코드 유형
4-6 코드 유형은 반사회성과 편집증이 결합한 것으로, 자신의 잘못을 인정하지 못하고 타인을 비난하는 특징이 있다.

057 K-WAIS-Ⅳ에서 일반능력지수(GAI)와 개념적으로 관련이 있는 지수는?

① 지각추론지수와 처리속도지수
② 언어이해지수와 작업기억지수
③ 작업기억지수와 처리속도지수
④ 언어이해지수와 지각추론지수

POINT 콕! K-WAIS-Ⅳ지수
일반능력지수(GAI)는 언어이해지수와 지각추론지수의 핵심 소검사의 환산 점수 합을 바탕으로 산출되며, 실질적인 지능을 평가하기 위한 지수이다.

058 MMPI-2에서 타당성을 고려할 때 '?'지표에 대한 설명으로 틀린 것은?

① 각 척도별 '?'반응의 비율을 확인해 보는 것은 유용할 수 있다.
② '?'반응이 3개 미만인 경우에도 해당 문항에 대한 재반응을 요청하는 등의 사전검토 작업이 필요하다.
③ '?'반응이 300번 이내의 문항에서만 발견되었다면 L, F, K 척도는 표준적인 해석이 가능하다.
④ '?'반응은 수검자가 질문에 대해 답변을 하지 않을 경우뿐만 아니라 '그렇다'와 '아니다'에 모두 응답했을 경우에도 해당된다.

POINT 콕! ? 척도
L, F, K 척도는 MMPI 문항 전반적으로 걸쳐 있어 300번 이내에서 발견되었다고 하여도 '?'지표의 분포와 개수에 따라 해석 가능 여부가 결정된다. 즉, 해당 척도의 해석이 반드시 표준적으로 가능하다고 단정할 수 없다.

059 전두엽의 집행기능(Executive Function)을 평가하기 위한 신경심리검사와 가장 거리가 먼 것은?

① 위스콘신 카드분류검사(WCST)
② 하노이 탑 검사(Tower of Hanoi Test)
③ 스트룹 검사(Stroop Test)
④ 보스톤 이름대기검사(Boston Naming Test)

POINT 콕! 전두엽 기능평가
보스톤 이름대기검사는 전두엽의 집행(실행)기능보다는 언어(명명)능력을 평가한다.

060 MMPI-2에서 내용척도 CYN의 설명과 가장 거리가 먼 것은?

① 근거 없는 염세적 신념을 보인다.
② 어려움에 쉽게 포기하거나 타인에게 복종한다.
③ 자신의 위선, 속임수를 정당화한다.
④ 쉽게 비난받는다고 여기며 타인을 경계한다.

POINT 콕! MMPI-2 내용척도
CYN 척도는 냉소적인 태도를 의미한다. 적대적인 사고와 염세적인 신념을 보이고, 타인을 부정직하고 냉정하다고 평가하며 타인에 대한 불신, 의심, 경계적인 태도를 보인다.

| 정답 | 057 ④ 058 ③ 059 ④ 060 ②

4과목 | 임상심리학

061 초기 임상심리학자와 그의 활동으로 바르게 짝지어진 것은?

① 웩슬러(Wechsler) – 지능검사를 개발하였다.
② 위트머(Witmer) – g 지능개념을 제시하였다.
③ 스피어만(Spearman) – 정신지체아 특수학교에서 심리학자로 활동하였다.
④ 비네(Binet) – 군대알파(Army a)검사를 개발하였다.

POINT 콕! 초기 임상심리학자의 활동
- 위트머: 최초의 심리학 클리닉 개설
- 스피어만: g 지능개념 제시
- 비네: 정신연령개념 도입, 비네-시몽 지능검사 개발

062 정신상태검사(Mental Status Examination) 면접에서 환자를 통해 평가하는 항목이 아닌 것은?

① 지남력
② 가족관계
③ 외모와 태도
④ 정서의 유형과 적절성

POINT 콕! 정신상태검사 면접 시 평가 항목
개인의 생활사적 정보(가족관계)는 정신상태검사의 대상이 아니다.

063 환자에게 자신의 메시지를 정교화 하도록 도울 뿐만 아니라 면접자가 그 메시지를 이해하고 있다는 것을 확실히 하기 위하여 사용되는 의사소통 기법은?

① 요약
② 명료화
③ 직면
④ 부연설명

POINT 콕! 심리치료의 기술
- 요약: 환자의 말 중 핵심적인 내용과 감정을 묶어 정리해주는 것
- 직면: 환자가 스스로를 이해하도록 돕기 위해, 치료자가 환자의 사고방식이나 행동 유형 등에서 나타나는 특정 양상을 지적하는 것
- 부연설명: 환자가 한 말을 다른 방식으로 다시 말해줌으로써, 그 의미를 보다 명확하게 정리하는 것

064 잠재적인 학습 문제의 확인, 학습실패 위험에 처한 아동에 대한 프로그램 운용, 학교 구성원들에게 다양한 관점 제공, 부모 및 교사에게 특정 문제행동에 대한 대처기술을 제공하는 학교심리학자의 역할은?

① 예방
② 교육
③ 자문
④ 부모 및 교사 훈련

POINT 콕! 학교심리학자의 역할
학부모와 교사에게 다양한 시각과 대처기술을 제공하는 것은 예방적 노력의 일환에 해당한다.

| 정답 | 061 ① 062 ② 063 ② 064 ①

065 심리평가에서 임상적 예측을 시행할 때 자료통계적 접근법이 더욱 권장되는 경우는?

① 적절한 검사가 없는 영역이나 사건에 대한 정보가 필요한 경우
② 예측하지 못한 상황변수가 발생하여 공식이 유용하지 않게 되는 경우
③ 다수의 이질적인 표본들을 대상으로 한 경우로 한 개인의 특성에 대한 관심은 적은 경우
④ 매우 드물게 발생하며, 비정상적인 사건으로서 지극히 개인적인 일을 예측하고 판단 내려야 하는 경우

POINT 콕! 자료통계적 접근법
대규모 집단을 대상으로 하는 경우, 한 개인의 특성에 대한 관심이 적고 일반적 경향성을 예측하는 경우에 통계적 접근법을 사용한다.

066 현실치료에 관한 설명으로 가장 적합한 것은?

① 가족 내 서열에 대한 해석은 어른이 되어 세상과 작용하는 방식에 큰 영향이 있음을 강조한다.
② 현대의 소외, 고립, 무의미 등 생활의 딜레마 해결에 제한된 인식을 벗어나 자유와 책임능력의 인식을 강조한다.
③ 내담자가 더 현실적이고 실현 가능한 인생철학을 습득함으로써 정서적 혼란과 자기패배적 행동을 최소화하는 것을 강조한다.
④ 내담자의 좌절된 욕구를 알고 사람들과의 관계에서 새로운 선택을 함으로써 보다 성공적인 관계를 얻고 유지할 수 있음을 강조한다.

POINT 콕! 현실치료
- 가족 내 서열에 대한 자기해석이, 어른이 된 후 대인관계나 삶의 태도에 영향을 준다는 것은 아들러의 개인심리학에 해당한다.
- 생활의 딜레마 해결에 제한된 인식을 벗어나 자유와 책임능력의 인식을 강조하는 것은 실존치료에 해당한다.
- 실현 가능한 인생철학을 습득하여 정서적 혼란과 자기패배적 행동을 최소화하는 것은 합리적 정서치료에 해당한다.

067 두뇌 기능의 국재화에 관한 설명으로 옳은 것은?

① MRI 및 CT가 개발되었으나 기능 문제 확인에는 외과적 검사가 이용된다.
② 브로카(Broca)영역은 좌반구 측두엽 손상으로 수용적 언어 결함과 관련된다.
③ 베르니케(Wernicke)영역은 좌반구 전두엽 손상으로 표현 언어 결함과 관련된다.
④ 특정 인지능력은 국부적인 뇌 손상에 수반되는 한정된 범위의 인지적 결함으로부터 발생한다고 본다.

POINT 콕! 두뇌 기능의 국재화
- MRI, CT 외에도 PET, fMRI 등을 이용해 확인 가능하며, 반드시 외과적 검사를 해야 하는 것은 아니다.
- 브로카영역은 좌측 전두엽에 위치하며, 표현적 언어(말하기)와 관련된다.
- 베르니케영역은 좌측 측두엽에 위치하며, 언어이해를 담당한다.

068 지역사회심리학에서 지향하는 바가 아닌 것은?

① 정신장애의 예방
② 정신병원시설의 확장
③ 정신장애인의 사회 복귀
④ 자원봉사자 등 비전문인력의 활용

POINT 콕! 지역사회심리학
지역사회심리학은 정신장애에 대한 치료를 넘어 예방, 조기 개입, 사회적 지원체계 구축, 정신장애인의 지역사회 복귀 등을 중시한다. 이는 탈원화의 흐름과 맞물려 있으며, 정신병원시설의 확장은 지역사회심리학의 기본 방향성과 맞지 않는다.

069 행동평가에 관한 설명으로 가장 옳은 것은?

① 행동표본은 내면 심리를 반영한 것으로 해석된다.
② 자연적인 상황에서 실제 발생한 것만을 대상으로 평가한다.
③ 특정 표적행동의 조작적 정의가 상이할 수 있음을 고려해야 한다.
④ 관찰 결과는 요구특성이나 피험자의 반응성 요인과는 무관하다.

POINT 콕! 행동평가
- 행동평가는 관찰 가능한 외현적인 행동 자체를 평가한다.
- 자연적 상황뿐 아니라 이를 모방한 구조화된 상황도 대상으로 한다.
- 결과는 내담자의 반응성 등의 영향을 받아 달라질 수 있다.

070 심리치료 장면에서 치료자의 3가지 기본특성 혹은 태도가 강조된다. 이는 인간중심심리치료의 기본적 치료기제로도 알려져 있는데, 이러한 치료자의 기본특성에 해당되지 <u>않는</u> 것은?

① 진솔성
② 적극적 경청
③ 무조건적인 존중
④ 정확한 공감

POINT 콕! 치료자의 3가지 기본특성
로저스는 인간중심치료에서 치료자의 3가지 핵심 태도로 진실성(진솔성), 공감적 이해(정확한 공감), 무조건적인 긍정적 존중을 강조하였다.

071 다음 중 면접질문의 유형과 예로 잘못 짝지어진 것은?

① 직면형 – 이전에 당신은 이렇게 말했는데요.
② 명료형 – 당신이 그렇게 느꼈다는 말인가요?
③ 개방형 – 당신은 그 상황에서 분노를 경험했나요?
④ 촉진형 – 조금만 더 자세히 말씀해 주시겠습니까?

POINT 콕! 면접질문의 유형
예/아니오로 대답이 가능한 질문은 폐쇄형 질문이다.

072 다음 사례에서 사용한 치료적 접근은?

> 불안을 갖고 있는 내담자를 치료하는 과정에서 체계적 둔감법을 사용하였고, 공황을 느끼고 있는 내담자에게 참여 모델링기법을 사용했다.

① 행동적 접근
② 현상학적 접근
③ 실존주의적 접근
④ 정신분석적 접근

POINT 콕! 치료적 접근법
체계적 둔감법과 모델링기법은 행동적 접근법에 해당한다.

073 Cormier와 Cormier가 제시한 적극적 경청기술과 그 내용에 해당하지 <u>않는</u> 것은?

① 요약: 이제까지의 말씀은 당신이 결혼하기에 적당한 사람인지 불확실해서 걱정하신다는 것이지요.
② 해석: 당신이 그 사람과의 관계에서 재미없다고 말할 때 성적 관계에서 재미없다는 말씀으로 들립니다.
③ 반영: 당신은 그 사람과의 관계에서 지루함을 느끼고 있군요.
④ 부연: 그래서 당신은 자신의 문제 때문에 결혼이 당신에게 맞는지 확신하지 못하는군요.

POINT 콕! 적극적 경청기술
해석은 적극적 경청기술에 해당하지 않는다.

074 근육긴장을 이완시키고, 심장의 박동을 조정하고, 혈압을 통제하는 훈련을 받는 것은?

① 바이오피드백
② 행동적인 대처방식
③ 정서 중심의 대처기술
④ 문제 중심의 대처기술

POINT 콕! 건강심리학
- 행동적인 대처방식: 문제 상황에서 행동을 바꾸거나 회피하는 방식
- 정서 중심의 대처기술: 정서반응을 완화하기 위한 전략
- 문제 중심의 대처기술: 스트레스 유발 요인을 직접 해결하거나 조정하려는 노력

075 다음 중 유관학습의 가장 적합한 예는?

① 손톱 물어뜯기를 줄이기 위해 손톱에 쓴 약을 바르기
② 욕설을 하지 않게 하기 위해 욕을 할 때마다 화장실 청소하기
③ 충격적 스트레스 사건이 떠오를 때 '그만!'이라는 구호 외치기
④ 뱀에 대한 공포가 있는 사람에게 뱀을 만지는 사람의 영상 보여주기

POINT 콕! 유관학습
바람직하지 않은 행동(욕설)이 일어날 때마다 불쾌한 결과(화장실 청소)가 따르므로, 이는 처벌을 통해 행동 감소를 유도하는 전형적인 유관학습의 예시이다.

076 치료관계에서 얻은 내담자의 정보에 대한 비밀보장의 예외적인 경우에 해당하지 <u>않는</u> 것은?

① 자해의 위험성이 있는 경우
② 감염성 질병이 있는 경우
③ 제3자에게 위해가 가해질 우려가 있는 경우
④ 내담자에게 알리지 않고 내담자의 정보를 책에 인용한 경우

POINT 콕! 비밀보장의 예외
학술적 목적이라도 반드시 익명처리 및 내담자의 사전동의가 필요하다.

077 인지치료에 대한 설명으로 틀린 것은?

① 개인이 지닌 왜곡된 인지는 학습상의 결함에 근거를 둔다.
② 개인의 문제는 잘못된 전제나 가정에 바탕을 둔 현실 왜곡에서 비롯된다.
③ 부정적인 자기개념에서 비롯된 자동적 사고들은 대부분 합리적인 사고들이다.
④ 치료자는 왜곡된 사고를 풀어주고 보다 현실적인 방식들을 학습하도록 도와준다.

POINT 콕! 인지치료
인지치료에서 부정적 자기개념에서 오는 자동적 사고들은 대부분 비합리적이고 왜곡된 사고들이다.

078 임상심리학자로서 지켜야 할 내담자에 대한 비밀보장에 관한 설명으로 틀린 것은?

① 아동 내담자의 경우에도 아동에 관한 정보를 부모에게 알려서는 안 된다.
② 일반적으로 상담 과정에서 내담자에 대해 알게 된 사실을 다른 사람들에게 말하면 안 된다.
③ 상담 도중 알게 된 내담자의 중요한 범죄사실에 대해서는 비밀을 지킬 필요가 없다.
④ 자살 우려가 있는 경우 내담자의 비밀을 지키는 것보다는 가족에게 알려 자살예방조치를 취하는 것이 더 중요하다.

POINT 콕! 비밀보장
기본적으로 비밀보장의 원칙을 존중해야 하지만, 부모는 아동의 주요 정보에 대해 알 권리가 있으며, 특히 치료 과정이나 안전에 중대한 영향을 미치는 사항에 대해서는 적절히 보호자에게 알릴 필요가 있다.

079 다음은 어떤 치료에 대한 설명인가?

> 경계성 성격장애와 감정 조절의 어려움과 충동성이 문제가 되는 상태를 치료하기 위해 상대적으로 최근에 개발된 인지행동치료이다. 주로 자살행동을 보이는 여자 환자들과의 임상 경험을 바탕으로 개발되었다.

① DBT(Dialectical Behavior Therapy)
② ACT(Acceptance and Commitment Therapy)
③ EMDR(Eye Movement Desensitization and Reprocessing)
④ MBSR(Mindfulness Based Stress Reduction)

POINT 콕! 주요 심리치료기법
- ACT(수용전념치료): 고통스러운 감정이나 사고를 변화시키려 하지 않고 수용하도록 하여 자신이 원하는 가치와 목표를 실현하는 데 초점을 둔 치료법
- EMDR(안구운동 둔감화 및 재처리치료): 외상기억을 떠올림과 동시에 안구운동을 유도하여 외상사건에 관한 부정적 사고 등을 약화시키는 치료법
- MBSR(마음챙김 기반 스트레스 완화법): 명상과 마음챙김 활동을 기반으로 구성된 프로그램을 통해 스트레스를 관리하는 치료법

080 방어기제에 대한 개념과 설명이 옳게 연결된 것은?

① 퇴행(Regression) – 무의식적 추동과는 정반대로 표현한다.
② 대치(Displacement) – 추동 대상을 위협적이지 않거나 이용 가능한 대상으로 바꾼다.
③ 반동형성(Reaction Formation) – 이전의 만족 방식이나 이전 단계의 만족 대상으로 후퇴한다.
④ 투사(Projection) – 당면한 상황에서 얻게 된 결과에 대해 어쩔 수 없었다고 생각하며 행동한다.

POINT 콕! 방어기제
- 퇴행: 스트레스 상황에서 어린 시절 행동양식으로 후퇴하는 것
- 반동형성: 받아들이기 어려운 무의식적 충동을 의식적으로 정반대되는 행동이나 태도로 표현하는 것
- 투사: 자신의 받아들이기 힘든 감정이나 충동을 타인에게 전가하는 것

| 정답 | 077 ③ 078 ① 079 ① 080 ②

5과목 | 심리상담

081 키츠너(Kitchener)가 제시한 상담의 기본적 윤리 원칙 중 상담자가 내담자와 맺은 약속을 잘 지키며 믿음과 신뢰를 주는 행동을 하는 것은?

① 자율성(Autonomy)
② 충실성(Fidelity)
③ 무해성(Nonmaleficence)
④ 공정성(Justice)

> **POINT 콕!** 키츠너의 상담 기본 윤리 원칙
> - 자율성: 내담자가 스스로 선택하고 결정할 권리를 존중하는 것
> - 무해성: 고의적이든 아니든 내담자에게 해를 주지 않도록 하는 것
> - 공정성: 모든 내담자를 공평하고 공정하게 대해야 하며, 차별 없이 공평한 서비스를 제공하는 것

082 합리적·정서적 치료 상담의 ABCDE 과정 중 D가 의미하는 것은?

① 왜곡된 신념
② 결과
③ 논박
④ 효과

> **POINT 콕!** 합리적·정서적 치료 상담의 ABCDE 과정
> ABCDE 과정 중 D는 논박(Disputation)을 의미한다. 왜곡된 신념은 B(Belief), 결과는 C(Consequence), 효과는 E(Effect) 과정에 해당한다.

083 트라우마체계치료(TST)의 원리에 대한 설명으로 옳지 않은 것은?

① 현실에 맞추기
② 강점으로 시작하기
③ 최대한의 자원으로 작업하기
④ 무너진 체계를 조정하고 복원하기

> **POINT 콕!** 트라우마체계치료의 원리
> 트라우마체계치료(TST)는 과도하거나 비현실적인 자원 투입을 지향하지 않으며, 현재 존재하는 환경과 자원을 기반으로 실질적이고 지속 가능한 지원을 제공하는 것을 목표로 한다.

084 크럼볼츠(Krumboltz)가 제시한 상담의 목표에 해당하지 않는 것은?

① 내담자가 요구하는 목표이어야 한다.
② 내담자가 상담목표 성취의 정도를 평가할 수 있어야 한다.
③ 모든 내담자에게 동일하게 적용될 수 있는 목표이어야 한다.
④ 상담자의 도움을 통해 내담자가 달성할 수 있는 목표이어야 한다.

> **POINT 콕!** 크럼볼츠가 제시한 상담목표
> 상담목표는 모든 내담자가 아닌 개별 내담자의 상황과 필요에 따라 달라져야 한다.

| 정답 | 081 ② 082 ③ 083 ③ 084 ③

085 정신분석에서 내담자가 지속적이고 반복적인 학습을 통해 자신이 이해하고 통찰한 바를 충분히 소화하는 과정은?

① 자기화
② 통찰의 소화
③ 완전학습
④ 훈습

POINT 콕! 정신분석 상담의 주요 기법
- 자기화: 새로운 정보를 기존의 인지 구조에 통합하는 과정을 말하며 정신분석에서 특정 의미로 사용되지 않음
- 통찰의 소화: 학술적 개념으로 명확히 정립된 용어는 아님
- 완전학습: 교육심리학개념으로, 학습자가 특정 내용을 완벽하게 이해할 때까지 반복적으로 학습하는 과정

086 로저스(Rogers)의 인간중심 상담에 대한 설명으로 옳지 <u>않은</u> 것은?

① 내담자는 불일치 상태에 있고 상처받기 쉬우며 초조하다.
② 상담자는 내담자와의 관계에서 일치성을 보이며 통합적이다.
③ 내담자는 의사소통의 과정에서 상담자의 선택적인 긍정적 존중 및 공감적 이해를 지각하고 경험한다.
④ 상담자는 내담자의 내적 참조틀을 바탕으로 한 공감적 이해를 경험하고 내담자에게 자신의 경험을 전달하려고 시도한다.

POINT 콕! 로저스의 인간중심 상담
로저스의 인간중심 상담에서 상담자는 내담자에 대한 무조건적인 긍정적 존중의 태도를 가져야 한다.

087 액슬린(Axline)의 비지시적 놀이치료에서 놀이치료자가 갖추어야 할 원칙에 포함되지 <u>않는</u> 것은?

① 아동을 있는 그대로 수용한다.
② 가능한 비언어적인 방법으로만 아동의 행동을 지시한다.
③ 아동과 따뜻하고 친근한 관계를 가능한 빨리 형성하도록 한다.
④ 아동이 타인과의 관계형성이 본인의 책임이라는 것을 알도록 하기 위해서는 제한을 둘 수 있다.

POINT 콕! 비지시적 놀이치료에서 놀이치료자의 원칙
비지시적 놀이치료에서 놀이치료자는 아동에게 언어나 비언어적 방법으로 지시하여서는 안 되며, 아동이 주도권을 가지고 놀이를 이끌어가도록 하여야 한다.

088 교류분석 상담에서 성격이나 일련의 교류들을 자아 상태 모델의 관점에서 분석하는 것은?

① 각본 분석
② 기능 분석
③ 게임 분석
④ 구조 분석

POINT 콕! 교류분석 상담
- 각본 분석: 개인이 어린 시절 외적 경험에 기반하여 형성한, 삶에 대한 무의식적 계획을 분석하는 기법
- 기능 분석: 자아 상태가 밖으로 어떻게 표현되고 행동으로 나타나는지, 즉 어떤 식으로 기능하는지를 분석하는 관점
- 게임 분석: 반복적이고 부정적인 대인관계의 의사소통패턴을 찾아내고 중단하는 기법

| 정답 | 085 ④ 086 ③ 087 ② 088 ④

089 성 피해자 심리상담 초기단계의 유의사항으로 옳지 않은 것은?

① 치료관계형성에 힘써야 한다.
② 상담자가 상담 내용의 주도권을 가져야 한다.
③ 성폭력 피해로 인한 합병증이 있는지 묻는다.
④ 성폭력 피해의 문제가 없다고 부정을 하면 일단 수용한다.

POINT 콕! 성 피해 상담 초기단계 유의사항
성 피해 상담에서는 상담자가 주도하는 것이 아니라, 내담자가 자신의 속도에 맞춰 이야기할 수 있도록 배려하는 것이 중요하다.

090 청소년기 자살의 위험인자와 가장 거리가 먼 것은?

① 습관적으로 부모에 대한 반항이나 저항을 보이는 경우
② 성적이 급락하고 식습관 및 수면행동의 변화가 심한 경우
③ 공격적이고 약물 남용 병력이 있으며 충동성이 높은 행동장애의 경우
④ 동료나 가족 등 가까운 이들과 떨어져 지내는 회피행동이 증가한 경우

POINT 콕! 청소년기 자살의 위험인자
청소년기에 부모에 대한 반항이나 저항은 정상적인 발달 과정에서 흔히 나타나는 행동으로, 일상적 수준의 반항만으로 자살 위험이 직접적으로 높아진다고 보지는 않는다.

091 사이버 상담에 대한 설명으로 옳지 않은 것은?

① 사이버 상담자들의 전문성과 윤리성 등을 통제하고 관리하는 체계가 필요하다.
② 사이버 상담은 전화 상담처럼 자살을 비롯한 위기 상담이라는 뚜렷한 목적을 갖고 시작되었다.
③ 사이버 상담은 기존의 면대면 상담과 전화 상담에 참여하지 않았던 새로운 내담자군의 출현을 가져왔다.
④ 사이버 상담의 전문화를 위해 기존 면대면 상담과는 다른 새로운 상담기법을 개발하고 실험을 통해 효과를 검증할 필요가 있다.

POINT 콕! 사이버 상담
사이버 상담은 초기부터 위기 상담만을 목적으로 한 것이 아니라, 일반적인 심리상담, 진로 상담, 학습 상담 등 다양한 목적을 위해 발전해 왔다.

092 벌을 통한 행동수정 시 유의해야 할 사항으로 옳지 않은 것은?

① 벌은 그 강도를 점차로 높여가야 한다.
② 벌을 받을 상황을 가능한 한 없애도록 노력한다.
③ 벌을 받을 행동을 구체적으로 세분화하고 설명한다.
④ 벌을 받을 행동이 일어난 직후에 즉각적으로 벌을 준다.

POINT 콕! 벌을 통한 행동수정 시 유의사항
벌을 통한 행동수정 시 그 강도를 점차 높이면 피처벌자가 벌에 익숙해져서 효과가 감소할 수 있으므로 처음부터 일관되면서도 적절한 강도의 벌을 주는 것이 중요하다.

093 상담자가 내담자를 직면시키기에 바람직한 시기가 아닌 것은?

① 내담자의 말과 행동의 불일치가 보일 때 시도한다.
② 내담자와 적당한 신뢰관계가 형성되었을 때 시도한다.
③ 문제가 드러날 때 즉각적으로 내담자의 잘못을 직면시켜서 뉘우치게 한다.
④ 부정적인 자아상을 가진 내담자가 처음 긍정적인 진술을 할 때 시도한다.

POINT 콕! 직면기법의 사용 시기
직면은 주로 상담관계가 형성된 중기단계 이후에 사용하는 기법으로, 상담관계가 형성되지 않은 상태에서 즉각적인 직면은 내담자의 방어나 저항을 자극할 수 있어 역효과가 날 수 있다.

094 학습 문제 상담의 시간 관리 전략에서 강조하는 것은?

① 시험이 끝난 후 오답을 점검한다.
② 기억하고자 하는 의도를 갖도록 노력한다.
③ 학습의 목표를 중요도와 긴급도에 따라 구체적으로 수립한다.
④ 처음부터 장시간 공부하기보다는 조금씩 자주 하면서 체계적으로 학습한다.

POINT 콕! 학습 문제 상담의 시간 관리 전략
시간 관리 전략은 효과적인 학습을 위해 계획적으로 시간을 배분하는 전략으로, 학습목표를 구체적이고 측정 가능하도록 수립하고, 중요에 따라 우선순위를 부여한다.

095 진로지도 및 진로 상담의 일반적인 목표와 가장 거리가 먼 것은?

① 합리적인 의사결정능력을 높인다.
② 내담자 자신에 관한 보다 정확한 이해를 높인다.
③ 이미 선택한 진로에 대해 후회하지 않도록 유도한다.
④ 일과 직업에 대한 올바른 가치관을 형성하는 데 도움을 준다.

POINT 콕! 진로지도 및 진로 상담의 일반적 목표
상담자는 내담자가 선택한 진로에 대해 후회를 하고 있다면, 그 감정의 원인을 탐색하고 필요한 경우 진로 재결정 또는 경로수정을 고려할 수 있도록 도와야 한다.

096 벡(Beck)의 인지적 왜곡 중 개인화에 대한 예로 적절한 것은?

① "나는 정말 멍청해."
② "관계가 끝나버린 건 모두 내 잘못이야."
③ "이 직업을 구하지 못하면, 다시는 일하지 못할 거야."
④ "너무 불안하니까, 고속도로를 달리는 것은 위험할 거야."

POINT 콕! 벡의 인지적 왜곡 중 개인화
- "나는 정말 멍청해." → 낙인찍기
- "이 직업을 구하지 못하면, 다시는 일하지 못할 거야." → 파국화 또는 이분법적 사고
- "너무 불안하니까, 고속도로를 달리는 것은 위험할 거야." → 감정적 추론

097 청소년 비행의 원인을 사회학적 관점에서 설명하는 이론이 아닌 것은?

① 아노미이론
② 사회통제이론
③ 하위문화이론
④ 욕구실현이론

POINT 콕! 사회학적 관점에 따른 청소년 비행 원인이론
욕구실현이론은 욕구 충족을 중심으로 설명하는 심리학적 이론에 가까운 설명방식이다.

098 현대 상담에 대한 접근과 가장 거리가 먼 것은?

① 통합적인 상담방식보다 특정 상담방식을 고수해야 한다.
② 상담 접근방식들 간의 핵심적인 차이에 대해 논의해야 한다.
③ 상담 접근방식들의 주된, 공통된, 효과적인 요소가 무엇일지에 대해 생각해야 한다.
④ 다소 복잡하고, 역사적이고 이론적인 시야 등이 분야의 종합적인 통찰을 얻어야 한다.

POINT 콕! 현대 상담에 대한 접근
현대 상담의 흐름은 단일 이론만을 고수하기보다는 여러 이론과 기법을 융합하고 통합하려는 경향을 띠고 있다.

099 생애기술 상담이론에서 기술언어(Skills Language)에 해당하는 것은?

① 내담자 자신의 책임감 있는 삶을 의미하는 것이다.
② 내담자가 어떻게 생각하고 느끼는가를 의미하는 것이다.
③ 내담자가 어떤 외현적 행동을 하는가를 의미하는 것이다.
④ 내담자의 행동을 설명하고 분석하기 위해 사용하는 것을 의미하는 것이다.

POINT 콕! 생애기술 상담의 기술언어
- 내담자 자신의 책임감 있는 삶은 책임언어에 해당한다.
- 내담자가 어떻게 생각하고 느끼는지는 과정언어에 해당한다.
- 내담자가 어떤 외현적 행동을 하는가는 행동언어에 해당한다.

100 다음 알코올 중독 내담자에게 적용할 만한 동기강화 상담의 기법과 가장 거리가 먼 것은?

> "제가 술 좀 마신 것 때문에 아내가 저를 이곳에 남겨 두었다는 것을 믿을 수가 없군요. 그녀의 문제가 무엇인지 모르겠어요. 이 방에 불러서 이야기 좀 하고 싶어요. 음주가 문제가 아니라 그녀가 문제인 것이니까요."

① 재구성하기(Reframing)
② 주창 대화(Advocacy Talk)
③ 초점 옮기기(Shifting Focus)
④ 반영반응(Reflection Response)

POINT 콕! 동기강화 상담기법
주창 대화는 내담자의 저항행동을 불러일으키고 저항을 더 심화시키는 반응이나 말을 하는 것을 의미한다. 이는 내담자의 중독 문제를 해결하는 방법으로는 적절하지 않으며, 동기강화 상담기법에도 해당하지 않는다.

| 정답 | **097** ④ **098** ① **099** ④ **100** ②

최근 기출복원 실전모의고사 2회

* 10개년(2025~2016년도)에서 빈출 유형과 출제 가능성이 높은 문제를 선별하여 수록하였습니다.

1과목 | 심리학개론

001 변산성을 측정하는 기술치로 짝지어진 것은?

① 범위, 최빈치
② 표준편차, 평균
③ 범위, 표준편차
④ 중앙치, 편포도

> **POINT 콕!** 변산성 측정
> 변산성(변산도)은 범위, 분산, 표준편차, 사분편차 등을 통해 측정할 수 있다.

002 다음 중 프리맥(Premack)의 원리를 이용한 강화가 아닌 것은?

① 부모들이 자녀의 시험성적이 좋으면 자녀의 귀가시간 제한을 해제한다.
② 보육교사들은 원아들이 흑판을 바라보면서 가만히 앉아 있는 행동 다음에는 가끔 벨이 울림과 동시에 '뛰어놀고 떠들고 놀라'는 지시를 한다.
③ 학교에서 교사들은 학생들이 쓰기과제를 성공적으로 끝마친 후에 놀도록 허용한다.
④ 부모들은 아이가 나중에 숙제를 하겠다고 하면 먼저 놀도록 허용하기보다는 놀기 전에 숙제를 하도록 요구한다.

> **POINT 콕!** 프리맥의 원리
> 프리맥의 원리는 자주 하는 행동(고확률행동)을 강화 요인으로 활용하여 자주 하지 않는 행동(저확률행동)의 빈도를 높이는 방식이다.

003 현상학적 이론에 대한 설명으로 <u>틀린</u> 것은?

① 인간을 성취를 추구하는 존재로 파악한다.
② 인간을 자신의 환경에 굴복하지 않고 오히려 환경을 통제하고 조정할 수 있는 적극적인 힘을 갖고 있는 존재로 파악한다.
③ 인간을 타고난 욕구에 끌려다니는 존재로 간주한다.
④ 현재 개인이 경험하고, 느끼고, 행동하는 것이 중요하며, 개인의 진정한 모습을 이해하는 것도 이를 통해 가능하다고 본다.

> **POINT 콕!** 현상학적 이론
> 현상학적 이론은 인간을 타고난 욕구에 끌려다니는 존재가 아닌 자기실현의 존재로 본다.

004 기억 연구에서 집단이 회상한 수가 집단 구성원 각각 회상한 수의 합보다 적은 것을 의미하는 것은?

① 협력 억제
② 청크 효과
③ 책임감 분산
④ 스트룹 효과

> **POINT 콕!** 기억의 인지적 특징
> 집단이 함께 기억을 회상할 때, 개별적으로 회상할 때보다 더 적은 정보를 떠올리는 현상을 협력 억제라고 한다.

| 정답 | 001 ③ 002 ② 003 ③ 004 ①

005 망각에 관한 설명으로 틀린 것은?

① 설단현상은 인출의 실패에 대한 사례이다.
② 망각은 유사한 정보 간의 간섭에 기인한 인출단서의 부족에 의해 생긴다.
③ 일반적으로 일화기억보다 의미기억에 대한 정보의 망각이 적게 일어난다.
④ 한 기억요소는 색인 또는 연합이 적을수록 간섭도 적어지므로 쉽게 기억된다.

POINT 콕! 망각
색인 또는 연합이 적으면 인출단서가 부족하여 오히려 망각 가능성을 높인다.

006 성격심리학의 주요한 모델인 성격 5요인에 대한 설명으로 옳은 것은?

① 5요인에 대한 개인차에서 유전적 요인은 찾아볼 수 없다.
② 성실성 점수가 높은 사람의 경우 행동을 계획하고 통제하는 것을 돕는 전두엽의 면적이 더 큰 경향이 있다.
③ 뇌의 연결성은 5요인의 특질에 영향을 미치지 않는다.
④ 정서적 불안정성인 신경증은 일생동안 계속해서 증가하고 성실성, 우호성, 개방성과 외향성은 감소한다.

POINT 콕! 성격의 5요인 모델
성격 5요인 모델 중 성실성이 높은 사람은 계획적이고 자기통제력이 높은 특징이 있다. 전두엽은 충동 조절, 계획 수립과 관련이 있어 성실성이 높은 사람의 경우 전두엽이 더 발달하는 경향을 보인다.

007 특정 검사에 대한 반복 노출로 인해 발생하는 연습 효과를 줄이기 위해 이 검사와 비슷한 것을 재는 다른 검사를 이용하여 측정하는 검사의 신뢰도는?

① 반분 신뢰도
② 검사-재검사 신뢰도
③ 동형검사 신뢰도
④ 채점자 간 신뢰도

POINT 콕! 신뢰도 측정검사
두 개의 유사검사(동형)를 이용하여 측정하는 검사방식은 동형검사 신뢰도이다.

008 방어기제와 그 예가 **틀리게** 짝지어진 것은?

① 대치 – 방문을 세게 쾅 닫으며 화를 내게 만든 사람이 아닌 다른 사람에게 소리 지르는 경우
② 합리화 – 자기 자신이 부정직하다고 생각하기 때문에 다른 사람도 역시 부정직하다고 판단하는 경우
③ 승화 – 분노를 축구나 럭비 또는 신체접촉이 이루어지는 스포츠를 함으로써 해소하는 경우
④ 동일시 – 괴롭힘을 당한 아이가 다른 아이들을 괴롭히는 사람이 되는 경우

POINT 콕! 방어기제
방어기제 중 합리화는 받아들이기 힘든 행동이나 감정에 대해 논리적으로 그럴듯한 이유를 만들어 스스로 정당화하는 것이다.

| 정답 | 005 ④ 006 ② 007 ③ 008 ②

009 프로이트(S. Freud)이 성격 구조에 관한 설명으로 옳은 것은?

① 자아는 일차적 사고 과정을 따른다.
② 자아는 현실 원리를 따르며 개인이 현실에 적응하도록 돕는다.
③ 자아는 자아이상과 양심으로 구성되어 있다.
④ 초자아는 성적 욕구와 관련된 것으로 쾌락의 원리를 따른다.

POINT 콕! 프로이트의 성격 구조
원초아는 쾌락 원리, 자아는 현실 원리, 초자아는 도덕 원리를 추구한다.

010 무작위적 반응 중에서 긍정적 결과가 뒤따르는 반응들을 통해서 행동이 증가하는 학습 법칙은?

① 효과의 법칙
② 시행착오 법칙
③ 연습의 법칙
④ 연합의 법칙

POINT 콕! 학습 법칙
손다이크는 보상이 뒤따르는 반응은 강화되어 반복되고, 처벌이 뒤따르면 반응이 약화되는 효과의 법칙을 이야기하였다.

011 의미 있는 '0'의 값을 갖는 측정의 수준은?

① 명목측정
② 등간측정
③ 비율측정
④ 서열측정

POINT 콕! 측정 수준
의미 있는 절대영점(0)이 존재하는 척도는 비율척도(측정)이다.

012 다음 설명에 해당하는 것은?

- 아동들의 자기개념이 왜 우선적으로 남자-여자 구분에 근거하는지를 설명하고자 한다.
- 아동에게 성이라는 렌즈를 통해 세상을 보도록 가르치는 문화의 역할을 중요시한다.

① 정신분석학 이론
② 인지발달이론
③ 사회학습이론
④ 성 도식이론

POINT 콕! 아동기 발달이론
아동이 성(Gender)과 관련된 정보를 조직하고 처리하는 방식을 설명하는 이론은 성 도식이론이다. 성에 대한 문화적 기대와 사회적 영향을 받아 특정한 도식이 형성된 아동이 이를 통해 세상을 해석한다고 본다.

013 어떤 사람의 행동을 보고 상황이나 외적 요인보다는 사람의 기질이나 내적 요인에 그 원인을 두려고 하는 것은?

① 현실적 왜곡
② 기본적 귀인 오류
③ 후광 효과
④ 고정관념

POINT 콕! 사회심리학
- 현실적 왜곡: 현실을 객관적으로 인식하지 못하고, 개인의 신념이나 기대에 맞춰 왜곡하는 현상
- 후광 효과: 한 가지 긍정적인 특성이 그 사람의 전체적인 인상을 결정짓는 현상
- 고정관념: 특정 집단에 대해 과도하게 일반화된 믿음을 갖는 현상

014 불안이 수행에 미치는 영향을 알아보는 실험에서 종속변인은?

① 불안의 원인
② 피험자의 수행
③ 불안의 수준
④ 피험자의 연령

POINT 콕! 종속변인
종속변인은 독립변인의 변화에 영향을 받는 변인이므로, 해당 실험에서 독립변인은 불안이며, 그에 따른 종속변인은 수행이다.

015 퀴블러 로스가 주장한 죽음의 단계에 대한 순서로 옳은 것은?

① 우울 → 부정 → 분노 → 타협 → 수용
② 분노 → 우울 → 부정 → 타협 → 수용
③ 부정 → 분노 → 타협 → 우울 → 수용
④ 타협 → 부정 → 분노 → 우울 → 수용

POINT 콕! 퀴블러 로스의 죽음 5단계
퀴블러 로스는 죽음을 받아들이는 심리적 과정을 5단계로 구분하며, '부정 → 분노 → 타협 → 우울 → 수용' 순서로 이루어진다고 하였다.

016 주변에 교통사고를 당한 사람들이 많은 사람은 교통사고 발생률을 실제보다 높게 판단하는 것처럼 특정 사건을 지지하는 사례들이 기억에 저장되어 있는 정도에 따라 사건의 발생 가능성을 판단하는 경향은?

① 초두 효과
② 가용성 발견법
③ 점화 효과
④ 대표성 발견법

POINT 콕! 사회인지
- 초두 효과: 정보를 처음 접할 때 그 정보가 기억에 더 오래 남아 판단에 큰 영향을 미치는 현상
- 점화 효과: 이전에 경험했던 자극이나 정보가 이후에 접하는 새로운 정보나 자극에 대한 해석과 판단에 영향을 미치는 현상
- 대표성 발견법(휴리스틱): 주어진 정보가 특정 범주를 얼마나 잘 대표하는지, 즉 그 범주의 대표적인 특징과 얼마나 유사한지에 따라 판단하는 방법

| 정답 | 013 ② 014 ② 015 ③ 016 ②

017 성격을 정의할 때 고려하는 특징으로 가장 거리가 먼 것은?

① 시간적 일관성
② 환경에 대한 적응성
③ 개인의 자율성
④ 개인의 독특성

POINT 콕! 성격 정의 시 고려사항
성격은 한 개인이 환경에 적응해 나가는 과정에서 일관성 있게 나타나는 개인 특유의 행동 및 사고양식을 말한다.

018 '통계적으로 유의미하다.'라는 말의 뜻을 나타내는 것은?

① 실험 결과가 통계적 혹은 확률적 현상이다.
② 실험 결과가 우연이 아닌 실험 처치에 의해서 나왔다.
③ 실험 결과가 통계적 분석방법을 써서 나온 것이다.
④ 실험 결과를 통계적 방법을 통해 분석할 수 있다.

POINT 콕! 통계적 유의미
'통계적으로 유의미하다.'란 실험 결과가 단순한 우연이라고 생각되지 않을 정도로 맞을 가능성이 높다는 것을 의미한다. 즉, 실험 처치나 변수 간의 차이가 의미 있는 결과를 만들었다는 것이다.

019 강화계획 중 소거에 대한 저항이 가장 큰 것은?

① 변동비율강화계획
② 변동간격강화계획
③ 고정비율강화계획
④ 고정간격강화계획

POINT 콕! 강화계획
소거에 대한 저항이란 강화가 중단된 후에도 특정 행동이 얼마나 잘 유지되는지를 의미한다. 소거에 대한 저항이 가장 큰 것은 예측 불가능한 보상으로 인해 보상이 없어도 계속해서 행동을 하게 만드는 변동비율강화계획이다.

020 자극추구 성향에 관한 설명으로 옳은 것은?

① 아이젱크(Eysenck)는 자극추구 성향에 관한 척도를 제작했다.
② 내향성과 외향성을 구분하는 생리적 기준으로 사용된다.
③ 성격특성이 일부 신체적으로 유전된다는 주장을 반박하는 근거로 제시된다.
④ 자극추구 성향이 높을수록 노르에피네프린(NE)이라는 신경전달물질을 통제하는 체계에서의 흥분 수준이 낮다는 주장이 있다.

POINT 콕! 자극추구 성향
주커만은 자극추구 성향이 높을수록 신경전달물질인 노르에피네프린(NE)이 통제하는 시스템에서 자극에 대한 반응성이 덜 민감하고 내부 흥분 수준이 낮다고 본다.

| 정답 | 017 ③ 018 ② 019 ① 020 ④

2과목 | 이상심리학

021 이상행동 및 정신장애의 판별기준과 가장 거리가 먼 것은?

① 적응적 기능의 저하 및 손상
② 주관적 불편감과 개인의 고통
③ 가족의 불편감과 고통
④ 통계적 규준의 일탈

POINT 콕! 이상행동 및 정신장애의 판별기준
이상행동 및 정신장애 진단 시 가족이 느끼는 불편감과 고통만으로는 판별할 수 없다.

022 치매에 관한 설명으로 가장 적합한 것은?

① 기억손실이 없다.
② 증상은 오전에 가장 심해진다.
③ 자신의 무능을 최소화하거나 자각하지 못한다.
④ 약물 남용의 가능성이 많다.

POINT 콕! 치매
- 치매의 주요 증상 중 하나가 기억손실이다.
- 치매 증상은 일반적으로 오후에서 저녁 무렵에 더 심해지는 경향이 있다.
- 약물 남용의 문제는 치매의 특징적인 증상과 거리가 멀다.

023 범불안장애의 DSM-5 진단기준에 해당하지 않는 것은?

① 장애가 물질의 생리적 효과나 다른 의학적 상태로 인한 것이 아니다.
② 걱정의 초점이 주로 과거 자신의 잘못에 맞추어진다.
③ 걱정을 통제하기 어렵다.
④ 불안과 걱정이 당사자에게 심각한 고통을 유발한다.

POINT 콕! 범불안장애의 DSM-5 진단기준
범불안장애의 DSM-5 진단기준에는 '다양한 사건이나 활동에 대한 과도한 불안과 걱정이 나타난다.' 정도의 언급만 있을 뿐, '과거 잘못'이라는 특정한 내용은 포함하지 않는다.

024 양극성 장애에 대한 설명으로 옳지 않은 것은?

① 조증과 우울증이 반복되는 장애이다.
② 우울증 상태에서는 자살을 시도하기도 한다.
③ 조증 상태에서는 사고의 비약 등의 사고장애가 나타난다.
④ 조증은 서서히, 우울증은 급격히 나타난다.

POINT 콕! 양극성 장애
양극성 장애는 조증과 우울증이 반복적으로 번갈아가며 나타나는데, 조증은 급격히(수일~수주 내) 발생하는 경우가 많고, 우울증은 천천히(수주~수개월) 발생하는 경우가 많다.

025 조현병의 증상 중 의지결여, 정서의 메마름, 언어 빈곤, 사회적 철회 등은 다음 중 무엇에 해당하는가?

① 양성 증상
② 혼란 증상
③ 음성 증상
④ 만성 증상

> **POINT 콕!** 조현병
> 무의욕증, 감퇴된 정서표현, 무논리증(무언어증), 무사회증은 조현병의 음성 증상에 해당한다.

026 품행장애에 관한 설명으로 옳은 것은?

① 품행장애가 이른 나이에 발병할수록 예후가 좋지 않다.
② 품행장애의 유병률은 남녀의 차이가 없다.
③ 품행장애의 발병에는 환경적 요인보다 유전적 요인이 크다.
④ 적대적 반항장애는 품행장애로 발전하지 않는다.

> **POINT 콕!** 품행장애
> • 품행장애의 유병률은 남아에게서 더 많이 진단된다.
> • 유전적·환경적 요인이 복합적으로 작용하여 발병한다.
> • 적대적 반항장애를 품행장애의 선행적 장애로 본다.

027 이상행동의 원인을 다음과 같이 설명하는 이론은?

> • 인간의 감정과 행동은 객관적, 물리적 현실보다 주관적, 심리적 현실에 의해서 결정된다.
> • 정신장애는 인지적 기능의 편향 및 결손과 밀접하게 연관되어 있다.

① 인지적 이론
② 행동주의 이론
③ 인본주의 이론
④ 정신분석이론

> **POINT 콕!** 이상심리학 이론
> • 행동주의 이론: 환경적 자극과 학습 경험(조건형성)이 행동을 결정한다고 보며, 사고보다는 행동의 형성 과정에 초점을 둔 이론
> • 인본주의 이론: 인간을 기본적으로 긍정적이고 성장하려는 존재로 보며, 정신장애는 '자기와 경험의 불일치'로 발생한다고 보는 이론
> • 정신분석이론: 무의식적이고 억압된 욕구가 정신장애의 원인이라고 보는 이론

028 아브람슨(Abramson) 등의 '우울증의 귀인이론(Attributional Theory of Depression)'에 관한 설명으로 옳지 않은 것은?

① 우울증에 취약한 사람은 실패 경험에 대해 내부적, 안정적, 전반적 귀인을 하는 경향이 있다.
② 실패 경험에 대한 내부적 귀인은 자존감을 손상시킨다.
③ 실패 경험에 대한 특수적 귀인은 우울의 일반화를 조장한다.
④ 실패 경험에 대한 안정적 귀인은 우울의 만성화에 기여한다.

> **POINT 콕!** 우울증의 귀인이론
> 우울의 일반화를 조장하는 것은 전반적 귀인과 관련이 있다. 특수적 귀인은 특정한 상황이나 사건에만 국한하여 해석하는 것으로, 이러한 해석은 우울감이 다른 영역으로 일반화되는 것을 막아준다.

| 정답 | 025 ③ 026 ① 027 ① 028 ③

029 주의력결핍 및 과잉행동장애(ADHD)의 치료에 사용되는 약물은?

① Methadone
② Thorazine
③ Insulin
④ Ritalin

POINT 콕! 주의력결핍 및 과잉행동장애의 치료
ADHD의 치료법 중 가장 첫 번째로 시도하는 치료법은 약물치료로, 일반적으로 흥분제를 사용한다. ADHD에서 사용하는 흥분제에는 메틸페니데이트(Methylphenidate, Ritalin), 암페타민(Amphetamine), 페몰린(Pemoline) 등이 있다.

030 항정신병 약물 부작용으로써 나타나는 혀, 얼굴, 입, 턱의 불수의적 움직임 증상은?

① 무동증(Akinesia)
② 구역질(Nausea)
③ 만발성 운동장애(Tardive Dyskinesia)
④ 추체외로 증상(Extrapyramidal Symptoms)

POINT 콕! 약물 부작용 증상
항정신병 약물은 조현병 치료제로 사용되는 약물로, 장기간 복용할 경우 만발성(지연성) 운동장애와 같은 부작용이 나타난다.

031 도박장애가 있는 사람들의 특징이 아닌 것은?

① 물질사용장애와는 다르게 금단 증상과 내성이 없다.
② 뇌 보상중추에서 도파민 활동성과 작용이 고조된다.
③ 충동적이며 새로운 자극을 추구하는 특성을 가진다.
④ 스트레스를 받거나 괴로울 때 도박을 더 많이 한다.

POINT 콕! 도박장애의 특징
도박장애에서는 물질사용장애와 마찬가지로 금단, 내성, 재발 증상이 존재한다.

032 사건수면(Parasomnia)에 해당되는 것은?

① 기면증
② 악몽장애
③ 호흡 관련 수면장애
④ 일주기 리듬 수면 - 각성장애

POINT 콕! 사건수면
사건수면에는 수면보행증(몽유병), 야경증, REM 수면행동장애, 악몽장애, 수면마비(가위눌림), 수면섭식장애, 야간 유뇨증 등이 있다.

| 정답 | 029 ④ 030 ③ 031 ① 032 ②

033 환각제에 해당되는 약물은?

① 카페인
② 대마
③ 오피오이드
④ 펜시클리딘

POINT 콕! 환각제
환각제에는 LSD, 메스칼린, 펜시클리딘 등이 있다.

034 심리적 갈등이나 스트레스로 인해 갑작스러운 시력 상실이나 마비와 같은 감각 이상 또는 운동 증상을 나타내는 질환은?

① 공황장애
② 전환장애
③ 신체증상장애
④ 질병불안장애

POINT 콕! 감각 이상 또는 운동 증상 질환
- 공황장애: 공황발작이 반복적으로 나타나는 장애
- 신체증상장애: 스트레스를 받거나 심리적 불편감이 있을 때 초기 발현 증상이 신체 증상으로 나타나는 장애
- 질병불안장애: 건강염려증이라고도 하며, 자신의 건강을 비정상적으로 염려하고 병에 집착하는 장애

035 의존성 성격장애의 진단기준에 해당하지 <u>않는</u> 것은?

① 타인의 보살핌과 지지를 얻기 위해 무슨 행동이든 한다.
② 자신의 일을 혼자서 시작하거나 수행하기가 어렵다.
③ 자신이 사회적으로 무능하고 열등하다고 생각한다.
④ 타인의 충고와 보장이 없이는 일상적인 일도 결정을 내리지 못한다.

POINT 콕! 성격장애의 진단기준
자신이 사회적으로 무능하고 열등하다고 생각하는 것은 회피성 성격장애의 진단기준에 해당한다.

036 정신분석학적 관점에서 볼 때 해리성 장애 환자들에게서 가장 흔히 나타나는 방어기제는?

① 반동형성
② 억압
③ 전치
④ 주지화

POINT 콕! 해리성 장애 환자의 방어기제
해리성 장애 환자들의 가장 중심적인 방어기제는 억압이다. 억압이 강하게 작용할 경우, 기억상실이나 자아의 분리된 상태(해리) 같은 증상이 나타나기도 한다.

037 공황을 경험하거나 옴짝달싹 못하게 되었을 때, 도망가기 어렵거나 도움이 가능하지 않은 공공장소나 상황에 있는 것을 두려워하는 불안장애는?

① 광장공포증
② 사회공포증
③ 왜소공포증
④ 폐쇄공포증

POINT 콕! 불안장애
- 사회공포증: 타인의 평가나 비판을 받는 사회적 상황에서 두려움을 느끼는 것
- 왜소공포증: 작은 것(작은 곤충, 작은 물체 등)에 대해 비현실적인 공포를 느끼는 것
- 폐쇄공포증: 좁고 밀폐된 공간에 대해 공포를 느끼는 것

038 뇌에서 발견되는 베타아밀로이드라는 단백질의 존재와 가장 관련이 있는 장애는?

① 파킨슨 질환
② 주요 우울장애
③ 알츠하이머 질환
④ 정신분열증

POINT 콕! 신경인지장애
베타아밀로이드 단백질의 비정상적인 축적은 알츠하이머 질환의 대표적인 병리학적 특징 중 하나이다.

039 우울증의 원인에 관한 설명으로 <u>틀린</u> 것은?

① 정신분석이론: 자기를 향한 무의식적인 분노의 결과
② 생물학적 입장: 도파민의 과도한 활동 결과
③ 행동주의 이론: 정적 강화 감소의 결과
④ 인지이론: 부정적이고 비관적인 생각의 결과

POINT 콕! 우울증의 원인
우울증의 원인에 대한 생물학적 입장은 도파민을 포함한 뇌 속 신경전달물질 부족의 결과로 발생한다고 보았다(카테콜아민 가설).

040 성별 불쾌감에 대한 설명으로 옳지 <u>않은</u> 것은?

① 자신의 1차 및 2차 성징을 제거하고자 하는 강한 갈망이 있다.
② 반대 성이 되고 싶은 강한 갈망이 있다.
③ 반대 성의 전형적인 느낌과 반응을 가지고 있다는 강한 확신이 있다.
④ 강력한 성적 흥분을 느끼기 위해 반대 성의 옷을 입는다.

POINT 콕! 성별 불쾌감
성별 불쾌감을 느끼는 사람의 경우, 반대 성의 옷을 입는 것을 선호하지만 성적 흥분을 위해 반대 성의 옷을 입는 것은 아니다. 성적 흥분을 느끼기 위해 반대 성의 옷을 입는 것은 의상전환장애에 해당한다.

3과목 | 심리검사

041 표준점수에 관한 설명으로 옳지 않은 것은?

① Z 점수가 0이라는 것은, 그 사례가 해당 집단의 평균치보다 1 표준편차 위에 있다는 것을 의미한다.
② 대표적인 표준점수로는 Z 점수가 있다.
③ 웩슬러 지능검사의 IQ 수치도 일종의 표준점수이다.
④ 표준점수는 원점수를 직선변환하여 얻는다.

POINT 콕! 표준점수
표준점수의 종류 중 Z 점수가 0이라는 것은 평균치와 동일한 위치에 있다는 것을 의미한다.

042 시각운동협응 및 시각적 단기기억, 계획성을 측정하여 운동(Motor) 없이 순수하게 정보처리속도를 측정하는 소검사는?

① 순서화
② 지우기
③ 동형 찾기
④ 어휘

POINT 콕! 정보처리속도 측정 소검사
- 순서화: 청각적 작업기억을 평가하는 소검사
- 지우기: 시지각적 주의력과 선택적 주의를 평가하는 소검사
- 어휘: 언어적 지식과 표현능력을 평가하는 소검사

043 검사의 종류와 검사구성방법을 짝지은 것으로 가장 옳지 않은 것은?

① 16 PF – 요인 분석에 따른 검사구성
② CPI – 경험적 준거에 따른 검사구성
③ MBTI – 합리적·경험적 검사구성의 혼용
④ MMPI – 경험적 준거방법

POINT 콕! 검사구성방법
MBTI는 융의 성격이론을 기반으로 하여 개발된 성격검사이다.

044 원판 MMPI의 타당도 척도가 아닌 것은?

① F 척도
② S 척도
③ K 척도
④ L 척도

POINT 콕! 원판 MMPI의 타당도 척도
원판 MMPI에서는 L/F/K 척도가 사용되었고, S 척도는 이후 MMPI-2에서 추가된 척도이다.

| 정답 | 041 ① 042 ③ 043 ③ 044 ②

045 타당도에 관한 설명으로 옳지 않은 것은?

① 준거 타당도는 경험 타당도 또는 예언 타당도라고 불리기도 한다.
② 구성 타당도는 내용 및 준거 타당도 접근법에서 직면하게 될 부적합성 및 문제점을 해결하기 위해 개발되었다.
③ 준거 타당도는 검사 점수와 외부 측정에서 얻은 일련의 수행을 비교함으로써 결정된다.
④ 구성 타당도는 측정될 구성개념에 대한 평가 도구의 대표성과 적합성을 말한다.

POINT 콕! 타당도
측정될 구성개념에 대한 평가 도구의 대표성과 적합성을 말하는 것은 내용 타당도이다.

046 지능이론에 대한 설명으로 옳은 것은?

① Thurstone은 지능을 g 요인과 s 요인으로 구분하여 지능의 개념을 가정하였다.
② Cattell은 지능을 선천적이며 개인의 경험과 무관한 결정성 지능과, 후천적이며 학습된 지식과 관련된 유동성 지능으로 구분하였다.
③ Spearman은 지능을 7개의 요인으로 구성되어 있다고 보는 다요인설을 주장하고, 이를 인간의 기본정신능력이라고 하였다.
④ Gardner는 다중지능을 기술하여 언어적, 음악적, 공간적 등 여러 가지 지능이 있다고 하였다.

POINT 콕! 학자별 지능이론
- g 요인과 s 요인으로 구분하여 지능의 개념을 가정한 것은 스피어만이다.
- 카텔은 지능을 선천적이며 개인의 경험과 무관한 유동성 지능과, 후천적이며 학습된 지식과 관련된 결정성 지능으로 구분하였다.
- 지능을 7개의 요인으로 구성되어 있다고 보고, 이를 인간의 기본정신능력이라고 한 학자는 서스톤이다.

047 표준화 검사의 특징과 가장 거리가 먼 것은?

① 검사 실시의 절차가 엄격히 통제된다.
② 반응의 자유도를 최대한으로 넓힌다.
③ 모든 표준화 검사는 규준을 갖고 있다.
④ 두 가지 이상의 동등형을 만들어 활용한다.

POINT 콕! 표준화 검사의 특징
반응의 자유도가 높은 검사는 비표준화 검사 혹은 투사검사의 특징에 해당한다.

048 다음 MMPI-2 프로파일과 가장 관련이 있는 진단은?

- L = 56, F=78, K = 38
- 1(HS) = 56, 2(D) = 58, 3(HY) = 54, 4(Pd) = 53, 5(Mf) = 54, 6(Pa) = 76, 7(R) = 72, 8(Sc) = 73, 9(Ma) = 55, 0(Si)=66

① 조현병
② 우울증
③ 전환장애
④ 품행장애

POINT 콕! MMPI-2의 해석
문제의 사례에서 F 척도가 높고, 6번, 7번, 8번 척도가 모두 70 이상이며, K 척도가 낮아 방어가 낮고 정서적 혼란이 드러나 있는 상태이다. 이는 조현병의 전형적인 프로파일에 해당한다.

| 정답 | 045 ④ 046 ④ 047 ② 048 ①

049 MMPI-2에서 F 척도 상승이 기대되지 않는 경우는?

① 고의적으로 나쁘게 보이려는 태도로 응답했을 경우
② 대부분의 문항에 대해 '그렇다' 혹은 '아니다'의 한 방향으로만 응답했을 경우
③ 자신의 약점을 고의적으로 숨기려는 강한 방어적 태도로 응답했을 경우
④ 혼란, 망상적 사고 또는 다른 정신병적 과정을 겪고 있는 사람이 응답했을 경우

POINT 콕! F 척도가 상승하는 경우
고의적으로 약점을 숨기려는 방어적 태도로 응답한 경우는 F 척도가 낮게 나오고 L 척도, K 척도가 상승하는 경향이 있다.

050 노인을 대상으로 HTP검사를 실시하는 방법으로 옳은 것은?

① 노인의 보호자가 옆에서 지켜보면서 격려하도록 한다.
② 그림을 그린 다음에는 수정하지 못하게 한다.
③ HTP를 실시할 때 각 대상은 별도의 용지를 사용하여 실시한다.
④ 그림이 완성된 후 보호자에게 사후 질문을 하는 것이 일반적이다.

POINT 콕! 노인 대상 HTP검사
- 보호자가 있을 경우, 검사 상황에 영향을 줄 수 있기 때문에 보호자는 최대한 배제하여야 한다.
- 수검자의 검사수행 태도 또한 해석적 의미가 있기 때문에 허용하여야 한다.
- 보호자가 아닌 수검자에게 직접 질문하여야 한다.

051 MMPI에서 6번과 8번 척도가 함께 상승했을 때의 가능한 해석이 아닌 것은?

① 편집증적 경향과 사고장애가 주된 임상 특징이다.
② 남들로부터 관심과 애정을 끌고 동정을 받으려는 강한 욕구를 지니고 있다.
③ 대인관계 특징은 친밀한 관계형성의 어려움, 불신감, 적대감이다.
④ 주요 방어기제는 투사, 외향화, 왜곡, 현실 부정이다.

POINT 콕! MMPI 코드 쌍
6번과 8번 척도의 동시 상승은 반사회성 및 편집증적 경향이 주된 임상 특징이다. 남들로부터 관심과 애정을 끌고 동정을 받으려는 강한 욕구를 지니고 있는 것은 3번 척도(Hy, 히스테리)에서 보이는 특성이다.

052 길포드(Guilford)의 지능구조입체 모형에서 조작(Operation) 요인에 해당하는 것은?

① 표정, 동작 등의 행동적 정보
② 어떤 정보에서 생기는 예상이나 기대들의 합
③ 의미 있는 단어나 개념의 의미적 정보
④ 사고 결과의 적절성을 판단하는 평가

POINT 콕! 길포드의 지능구조입체 모형
- 정보에서 생기는 예상이나 기대들의 합은 결과 요인에 해당한다.
- 행동적 정보와 의미적 정보는 내용 요인에 해당한다.

| 정답 | 049 ③　050 ④　051 ②　052 ④

053 로샤 검사(Rorschach Test)의 질문단계에서 검사자의 질문 또는 반응으로 가장 적절하지 않은 것은?

① "당신이 어디를 그렇게 보았는지를 잘 모르겠네요."
② "그것처럼 보이게 만든 것은 무엇인가요?"
③ "그냥 그렇게 보인다고 하셨는데 어떤 것을 말씀하시는 것인지 조금 더 구체적으로 설명해 주세요."
④ "말씀하신 것은 주로 형태인가요?", "색깔인가요?"

POINT 콕! 로샤 검사 질문단계
로샤 검사는 응답자의 무의식적 심리 상태를 분석하는 도구로, 선지의 질문처럼 형태인지, 색깔인지 질문하는 것은 응답을 형태와 색깔 중 하나로 제한하려는 유도적 질문이므로 부적절하다.

054 신경심리검사의 용도에 관한 설명으로 옳지 않은 것은?

① 기질적 장애와 기능적 장애 간의 감별 진단에 유용하다.
② 기능적 장애의 원인을 판단하는 데 도움이 된다.
③ CT나 MRI와 같은 뇌영상기법에서 이상 소견이 나타나지 않을 때 유용할 수 있다.
④ 재활과 치료평가 및 연구에 유용하다.

POINT 콕! 신경심리검사의 용도
신경심리검사는 기능적 손상의 정도를 측정할 수는 있지만, 그 기능 저하의 원인을 직접적으로 규명하진 못한다.

055 말의 유창성이 떨어지고 더듬거리는 말투, 말을 길게 하지 못하고 어조나 발음이 이상한 현상 등을 보이는 실어증은?

① 초피질성 감각 실어증
② 전도성 실어증
③ 브로카 실어증
④ 베르니케 실어증

POINT 콕! 실어증
• 초피질성 감각 실어증: 말은 유창하고 반복도 잘하지만, 이해력·논리력이 떨어짐
• 전도성 실어증: 이해력과 표현력은 정상이지만, 단어를 반복해서 말하는 것이 저하됨
• 베르니케 실어증: 표현은 유창하게 하지만 비논리적이며, 이해력도 매우 낮고 반복능력도 저하됨

056 스탠포드-비네 지능검사에 대한 설명으로 옳지 않은 것은?

① IQ분포는 종 모양의 정상분포곡선을 그린다.
② 언어 추리, 추상적/시각적 추리, 양 추리, 단기 기억영역 등을 포함한다.
③ IQ는 대부분의 점수가 100 근처에 모인다.
④ 언어성 검사와 동작성 검사 두 부분으로 나누어져 있다.

POINT 콕! 스탠포드-비네 지능검사
스탠포드-비네 검사는 다양한 인지능력을 평가하며, 언어 및 비언어적 요소가 혼합되어 있다. 언어성·동작성 검사 구조는 웩슬러 지능검사에 해당한다.

057 다음 환자는 뇌의 어떤 부위가 손상되었을 가능성이 높은가?

> 30세 남성이 운전 중 중앙선을 침범한 차량과 충돌하여 두뇌 손상을 입었다. 이후 환자는 매사 의욕이 없고, 할 수 있는데도 불구하고 어떤 행동을 시작하려고 하지 않으며, 계획을 세우거나 실천하는 것이 거의 안 된다고 한다.

① 전두엽
② 측두엽
③ 후두엽
④ 두정엽

POINT 콕! 뇌 손상
문제의 사례에서 환자가 의욕이 없고, 어떤 행동도 시작하지 않으며, 계획의 수립 및 실천이 어렵다는 점에서 계획 수립, 의사결정, 충동 조절, 동기 부여 등의 고등 인지기능을 담당하는 전두엽이 손상되었음을 알 수 있다.

058 MMPI-2에서 임상척도의 중요성을 평가할 때 고려할 사항과 가장 거리가 먼 것은?

① 정신병리에 대해 임상척도와 소척도를 함께 살펴봐야 한다.
② 전체 프로파일 해석에서 타당도 척도보다 임상척도를 먼저 해석해야 한다.
③ 정신병리를 측정하는 내용척도 및 내용 소척도와도 비교해야 한다.
④ 연령이나 성별과 같은 인구통계학적 변인들과 임상척도들 사이의 관계를 고려해야 한다.

POINT 콕! MMPI-2
MMPI-2 해석의 가장 기본적인 원칙 중 하나는 '타당도 척도 → 임상척도 → 추가 척도' 순서로 해석하는 것이다.

059 뇌 손상 환자의 병전지능 수준을 추정하기 위한 자료와 가장 거리가 먼 것은?

① 교육 수준, 연령과 같은 인구학적 자료
② 이전의 직업기능 수준 및 학업 성취도
③ 웩슬러 지능검사에서 상황적 요인에 의해 잘 변화하지 않는 소검사 점수
④ 이전의 암기력 수준, 혹은 웩슬러 지능검사에서 기억능력을 평가하는 소검사 점수

POINT 콕! 병전지능 수준 측정을 위한 자료
병전지능을 추정하는 데 있어서 기억력과 같은 능력은 뇌 손상 후 급격히 변화할 가능성이 크므로 적절하지 않다.

060 성취도검사와 적성검사의 특성에 관한 설명으로 옳은 것은?

① 성취도검사와 적성검사의 차이는 문항 형식에 있다.
② 성취는 유전의 영향을, 적성은 환경의 영향을 많이 받는 것으로 본다.
③ 성취도는 과거 중심적이고 적성은 미래 중심적이라고 할 수 있다.
④ 대부분의 학자들은 적성을 특수능력보다는 일반적 능력으로 본다.

POINT 콕! 성취도검사(능력검사) VS 적성검사
• 성취도검사와 적성검사의 문항 형식은 유사할 수 있으며, 차이는 측정 목적과 시점에 있다.
• 적성은 유전적 성향을, 성취는 환경적 영향을 강조한다.
• 적성검사는 일반적으로 특정 분야에 대한 특수능력을 측정할 때 사용한다.

| 정답 | 057 ① 058 ② 059 ④ 060 ③

4과목 | 임상심리학

061 공식적인 임상심리학의 기원으로 보는 역사적 사건은?

① 분트(Wundt)의 심리실험실 개설
② 제임스(James)의 『심리학의 원리』 출판
③ 위트머(Witmer)의 심리클리닉 개설
④ 비네(Binet)의 지능검사 개발

POINT 콕! 임상심리학의 기원
공식적인 임상심리학의 기원은 1896년 위트머가 미국 펜실베이니아 대학교에 설립한 세계 최초의 심리클리닉으로 본다.

062 아동기에 기원을 둔 무의식적인 심리적 갈등에서 이상행동이 비롯된다고 가정한 조망은?

① 정신역동적 조망
② 인지적 조망
③ 대인관계적 조망
④ 행동적 조망

POINT 콕! 이상행동에 관한 관점
- 인지주의: 인간의 역기능적 사고와 신념 등 부적응적인 인지적 활동에서 이상행동이 비롯된다고 봄
- 대상관계이론: 인간의 정서와 행동은 대인관계, 특히 초기 주요 관계 속에서 형성된다고 봄
- 행동주의: 주변 환경으로부터의 잘못된 학습에서 이상행동이 비롯된다고 봄

063 다음 중 자연관찰법의 특징이 아닌 것은?

① 시간과 비용이 많이 든다.
② 자신이 관찰된다는 것을 알았을 때 다르게 행동한다.
③ 비밀이 보장된다.
④ 관찰은 편파될 수 있다.

POINT 콕! 자연관찰법의 특징
자연관찰법은 공개된 장소나 특정 환경에서 관찰이 이루어지므로 완전한 비밀보장은 어려울 수 있다.

064 개방형 질문 시행 시 일반적인 지침과 가장 거리가 먼 것은?

① 지적으로 심사숙고하여 반응하기 쉬운 '왜'로 시작하는 질문은 삼간다.
② 정확하고 구체적인 사실여부 확인을 위한 질문을 한다.
③ 연관된 영역을 부연하여 회상할 수 있도록 질문한다.
④ 너무 많은 질문을 하지 않는다.

POINT 콕! 개방형 질문
개방형 질문은 내담자가 자유롭게 자신의 생각과 감정을 표현하도록 유도하는 질문이다. 정확하고 구체적인 사실여부 확인 질문은 폐쇄형 질문에 해당한다.

| 정답 | 061 ③ 062 ① 063 ③ 064 ②

065 기말고사에서 전 과목 100점을 받은 경희에게 선생님은 최우수상을 주고 친구들 앞에서 칭찬도 해주었다. 선생님이 경희에게 사용한 학습 원리는?

① 성취
② 내적 동기화
③ 모델링
④ 조건화

POINT 콕! 학습 원리
선생님이 경희가 100점 맞은 것(행동)에 대해 칭찬(보상)을 한 점에서 조작적 조건화의 정적 강화 원리를 사용한 것을 알 수 있다.

066 인간중심치료에 대한 설명으로 적합하지 <u>않은</u> 것은?

① 내담자가 정상인인가, 신경증 환자인가, 정신병 환자인가에 따라 각기 다른 치료 원리가 적용된다.
② 인간중심적 상담(치료)은 치료 과정과 결과에 대한 연구관심사를 포괄하면서 개발되었다.
③ 치료자는 내담자의 자기와 세계에 대한 인식에 주로 관심을 가진다.
④ 인간중심 접근은 개인의 독립과 통합을 목표로 삼는다.

POINT 콕! 인간중심치료
인간중심치료는 내담자의 진단명이나 병리적 분류에 따라 다른 치료 원리를 적용하지 않고 일관되게 대응한다.

067 행동평가방법 중 흡연자의 흡연 개수, 비만자의 음식 섭취 등을 알아보는 데 가장 적합한 방법은?

① 행동관찰
② 자기감찰
③ 참여관찰
④ 평정척도

POINT 콕! 행동평가방법
일상생활 속에서 빈번하게 발생하는 행동을 외부 관찰자가 모두 확인하기 어렵기 때문에, 스스로 직접 자신의 행동을 체크하는 자기감찰(관찰)방법이 가장 적합하다.

068 다음은 행동치료의 어떤 기법에 해당하는가?

> 수영하기를 두려워하는 어린 딸에게 수영을 가르치기 위해 아버지가 직접 수영하는 것을 보여주었다.

① 역조건화
② 모델링
③ 혐오치료
④ 체계적 둔감화

POINT 콕! 행동치료기법
타인이 직접 시범을 보이고 이를 모방하여 학습하는 것은 모델링에 해당한다.

| 정답 | 065 ④ | 066 ① | 067 ② | 068 ② |

069 셀리에(Selye)의 일반적응증후군의 단계로 옳은 것은?

① 경고 → 소진 → 저항
② 저항 → 경고 → 소진
③ 경고 → 저항 → 소진
④ 소진 → 저항 → 경고

POINT 콕! 셀리에의 일반적응증후군단계
셀리에는 스트레스자극이 주어지면 '경고단계 – 저항단계 – 소진단계'의 신체반응 과정을 거친다고 주장하였다.

070 행동치료에 관한 설명으로 틀린 것은?

① 평가와 치료가 직접적으로 연관된다.
② 모든 사례에 동일한 기법을 적용하기보다는 개별화된 평가와 개입을 한다.
③ 문제행동의 기저 원인에 중요성을 둔다.
④ 평가의 치료 절차가 구체적이고 분명하다.

POINT 콕! 행동치료
행동치료는 과거의 무의식적 갈등이나 초기 경험보다는 현재의 행동을 유지시키는 환경적 요인에 초점을 맞춘다.

071 내담자를 평가할 때 문제행동의 선행조건, 환경적 유인가, 보상의 대체원, 귀인방식과 같은 요소를 중요하게 여기는 평가방법은?

① 기술지향적 평가
② 다축 분류체계평가
③ 정신역동적 평가
④ 인지행동적 평가

POINT 콕! 행동평가방법
- 기술지향적 평가: 내담자의 현재 행동을 서술하고 측정하는 데 초점
- 다축 분류체계평가: 내담자의 임상적 증상, 성격 및 발달적 문제 등 다양한 차원을 포괄적으로 평가
- 정신역동적 평가: 내담자의 무의식적 동기, 초기 경험 등의 내면세계 강조

072 다음 ( ) 에 알맞은 방어기제는?

> 중현이는 선생님께 꾸중을 들어 기분이 매우 좋지 않았다. 집으로 돌아온 중현이에게 동생이 밥을 먹을 것인지 묻자, "네가 상관할 거 없잖아"라고 소리를 질렀다. 중현이가 사용하고 있는 방어기제는 ( )이다.

① 행동화
② 투사
③ 전위
④ 퇴행

POINT 콕! 방어기제
문제의 사례에서 어떤 대상(선생님)에게 느낀 감정(꾸중을 들어 기분이 좋지 않음)을 그 대상에 직접 표현하지 못하고 덜 위협적인 다른 대상(동생)에게 표출하는 것은 전위이다.

073 인지치료에서 강조하는 자동적 자기파괴인지 중 파국화에 해당하는 것은?

① 나는 성공하거나 실패하거나 둘 중 하나이다.
② 나는 완벽해져야 하고 나약함을 보여서는 안 된다.
③ 이 일이 잘되지 않으면 다시는 이 일과 같은 일은 할 수 없을 것이다.
④ 그 프로젝트가 성공하지 못한 것은 나 때문이다.

POINT 콕! 인지적 왜곡 중 파국화
- 나는 성공하거나 실패하거나 둘 중 하나이다. → 이분법적 사고
- 나는 완벽해져야 하고 나약함을 보여서는 안 된다. → 당위적 사고
- 그 프로젝트가 성공하지 못한 것은 나 때문이다. → 개인화

074 치료장면에서 효과적인 경청과 가장 거리가 먼 것은?

① 치료자는 반응을 보이기에 앞서 내담자가 스스로 말할 시간을 충분히 주려고 한다.
② 내담자가 자신의 문제를 심각하게 얘기하지만, 치료자가 보기에는 그렇지 않을 때에는 중단시킨다.
③ 치료자는 내담자에게 주의를 많이 기울인다.
④ 내담자가 문제점을 피력할 때 가로막지 않는다.

POINT 콕! 효과적인 경청
효과적인 경청은 내담자의 감정을 존중하고 자유롭게 표현할 수 있도록 돕는 것이다. 면접자가 내담자의 말에 대한 심각성을 주관적으로 평가하여 말을 중단시키는 것은 경청의 원칙에 어긋난다.

075 뇌의 편측화 효과를 측정할 수 있는 대표적 방법은?

① 미로검사
② 웩슬러(Wechsler) 기억검사
③ 이원청취기법
④ 성격검사

POINT 콕! 뇌의 편측화 효과 측정방법
편측화 효과를 측정하는 검사인 이원청취기법은 양쪽 귀에 서로 다른 소리를 동시에 들려주는 방법으로, 우뇌와 좌뇌의 정보처리 방식의 차이를 확인한다.

076 볼프(Wolpe)의 체계적 둔감법을 적용하기에 가장 적합한 내담자는?

① 적절한 대처능력이 있으나 특정 상황에 심각한 불안을 보이는 내담자
② 적절한 대처능력이 떨어지고 특정 상황에 심각한 불안을 보이는 내담자
③ 적절한 대처능력이 떨어지고 일반 상황에 심각한 불안을 보이는 내담자
④ 적절한 대처능력이 있으나 일반 상황에 심각한 불안을 보이는 내담자

POINT 콕! 체계적 둔감법 적합 내담자의 특징
체계적 둔감법은 불안유발자극에 대해 상상하거나 노출되었을 때 스스로 긴장을 완화할 수 있는 기초적인 이완 훈련과 대처능력이 전제되어 있어야 한다.

| 정답 | 073 ③ 074 ② 075 ③ 076 ①

077 건강심리학 분야의 초점영역과 가장 거리가 먼 것은?

① 고혈압
② 결핵
③ 과민성대장증후군
④ 통증

POINT 콕! 건강심리학 분야의 초점영역
건강심리학의 주요 관심사인 심리·행동적 요인과의 직접적 연관성이 상대적으로 적은 질환은 결핵(세균 감염에 의해 발생하는 전염성 질환)이다.

078 임상적 면접에서 사용되는 바람직한 의사소통기술에 해당되는 것은?

① 면접자 자신의 사적인 이야기를 꺼내는 데 주저하지 않는다.
② 침묵이 길어지지 않게 하기 위해 면접자는 즉각 개입할 준비를 한다.
③ 환자가 의도한 대로 단어들을 이해하기 위해 노력한다.
④ 내담자의 감정보다는 얻고자 하는 정보에 주목한다.

POINT 콕! 바람직한 의사소통기술
- 면접자의 자기노출은 내담자와의 라포형성에 도움을 주지만, 때로는 위험을 수반하기 때문에 신중하게 진행하여야 한다.
- 내담자가 침묵하는 이유는 다양하므로, 즉각적으로 개입하는 것보단 내담자가 반응할 때까지 관찰하며 기다리는 것이 좋다.
- 내담자의 언어적 표현뿐만 아니라 비언어적 표현도 파악하여, 내담자의 감정과 맥락까지 수용하여야 한다.

079 다음 중 관계를 중심으로 치료가 초점화되고 있는 정신역동적 접근방법의 단기치료가 아닌 것은?

① 기능적 분석(Functional Analysis)
② 불안유발 단기치료(Anxiety Provoking Brief Therapy)
③ 핵심적 갈등관계 주제(Core Conflictual Relationship Theme)
④ 분리개별화(Separation and Individuation)

POINT 콕! 정신역동적 접근방법의 단기치료
정신역동적 관계 중심 단기치료와 관련이 없는 것은 행동치료에서 사용하는 기법인 기능적 분석이다.

080 임상심리학자의 윤리에 관한 일반 원칙 중 다음에 해당하는 것은?

> 모든 사람은 심리 서비스를 이용하고 이익을 얻을 권리가 있다. 심리학자는 자신이 가진 편견과 능력의 한계를 인지하고 있어야 한다.

① 권리와 존엄성의 존중
② 유능성
③ 성실성
④ 공정성

POINT 콕! 임상심리사의 주요 윤리 원칙
- 권리와 존엄성의 존중: 개인의 자율성, 사생활 보호, 비밀보장, 차별 없는 존중 등을 포함
- 유능성: 자신의 훈련, 자격, 전문성의 한계 내에서만 서비스를 제공할 것을 요구하는 것
- 성실성: 정직, 정확성, 사기나 기만 방지 등을 포함

5과목 | 심리상담

081 로저스(Rogers)가 제시한 '충분히 기능하는 사람'의 특성과 가장 거리가 먼 것은?

① 창조적이다.
② 제약 없이 자유롭다.
③ 자신의 유기체를 신뢰한다.
④ 현재보다는 미래에 투자할 줄 안다.

POINT 콕! 로저스의 충분히 기능하는 사람
로저스는 '지금-여기' 경험을 중요하게 여기며, 미래에 대한 계획보다는 현재를 온전히 경험하고 성장하는 것을 강조한다.

082 보딘(Bordin)이 제시한 작업동맹(Working Alliance)의 3가지 측면이 옳은 것은?

① 서로에 대한 호감, 동맹, 작업의 동의
② 작업의 동의, 진솔한 관계, 유대관계
③ 진솔한 관계, 유대관계, 서로에 대한 호감
④ 유대관계, 작업의 동의, 목표에 대한 동의

POINT 콕! 보딘의 작업동맹
보딘은 작업동맹의 세 가지 요인으로 유대관계, 작업의 동의, 목표에 대한 동의를 제시하였다.

083 직업 상담원의 역할에 해당하지 않는 것은?

① 직업지도 프로그램 운영
② 직업 정보 분석
③ 직업 창출
④ 직업 상담

POINT 콕! 직업 상담원의 역할
직업 창출은 정부, 정책 입안자, 고용노동 행정의 역할에 더 가깝다.

084 청소년 비행 중 우발적이고 기회적이어서 일단 발생하면 반복되고 습관화되어 다른 비행행동과 복합되어 나타날 수 있는 것은?

① 폭력
② 도벽
③ 약물사용
④ 인터넷 중독

POINT 콕! 청소년 비행
초기에는 도벽이 호기심이나 충동에서 시작되기도 하지만, 반복 경험을 통해 죄책감이 둔화되고, 결과적으로 다른 비행(폭력, 약물 남용 등)과 함께 복합적으로 나타날 수 있다.

| 정답 | 081 ④ 082 ④ 083 ③ 084 ②

085 상담자가 내담자에 대한 치료를 중단 또는 종결할 수 있는 경우에 해당하지 <u>않는</u> 것은?

① 내담자가 치료 과정에 불성실하게 임하는 경우
② 내담자에 대한 계속적인 서비스가 도움이 되지 않을 경우
③ 내담자가 제3자의 위협을 받는 등 중대한 사유가 있는 경우
④ 내담자가 더 이상 심리학적 서비스를 필요로 하지 않는 경우

POINT 콕! 내담자에 대한 치료 중단 또는 종결할 수 있는 경우
내담자의 불성실함을 이유로 일방적인 치료 중단 또는 종결은 윤리적 책임을 위반하는 것이다.

086 중독에 대한 동기강화 상담의 기본기법 4가지(OARS)에 포함되지 <u>않는</u> 것은?

① 인정
② 공감
③ 반영
④ 요약

POINT 콕! 동기강화 상담의 기본기법
동기강화 상담의 기본기법 4가지에는 O(열린 질문하기), A(인정하기), R(반영하기), S(요약하기)가 있다.

087 다음은 어떤 행동주의 상담기법에 관한 설명인가?

> 영어 알파벳을 배우는 학생에게 처음에는 진하게 된 글자를 덧쓰게 하고 다음에는 점선을 따라 쓰게 하다가 잘 쓰게 되면 빈 여백에 알파벳을 쓰게 함

① 용암법
② 자극통제
③ 자극홍수법
④ 체계적 둔감법

POINT 콕! 행동주의 상담기법
- 자극통제: 특정 자극이 특정 행동을 유발하거나 억제하도록 환경을 조정하는 기법
- 자극홍수법: 공포자극을 한꺼번에 노출시켜 공포를 제거하는 기법
- 체계적 둔감법: 점진적으로 불안자극에 노출시키며 이완을 유도하는 기법

088 자살을 하거나 시도하는 학생들에게 공통적으로 나타나는 성격특성과 가장 거리가 <u>먼</u> 것은?

① 과도한 신중성
② 부정적 자아개념
③ 부족한 의사소통기술
④ 부적절한 대처기술

POINT 콕! 자살 시도 청소년의 성격특성
신중하게 계획하고 조심스럽게 행동하는 특성인 과도한 신중성은 자살 위험성과 직접적인 연관이 있다고 보기 어렵다.

정답 | 085 ① 086 ② 087 ① 088 ①

089 REBT 상담에 대한 설명으로 옳지 않은 것은?

① 내담자의 비합리적 신념을 발견하고 규명한다.
② 내담자의 무의식을 의식화하고 자아를 강화시킨다.
③ 주요한 상담기술로 인지적 재구성, 스트레스 면역 등이 있다.
④ 합리적 행동반응을 개발, 촉진하기 위한 행동연습을 실시한다.

POINT 콕! REBT 상담
무의식을 다루는 것은 정신분석 상담이다.

090 성 피해자에 대한 상담의 초기단계에서 상담자가 유의해야 할 사항으로 옳은 것은?

① 가능하면 초기에 피해자의 가족 상황과 성폭력 피해의 합병증 등에 관한 상세한 정보를 얻는다.
② 피해자가 첫 면접에서 성 피해 사실을 부인할 경우 솔직한 개방을 하도록 지속적으로 유도한다.
③ 성 피해로 인한 내담자의 심리적 외상을 신속하게 탐색하고 치유할 수 있도록 적극적으로 개입한다.
④ 피해 상황에 대한 상세한 정보수집이 중요하므로 내담자가 불편감을 표현하더라도 상담자가 주도적으로 면접을 진행한다.

POINT 콕! 성 피해 상담 초기단계 중 상담자의 유의사항
성 피해자 상담의 초기단계에서는 내담자의 안정감과 신뢰형성이 가장 중요하지만, 상담자는 동시에 내담자의 전반적인 환경과 피해로 인한 심리적 반응을 이해할 수 있는 기초 정보를 파악하는 것도 중요하다. 따라서 피해자의 가족관계, 생활 환경, 기존의 심리적 어려움, 트라우마반응 여부 등에 대한 정보를 자연스럽고 조심스럽게 탐색하는 것이 필요하다.

091 다음과 같이 아동의 학습 문제를 알아보기 위한 방법은?

> 관찰자가 관찰 대상이나 장면을 미리 정해 놓고 그 장면에서 일어나는 아동의 행동과 상황, 말을 모두 일어난 순서대로 기록하는 것이다.

① 표본기록법
② 일화기록법
③ 사건표집법
④ 시각표집법

POINT 콕! 학습 문제 관찰방법
• 일화기록법: 미리 정해 놓은 특정 행동이나 사건이 발생하였을 때, 그 행동과 관련된 상황을 이야기 형식으로 육하원칙에 따라 기록하는 방법
• 사건표집법: 미리 정해 놓은 특정 행동(사건)이 발생할 때마다, 그 행동이 일어난 상황과 빈도를 기록하는 방법
• 시각표집법: 미리 정해 놓은 짧은 시간 간격(10초, 1분마다)으로 아동의 행동을 관찰하고, 그 시점에 어떤 행동이 나타났는지를 기록하는 방법

092 단기 상담에 적합한 내담자의 특성으로 옳은 것은?

① 반사회적 성격장애가 있다.
② 만성적이고 복합적인 문제가 있다.
③ 지지적인 대화상대자가 전혀 없다.
④ 문제가 구체적이거나 발달 과정상의 문제가 있다.

POINT 콕! 단기 상담에 적합한 내담자의 특성
• 반사회적 성격장애는 장기적 개입과 성격 구조변화 중심의 상담이 필요하기 때문에 단기 상담이 적합하지 않다.
• 만성적·복합적 문제는 문제의 심층 원인 탐색을 해야 하고, 지속적인 지지가 필요하기 때문에 단기 상담에 적합하지 않다.
• 지지체계가 전혀 없는 경우에는 위기 지원·심층정서 작업 등 장기 개입이 요구된다.

| 정답 | 089 ② 090 ① 091 ① 092 ④

093 가족 진단 시 사용되는 질문지식 사정 도구 중 응집력과 적응력의 두 차원을 주로 사용하는 모델은?

① 비버즈(Beavers) 모델
② 써컴플렉스(Circumplex) 모델
③ 맥매스터(Mcmaster) 모델
④ 의사소통(Communication) 모델

POINT 콕! 가족 진단 시 사용하는 질문지식 사정 도구
- 비버즈 모델: 가족의 능력과 상호작용양식을 중심으로 가족기능을 평가
- 맥매스터 모델: 가족기능을 평가하기 위한 6가지 차원(문제해결, 의사소통, 역할, 정서적 반응, 정서적 몰입, 행동 통제)을 제시
- 의사소통 모델: 사티어의 가족치료 모델에서 다루는 개념으로, 가족의 역기능적 의사소통 맥락을 확인하고, 그러한 의사소통 방법을 교정하게 함

094 약물 중독의 진행단계로 옳은 것은?

① 사회적 사용단계 → 실험적 사용단계 → 남용단계 → 의존단계
② 사회적 사용단계 → 실험적 사용단계 → 의존단계 → 남용단계
③ 실험적 사용단계 → 사회적 사용단계 → 의존단계 → 남용단계
④ 실험적 사용단계 → 사회적 사용단계 → 남용단계 → 의존단계

POINT 콕! 약물 중독의 진행단계
약물 중독은 일반적으로 '실험적 사용단계 → 사회적 사용단계 → 남용단계 → 의존단계 → 강박단계' 순으로 진행된다.

095 형태치료(게슈탈트치료)에서 접촉-경계혼란을 일으키는 여러 가지 심리적 현상 중 사람들이 감당하기 힘든 내적 갈등이나 환경적 자극에 노출될 때 이러한 경험으로부터 압도당하지 않기 위해 자신의 감각을 둔화시킴으로써 자신 및 환경과의 접촉을 약화시키는 것은?

① 편향(Deflection)
② 반전(Retroflection)
③ 융합(Confluence)
④ 내사(Introjection)

POINT 콕! 접촉-경계 혼란 유형
- 반전: 개인이 외부에 표현해야 할 에너지를 자신에게 돌려 자신을 해치거나 억압하는 것
- 융합: 자신과 타인 또는 자신과 환경 간의 경계가 모호해져 분리되지 않은 상태
- 내사: 외부의 가치, 신념, 행동방식 등을 비판 없이 그대로 받아들여 자신의 것으로 소화하지 않고 삼키는 것

096 위기개입 전략으로 옳지 않은 것은?

① 내담자의 즉각적인 욕구에 주목한다.
② 내담자와 진실한 관계를 형성하는 것이 중요하다.
③ 각각의 내담자와 위기를 독특한 것으로 보고 반응한다.
④ 위기개입 시 현재 상황과 관련된 과거에 초점을 맞춘다.

POINT 콕! 위기개입 전략
위기개입 전략은 내담자기 현재 직면한 즉각적이고 급박한 상황에 초점을 맞춘다.

| 정답 | 093 ② 094 ④ 095 ① 096 ④

097 Adler 개인심리학의 기본 가정에 해당하지 <u>않는</u> 것은?

① 개인은 무의식과 의식, 감정과 사고, 행동이 각각 분리되어 있는 것으로 본다.
② 인간은 미래목표를 향해 나아가는 창조적인 존재라고 본다.
③ 현실에 대한 주관적 인식을 강조하며 현상학적 접근을 취한다.
④ 인간은 기본적으로 공동체 의식, 즉 사회적 관심을 지닌 존재라고 본다.

POINT 콕! 아들러의 개인심리학
무의식과 의식, 감정과 사고, 행동이 각각 분리되어 있다고 보는 것은 프로이트의 정신분석 상담에 가깝다.

098 특성-요인 상담에 관한 설명으로 옳지 <u>않은</u> 것은?

① 내담자에게 정보를 제공하고 학습기술과 사회적 적응기술을 알려 주는 것을 중요시한다.
② 문제의 객관적 이해보다는 내담자에 대한 정서적 이해에 초점을 둔다.
③ 사례 연구를 상담의 중요한 자료로 삼는다.
④ 상담자 중심의 상담방법이다.

POINT 콕! 특성-요인 상담
특성-요인 상담에서는 내담자의 감정이나 주관적 체험보다는 객관적 자료와 분석을 통한 진단과 처방을 중시한다.

099 집단 상담에서 침묵 상황에 대한 효과적 개입으로 <u>틀린</u> 것은?

① 말하고 싶으나 기회를 잡지 못하는 집단원에게 말할 기회를 준다.
② 회기 초기에 오랜 침묵을 허용하는 것은 지도력 발휘가 안 된 것이다.
③ 생산적으로 여겨지는 침묵 상황에서 말하려는 집단원에게 기다리라고 제지할 수 있다.
④ 대리학습이나 경험이 되므로 침묵하는 집단원이 집단 상담 내내 말하지 않더라도 그대로 놔둔다.

POINT 콕! 집단 상담 중 침묵 상황에 대한 효과적 개입
집단 내내 아무런 표현 없이 침묵하는 것은 문제가 될 수 있기 때문에, 그대로 방치하는 것보다는 침묵의 의미를 탐색하고, 필요한 경우 내담자가 안전하게 표현할 수 있도록 적절히 개입하여야 한다.

100 학교진로 상담의 기본 원리로 고려해야 할 사항이 <u>아닌</u> 것은?

① 학생을 위한 집단학습의 경험을 제공한다.
② 최종 선택은 내담자 <u>스스로</u> 결정하도록 유도한다.
③ 만성적 진로미결정자를 조기에 발견할 수 있도록 해야 한다.
④ 진로관련 정보 제공을 위하여 상담자는 직업세계에 대한 정보를 숙지하는 것이 필요하다.

POINT 콕! 학교진로 상담의 기본 원리
집단학습에 대한 경험은 학교교육(수업)에서 다루어야 할 내용이다.

| 정답 | 097 ① 098 ② 099 ④ 100 ①

최근 기출복원 모의고사 3회

* 10개년(2025~2016년도)에서 빈출 유형과 출제 가능성이 높은 문제를 선별하여 수록하였습니다.

1과목 | 심리학개론

001 조건형성의 원리와 그에 해당하는 예를 잘못 연결시킨 것은?

① 소거에 대한 저항 – 부분강화 효과
② 강화보다 처벌 강조 – 행동조성
③ 조작적 조건형성의 응용 – 행동수정
④ 고전적 조건형성의 응용 – 유명연예인 광고 모델

> **POINT 콕!** 조건형성의 원리
> 강화를 이용하여 점진적으로 바람직한 행동으로 유도하는 과정을 행동조성이라 한다. 따라서 처벌이 아니라 강화가 핵심요소가 된다고 할 수 있다.

002 성격이론가에 관한 설명으로 틀린 것은?

① Rogers는 현실에 대한 주관적 해석 및 인간의 자기실현과 성장을 위한 욕구를 강조하였다.
② Cattell은 특질을 표면특질과 근원특질로 구분하고 자료의 통계 분석에 근거하여 16개의 근원특질을 제시하였다.
③ Allport는 성격은 과거 경험에 의해 학습된 행동성향으로, 상황이 달라지면 행동성향도 변화한다고 보았다.
④ Freud는 본능적인 측면을 강조하고, 사회 환경적 요인을 상대적으로 경시하였다.

> **POINT 콕!** 학자별 성격이론
> 성격을 과거 경험에 의해 학습된 행동성향으로 보고, 상황이 달라지면 행동성향도 변화한다고 보는 것은 행동주의 이론과 관련이 있다고 볼 수 있다. Allport(올포트)는 성격을 개인의 특유한 행동과 사고를 결정하는 심리·신체적 체계인 개인 내의 역동적 조직이라고 정의하였다.

003 다음 ( )에 알맞은 것은?

> 어떤 고등학교의 2학년 1반 학생들과 2반 학생들의 지능지수 평균은 110으로 같았으나, 1반 학생들의 지능지수분포는 80~140인 반면, 2반 학생들의 분포는 95~120으로 ( )는 서로 달랐다.

① 변산도
② 최빈치
③ 중앙치
④ 추정치

> **POINT 콕!** 자료의 분포
> 문제의 사례에서 자료의 분포를 비교하고 있는 것을 통해, 변산도임을 알 수 있다. 변산도는 자료가 분포되어 있는 정도를 말하며, 범위, 분산, 표준편차, 사분편차 등을 통해 측정이 가능하다.

004 고전적 조건형성에 관한 설명으로 옳은 것은?

① 모든 자극에 대한 모든 반응은 연쇄(Chaining)를 사용하여 조건형성을 할 수 있다.
② 대부분의 정서적인 반응들은 고전적 조건형성을 통해 학습될 수 있다.
③ 행동변화의 효과를 거두기 위해서는 적절한 반응의 수나 비율에 따라 강화가 이루어져야 한다.
④ 중립자극은 무조건자극 직후에 제시되어야 한다.

> **POINT 콕!** 고전적 조건형성
> • 모든 자극에 대한 모든 반응에 연쇄를 사용해야 조건형성이 되는 것은 조작적 조건형성이다.
> • 적절한 반응의 수나 비율에 따라 강화가 이루어져야 하는 것은 조작적 조건형성이다.
> • 고전적 조건형성이 가장 효과적이려면 중립자극이 무조건자극보다 먼저 제시되어야 한다.

| 정답 | 001 ② | 002 ③ | 003 ① | 004 ②

005 연구설계 시 내적 타당도를 위협하는 요인이 아닌 것은?

① 평균으로의 회귀
② 측정 도구의 변화
③ 피험자의 학습 효과
④ 피험자의 반응성

POINT 콕! 내적 타당도 위협 요인
피험자의 반응성은 외적 타당도의 저해 요인 중 하나이다.

006 커피숍이나 음식점에서 쿠폰에 도장을 찍어주고 일정조건이 충족되면 보상하는 것은 조건형성의 어떤 강화계획과 관련있는가?

① 고정간격강화계획
② 변동간격강화계획
③ 고정비율강화계획
④ 변동비율강화계획

POINT 콕! 강화계획
특정 행동을 정해진 횟수만큼 반복하면 보상을 주는 강화계획은 고정비율강화계획이다.

007 비행기 여행에 두려움을 가지고 있는 환자의 경우, 정신분석적 입장에서 볼 때 이 두려움의 주된 원인으로 가정할 수 있는 것은?

① 어린 시절 사랑하는 부모에게 닥친 비행기 사고의 경험
② 두려운 느낌을 갖게 만드는 무의식적 갈등의 전이
③ 비행기의 추락 등 비행기 관련 요소들의 통제 불가능성
④ 자율신경계 등 생리적 활동의 이상

POINT 콕! 정신분석적 입장에서 두려움의 원인
정신분석(역동)적 입장에서 두려움이나 불안은 종종 무의식적 갈등에서 발생한다고 본다. 비행기 여행에 대한 두려움이 단순히 비행기 자체와 관련된 경험에서 비롯된 것이 아니라, 무의식적으로 다른 사람이나 사건과 관련된 감정이나 갈등이 전이되어 나타날 수 있다는 것이다.

008 마리화나가 기억에 미치는 영향을 알아보기 위한 연구에서 선행조건인 마리화나의 양은 어떤 변수에 해당하는가?

① 가외변수
② 종속변수
③ 독립변수
④ 외생변수

POINT 콕! 변수
문제의 연구에서 마리화나의 양이 기억(종속변수)에 영향을 미치므로, 마리화나의 양은 독립변수라고 할 수 있다.

| 정답 | 005 ④ 006 ③ 007 ② 008 ③

009 Freud의 정신역동적 접근에 관한 설명으로 **틀린** 것은?

① 원초아는 현실의 원리를 따른다.
② 사람들은 불안을 극복하기 위해 억압과 같은 방어기제를 사용한다.
③ 아동이 강박적으로 청결이나 정돈에 매달리는 것은 항문기적 성격의 갈등 때문이다.
④ 오이디푸스 콤플렉스는 남근기에 나타나는 현상이다.

POINT 콕! 프로이트의 정신역동적 접근
현실의 원리를 따르는 것은 자아이며, 원초아는 쾌락의 원리를 따른다.

010 비확률적 표집방법에 해당하지 **않는** 것은?

① 단순 표집
② 편의 표집
③ 할당 표집
④ 목적 표집

POINT 콕! 비확률적 표집방법
비확률적 표집방법에는 유의(목적) 표집, 할당 표집, 편의(임의) 표집, 눈덩이 표집이 있다.

011 다음과 같은 연구의 종류는?

> A는 '정장 복장' 스타일과 '캐주얼 복장' 스타일 중 어떤 옷이 면접에서 더 좋은 점수를 얻게 하는지 살펴보고자 한다. A는 대학생 100명을 모집하고, 이들을 컴퓨터를 이용해 '정장 복장'조건에 50명, '캐주얼 복장'조건에 50명을 무선으로 배치한 후, 실제 취업면접처럼 면접자를 섭외하고 한 면접에 3명의 면접자를 배정하여 면접을 진행하였다. 이후 각 학생들이 면접자들에게 얻은 점수의 평균을 조사하였다.

① 사례 연구
② 실험 연구
③ 상관 연구
④ 혼합 연구

POINT 콕! 연구의 유형
문제의 사례에서 연구자(A)는 독립변인(복장 스타일)이 종속변인(면접 점수)에 미치는 영향을 평가하고자 한다. 이처럼 실험조건을 설정하고, 변수를 조작하여 인과관계를 살펴보는 연구는 실험 연구에 해당한다.

012 단기기억의 기억용량을 나타내는 것은?

① 3±2개
② 5±2개
③ 9±2개
④ 7±2개

POINT 콕! 단기기억의 기억용량
단기기억의 기억용량은 7±2개로 문자, 단어, 숫자 등의 유의미하고 친숙한 항목에 대한 기억수행에 있어 기억할 수 있는 용량이다.

013 인본주의 성격이론에 대한 설명으로 옳은 것은?

① 무의식적 욕구나 동기를 강조한다.
② 대표적인 학자는 반두라(Bandura)와 왓슨(Watson)이다.
③ 개인의 성장 방향과 선택의 자유에 중점을 둔다.
④ 외부 환경자극에 의해 행동이 결정된다고 본다.

POINT 콕! 인본주의 성격이론
인본주의 이론은 개인의 성장과 잠재력을 강조하는 이론이다. 자율성, 자유의지, 자기실현을 주요 개념으로 하며, 대표적인 학자로는 로저스와 매슬로우가 있다.

014 최빈값에 관한 설명으로 옳지 않은 것은?

① 주어진 자료 중에서 가장 많이 나타나는 측정값이다.
② 자료 중 가장 극단적인 값의 영향을 받는다.
③ 최빈값은 대표성을 갖고 있다.
④ 중심경향성 기술값 중의 하나이다.

POINT 콕! 최빈값
최빈값은 평균이나 중앙값과 달리 극단값의 영향을 받지 않는다.

015 혼자 있을 때보다 옆에 누가 있을 때 과제의 수행이 더 우수한 것을 일컫는 현상은?

① 몰개성화
② 군중행동
③ 사회적 촉진
④ 동조행동

POINT 콕! 사회적 영향
- 몰개성화(몰개인화): 한 개인이 집단 속에 있을 때 특정 상황이나 분위기, 감정 등에 영향을 받아 개인적 정체감과 책임감을 상실하여 사회 규범을 벗어나는 행동을 하는 현상
- 군중행동: 집단 내 개인들이 중앙 통제 없이 특정 상황이나 분위기, 감정에 영향을 받아 반사회적 일탈행위를 하는 현상
- 동조행동: 타인의 행동이나 의견에 영향을 받아 자신도 같이 행동하는 것

016 타인의 행동에 대한 원인 귀인 시 외부적인 요인을 과소평가하고 내부적인 요인을 과대평가하는 것은?

① 공정한 세상 가설
② 자아고양편파
③ 기본적 귀인 오류
④ 행위자 – 관찰자 편향

POINT 콕! 사회심리학
사람들이 행동이나 결과에 대한 원인을 찾을 때 기질적 요인(내적 요인)을 과다 추정하고 상황적 요인(외적 요인)을 과소 추정하는 것을 기본적 귀인 오류라고 한다.

| 정답 | 013 ③ 014 ② 015 ③ 016 ③

017 콜버그(Kohlberg)의 도덕발달이론에 관한 설명과 가장 거리가 먼 것은?

① 도덕발달단계들은 보편적이며 불변적인 순서로 진행된다.
② 도덕적 인식이 전혀 없는 단계, 외적 준거와 행위의 결과에 의해 판단하는 단계, 행위의 결과와 의도를 함께 고려하는 단계 순으로 나아간다.
③ 문화권에 따른 차이와 성차 그리고 사회계층의 차이를 충분히 고려하지 않았다는 비판을 받고 있다.
④ 벌과 복종 지향, 개인적 보상 지향, 대인관계 조화 지향, 법과 질서 지향, 사회계약 지향, 보편적 도덕 원리 지향의 단계 순으로 나아간다.

POINT 콕! 콜버그의 도덕발달이론
피아제는 도덕성 발달을 도덕적 인식이 전혀 없는 단계, 외적 준거와 행위의 결과에 의해 판단하는 단계, 행위의 결과와 의도를 함께 고려하는 단계로 제시하였다.

018 다음과 같은 입장을 취하고 있는 성격이론은?

> 자신을 형편없는 학생으로 지각하는 학생이 매우 좋은 성적을 받을 경우, 이 학생은 긍정적인 경험을 부정적인 자기개념과 일치시키기 위해 '운이 좋았어'라는 식으로 왜곡할 수 있다. 이 학생은 자기개념과 경험이 일치하지 않을 때 불안과 내적 혼란을 경험할 가능성이 높기 때문에, 자기개념을 유지하기 위해 경험을 부정하는 방어적 반응을 보인다. 이 학생이 경험을 부정하거나 왜곡하지 않도록 하기 위해서는 타인이 이 학생을 무조건적이고 긍정적으로 존중해주고 공감해 주어야 한다.

① 사회인지이론
② 특질이론
③ 현상학적 이론
④ 정신역동이론

POINT 콕! 성격이론
문제의 사례에서 '자기개념과 경험의 불일치, 무조건적인 긍정적 존중과 공감'을 언급하고 있는 것을 통해 현상학적 이론에 대한 입장임을 알 수 있다.

019 기억의 인출 과정에 대한 설명으로 옳지 않은 것은?

① 인출이 이후의 기억을 증가시킬 수 있다.
② 인출행위가 경험에서 기억하는 것을 변화시킬 수 있다.
③ 기분과 내적 상태는 인출단서가 될 수 없다.
④ 장기기억에서 한 항목을 인출한 것이 이후에 관련된 항목의 회상을 방해할 수 있다.

POINT 콕! 기억의 인출 과정
인출단서는 이전에 부호화되고 저장되어 있던 정보를 끄집어낼 수 있게 도움을 주는 단서이다. 기분과 내적 상태도 인출단서가 될 수 있다.

020 성격의 결정 요인에 관한 설명으로 틀린 것은?

① 유전적 영향에 대한 증거는 쌍생아 연구에 근거하고 있다.
② 성격은 유전적 요인과 환경적 요인의 상호작용에 의하여 결정된다.
③ 환경적 요인이 성격에 영향을 주는 방식은 학습이론의 맥락에서 이해할 수 있다.
④ 초기 성격이론가들은 환경적 요인을 강조하여 체형과 기질을 토대로 성격을 분류하였다.

POINT 콕! 성격의 결정 요인
초기 성격이론은 히포크라테스의 체액론에서 시작되어 이후 체형론 등의 생물성격학적인 이론이 발전하게 되었다.

2과목 | 이상심리학

021 이상심리학의 발전에 기여한 중요한 사건들을 연대순으로 바르게 나열한 것은?

> ㉠ 벡(Beck)의 인지치료
> ㉡ 프로이트(Freud)의 『꿈의 해석』 발간
> ㉢ 정신장애 진단 분류체계인 DSM-Ⅰ 발표
> ㉣ 로샤 검사(Rorschach Test) 개발
> ㉤ 집단지능검사인 군대알파(Army α) 개발

① ㉡ → ㉤ → ㉣ → ㉢ → ㉠
② ㉡ → ㉣ → ㉤ → ㉢ → ㉠
③ ㉠ → ㉡ → ㉢ → ㉣ → ㉤
④ ㉡ → ㉤ → ㉣ → ㉠ → ㉢

POINT 콕! 이상심리학의 발전
㉡ 프로이트의 『꿈의 해석』 발간(1899) → ㉤ 집단지능검사인 군대알파 개발(1917) → ㉣ 로샤(로르샤흐) 검사 개발(1921) → ㉢ 정신장애 진단 분류체계인 DSM-Ⅰ 발표(1952) → ㉠ 벡의 인지치료(1960~1970년대)

022 공포증에 대한 2요인 이론은 어떤 요인들이 결합된 이론인가?

① 학습 요인과 정신분석 요인
② 학습 요인과 인지 요인
③ 고전적 조건형성과 조작적 조건형성
④ 회피조건형성과 준비성 요인

POINT 콕! 공포증에 대한 2요인 이론
2요인 이론은 모어가 제안한 이론으로, 공포반응은 고전적 조건형성과 조작적 조건형성이 함께 작용하여 학습되고 유지된다고 본다.

023 지속성 우울장애(기분저하증)의 진단기준에 관한 설명으로 옳지 않은 것은?

① 우울 기간 동안 자존감 저하, 절망감 등의 이상 증상이 2가지 이상 나타난다.
② 조증 삽화, 경조증 삽화가 없어야 한다.
③ 청소년에게서는 기분이 과민한 상태로 나타나기도 한다.
④ 순환성 장애의 진단기준을 충족해야 한다.

POINT 콕! 지속성 우울장애의 진단기준
지속성 우울장애는 DSM-5 진단기준 우울장애의 하위 유형이며, 순환성 장애는 DSM-5 진단기준 양극성 및 관련 장애의 하위 유형으로 서로 다른 범주이다.

024 의사소통장애(Communication Disorder)에 속하지 않는 것은?

① 탈억제성 사회적 유대감장애(Disinhibited Social Engagement Disorder)
② 말소리장애(Speech Sound Disorder)
③ 아동기 발병 유창성 장애(Childhood-Onset Fluency Disorder)
④ 언어장애(Language Disorder)

POINT 콕! 의사소통장애
탈억제성 사회적 유대감장애는 외상 및 스트레스 관련 장애의 하위 범주에 해당한다.

025 이상행동의 설명 모형 중 통합적 입장에 해당하는 것은?

① 대상관계이론
② 소인-스트레스모델
③ 사회적 학습이론
④ 세로토닌-도파민 가설

POINT 콕! **통합적 입장**
이상행동 설명 모형 중 통합적 입장에 해당하는 것은 개인의 취약성과 환경적 스트레스의 상호작용에 의해 이상행동이 발생한다는 소인-스트레스모델이다.

026 기분장애의 원인론에 관한 설명으로 옳지 <u>않은</u> 것은?

① 프로이트(Freud)의 정신분석이론에서는 구강기 동안 욕구가 충족되지 못하였거나 과잉 충족되면 우울증에 걸릴 수 있다고 설명하고 있다.
② 생리학적으로는 세로토닌 수준이 높아지면 우울증에 걸리게 된다고 설명하고 있다.
③ 벡(Beck)의 인지이론에서는 사고 과정으로 우울증을 설명하고 있다.
④ 자신의 삶을 통제할 수 없다는 느낌과 개인의 수동적 태도가 학습되어 무기력감을 가지게 된 결과가 우울증을 유발한다는 주장이 있다.

POINT 콕! **기분장애의 원인론**
우울증은 세로토닌, 노르에피네프린, 도파민 등의 신경전달물질이 저하되거나 부족하면 발병한다는 생물학적 이론이 있다. 이를 카테골아민 가설이라고 한다.

027 조현병에서 보이는 증상에 관한 설명으로 <u>틀린</u> 것은?

① 망상(Delusion) - 자신과 세상에 대한 잘못된 강한 믿음이고, 외부세계에 대한 잘못된 추론에 근거한 그릇된 신념
② 환각(Hallucination) - 외부자극이 없음에도 불구하고 어떤 소리나 형상을 지각하거나 외부자극에 대해서 현저하게 왜곡된 지각을 하는 경우
③ 긴장성 운동행동(Catatonic Behavior) - 마치 근육이 굳은 것처럼 어떤 특정한 자세를 유지하는 경우
④ 와해된 언어(Disorganized Speech) - 언어적 표현 소멸

POINT 콕! **조현병 증상**
조현병 증상 중 와해된 언어는 언어적 표현이 소멸되는 것이 아닌, 이야기의 주제가 엉뚱하게 벗어나거나, 질문에 대한 대답이 비논리적이고 이해하기 어려운 경우를 말한다.

028 다음 사례에 가장 적절한 진단명은?

> A는 중소기업에서 일하는 직원이다. 오늘은 동료 직원 B가 새로운 상품에 대해서 발표하기로 하였는데, 결근을 해서 A가 대신 발표하게 되었다. 평소 A는 다른 사람들이 자신의 발표에 대해 나쁘게 평가할 것 같아 다른 사람 앞에서 발표하기를 피해왔다. 발표시간이 다가오자 온몸에 땀이 쏟아지고, 숨쉬기가 어려워졌으며, 곧 정신을 잃고 쓰러질 것 같이 느껴졌다.

① 강박장애
② 공황장애
③ 사회불안장애
④ 범불안장애

POINT 콕! **사례 관련 진단명**
문제의 사례에서 A는 사람들 앞에서 발표해야 하는 특정한 사회적 상황을 극도로 두려워하고 불안해하고 있다. 이는 사회불안장애의 전형적인 특징이라고 할 수 있다.

029 특정 학습장애에 관한 설명으로 옳은 것은?

① 특정 학습장애의 심각한 정도는 구분하지 않는다.
② 읽기 손상 동반의 경우 읽은 내용에 대한 기억력이 포함된다.
③ 수학 손상 동반의 경우 수학적 추론의 정확도는 포함되지 않는다.
④ 쓰기 손상 동반의 경우 작문의 명료도와 구조화가 포함된다.

> **POINT 콕!** 특정 학습장애
> - 특정 학습장애의 심각도는 경도, 중등도, 고도로 구분한다.
> - 읽기 손상 동반의 경우에는 읽기의 정확도, 속도, 독해력 등이 포함되며, 읽은 내용에 대한 기억력은 포함되지 않는다.
> - 수학 손상 동반에는 숫자 감각이나 단순 계산의 정확성, 수학적 추론의 정확도 등이 포함된다.

030 급성스트레스장애와 외상 후 스트레스장애의 감별 진단기준으로 가장 중요한 것은?

① 아동기 경험
② 기간
③ 사회적 지지
④ 외상 심각도

> **POINT 콕!** 급성스트레스장애 vs 외상 후 스트레스장애
> 두 장애의 증상은 유사하지만, 급성스트레스장애의 증상이 1개월 이상 지속되면 외상 후 스트레스장애로 진단한다는 점에서 두 장애를 구별하는 기준은 기간임을 알 수 있다.

031 다음에 해당하는 장애는?

- 적어도 1개월 동안 비영양성·비음식물질을 먹는다.
- 먹는 행동이 사회적 관습 혹은 문화적 지지를 받지 못한다.
- 비영양성·비음식물질을 먹는 것이 발달 수준에 비추어 볼 때 부적절하다.

① 회피적/제한적 음식섭취장애
② 되새김장애
③ 이식증
④ 달리 명시된 급식 또는 섭식장애

> **POINT 콕!** 급식 및 섭식장애
> - 회피적/제한적 음식섭취장애: 음식의 색, 냄새, 식감 증의 이유로 음식을 회피하거나 제한하는 장애
> - 되새김장애: 음식물을 삼킨 후 다시 식도나 구강 내로 역류시켜 씹거나 뱉는 장애

032 지적 장애에 관한 설명으로 옳지 않은 것은?

① 최고도의 지적 장애인 경우, 훈련을 해도 걷기, 약간의 말하기, 스스로 먹기 같은 기초기술을 배우거나 나아질 수 없다.
② 지적 장애를 일으키는 염색체 이상 중 가장 일반적인 것은 다운증후군에 의한 것이다.
③ 지적 장애 중 가장 많은 비율을 차지하는 것은 경도의 지적 장애이다.
④ 경도의 지적 장애를 가진 아동의 경우, 자기관리는 연령에 적합하게 수행할 수 있다.

> **POINT 콕!** 지적 장애
> 최고도 지적 장애는 심각한 제한이 있지만, 지속적이고 구조화된 훈련을 통해 기본적인 걷기, 간단한 언어, 먹기, 간단한 자기관리는 가능하다.

| 정답 | 029 ④ 030 ② 031 ③ 032 ①

033 물질 관련 장애에 관한 설명으로 옳지 <u>않은</u> 것은?

① 물질에 대한 생리적 의존은 내성과 금단 증상으로 나타난다.
② 임신 중의 과도한 음주는 태아알코올증후군을 유발할 수 있다.
③ 헤로인의 과다 복용은 뇌의 호흡 중추를 막아 죽음에 이르게 할 수 있다.
④ 모르핀과 헤로인은 자극제(흥분제)의 대표적 종류이다.

POINT 콕! 물질 관련 장애
진통 작용이 있는 아편계 약물인 모르핀과 헤로인은 중추신경계 억제제에 속한다.

034 강박 및 관련 장애에 관한 설명으로 옳은 것을 모두 고른 것은?

㉠ 강박장애의 가장 흔한 주제는 더러움 또는 오염이다.
㉡ 강박장애를 가진 사람들 중 일부는 강박사고만 또는 강박행동만 경험한다.
㉢ 강박 관련 장애로 수집광, 신체이형장애, 피부 뜯기 장애가 있다.

① ㉠, ㉡
② ㉠, ㉢
③ ㉠, ㉡, ㉢
④ ㉡, ㉢

POINT 콕! 강박 및 관련 장애
강박장애의 대표적인 강박 증상은 오염 강박이 있으며, DSM-5 진단기준에 따르면 강박사고만 있는 경우, 또는 강박행동만 있는 경우도 진단기준에 포함하고 있다. 강박 관련 장애에는 강박뿐만 아니라, 수집광(저장장애), 신체이형장애, 피부 뜯기 장애 등이 있다.

035 다음 사례와 같은 성격장애는?

> 자신이 관심의 중심에 있기를 바라고, 감정이 빠르게 변하고 피상적이며, 지나치게 인상에 근거한 언어 표현을 보이고, 피암시성이 높은 특성을 보인다.

① 편집성 성격장애
② 자기애성 성격장애
③ 연극성 성격장애
④ 강박성 성격장애

POINT 콕! 성격장애의 진단기준
- 편집성 성격장애: 타인의 행동을 의심하고, 타인의 의도를 불신하는 성격장애
- 자기애성 성격장애: 자기에 대한 과장된 평가로 인한 특권의식을 지니고, 타인에게 착취적이거나 오만한 행동을 나타내어 사회적인 부적응을 초래하는 성격장애
- 강박성 성격장애: 지나치게 완벽주의적이고 세부적인 사항에 집착하며, 과도한 성취지향성과 인색함을 특징으로 하는 성격장애

036 알코올 중독과 관련 있는 장애는?

① 코르사코프 증후군
② 헌팅톤무도병
③ 레트장애
④ 캐너 증후군

POINT 콕! 알코올 중독 관련 장애
만성적인 알코올 사용으로 인한 비타민 B_1(티아민) 결핍 때문에 발생하는 신경학적 장애에는 코르사코프 증후군이 있다. 주요 증상은 기억상실, 혼동, 작화 등이다.

037 조현병의 유전적 요인에 관한 설명으로 옳지 <u>않은</u> 것은?

① 친족의 근접성과 동시발병률은 관련이 없다.
② 일란성 쌍생아보다 이란성 쌍생아 동시발병률이 더 낮다.
③ 여러 유전자 결함의 조합으로 나타나는 장애이다.
④ 생물학적 가족이 입양 가족에 비해 동시발병률이 더 높다.

> **POINT 콕!** 조현병의 유전적 요인
> 조현병은 유전적 요소가 매우 강력하게 작용하는 정신장애 중 하나이다. 친족관계가 가까울수록 발병 확률이 높아진다.

038 병적 도벽에 관한 설명으로 옳은 것은?

① 훔치기 전에 기쁨, 충족감, 안도감을 느낀다.
② 훔친 후에 고조되는 긴장감을 경험한다.
③ 훔치는 행동이 품행장애로 더 잘 설명되는 경우에도 추가적으로 진단한다.
④ 개인적으로 쓸모가 없거나 금전적으로 가치가 없는 물건을 훔치려는 충동을 저지하는 데 반복적으로 실패한다.

> **POINT 콕!** 병적 도벽
> • 훔친 후 기쁨, 충족감, 안도감을 느낀다.
> • 훔치기 전에 고조되는 긴장감을 느낀다.
> • 다른 질환으로 더 잘 설명된다면, 병적 도벽으로 진단하지 않는다.

039 DSM-5의 진단 분류에 따른 성격장애 중 기이하고 괴팍한 행동특성과 가장 거리가 <u>먼</u> 것은?

① 회피성 성격장애
② 조현성 성격장애
③ 조현형 성격장애
④ 편집성 성격장애

> **POINT 콕!** 성격장애
> 기이하고 괴팍한 행동특성을 보이는 성격장애는 A군 성격장애이다. 회피성 성격장애는 C군 성격장애에 해당한다.

040 편집성 성격장애의 행동특성으로 가장 적합한 것은?

① 단순히 아는 정도의 사람을 '매우 친한 친구'라고 지칭한다.
② 다른 사람이 자신을 이용하거나 피해를 입힌다고 생각한다.
③ 반복적으로 자살을 시도하거나 행동한다.
④ 거의 어떤 활동에서도 즐거움을 느끼지 못한다.

> **POINT 콕!** 편집성 성격장애
> • 단순히 아는 정도의 사람을 매우 친한 친구라고 지칭하는 것은 연극성 성격장애에 해당한다. 편집성 성격장애는 대인관계에서 거리를 두는 경향이 있다.
> • 반복적인 자살 시도와 어떤 활동에서도 즐거움을 느끼지 못하는 것은 주요 우울장애에 해당한다.

| 정답 | 037 ① 038 ④ 039 ① 040 ②

3과목 | 심리검사

041 표집 시 남녀 비율을 정해놓고 표집해야 하는 경우에 가장 적합한 방법은?

① 군집 표집(Cluster Sampling)
② 체계적 표집(Systematic Sampling)
③ 유층 표집(Stratified Sampling)
④ 구체적 표집(Specific Sampling)

POINT 콕! 표집방법
표집 시 비율을 정하여 표집을 진행하는 방법은 유층(층화) 표집이다.

042 다음 K-WAIS 검사 결과가 나타내는 정신장애로 가장 적합한 것은?

- 토막 짜기, 바꿔 쓰기, 차례 맞추기, 모양 맞추기 점수 낮음
- 숫자 외우기 소검사에서 바로 따라 외우기와 거꾸로 따라 외우기 점수 간에 큰 차이를 보임
- 공통성 문제 점수 낮음: 개념적 사고의 손상
- 어휘, 상식, 이해 소검사의 점수는 비교적 유지되어 있음

① 기질적 뇌 손상
② 강박장애
③ 불안장애
④ 반사회성 성격장애

POINT 콕! 웩슬러 지능검사와 정신장애
- 강박장애는 어휘·상식 문제의 점수가 높고 이해 점수가 낮다.
- 불안장애는 숫자 외우기, 산수, 바꿔 쓰기, 차례 맞추기 문제에서만 점수가 낮으며, 사고 자체는 문제가 없다.
- 반사회성 성격장애는 소검사 간 분산이 심한 편이며, 사회적 판단 문제나 개념형성 문제 부분의 점수가 낮다.

043 MMPI-2의 각 척도에 대한 해석으로 가장 적합한 것은?

① 7번 척도는 불안 가운데 상태불안 증상과 연관성이 높다.
② 2번 척도는 반응성 우울증보다는 내인성 우울증과 관련이 높다.
③ 4번 척도의 상승 시 심리치료 동기가 높고 치료의 예후가 좋음을 나타낸다.
④ 6번 척도가 60T 내외로 약간 상승한 것은 대인관계 민감성에 대한 경험을 나타낸다.

POINT 콕! MMPI-2의 척도
- 7번 척도는 강박적인 성향과 특성 불안(만성적 불안, 우유부단함 등)을 측정한다. 상태불안은 일시적인 불안을 의미힌다.
- 2번 척도는 반응성 혹은 외인성 우울증과 관련이 높다.
- 4번 척도는 반사회적 성향을 측정하는 것으로, 이것이 높게 측정되는 사람의 경우, 치료를 조기에 중단하는 경향이 있고, 심리치료 예후가 좋지 않다.

044 심리검사의 윤리적 문제에 대한 설명으로 옳지 않은 것은?

① 심리학자에게 면허와 자격에 관한 법을 시행하는 것은 직업적 윤리기준을 세우기 위함이다.
② 제대로 자격을 갖춘 검사자만이 검사를 사용해야 한다는 조건은 부당한 검사사용으로부터 피검자를 보호하기 위한 조치이다.
③ 검사자들은 검사 제작의 기술적 측면에만 관심을 가질 필요가 있다.
④ 검사자는 규준, 신뢰도, 타당도 등에 관한 기술적 가치를 평가할 수 있어야 한다.

POINT 콕! 심리검사의 윤리적 문제
검사자는 전문적 측면에 해당하는 검사 제작의 기술적인 측면뿐만 아니라 사회적 측면(검사의 사회적 영향), 도덕적 측면(수검자의 존엄성과 권리 존중), 윤리적 측면(검사자의 책임감)을 모두 고려하여야 한다.

| 정답 | 041 ③ 042 ① 043 ④ 044 ③

045 다음 중 접수면접에서 반드시 확인되어야 할 사항과 가장 거리가 먼 것은?

① 문제의 원인으로 추정되는 어린 시절의 경험
② 주 호소 문제
③ 내원하게 된 직접적 계기
④ 인적사항

POINT 콕! 접수면접
접수면접단계에서 섣불리 과거 경험을 파고들 경우, 수검자가 방어적이거나 위축될 수 있다. 문제의 원인으로 추정되는 어린 시절의 경험은 심층면접 또는 사례개념화 단계에서 다루는 내용이다.

046 치매가 의심되는 노인 환자를 대상으로 실시할 검사와 관련이 없는 것은?

① 간이정신상태검사(MMSE)
② MMPI-2
③ 기억력 검사
④ 이름대기검사(BNT)

POINT 콕! 치매 의심 노인 환자 대상 검사
MMPI-2는 주로 정서적 문제나 성격특성, 정신병리 감별에 활용된다. 치매 진단의 핵심평가영역인 인지기능을 직접적으로 측정하지 않아 치매를 진단하는 주요 도구로 활용되지 않는다.

047 Wechsler(웩슬러) 지능검사를 실시할 때 주의할 점과 가장 거리가 먼 것은?

① 가급적 표준화된 과정과 동일한 방식대로 실시되어야 한다.
② 검사의 이론적 배경, 적용한계, 채점방식 등에 관해 충분한 이해가 선행되어야 한다.
③ 지적인 요인을 평가하는 검사이므로 다른 어떤 검사보다 피검자와의 라포형성은 최소화되어야 한다.
④ 검사 도구는 그 검사를 실시하기 전까지 피검자의 눈에 띄지 않는 곳에 두어야 한다.

POINT 콕! 웩슬러 지능검사 실시 시 주의점
지능검사는 수검자의 최대 수행을 이끌어내야 하므로, 수검자와 라포를 형성하여 수검자가 검사에 협조하고 동기화되어야 한다.

048 신경심리검사에 대한 설명으로 옳은 것은?

① 브로카와 베르니케(Broca & Wernicke)는 실행증 연구에 뛰어난 업적을 남겼으며, 벤톤(Benton)은 임상신경심리학의 창시자라고 할 수 있다.
② X레이, MRI 등 의료적 검사 결과가 정상으로 나온 경우에는 신경심리검사보다는 의료적 검사 결과를 신뢰하는 것이 타당하다.
③ 신경심리검사는 고정식(Fixed) 배터리와 융통식(Flexible) 배터리 접근이 있는데, 두 가지 접근 모두 하위 검사들이 독립적인 검사들은 아니다.
④ 신경심리검사는 환자에 대한 진단, 환자의 강점과 약점, 향후 직업능력의 판단, 치료계획, 법의학적 판단, 연구 등에 널리 활용된다.

POINT 콕! 신경심리검사
• 브로카와 베르니케는 실어증 연구에 업적을 남겼으며, 할스테드와 라이탄, 루리아 등이 임상신경심리학의 창시자라고 할 수 있다.
• 의료검사 결과가 정상이어도 신경심리검사는 미세한 초기 장애를 탐지할 수 있기 때문에 의료검사와 함께 유효하게 사용된다.
• 융통식 배터리는 각 검사를 독립적인 개별 검사로도 사용할 수 있다.

049 K-WAIS-Ⅳ에서 개념형성능력을 측정하는 소검사는?

① 차례 맞추기
② 이해 문제
③ 공통성 문제
④ 빠진 곳 찾기

> **POINT 콕!** 개념형성능력 측정 소검사
> - 차례 맞추기: 작업기억 및 시간적 순서 이해능력평가 소검사 (K-WAIS-Ⅳ 소검사에서 제외됨)
> - 이해 문제: 개념형성과도 관련이 있지만, 사회적 판단능력과 더 관련이 있는 소검사
> - 빠진 곳 찾기: 시각적 주의와 집중력 평가 소검사

050 개인용 지능검사와 집단용 지능검사에 관한 설명으로 옳은 것은?

① 집단용 지능검사의 경우, 검사의 시행과 절차가 간편하기 때문에 검사자는 피검사자의 검사행동에 관한 자료수집이 용이하다.
② 피검사자는 개인용 지능검사의 경우에는 사람에게 반응하지만, 집단용 지능검사의 경우에는 주어진 문항에 반응한다고 볼 수 있다.
③ 개인용 지능검사나 집단용 지능검사에서 검사 실시와 절차에 대한 검사자의 본질적인 역할은 동일하다.
④ 개인용 지능검사나 집단용 지능검사나 피검사자가 반응하는 데 요구되는 인지작용은 질적인 측면에서 차이가 없다.

> **POINT 콕!** 개인용 지능검사 vs 집단용 지능검사
> - 집단용 지능검사에서 수검자의 검사행동에 관한 자료수집은 어렵다.
> - 개인용 지능검사에서의 검사자는 관찰 등을 통한 임상적 판단을 해야 하고, 집단용 지능검사에서의 검사자는 정해진 절차를 따르는 역할을 수행한다.
> - 개인용 지능검사는 심층적인 유연한 인지능력을, 집단용 지능검사는 표준화된 문항에 대한 표면적·제한적 반응을 요구하기 때문에 질적인 측면에서 차이가 존재한다.

051 MMPI-2 검사를 실시할 때 유의사항으로 틀린 것은?

① 독해력이 초등학교 6학년 수준 미만인 사람에게는 실시하기 어렵다.
② 시행 소요 시간이 90분 내외로 적정한지 검토해야 한다.
③ 피검자에게 '현재의 상태'를 기준으로 평가하라고 지시한다.
④ MMPI-2는 반드시 개별적으로 실시해야 한다.

> **POINT 콕!** MMPI-2 검사 실시 시 유의사항
> MMPI-2 검사 실시 시 개별적으로 실시하는 것이 바람직하지만, 반드시 개별로 해야 하는 것은 아니다. 검사자가 통제가능한 환경이라면 집단 실시도 가능하다.

052 MMPI-2와 비교할 때 성격평가질문지(PAI)의 특징이 아닌 것은?

① 문항의 수가 더 적다.
② 임상척도 이외에 대인관계척도를 포함한다.
③ 임상척도의 수가 더 적다.
④ 4지 선다형이다.

> **POINT 콕!** MMPI-2와 성격평가질문지
> PAI의 임상척도 수는 11가지이고 MMPI-2의 임상척도 수는 10가지로 PAI의 임상척도 수가 더 많다.

053 집중력과 정신적 추적능력(Mental Tracking)을 측정하는 데 사용되는 신경심리검사는?

① 선로잇기검사(Trail Making Test)
② 벤더 게슈탈트 검사(Bender Gestalt Test)
③ 레이 복합도형검사(Rey Complex Figure Test)
④ 위스콘신 카드분류검사(Wisconsin Card Sorting Test)

POINT 콕! 집중력과 정신적 추적능력 측정검사
- 벤더 게슈탈트 검사(BGT): 시각-운동 통합능력 및 신경 손상을 평가하는 검사
- 레이 복합도형검사(RCFT): 시공간기억 및 시각적 구성능력을 평가하는 검사
- 위스콘신 카드분류검사(WCST): 실행능력, 추론능력, 개념형성, 인지적 유연성을 평가하는 검사

054 기억검사로 분류되지 않는 것은?

① Rey-Kim Test
② K-BNT
③ Rey Complex Figure Test
④ WMS

POINT 콕! 기억검사
K-BNT는 그림으로 된 카드를 보고 사물의 이름을 대는 검사로, 언어능력을 평가하는 검사이다.

055 편차지능지수에 관한 설명으로 옳은 것은?

① 정규분포 가정이 적용되지 않는다.
② 비율지능지수에 비해 중년집단에의 적용에는 한계가 있다.
③ 한 개인의 점수는 같은 연령 범주 내에서 비교된다.
④ 비네-시몽(Binet-Simon) 검사에서 사용한 지수이다.

POINT 콕! 편차지능지수
- 편차지능지수는 정규분포를 가정하여 계산된다. 평균 100, 표준편차 15를 기준으로 개인의 상대적 위치를 결정한다.
- 비율지능지수가 성인집단에 적용하기 어려워 고안된 것이 편차지능지수이다.
- 편차지능지수는 웩슬러가 사용한 것이다. 비네-시몽 검사에서는 비율지능지수를 사용하였다.

056 다음은 MMPI의 2개 척도 상승 형태 분석 결과이다. 어느 척도 상승에 해당하는 것인가?

> 이 프로파일은 반사회적 인격장애 특징을 나타낸다. 즉, 사회적 규범과 가치관, 제도에 대해 무관심하거나 무시하며, 반사회적 행위로 인해 권위적인 인물과 자주 마찰을 빚는다. 이들의 성격 특징은 충동적이고 무책임하며 타인과의 관계에서 신뢰를 얻기 어렵다.

① 1-2
② 4-9
③ 3-5
④ 2-1

POINT 콕! MMPI 코드 쌍
- 1-2/2-1: 신체 증상 호소 + 소극적·회피적·내향적 특성
- 3-5: 갈등을 신체적 증상으로 전환 + 전통적 성 역할 정체성 관련 특성

| 정답 | 053 ① 054 ② 055 ③ 056 ②

057 삭스(J. Sacks)의 문장완성검사(SSCT)에서 자기 개념영역에 포함되지 <u>않는</u> 태도는?

① 죄의식(죄책감)
② 두려움
③ 목표
④ 이성관계

POINT 콕! 삭스의 문장완성검사
SSCT에서 이성관계는 4가지 영역 중 성영역에 해당한다.

058 K-Vineland-II에 대한 설명으로 <u>틀린</u> 것은?

① 개인의 발달 수준을 평가할 수 있다.
② 피검자의 가족이나 여타 피검자를 잘 알고 있는 사람과의 면담을 통해 실시할 수 있다.
③ 중학교 이상의 청소년들에게는 사용하기 어렵다는 단점이 있다.
④ 언어적 능력이 제한되어 있는 아동의 지능 수준을 유추할 수 있는 자료가 될 수 있다.

POINT 콕! K-Vineland-II
바인랜드 적응행동척도는 영아기부터 노인까지 모두 가능한 검사이다.

059 적성검사에 대한 설명으로 <u>틀린</u> 것은?

① GATB는 대표적인 진로적성검사이다.
② 적성검사는 개인의 직업 선택에도 활용된다.
③ 적성검사는 하나의 검사로 다양한 능력영역을 측정할 수 있는 이점이 있다.
④ 적성과 지능은 측정하는 구성 요인이 서로 겹치지 않는다.

POINT 콕! 적성검사
적성과 지능은 서로 구분되는 개념이지만, 언어·수리능력, 추리력 등은 지능검사와 적성검사 양쪽 모두 포함되기 때문에, 구성요인이 서로 겹치지 않는 것은 아니다.

060 Rorschach 검사의 모든 반응이 왜곡된 형태를 근거로 한 반응이고, MMPI에서 8번 척도가 65T 정도로 상승되어 있는 내담자에 대한 설명으로 가장 적합한 것은?

① 주의집중과 판단력이 저하되어 있을 가능성이 있다.
② 우울한 기분, 무기력한 증상이 주요 문제일 가능성이 있다.
③ 합리화나 주지화를 통해 성공적인 방어기제를 작동시킬 가능성이 있다.
④ 회피성 성격장애의 특징을 보일 가능성이 있다.

POINT 콕! 로샤 검사와 MMPI
로샤 검사에서 모든 반응이 왜곡된 형태로 나타나는 것은 현실인식의 장애, 현실검증능력의 약화, 혼란스러운 사고를 시사한다. 또한, MMPI의 8번 척도(정신분열증)가 임상적으로 유의미한 65T 이상 상승한 것은 주의집중력과 사고의 조직성, 현실판단능력에서의 저하를 의미한다. 즉, 두 평가 모두 주의집중과 판단력이 저하됐을 가능성을 강하게 시사한다.

| 정답 | 057 ④ 058 ③ 059 ④ 060 ①

4과목 | 임상심리학

061 다음에 해당하는 관찰법은?

> • 문제행동의 빈도, 강도, 만성화된 문제행동을 유지시키는 요인들을 실제장면에서 관찰하는 데 효과적이다.
> • 시간과 비용이 많이 들며, 대부분의 사람들은 자신들이 관찰된다는 것을 알고 있을 때 다르게 행동한다.

① 자기관찰법
② 연합관찰법
③ 자연관찰법
④ 통제된 관찰법

POINT 콕! 관찰법
• 자기관찰법: 내담자 스스로 자신의 행동, 감정, 상황을 기록함
• 통제된 관찰법: 실제와 유사하게 조작된 구조화된 상황에서 행동을 관찰함

062 심리평가를 위해 수행되는 면담에 관한 설명으로 옳은 것은?

① 면담은 구조화할 수 없다는 단점이 있다.
② 면담은 평가를 하기 위한 목적으로 하는 것이라 치료적인 효과는 없다.
③ 면담에서는 신뢰도와 타당도를 크게 고려하지 않아도 된다는 장점이 있다.
④ 면담자가 피면담자에 대한 전반적인 인상을 형성한 후 그것에 준해 다른 관련 특성을 추론하는 경향을 할로(Halo) 효과라고 한다.

POINT 콕! 면담의 특징
• 면담은 구조화 수준에 따라 구조화·반구조화·비구조화 면담으로 구분한다.
• 심리평가 면담은 기본적으로 평가 목적이지만, 면담 과정 중 라포형성, 공감적 반응 등이 일어나고, 이는 치료적 효과로 이어질 수 있다.
• 면담도 심리검사의 한 방법으로 사용되기 때문에 신뢰도와 타당도는 반드시 고려되어야 한다.

063 미국에서 임상심리학이 비약적으로 발전하게 된 계기가 된 것은?

① 제2차 세계대전
② 매카시즘의 등장
③ 자원봉사자들의 활동
④ 루스벨트 대통령의 후원

POINT 콕! 미국의 임상심리학 발전 계기
제2차 세계대전 동안 많은 군인들이 전쟁 신경증(전투스트레스)과 같은 심리적 문제를 겪으면서, 이를 평가하고 치료할 임상심리학자의 수요가 급격히 증가했다.

064 다음에서 보여주는 철수엄마의 행동을 가장 잘 설명한 것은?

> 철수의 엄마는 아침마다 철수가 심한 떼를 쓰면 기분이 상하기 때문에, 철수가 떼를 쓰기 전에 미리 깨우고, 먹여주고, 가방을 챙겨서 학교에 데려다주는 행동을 계속하고 있다.

① 처벌
② 행동조형
③ 정적 강화
④ 회피조건형성

POINT 콕! 행동주의적 치료기법
문제의 사례에서 철수의 엄마는 '기분이 상한다.'는 부정(혐오)자극을 회피하기 위해 철수가 떼를 쓰기 전에 깨우는 등의 행동을 하고 있다. 이처럼 부정(혐오)자극이 뒤따른다는 신호를 받고 이를 회피하고자 하는 행동을 학습하는 것을 회피조건형성이라고 한다.

| 정답 | 061 ③ 062 ④ 063 ① 064 ④

065 프로그램의 주요 초점은 사회 복귀이며, 직업능력 증진부터 내담자의 자기개념 증진에 걸쳐 있는 것은?

① 보편적 예방
② 1차 예방
③ 2차 예방
④ 3차 예방

POINT 콕! 지역사회심리학
- 보편적 예방: 전체 인구를 대상으로 하며 심리적 문제 발생을 사전에 방지하는 것을 목적으로 함
- 1차 예방: 문제 발생 이전 단계에서 유해 요인을 제거하거나 위험을 줄여 건강한 상태를 유지하도록 돕는 것을 목적으로 함
- 2차 예방: 초기 증상자 또는 고위험군을 대상으로 문제가 더 악화되지 않게 막는 것을 목적으로 함

066 치료자가 치료 초기에 rapport를 형성하기 위한 행동으로 바람직하지 않은 것은?

① 너무 심문식으로 질문하지 않으려 했다.
② 내담자를 가능한 한 인간으로 존중하려 했다.
③ 내담자의 긴장을 풀어주기 위해 간단히 안부를 물었다.
④ 치료 시간을 넘기더라도 내담자가 충분히 이야기할 시간을 주었다.

POINT 콕! 라포형성을 위한 치료자의 행동
치료 초기에 치료 시간의 명확한 구조와 경계 유지는 치료자와 내담자 간의 신뢰형성의 핵심이다.

067 행동치료를 위해 현재 문제에 대한 기능 분석을 하면 규명할 수 있는 요소가 아닌 것은?

① 문제행동의 결과
② 문제행동과 관련된 인지적 해석
③ 문제행동과 관련 있는 유기체 변인
④ 문제행동을 일으키는 자극이나 선행조건

POINT 콕! 기능 분석 시 규명요소
문제행동과 관련된 인지적 해석은 인지치료의 분석 대상에 해당한다.

068 심리치료 과정에서 저항이 일어나는 일반적인 이유와 가장 거리가 먼 것은?

① 치료자가 가진 가치나 태도가 환자에게 위협적이기 때문이다.
② 익숙한 행동을 변화시키려는 시도가 환자에게 위협을 주기 때문이다.
③ 부적응적 행동을 유지함으로써 얻는 이차적 이득을 환자가 포기하기 어렵기 때문이다.
④ 환자가 변화를 원하더라도 환자의 삶에 중요한 영향을 미치는 타인들이 현 상태를 유지하도록 방해할 수 있기 때문이다.

POINT 콕! 심리치료 과정 중 저항이 발생하는 이유
치료자는 심리치료 과정에서 자신의 태도, 가치, 감정 등을 드러내지 않는 중립적인 태도로 임해야 한다.

| 정답 | 065 ④ | 066 ④ | 067 ② | 068 ① |

069 행동적 평가요소에 관한 설명으로 옳은 것은?

① 목적 – 병인론적 요인을 확인하기 위해 강조된다.
② 도구의 구성 – 상황적 특성보다는 초맥락적 일관성을 강조한다.
③ 행동의 역할 – 특정한 상황에서 사람의 행동목록의 표본으로 중시된다.
④ 과거력의 역할 – 현재 상태가 과거의 산물이라 생각하기 때문에 중시된다.

POINT 콕! 행동적 평가요소
- 행동평가는 현재의 문제나 증상이 생기게 된 과거의 원인 또는 배경적 요인보다는 현재 관찰 가능한 행동에 초점을 둔다.
- 동일한 행동이라도 상황에 따라 다른 의미와 기능을 가질 수 있기 때문에 상황적 특수성을 강조한다.

070 내담자의 말과 행동에서 표현된 기본적인 감정, 생각 및 태도를 상담자가 다른 참신한 말로 부연해 주는 것은?

① 해석
② 반영
③ 직면
④ 명료화

POINT 콕! 적극적 경청기술
- 해석: 내담자의 말이나 행동 이면에 숨어 있는 의미를 상담자가 설명해주는 과정
- 직면: 내담자가 부인하거나 회피하는 감정·행동을 마주보게 하는 기법
- 명료화: 내담자의 메시지가 상담자에게 충분히 이해되었는지를 확인하고, 필요한 경우 보다 분명하게 하기 위해 질문을 던지는 것

071 자신의 초기 경험이 타인에 대한 확장된 인식과 관계를 맺는다는 가정을 강조하는 치료적 접근은?

① 인본주의
② 자기심리학
③ 대상관계이론
④ 심리사회적 발달이론

POINT 콕! 심리치료기법
- 인본주의: 인간의 성장 가능성과 자기실현을 강조하며, 과거 경험보다는 현재의 성장과 긍정적인 변화 중시
- 자기심리학: 자기형성과 유지를 핵심으로 보며, 타인과의 관계보다 자아의 통합성 유지를 더 강조
- 심리사회적 발달이론: 개인의 사회적 환경과 발달단계에 따른 심리적 변화를 강조하며, 초기 경험이 아닌 생애 전반의 발달과 위기 극복 과정 중시

072 평가면접에서 면접자의 태도에 대한 설명으로 옳지 않은 것은?

① 수용 – 내담자의 가치에 대한 기본적인 존중과 관련되어 있다.
② 이해 – 내담자의 관점에서 세계를 보기 위한 노력과 관련되어 있다.
③ 진실성 – 면접자의 내면과 부합하는 것을 전달하는 정도와 관련되어 있다.
④ 해석 – 면접자가 자신의 내면과 부합하는 심상을 수용하는 것과 관련되어 있다.

POINT 콕! 평가면접에서의 면접자 태도
해석은 면접자가 내담자의 심상을 이해하고 설명하는 과정으로, 면접자의 주관적 태도에 포함되는 개념이 아니라, 내담자의 경험과 행동의 의미를 파악하는 과정이다.

073 대뇌피질 각 영역의 기능에 관한 설명으로 옳은 것은?

① 후두엽 – 언어를 인식하는 데 중추적인 역할을 하며 정서적 경험이나 기억에 중요한 역할을 담당한다.
② 두정엽 – 대뇌피질의 다른 영역으로부터 모든 감각과 운동에 관한 정보를 다 받으며 이러한 정보들을 종합한다.
③ 전두엽 – 현재의 상황을 판단하고 상황에 적절하게 행동을 계획하며 부적절한 행동을 억제하는 등 전반적으로 행동을 관리하는 역할을 한다.
④ 측두엽 – 망막에서 들어오는 시각 정보를 받아 분석하며 이 영역이 손상되면 안구가 정상적인 기능을 하더라도 시력을 상실하게 된다.

POINT 콕! 대뇌피질 각 영역의 기능
- 후두엽: 시각 정보처리, 색, 형태, 거리 인식 등 담당
- 두정엽: 감각 정보 종합 담당[모든 감각 정보 ×(시각, 청각은 1차적으로 후두엽, 측두엽에서 처리), 운동 정보는 전두엽의 운동피질에서 처리]
- 측두엽: 청각처리, 언어이해 등 담당

074 단기 심리치료에서 좋은 결과를 이끌어내기 위한 요인이 아닌 것은?

① 문제에 대한 회피
② 치료자의 온정과 공감
③ 견고한 치료적 동맹관계
④ 내담자의 적절한 긍정적 기대

POINT 콕! 단기 심리치료
단기 심리치료에서 문제를 회피하는 것은 변화의 장애 요인으로, 문제를 직면하는 능동적이고 적극적인 자세가 필요하다.

075 다음 중 접수면접의 주요 목적과 가장 거리가 먼 것은?

① 환자가 자신이나 다른 사람을 해칠 중대한 위험 상태에 있는지 결정한다.
② 환자에게 신뢰, 라포 및 희망을 심어주려고 시도한다.
③ 제공되는 서비스에 대한 환자의 질문에 대답한다.
④ 환자를 병원이나 진료소에 의뢰할지를 고려한다.

POINT 콕! 접수면접의 주요 목적
내담자의 자·타해 위험성 평가(위험성 사정)는 별도의 심층평가 절차를 통해 수행되는 것으로, 전반적인 문제를 파악하는 접수면접의 목적과는 구별된다.

076 범죄에 대한 지역사회심리학적 접근에서 일차적 예방에 해당하는 것은?

① 가해자의 부모에 대한 교육
② 범죄 예방을 위한 환경의 변화 노력
③ 비행 청소년의 재비행 방지 프로그램
④ 범죄 피해자에 대한 조기 지원 프로그램

POINT 콕! 지역사회심리학적 접근
- 가해자 부모에 대한 교육과 범죄 피해자에 대한 조기 지원 프로그램은 2차 예방에 해당한다.
- 비행 청소년의 재비행 방지 프로그램은 3차 예방에 해당한다.

| 정답 | 073 ③ 074 ① 075 ① 076 ②

077 아동을 상담할 때 일반적으로 고려해야 할 사항과 가장 거리가 먼 것은?

① 아동은 발달 과정에 있기 때문에 생활조건을 변화시키는 데 있어 거의 무력하다.
② 아동은 놀이를 통해 자신의 생각과 감정을 표현하기 때문에 놀이의 기능을 중요하게 다루어야 한다.
③ 아동에게 치료 중 일어난 일은 성인의 경우와 마찬가지로 부모 등에게는 반드시 비밀로 유지되어야만 한다.
④ 아동은 부모에게 의존적 상태에 있기 때문에 상담자는 가족의 역동을 이해하고 변화시키는 것이 바람직하다.

> **POINT 콕!** 아동 상담 시 고려사항
> 기본적으로 상담은 비밀보장이 중요하지만, 아동은 성인과 달리 보호자가 필요한 존재이므로, 부모나 보호자에게 아동과 관련하여 위험요소가 있는 경우는 공유하여야 한다.

078 임상심리사로서 전문적인 관계를 유지하는 데 바람직한 지침사항과 가장 거리가 먼 것은?

① 다른 전문직에 종사하는 동료들의 욕구, 특수한 능력, 그리고 의무에 대하여 적절한 관심을 가져야 한다.
② 동료 전문가의 윤리적 위반 가능성을 인지하면 즉시 해당 전문가 단체에 고지해야 한다.
③ 동료 전문가와 관련된 단체나 조직의 특권 및 의무를 존중하여 행동하여야 한다.
④ 소비자의 최대이익에 기여하는 모든 자원들을 활용해야 한다.

> **POINT 콕!** 전문적 관계 유지를 위한 바람직한 지침사항
> 동료 전문가의 윤리적 위반 가능성을 인지한 경우, 해당 전문가와 직접 논의하거나, 필요시 공식적인 윤리적 절차를 따르는 것을 원칙으로 한다.

079 아동 또는 청소년의 폭력비행을 상담할 때 부모를 통한 개입법으로 가장 효과적인 것은?

① 가족모임을 열어서 훈계를 하도록 한다.
② 자녀가 반사회적 행동을 하면 심하게 야단을 치게 한다.
③ 폭력을 휘둘렀을 때마다 부모가 자녀를 매로 다스리게 한다.
④ 사회에서 용인되는 행동을 보이면 일관되게 보상을 주도록 한다.

> **POINT 콕!** 아동 또는 청소년의 폭력비행에 관한 효과적인 개입기법
> 조작적 조건형성에 따라 반사회적 행동을 대체할 수 있는 긍정적 행동에 대해 즉각적이고 일관된 보상(강화)을 제공하면 긍정적 행동의 빈도가 높아질 수 있어, 이러한 개입기법이 가장 효과적이다.

080 대뇌의 우반구가 손상되었을 때 주로 영향을 받게 될 능력은?

① 말하기
② 얼굴 재인
③ 통장잔고 점검
④ 논리적 문제해결

> **POINT 콕!** 대뇌 우반구 손상 시 특징
> 말하기, 통장잔고 점검, 논리적 문제해결은 대뇌 좌반구 손상 시 영향을 받는 능력들이다.

5과목 | 심리상담

081 심리학 지식을 상담이나 치료의 목적으로 활용하기 위해 최초의 심리클리닉을 펜실베이니아 대학교에 설립한 사람은?

① 볼프(Wolpe)
② 로저스(Rogers)
③ 스키너(Skinner)
④ 위트머(Witmer)

POINT 콕! 최초의 심리클리닉
1896년 미국 펜실베이니아 대학교에 최초의 심리클리닉을 설립한 사람은 위트머이다.

082 상담에서 나타날 수 있는 윤리적 갈등의 해결단계를 바르게 나열한 것은?

㉠ 한 사람 이상의 전문가에게 자문을 구한다.
㉡ 다양한 결정의 결과를 열거해 보고 결정한다.
㉢ 관련 윤리강령, 법, 규정 등을 살펴본다.
㉣ 현 상황에서 문제점이나 딜레마를 확인한다.

① ㉠ → ㉢ → ㉡ → ㉣
② ㉡ → ㉢ → ㉣ → ㉠
③ ㉢ → ㉣ → ㉡ → ㉠
④ ㉣ → ㉢ → ㉠ → ㉡

POINT 콕! 상담 과정 중 윤리적 갈등 해결단계
상담 과정에서 윤리적 갈등이 발생한 경우, '현재 상황에서의 윤리적 문제나 딜레마를 파악(문제 인식, ㉣) → 해당 문제와 관련된 윤리강령, 법, 규정 등 확인(윤리강령 및 법적 규정 검토, ㉢) → 동료 상담자, 슈퍼바이저, 윤리 전문가에게 조언 구하기(전문가 자문, ㉠) → 다양한 선택지와 결과를 검토한 후 최선의 결정 내리기(결정 및 실행, ㉡)'의 과정을 거쳐 해결한다.

083 상담 및 심리치료의 발달사에 관한 설명으로 옳지 않은 것은?

① 가족치료 및 체계치료는 1970년대부터 본격적으로 등장하였다.
② 글래서(Glasser)는 1960년대에 현실치료를 제시하였다.
③ 메이(May)와 프랭클(Frankl)의 영향으로 게슈탈트 상담이 발전하였다.
④ 위트머(Witmer)는 임상심리학이라는 용어를 최초로 사용하였으며, 치료적 목적을 위해 심리학의 지식과 방법을 활용하였다.

POINT 콕! 상담 및 심리치료의 발달사
게슈탈트 상담은 펄스가 창시한 것으로, 인간의 심리적 문제를 '지금-여기' 경험과 자기인식, 환경과의 접촉에서 이해하고자 한다. 메이와 프랭클은 실존주의 상담과 관련이 있는 인물이다.

084 다음 사례에 가장 적합한 개입방법은?

지방 출신의 한 남학생이 동급생들의 요구를 거절하지 못한 것에 불만스러워 했다. 첫 면접에서 그러한 실례를 최근의 경험 중에서 다음과 같이 끄집어 낼 수 있었다. 첫째는 자기의 비상금 20,000원을 친구가 '우리 사이에 그럴 수 있느냐'는 식으로 조르기 때문에 싫으면서도 몽땅 빌려 준 후 갚아 달라는 말을 못했다. 둘째는 형님이 집안에서 자기 일이 아닌데도 '이걸 가져오라', '저걸 치우라'는 식으로 심부름을 시킬 때, 형님이 싫어할까봐 할 수 없이 순종했다.

① 분노 조절 훈련
② 체계적 둔감화 훈련
③ 자기주장 훈련
④ 역설적 수용 훈련

POINT 콕! 사례 관련 개입방법
문제의 사례에서 남학생은 동급생의 요구와 형님의 심부름에 대해 자신의 의사를 분명히 표현하지 못하고, 이를 불만스러워하는 상황이다. 따라서 사례의 남학생은 자신의 생각, 감정, 신념 등을 타인의 권리를 침해하지 않는 범위에서 솔직하고 적절한 방식으로 표현하는 기술(자기주장 훈련)을 배워야 한다.

085 다음에서 상담자가 소홀히 하고 있는 것은?

> 내담자가 심리상담실에 찾아와서 자신이 어떻게 행동해야 할지(예를 들면, 무슨 말을 해야 하는지, 휴대폰을 어떻게 해야 하는지, 오늘은 언제까지 심리상담이 진행되는 것인지 등)를 모르고 불안해한다.

① 수용
② 해석
③ 경청
④ 구조화

POINT 콕! 심리상담의 과정
문제의 사례에서 내담자가 상담에 어떻게 임해야 하는지 불안해하고 있는 것은 상담자가 내담자에게 상담의 목적, 절차, 규칙, 시간 등을 명확히 안내하고 정의를 내려주는 구조화가 충분히 제공되지 않았기 때문이다.

086 테일러(Taylor)가 제시한 학습부진아에 관한 특성으로 옳지 않은 것은?

① 주의가 산만하고 학업지향적이다.
② 학업에 대한 막연한 불안감을 가지고 있다.
③ 자기비판적이고 부적절감을 가져 자존감이 낮다.
④ 목표 설정이 비현실적이고 계속적인 실패를 보인다.

POINT 콕! 학습부진아의 특성
학습부진아는 보통 학업에 대한 동기부여가 낮거나 회피하는 경향을 보인다.

087 우울한 사람들이 보이는 체계적인 사고의 오류 중 결론을 지지하는 증거가 없거나 증거가 결론과 배치되는데도 불구하고 어떤 결론을 이끌어 내는 과정을 의미하는 인지적 오류는?

① 임의적 추론(Arbitrary Inference)
② 과일반화(Overgeneralization)
③ 개인화(Personalization)
④ 선택적 추상화(Selective Abstraction)

POINT 콕! 인지적 오류(왜곡)
- 과일반화(과잉일반화): 한두 번의 특정 경험과 사건에 근거하여 결론을 도출하고, 이를 근거로 모든 관련 없는 상황에도 적용하는 오류
- 개인화: 자신과 무관한 외부의 부정적 사건을 자신 때문이라고 여기는 오류
- 선택적 추상화: 여러 요소 중 하나의 부정적 요소에만 초점을 맞추며 나머지 긍정적 요소나 전체적인 맥락은 무시하는 오류

088 성 피해 아동의 심리치료에 대한 설명으로 틀린 것은?

① 치료의 보조 기구(도구)로 신체인형을 사용한다.
② 피해 아동의 연령에 따라 적절한 심리치료를 실시한다.
③ 치료의 초기에는 아동과 어머니(보호자)가 같이 치료를 시작한다.
④ 피해 아동의 심리적 상처를 자극하지 않기 위해서 퇴행행동을 모두 받아준다.

POINT 콕! 성 피해 아동의 심리치료
성 피해 아동의 퇴행행동에 대해 무조건 수용하는 것은 아동의 회복과 성장을 방해할 수 있기 때문에 옳지 않다. 아동의 퇴행행동을 이해하고 공감하되, 점진적으로 현실 적응을 촉진하는 방향으로 개입이 진행되어야 한다.

089 와이너(Weiner)의 비행 분류에 관한 설명으로 옳지 않은 것은?

① 소속된 비행 하위 집단 내에서 통용되는 삶의 방식들은 자존감과 소속감을 가져다주므로 장기적으로 적응적이라고 할 수 있다.
② 신경증적 비행은 행위자가 타인의 주목을 끌 수 있는 방식으로 비행을 저지르는 경우가 많다.
③ 심리적 비행에는 성격적 비행, 신경증적 비행, 정신병적(기질적) 비행이 있다.
④ 비행자의 심리적인 특징에 따라 사회적 비행과 심리적 비행을 구분한다.

POINT 콕! 와이너의 비행 분류
비행 하위 문화나 또래집단의 일시적 지지 속에서 자존감이나 소속감이 증가할 수 있다는 점은 인정되지만, 장기적으로는 사회 적응을 방해하고, 더 심화된 비행 및 탈사회화를 초래한다.

090 로저스(Rogers)의 인간중심 상담에 대한 설명으로 옳지 않은 것은?

① 내담자는 불일치 상태에 있고 상처받기 쉬우며 초조하다.
② 상담자는 내담자와의 관계에서 일치성을 보이며 통합적이다.
③ 내담자는 의사소통의 과정에서 상담자의 선택적인 긍정적 존중 및 공감적 이해를 지각하고 경험한다.
④ 상담자는 내담자의 내적 참조틀을 바탕으로 한 공감적 이해를 경험하고 내담자에게 자신의 경험을 전달하려고 시도한다.

POINT 콕! 로저스의 인간중심 상담
로저스의 인간중심 상담에서 상담자는 내담자에 대한 무조건적인 긍정적 존중의 태도를 가져야 한다.

091 항갈망제에 해당하는 것을 모두 고른 것은?

┌─────────────────────────────┐
│ ㉠ 날트렉손(Naltrexone)   │
│ ㉡ 노르트립틸린(Nortriptyline) │
│ ㉢ 아캄프로세이트(Acamprosate) │
└─────────────────────────────┘

① ㉠
② ㉠, ㉢
③ ㉡, ㉢
④ ㉠, ㉡, ㉢

POINT 콕! 항갈망제의 종류
노르트립틸린은 삼환계 항우울제에 해당한다.

092 효율적인 독서능력의 신장과 장기기억을 돕는 조직화 전략 SQ3R의 순서를 올바르게 나열한 것은?

① 개관 – 질문 – 읽기 – 암송 – 복습
② 읽기 – 질문 – 개관 – 복습 – 암송
③ 질문 – 개관 – 읽기 – 복습 – 암송
④ 질문 – 개관 – 읽기 – 암송 – 복습

POINT 콕! 조직화 전략 SQ3R
로빈슨이 주장한 효율적인 독서방법인 SQ3R은 '개관(Survey) → 질문(Question) → 읽기(Read) → 암송(Recite) → 복습(Review)' 순서로 구성된다.

093 청소년을 대상으로 한 자살 위험평가에 대한 설명으로 **틀린** 것은?

① 개별적으로 임상 면담을 실시한다.
② 자살 준비에 대한 구체적인 질문은 자살가능성을 높일 수 있으므로 피한다.
③ 자살의도를 유보하고 있는 기간이라면 청소년의 강점과 자원을 탐색한다.
④ 자살에 대해 생각할 수 있으나 행동으로 실천하지 않겠다는 구체적인 약속을 한다.

POINT 콕! 자살 위험평가
자살 위험도 판단을 위해서는 시기, 수단, 장소 등과 같은 자살계획의 구체성에 대해 상세하게 물어보아야 한다.

094 통합적 상담 모형의 기본개념에 해당하지 **않는** 것은?

① 내담자와의 동반자관계를 형성한다.
② 일상의 상황들에서 성공적으로 대처하기 위해서 재사회화 과정을 거친다.
③ 내담자의 인지보다는 행동에 초점을 둔다.
④ 독특한 내담자에게 최상의 상담기법이 무엇인지 찾는다.

POINT 콕! 통합적 상담 모형의 기본개념
통합(절충) 상담은 내담자의 인지, 정서, 행동, 관계, 신체 등 모든 측면을 다차원적으로 이해하고 통합적으로 접근한다.

095 성 상담을 할 때 상담자가 가져야 할 시행지침으로 옳은 것은?

① 성과 관련된 개인적 사고는 다루지 않는다.
② 내담자의 죄책감과 수치심은 다루지 않는다.
③ 성폭력은 성적 자기결정권의 침해임을 감안한다.
④ 성폭력은 낯선 사람에 의해서만 발생함을 감안한다.

POINT 콕! 성 상담 시 상담자의 시행지침
성 상담에서는 성폭력을 단순한 성적 행위의 문제가 아닌 권리 침해와 폭력의 문제로 인식하고 다루어야 하며, 피해자의 감정과 권리를 존중하는 태도가 필수적이다.

096 진로 상담에서 "하고 싶은 일이 너무 많아요."라고 호소하는 내담자에게 가장 먼저 개입해야 하는 방법은?

① 진학 정보 탐색
② 직업 정보 탐색
③ 자기이해
④ 진로 의사결정

POINT 콕! 내담자특성에 따른 개입방법
하고 싶은 일이 너무 많다고 호소하는 내담자의 경우, 자신의 흥미, 가치관, 성격, 능력 등에 대한 근본적인 자기이해가 부족하다고 볼 수 있다. 따라서 내담자가 자신에 대해 보다 정확히 이해할 수 있도록 개입하여야 한다.

097 다음 사례에서 직면기법에 가장 가까운 반응은 어느 것인가?

> 집단모임에서 여러 명의 집단원들로부터 부정적인 피드백을 받은 한 집단원에게 다른 집단원이 그의 느낌을 묻자 아무렇지도 않다고 하지만 그의 얼굴표정이 몹시 굳어 있을 때, 지도자가 이를 직면하고자 한다.

① "○○씨, 말씀과는 달리 얼굴이 굳어 있고 목소리가 떨리는군요."
② "○○씨, 이러한 일은 창피함을 느끼게 만드는 것 같습니다."
③ "○○씨, 지금 느낌이 어떤지 좀 더 말씀하시면 어떨까요?"
④ "○○씨, 방금 아무렇지도 않다고 말씀하셨습니다."

POINT 콕! 직면기법
- "○○씨, 이러한 일은 창피함을 느끼게 만드는 것 같습니다." → 해석이 개입된 공감적 진술
- "○○씨, 지금 느낌이 어떤지 좀 더 말씀하시면 어떨까요?" → 열린 질문(개방형 질문)으로 탐색에 해당함
- "○○씨, 방금 아무렇지도 않다고 말씀하셨습니다." → 요약 또는 명료화

098 정신분석적 상담기법 중 상담 진행을 방해하고 현재 상태를 유지하려는 의식적, 무의식적 생각, 태도, 감정, 행동을 의미하는 것은?

① 전이
② 훈습
③ 해석
④ 저항

POINT 콕! 정신분석적 상담기법
- 전이: 내담자가 과거의 중요한 인물에 대한 감정을 상담자에게 투사하는 것
- 훈습: 분석을 통해 얻은 통찰을 일상의 삶에서 행동으로 나타나도록 반복적으로 활용하는 것
- 해석: 내담자의 무의식적 갈등이나 저항 등을 상담자가 설명하여 의식화시키는 기법

099 교류분석에서 치료의 바람직한 목표인 치유의 4단계에 해당되지 않는 것은?

① 전이의 치유
② 증상의 경감
③ 계약의 설정
④ 각본의 치유

POINT 콕! 교류분석 상담의 치유 4단계
계약의 설정은 치료의 시작단계에서 이루어지는 절차이며, 치유단계 자체에 포함되지 않는다.

100 사티어(Satir)의 의사소통 모형 중 스트레스를 다룰 때 자신의 스트레스를 무시하고 다른 사람에게 힘을 넘겨주며 모두에게 동의하는 말을 하는 것은?

① 회유형
② 산만형
③ 일치형
④ 초이성형

POINT 콕! 사티어의 의사소통 모형
- 산만형: 스트레스 상황에서 초점 없이 주제를 빗나가거나 주의가 산만한 유형
- 일치형: 자신의 감정, 사고, 행동을 일치시켜 진정성 있게 반응하는 안정된 유형
- 초이성형: 스트레스 상황에서 감정적 태도를 배제하고 이성적·논리적인 언어로만 반응하는 유형

| 정답 | 097 ① 098 ④ 099 ③ 100 ①

memo

memo

memo

memo

고객의 꿈, 직원의 꿈, 지역사회의 꿈을 실현한다

펴낸곳 (주)에듀윌 **펴낸이** 양형남 **출판총괄** 김기철 **에듀윌 대표번호** 1600-6700
주소 서울시 구로구 디지털로 34길 55 코오롱싸이언스밸리 2차 3층
© 2025 eduwill. Created with AI assistance.
협의 없는 무단 복제는 법으로 금지되어 있습니다.

에듀윌 도서몰
book.eduwill.net
- 부가학습자료 및 정오표: 에듀윌 도서몰 > 도서자료실
- 교재 문의: 에듀윌 도서몰 > 문의하기 > 교재(내용, 출간) / 주문 및 배송

③ 고전적 조건형성에 영향을 주는 요인

습득(획득)	새로운 조건반응이 형성 또는 확립되는 과정
소거	무조건자극 없이 조건자극만을 지속적으로 제시하면 이미 습득되었던 조건반응의 강도가 점차 약화되고 완전히 사라지는 것
자발적 회복	소거 후에도 학습된 반응이 다시 나타나는 현상
자극 일반화	특정 자극에 대해서 반응하는 것을 학습한 유기체는 원래의 자극과 유사한 새로운 자극에 대하여 비슷한 방식으로 반응함 예 왓슨의 실험에서 흰 쥐에 대한 공포를 학습한 아이가 흰 쥐와 비슷한 흰 털을 가진 토끼, 털코트, 산타클로스의 턱수염 등에도 공포반응을 보임
자극 변별	• 유사자극에 대해 유기체가 조건반응하지 않는 것 • 유기체가 두 가지 자극에 대해 상이한 경험을 하면 원래의 조건자극과 유사한 새로운 자극이 있어도 자극의 차이를 식별하여 각각의 자극에 대해 서로 다르게 반응하는 현상
고차 조건화	새로운 조건자극이 이미 확립된 조건자극과 연합하여 조건반응형성 예 종소리 + 먹이 → 타액 분비 종소리 → 타액 분비(1차 조건화) 종소리 + 불빛 → 타액 분비 불빛 → 타액 분비(2차 조건화)

④ 고전적 조건형성을 위한 효과적인 절차

지연조건형성 (자연 배열)	자극(중립/조건)이 무조건자극(UCS)보다 먼저 나타나는 경우로, 이 경우가 가장 효과적인 조건형성임
동시조건형성 (동시적 배열)	자극(중립/조건)과 무조건자극(UCS)이 동시에 나타나는 경우로, 조건형성의 효과가 감소하는 조건형성임
역행조건형성 (역행 배열)	무조건자극(UCS) 후 자극이 제시되는 경우로, 이러한 경우 학습이 잘 되지 않아 조건형성이 어려움

⑤ 고전적 조건화 예시
  ㉠ 개를 보고 놀란 경험이 있는 어린이는 아주 강력하고 일반화된 개 공포증을 학습한다. → 어떤 개에게도 접근하기 두려워한다.
  ㉡ 전쟁에 참여했던 사람이 전쟁이 끝난 15년 후까지도 전쟁 상황을 묘사하는 소리자극에 대해 강한 피부 전기반응을 보인다.
  ㉢ 광고에서 제공하는 요소(매력적인 인물, 즐거움을 주는 배경 등)가 무조건자극으로 작용하여 무조건적 반응(유쾌한 정서반응)을 유발하도록 기대한다.

(2) 조작적 조건형성이론 기출 25~18, 16년

① 조작적(도구적) 조건화: 어떤 반응에 대해 강화와 처벌을 선택적으로 제시하여 그 반응이 일어날 확률을 증가 또는 감소시키는 것이다.

② 조작적 조건화 실험: 스키너의 상자(Skinner Box)

쥐가 여러 행동을 하다가 지렛대를 누름 → 먹이가 접시로 떨어짐
↓
반복적 발생으로 쥐가 지렛대를 누르면 먹이가 나온다는 것을 학습
↓
배가 고프면 지렛대를 누름

③ 조작적 조건형성에 영향을 주는 요인
  ㉠ 강화
    • 의미: 어떤 행동을 습득하게 하고 그 빈도를 증가시키는 것이다.

정적 강화	긍정적인 보상을 제공하여 행동 빈도를 증가시킴
부적 강화	부정적·혐오자극을 제거하여 행동 빈도를 증가시킴

강화물	• 일차적 강화물: 무조건강화로, 생물학적 욕구(Need)를 충족시키는 것 예 물, 음식 등
	• 이차적 강화물
	  – 조건화된 강화로, 과거에 일차적 강화물과 연합되었기 때문에 강화 효과를 가지는 것
	  – 학습된 강화물이며, 일반화된 강화물이라고도 함
	  예 돈, 좋은 성적, 성과 등
	• 프리맥(Premack)의 원리: 자주 하는 행동이 상대적으로 잘 하지 않는 행동의 강화물로 사용될 수 있음
	  예 게임을 더 많이 하는(고확률행동) 아이들에게 공부를 더 하도록(저확률행동) 만들기 위해서는, 공부를 한 후 게임을 하게 해주면 공부하는 행동이 증가할 것

> **개념플러스** 부적 강화 – 도피학습과 회피학습 기출 22, 18년
>
> • **도피학습**: 부정적인 자극을 경험한 후에 여기서 벗어나기 위한 행동을 하는 것을 말함
> • **회피학습**: 부정적인 자극을 경험하기 전에 예측하고 회피하는 것을 말함

  • 강화계획: 조작적 행동을 배우고 유지할 수 있도록 강화물을 제시하는 빈도와 간격의 조건을 나타내는 규칙을 말하며, 계속적(연속적) 강화계획과 간헐적 강화계획(부분강화)으로 구분한다.

간헐적 강화계획	고정간격 강화계획	• 반응 수와 관계없이 시간을 정해놓고 그 시간에 도달하면 강화물 제시 • 강화물을 받은 후에 휴식을 취하고 시간 간격이 끝날 무렵 빈번히 반응하는 특징을 보임 예 1시간에 한 번씩 칭찬스티커 제공
	변동간격 강화계획	• 미리 정해둔 평균적인 시간이 지나면 강화물 제시 • 언제 강화물이 제시될지는 알 수 없음 • 안정적인 반응을 하지만 반응속도는 느리게 나타남 예 1시간 안에 아무 때나 칭찬스티커 제공
	고정비율 강화계획	• 반응이 일정 횟수에 도달하면 강화물 제공 • 강화물을 받은 직후에 반응이 멈추는 기간(휴지기)이 관찰됨 예 짜장면 쿠폰 10개를 모으면 탕수육 하나 무료 제공
	변동비율 강화계획	• 강화물을 받기 위해 요구되는 반응 수가 시행에 따라 변화하여 다음 강화에 대한 규칙을 알 수 없음 • 반응률이 안정적이고 휴지기가 없음 • 가장 중독성 높은 강화계획 예 도박장 슬롯머신

ⓒ **처벌**: 자극을 제시하거나 제거하는 것을 통해 특정 행동 빈도를 감소시키는 것이며 특히 바람직하지 못한 행동을 할 때 사용한다.

정적 처벌	부정적 자극을 제시하여 행동 빈도를 감소시킴
부적 처벌	긍정적 자극을 철회·제한하여 행동 빈도를 감소시킴

개념플러스 처벌의 효과적인 사용방법 기출 25~24, 19~18년
- 행동반응 이후 즉각적으로 진행되어야 함
- 행동반응이 나올 때마다 매번 처벌을 주어야 함
- 불필요하게 벌의 강도를 증가시키지 않고, 필요한 최소 강도를 유지함
- 처벌행동에 대해 대안적인 행동이 있어야 함
- 확실한 규칙에 근거하여 처벌이 주어져야 함

ⓒ **행동조성**: 목표행동에 좀 더 가깝게 근접하는 행동을 할 때 연속적으로 강화물을 제공하면서 그 전의 행동은 소거하고 새로운 행동을 발달시키는 것을 말한다(점진적 접근법).

ⓔ **행동의 연쇄화**
- 변별자극과 반응을 연결하는 것을 말한다.
- 각 반응이 다음 반응의 변별자극이 되고 마지막 반응 후에야 강화물이 제공된다는 점에서 행동조성과의 차이가 있다.
- 논리적·위계적 절차가 있다.

④ **조작적 조건화의 사례**
ⓐ **동물 훈련**: 동물이 점점 더 복잡한 행동을 수행할 수 있도록 단계별로 훈련한다.
ⓑ **행동수정**: 정적 강화, 부적 강화, 소거, 변별 등의 기법을 활용하여 관찰이 가능한 개인의 문제행동을 행동학습, 강화, 유지, 약화, 제거하는 것이다.
ⓒ **무기력의 학습(학습된 무기력)**: 스스로 환경을 통제할 수 없는 상황을 지속적으로 경험하면 무기력을 학습한다. 이렇게 학습된 무기력으로 인해, 환경을 통제하려고 하는 어떠한 노력도 포기하게 된다.

3. 학습이론 (2): 사회학습이론 기출 16년

(1) **등장배경**: 인간은 인지적 능력을 활용하여 행동이나 지식을 습득하며, 고전적 조건화나 조작적 조건화는 모두 유기체가 실제로 어떤 반응을 수행하고 그 결과를 경험함으로써 이루어지는 학습이다. 이러한 조건화만을 인정한다면 인간의 다양한 행동과 지식을 모두 설명할 수 없다고 비판하며 등장한 이론이다.

(2) **사회학습의 개념 및 특징**
① 한 개체의 행동이 다른 개체(모델)를 관찰함으로써 영향을 받은 것을 말하며, 관찰학습 또는 대리학습이라고도 한다.
② 인간행동은 발달단계나 고유한 특성보다는 외적 환경의 자극과 개인의 내적 특성(개인의 인지, 자기효능감 등)이 상호작용하여 결정된다고 보았다.

③ 관찰을 통한 학습능력의 유용성: 사람들은 다른 사람들의 경험을 통해 학습하여 시행착오를 거치지 않고 많은 주요 행동 습득이 가능하다.
④ 반두라(Bandura)의 실험

> 어른 모델이 커다란 플라스틱 인형을 때리고 차는 것을 본 아이들이 그 행동을 보지 못한 아이들보다 인형을 때리고 차는 행동을 더 자주함
>
> ↓
>
> 후속 연구에서 만화영화의 주인공을 모델로 하였는데, 이 역시 아이들이 그 행동을 모방하는 결과를 보임
>
> ↓
>
> 학습은 모델의 행동을 모방하거나 대리적 조건형성을 통해 이루어진다는 결론을 도출함

→ 반두라는 이를 통해 모델링을 통한 관찰학습과 모방학습을 강조하였다.

⑤ 최근에는 대중매체의 발달로 사진, 동영상 속의 상징적 모델을 모방하는 경우가 많아졌다.

(3) 주요 개념

모델링과 모방	• 특정 대상(모델)을 관찰하여 그의 행동을 학습하는 것을 말함 • 모델의 행동이 가장 큰 영향력을 행사하는 조건 – 그 행동의 결과를 강화되는 것으로 인식한 경우 – 모델이 긍정적이고 호감·존경을 받는 것으로 인식되는 경우 – 모델과 관찰자의 특징이나 특질이 비슷한 것으로 인식되는 경우 – 관찰자가 모델의 행동에 주의를 기울이는 경우 – 그 모델의 행동이 다른 모델의 행동보다 두드러져 보이는 경우 – 관찰자가 그 행동의 모방이 가능한 경우
대리강화, 대리처벌	자신의 경험 대신 다른 사람의 경험을 통해 학습하는 것 예 자동차를 살 때 이미 그 자동차를 구입한 사람에게 물어본 후 그 후기를 바탕으로 살지 말지를 결정
자기강화	자신이 통제할 수 있는 보상을 자기 스스로에게 주어 자신의 행동을 유지하거나 변화시키는 것
자기효율성 (자기효능감)	자신의 내적표준과 자기강화에 의해 형성되는 것으로, 어떤 행동을 성공적으로 수행할 수 있다는 신념
자기조절	수행 과정, 판단 과정, 자기반응 과정을 통해 자신의 행동을 스스로 평가, 감독하는 것

(4) 관찰학습 과정

주의집중 과정	파지 과정	운동재생 과정	동기화 과정
모방하려는 모델의 행동에 주의 집중하며, 모델을 정확하게 지각하는 단계	관찰하고 모방하기로 한 행동을 기억하여 장기간 보존하는 단계	심상에 저장되어 있는 모델의 이미지나 언어를 외형적인 행동으로 전환하는 단계	강화를 통해 행동화에 대한 동기를 강화하는 단계

2 인지심리학

1. 지각

(1) 지각과 지각 과정

① 지각의 개념: 감각을 선택하고 조직화하고 해석하는 과정을 말한다.

② 지각 과정의 개념: 주변 환경 속의 대상이나 사건을 파악하는 전반적인 과정을 말한다.

③ 지각 과정의 세 단계

감각 과정	감각 수용기를 자극하는 환경변화를 신경신호로 변화하는 과정
지각조직	외부자극에 대한 내적 표상이 형성되고 지각 경험이 생성되는 단계
정체파악	• 재인: 지각 경험에 의미를 부여하는 단계 • 상향처리: 외부의 자극을 감각 수용기 내의 자료를 분석하여 처리하는 것 • 하향처리: 기존에 가지고 있는 지식을 활용하여 얻어진 감각 정보를 효과적으로 해석하는 것 • 선택적 주의: 우리가 경험할 수 있는 모든 것 중에서 한순간에 의식할 수 있는 것은 매우 제한되어 있음 [예] 칵테일 파티 효과

(2) 정신물리학

① 특징

㉠ 지각은 물리적 신호를 그대로 반영하지 않으므로 물리적 자극과 그 자극이 유발하는 행동 또는 정신적 경험과의 관계를 구명한다.

㉡ 감각 경험의 강도를 측정한다.

② 주요 개념

절대 역	• 우리가 감지할 수 있는 미세한 자극(50% 자극) • 어떤 자극을 탐지하는 데 필요한 최소한의 자극 강도
역하자극	우리가 감지할 수 없는 50% 이하의 자극
차이 역	• 최소 식별 차이 • 사람이 두 자극 간의 차이를 50% 탐지할 수 있는 최소한의 차이 • 베버(Weber)의 법칙: 두 자극의 차이가 지각되기 위해서는 자극의 강도와는 상관없이 두 자극의 차이가 일정비율만큼 나야 한다는 것

③ 지각 집단화

㉠ 개념: 개별적인 자극요소를 통합하여 하나의 집단으로 인식하려는 경향을 말한다.

㉡ 집단화의 법칙

인접성 법칙	가까운 요소를 하나로 묶음
유사성 법칙	유사한 요소를 함께 묶음
연속성 법칙	선분의 가운데 일부가 보이지 않음에도 별개의 선분이 아닌 하나의 선분으로 지각하는 경향
폐쇄성 법칙	빈 틈을 채워 넣어 둘이 아닌 하나의 전체로 지각하는 경향
공동 운명의 법칙	같은 방향으로 움직이는 것들을 함께 묶는 경향

빈출 핵심 발문

- 기억 연구에서 집단이 회상한 수가 집단 구성원 각각 회상한 수의 합보다 적은 것을 의미하는 것은?
- 기억 정보의 인출에 대한 설명으로 옳은 것은?
- 기억의 인출 과정에 대한 설명으로 옳지 않은 것은?
- 단기기억의 기억용량을 나타내는 것은?
- 단기기억의 특성이 아닌 것은?
- 나중에 학습한 정보가 먼저 학습한 정보를 방해하여 회상을 어렵게 하는 현상은?

[용어] 감각

물리적 에너지를 탐지하여 그것을 신경신호로 바꾸는 것

[용어] 칵테일 파티 효과

파티장에서의 여러 목소리 중에 본인과 대화하는 한 개의 목소리만 선택적으로 주의를 기울일 수 있는 효과

[심화] 베버의 법칙(자극의 차이 인식)

빛은 8%, 소리는 0.3% 강도 차이가 나야 인식 가능

④ 가현운동과 유인운동

가현운동	실제 움직임이 없는 상태에서도 움직임을 인식하는 현상 예 애니메이션은 정지된 프레임의 연속이지만 하나의 움직임으로 인식함
유인운동	다른 물체의 운동에 의해 유인된 운동지각으로 정지되어 있는 것을 움직인다고 지각하는 현상 예 구름 사이로 달이 가는 것처럼 보이지만 실제로는 구름이 움직이는 것

2. 기억 기출 24~17년

(1) 기억의 개념과 인지적 특징

① 개념: 정보를 저장하고 인출하는 것을 말한다.

② 인지적 특징

　㉠ 청크❓ 효과: 정보를 청크단위로 묶어 기억함으로써 기억력을 향상시키는 전략이다.

　㉡ 스트룹 효과: 글자의 색과 의미가 불일치할 때 반응 시간이 증가하는 현상으로, 주의 및 인지 통제와 관련이 있다.

　㉢ 협력 억제: 집단이 함께 기억을 회상할 때, 개별적으로 회상할 때보다 더 적은 정보를 떠올리는 현상을 말한다. 즉, 집단 구성원 각각이 개별적으로 회상한 정보를 모두 합친 것보다, 집단 회상을 통해 나온 정보의 양이 더 적어진다.

> **용어 청크**
> 기억의 구성 단위, 의미를 지닌 단위

(2) 기억의 과정

부호화	• 기억 내 표상되는 정보의 초기 처리 과정 • 환경의 물리적 정보를 기억에 저장할 수 있도록 감각 채널에 맞추어 변화시키는 과정
저장	부호화된 자료를 일정 시간 보유하는 것
인출	저장된 정보를 재생하는 것

(3) 기억의 인출(Retrieval)

① 인출의 과정과 효과

기억 탐색	• 저장된 기억을 인출하는 과정 • 명시적 인출: 의식적·의도적으로 기억을 떠올리는 인출방법(회상❓, 재인❓ 등) • 암묵적 인출: 의식적인 노력 없이 무의식적으로 과거의 경험이 현재의 행동에 영향을 미치는 인출방법
인출 연습 효과	• 정보를 단순히 반복하는 것보다 기억 속에서 정보를 꺼내는 행위(인출) 자체가 기억을 더 강력하게 만들고 변화시키는 현상 • 인출 과정 자체가 기억을 재구성하고, 다른 기억과의 연결을 강화하여 장기적인 기억력을 향상시킬 수 있음 • 정보를 인출할 때마다 그 정보를 부호화하는 과정이 일어나, 기억을 저장하는 방식의 재조정이 가능함 • 인출 연습한 항목의 기억은 강화되지만, 동시에 연습하지 않은 관련 항목의 기억을 약화시켜 회상을 방해하는 단점이 존재(인출 유도 망각)

> **용어 회상과 재인**
> • 회상: 기억 속에 저장된 정보를 외부의 도움 없이 자발적으로 찾아내는 과정
> • 재인: 이미 저장된 정보를 보고, 그것이 이전에 경험했던 것인지를 판단하는 과정

② 인출 촉진 요인

맥락 효과	정보를 학습할 때의 맥락(환경)과 유사한 환경에서 회상이 더 잘 되는 현상
부호화 명세성 (특수성) 원리	정보를 부호화 할 때의 맥락(환경, 상태)과 인출할 때의 맥락이 유사하면 기억이 더 잘 인출되는 현상
인출단서 효과	특정한 단서(예 기분, 내적 상태, 키워드, 문맥 심상❓ 등)가 주어질 때 기억이 더 잘 나는 현상
기분 (일치) 효과	기분이 학습 당시와 비슷할 때 더 잘 기억하는 현상
도식 효과	기존의 지식이나 도식(스키마)이 새로운 정보를 해석하고 기억하는 데 영향을 미치는 현상

> **용어 심상**
> 마음속으로 감각을 떠올리는 것으로, 심상을 통해 부호화 과정과 인출을 증진시킬 수 있음

개념플러스 맥락 효과와 부호화 명세성(특수성) 원리의 차이 기출 23, 19년

- 맥락 효과는 환경적 배경(공간·감각 중심)이 인출에 영향을 미침
- 부호화 명세성(특수성) 원리는 부호화할 때와 인출할 때의 단서(내용 중심)가 인출에 영향을 줌

③ 인출 실패: 설단현상

㉠ 어떤 정보를 설명하기 위한 말들이 혀끝에만 맴도는 현상을 말한다.
㉡ 기억이 저장되지 못한 것이 아니라 저장된 기억의 인출이 실패한 것이다.

개념플러스 계열위치 효과

단어 목록처럼 연속된 항목을 기억할 때, 처음과 마지막에 제시된 것을 더 잘 기억하는, 즉 중간에 제시된 단어에 대한 기억은 상대적으로 낮아지는 현상

초두 효과	• 처음 제시된 항목을 기억하는 현상 • 초반 단어는 더 많은 반복이 가능하여 주로 장기기억에 저장되기 때문에 더 잘 기억함
최신 효과	• 마지막에 제시된 항목을 기억하는 현상 • 끝부분 단어는 아직 단기기억에 남아 있어 더 잘 기억함

(4) **기억의 전략**: 효율적으로 단기기억을 장기기억으로 전이시키는 전략으로, 다섯 가지 전략이 있다.

주의집중 전략	정보에 주의를 기울여 기억하는 방법
조직화 전략	정보를 유의미한 범주로 일관성 있게 묶어 기억하는 방법
정교화 전략	새로운 정보를 기존에 저장된 지식이나 기억과 연결하거나 정보에 의미를 부여하는 등의 조작을 거쳐 해당 정보의 의미를 확장하거나 심화시켜 기억을 강화하는 방법으로, 주어진 정보 이외에 부가적으로 연결된 명제를 생성함
맥락형성 전략	하나의 사건이나 정보와 관련된 물리적 또는 정서적인 배경을 통해 기억을 저장하는 방법
암송 전략	정보를 소리 내어 읽거나, 마음속으로 반복하며 기억하는 방법

(5) 기억의 유형

암묵기억	• 의식적인 노력 없이 자연스럽게 회상되거나 행동에 영향을 미치는 기억으로, 기억하고 있다는 것으로 스스로 인지하지 못함 • 절차기억: 몸으로 익힌 기술이나 절차에 대한 기억 • 점화: 특정 자극에 노출된 경험이 다른 자극의 처리에 무의식적으로 영향을 미치는 것
외현기억	• 의식적으로 노력하여 회상할 수 있는 기억으로, 기억하고 있음을 스스로 인지하며 언어로 표현할 수 있음 • 일화기억: 특정 시간과 장소에 있었던 개인적인 경험에 대한 기억 • 의미기억: 일반적인 사실, 개념, 지식에 대한 기억으로, 개인적인 경험과 무관함
감각기억	• 매우 짧은 시간 동안 머무르다가 단기기억으로 넘어가거나 즉시 사라지는 기억 • 시각적 패턴, 음성, 촉각적인 형태로 지속될 수 있음 • 시각기억의 경우 1초 미만, 청각기억의 경우 몇 초간 지속
단기기억 (STM)	• 감각기억으로부터의 정보가 인식 속으로 들어오는 단계 • 의식적으로 인식하고 있으며, 작은 용량과 짧은 지속 시간을 가지는 기억단계 • 밀러(Miller)의 단기기억 용량: 문자, 단어, 숫자 등의 유의미하고 친숙한 항목에 대한 기억수행에서 기억할 수 있는 개수는 7±2개 • 청킹❷: 단기기억의 한계를 극복하기 위해 정보 덩어리(청크)를 만들어 기억하는 것
장기기억 (LTM)	• 일생동안 저장되고 보존되어 언제든지 필요에 따라 인출할 수 있는 기억 • 장기기억의 용량: 거의 무한대 • 부호화 방식: 기존 지식과 연결된 의미를 통해 부호화됨
작업기억	• 추리와 언어 이해와 같은 과제를 계획하고 수행하는 작업장으로서의 기억 자원 • 정보를 일시적으로 저장하는 기능뿐만 아니라, 그 정보를 능동적으로 조작하고 처리하며 활용하는 인지 시스템
서술기억	• 어떤 개념이나 사실에 관한 기억으로, 의도적으로 그 기억 내용에 접근할 수 있고 이야기할 수 있음 • 우리가 쉽게 이해하고 표현할 수 있는 기억 • 일화기억: 개인의 경험에 관한 기억으로, 사건이 일어났던 시간·장소 및 상황 등의 맥락적 정보를 포함하여 자신에게 일어났던 사건의 기억에 초점을 맞춤
섬광기억	정서적으로 중요한 사건에 대한 기억으로, 그 사건에 대한 세부사항을 매우 선명하고 명확하게 기억하는 현상

TIP 감각기억은 오감을 통해 들어오는 모든 정보를 잠시 잡아두기 때문에 그 용량이 무제한에 가깝다고 할 수 있습니다.

TIP 초기의 단기기억의 개념이 발전하고 확장되면서 '작업기억'이라는 용어가 등장하였습니다. 현대 인지심리학에서는 '작업기억'을 단기기억의 기능을 포함하는 더 포괄적인 개념으로 단기기억을 작업기억이라고도 합니다.

용어 청킹

항목들을 유사성 또는 다른 체제와 원리에 따라 묶거나 그것들을 장기기억에 저장된 정보에 근거하여 더 큰 패턴으로 결집하여 항목들을 재구성(재부호화)하는 과정

개념플러스 의미망 모형과 다중기억 저장소 기억 모형 [기출] 25, 22, 17~16년

- **의미망 모형**

개념	개별적인 단어들이 서로 의미적으로 연결된 네트워크 형태로 인간의 기억에 저장된다고 설명하는 모형
특징	• 구성요소: 노드(Node)와 통로(Pathway) • 활성화 확산: 의미망 모형의 핵심 작동 원리로, 특정 노드(개념)가 활성화되면 그 활성화 에너지는 연결된 통로를 따라 인접하고 있는 관련 다른 노드들로 자동으로 퍼져나간다는 것 → 의미적으로 더 가까운 개념들이 더 빠르고 강하게 떠오르는 이유 [예] '빵' 노드가 활성화되면, '버터', '잼', '먹다' 등의 관련 노드들이 활성화됨 • 어휘결정과제와 같은 실험을 통해 어떤 단어(점화 단어)가 제시되면, 그와 의미적으로 관련된 다른 단어(표적 단어)를 더 빠르고 정확하게 인식함(의미 점화 효과)을 검증할 수 있음 [예] '빵'이라는 단어를 먼저 보여주면, '버터'라는 단어를 더 빨리 인식하는 것

- **앳킨슨과 시프린(Atkinson & Shiffrin)의 다중기억 저장소 기억 모형**

개념	인간의 기억은 감각기억, 단기기억, 장기기억이라는 세 가지 저장소를 통해 정보를 처리하고 보존한다고 주장하는 모형
특징	• 기억단계: 감각기억 → (주의 집중) → 단기기억 → (반복 시연) → 장기기억 • 감각기억: 자극이 감각기관에 들어온 직후 잠깐 유지되는 곳으로, 병렬적으로 기능하는 감각기관의 특성에 따라 감각 채널별로 감각기억이 따로 존재함 → 자극 종류에 따라 구분하여 저장함 [예] 아이코닉 메모리(시각), 에코익 메모리(청각) • 단기기억: 제한된 용량(7±2 청크)으로 정보를 일시 저장하는 곳으로, 단기기억에서 장기기억으로 정보를 전이시키거나, 단기기억 내 정보 유지·조작 전략으로 통제 과정 개념을 도입함 • 장기기억: 용량에 제한없이 기억이 거의 영구적으로 저장되는 곳 • 단기기억과 장기기억의 구분을 통해 계열위치 효과 설명에 매우 효과적임

[용어] **노드와 통로**
- 노드: 기억 속에 존재하는 각각의 개념, 아이디어, 단어, 또는 정보 단위
- 통로: 노드와 노드를 연결하는 선으로, 개념들 간의 관계를 의미

[용어] **어휘결정과제**
참가자에게 제시된 문자열이 실제 단어인지 아닌지를 판단하게 하는 것

[참고] **단기기억의 통제 과정**
- 시연(리허설): 정보 반복을 통해 단기기억 지속 시간 연장 및 장기기억으로 정보 전이
- 부호화: 정보 구조화 및 의미 부여를 통해 장기기억으로 정보 전이
- 결정: 단기기억에 들어온 정보를 어떻게 처리할지 판단하는 과정
- 인출 전략: 장기기억에 있는 정보를 다시 단기기억으로 가져오는 데 사용되는 조직화 전략

3. 망각

(1) 개념과 특징 [기출] 19년

① 개념
  ㉠ 이전에 학습된 지식이나 경험을 기억하지 못하거나 잊어버리는 현상을 말한다.
  ㉡ 유사개념인 쇠퇴는 시간이 경과함에 따라 이전의 정보를 더 많이 잃어버리는 현상을 말한다.

② 특징
  ㉠ 단기기억과 장기기억 모두에서 나타나는 현상이다.
  ㉡ 적절한 인출단서가 없거나 유사한 기억 내용에 대한 간섭으로 인해 나타날 수 있다.
  ㉢ 일반적으로 일화기억보다 의미기억에 대한 정보의 망각이 적게 일어난다.
  ㉣ 망각의 원인
    • **단기기억**: 대치와 쇠퇴 등
    • **장기기억**: 간섭, 인출 실패(설단현상), 정보 상실 등

[용어] **대치**
저장 용량이 한정되어 있어, 이전에 입력된 정보가 이후에 입력된 정보로 바뀜을 의미

(2) 헤르만 에빙하우스(Hermann Ebbinghaus)의 망각곡선➕

① 헤르만은 무의미한 절차를 학습한 후 몇 분 뒤에 망각이 일어나는지를 연구하였다.

② **연구 결과**: 학습 후 19분 만에 42%를 망각하며, 학습 직후 망각이 가장 빨리 일어나고 시간이 지날수록 점점 잊는 속도가 느려진다.

③ 기억을 유지하려는 시도가 없을 때 시간이 지남에 따라 정보가 반 이상 손실됨을 밝혔다.

심화 **망각곡선**

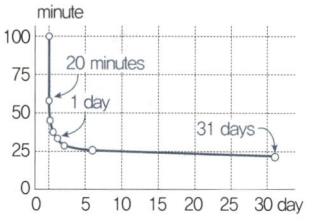

(3) 소멸(쇠잔)이론

① 시간의 흐름 자체가 망각을 유발한다고 본다.

② 시간이 흐름에 따라 기억에서 자연 소실되는 것이 망각이라는 입장이다.

(4) 간섭이론 기출 25~24, 17년

① 망각은 기억이 소실되거나 손상된 것이 아닌 다른 기억 정보와 함께 잘못 위치하여 인출 시 방해를 받는 것이라는 입장이다.

② **역행간섭과 순행간섭**

역행간섭	• 새로운 정보가 이전에 학습한 정보의 저장을 방해하는 것 • 새 정보가 오래된 정보를 밀어내는 것
순행간섭	• 이전에 학습한 정보가 새로운 정보의 저장을 방해하는 것 • 먼저 들어온 정보가 나중에 들어온 정보를 방해하는 것 • 간섭에 의한 인출 불능에 의해 일어남

기출(복원)문제

01 도박이나 복권의 경우처럼 높은 반응률로 지속적인 반응을 이끌어내는 강화계획은? 24년

① 고정간격계획
② 고정비율계획
③ 변화간격계획
④ 변화비율계획

02 처벌의 효과적인 사용방법에 대한 설명으로 틀린 것은? 25년, 24년, 19년

① 처벌은 반응 이후 시간을 두고 주는 것이 효과적이다.
② 반응이 나올 때마다 매번 처벌을 주는 것이 효과적이다.
③ 처음부터 아주 강한 강도의 처벌을 주는 것이 효과적이다.
④ 처벌행동에 대해 대안적 행동이 있을 때 효과적이다.

03 다음 중 프리맥(Premack)의 원리를 이용한 강화가 아닌 것은? 24년

① 부모들이 자녀의 시험성적이 좋으면 자녀의 귀가시간 제한을 해제한다.
② 부모들은 아이가 나중에 숙제를 하겠다고 하면 먼저 놀도록 허용하기보다는 놀기 전에 숙제를 하도록 요구한다.
③ 학교에서 교사들은 학생들이 쓰기과제를 성공적으로 끝마친 후에 놀도록 허용한다.
④ 보육교사들은 원아들이 흑판을 바라보면서 가만히 앉아 있는 행동 다음에는 가끔 벨이 울림과 동시에 '뛰어놀고 떠들고 놀라'는 지시를 한다.

04 조건형성의 원리와 그에 해당하는 예를 잘못 연결시킨 것은? 25년, 23년, 21년

① 강화보다 처벌 강조 – 행동조성
② 소거에 대한 저항 – 부분강화 효과
③ 조작적 조건형성의 응용 – 행동수정
④ 고전적 조건형성의 응용 – 유명연예인 광고 모델

---

01 학습심리학-행동주의 이론
간헐적 강화계획 중 변화(변동)비율계획은 강화물 제시의 시점을 예측하기 어려워 강화물을 받기 위해 행동의 휴지기 없이 높은 반응률을 보인다. 변화비율계획에는 대표적으로 도박과 복권이 있다.

02 학습심리학-행동주의 이론
처벌은 행동반응 이후 즉각적으로 진행되어야 효과적이다.

03 학습심리학-행동주의 이론
프리맥의 원리는 자주 하는 행동(고확률행동)을 강화 요인으로 활용하여 자주 하지 않는 행동(저확률행동)의 빈도를 높이는 방식이다. ④의 사례는 프리맥의 원리에 해당하지 않는다.

04 학습심리학-행동주의 이론
행동조성은 강화를 이용하여 점진적으로 바람직한 행동으로 유도하는 과정을 말한다. 따라서 처벌이 아니라 강화가 핵심요소가 된다고 할 수 있다.

정답 01 ④ 02 ① 03 ④ 04 ①

05 강화에 관한 설명으로 옳지 않은 것은? 23년, 20년

① 계속적 강화보다는 부분강화가 소거를 더욱 지연시킨다.
② 어떤 행동에 대해 돈을 주거나 칭찬을 해주는 것은 일차 강화물이다.
③ 강화가 지연됨에 따라 그 효과가 감소한다.
④ 고정비율계획보다는 변화비율계획이 소거를 더욱 지연시킨다.

빈출
06 고전적 조건형성에 관한 설명으로 옳은 것은?
23년, 22년, 21년

① 모든 자극에 대한 모든 반응은 연쇄(Chaining)를 사용하여 조건형성을 할 수 있다.
② 중립자극은 무조건자극 직후에 제시되어야 한다.
③ 행동변화의 효과를 거두기 위해서는 적절한 반응의 수나 비율에 따라 강화가 이루어져야 한다.
④ 대부분의 정서적인 반응들은 고전적 조건형성을 통해 학습될 수 있다.

07 연합학습이론에 대한 설명으로 옳지 않은 것은?
23년, 20년

① 조작적 조건형성이론 – 강화계획을 통해 행동출현 빈도의 조절 가능
② 조작적 조건형성이론 – 결과에 따른 행동변화
③ 고전적 조건형성이론 – 무조건자극과 조건자극의 짝짓기 빈도, 시간적 근접성, 수반성 등이 중요
④ 고전적 조건형성이론 – 능동적 차원의 행동변화

빈출
08 고전적 조건형성에서 조건자극과 무조건자극을 배열할 때 조건형성 효과가 가장 오래 지속되는 배열은?
25년, 22년, 21년, 16년

① 후진 배열
② 흔적 배열
③ 지연 배열
④ 동시적 배열

---

05 학습심리학-행동주의 이론
돈과 칭찬 등은 이차적 강화물에 해당한다.

06 학습심리학-행동주의 이론
오답해설
①, ③ 조작적 조건형성과 관련된 내용이다.
② 고전적 조건형성이 가장 효과적이려면 중립자극이 무조건자극보다 먼저 제시되어야 한다.

07 학습심리학-학습의 기본개념
조작적 조건형성에 관한 설명이다. 고전적 조건형성은 수동적 학습 과정이다.

08 학습심리학-행동주의 이론
조건형성 효과는 조건자극과 무조건자극의 제시방식에 따라 달라지는데, 지연 배열은 조건자극을 먼저 제시하고 무조건자극을 그 뒤에 겹쳐서 제시하는 방식이다. 이 방식은 학습 효과가 가장 강하고 조건반응이 오래 지속된다.

정답 05 ② 06 ④ 07 ④ 08 ③

09 학습에 대한 설명으로 옳지 <u>않은</u> 것은? 22년, 18년

① 톨만(Tolman)은 동물들도 다양한 단편적인 지식 또는 인지를 획득한다고 주장한다.
② 쥐가 부적 자극이 올 것이라는 신호를 알고서 미리 피하는 것을 도피학습이라고 한다.
③ 행동주의 심리학자들은 대부분 동물들의 학습에는 행동이라는 반응수행이 필수적이라고 주장한다.
④ 고전적 조건형성에서 학습되는 것은 조건자극(CS)과 무조건자극(UCS)의 연합이며, 파블로프(Pavlov)는 시간적 근접성을 연합의 필요조건이라고 주장하였다.

10 커피숍이나 음식점에서 쿠폰에 도장을 찍어주고 일정조건이 충족되면 보상하는 것은 조건형성의 어떤 강화계획과 관련 있는가? 22년, 18년

① 고정간격강화계획
② 고정비율강화계획
③ 변동간격강화계획
④ 변동비율강화계획

11 음식, 물과 같이 하나 이상의 보상과 연합되어 중립 자극 자체가 강화적 속성을 띠게 되는 현상은? 20년

① 소거(Extinction)
② 자발적 회복(Spontaneous Recovery)
③ 자극 일반화(Stimulus Generalization)
④ 일반화된 강화물(Generalized Reinforcer)

---

09 학습심리학-행동주의 이론
미리 알고 피하는 것은 회피학습이다. 도피학습은 부정적인 자극에서 벗어나기 위한 행동을 하는 것을 말한다.

10 학습심리학-행동주의 이론
특정 행동을 정해진 횟수만큼 반복하면 보상을 주는 강화계획은 고정비율 강화계획이다.

11 학습심리학-행동주의 이론

오답해설
① 소거는 조건화된 반응이 점차 줄어들거나 사라지는 현상을 말한다.
② 자발적 회복은 소거된 반응이 조건자극을 제시하였을 때 다시 나타나는 현상을 말한다.
③ 자극 일반화는 특정 자극에 조건화된 반응이 비슷한 자극에 대해 동일한 반응이 나타나는 현상을 말한다.

정답 09 ② 10 ② 11 ④

12 새로운 자극이 원래 조건자극(CS)과 유사할수록, 조건반응을 촉발할 가능성이 크다는 학습의 원리는?

20년

① 일반화
② 변별
③ 획득
④ 소거

13 고전적 조건형성에 대한 설명으로 옳지 않은 것은?

20년

① 조건자극과 무조건자극이 빈번하게 짝지어지면 조건형성이 더 잘 일어난다.
② 무조건자극이 조건자극에 선행하는 경우에 조건형성이 더 잘 일어난다.
③ 조건형성이 소거된 후 일정 시간이 지난 후 조건자극이 주어지면 여전히 조건반응이 발생하기도 한다.
④ 학습 과정에서 제시되지 않았던 자극이라도 조건자극과 유사하면 조건반응을 유발시킬 수 있다.

14 강화계획에 관한 설명으로 틀린 것은?

19년, 16년

① 고정비율계획에서는 매 n번의 반응마다 강화인이 주어진다.
② 변동비율계획에서는 평균적으로 n번의 반응마다 강화인이 주어진다.
③ 고정간격계획에서는 정해진 시간이 지난 후의 첫 번째 반응에 강화물이 주어지고, 강화물이 주어진 시점에서 다시 일정한 시간이 지난 후의 첫 번째 반응에 강화물이 주어진다.
④ 변동비율계획과 변동간격계획에서는 강화를 받은 후 일시적으로 반응이 중단되는 특성이 있다.

15 처벌의 효과를 극대화하는 방안과 가장 거리가 먼 것은?

18년

① 반응과 처벌 간의 지연 간격이 짧아야 한다.
② 처벌과 강화는 상호의존적이어야 한다.
③ 처벌은 약한 강도에서 시작하여 그 행동이 반복될수록 점차적으로 강해져야 한다.
④ 처벌은 확실한 규칙에 근거해서 주어져야 한다.

---

12 학습심리학 – 행동주의 이론

오답해설
② 변별은 특정 조건자극에만 반응하고, 다른 자극에는 반응하지 않는 것을 말한다.
③ 획득은 조건반응이 형성되는 것을 말한다.
④ 소거는 지속적으로 조건자극만을 제시하면 이미 습득되었던 조건반응의 강도가 점차 약화되고 완전히 사라지는 것을 말한다.

13 학습심리학 – 행동주의 이론
고전적 조건형성에 따른 조건반응이 더 잘 형성되려면 조건자극이 무조건자극에 선행하여 제시되어야 한다.

14 학습심리학 – 행동주의 이론
변동비율강화계획은 일시적으로 반응이 중단되는 특성인 휴지기가 거의 없다고 볼 수 있다.

15 학습심리학 – 행동주의 이론
불필요하게 벌의 강도를 증가시키지 않고 필요한 최소 강도를 유지해야 한다. 벌의 강도를 점차 높이면 피처벌자가 벌에 익숙해져서 효과가 감소할 수 있으므로 처음부터 일관되면서도 적절한 강도의 벌을 주는 것이 중요하다.

정답 12 ① 13 ② 14 ④ 15 ③

16 사회학습이론에 입각한 성격에 관한 설명으로 옳은 것은?

① 사회학습이론에서는 성격이 인지 과정이나 동기에 의한 영향을 인정하지 않는다.
② 사회학습이론에서는 관찰학습과 모델링을 통해서 보상받은 행동을 대리적으로 학습한다고 한다.
③ 사회학습이론에서는 행동에 대한 환경적 변인의 독립적인 영향을 강조한다.
④ 반두라는 개인이 자신의 노력으로 원하는 결과를 얻을 수 있다는 신념이나 기대를 자기존중감(Self-esteem)이라고 하였다.

17 단기기억의 기억용량을 나타내는 것은?

① 3 ± 2개
② 5 ± 2개
③ 7 ± 2개
④ 9 ± 2개

18 기억에 정보를 저장하기 위해서 환경의 물리적 정보의 속성을 기억에 저장할 수 있는 속성으로 변화시키는 과정은?

① 주의 과정
② 각성 과정
③ 부호화 과정
④ 인출 과정

19 다음 보기의 사례에서 나타난 기억 전략은?

> '곰'과 '얼음'을 기억해야 할 때, '얼음을 안고 있는 곰'을 떠올려 두 개의 항목을 기억한다.

① 정교화
② 조직화
③ 시연
④ 개념

---

16 학습심리학 – 사회학습이론

오답해설
①, ③ 사회학습이론에서는 외부 환경적 조건뿐만 아니라 개인의 내적 특성(인지, 동기 등)이 개인의 행동과 성격에 영향을 미친다고 보았다.
④ 자기효율성(자기효능감)이라고 하였다.

17 인지심리학 – 기억의 유형
단기기억의 용량은 7±2개로 문자, 단어, 숫자 등의 유의미하고 친숙한 항목에 대한 기억수행에 있어 기억할 수 있는 용량이다.

18 인지심리학 – 기억의 인출
부호화는 기억 내 표상되는 정보의 초기 처리 과정으로, 환경의 물리적 자극을 감각 채널에 맞춰 정보 패턴을 신호로 바꾸는 과정을 말한다.

19 인지심리학 – 기억의 전략
보기의 사례는 기억 전략 중 정교화에 해당한다. 새로운 정보를 기존의 지식과 기억과 연결하거나 의미를 부여하는 등의 조작을 거쳐 해당 정보의 의미를 확장하거나 심화시켜 기억을 강화하는 것을 말한다.

정답 16 ② 17 ③ 18 ③ 19 ①

빈출

20 나중에 학습한 정보가 먼저 학습한 정보를 방해하여 회상을 어렵게 하는 현상은?　25년, 24년, 17년

① 순행간섭
② 역행간섭
③ 부식
④ 소거

21 기억의 왜곡을 줄이는 데 효과적인 방법으로 가장 거리가 먼 것은?　23년, 20년

① 반복해서 학습하기
② 간섭의 최대화
③ 기억술 사용
④ 연합을 통한 인출단서의 확대

빈출

22 기억 연구에서 집단이 회상한 수가 집단 구성원 각각 회상한 수의 합보다 적은 것을 의미하는 것은?　25년, 23년, 22년, 18년

① 책임감 분산
② 청크 효과
③ 협력 억제
④ 스트룹 효과

---

20 인지심리학-망각
역행간섭에 관한 설명이다. 순행간섭은 먼저 학습한 정보가 나중에 학습한 정보의 저장을 방해하는 것을 말한다.

21 인지심리학-기억의 전략
간섭의 최대화는 기억의 혼동을 증가시켜 기억왜곡을 초래할 가능성이 높다. 간섭은 기존 정보와 새로운 정보 사이의 충돌로 인해 혼동을 일으키는 현상으로, 기억의 왜곡을 줄이는 것이 아니라 오히려 증가시킨다.

22 인지심리학-기억의 정의와 인지적 특징

오답해설

① 책임감 분산에는 집단 내의 책임을 나누어 개인이 덜 책임감을 느끼는 방관자 효과와 집단이 작업을 수행할 때 개인의 노력이 감소하는 링겔만 효과가 있다.
② 청크는 기억의 구성단위를 말하며, 정보를 이러한 청크단위로 묶어 기억함으로써 기억력을 향상하는 전략이다.
④ 글자의 색과 의미가 불일치할 때 반응 시간이 증가하는 현상으로 주의 및 인지 통제와 관련이 있다.

정답 20 ② 21 ② 22 ③

23 다음은 무엇에 관한 설명인가?
23년, 19년

> 물속에서 기억한 내용을 물속에서 회상시킨 경우가 물 밖에서 회상시킨 경우에 비해서 회상이 잘 된다.

① 인출단서 효과
② 기분 효과
③ 맥락 효과
④ 도식 효과

24 기억의 인출 과정에 대한 설명으로 옳지 않은 것은?
23년, 21년, 18년

① 인출이 이후의 기억을 증가시킬 수 있다.
② 기분과 내적 상태는 인출단서가 될 수 없다.
③ 인출행위가 경험에서 기억하는 것을 변화시킬 수 있다.
④ 장기기억에서 한 항목을 인출한 것이 이후에 관련된 항목의 회상을 방해할 수 있다.

25 기억 정보의 인출에 대한 설명으로 옳은 것은?
25년, 23년, 19년

① 기억 탐색 과정은 일반적으로 외부적 자극 정보를 부호화하는 과정을 말한다.
② 설단현상은 특정 정보가 저장되어 있지 않다는 증거로 볼 수 있다.
③ 회상과 같은 명시적 인출방법과 대조되는 방법으로 재인과 같은 암묵적 방법이 있다.
④ 인출 시의 맥락과 부호화 시의 맥락이 유사할 때 인출가능성이 클 것이라는 주장을 부호화 명세성(특수성) 원리라고 한다.

26 A씨가 할머니 댁에 방문하였을 때, 음료수를 바닥에 엎질러서 할머니에게 혼났던 것을 기억하고 있다. 이러한 기억을 지칭하는 것은?
18년

① 의미기억
② 암묵기억
③ 절차기억
④ 일화기억

---

23 인지심리학-기억의 인출
맥락 효과는 정보를 학습할 때의 환경(맥락)과 유사한 환경에서 회상이 더 잘 되는 현상을 말한다.

24 인지심리학-기억의 인출
인출단서는 이전에 부호화되고 저장되어 있던 정보를 끄집어낼 수 있게 도움을 주는 단서이다. 기분과 내적 상태도 인출단서가 될 수 있다.

25 인지심리학-기억의 인출
부호화 특수성 원리는 정보를 저장(부호화)할 때의 맥락(환경, 상태)이 나중에 인출할 때와 유사하면 기억 인출이 더 잘 되는 것을 말한다.

26 인지심리학-기억의 유형
일화기억은 개인의 경험을 기반으로 사건이 일어났던 시간·장소 및 상황 등의 맥락적 정보가 포함된 기억을 말한다.

정답 23 ③ 24 ② 25 ④ 26 ④

27 장기기억의 특성에 관한 설명 중 옳지 않은 것은?　20년

① 장기기억에서 주의를 기울인 정보는 다음 기억인 작업기억으로 전이된다.
② 장기기억의 정보는 일반적으로 의미에 따라서 부호화된다.
③ 장기기억에서의 망각은 인출 실패에 따른 것이다.
④ 장기기억의 몇몇 망각은 저장된 정보의 상실에 의해 일어난다.

28 망각에 대한 설명으로 틀린 것은?　19년

① 망각은 단기기억과 장기기억에서 모두 일어날 수 있다.
② 시간이 경과함에 따라 이전의 정보를 더 많이 잃어버리는 현상을 쇠퇴라고 한다.
③ 망각은 적절한 인출단서가 없거나 유사한 기억 내용이 간섭을 해서 나타날 수 있다.
④ 장기기억에서 망각이 일어나는 주요 이유는 대치와 쇠퇴현상 때문이다.

29 의미망 모형에 관한 설명으로 옳지 않은 것은?　22년

① 많은 정보들은 의미망으로 조직화할 수 있고 의미망은 노드(Node)와 통로(Pathway)로 구성되어 있다.
② 모형의 가정을 어휘결정과제로 검증할 수 있다.
③ 버터가 단어인지를 판단하는 데 걸리는 시간은 간호사보다 빵이라는 단어가 먼저 제시되었을 때 더 느리다.
④ 활성화 확산 과정으로 설명할 수 있다.

---

27 인지심리학 – 기억의 유형
기억의 정보 흐름은 일반적으로 '감각기억 → 작업기억 → 장기기억'의 순서로 진행된다. 장기기억에서 다시 활성화된 정보가 작업기억으로 들어갈 수는 있지만, 작업기억 자체가 장기기억에서 오는 것은 아니다.

28 인지심리학 – 망각
대치와 쇠퇴현상은 단기기억 망각의 원인이다. 장기기억 망각의 원인에는 대표적으로 간섭 등이 있다.

29 인지심리학 – 기억의 유형
의미망 모형은 개별적인 단어들이 서로 의미적으로 연결된 네트워크 형태로 인간의 기억에 저장된다고 설명하는 모형이다. '버터'와 '빵'은 의미적으로 강하게 연관된 단어이므로, '빵'이 먼저 제시되었을 때 '버터'를 더 빨리 판단할 수 있다. 그러나 '버터'와 '간호사'는 의미적으로 관련성이 적어 '간호사'가 먼저 제시되었을 때 '버터'를 인식하는 속도가 더 느려진다.

정답　27 ①　28 ④　29 ③

30 기억에 관한 설명 중 옳지 않은 것은? 22년
① 기억의 세 단계는 부호화, 저장, 인출이다.
② 감각기억은 매우 큰 용량을 가지고 있지만 순식간에 소멸한다.
③ 외현기억은 무의식적이며, 암묵기억은 의식적이다.
④ 부호화와 인출을 증진시키는 한 가지 방법은 심상을 사용하는 것이다.

31 [빈출] 단기기억의 특성이 아닌 것은? 22년, 21년, 18년
① 정보의 용량이 매우 제한적이다.
② 작업기억(Working Memory)이라 불린다.
③ 현재 의식하고 있는 정보를 의미한다.
④ 거대한 도서관에 비유할 수 있다.

32 기억 유형 중 정서적으로 충만한 중요한 사건을 학습하였던 상황에 대한 명료하면서도 비교적 영속적인 것은? 20년
① 암묵기억
② 섬광기억
③ 구성기억
④ 외현기억

33 'IB-MKB-SMB-C5.I-68.I-5' 배열을 외우기는 힘들지만, 이를 'IBM-KBS-MBC-5.16-8.15' 배열로 재구성하면 외우기가 쉬워진다. 이와 같이 정보를 재부호화하여 하나로 묶는 것은? 18년
① 암송
② 부호화
③ 청킹(chunking)
④ 활동기억

---

30 인지심리학-기억의 유형
외현기억은 의식적 기억으로, 스스로가 인식하는 기억이며, 암묵기억은 일종의 정서나 행동에 대한 기억으로, 자신이 알고 있다는 사실을 인식하지 못하여도 무의식적으로 기억이 유지되는 것을 말한다.

31 인지심리학-기억의 유형
단기기억은 용량이 매우 제한적이며, 시간이 지나며 정보가 쉽게 사라지므로 거대한 도서관에 비유할 수 없다. 이는 장기기억의 특성에 해당한다.

32 인지심리학-기억의 유형
섬광기억은 큰 충격을 받은 사건이나 정서적으로 중요한 사건에 대한 기억으로, 그 사건에 대한 세부사항을 매우 선명하고 명확하게 기억하는 현상을 의미한다. 이러한 기억은 오래가며 비교적 정확하게 남는다.

33 인지심리학-기억의 정의와 인지적 특징
문제에서 무작위로 배열된 알파벳과 숫자를 재부호화 과정을 거쳐 기억하고 전달하기 쉽게 구성하였는데, 이것을 청킹이라고 한다. 청킹은 항목들을 유사성 또는 다른 체제와 원리에 따라 재구성(재부호화)하여 하나로 묶는 과정을 말한다.

05. 사회·동기·정서심리학

I. 심리학개론

11%
1과목 내 출제 비중

공략 포인트
- 현재까지 사회심리학과 관련된 내용이 주로 출제되었습니다. 귀인이론, 인상형성, 동조 등 사회심리학의 내용을 꼼꼼히 정리해 두세요.
- 동기·정서심리학은 출제 비중이 낮지만, 정서심리학에서의 사랑과 관련된 이론이 종종 출제되니 잘 숙지해 두어야 합니다.

수험 키워드!
귀인이론
인상형성
휴리스틱
동조
사회적 촉진

1 사회심리학

1. 귀인이론 기출 24~21, 18~16년

(1) 개념
① 귀인: 특정 행동이나 결과의 원인을 추론하는 과정을 의미한다.
② 귀인이론: 귀인을 해석하고 설명하는 이론을 말한다.

(2) 귀인의 유형: 원인의 소재, 안정성, 통제성의 세 가지 차원으로 구분하였다.
① 원인의 소재(방향): 어떤 행동의 원인을 자신의 내부 혹은 외부 중 어느 쪽에서 찾을지로 귀인을 분류한다.

내부(내적) 귀인	사람의 성격·태도·동기 또는 능력, 노력과 같은 개인 성향이나 기질적 특성에서 원인을 찾는 것
외부(외적) 귀인	환경·운 또는 과제 난이도와 같은 외부 상황에서 원인을 찾는 것

② 안정성: 어떤 행동의 원인이 시간의 경과나 과제에 따른 변화 유무에 따라 귀인을 분류한다.

안정 귀인	개인의 능력이나 과제 난이도와 같이 비교적 변함이 없는 것에서 원인을 찾는 것
불안정 귀인	노력이나 운, 환경과 같은 변할 가능성이 높은 것에서 원인을 찾는 것

③ 통제성: 어떤 행동의 원인이 자신의 의지에 따라 통제될 수 있는지의 유무로 귀인을 분류한다.

통제성 귀인	개인의 노력과 같이 개인의 의지에 따라 통제가 가능한 요인
통제 불가능 귀인	개인의 능력, 운, 환경, 과제의 난이도와 같이 개인이 통제할 수 없는 요인

빈출 핵심 발문
- 어떤 사람의 행동을 보고 상황이나 외적 요인보다는 사람의 기질이나 내적 요인에 그 원인을 두려고 하는 것은?
- 인상형성에 관한 설명으로 옳지 않은 것은?
- 자신의 행동을 통해서 태도를 확인하고 이해하는 과정을 설명하는 이론은?
- 동조에 관한 설명으로 옳은 것은?
- 혼자 있을 때보다 옆에 누가 있을 때 과제의 수행이 더 우수한 것을 일컫는 현상은?

④ 세 가지 차원에 따라 귀인의 요인을 정리하면 다음과 같다.

원인의 소재		내부		외부	
안정성		안정	불안정	안정	불안정
통제성	통제 가능	–	노력	–	–
	통제 불가능	능력	–	과제의 난이도	운

> **참고** 귀인의 요인
> - 운
> - 능력
> - 노력
> - 과제의 난이도

(3) 귀인의 특징
  ① 성공 경험을 노력 요인으로 귀인할 경우 학습행동을 동기화할 수 있다.
  ② 귀인 성향은 과거의 성공과 실패 상황에서의 반복적인 원인 탐색 경험에 의해 형성된다.
  ③ 귀인의 결과에 따라 자부심, 죄책감, 수치심 등의 정서가 유발되기도 한다.

(4) 귀인의 원리: 공변 원리[켈리(Kelly, 1972)]
  ① 어떤 행동이 상황, 대상, 행위자에 따라 어떻게 나타나는지를 합리적·객관적으로 판단하는 것을 말한다.
  ② 공변의 3가지 차원

일관성	• 같은 상황에서 해당 행동이 반복적으로 일어나는가? • 행위자의 행동이 다른 때나 다른 맥락에서도 항상 나타나는가?
독특성(특이성)	• 행동이 특정한 상황에서만 나타나는가? • 그 행동이 특정 대상에게만 나타나는가?
동의성(합의성)	• 다른 사람들도 동일한 상황에 같은 행동을 하는가?

(5) 귀인 오류

기본적 귀인 오류	사람들이 행동이나 결과에 대한 원인을 찾을 때 기질적 요인(내적 요인)을 과다 추정하고 상황적 요인(외적 요인)을 과소 추정하는 것
이기적 편향	• 성공은 기질적 귀인(내적 요인)이고, 실패는 상황적 귀인(외적 요인)으로 하려는 경향 • 자기고양편파: 이기적 편파의 근본적인 동기로, 자신을 실제보다 더 긍정적으로 보려는 심리적 동기를 말함
자기실현 예언	• 일부 상황의 본질 자체가 사람이 가지고 있는 기대와 신념에 따라 크게 바뀌는 것을 말함 • 기대하는 대로 일이 벌어지도록 행동적 상호작용을 조절하는 미래의 사건이나 행동에 관한 예측
행동적 확증	타인들에 대한 기대가 그들에게 영향을 미쳐 그들의 기대와 일치하는 행동을 하도록 만드는 과정

2. 인상형성이론 기출 23, 21, 18년

(1) **개념**: 처음 대하는 대상을 평가할 때 외모나 행동을 보고 그 사람의 성격, 태도, 행동 경향성 등을 판단하고 전반적인 인상을 평가하는 것을 말한다.

(2) 특징
  ① 아주 짧은 순간에 한정적인 정보만을 가지고 즉각적으로 상대방에 대한 인상형성이 일어난다.

② 한번 형성된 인상은 상당히 오랜 시간동안 그 일관성이 유지되며, 대인관계 교류에 영향을 준다.

> **개념플러스 | 대인매력(호감)의 결정 요인** 기출 19년
>
> | | |
> |---|---|
> | 근접성 | 지리적·공간적으로 가까운 사람에게 더 매력을 느끼는 것 |
> | 유사성 | 성격, 취미, 교육 수준, 경제적 지위 등이 유사한 사람에게 더 매력을 느끼는 것 |
> | 상보성과 상호성 | 나를 행복하고 즐겁게 해주는 사람에게 더 매력을 느끼는 것 |
> | 신체적 매력 | 최초의 만남에서 신체적 외모가 호감일수록 더 매력을 느끼는 것 |
> | 친숙성 | 접촉의 빈도수가 높을수록 더 매력을 느끼는 것 |

(3) 인상형성의 단서

직접단서	간접단서
• 직접 대면으로 얻는 단서 • 얼굴 생김새·표정, 체형, 자세, 옷차림, 몸짓, 말소리의 크기와 높낮이, 말의 빠르기 등	제3자의 의견이나 평가

(4) 인상형성 모형

평균 모형	한 사람의 좋은 점들 또는 나쁜 점들을 나타내는 여러 가지 특성 정보가 동시에 주어졌을 때, 이 특성들의 평가치의 평균을 찾아 통합된 인상을 형성한다는 것
가중평균 모형	앤더슨(Anderson)이 제시한 모형으로, 사람들은 인상을 형성할 때 새로운 정보를 단순히 합산하지 않고 정보마다 가중치를 다르게 부여하여 평균을 낸다는 것

(5) 인상형성 효과

초두 효과	• 먼저 주어진 정보에 의해 인상형성이 되고 나면, 뒤에 오는 정보는 이 인상과 일치하는 방향으로 의미가 바뀌는 현상 • 선행 정보에 주의를 더 기울이는 특징을 보임
현저성 효과	• 긍정적 혹은 부정적 특성이든 눈에 띄는 정보를 중심으로 인상을 형성하는 것 • 때로는 편견이나 왜곡된 판단을 야기할 수 있어 주의해야 함
부정성 효과	긍정적 특성보다 부정적 특성이 인상형성 과정에서 더 큰 영향을 미치는 것
후광 효과	좋은 사람이라는 인상을 형성하면 그 사람은 다른 긍정적 특성을 모두 가지고 있을 것이라고 평가하는 경향

> **개념플러스 | 점화 효과** 기출 22, 18년
>
> • 이전에 경험했던 자극이나 정보가 이후에 접하는 새로운 정보나 자극에 대한 해석과 판단에 영향을 미치는 현상
> • 인상형성 과정에 영향을 미치는 인지적 요인이라고 할 수 있음
>
> **TIP** 위에 언급된 초두·현저성·부정성·후광 효과는 인상형성의 결과에 나타나는 효과이고, 점화 효과는 인상형성 전에 인상형성에 영향을 미치는 원인에 가깝습니다.

(6) 인상형성의 왜곡과 편향

고정관념	특정한 집단의 사람들에 대해 그들 모두가 공통적인 특성이 있다고 과도하게 일반화하거나 왜곡된 생각을 가지는 것
편견(선입견)	고정관념을 근거로 어떤 대상 혹은 집단 전체를 부정적으로 평가하거나 왜곡된 시각으로 보는 것
내현성격이론	타인의 성격을 평가할 때 자신의 선입견이나 개인적 경험, 즉 주관적인 기대에 따라 타인의 특정한 성격을 보고 다른 성격 유형도 함께 나타난다고 믿는 경향
인지적 구두쇠	사람들이 어떤 문제를 해결하거나 생각할 때 최대한 간단하고 노력이 적게 드는 방식으로 접근하는 것으로, 이로 인해 많은 오류나 편향이 나타나기도 함

3. 사회인지 기출 24, 22~20, 18, 16년

(1) 개념: 인간이 환경 속의 사회적 정보를 바탕으로 자신이나 타인의 행동을 지각·해석·평가하는 인지를 말한다.

(2) 특징: 사회인지능력은 태도를 형성하고 변화시키는 데 중요한 역할을 한다.

(3) 주요 개념

사회적 추론	• 사회적 환경에서 자신이나 타인의 행동을 관찰하고 이를 바탕으로 의도, 감정, 동기 등을 이해하려는 사고 과정을 말함 • 과정: 정보수집 → 추론에 사용할 정보 결정 → 정보통합
스키마(도식)	• 일상생활에서 접하는 사물, 사람, 사건에 관련된 기억에 저장된 조직화된 지식 구조 • 종류: 사람 도식, 역할 도식, 절차(사건) 도식
휴리스틱 (발견법)	• 제한된 시간이나 정보로 인해 합리적인 판단이 어려울 경우, 혹은 체계적이고 합리적인 판단이 필요 없는 경우에 사람들이 쉽고 빠르게 사용할 수 있도록 간편하게 구성된 추론방법 • 종류 – 대표성 휴리스틱: 주어진 정보가 특정 범주를 얼마나 잘 대표하는지, 즉 그 범주의 대표적인 특징과 얼마나 유사한지에 따라 판단하는 방법 – 고정 및 조정 휴리스틱: 자신의 경험이나 관찰의 내용을 기준(고정)점으로 삼아 조정 과정을 거쳐 최종 판단에 이르는 방법 – 가용성 휴리스틱: 개인의 기억에 저장되어 있는 정도에 따라 사건의 발생 가능성을 판단하는 방법 – 상관관계(인과성) 휴리스틱: 우연히 발생한 사건이나 단순한 연속성만을 근거로, 실제로는 인과관계가 없거나 불확실함에도 불구하고 두 사건 사이에 인과적 관계가 있다고 직관적으로 추론하는 방법
동기화된 전략가	사람은 특정 상황의 요구나 자신의 목표가 있을 경우, 자신이 보유하고 있는 방대한 양의 정보를 최선의 처리방식으로 정확하고 꼼꼼하게 정리함
확증편향 오류	개인의 기대와 일치하는 정보만을 선택적으로 탐색하고, 반대되는 정보는 무시하는 경향
자성 예언	개인의 기대가 타인에 대한 그의 행동양식에 영향을 미치며 그에 따라 타인도 그 기대와 일치하는 방향으로 행동하도록 만드는 현상, 즉 기대가 현실이 되어 타인을 조종하는 현상

(4) 태도형성과 변화

인지부조화 이론	자신의 신념과 행동 사이의 불일치(부조화)로 발생한 심리적 불편함을 해소하기 위해 태도를 바꾸거나 정당화하는 것

자기지각 이론	• 자기 자신의 행동을 관찰하고 분석하여 추론함으로써 태도를 형성하는 것
	• 과잉정당화 효과
	  – 내적 동기로 시작했던 어떤 행동에 외부의 보상(돈, 상장 등)이 주어지면, 그 행동의 내적 동기가 약화되는 현상
	  – 자기태도를 추론하거나 설명할 때 이러한 외적 보상(상황적 원인)은 강조하고, 내적 동기(사적인 원인)는 축소하는 것을 말함

> **개념플러스** 자기정체성 이론 기출 25, 22, 16년
> 사회 속에서 개인이 특정 집단과 동일시하며 정체성을 형성하는 과정을 말함

4. 사회적 영향 기출 24~17년

(1) **동조**
  ① 개념: 타인들이 어떤 행위를 하기 때문에 자의적으로 그 행위를 수행하는 것을 말한다. 예 친구 따라 강남 간다.
  ② 특징
    ㉠ 개인과 타인 간의 유대가 강할수록, 집단이 매력적일수록, 주어진 과제가 애매할수록 동조가 커진다.
    ㉡ 4~5명 규모일 때 동조의 효과가 가장 크며 그 이상일 경우 효과는 미미하지만, 동조가 줄어들지는 않는다. 즉, 동조의 효과가 집단의 크기에 비례하여 커지지는 않는다.
    ㉢ 자존감이 낮은 사람의 경우, 집단에 수용되고 싶은 욕구로 인해 더 동조하는 경향이 있다.
    ㉣ 집단의 의견이나 만장일치된 결정에 한 명이라도 다른 의견을 표현하면 동조가 크게 감소한다.
    ㉤ 동조가 강한 집단이어도 참신하거나 독특한 관점을 지닌 소수가 있는 경우, 다수의 입장을 변화시킬 수 있다.
    ㉥ 비동조에의 동조(Conformity to Nonconformity): 겉으로는 집단의 일반적인 행동이나 의견에 비동조적이지만 실제로는 동조하는 태도로, 이는 외부 요인 때문이 아니라 자기일관성 또는 과거행동의 정체성과 일치시키려는 경향성에 의해 나타난다.

(2) **복종**: 권위 있는 인물의 명령이나 지시를 따르는 것을 말한다.

(3) **설득**
  ① 개념: 다른 사람들의 생각이나 행동을 변화시키거나 동의를 얻기 위한 과정을 말한다.
  ② 특징: 설득은 다양한 사회적 현상에 영향을 미치며, 개인·집단의 행동과 결정 등에도 영향을 미친다.

③ **효과적인 설득을 위한 고려사항**
  ㉠ 설득자는 설득행위가 일어난 상황에 주의를 기울여야 한다.
  ㉡ 설득자는 피설득자의 특질, 상태, 성격 등을 고려하여야 한다.
  ㉢ 설득자는 피설득자의 성, 종교, 나이, 학력 등을 고려하여야 한다.
  ㉣ 메시지 내용, 전달 채널, 피설득자 등을 고려하여 메시지의 강도를 결정하여야 한다.

(4) 집단의 심리

① 집단의사결정

집단 극화	집단 결정을 위한 토론 과정에서 구성원들이 보다 더 극단적인 선택을 하는 경향
집단사고	집단의사결정 과정에 중대한 결함이 있고, 응집성이 높은 집단에서 초래될 수 있는 비합리적이고 비생산적인 결정이나 판단

② 집단에서의 수행

사회적 정체감	• 자신과 집단을 동일시하게 되면 개인적 정체감은 상실하고 새로운 정체감인 사회적 정체감을 가지게 됨 • 사회적 정체감을 가지게 되면 내집단과 외집단으로 구분하여 지각
몰개인화 (몰개성화)	• 개인이 집단에 속해 있을 때, 자신의 정체성과 개별성을 상실하고 자각 및 자기통제력이 약해지는 심리적 상태 • 개인이 집단 내에서 개인적 정체감과 책임감을 상실하여 반사회적 일탈행위를 쉽게 행하는 것 • 주요 원인 – 군중 속에서 자신이 눈에 띄지 않음을 느낄 때(익명성) – 집단행동의 결과에 대한 책임이 여러 사람에게 분산되어, 개인이 느끼는 책임감이 줄어들 때(책임감 분산⊕) • 결과: 충동적이고 비이성적인 군중행동❷이 나타남
사회적 촉진	• 타인의 존재가 개인의 성과를 향상시키는 것을 말함 • 사회적 억제: 사회적 압박과 타인의 존재가 개인의 수행에 부정적인 영향을 미치는 현상으로, 사회적 촉진과 반대되는 개념
경쟁과 협동	• 죄수의 딜레마: 협력할 경우 서로에게 가장 이익이 되는 상황일 때, 개인적인 욕심으로 서로에게 불리한 상황을 선택하는 것 • 사회적 딜레마: 죄수의 딜레마를 더 복잡한 상황으로 확장하고 포괄하는 개념으로, 개인의 이익과 사회 전체의 이익이 상반되는 상황에서 개인적인 이익을 추구하며 사회 전체에 불리한 결과를 초래하는 것

> **심화** 책임감 분산의 유형
> • **방관자 효과**: 집단 내에서 책임을 나누어 가지면서 개인이 책임감을 덜 느끼게 되고 도움이 필요한 사람에게 도움을 제공할 가능성이 줄어드는 현상
> • **링겔만 효과**: 집단이 작업을 수행할 때 개인의 노력이 감소하는, 즉 개인당 수행량이 저하되는 현상으로, 사회적 태만이라고도 함
>
> **용어** 군중행동
> 많은 사람들이 함께 모여서 특정 상황이나 분위기, 감정에 영향을 받아 반사회적 일탈행위를 하는 현상

2 동기심리학

1. 동기
(1) 개념: 볼 수도 느낄 수도 없는 일종의 가설적인 구성개념이다.

(2) 특징
① 동기의 효과나 결과물을 사람들의 행동을 통해 관찰할 수 있다.
② 동기가 행동의 형태, 방향, 강도, 지속 시간을 결정한다.

(3) 요소

생물학적 요소	선천적으로 타고난 유전적 성향과 세포에 있는 유전자적 요소들이 영향을 미침
학습된 요소	어떤 행동을 하고자 하고, 지속하게 하며, 더 많이 하려고 하는 동기는 과거의 경험에 의해 학습되어 형성된 것
인지적 요소	• 머릿속으로 생각하는 모든 내용들이 동기를 형성하는 데 영향을 줌 • 기대, 목표, 신념, 태도 등을 말함

2. 욕구
(1) 개념: 인간이 어떤 것을 필요로 하거나 원할 때, 즉 결핍 상태를 경험하고 그것을 채우기 위해 행동하는 것이다.

(2) 유형

생리적 욕구	정상적이고 원활한 신체 활동에 필요한 요소들이 부족한 상태에서 느끼는 욕구
심리적 욕구	사람의 안녕과 건강을 유지하기 위해 충족하고자 하는 자율성, 유능감, 관계성의 욕구
사회적 욕구	한 개인의 사회화 과정 속에서 유발된 심리적 상황에서 경험하는 욕구

(3) 욕구이론: 매슬로우(Maslow)의 욕구계층이론
① 생리적 욕구: 배고픔과 갈증을 해소하려는 욕구
② 안전의 욕구: 신체적 위협에 대한 두려움으로부터 벗어나려는 욕구
③ 소속 및 애정의 욕구: 여러 집단에 소속하고 싶은 욕구
④ 자기존중의 욕구: 타인으로부터 존경받고 싶어하고 자기 스스로를 존중하는 욕구
⑤ 자기실현의 욕구: 자신의 잠재력을 최대한 실현하고자 하는 욕구

3 정서심리학

1. 정서

(1) 개념
① **생물학적 측면**: 신체적 변화와 그에 수반되는 정서적 경험과의 관계를 말한다.
② **인지적 측면**: 전반적 평가, 행동 경향성, 심리적 반응 양상이나 주관적 경험 모두를 포함하며, 이것은 모두 평가 이후에 연쇄적으로 일어나는 대처 과정을 말한다.
③ **기능적 측면**: 인간이 환경에 잘 순응할 수 있도록 행동을 준비시키는 내적 동기를 말한다.
④ **사회적 측면**: 환경과 관계를 설정·유지·해체하려는 경향성을 말한다.
⑤ **신경생물학적 측면**
  ㉠ 신경·호르몬계에 의해 중재되는 주관적·객관적 요인들의 복잡한 상호작용을 말한다.
  ㉡ 각성이나 불쾌 등과 같은 감정적 경험을 유발하고, 정서와 관련된 지각, 평가, 명명 과정 등의 인지적 과정을 유발하며 각 상황에 대한 광범위한 생리적 적응을 활성화하고, 표현적·목표지향적·적응적인 행동을 유도할 수 있다고 본다.

(2) 특징
① 정서반응에는 자극에 대한 자동적 평가기제가 작동한다.
② 정서 유발 상태에는 공통적 요소가 존재한다.
③ 사람뿐만 아니라, 다른 영장류에서도 관찰된다.
④ 불수의적으로 빠르게 생성되나, 지속 시간이 짧다.
⑤ 뚜렷한 생리적 반응과 보편적 신호가 수반된다.

(3) 기능

번식기능	생존과 번식에 필요한 행동을 유발하여 번식 성공에 기여함
대처기능	유기체가 환경에 적응해 나가는 것을 도와줌
사회적 기능	자신의 정서를 드러냄으로써 상호작용을 하고, 관계를 생성·유지·해체하게 함

(4) 분류
① **톰킨스(Tomkins)**: 공포, 분노, 놀람, 흥미, 혐오, 즐거움, 수치심, 경멸, 고통의 9가지 정서를 제안하였다.
② **이자드(Izard)**: 동기화 시스템에 근거하여 분노, 공포, 고통, 즐거움, 혐오, 놀람, 수치심, 경멸, 흥미, 죄책감의 10가지 정서를 제안하였다.
③ **플루칙(Plutchik)**: 진화적 기능에 근거하여 분노, 혐오, 슬픔, 놀람, 공포, 수용, 기쁨, 기대의 8가지 정서를 제안하였다.
④ **판셉(Panksepp)**: 공포, 분노, 공황, 기대, 욕정, 돌봄, 호기심의 7가지 정서를 제안하였다.
⑤ **에크만(Ekman)**: 보편적 얼굴 표정을 중심으로 한 공포, 분노, 행복, 혐오, 슬픔, 놀람의 6가지 정서를 제안하였다.

빈출 핵심 발문

- **사랑의 삼각형 이론**에서 사랑의 3가지 요소에 포함되지 않는 것은?

2. 사랑

(1) 스턴버그(Sternberg)의 사랑의 삼각형 이론 `기출` 24, 21년

① 사랑은 <mark>열정, 친밀감, 헌신(투신)</mark>의 세 가지 요소로 구성되어 있다고 주장하였다.

열정	신체적 매력이나 성적 끌림 등
친밀감	정서적 유대, 애정, 신뢰와 같은 서로에 대한 깊은 이해와 친밀한 관계
헌신(투신)	관계를 장기적으로 유지하려는 의지이자 노력

㉠ 세 가지 요소의 조합에 따라 사랑을 8가지 유형으로 나누었다.
㉡ 완전한 사랑은 이 세 가지 요소를 균형 있게 발전시켜야 달성할 수 있는 사랑이다.
㉢ 사랑은 시간이 지나면서 변화할 수 있다고 주장한다.

② 단순한 연인관계뿐 아니라 다양한 관계에도 적용할 수 있어 인간관계를 이해하는 데 유용하다.

(2) 루빈(Rubin)의 사랑이론

① 사랑은 애착, 배려, 친밀감이라는 세 가지 요소로 구성되어 있다고 주장하였다.
② 사랑과 호감은 질적으로 다른 차원이며, 호감은 존중과 정감의 두 요소로 구성되어 있다고 주장하였다.

심화 사랑의 8가지 유형

1. 무애정: 아무것도 없는 사랑
2. 좋아함(호감): 친밀감만 있는 사랑
3. 도취성 사랑: 열정만 있는 사랑
4. 공허한 사랑: 헌신만 있는 사랑
5. 낭만적 사랑: 친밀감+열정이 있는 사랑
6. 우애적(동반자적) 사랑: 친밀감+헌신이 있는 사랑
7. 어리석은(얼빠진) 사랑: 열정+헌신이 있는 사랑
8. 완전한 사랑: 열정+친밀감+헌신이 모두 있는 이상적인 사랑

기출(복원)문제

01 효과적인 설득을 위해 고려해야 할 사항이 아닌 것은? 23년, 20년

① 설득자가 설득행위가 일어난 상황에 주의를 기울일 필요가 있다.
② 설득자는 피설득자의 특질과 상태를 고려할 필요가 있다.
③ 설득자의 자아존중감이 무엇보다 중요하다.
④ 메시지의 강도가 중요하다.

빈출
02 다음 현상을 가장 잘 설명하는 것은? 25년, 24년, 17년

> 철수가 영희와의 약속장소에 지하철로 가던 도중 발생한 안전사고로 인해 약속한 시간에 늦었다. 그럼에도, 영희는 철수가 약속 시간을 잘 지키지 않는 성격특성을 가지고 있다고 생각한다.

① 절감 원리
② 공변이론
③ 대응추리이론
④ 기본적 귀인 오류

03 사람들이 자기 자신의 행동을 설명할 때 현저한 상황적 원인들은 지나치게 강조하고 사적인 원인들은 미흡하게 강조하는 것은? 24년, 21년

① 사회억제 효과
② 과잉정당화 효과
③ 인지부조화 현상
④ 책임감 분산 효과

---

01 사회심리학 – 사회적 영향
자아존중감은 개인적 특성일 뿐, 설득의 핵심요소가 아니다. 오히려 설득자의 신뢰성, 전문성, 매력도 등이 설득에 더 큰 영향을 미친다.

02 사회심리학
기본적 귀인 오류란 사람들의 행동을 설명할 때, 그 행동이 발생한 외부 환경적 요인보다는 내적 요인(성격, 성향 등)에 초점을 맞추는 경향을 말한다. 문제의 사례에서 영희는 철수가 늦은 이유를 지하철 사고(외적 요인)가 아닌 그의 성격(내적 요인)에 초점을 두고 생각하고 있기 때문에 기본적 귀인 오류에 대한 사례라고 볼 수 있다.

03 사회심리학 – 사회인지

오답해설
① 사회억제 효과는 사회적 압박이나 타인의 존재가 개인의 수행에 부정적인 영향을 미치는 현상을 말한다.
③ 인지부조화 현상은 자신의 신념 혹은 행동 간에 불일치(부조화)가 발생했을 때 심리적 불편감을 느끼며 이를 해결하기 위해 태도를 바꾸거나 정당화하는 현상을 말한다.
④ 책임감 분산 효과는 다수의 사람이 존재하여 어떤 문제를 해결할 책임이 나에게 있다고 느끼는 정도가 감소하는 현상을 말한다.

정답 01 ③ 02 ④ 03 ②

빈출

04 동조에 관한 설명으로 옳은 것은? 24년, 22년, 17년

① 집단의 크기에 비례하여 동조의 가능성이 증가한다.
② 과제가 쉬울수록 동조가 많이 일어난다.
③ 개인이 집단에 매력을 느낄수록 동조하는 경향이 더 높다.
④ 집단에 의해서 완전하게 수용받고 있다고 느낄수록 동조하는 경향이 더 크다.

빈출

05 어떤 사람의 행동을 보고 상황이나 외적 요인보다는 사람의 기질이나 내적 요인에 그 원인을 두려고 하는 것은? 23년, 22년, 16년

① 기본적 귀인 오류
② 현실적 왜곡
③ 후광 효과
④ 고정관념

---

04 사회심리학 – 사회적 영향

오답해설

①, ②, ④ 동조는 개인과 타인 간의 유대가 강할수록 커지고 집단에서 한 명이라도 다른 의견을 표현하면 크게 감소한다. 집단의 크기가 커져 사람 수가 많아질수록 동조가 증가하긴 하지만, 4~5명일 때가 가장 큰 동조를 이끌어낼 수 있다고 한다. 또한 주어진 과제가 애매할수록 동조가 많이 일어나며 해당 집단에 수용되고 싶은 욕구 때문에 동조하는 경우가 많다.

05 사회심리학

오답해설

② 현실적 왜곡은 현실을 객관적으로 인식하지 못하고, 개인의 신념이나 기대에 맞춰 왜곡하는 현상을 말한다. 현실적 왜곡이라는 용어는 심리학의 공식적인 개념보다는 일반적 표현에 가깝다.
③ 후광 효과는 한 가지 긍정적인 특성이 그 사람의 전체적인 인상을 결정짓는 현상을 말한다.
④ 고정관념은 특정 집단에 대해 과도하게 일반화된 믿음을 갖는 현상을 말한다.

정답 04 ③ 05 ①

06 귀인이론에 관한 설명으로 <u>틀린</u> 것은? 21년
① 성공 상황에서 노력 요인으로 귀인할 경우 학습 행동을 동기화할 수 있다.
② 귀인 성향은 과거 성공, 실패 상황에서의 반복적인 원인 탐색 경험에 의해 형성된다.
③ 귀인의 결과에 따라 자부심, 죄책감, 수치심 등의 정서가 유발되기도 한다.
④ 능력 귀인은 내적, 안정적, 통제 가능한 귀인 유형으로 분류된다.

07 집단사고가 일어나는 상황과 가장 거리가 <u>먼</u> 것은? 22년, 17년
① 집단의 응집력이 높은 경우
② 집단이 외부 영향으로부터 고립된 경우
③ 집단의 리더가 민주적인 경우
④ 실행 가능한 대안이 부족하여 집단의 스트레스가 높은 경우

---

06 사회심리학-귀인이론
능력 귀인은 내적·안정적이지만, 통제가 불가능한 귀인 유형이다. 능력은 개인 내부에 존재하지만, 개인이 이를 직접적으로 통제할 수 없다.

07 사회심리학-사회적 영향
집단사고는 집단 내 응집력이 매우 강하여 개별 구성원이 독립적·비판적 사고를 하지 못하고, 반대의견을 억압하여 비합리적인 결정을 내리는 현상을 말한다. 민주적 리더십은 다양한 의견을 수렴하고 비판적 사고를 장려하므로, 이러한 집단사고를 예방한다고 할 수 있다.

정답 06 ④ 07 ③

08 인상형성에 관한 설명으로 옳지 않은 것은?

25년, 23년, 21년

① 인상형성 시 정보처리를 할 때 최소의 노력으로 빨리 처리하려고 하기 때문에 많은 오류나 편향을 나타내는데, 이러한 현상에서 인간을 '인지적 구두쇠'라고 보는 입장도 있다.
② 인상형성 시 긍정적인 정보보다 부정적인 정보가 더 큰 영향을 미치는데, 이를 부정성 효과라고 한다.
③ 앤더슨(Anderson)은 인상형성과 관련하여 가중평균 모형을 주장하였다.
④ 내현성격이론은 사람들이 인상형성을 할 때 타인과 관련된 다양한 정보를 통합적이고 객관적으로 평가하는 것을 말한다.

09 인간의 동조행동에 대한 설명으로 틀린 것은? 20년

① 집단이 전문가로 이루어져 있을수록 동조행동은 커진다.
② 대체로 집단의 크기가 커질수록 동조행동은 줄어든다.
③ 집단의 의견이나 행동의 만장일치가 깨지면 동조행동은 거의 나타나지 않는다.
④ 비동조에의 동조(Conformity to Nonconformity)는 행위자의 과거행동에 일관되게 행동하려는 경향이다.

10 성격특성들 간의 관련성에 관한 개인적 신념으로서 타인의 성격을 판단하는 틀로 이용하는 것은?

18년

① 기본적 귀인 오류(Fundamental Attribution Error)
② 고정관념(Stereotype)
③ 내현성격이론(Implicit Personality Theory)
④ 자기봉사적 편향(Self-Serving Bias)

---

08 사회심리학-인상형성이론
내현성격이론은 타인의 성격을 평가할 때 자신의 선입견이나 개인적 경험, 즉 주관적인 기대에 따라 타인의 특정한 성격을 보고 다른 성격 유형도 함께 나타난다고 믿는 경향을 말한다.

09 사회심리학-사회적 영향
집단의 크기에 비례하여 동조행동이 증가하는 것은 아니지만, 그렇다고 줄어드는 것은 아니다. 집단이 커지면 사회적 압력을 더 많이 받게 되어 동조행동이 증가하는 경향이 있다는 연구 결과가 있다.

10 사회심리학-인상형성이론
오답해설
① 기본적 귀인 오류는 타인의 행동에 대한 원인을 찾을 때 외부 요인을 과소평가하고 내부 요인을 과대평가하는 것을 말한다.
② 고정관념은 특정 집단 사람들에 대해 그들 모두가 공통적인 특성이 있다고 과도하게 일반화하거나 왜곡된 생각을 가지는 것을 말한다.
④ 자기봉사적 편향은 자기고양편파(편향)라고도 하며, 성공은 내부 요인 덕분이라고 여기고 실패는 외부 요인 때문이라고 하는 경향을 말한다.

11 집단 전체의 의사결정이 개인적 의사결정의 평균보다 더 극단적으로 되는 현상은? 18년

① 사회적 촉진
② 사회적 태만
③ 집단 극화
④ 집단사고

12 주변에 교통사고를 당한 사람들이 많은 사람은 교통사고 발생률을 실제보다 높게 판단하는 것처럼 특정 사건을 지지하는 사례들이 기억에 저장되어 있는 정도에 따라 사건의 발생 가능성을 판단하는 경향은? 22년, 18년

① 초두 효과
② 점화 효과
③ 가용성 발견법
④ 대표성 발견법

---

11 사회심리학-사회적 영향

오답해설
① 사회적 촉진은 타인의 존재가 개인의 성과를 향상시키는 것을 말한다.
② 사회적 태만은 집단이 작업을 수행할 때 개인당 수행량이 저하되는 현상이다.
④ 집단사고는 집단의사결정 과정에서 중대한 결함이 있고, 응집성이 높은 집단에서 초래될 수 있는 비합리적이고 비생산적인 결정이나 판단을 말한다.

12 사회심리학-사회인지

오답해설
① 초두 효과는 정보를 처음 접할 때 그 정보가 기억에 더 오래 남아 판단에 큰 영향을 미치는 현상을 말한다.
② 점화 효과는 이전에 경험했던 자극이나 정보가 이후에 접하는 새로운 정보나 자극에 대한 해석과 판단에 영향을 미치는 현상을 말한다.
④ 대표성 발견법(휴리스틱)은 주어진 정보가 특정 범주를 얼마나 잘 대표하는지, 즉 그 범주의 대표적인 특징과 얼마나 유사한지에 따라 판단하는 방법을 말한다.

정답 11 ③ 12 ③

빈출
13 혼자 있을 때보다 옆에 누가 있을 때 과제의 수행이 더 우수한 것을 일컫는 현상은? 23년, 21년, 19년
① 몰개성화
② 군중행동
③ 동조행동
④ 사회적 촉진

빈출
14 자신의 행동을 통해서 태도를 확인하고 이해하는 과정을 설명하는 이론은? 25년, 22년, 16년
① 인지부조화 이론
② 자기지각이론
③ 자기고양편파이론
④ 자기정체성 이론

---

13 사회심리학-사회적 영향

오답해설
① 몰개성화(몰개인화)는 한 개인이 집단 속에 있을 때 특정 상황이나 분위기, 감정 등에 영향을 받아 개인적 정체감과 책임감을 상실하여 사회 규범을 벗어나는 행동을 하는 현상을 말한다.
② 군중행동은 집단 내 개개인들이 중앙 통제 없이 특정 상황이나 분위기, 감정에 영향을 받아 반사회적 일탈행위를 하는 현상을 말한다.
③ 동조행동은 타인의 행동이나 의견에 영향을 받아 자신도 같이 행동하는 것을 말한다.

14 사회심리학-사회인지

오답해설
① 인지부조화 이론은 자신의 신념과 행동 사이에 불일치(부조화)가 발생할 때 불편한 심리적 긴장을 해소하기 위해 태도를 바꾸거나 정당화하는 이론이다.
③ 자기고양편파이론은 자신의 성공은 내부적 요인(능력, 노력 등) 덕분이라고 여기고, 실패는 외부 요인(운, 환경 등) 때문이라고 하는 이기적 편향의 동기에 해당한다.
④ 자기정체성 이론은 사회 속에서 개인이 특정 집단과 동일시하며 정체성을 형성하는 과정을 설명하는 이론이다.

정답 13 ④ 14 ②

15 다음 사항을 나타내는 발견법(Heuristic)은? 20년

사람들은 한 상황의 확률을 그 상황에 들어 있는 사건들 사이에 존재하는 관련성의 강도에 근거하여 추정한다.

① 대표성 발견법
② 인과성 발견법
③ 확률 추정의 발견법
④ 가용성 발견법

16 인지부조화 이론의 예로 옳지 않은 것은? 20년, 18년

① 지루한 일을 하고 1,000원 받은 사람이 20,000원 받은 사람에 비해 그 일이 재미있다고 생각한다.
② 열렬히 사랑했으나 애인과 헤어진 남자가 떠나간 애인이 못생기고 성격도 나쁘다고 생각한다.
③ 빵을 10개나 먹은 사람이 빵을 다 먹고 난 후, 자신이 배가 고팠었음을 인식한다.
④ 반미적인 태도를 지닌 사람이 친미적인 발언을 한 후 친미적 태도로 변화되었다.

17 사랑의 삼각형 이론에서 사랑의 3가지 요소에 포함되지 않는 것은? 24년, 21년

① 관심(Attention)
② 친밀감(Intimacy)
③ 열정(Passion)
④ 투신(Commitment)

---

15 사회심리학-사회인지

오답해설
① 대표성 발견법(휴리스틱)은 주어진 정보가 특정 범주를 얼마나 잘 대표하는지, 즉 그 범주의 대표적인 특징과 얼마나 유사한지에 따라 판단하는 방법을 말한다.
④ 가용성 발견법(휴리스틱)은 개인의 기억에 저장되어 있는 정도에 따라 사건의 발생 가능성을 판단하는 방법을 말한다.

16 사회심리학-사회인지
③의 사례는 단순한 자기인식 과정에 불과하며, 태도나 신념 간의 불일치를 해소하려는 '인지부조화'의 해결 과정이라고 보기는 어렵다.

17 정서심리학-사랑
스턴버그는 사랑의 삼각형을 이루는 세 가지 구성요소로 친밀감, 열정, 투신(헌신)을 주장하였다. 이 세 가지가 적절한 강도로 균형을 이루면 완전한 사랑이라고 설명하였다.

정답 15 ② 16 ③ 17 ①

Ⅱ

이상심리학

과목공략 포인트

☑ 각 이상행동의 DSM-5 진단기준에 대한 내용이 많이 출제됩니다. 이를 정리한 부가학습자료(PDF)를 적극 활용하여 학습하세요.

☑ 각 이상행동 챕터들에서 특별히 더 많이 출제되는 이상행동이 존재하지만, 전반적으로 골고루 출제되는 편이기 때문에 빈출이 아닌 이상행동은 기출(복원)문제 반복 풀이로 개념을 익히세요.

최근 10개년 챕터별 출제경향 분석

구분	출제 현황	빈출 키워드
01 이상심리학의 개요와 이론	10%	이상행동 및 정신장애의 판별기준 행동주의적 이론, 학습된 무기력 이론 인지적 이론, 소인(취약성)-스트레스이론 DSM-5 정신장애 범주 분류
02 이상행동 ① - 발달·인지 및 정신증적 장애	25%	자폐스펙트럼장애 진단기준 주의력결핍 및 과잉행동장애 신경인지장애, 알츠하이머병 조현병, 지연성(만발성) 운동장애
03 이상행동 ② - 기분·불안 및 해리 관련 장애	29%	양극성 장애의 특징과 증상 주요 우울장애, 우울증의 귀인이론 범불안장애, 공황장애 강박장애의 특징
04 이상행동 ③ - 행동·신체·성·성격 관련 장애	36%	병적 도벽, 알코올 사용장애, 환각제 전환장애, 신경성 식욕부진증의 진단기준 성기능장애, 변태성욕장애 반사회성 성격장애, 경계성 성격장애

01 이상심리학의 개요와 이론

Ⅱ. 이상심리학

10%
2과목 내 출제 비중

| 공략 포인트
- 2과목 내에서 출제 비중은 가장 낮지만, 이상심리학의 기본이 되는 부분이니 잘 정리해 두세요.
- 개요와 이론이 골고루 출제되기 때문에 기출(복원)문제의 풀이를 통해 개념을 익혀두세요. 특히, 이상심리학 이론 부분의 출제 비중이 높은 편이니, 개념 또한 잘 정리해 두어야 합니다.

| 수험 키워드!
이상심리학 이론
소인-스트레스이론
DSM-5

1 이상심리학의 개요

1. 이상심리학의 역사 기출 25, 23, 20년

(1) 고대와 그리스·로마 시대

고대	정신병을 초자연적 현상(신의 계시, 저주, 귀신 들림)으로 이해하여 귀신론이 성행하였고, 초자연적 방법으로 치료하고자 함
그리스·로마 시대	• 헬레니즘(인간 중심) 사상의 영향으로 과학적 접근을 강화하며, 과학적 관점에서 정신병을 설명함 • 히포크라테스는 정신장애를 생물학적 원인에서 찾았고, 혈액, 점액, 흑담즙, 황담즙의 네 가지 체액의 불균형이 정신장애를 유발한다는 체액설을 주장함

(2) 서양 중세(귀신론 성행)

① 고대의 미신적 견해 및 귀신론적 입장을 유지하였고, 귀신이나 악령이 인간 삶에 영향을 준다고 믿었다.

② 이후 천 년 동안 초자연적 입장이 지배적이었다.

(3) 중세 이후의 발전

① 중세의 마법과 귀신론의 영향이 지속되었고, 19세기까지 정신병자는 동물이나 죄수처럼 취급되었다.

② 1500년대의 감옥소가 정신병원·요양원으로 변화되었으나, 실상은 감옥과 유사하였다.

③ 피넬(Pinel, 1745~1826)

  ㉠ 프랑스의 정신과 의사로, 현대 정신의학의 시초로 불린다.

  ㉡ 정신병자를 속박하는 쇠사슬을 제거하고 환자를 죄수가 아닌 병자로 인식하며, 도덕적 치료(친절과 관심 기반 치료)를 주장하였다(→ 정신의학개념 탄생).

④ 크레펠린(Kraepelin, 1856~1926)

  ㉠ 정신의학의 아버지로 불린다.

  ㉡ 정신질환자의 증상 관찰 및 정신 질환 유형을 분류하고, 정신병을 조울병과 조발성 치매로 구분하며 현재의 진단 분류체계에 영향을 주었다.

빈출 핵심 발문

- 이상심리학의 발전에 기여한 중요한 사건들을 연대순으로 바르게 나열한 것은?
- 이상행동 및 정신장애의 판별기준과 가장 거리가 먼 것은?
- 이상행동의 분류와 평가에 관한 설명으로 옳지 않은 것은?

(4) 현대 이상심리학의 발전(19세기 후반 이후)
① **심리적 원인론의 대두**: 프로이트(Freud)는 1899년에 『꿈의 해석』을 발간하여 무의식에 대한 개념을 주장하며, 이상행동은 무의식적 억압, 즉 심리적 원인에 의해 유발될 수 있다고 주장하였다.
② 다양한 심리검사의 개발
　㉠ 군대알파검사와 군대베타검사(1917)
　㉡ 로샤(로르샤흐) 검사(1921)
　㉢ 웩슬러-벨뷰 검사(1939)
　㉣ 다면적 인성검사(MMPI, 1943)
③ 행동주의적 접근과 현상학적·인간주의적 접근 발전
④ 각종 치료방법의 등장
　㉠ 1950년대: 엘리스(Ellis)의 합리적 정서행동치료, 향정신약물 개발로 정신 질환치료방식 변화
　㉡ 1960~1970년대: 벡(Beck)의 인지치료 개발

2. 이상심리학
(1) **개념**: 인간의 이상행동 및 정신장애를 연구하는 학문으로 생활 적응이 곤란한 경우나, 생활 속에서 해결이 어려운 문제 등을 연구 대상으로 삼는다.

(2) **이상행동 및 정신장애의 판별기준** [기출] 23~21, 18년

통계적 기준	• 통계적 규준의 일탈, 즉 평균에서 벗어난 상태를 이상행동으로 간주함 • 객관적이고 정확한 평가가 가능하지만, 이론적·경험적 타당성이 부족함
사회·문화적 기준	• 사회·문화적으로 용인되지 않는 행동을 이상행동으로 간주함 • 사회마다 규범이 다르고, 문화적 차이로 인해 이상행동 구분이 어려움 　[예] 일부다처제 vs 일부일처제
적응기준 (부적응성)	• 사회적·학업적·직업적 생활에서의 적응을 어려워하는 경우, 즉 일상생활을 방해하는 행동을 이상행동으로 간주함 • 단, 부적응이 있어도 타인이나 자신에게 피해가 없는 경우, 이는 장애가 아님
주관적 불편감	• 개인이 스스로 불편감과 괴로움을 느끼면 이상행동으로 간주함 • 주관적 경험의 차이가 존재하고, 객관적으로 동일한 상황이라도 개인마다 다르게 경험하여 이상행동 구분이 어려움 　[예] 반사회적 성격장애의 경우, 본인은 불편감이 없음
법적 기준	법적으로 문제가 되는 행동을 이상행동으로 간주함

(3) **이상행동의 분류방식** [기출] 22~21년
① 범주적 분류
　㉠ 이상행동과 정상행동이 질적으로 구분된다고 가정한다. [예] DSM 진단체계
　㉡ 명확한 진단기준을 제공한다는 장점이 있지만, 경계선상의 증상(경미하거나 혼합된 경우)은 구분하기 어렵다는 한계가 있다.
② 차원적 분류
　㉠ 이상행동과 정상행동이 연속선상에 존재한다고 본다.
　㉡ 이상행동과 정상행동은 부적응 정도의 차이일 뿐, 질적으로 다르지 않다고 가정한다.

| 개념플러스 | 진단 분류체계의 평가기준 기출 22~21년 |

- **신뢰도**: 일관성 있는 진단 가능성에 대한 척도
- **타당도**: 진단이 해당 장애를 정확하게 평가하는가에 대한 척도

원인론적 타당도	같은 장애로 진단된 사람들에게서 동일한 원인적 요인이 발견되는 정도
공존 타당도	같은 장애로 진단된 사람들의 진단 결과가 동일한 시점의 다른 검사나 진단기준과 일치하는 정도

2 이상심리학 이론

1. 의학적 이론

(1) 개념: 질환 모형 또는 기질적 모형이라고도 하며, 정신병리적 증상은 생물학적·생화학적 장애의 결과로 본다.

(2) 이상행동의 원인과 치료
① 원인: 뇌의 생화학적 이상
  ㉠ 정신장애가 뇌의 생화학적 이상으로 발생한다고 본다.
  ㉡ 뇌의 신경전달물질의 과다 또는 결핍이 정신장애와 관련된다고 본다.
② 치료법: 생물학적 치료(물리적 방법을 활용한 치료법)를 제시하였으며, 약물치료, 전기충격치료(ECT), 뇌절제술 등이 있다.

| 개념플러스 | 정신장애와 관련된 주요 신경전달물질 |

- **도파민(Dopamine)**: 정서적 각성, 주의집중, 쾌감, 수의적 운동을 조절하는 신경전달물질로, 과다할 경우 조현병이 발생하고 결핍될 경우 파킨슨병이 발생함
- **세로토닌(Serotonin)**: 기분 조절, 수면, 음식 섭취, 공격성, 통증 조절의 역할을 하는 신경전달물질로, 신경계 여러 부위에서 억제적 기능을 수행함. 세로토닌의 수준이 낮을 경우 우울증이 발생함
- **노르에피네프린(Norepinephrine)**: 정서적 각성, 공포, 불안 조절에 관여하는 신경전달물질로, 세로토닌과의 상호작용을 통해 기분 조절 역할을 수행하여 우울증과 연관됨
- **GABA**: 신경계의 주요 억제성 신경전달물질로, 불안장애와 관련됨
- **글루타메이트(Glutamate)**: 신경계 흥분을 조절하는 신경전달물질로, 과다할 경우 신경세포 손상 가능성 있음
- **아세틸콜린(Acetylcholine)**: 기억, 학습 및 운동을 조절하는 신경전달물질로, 알츠하이머병과 관련됨

빈출 핵심 발문

- 행동주의적 입장에서 보는 이상행동으로 틀린 것은?
- 사람이 스트레스 장면에 처하게 되면 일차적으로 불안해지고 그 장면을 통제할 수 없게 되면 우울해진다고 할 때 이를 설명하는 이론은?
- 이상행동의 원인을 다음과 같이 설명하는 이론은?
- 소인-스트레스이론(Diathesis-stress Theory)에 대한 설명으로 가장 적합한 것은?

참고 의학적 이론의 등장배경
- 귀신론적 설명이 사라지고 뇌 기능과 인간행동 간의 관계 강조 시작
- 심리적 역기능에 대한 귀신론적 접근을 탈피하고 의학적 모형을 채택하며, 과거 귀신에 의한 질병으로 여겨졌던 매독이 페니실린으로 치료되면서 정신장애도 질환으로 보는 접근이 확립됨

참고 뇌의 신경전달물질
뇌는 약 1,000억 개 내외의 신경세포(뉴런)로 구성되어 있으며, 그 안에 50여 종 이상의 신경전달물질이 존재함. 이러한 신경전달물질을 통해 정보 전달 과정이 발생함

심화 약물치료 사례
- 뇌 중추신경계의 신경전달물질에 영향을 주는 화학물질을 사용하는 치료법
- 1950년대 이후 향정신성 약물 개발이 급증하며 다양한 정신치료에 활용
- 부작용이 존재하지만, 이를 최소화하는 약물들이 지속적으로 개발됨

2. 정신분석적 이론

(1) 개념: 이상행동을 심리적 원인에 의해 설명한 최초의 체계적 이론이다.

(2) 이상행동의 원인과 치료

① 원인
  ㉠ 인간의 행동은 무의식적 과정에 의해 결정되며, 어린 시절의 경험과 갈등 해결방식이 성인기의 정신 건강에 영향을 준다고 본다.
  ㉡ 인간의 성격을 원초아(쾌락 원리), 자아(현실 원리), 초자아(도덕 원리)로 구분하였다.
  ㉢ 성격 구조: 원초아·자아·초자아 사이의 갈등이 불안을 유발하고, 이 불안에서 벗어나고자 무의식적으로 방어기제를 사용한다.

② 치료법: 꿈의 분석, 자유연상 등

3. 행동주의적 이론 기출 25~24, 22, 16년

(1) 개념: 이상행동은 환경으로부터 잘못된 학습에 의해 형성된 것이라고 설명한 이론이다.

(2) 이상행동의 원인과 치료

① 원인
  ㉠ 이상행동, 비정상적 성격발달 등의 이상은 학습(경험)과 유전적(생리적) 요인 간 상호작용의 결과로 본다.
    > **TIP** 행동주의는 학습을 가장 중요하게 여기지만, 종 행동의 특성도 인정하고 있습니다. 즉, 유전적(생리적) 요소를 이차적 요소로 간주하고 있는 것입니다.
  ㉡ 잘못된 사회학습의 결과로 심리적 역기능이 발생하고, 이 심리적 역기능을 이상행동의 원인으로 본다.

② 치료법: 행동치료(소거, 처벌, 체계적 둔감화 등)

> **개념플러스 학습된 무기력 이론** 기출 25, 23, 21년
>
> 피할 수 없거나 극복할 수 없는 환경에 반복적으로 노출되면서 쌓인 스트레스 경험으로 '어떤 노력을 해도 상황을 바꿀 수 없다.'는 인식을 학습하게 되어, 결국 무기력한 상태에 빠지며 우울증과 같은 심리적 문제가 유발된다고 말하는 이론

4. 인본주의적 이론

(1) 개념: 정신분석적 입장과 행동주의적 입장을 비판하며 1950~60년대에 긍정적 인간관에 근거하여 새롭게 대두된 이론이다.

(2) 이상행동의 원인과 치료

① 원인: 개인이 타인으로부터 선택적(조건적) 긍정적 존중을 받아 자기(Self)와 경험 간의 불일치가 커지면 이상행동이 발생한다고 본다.

② 치료법: 인간중심치료(무조건적인 긍정적 존중, 공감적 이해, 진실성)

심화 행동주의자들의 이상행동에 대한 관점

- 행동주의는 내면적 요인보다는 관찰 가능한 행동에 초점을 두기 때문에, DSM 진단명 자체보다는 구체적인 행동패턴, 자극-반응관계, 강화-처벌조건 등을 분석하고 개입함
- 우울증을 긍정적 강화의 상실로 이해함 → 즐거운 활동에서 더 이상 보상을 얻지 못한다면, 그 행동은 소거되고 우울감이 증가한다고 봄

5. 인지적 이론 기출 24, 22~21, 16년

(1) 개념: 이상행동의 원인과 치료에 있어서 인지 과정을 강조한 이론이다.

(2) 이상행동의 원인 및 치료

① 원인

㉠ 인간의 역기능적 사고와 부적응적 인지 활동을 이상행동의 원인으로 본다.

㉡ 인지적 기능의 편향이나 결손과 밀접하게 관련되어 있으며, 인지적 요인에 의해 유발될 수 있다.

㉢ 이상행동 유발의 인지적 요인

인지 도식	• 개인의 경험과 지식을 바탕으로 세상을 이해하고 해석하는 인지적 틀 • 역기능적 인지 도식은 사건의 의미를 부정적으로 해석하여 이상행동 및 정신장애를 유발함
인지적 구조	• 개인이 자신과 세상에 대한 정보를 조직·저장하는 기억체계로, 인지 도식이 조직되어 형성된 전체적인 구조 • 인지 구조의 편향 또는 결손이 정신장애를 유발하며, 대표적으로 조현병이 인지 구조의 결함과 혼란에서 기인된 정신장애임

㉣ 부적응적 인지의 유형

인지적 결손	정보처리, 기억, 문제해결능력 등 특정한 인지기능의 저하나 결함이 있는 상태
인지적 왜곡	현실을 정확하게 인지하지 못하고, 부정적으로 해석하여 왜곡된 방식으로 받아들이는 것

② 치료법

㉠ 인지적 과정 개입을 통한 치료를 진행하며, 행동치료와 같은 다른 치료이론과 통합하여 치료가 진행되기도 한다.

㉡ 대표적으로 엘리스(Ellis)의 합리적 정서치료(REBT), 벡(Beck)의 인지치료(CT), 마이켄바움(Meichenbaum)의 스트레스면역 훈련(SIT)이 있다.

6. 통합이론: 소인(취약성)-스트레스이론 기출 24~23, 20~19년

(1) 개념: 정신장애는 개인의 성격이나 기질적 특성인 소인(취약성)이 외부의 스트레스로 인해서 발생한다는 이론이다.

(2) 특징: 소인과 스트레스가 함께 작용할 때 정신장애가 발생하며, 단일 요인만으로는 발생하지 않는다고 본다.

(3) 이상행동의 원인 및 치료

① 원인: 취약성을 지닌 사람에게 스트레스가 주어졌을 때 이상행동이 발생한다고 본다.

② 치료에 도움이 되는 시사점 제안

㉠ 뇌의 취약성 보완을 위해 약물 복용을 포함한 다양한 방법을 활용하여야 한다.

㉡ 스트레스가 적정 수준을 넘지 않도록 환자에게 유익한 환경을 제공하여야 한다.

㉢ 환자는 자신의 스트레스 대응력을 높이기 위한 재활치료에 적극적으로 임하여야 한다.

TIP 소인(취약성)-스트레스이론으로 설명이 가능한 정신장애에는 조현병, 우울증, 불안장애 등이 있습니다.

참고 인지적 이론의 등장배경
- 1960년대 인지심리학의 급속한 발전으로 인지적 접근의 이론적 근거가 마련됨
- 지각, 주의, 기억, 추론 등의 정보처리 과정 연구가 활발해지고, 자극과 반응 간 매개 역할을 하는 인지 과정에 대한 관심이 증가함

용어 취약성
특정 장애에 걸리기 쉬운 개인의 특성을 의미하며, 유전적 소인을 포함한 신체적·심리적 특성을 모두 포함함

> **개념플러스** 그 외 이상심리의 이론적 모형 기출 22년
>
> - 실존주의적 접근
>   - 정신장애를 삶의 의미 상실, 자유와 책임의 부담, 죽음에 대한 불안의 결과로 봄
>   - 뇌의 화학적 불균형과 같은 생물학적 설명을 지지하지 않음
> - 생물·심리·사회적 모델
>   - 이상심리에 대한 통합이론 중 하나로, 정신 및 신체 질환을 생물학적·심리적·사회적 요인의 복합적 결과로 봄
>   - 이상행동을 유발하는 요인의 다양성과 인과적 경로의 다양성을 인정함
>
> | 동일 결과성의 원리 | 서로 다른 요인이 동일한 결과(질환)를 초래한다는 것 |
> |---|---|
> | 다중 결과성의 원리 | 동일한 원인이 다양한 결과(질환)를 초래한다는 것 |

3 DSM-5

1. DSM⊕-5의 역사

(1) **발간**: 2013년 5월, 미국 정신의학회(APA)에서 DSM-5를 발간하였다.

(2) **목적**: 임상가들이 정신장애 진단을 보다 편리하게 수행하도록 구성되었으며, 최신 과학적 연구 결과를 반영하고자 노력한다.

(3) **주요 변화**
① DSM-IV의 다축 진단체계를 임상적 유용성과 타당성이 부족하다는 이유로 폐기하였다.
② 범주적 진단체계의 한계를 보완하기 위해 차원적 평가를 도입하여 정신장애를 심각도 차원에서 평가하는 혼합 모델을 적용하였다.
③ DSM-5는 360여 개 이상의 하위 장애를 포함한 정신장애를 20개의 주요 범주로 구분하였다.

2. DSM-5 정신장애 범주 분류 기출 25, 23~21, 19, 16년

(1) 신경발달장애
① 중추신경계(뇌)의 발달 지연 또는 손상과 관련된 정신장애를 포함한다.
② 주로 아동기 및 청소년기에 나타난다.
③ 하위 범주

> - 지적 장애(Intellectual Disability)
> - 의사소통장애(Communication Disorder)
> - 자폐스펙트럼장애(Autism Spectrum Disorder)
> - 주의력결핍 및 과잉행동장애(Attention Deficit Hyperactivity Disorder)
> - 특정 학습장애(Specific Learning Disability)
> - 운동장애(Motor Disorder)

(2) 조현병 스펙트럼 및 기타 정신증적 장애
① 조현병 및 유사한 정신증적 장애를 포함한다.
② 망상, 환각, 혼란된 언어 및 행동, 감정 둔마, 사회적 고립이 특징이다.

빈출 핵심 발문

- DSM-5의 신경발달장애에 해당하지 않는 것은?
- DSM-5에서 '신체 증상 및 관련 장애' 분류항목에 해당하는 것은?
- 도박장애는 DSM-5의 어느 진단 범주에 속하는가?

심화 DSM(정신 질환 진단 및 통계 편람)의 개정

- DSM-Ⅰ 발표(1952)
- DSM-Ⅱ 개정 발표(1968)
- DSM-Ⅲ 개정 발표(1980)
- DSM-Ⅳ 개정 발표(1994)
- DSM-5 개정 발표(2013)

③ 하위 범주

- 조현형 성격장애(Schizotypal Personality Disorder): 성격장애에 속하지만 조현병 스펙트럼 범주에도 포함
- 망상장애(Delusional Disorder): 망상은 있으나 적응기능은 유지됨
- 단기 정신증적 장애(Brief Psychotic Disorder): 1개월 이내 지속
- 조현형 장애(Schizophreniform Disorder): 1개월 이상 6개월 이내 지속
- 조현병(Schizophrenia): 6개월 이상 지속
- 조현정동장애(Schizoaffective Disorder): 조현병 증상과 양극성 장애 증상
- 약물·신체적 질병으로 유발된 정신증 포함

(3) 양극성 및 관련 장애

① 조증(고양된 상태)과 우울증(침체된 상태)이 주기적으로 반복된다.

② 하위 범주

- 제1형 양극성 장애(Bipolar I Disorder): 조증 1회 이상 + 우울증
- 제2형 양극성 장애(Bipolar II Disorder): 경조증 + 우울증
- 순환감정장애(Cyclothymic Disorder): 경조증 + 경미한 우울증이 2년 이상 지속

(4) 우울장애

① 우울한 기분과 삶에 대한 의욕 저하가 주된 특징이다.

② 하위 범주

- 주요 우울장애(Major Depressive Disorder): 중증 우울증
- 지속성 우울장애(Persistent Depressive Disorder): 경미하지만 장기적으로 우울이 지속
- 월경 전 불쾌장애(Premenstrual Dysphoric Disorder): 월경 전 심한 감정 기복
- 파괴적 기분조절장애(Disruptive Mood Dysregulation Disorder): 감정 조절 실패

(5) 불안장애

① 과도한 불안과 공포가 주된 증상이다.

② 하위 범주

- 범불안장애(Generalized Anxiety Disorder): 만성적인 과도한 걱정
- 특정 공포증(Specific Phobia): 특정 대상·상황에 대한 극심한 공포
- 광장공포증(Agoraphobia): 특정 장소(쇼핑센터, 지하철 등)에 대한 공포
- 사회불안장애(Social Anxiety Disorder): 대인관계 상황에서 느끼는 극심한 불안
- 공황장애(Panic Disorder): 갑작스럽게 경험하는 공황발작
- 분리불안장애(Separation Anxiety Disorder): 애착 대상과의 분리에 대한 불안
- 선택적 함구증(Selective Mutism): 특정 사회적 상황에서 말을 하지 않음

(6) 강박 및 관련 장애

① 강박적인 사고(Obsession)와 반복적 행동(Compulsion)을 하는 특징이 있다.

② 하위 범주

- 강박장애(Obsessive-Compulsive Disorder)
- 신체변형장애(Body Dysmorphic Disorder): 외모에 대한 집착
- 저장장애(Hoarding Disorder): 불필요한 물건을 과도하게 보관
- 모발 뽑기 장애(Hair-Pulling Disorder, Trichotillomania)
- 피부 벗기기 장애(Excoriation Disorder, Skin-Picking Disorder, Dermatillomania)

(7) 외상 및 스트레스 관련 장애

① 충격적 외상 사건 이후 부적응 증상이 지속되는 특징이 있다.

② 하위 범주

> - 외상 후 스트레스장애(Post-Traumatic Stress Disorder): 1개월 이상 지속
> - 급성스트레스장애(Acute Stress Disorder): 1개월 이내
> - 적응장애(Adjustment Disorder): 스트레스 사건에 대한 적응 실패
> - 반응성 애착장애(Reactive Attachment Disorder): 어린 시기 양육 결핍으로 애착형성 실패
> - 탈억제 사회관여장애(Disinhibited Social Engagement Disorder): 낯선 사람에게 과도한 친밀감표현

(8) 해리장애

① 의식, 기억, 정체감, 환경지각이 급격하게 변화하는 특징이 있다.

② 하위 범주

> - 해리성 기억상실증(Dissociative Amnesia): 심인성 건망증
> - 해리성 정체감 장애(Dissociative Identity Disorder): 다중인격
> - 이인증/비현실감 장애(Depersonalization/Derealization Disorder)

(9) 신체 증상 및 관련 장애

① 신체 증상에 대한 과도한 집착 및 부적응적 행동이 주된 증상이다.

② 하위 범주

> - 신체증상장애(Somatic Symptom Disorder): 신체적 통증 호소
> - 질병불안장애(Illness Anxiety Disorder, 건강염려증): 질병에 대한 과도한 걱정
> - 전환장애(Conversion Disorder): 신경학적 이상 증상이 심리적 원인으로 발생
> - 허위성 장애(Factitious Disorder): 의도적으로 병을 조작하여 환자 역할을 하려는 경우

(10) 급식 및 섭식장애

① 개인의 건강과 심리·사회적 기능을 방해하는 부적응적 섭식행동을 포함한다.

② 하위 범주

> - 신경성 식욕부진증(Anorexia Nervosa): 체중 증가에 대한 극심한 두려움이 음식 섭취 거부로 나타나며 심각한 저체중 야기
> - 신경성 폭식증(Bulimia Nervosa): 단기간 폭식 후 구토, 이뇨제, 설사제 등 사용
> - 폭식장애(Binge Eating Disorder): 폭식하지만 보상행동이 없으며 과체중, 비만 야기
> - 이식증(Pica): 종이, 머리카락, 흙 등 비영양적 물질 섭취
> - 반추장애(Rumination Disorder): 음식물을 반복적으로 되씹거나 토함
> - 회피적/제한적 음식섭취장애(Avoidant/Restrictive Food Intake Disorder): 지속적으로 음식 섭취 거부 → 체중 감소

(11) 배설장애

① 대소변 조절능력이 형성된 연령 이후에도 부적절한 장소에서 배설하는 것이 주된 증상이다.

② 주로 아동기 및 청소년기에 진단된다.

③ 하위 범주

> - 유뇨증(Enuresis): 만 5세 이상, 신체적 이상이 없음에도 옷이나 침구에 반복적 소변 배설
> - 유분증(Encopresis): 만 4세 이상, 적절하지 않은 곳(옷, 바닥 등)에 대변 배설

(12) 수면-각성장애
① 수면의 양, 질, 주기 등의 문제로 일상생활에 어려움을 초래하는 특징이 있다.
② 하위 범주

- 과다수면장애(Hypersomnolence Disorder): 충분한 수면 후에도 과도한 졸음 지속
- 불면장애(Insomnia Disorder): 수면의 어려움, 불충분한 수면
- 수면발작증 또는 기면증(Narcolepsy): 예측할 수 없이 갑자기 수면 상태로 빠짐
- 호흡 관련 수면장애(Sleep-Related Breathing Disorder): 수면 중 호흡곤란
- 일주기 리듬수면-각성장애(Circadian Rhythm Sleep-Wake Disorder): 비정상적인 수면-각성패턴

(13) 성 관련 장애
① 성적 기능이나 정체성과 관련된 문제를 포함한다.
② 하위 범주

- 성기능장애(Sexual Dysfunction): 성적 행위를 방해하는 기능장애를 말하며, 남성 성욕 감퇴장애, 발기장애, 조루증, 지루증, 여성 성적 관심·흥분장애, 여성 절정감 장애, 생식기/골반통증장애가 있음
- 성 불편증(Gender Dysphoria): 생물학적 성과 성적 정체감 간 괴리로 인한 심한 고통
- 성도착장애(Paraphilic Disorder): 비정상적 성행위 및 대상에 대한 성적 흥분, 관음장애, 노출장애, 접촉마찰장애, 성적 가학·피학장애, 아동성애장애, 물품음란장애, 복장도착장애가 있음

(14) 파괴적, 충동조절 및 품행장애
① 자기조절의 문제로 인해 타인의 권리를 침해하거나 사회 규범을 위반하는 특징이 있다.
② 하위 범주

- 적대적 반항장애(Oppositional Defiant Disorder): 화를 잘 내고 논쟁적이며 앙심을 품음
- 품행장애(Conduct Disorder): 폭력, 기물 파손, 도둑질 등 반사회적 행동
- 반사회적 성격장애(Antisocial Personality Disorder): 성인기의 사회 규범 및 타인 권리 무시
- 간헐적 폭발장애(Intermittent Explosive Disorder): 공격 충동 조절 실패
- 병적 도벽(Kleptomania): 물건을 훔치려는 충동 조절 실패
- 병적 방화(Pyromania): 불을 지르려는 충동 조절 실패

(15) 물질 관련 및 중독장애
① 중독성 물질 사용 및 중독성 행위에 대한 문제를 포함한다.
② 하위 범주

- 물질 관련 장애(Substance-Related Disorder): 물질 사용, 중독, 금단 증상 포함
- 비물질 관련 장애(Non-Substance-Related Disorder): ==도박장애==

(16) 신경인지장애
① 뇌 손상으로 인해 기억, 언어, 판단 등 인지기능이 저하되는 특징이 있다.
② 하위 범주

- 주요 신경인지장애(Major Neurocognitive Disorder): 심각한 인지 저하
- 경도 신경인지장애(Mild Neurocognitive Disorder): 경미한 인지 저하
- 섬망(Delirium): 의식 혼미 및 주의력 감소

(17) 성격장애

① 성격이 지속적으로 부적응적이며 사회적 기대에 어긋난다는 특징이 있다.

② 하위 범주(3군집으로 분류)

⊙ A군(Cluster A) 성격장애: 기이하고 괴상한 행동을 한다.

> • 편집성 성격장애   • 조현성(분열성) 성격장애   • 조현형(분열형) 성격장애

⊙ B군(Cluster B) 성격장애: 감정 기복이 크고 극적인 행동을 한다.

> • 반사회적 성격장애   • 연극성 성격장애
> • 경계성 성격장애   • 자기애성 성격장애

© C군(Cluster C) 성격장애: 불안과 두려움이 지속된다.

> • 회피성 성격장애   • 의존성 성격장애   • 강박성 성격장애

(18) 기타 정신장애

기존 정신장애 진단기준을 충족하지 못하지만, 심각한 고통과 기능 저하를 초래하는 경우를 모두 포함한다.

기출(복원)문제

빈출

01 이상행동 및 정신장애의 판별기준과 가장 거리가 먼 것은? 23년, 21년, 18년

① 적응적 기능의 저하 및 손상
② 주관적 불편감과 개인의 고통
③ 통계적 규준의 일탈
④ 가족의 불편감과 고통

02 이상행동의 분류와 평가에 관한 설명으로 옳지 않은 것은? 22년, 21년

① 범주적 분류는 이상행동이 정상행동과는 질적으로 구분되며 흔히 독특한 원인에 의한 것이기 때문에 정상행동과는 명료한 차이점을 지니고 있다는 가정에 근거한다.
② 차원적 분류는 정상행동과 이상행동의 구분이 부적응성 정도의 문제일 뿐 질적인 차이는 없다는 가정에 근거한다.
③ 타당도는 한 분류체계를 적용하여 환자들의 증상이나 장애를 평가하였을 때 동일한 결과가 도출되는 정도를 의미한다.
④ 같은 장애로 진단된 사람들에게서 동일한 원인적 요인들이 발전되는 정도는 원인론적 타당도이다.

빈출

03 이상심리학의 발전에 기여한 중요한 사건들을 연대 순으로 바르게 나열한 것은? 25년, 23년, 20년

> ㉠ 벡(Beck)의 인지치료
> ㉡ 프로이트(Freud)의 『꿈의 해석』 발간
> ㉢ 정신장애 진단 분류체계인 DSM-I 발표
> ㉣ 로샤 검사(Rorschach Test) 개발
> ㉤ 집단지능검사인 군대알파(Army α) 개발

① ㉠ → ㉡ → ㉢ → ㉣ → ㉤
② ㉡ → ㉣ → ㉤ → ㉢ → ㉠
③ ㉡ → ㉤ → ㉣ → ㉢ → ㉠
④ ㉡ → ㉤ → ㉣ → ㉠ → ㉢

---

01 이상심리학의 개요 - 이상심리학
이상행동 및 정신장애의 판별기준은 적응기준(①), 개인의 주관적 불편감(②), 통계적 기준(③), 사회·문화적 기준, 법적 기준 등을 고려하지만, 가족이 느끼는 불편감과 고통만으로 이상행동 및 정신장애를 진단할 수는 없다.

02 이상심리학의 개요 - 이상심리학
신뢰도에 관한 설명이다. 타당도는 어떤 검사나 도구가 측정하고자 하는 개념을 정확하게 측정하고 있는지의 정도를 의미한다.

03 이상심리학의 개요 - 이상심리학의 역사
㉡ 프로이트의 『꿈의 해석』 발간(1899)
㉤ 집단지능검사인 군대알파 개발(1917)
㉣ 로샤(로르샤흐) 검사 개발(1921)
㉢ 정신장애 진단 분류체계인 DSM-I 발표(1952)
㉠ 벡의 인지치료(1960~1970년대)

정답 01 ④ 02 ③ 03 ③

04 이상심리학의 역사에 관한 설명으로 **틀린** 것은? 20년

① 크레펠린(Kraepelin)은 현대 정신의학의 분류체계에 공헌한 바가 크다.
② 고대 원시사회에서는 정신병을 초자연적 현상으로 이해하였다.
③ 히포크라테스(Hippocrates)는 모든 질병은 그 원인이 마음에 있다고 하였다.
④ 서양 중세에는 과학적 접근 대신 악마론적 입장이 성행하였다.

05 소인-스트레스이론(Diathesis-stress Theory)에 대한 설명으로 가장 적합한 것은? 24년, 23년, 20년

① 소인은 생후 발생하는 생물학적 취약성을 의미한다.
② 스트레스가 소인을 변화시킨다.
③ 소인과 스트레스는 서로 억제한다.
④ 소인은 스트레스 상황에서 발현된다.

06 사람이 스트레스 장면에 처하게 되면 일차적으로 불안해지고 그 장면을 통제할 수 없게 되면 우울해진다고 할 때 이를 설명하는 이론은? 25년, 23년, 21년

① 학습된 무기력 이론
② 실존주의 이론
③ 사회문화적 이론
④ 정신분석이론

07 행동주의적 입장에서 보는 이상행동으로 **틀린** 것은? 25년, 24년, 16년

① 비정상적인 성격발달도 유전적 소인과 경험 간 상호작용의 결과로 본다.
② 우울증은 부분적으로는 행동이 더 이상 보상을 받지 못하는 소거의 결과로 본다.
③ 행동주의자들은 진단 범주에 따라 환자들을 명명하는 것에 회의적이다.
④ 행동주의자들은 모든 심리적 이상이 오로지 학습되었다고 본다.

---

04 이상심리학의 개요-이상심리학의 역사
히포크라테스는 '모든 질병은 마음이 아니라, 신체적 원인에서 비롯된다.'고 주장하며, 정신장애를 생물학적 원인에서 찾았다. 특히 체액설을 주장하며 혈액, 점액, 흑담즙, 황담즙의 네 가지 체액이 불균형하면 정신장애가 유발된다고 보았다.

05 이상심리학 이론-통합이론
소인(취약성)-스트레스이론은 질병 소인이 있는 사람이 해당 질병과 관련된 스트레스를 받으면 질병에 걸린다는 이론이다. 즉, 소인은 스트레스에 의해 발현된다.

06 이상심리학 이론-행동주의적 이론
학습된 무기력 이론은 반복적인 스트레스 경험으로 '어떤 노력을 해도 상황을 바꿀 수 없다.'는 인식을 학습하게 되어 결국, 무기력한 상태에 빠지며 우울증과 같은 심리적 문제가 유발된다고 말하는 이론이다. 문제에서도 '스트레스 상황 - 불안 - 통제 불가능 - 우울'의 과정을 설명하고 있으므로, 해당 이론과 일치한다고 할 수 있다.

07 이상심리학 이론-행동주의적 이론
행동주의자들은 행동에 있어서 가장 우선적인 요소를 학습으로 보았지만, 유전적(생리적) 요인을 이차적 요소로 간주하기도 하였다.

정답 04 ③ 05 ④ 06 ① 07 ④

08 이상행동의 원인을 다음과 같이 설명하는 이론은?

24년, 21년, 16년

- 인간의 감정과 행동은 객관적, 물리적 현실보다 주관적, 심리적 현실에 의해서 결정된다.
- 정신장애는 인지적 기능의 편향 및 결손과 밀접하게 연관되어 있다.

① 정신분석이론
② 행동주의 이론
③ 인본주의 이론
④ 인지적 이론

09 이상심리의 이론적 모형에 관한 설명으로 옳지 않은 것은?

22년

① 양극성 장애와 조현병은 유전을 비롯한 생물학적 요인에 영향을 받는다.
② 행동주의자들은 부적응행동이 학습의 원리에 따라 형성된다고 제안하였다.
③ 실존주의자들은 정신장애가 뇌의 생화학적 이상에 의해서 유발된다고 본다.
④ 인지이론가들은 비합리적 신념과 역기능적 사고가 이상행동에 영향을 준다고 본다.

10 DSM-5의 신경발달장애에 해당하지 않는 것은?

25년, 23년, 21년

① 분리불안장애
② 지적 장애
③ 자폐스펙트럼장애
④ 주의력결핍 및 과잉행동장애

---

08 이상심리학 이론

오답해설

① 무의식적이고 억압된 욕구가 정신장애의 원인이라고 보는 이론이다. '주관적 현실'이 아닌 '무의식적 갈등'에 초점을 둔다.
② 환경적 자극과 학습 경험(조건형성)이 행동을 결정한다고 보며, 사고보다는 행동의 형성 과정에 초점을 둔 이론이다.
③ 인간을 기본적으로 긍정적이고 성장하려는 존재로 보며, 정신장애는 '자기와 경험의 불일치'로 발생한다고 보는 이론이다.

09 이상심리학 이론

생물학적 관점에 관한 설명이다. 실존주의자들은 정신장애의 원인을 삶의 의미 상실, 자유와 책임의 부담, 죽음에 대한 불안 등에서 찾는다.

10 DSM-5-정신장애 범주 분류

분리불안장애는 불안장애의 한 유형에 속한다.

정답 08 ④ 09 ③ 10 ①

11 DSM-5에서 '신체 증상 및 관련 장애' 분류항목에 해당하는 것은? 22년, 16년

① 전환장애(Conversion Disorder)
② 다중인격(Multiple Personality)
③ 심인성 건망증(Psychogenic Amnesia)
④ 신체변형장애(Body Dysmorphic Disorder)

출제 의도에 맞게 변형한 문제입니다.

12 DSM-5에 의한 성격장애의 분류로 옳지 않은 것은? 21년

① A군 성격장애 - 조현성 성격장애
② C군 성격장애 - 편집성 성격장애
③ B군 성격장애 - 연극성 성격장애
④ C군 성격장애 - 회피성 성격장애

빈출
13 도박장애는 DSM-5의 어느 진단 범주에 속하는가? 25년, 23년, 19년

① 성격장애
② 물질 관련 및 중독장애
③ 파괴적, 충동조절 및 품행장애
④ 적응장애

14 다음에 제시된 장애 유형 중 같은 유형으로 모두 묶은 것은? 19년

㉠ 신체증상장애
㉡ 질병불안장애
㉢ 전환장애
㉣ 공황장애

① ㉠, ㉡
② ㉡, ㉢, ㉣
③ ㉠, ㉡, ㉢
④ ㉠, ㉡, ㉢, ㉣

---

11 DSM-5-정신장애 범주 분류
오답해설
② 해리장애의 하위 범주 중 해리성 정체감 장애에 속한다.
③ 해리장애의 하위 범주 중 해리성 기억상실증에 속한다.
④ 강박 및 관련 장애의 하위 범주에 속한다.

12 DSM-5-정신장애 범주 분류
편집성 성격장애는 A군 성격장애에 속한다.

13 DSM-5-정신장애 범주 분류
도박장애는 물질 관련 및 중독장애의 하위 범주에 속한다.

14 DSM-5-정신장애 범주 분류
신체증상장애, 질병불안장애, 전환장애는 DSM-5 진단기준 신체 증상 및 관련 장애에 포함된다.
오답해설
㉣ 공황장애는 불안장애의 하위 범주에 포함된다.

정답 11 ① 12 ② 13 ② 14 ③

Ⅱ. 이상심리학

02 이상행동 ① - 발달·인지 및 정신증적 장애

2과목 내 출제 비중

공략 포인트
- 이상행동 중 신경발달장애, 신경인지장애, 조현병 스펙트럼 및 기타 정신병적 장애를 다룹니다.
- 각 이상행동의 출제 포인트는 모두 다르지만, 전반적으로 특징, 진단기준(임상적 특징) 등을 위주로 출제됩니다. 특히 발달·인지 및 정신증적 장애에 포함된 이상행동은 특징, 진단기준을 포함하여 모두 골고루 출제되는 편이니 꼼꼼히 정리해 두세요.

수험 키워드!
- \# 지적 장애
- \# 자폐스펙트럼장애
- \# 주의력결핍 및 과잉행동장애
- \# 섬망
- \# 알츠하이머병
- \# 조현병

1 신경발달장애 기출 25, 21년

1. 지적 장애(Intellectual Disability) 기출 23, 21~20년

(1) 개념: 지능발달과 적응행동 면에서의 장애로, 지적 기능이 평균 이하인 상태를 말한다.

(2) 특징
① 지능지수(IQ)가 70 미만(69 이하)인 경우로, 평균지능지수(100)보다 2 표준편차가 낮다고 표현한다.
② 학업이나 직장, 일상생활의 적응에 어려움을 겪는다.
③ 표준화된 지능검사(K-WAIS 등)에서 객관적으로 측정 가능하다.

(3) 발생 원인
① 유전적 요인

유전자 이상	다운증후군, 클라인펠터 증후군, 터너 증후군
태내 환경 이상	임신 중 약물, 감염, 알코올 과다 섭취 등
출산 과정 이상	조산, 난산, 저산소증, 두개골 손상 등

② 후천적 요인: 사고, 감염, 납 중독 등
③ 환경적 요인: 빈곤, 인지적 자극 부족, 방임 등

(4) 지적 장애 진단 시 평가영역 기출 24, 16년

개념적 영역	언어, 읽기, 쓰기 등과 같은 지적 능력과 관련된 영역
사회적 영역	타인과의 대인관계 및 사회적 판단력과 관련된 영역
실행적 영역	일상생활을 수행할 수 있는 능력, 자기관리 및 환경 적응과 관련된 영역

(5) 치료방법
① 개별 맞춤 치료

적응기술 훈련	일상생활수행능력, 사회적 기술 습득 등
신경학적·심리적 평가	원인 파악 및 개별 치료계획 수립 등
재활 및 교육 프로그램	사회기술 훈련, 직업 재활, 인지기술 훈련 등

② 보호자교육: 부모교육을 통해 가정 내 지원 강화

빈출 핵심 발문
- 신경발달장애에 해당하지 않는 것은?
- 자폐스펙트럼장애의 진단에 특징적인 증상만으로 묶인 것은?
- 주의력결핍 및 과잉행동장애(ADHD)에 대한 설명으로 가장 적절하지 않은 것은?

참고 신경발달장애의 전반적인 특징
- 주로 생의 초기부터 증상이 나타나며, 학령기 이전에 증상이 뚜렷해지는 경우가 많음
- 인지, 사회, 학업, 운동기능 등의 영역에서 발달적 결함이 나타나고, 개인의 일상기능에 부적응을 초래함

참고 2 표준편차
지능지수(IQ)에서 1 표준편차는 약 15점 정도임. 2 표준편차는 그의 두 배인 30점 정도로, '평균지능지수에서 2 표준편차가 낮다.'라는 것은 100 - (2*15)=70 미만이라는 것임

심화 유전자 이상으로 인한 지적 장애
- **다운증후군:** 21번 염색체가 하나 더 있어 총 염색체 수가 47개인 증후군을 말하며, 염색체 이상 중 가장 일반적인 장애
- **클라인펠터 증후군:** X염색체를 2개 이상 가진 남성에게 여성의 2차 성징이 나타나는 증후군
- **터너 증후군:** X염색체를 하나만 가진 여성에게 2차 성징이 거의 나타나지 않는 증후군

(6) 지적 장애의 등급과 등급별 특징 기출 21~20년

등급 구분	지능지수 범위	특징
경도	50~55에서 70 미만 (69 이하)	• 전체 지적 장애 중 가장 많은 비율인 85%를 차지 • 개념형성, 기억력, 언어능력, 계산능력이 부족함 • 학령전기 아동의 경우, 정상발달과 뚜렷한 차이를 보이지 않을 수 있음 • 학령기부터 학습능력발달의 차이를 보임(속도는 느리지만 초등학교 6학년 수준까지는 학습 가능) • 자기관리는 연령에 적합하게 수행 가능 • 일부 직업 훈련을 받고 단순 노동이 가능하여 성인기 이후 지역사회에서 독립적인 생활 가능 • 필요시 사회적 지원 및 보호 감독하에 생활 • 여성보다 남성에게 더 많이 나타남
중등도	35~40에서 50~55	• 전체 지적 장애 중 10% 차지 • 의사소통기술 습득이 가능하지만 제한적이고, 초등학교 2학년 수준의 학습이 가능 • 단순 작업 및 직업 훈련이 가능하지만 감독 필요 • 다운증후군 아동 대부분이 이에 해당
중증도 (고도)	20~25에서 35~40	• 전체 지적 장애 중 3~5% 차지 • 기본적이고 초보적인 언어 습득 및 개념적 기술의 제한적 습득 가능 • 식사와 세면과 같은 기본적인 자기관리 가능 • 비숙련 단순 작업수행은 가능하지만, 독립적인 생활이 어려움 • 성인기에도 집중적인 지도와 감독 필요
고중증도 (최고도)	20~25 이하	• 전체 지적 장애 중 1~2% 차지(가장 드문 유형) • 운동 및 감각기능의 손상을 포함하여 현저한 발달 지체를 보임 • 지적 학습이 거의 불가능하여 보호자의 전적인 도움 필요 • 독립적 생활이 불가능하여 지속적인 보호 및 치료 필요 • 지속적이고 구조화된 훈련을 통해 기본적인 걷기, 간단한 언어 사용, 먹기 등의 간단한 자기관리는 가능

TIP 심각한 두부외상으로 인해 이전에 습득한 인지적 기술을 소실한 경우에는 지적 장애와 신경인지장애로 진단할 수 있습니다.

2. 의사소통장애(Communication Disorder)

(1) **개념**: 언어적·비언어적 의사소통능력 결함으로 학업 및 사회생활, 즉 사회적 상호작용에 어려움이 있는 장애를 말한다.

(2) **특징**
① 감각 이상, 의학적 상태, 신경학적 상태에 기인하지 않으며 지적 능력에는 문제가 없지만 언어 사용, 말하기, 의사소통 등에서 결함을 보인다.
② 언어 사용·발음·유창성·사회적 표현 등의 문제로 인해 사회·학업·직업기능에 제한을 초래하며, 조기 개입 및 치료가 중요하다.

(3) **종류** 기출 22년

언어장애	• 제한된 단어 및 문장 구조 사용, 대화의 어려움 • 연령에 비해 언어능력이 낮아 학업·사회·직업수행에 어려움 존재
말소리장애 (조음·음운장애)	• 발음 및 언어표현과 같은 말소리 내기에 지속적인 어려움이 있어, 직업적·사회적 활동에 제한을 초래함 • 뇌성마비, 구개열, 청력 소실, 구어 근육 마비, 외상성 뇌 손상 등의 기질적 이상으로 인해 발생하거나 기질적 이상과 같은 선천적·후천적 조건으로 인한 것이 아닌 경우도 존재함
아동기 발병 유창성 장애	• 말의 흐름이 비정상적으로 끊어지는 말더듬 증상이 있음 • 음과 음절의 반복, 단어 회피 및 대치, 과도하게 힘주어 단어 말하기 등의 특징 존재 **TIP** 발병은 초기 발달 시기에 시작되며, 늦은 발병(청소년기 이후)의 경우 성인기 발병 유창성 장애로 진단합니다.
사회적 의사소통장애	• 언어적·비언어적 의사소통의 사회적 사용에 있어 지속적인 어려움 존재 • 대화의 규칙 준수나 은유·암시적 표현에 대한 이해 부족

3. 자폐스펙트럼장애(Autism Spectrum Disorder, ASD)

(1) **개념**: 아동기에 사회적 상호작용의 장애, 언어성 및 비언어성 의사소통의 장애, 상동적인 행동 및 관심을 특징으로 하는 질환을 말한다.

(2) **특징** 기출 24, 20년

① 여성보다 남성에게서 약 4배 더 많이 발생한다.
② 유병률은 인구 약 100명 중 1명으로 보고된다.
③ 만 5세 당시의 인지기능 수준과 언어발달 수준이 아이들의 예후를 결정하는 중요한 요인이므로 초기 발견이 중요하다.
④ 지적 장애와 동반될 수 있으나, 사회적 의사소통이 기대 수준보다 저하되는 경우에는 자폐스펙트럼장애로 진단한다.

(3) **진단기준(임상적 특징)** 기출 25~23, 21~20, 16년

① 사회적 의사소통 및 상호작용에서의 결함을 보인다. 이는 현재 또는 과거에 다음과 같이 나타난다.

> • 사회적-정서적(감정적) 상호작용의 결함 **예** 타인과의 감정 공유가 어려움 등
> • 비언어적 의사소통행동의 결함 **예** 표정, 몸짓, 눈맞춤 사용이 부족하거나 부적절함
> • 대인관계형성과 유지의 어려움 **예** 또래 친구를 사귀는데 어려움 등

② 제한적·반복적 행동 및 관심사, 활동패턴을 보이며 다음 4가지 항목 중 최소 2가지 이상의 증상이 나타난다.

> • 상동적이거나 반복적인 행동, 말하기, 물건 사용 **예** 손 흔들기, 물체 회전, 같은 말 반복
> • 일상에 대한 고집, 변화에 대한 저항 **예** 특정한 경로로만 가려고 함
> • 강렬하고 제한된 관심사 **예** 숫자, 기차 등에 과도한 집착
> • 감각적 자극에 대한 과민성 또는 둔감성 **예** 소리, 냄새, 빛에 민감하거나 무반응

③ 증상은 초기 발달기에 나타나며, 지적 장애나 언어장애로 설명될 수 없다.
④ 사회적·직업적·학업적 등 다양한 기능영역에서 임상적으로 의미 있는 손상을 초래해야 한다.
⑤ 지적 장애나 전반적인 발달지연으로 잘 설명되지 않는다.

4. 주의력결핍 및 과잉행동장애(Attention Deficit Hyperactivity Disorder, ADHD) 기출 25~22, 19년

(1) 개념: 지속적으로 주의력이 부족하여 산만하고 과다 활동, 충동성을 보이는 상태를 말한다.

(2) 특징
① 여아보다 남아에게 더 흔하게 나타나며, 유전성도 높은 편이다.
② 학령전기의 아동에게는 주로 과잉행동 증상이 나타나며, 초등학생 시기에는 부주의가 두드러지게 나타난다.
③ 증상이 지속되면 적대적 반항장애로 발전될 가능성이 높다.
④ 가정뿐만 아니라 대인관계에서 다양한 문제가 발생한다.

(3) 진단기준(임상적 특징)
① 아래의 '부주의' 증상 가운데 6가지 이상이 6개월 이상 부적응적이고 발달 수준에 맞지 않게 지속된다.

> - 일의 자세한 내용에 대한 주의가 부족하거나, 공부나 일 또는 다른 활동에 있어 부주의한 실수를 많이 함
> - 공부를 포함하여 어떤 일이나 놀이를 할 때 주의집중을 하지 못함
> - 대놓고 이야기하는데도 듣지 않는 것처럼 보일 때가 자주 있음
> - 지시를 따라오지 않고 학업이나 심부름을 끝내지 못하는 경우가 자주 있음
> - 과제나 활동을 체계적으로 조직하는 것에 곤란을 자주 겪음
> - 지속적으로 정신을 쏟아야 하는 일을 자주 피하거나 싫어하거나 혹은 거부함
> - 과제나 활동에 필요한 것을 자주 잃어버림
> - 외부에서 자극이 오면 쉽게 주의가 산만해짐
> - 일상적인 일을 자주 잊어버림

② 아래의 '과잉행동-충동성' 증상 가운데 6가지 이상이 6개월 이상 부적응적이고 발달 수준에 맞지 않게 지속된다.

> 〈과잉행동 증상〉
> - 손발을 가만두지 않거나 자리에서 꼼지락거림
> - 가만히 앉아 있어야 하는 교실이나 기타 상황에서 돌아다님
> - 적절하지 않은 상황에서 지나치게 달리거나 기어오름
> - 조용하게 놀거나 레저 활동을 하지 못하는 때가 많음
> - 쉴새 없이 활동하거나 혹은 마치 모터가 달린 것같이 행동함
> - 자주, 지나치게 말을 많이 함
>
> 〈충동성 증상〉
> - 질문이 끝나기도 전에 대답해 버리는 경우가 많음
> - 차례를 기다리는 것이 어려움
> - 다른 사람의 말이나 행동에 무턱대고 끼어듦

③ 여러 환경(예 가정, 학교, 직장 등)에서 증상이 나타나야 한다.
④ 증상은 12세 이전에 나타나야 한다.
⑤ 이 증상이 사회적·학업적·직업적 기능에 실질적인 장애를 유발하여야 한다.
⑥ 다른 정신장애(예 인격장애, 불안장애, 해리성 장애 등)에 의해 잘 설명되지 않아야 한다.

(4) 치료방법

① **약물치료**: 흥분제와 삼환계 항우울제를 사용하는 치료이다.

흥분제(자극제)	• 가장 첫 번째로 시도하는 치료제로, 약효가 빠르고 부작용이 적음 • 가족과 아동 간의 상호작용이 개선되고, 공격성이 감소하는 효과를 보이며, 70~80%의 ADHD 아동에게서 개선 효과를 보임 • 대표적 약물: 메틸페니데이트(Methylphenidate, Ritalin), 암페타민(Amphetamine), 페몰린(Pemoline)
삼환계 항우울제	• 흥분제가 효과가 없거나 흥분제에 부작용을 보이는 아동에게 사용됨 • 불안장애, 우울증, 틱장애가 공존하는 경우에 더 효과적임 • 심장 쪽에 문제가 발생하거나 약물 효과가 시간이 지날수록 감소한다는 단점이 있음

심화 흥분제를 사용하는 이유
약물이 뇌의 도파민과 노르에피네프린 같은 신경전달물질의 농도를 높여 주의력결핍, 충동성, 과잉행동 등 ADHD의 핵심 증상을 개선하기 때문

② 주의력 및 사회기술 훈련

학업 및 주의력 훈련	• 지시 따르기, 체계성 유지, 시간의 효율적 사용, 공부방법 지도 • 주의력 향상을 위한 특정 과제수행 훈련 시행
사회적 기술 훈련	• 또래와 긍정적 상호작용능력 향상을 목적으로 함 • 모델링, 연습, 피드백, 유관적 강화기법 활용

5. 특정 학습장애(Specific Learning Disability) 기출 25~24, 22, 16년

(1) **개념**: 평균 이상의 지능을 가지고도 읽기, 쓰기, 산술연산 같은 특정 기술의 학습에 심각한 장애를 보이는 것을 말한다.

(2) **특징**

① 정보처리 과정에서 특정인지기능(작업기억, 주의 등)의 결함으로 발생하는 장애이다.
② 학습장애 아동들은 품행장애, ADHD, 우울증을 동반하는 경우가 많다.
③ 학령기 동안 지속적으로 학습에 어려움을 느끼며, 연령 수준보다 낮은 학업·직업적 성취를 보인다.
④ 학습장애의 심각도에 따라 경도, 중등도, 고도로 구분한다.

(3) **종류**

읽기장애 (읽기 손상 동반)	• 특정 학습장애 중 가장 흔한 장애로, 단어를 소리 내어 발음하는 데에 어려움이 있음(틀린 발음, 혼란된 발음) • 읽기속도가 매우 느림 • 읽은 내용을 잘 이해하지 못함
쓰기장애 (쓰기 손상 동반)	• 철자의 오류가 많음(정확도가 떨어짐) • 반복적인 학습에도 불구하고 철자의 혼란이 잘 교정되지 않음 • 작문의 명료도와 구조화, 문법과 구두점의 정확성이 부족함
수학장애 (수학 손상 동반)	• 숫자 감각 및 단순 계산에서의 정확성이 부족함 • 문제에 대한 언어적 이해나 자릿수 등 공간적 배열에 대한 이해도가 떨어짐 • 수학적 추론능력 부족

TIP 읽기장애는 글자를 소리로 연결하고, 단어를 해독하며, 유창하게 읽는 능력에 문제가 있는 것이지 기억력 자체에는 문제가 없습니다. 독해력이 떨어져 읽은 내용에 대해 정확히 기억하지 못하는 것은 맞지만, 읽은 내용에 대한 기억력 손상은 읽기장애의 핵심 증상이 아닙니다.

6. 운동장애(Motor Disorder)

(1) **개념**: 운동신경 경로의 질병에 의해서 사지, 몸통, 목, 얼굴 등의 운동이 의식적으로 조절이 되지 않는 상태를 말한다.

(2) **특징**: 나이와 지능 수준에 비해 움직임이나 운동능력이 현저하게 미숙하거나 부적응적인 움직임을 반복적으로 나타낸다.

(3) **종류** 기출 24, 22, 19년

발달성 운동협응장애	운동기술의 습득 및 실행에서의 결함이 있음
상동증적 운동장애	반복적이고 목적 없는 운동행동을 특징으로 함
틱장애	• 특정 근육에서 불수의적 운동이 발생함 • 갑작스럽고 빠르게 반복되는 운동(운동 틱) 또는 소리(음성 틱)를 냄 • 뚜렛장애 　- 반복적인 불수의적 신체 움직임과 틱이라 불리는 통제 불가능한 음성반응을 특징으로 함 　- 해당 장애 진단 시 운동 틱과 음성 틱의 등장 시점이 서로 다를 수 있지만, 두 가지 틱 증상이 모두 존재해야 함

> **참고** 운동 틱과 음성 틱의 종류
> • 운동 틱: 눈 깜빡임, 머리 흔들기, 어깨 실룩거림, 얼굴 찡그리기 등
> • 음성 틱: 킁킁거림, 헛기침, 한숨 쉬기, 이상한 소리 내기 등

2 신경인지장애

1. 신경인지장애(Neurocognitive Disorder, NCD) 기출 25~17년

(1) **개념**: 기억력, 주의력, 언어능력, 판단력 등 인지기능이 저하된 상태를 말한다.

(2) **종류**: 기억과 학습·언어능력의 감퇴 정도, 독립적 생활의 장애 정도에 따라 구분한다.

주요 신경인지장애	소위 '치매'라고도 하며 심각한 인지기능의 저하로 일상생활에 어려움을 겪고 있는 경우
경도 신경인지장애	주요 신경인지장애보다 뇌의 손상도가 덜하며 일상생활에 큰 어려움이 없는 상태

(3) **DSM-5에 따른 신경인지장애의 병인** 기출 21년

- 알츠하이머병
- 전두측두엽퇴행
- 루이소체
- 혈관성 질병
- 외상성 뇌 손상
- 약물 및 물질 복용
- HIV 감염
- 파킨슨병
- 프리온병
- 헌팅턴병

(4) **증상** 기출 24, 16년

① 기억력 저하가 주요 증상이며, 특히 단기기억에 어려움을 겪고 시간이 지나면서 더 심해지는 경향이 있다.

② 자신의 인지적 저하를 잘 인식하지 못하고(질병 인식의 결여), 자신의 기능 저하를 최소화 및 합리화하거나 기억 손상을 다른 요인 탓으로 돌린다.

③ 기억력 저하 외에도 언어장애(예 실어증), 공간인식장애, 지남력 장애, 실행기능장애 등의 인지기능장애 증상이 나타난다.

> **빈출 핵심 발문**
> • 알츠하이머병으로 인한 신경인지장애에 관한 설명으로 틀린 것은?
> • 뇌에서 발견되는 베타아밀로이드라는 단백질의 존재와 가장 관련이 있는 장애는?
> • 치매에 관한 설명으로 가장 적합한 것은?
> • 다음 증상들이 나타날 때 적절한 진단명은?

> **용어** 지남력(Orientation)
> 시간과 장소, 사람 혹은 상황이나 환경 따위를 올바르게 인식하는 능력

> **개념플러스** 치매로 인한 인지기능장애 종류 기출 24, 16년
>
> - **실어증**: 언어를 이해하고 표현하는 능력이 상실된 상태로, 실어증의 가장 흔한 증상 중 '명칭 실어증'이 있으며, 이는 이름이 금방 떠오르지 않아 머뭇거리는 현상을 말함
> - **실인증**: 이전에 얼굴을 알던 사람들을 알아보지 못하는 증상
> - **지남력 장애**: 현재의 시간, 장소, 사람을 인식하는 능력이 저하된 것
> - **실행기능장애**: 과제수행에 필요한 여러 가지 인지기능, 즉 과제를 하위 과제로 쪼개기, 순서별로 배열하기, 계획하기 등의 기능이 저하된 상태
> - **작화증**: 기억의 공백을 채우기 위해 사실이 아닌 말을 진짜처럼 말하는 현상 (의도적 거짓말 X)

④ 증상은 오후에서 저녁 무렵에 더 심해지는 경향이 있다.

⑤ 원인별 임상적 특징

알츠하이머병	• 초기에는 가장 최근 기억, 특히 단기기억부터 사라짐 • 인지기능의 저하가 서서히 점진적으로 진행됨
루이소체	• 각성 및 주의력 수준이 시간에 따라 다양한 변화를 보임 • 반복적인 환시, 렘수면 행동장애, 파킨슨 증상 등
혈관성 장애	• 기억력 저하, 마비나 감각 이상 발생 • 증상이 갑작스럽게 나타나며, 서서히 호전되는 듯하다가 다시 악화됨
파킨슨병	• 다리근육이 뻣뻣해지고, 경직, 진전(떨림) 등의 운동장애 증상 발생 • 환시, 환각, 인지기능 저하, 수면장애, 우울, 불안 등의 증상

> **개념플러스** 알츠하이머병 기출 25~22, 20~19년
>
> - 노인성 치매의 가장 흔한 원인 중 하나
> - 여성호르몬 에스트로겐이 감소할수록 발병 위험이 높음
> - Apo-E 유전자의 돌연변이로 인해 알츠하이머병이 유발될 수 있음
> - 약물이나 인지치료 등으로 병의 진행속도를 늦추거나 증상 완화에 도움을 줄 수 있긴 하지만, 완치 성공률이 높지 않음
> - 병리학적 특징
>   - 베타아밀로이드라는 단백질의 비정상적인 축적 → 노인성 반점형성
>   - 신경섬유다발형성 → 신경세포의 신호 전달능력 저하, 뇌세포 사멸 초래

용어 노인성 치매
65세 이후에 다양한 원인에 의한 뇌 기능 손상으로 인지기능이 저하된 상태를 말하며, 65세 이후 노년기에 발명한 치매를 총칭함

용어 베타아밀로이드
뇌에 플라크(지방 덩어리)를 형성하여 신경세포 간 신호 전달을 방해하고, 결과적으로 신경세포 손상과 뇌 위축을 초래하여 치매 등을 유발함

2. 섬망(Delirium) 기출 24~20, 18년

(1) 개념: 착란장애라고도 하며, 다양한 원인에 의해 급성으로 발병하고, 일시적인 의식의 장애와 인지기능의 변화를 특징으로 하는 인지장애를 말한다.

(2) 특징

① 감염, 약물(진통제, 수면제 등), 수술 후, 뇌졸중 등의 뇌 질환, 금단 증상 등이 원인이 되어 발생한다.

② 수 시간, 수일 이내에 증상이 급격히 발생하고 변화하지만, 원인이 교정되면 수일 이내에 회복된다.

③ 기저의 의학적 상태나 물질 사용, 금단 등과 관련되어 있다.

(3) 증상
  ① 의식의 장애: 주의력 저하, 자극에 대한 반응 감소
  ② 인지의 장애: 지남력·기억력·언어능력 저하
  ③ 지각장애: 환각, 환시
  ④ 정서변화: 불안, 초조, 분노, 공포 등
  ⑤ 수면장애: 수면-각성 주기 혼란(밤에 불면 증상)
  ⑥ 증상의 변동: 하루 중에도 변동이 심하며, 주로 밤에 심해지고 낮에 호전되는 경우가 많다.

(4) 진단기준(임상적 특징)
  ① 주의력 및 인식의 장애
    ㉠ 주의를 기울이고, 집중·유지하는 능력, 이동(전환)하는 능력이 감퇴한다.
    ㉡ 환경을 파악하는 능력이 감퇴한다.
  ② 증상이 단기간(수 시간~수일) 동안 발생하며, 하루 중에도 증상의 심한 정도가 변화하는 경향이 있다.
  ③ 추가적인 인지(예 기억력, 지남력, 언어, 시공간, 지각 등)장애가 발생한다.
  ④ 기존 신경인지장애로 설명되지 않는다.
  ⑤ 의학적 상태, 물질(약물·독소) 중독, 금단, 여러 원인에 의한 직접적 생리적 결과라는 병력, 신체검사 또는 검사실 검사 소견과 같은 증거가 있다.

3 조현병 스펙트럼 및 기타 정신병적 장애 기출 22~21, 18년

1. 조현병(Schizophrenia) 기출 24~22, 20, 17년

(1) 개념: 현실과 현실이 아닌 것을 구별하는 능력의 약화를 유발하는 뇌 질환을 말한다.

(2) 특징
  ① 보통 10대 후반에서 30대 중반 사이에서 발병하며, 청소년기 이전 발병은 드문 편이다.
  ② 모든 계층의 사람이 걸릴 수 있는 병이지만, 사회·경제적 계층이 낮을수록 발병률이 높은 편이다.
  ③ 여성이 남성에 비해 발병연령이 늦는 편(남성: 15~24세, 여성: 25~34세)이지만, 환자 성비는 여성이 남성보다 조금 더 높은 편(남성: 44%, 여성: 56%)이다.
  ④ 문화적 차이에 따른 유병률 차이는 거의 없다.
  ⑤ 약물치료(항정신병 약물)와 심리사회적 치료를 병행하여 치료하는 것이 중요하다.

> **개념플러스 지연성(만발성) 운동장애(Tardive Dyskinesia, TD)** 기출 23, 20, 17년
> - 항정신병 약물을 장기간 복용할 경우 나타날 수 있는 부작용 증상 중 하나
> - 입 주위, 얼굴, 몸통, 사지 등 다양한 신체 부위에서 나타나는 불수의적 이상 운동으로, 자신의 의사와는 상관없이 신체가 움직이는 것을 말함

빈출 핵심 발문
- 항정신병 약물 부작용으로써 나타나는 혀, 얼굴, 입, 턱의 불수의적 움직임 증상은?
- 조현병의 유전적 요인에 관한 설명으로 옳지 않은 것은?
- 조현병의 양성 증상에 해당하는 것은?
- 블로이어(Bleuler)가 제시한 조현병(정신분열병)의 4가지 근본 증상, 즉 4A에 해당하지 않는 것은?

(3) 발생 원인 기출 25~24, 20, 16년

① 유전적 요인

유전적 요인	• 조현병은 유전적 요인이 강력하게 작용함 • 조현병 환자의 부모나 형제자매의 발병 확률은 일반인의 10배, 환자의 자녀는 일반인의 15배 • 일란성 쌍둥이의 경우 동시발병률은 약 50%, 이란성 쌍둥이의 경우에는 약 12% • 조현병은 단일 유전자가 아닌 복수 유전자의 상호작용에 따라 나타나는 복합 유전 질환
출생 전후의 생물학적 요인	태내 환경, 출산 시 문제 등에 의해 중추신경계 손상 → 조현병 발병 촉진

② 생물학적 요인

뇌의 구조적 이상	• 정상인보다 뇌실이 크고, 대뇌피질의 양이 적음 • 전두엽, 변연계, 기저신경절, 시상, 뇌간, 소뇌에 이상 존재
뇌의 기능적 결함	• 전두엽 피질의 신진대사가 저하하여 환경반응속도가 저하됨 • 뇌반구의 비대칭성으로 좌반구의 과도한 활동 양상을 보임
신경전달물질 이상	• 도파민 과다 가설: 도파민 증가 시 조현병 유사 증상 발생(암페타민, 코카인 등을 투여하는 경우도 유사 증상 발생) • 세로토닌-도파민 가설: 두 신경전달물질의 불균형으로 조현병 증상 발생

③ 가족 및 사회·환경적 요인

가족 요인	• 부모의 양육 태도와 가족 간의 의사소통, 부부관계 등이 조현병 발병에 영향을 미침 • 표현(표출)된 정서: 가족들의 비판적이고 과도한 간섭과 같은 부정적 정서표현을 의미함 → 조현병 재발률을 높임
사회·환경적 요인	사회·경제적 수준이 낮은 경우 조현병 발병 확률이 높음

④ 소인(취약성)-스트레스이론

㉠ 소인(취약성)을 가진 사람이 환경적 스트레스를 경험하면 조현병이 발병하거나 기존의 조현병 증상이 악화된다. 특히 유전적 소인을 가진 경우 발병률이 높다.

㉡ 하지만, 소인(취약성)을 가진 사람이라도 환경적 스트레스를 관리하면 정상적인 생활 유지가 가능하다.

(4) 증상 기출 25, 23~21, 19, 16년

① 양성 증상과 음성 증상

㉠ 양성 증상: 건강한 사람은 가지고 있지 않은 병적인 증상을 말한다.

망상	• 잘못된 추론에 근거한 그릇된 믿음을 말하며, 반증에도 불구하고 지속되는 견고한 믿음을 말함
	• 망상의 유형
	  - 피해망상: 누군가 자신을 해치려 한다고 믿음
	  - 과대망상: 자신이 특별한 능력이나 신분을 가졌다고 믿음
	  - 관계망상: 주변 환경이나 사건이 자신과 관련이 있다고 믿음
	  - 애정망상: 특정인이 자신을 사랑하고 있다고 믿음
	  - 신체망상: 신체에 심각한 이상이 있다고 믿음

환각	• 외부자극이 없음에도 감각적 지각을 경험하는 것
	• 감각 유형별 환각
	  – 환청: 없는 소리가 들리는 것으로, 조현병 환자들이 가장 흔하게 겪는 환각
	  – 환시: 존재하지 않는 형상을 보는 것
	  – 환후: 실제로 나지 않는 특정한 냄새를 맡았다고 하는 것
	  – 환촉: 실제 접촉이 없음에도 감각을 느끼는 것
	  – 환미: 특정한 맛이 없음에도 특정한 맛을 느끼는 것

와해된 언어, 와해된 행동	• 와해된 언어: 이야기의 주제가 엉뚱하게 벗어나거나, 질문에 대한 대답이 비논리적이고 이해하기 어려운 것 • 와해된 행동: 상황에 부적절한 행동을 하거나 나이에 맞는 목표지향적 행동수행이 어려운 것

> **참고 환각과 착각의 차이**
> 환각은 없는 자극을 있다고 지각하거나 혹은 있는 자극을 없다고 지각하는 것이라면, 착각은 있는 자극을 원래 자극이 아닌 형태로 지각하는 것

개념플러스 긴장증(Catatonia)

- 심리적·정서적 원인 또는 의학적 상태로 인해 나타나는 운동행동의 현저한 이상을 말함
- 조현병을 비롯한 다양한 정신 질환에서 나타날 수 있음
- 강직(긴장성 운동행동), 무언증 등의 증상이 나타남

ⓒ 음성 증상: 정상적으로 나타나야 할 기능이나 경험이 결여 또는 감소하는 증상을 말한다.

감퇴된 정서표현	정서표현이 감소하거나 없어지는 상태
무논리증(무언어증)	말이나 사고가 이치에 맞지 않고 내용이 엉뚱하거나 억지스러움
무사회증	사회 활동에 대한 흥미나 참여가 현저히 감소하고, 사회적 고립을 보임
무의욕증	특정 활동이나 흥미에 대한 의욕이나 동기가 부족한 상태

② **블로이어(Bleuler)의 4A 증상**: 블로이어가 주장한 조현병의 4가지 근본 증상을 말한다.

연상장애 (Associative Loosening)	사고의 연결이 약해지고 비논리적인 연상이 나타남
자폐증 (Autism)	내적 세계에 몰입하며 현실과 단절되는 경향을 보임
양가감정 (Ambivalence)	동일한 대상에 대해 상반된 감정, 생각, 태도를 동시에 보임
감정의 둔마 (Affective Blunting)	정서표현이 감소하거나 없어지는 상태

(5) 진단기준(임상적 특징) 기출 21년

① 다음 증상 중 두 가지(혹은 그 이상)가 1개월의 기간 동안의 상당 부분의 시간에 존재하고, 이들 중 최소한 하나는 망상, 환각, 와해된 언어여야 한다.

- 망상
- 환각
- 와해된 언어
- 극도로 와해된 또는 긴장성 행동
- 음성 증상: 감퇴된 감정표현 혹은 무의욕증 등

② 장애의 발병 이래 상당 부분의 시간동안 일, 대인관계 혹은 자기관리 같은 주요 영역의 한 가지 이상에서 기능 수준이 발병 전 성취된 수준 이하로 현저하게 저하된다.

③ 장애의 지속적 징후가 최소 6개월 동안 계속된다. 이러한 6개월의 기간은 진단기준 ①에 해당하는 증상(예 활성기⊕ 증상)을 포함해야 하고, 전구 증상이나 잔류 증상의 기간을 포함할 수 있다. 이러한 전구기나 잔류기 동안의 징후는 단지 음성 증상으로 나타나거나, 진단기준 ①의 증상 중 2가지 이상이 약화된 형태(예 이상한 믿음, 흔치 않은 지각 경험)로 나타날 수 있다.

④ 조현정동장애와 정신병적 양상을 동반한 우울 또는 양극성 장애는 배제된다. 그 이유는 주요 우울 또는 조증 삽화❓가 활성기 증상과 동시에 일어나지 않고, 기분 삽화가 활성기 증상 동안 일어난다고 해도 병의 활성기 및 잔류기 전체 지속기간의 일부에만 존재하기 때문이다.

⑤ 장애가 물질(예 남용약물, 치료약물)의 생리적 효과나 다른 의학적 상태로 인한 것이 아니다.

⑥ 자폐스펙트럼장애나 아동기 발병 의사소통장애의 병력이 있는 경우, 조현병의 추가 진단은 조현병의 다른 필요 증상에 더하여 뚜렷한 망상이나 환각이 최소 1개월 동안 있을 때에만 내려진다.

2. 망상장애(Delusional Disorder)

(1) 개념

① **망상**: 실제 사실과 다르거나 논리적인 설명으로 시정되지 않고, 교육 정도나 문화적 환경에 걸맞지 않은 잘못된 믿음 혹은 생각을 말한다.

② **망상장애**: 현실 판단력에 장애가 생겨 망상이 생기는 정신병적 질환이다.

(2) 유형

색정 망상형	유명한 사람이나 유력한 사람이 자기를 열렬하게 사랑하고 있다고 믿는 것
과대 망상형	자신이 위대하고 특별한 능력을 지녔다거나 유명하고 유력한 인물과 특별한 관계가 있다고 믿는 것
질투 망상형	의처증·의부증과 관련된 망상이며, 배우자나 애인이 바람을 피우고 있다고 믿는 것
피해 망상형	누군가 자신을 해치려 하거나 음모를 꾸민다고 믿는 것
신체 망상형	몸에서 악취가 난다거나, 벌레가 기어 다닌다는 등 신체에 대한 이상이 있다고 믿는 것

심화 **조현병의 경과**

- **전구기**: 조현병의 발병 또는 재발의 조짐이 보이는 시기로, 사회적 고립, 학업이나 직장에서의 의욕 상실, 개인 위생 저하 등의 증상이 나타남
- **활성기(급성기)**: 조현병의 주요 증상인 망상, 환각, 와해된 언어 등이 나타나는 시기
- **잔류기(안정기)**: 치료를 통해 조현병의 양성 증상이 호전되었지만, 약한 증상이 남아 있거나 음성 증상과 인지기능의 장애가 주된 문제가 되는 시기

용어 **삽화**

증상이 존재하는 시기와 증상이 없는 시기가 뚜렷하게 구분된다는 의미로, 증상이 시작하고 증상이 나타나지 않을 때까지의 시기를 의미

TIP 조현병의 주요 증상 중 하나인 망상에 대한 개념입니다. 조현병은 망상 외에 환각, 와해된 언어 등과 같은 다른 증상이 있지만, 망상장애는 망상을 주요 증상으로 하며 망상 외에는 일상생활을 원활히 유지하는 질환입니다. 이 차이를 기반으로 학습하세요.

3. 조현정동장애(Schizoaffective Disorder)와 조현형 장애(Schizophreniform Disorder)

구분	조현정동장애	조현형 장애(조현양상장애)
개념	• 조현병 진단기준에 부합되는 주요 증상과 기분장애(주요 우울증, 조증 등) 증상이 상당 기간 동시에 나타나는 질환 • 일정 기간 동안은 조현병 또는 기분장애만 단독으로 나타나기도 함	• 조현병과 동일하지만, 병의 전체 지속 기간이 최소 1개월에서 최대 6개월 정도로 짧은 질환 • 단기 정신병적 장애와 조현병의 중간

증상	• 초기: 환청 및 피해망상이 약 2개월 정도 지속됨
	• 중기: 주요 우울 증상이 추가적으로 나타남
	• 조현병 증상과 주요 우울 증상이 공존함
	• 회복기: 주요 우울 증상이 사라지고 조현병 증상만 1개월 정도 지속된 후 소멸됨
		• 조현병 증상과 유사함
		• 조현병과 차이점
		  - 급성적 발병
		  - 대부분 발병 전에 정서적 스트레스가 선행됨
		  - 지속기간 1~6개월
		  - 치료 및 예후가 조현병보다 좋음

진단기준 (임상적 특징)	• 반드시 우울 기분을 포함하는 우울증이 있고, 조증 또는 혼재성 증상 가운데 하나가 연속적으로 지속되고 그 기간 동안 조현병 증상이 함께 나타나는 경우 • 망상이나 환각이 현저한 기분 증상이 없는 상태에서 최소 2주 이상 존재하는 경우	• 조현병 증상이 6개월이 되기 전에 회복된 경우 • 현재 조현병 증상이 지속되나 6개월이 경과하지 않은 경우(6개월 이상 지속되면 조현병으로 진단 변경)

> **개념플러스** 조현형 성격장애(Schizotypal Personality Disorder)
>
> 근본적으로는 성격장애의 하위 범주인 A군 성격장애에 포함됨. 하지만, 조현형 성격장애는 조현병에서 나타나는 지각의 왜곡이나 사고의 이상이 조현병보다 약화된 형태로 나타나는 등 조현병과 유전적·임상적 관련성이 있어, 조현병 스펙트럼 및 기타 정신장애의 범주에도 포함됨
>
> **TIP** 조현형 성격장애에 대한 자세한 설명은 04. 이상행동 ③-행동·신체·성·성격 관련 장애(202쪽)에서 정리하였습니다.

4. 단기 정신증적(정신병적) 장애(Brief Psychotic Disorder)

(1) **개념**: 조현병의 주요 증상 중 한 가지 이상이 하루 이상~1개월 미만으로 단기간 지속된 후 회복되는 경우의 정신 질환을 말한다.

(2) **특징**: 자살 시도의 위험성이 높아 면밀한 관찰과 돌봄이 필요하다.

(3) **증상**

① 망상, 환각, 와해된 언어, 와해된 행동이나 긴장증적 행동 중 한 가지 이상의 증상이 1개월 이내로 짧게 나타나다 병전 상태로 완전히 회복된다.

② 격렬한 감정 동요나 혼란 등을 경험한다.

기출(복원)문제

01 지적 장애에 관한 설명으로 옳지 않은 것은?
23년, 20년

① 심각한 두부외상으로 인해 이전에 습득한 인지적 기술을 소실한 경우에는 지적 장애와 신경인지장애로 진단할 수 있다.
② 지적 장애 개인의 지능지수는 오차 범위를 포함해서 대략 평균에서 1 표준편차 이하로 평가된다.
③ 지적 장애는 개념적, 사회적, 실행적 영역에 대한 평가로 진단된다.
④ 경도의 지적 장애는 여성보다 남성에게 더 많다.

빈출

02 자폐스펙트럼장애의 진단에 특징적인 증상만으로 묶인 것은?
25년, 23년, 20년

① 구두 언어발달의 지연, 비영양성 물질을 지속적으로 먹음, 상징적 놀이발달의 지연
② 사회적-감정적 상호성의 결함, 관계 발전이나 유지 및 관계에 대한 이해의 결함, 상동증적이거나 반복적인 운동성 동작
③ 일반적인 의학적 상태, 타인과의 대화를 시작하거나 지속하는 능력의 현저한 장애, 발달 수준에 적합한 친구관계발달의 실패
④ 동물에게 신체적으로 잔혹하게 대함, 반복적인 동작성 매너리즘(Mannerism), 다른 사람들과 자발적으로 기쁨을 나누지 못함

03 지적 장애(Intellectual Disability) 진단과 관련된 세 가지 영역에 해당되지 않는 것은?
24년, 16년

① 개념적 영역(Conceptual Domain)
② 사회적 영역(Social Domain)
③ 발달적 영역(Developmental Domain)
④ 실행적 영역(Practical Domain)

04 특정 학습장애에 관한 설명으로 옳은 것은?
24년, 16년

① 특정 학습장애의 심각한 정도는 구분하지 않는다.
② 읽기 손상 동반의 경우 읽은 내용에 대한 기억력이 포함된다.
③ 쓰기 손상 동반의 경우 작문의 명료도와 구조화가 포함된다.
④ 수학 손상 동반의 경우 수학적 추론의 정확도는 포함되지 않는다.

---

01 신경발달장애-지적 장애
지적 장애 개인의 지능지수(IQ)는 70 미만인 경우를 말하며, 이는 오차 범위를 포함해서 대략 평균에서 2 표준편차 미만으로 평가된다. 1 표준편차는 약 15점 정도로, 1 표준편차 이하면 지능지수 85 이하의 범위이기 때문에 1 표준편차 이하라는 설명은 옳지 않다.

02 신경발달장애-자폐스펙트럼장애
자폐스펙트럼장애의 진단기준에서는 크게 사회적 의사소통 및 상호작용에서 지속적인 결함을 보이거나, 제한적이고 반복적인 행동 및 특정 주제에 대한 지나친 집착과 관심을 보이는 등의 특징적인 증상이 나타나는 것을 기준으로 삼고 있다.

03 신경발달장애-지적 장애
지적 장애 진단 시 평가되는 3가지 적응기능 영역에는 개념적 영역, 사회적 영역, 실행적 영역이 있다. 발달적 영역은 해당하지 않는다.

04 신경발달장애-특정 학습장애
오답해설
① 특정 학습장애의 심각도는 경도, 중등도, 고도로 구분한다.
② 읽기 손상 동반의 경우에는 읽은 내용에 대한 독해력이 떨어져 그에 대한 기억력이 감소하는 것은 맞지만, 기억력 자체에는 문제가 없다.
④ 수학 손상 동반에는 숫자 감각이나 단순 계산의 정확성, 수학적 추론의 정확도 등이 포함된다.

정답 01 ② 02 ② 03 ③ 04 ③

05 주의력결핍 및 과잉행동장애(ADHD)에 관한 설명으로 옳지 <u>않은</u> 것은? 23년, 22년

① 학령전기에 보이는 주요 증상은 과잉행동이다.
② 여성보다 남성에게 더 흔하게 나타난다.
③ 증상이 지속되면 적대적 반항장애로 발전될 가능성이 높다.
④ 앉아 있도록 요구되는 상황에서 자리를 떠나는 것은 부주의 증상에 해당된다.

06 신경발달장애에 관한 설명으로 옳지 <u>않은</u> 것은? 22년

① 뚜렛장애 진단 시 운동 틱과 음성 틱은 항상 동시에 나타나야 한다.
② 생의 초기부터 나타나는 유아기 및 아동기 장애와 관련이 있다.
③ 비유창성이 청소년기 이후에 시작되면 성인기-발병 유창성 장애로 진단한다.
④ 상동증적 운동장애는 특정 패턴의 행동을 목적 없이 반복하여 부적응적 문제가 초래된다.

07 주의력결핍 및 과잉행동장애(ADHD)에 대한 설명으로 가장 적절하지 <u>않은</u> 것은? 25년, 23년, 19년

① 페닐알라닌 수산화효소 부족으로 인해 발생한다.
② 학령전기에는 과잉행동이, 초등학생 시기에는 부주의 증상이 더욱 두드러진다.
③ 유전성이 높다.
④ 몇 가지의 부주의 또는 과잉행동-충동성 증상은 12세 이전에 나타나야 한다.

08 신경발달장애에 해당하지 <u>않는</u> 것은? 24년, 19년

① 탈억제성 사회적 유대감장애
② 발달성협응장애
③ 상동증적 운동장애
④ 뚜렛장애

---

05 신경발달장애-주의력결핍 및 과잉행동장애
앉아 있도록 요구되는 상황에서 자리를 떠나는 것은 과잉행동-충동성 증상에 해당한다.

06 신경발달장애-운동장애
뚜렛장애 진단 시 운동성 틱과 음성 틱은 모두 존재해야 하지만, 다른 시점에서 나타날 수 있기 때문에 반드시 동시에 나타나는 것은 아니다.

07 신경발달장애-주의력결핍 및 과잉행동장애
페닐케톤뇨증(PKU)에 대한 설명이다. 페닐케톤뇨증은 대사 질환으로, 페닐알라닌이라는 아미노산을 티로신으로 전환하는 효소가 결핍된 질환을 말한다.

08 신경발달장애-운동장애
탈억제성 사회적 유대감장애(탈억제 사회관여장애)는 외상 및 스트레스 관련 장애의 하위 범주에 속한다.

09 주의력결핍 및 과잉행동장애(ADHD)의 특징이 아닌 것은? 24년
① 수업수행능력의 결핍
② 또래관계 형성의 어려움
③ 부끄러움
④ 과잉행동성

10 특정 학습장애에 대한 설명과 가장 거리가 먼 것은? 25년, 22년
① 학습장애 아동은 정상적인 지능을 가지고 있음에도 불구하고 학습에 어려움을 보인다.
② 학습장애 중에서 읽기장애가 가장 흔하다.
③ 학습장애 아동들은 품행장애, ADHD, 우울증을 동반하는 경우가 많다.
④ 학습장애 아동은 뇌 손상이 없고 인지적 정보처리 과정도 정상적이다.

11 아동 A에게 진단할 수 있는 가장 가능성이 높은 장애는? 21년

> 4세 아동 A는 어머니와 애정적 관계를 형성하지 못하며, 장난감을 가지고 노는 데는 흥미가 없고 사물을 일렬로 배열하거나 자신의 몸을 앞뒤로 흔들면서 알 수 없는 말을 한다.

① 자폐스펙트럼장애
② 의사소통장애
③ 틱장애
④ 특정 학습장애

12 지적 장애에 관한 설명으로 옳지 않은 것은? 21년
① 지적 장애 중 가장 많은 비율을 차지하는 것은 경도의 지적 장애이다.
② 지적 장애를 일으키는 염색체 이상 중 가장 일반적인 것은 다운증후군에 의한 것이다.
③ 최고도의 지적 장애인 경우, 훈련을 해도 걷기, 약간의 말하기, 스스로 먹기 같은 기초기술을 배우거나 나아질 수 없다.
④ 경도의 지적 장애를 가진 아동의 경우, 자기관리는 연령에 적합하게 수행할 수 있다.

---

09 신경발달장애-주의력결핍 및 과잉행동장애
주의력결핍 및 과잉행동장애(ADHD)는 주의력결핍, 충동성, 과잉행동의 증상을 가진다. 이러한 증상을 바탕으로 한 다양한 특징 중에 부끄러움은 없다.

10 신경발달장애-특정 학습장애
학습장애는 정보처리 과정에서 특정인지기능(작업기억, 주의 등)의 결함으로 인해 발생하는 장애이다.

11 신경발달장애
지문에서 A가 어머니와 애정적 관계를 형성하지 못하는 점(사회적 상호작용 결함), 사물을 일렬 배열하는 점(제한적이고 반복적인 행동 양상), 몸을 앞뒤로 흔들며 알 수 없는 말을 하는 점(상동성이나 비정상적인 언어 사용)에서 자폐스펙트럼장애의 진단기준에 해당함을 알 수 있다.

12 신경발달장애-지적 장애
최고도 지적 장애의 경우 심각한 제한은 있지만, 지속적이고 구조화된 훈련을 통해 기본적인 걷기, 간단한 언어, 먹기, 간단한 자기관리는 가능하다.

정답 09 ③ 10 ④ 11 ① 12 ③

13 지적 장애의 심각도 수준에 관한 설명으로 옳은 것은?
20년

① 중등도 - 성인기에도 학업기술은 초등학생 수준에 머무르며 일상생활에 도움이 필요하다.
② 고도 - 학령전기 아동에서는 개념적 영역은 정상발달과 뚜렷한 차이를 보이지 않을 수 있다.
③ 최고도 - 개념적 기술을 제한적으로 습득할 수 있다.
④ 경도 - 운동 및 감각의 손상으로 사물의 기능적 사용이 어려울 수 있다.

14 다음의 증상을 모두 포함하는 진단명은?
24년, 16년

- 사회적·정서적 상호작용의 결함
- 언어적·비언어적 의사소통의 장애
- 대인관계를 발전시키고 유지하고 이해하는 데의 결함
- 제한된 관심과 상동증적인 행동의 반복성

① 자폐스펙트럼장애
② 상동증적 운동장애
③ 탈억제 사회관여장애
④ 사회적 의사소통장애

15 자폐스펙트럼장애에 관한 설명으로 옳은 것은?
20년

① 남성보다 여성에서 4~5배 더 많이 발병한다.
② 유병률은 인구 천 명당 2~5명으로 보고되고 있다.
③ 사회적 상호작용을 위해 여러 가지 비언어적 행동을 사용한다.
④ 언어기술과 전반적 지적 수준이 예후와 가장 밀접한 관계가 있다.

16 알츠하이머병으로 인한 신경인지장애에 관한 설명으로 **틀린** 것은?
25년, 24년, 23년, 19년

① 여성호르몬 에스트로겐(Estrogen)과 상관이 있다.
② Apo-E 유전자 형태와 관련이 있다.
③ 허혈성 혈관문제 혹은 뇌경색과 관련이 있다.
④ 노인성 반점(Senile Plaques)과 신경섬유다발(Neurofibrillary Tangle)과 관련이 있다.

---

13 신경발달장애-지적 장애
오답해설
② 경도에 해당하는 내용이다.
③ 고도에 해당하는 내용이다.
④ 최고도에 해당하는 내용이다.

14 신경발달장애
자폐스펙트럼장애의 주요 증상은 사회적 의사소통 및 상호작용에서 지속적인 결함을 보인다는 것과 제한적이고 반복적인 행동, 관심사 또는 활동 양상을 보인다는 것이다.

15 신경발달장애-자폐스펙트럼장애
오답해설
① 여성보다 남성에서 약 4배 더 많이 발병한다.
② 유병률은 인구 백 명당 1명으로 보고되고 있다.
③ 자폐스펙트럼장애는 사회적 의사소통과 상호작용에서 어려움을 보인다.

16 신경인지장애-신경인지장애
허혈성 혈관 문제와 뇌경색으로 인한 신경인지장애와 알츠하이머병으로 인한 신경인지장애는 서로 다른 형태의 장애이다.

정답 13 ① 14 ① 15 ④ 16 ③

17 다음 증상이 설명하는 신경인지장애의 종류로 옳은 것은?
_{24년}

- 인지기능의 저하
- 다리근육이 뻣뻣해짐, 경직, 진전(떨림) 등 운동장애 증상
- 환시를 겪기도 함

① 혈관성 신경인지장애
② 약물/물질복용으로 인한 신경인지장애
③ 루이소체로 인한 신경인지장애
④ 파킨슨병으로 인한 신경인지장애

18 다음 증상들이 나타날 때 적절한 진단명은?
_{24년, 23년, 22년, 21년, 18년}

- 의학적 상태, 물질 중독이나 금단, 치료약물의 사용 등으로 일어난다는 증거가 있다.
- 주의를 집중하는 것이 어렵고, 이해할 수 없는 말을 중얼거린다.
- 방향 감각이 없고 자신의 이름을 말하지 못한다.
- 위의 증상들이 갑자기 나타나고, 몇 시간이나 몇 일간 지속되다가 그 원인을 제거하면 회복되는 경우가 많다.

① 해리성 정체성 장애
② 경도 신경인지장애
③ 주요 신경인지장애
④ 섬망

19 치매에 관한 설명으로 가장 적합한 것은?
_{25년, 23년, 21년, 17년}

① 기억손실이 없다.
② 자신의 무능을 최소화하거나 자각하지 못한다.
③ 증상은 오전에 가장 심해진다.
④ 약물 남용의 가능성이 많다.

---

17 신경인지장애-신경인지장애
파킨슨병은 신경퇴행성 질환의 일종으로, 신체적 운동의 어려움과 더불어 우울, 불안, 환각, 인지기능 저하, 수면장애 등의 증상을 보인다.

18 신경인지장애
오답해설
① 해리성 정체성 장애는 해리로 인한 다중인격을 가지게 되는 장애이다.
②, ③ 경도·주요 신경인지장애는 소위 '치매'로 알려진 장애이다.

19 신경인지장애-신경인지장애
오답해설
① 치매의 주요 증상 중 하나가 기억손실이다. 특히 단기기억에 어려움을 겪으며, 시간이 지나면서 더 심해진다.
③ 치매 증상은 일반적으로 오후에서 저녁 무렵에 더 심해지는 경향이 있다.
④ 약물 남용의 문제는 치매의 특징적인 증상과 거리가 멀다.

정답 17 ④ 18 ④ 19 ②

20 주요 신경인지장애에 관한 설명으로 옳은 것은?

22년

① 인지기능의 저하 여부는 병전수행 수준을 기준으로 삼지 않는다.
② 가족력이나 유전자검사에서 원인이 되는 유전적 돌연변이의 증거가 있어야 한다.
③ 기억기능의 저하가 항상 나타난다.
④ 알츠하이머병으로 인한 경우는 서서히 시작되고 점진적으로 진행된다.

21 치매에 대한 설명으로 옳지 않은 것은?

22년, 18년

① 노인성 치매는 초발연령 65세 이상에서 발생할 때를 일컫는 말이다.
② 사회적, 직업적 기능을 방해할 정도로 인지기능이 점차 퇴화된다.
③ 우울장애를 배제하려면 치매 증상이 아침에 더욱 심하게 나타나야 한다.
④ 작화증(Confabulation)이 대표적인 증상이다.

빈출
22 뇌에서 발견되는 베타아밀로이드라는 단백질의 존재와 가장 관련이 있는 장애는?

25년, 22년, 19년

① 파킨슨 질환
② 주요 우울장애
③ 정신분열증
④ 알츠하이머 질환

---

20 신경인지장애 – 신경인지장애

오답해설
① 주요 신경인지장애는 병전수행 수준과 비교하여 인지기능의 저하 여부를 평가한다.
② 주요 신경인지장애의 원인은 다양하기 때문에 유전적 증거가 반드시 필요한 것은 아니다.
③ 주요 신경인지장애에서 기억기능 저하가 자주 나타나는 증상 중 하나지만, 항상 나타나는 것은 아니다.

21 신경인지장애 – 신경인지장애
우울장애는 일반적으로 오전에 증상이 악화되지만, 치매는 오후에서 저녁 무렵에 증상이 심화되는 경향이 있다.

22 신경인지장애 – 신경인지장애
알츠하이머 질환의 대표적인 병리학적 특징 중 하나가 베타아밀로이드 단백질의 비정상적인 축적이다. 이 단백질은 뇌에 플라크(지방 덩어리)를 형성하여 신경세포 간 신호 전달을 방해하고, 결과적으로 신경세포 손상과 뇌 위축을 초래한다.

정답 20 ④ 21 ③ 22 ④

23 알츠하이머병으로 인한 신경인지장애의 특성에 대한 설명으로 옳은 것은? 20년

① 초기에는 일반적으로 오래된 과거에 관한 기억장애만을 가지고 있다.
② 인지기능의 저하는 서서히 나타난다.
③ 기질적 장애 없이 나타나는 정신병적 상태이다.
④ 약물, 인지, 행동적 치료 성공률이 높은 편이다.

24 섬망(Delirium) 증상의 특징이 아닌 것은? 20년

① 주의를 기울이고 집중, 유지, 전환하는 능력의 감소
② 환경 또는 자신에 대한 지남력의 저하
③ 증상은 오랜 기간에 걸쳐서 발생
④ 오해, 착각 또는 환각을 포함하는 지각장애

25 다음과 같은 과제수행에 필요한 여러 가지 인지기능을 수행하지 못하는 치매 증상은? 24년, 16년

> 과제수행에 필요한 여러 가지 인지기능, 즉 과제를 하위 과제로 쪼개기, 순서별로 배열하기, 계획하기, 시작하기, 결과 점검하기, 중단하기 등의 기능

① 실어증
② 실인증
③ 지남력 장애
④ 실행기능장애

---

23 신경인지장애-신경인지장애

오답해설
① 알츠하이머병 초기에는 최근 기억(단기기억)부터 사라진다.
③ 알츠하이머병은 뇌의 기질적 손상(유기적 요인)이 원인이다.
④ 약물이나 인지치료 등으로 병의 진행속도를 늦추거나 증상 완화에 도움을 줄 수 있긴 하지만, 완치 성공률은 높지 않다.

24 신경인지장애-섬망
섬망은 갑작스럽게 단기간으로 발생하는 인지장애로, 증상의 변화가 하루 또는 수 시간 내에 변화하는 특징이 있다.

25 신경인지장애-신경인지장애

오답해설
① 치매의 인지장애 증상 중 실어증은 언어를 이해하고 표현하는 능력이 상실된 상태를 말한다.
② 치매의 주요 증상 중 하나인 실인증은 뇌 손상으로 인해 물체, 사람 등을 인식하지 못하는 증상을 말한다.
③ 치매 환자에게 나타나는 증상 중 하나인 지남력 장애는 현재의 시간, 장소, 사람을 인식하는 능력이 저하되는 것을 말한다.

정답 23 ② 24 ③ 25 ④

26 DSM-5에 제시된 신경인지장애의 병인에 해당하지 않는 것은? 21년

① 알츠하이머병
② 레트
③ 루이소체
④ 파킨슨병

28 조현병의 유전적 요인에 관한 설명으로 옳지 않은 것은? 25년, 24년, 20년

① 친족의 근접성과 동시발병률은 관련이 없다.
② 여러 유전자 결함의 조합으로 나타나는 장애이다.
③ 일란성 쌍생아보다 이란성 쌍생아 동시발병률이 더 낮다.
④ 생물학적 가족이 입양 가족에 비해 동시발병률이 더 높다.

27 다음 중 치매의 원인에 따른 유형으로 볼 수 없는 것은? 21년

① 알츠하이머 질환
② 혈관성 질환
③ 파킨슨 질환
④ 페닐케톤뇨증

---

26 신경인지장애 - 신경인지장애
레트는 DSM-IV에서 신경발달장애의 하위 범주에 속한 병인이다.

27 신경인지장애 - 신경인지장애
페닐케톤뇨증은 페닐알라닌 수산화효소의 결핍으로 발생하는 선천성 대사 장애로 치매의 원인과는 관련이 없다.

28 조현병 스펙트럼 및 기타 정신병적 장애 - 조현병
조현병은 유전적 요소가 매우 강력하게 작용하는 정신장애 중 하나이다. 조현병 환자의 부모나 형제자매의 발병 확률은 일반인의 10배, 환자의 자녀는 일반인의 15배가 될 정도이며, 일란성 쌍둥이의 경우 동시발병률은 약 50%, 이란성의 경우 약 12%일 정도로 유전적 요인이 강하게 작용한다.

정답 26 ② 27 ④ 28 ①

29 조현병에 관한 설명으로 옳은 것은? 24년, 22년

① 망상, 환각, 와해된 언어 중 1개 증상이 반드시 포함되어야 한다.
② 양성 증상은 음성 증상보다 더 만성적으로 나타난다.
③ 2개 이상의 영역에서 기능이 저하되어야 진단될 수 있다.
④ 일반적으로 발병연령의 성별 차이는 나타나지 않는다.

30 다음 밑줄 친 '표현된 정서'의 의미로 옳은 것은? 24년, 16년

> 가족들의 표현된 정서(Expressed Emotion)에 대한 연구에 의하면 가족들의 표현된 정서가 조현병의 재발률을 높인다고 한다.

① 지나치게 정서적 지지와 격려를 제공하는 것
② 비판적이고 과도한 간섭을 하는 것
③ 냉정하고, 조용하며, 무관심한 것
④ 관여하지 않으며, 적절한 한계를 정해주지 못하는 것

31 조현병의 양성 증상에 해당하는 것은? 25년, 23년, 21년

① 와해된 행동
② 무사회증
③ 무의욕증
④ 감퇴된 정서

32 블로이어(Bleuler)가 제시한 조현병(정신분열병)의 4가지 근본 증상, 즉 4A에 해당하지 않는 것은? 25년, 22년, 16년

① 감정의 둔마(Affective Blunting)
② 자폐증(Autism)
③ 양가감정(Ambivalence)
④ 무논리증(Alogia)

---

29 조현병 스펙트럼 및 기타 정신병적 장애 - 조현병
오답해설
② 음성 증상이 양성 증상보다 더 만성적으로 나타난다.
③ 일, 대인관계 혹은 자기관리 같은 주요 영역의 1개 이상에서 기능이 저하되어야 진단될 수 있다.
④ 여성이 남성에 비해 발병연령이 늦은 편이다.

30 조현병 스펙트럼 및 기타 정신병적 장애 - 조현병
'표현된 정서'는 비판적이고 과도한 간섭과 같은 부정적 정서표현을 의미한다.

31 조현병 스펙트럼 및 기타 정신병적 장애 - 조현병
오답해설
②, ③, ④ 음성 증상에 해당한다.

32 조현병 스펙트럼 및 기타 정신병적 장애 - 조현병
무논리증은 조현병에서 나타날 수 있는 언어적 빈곤을 의미하지만, 블로이어가 분류한 4A 증상에는 포함되지 않는다. 4A 증상에는 감정의 둔마, 자폐증, 양가감정, 연상의 결함이 있다.

정답 29 ① 30 ② 31 ① 32 ④

33 조현병 스펙트럼 및 기타 정신병적 장애에 해당하지 않는 것은? 　22년, 21년

① 순환성 장애
② 조현양상장애
③ 조현정동장애
④ 단기 정신병적 장애

34 조현병의 원인에 관한 설명으로 옳은 것은? 　20년

① 사회적 낙인 – 조현병 환자는 발병 후 도시에서 빈민거주지역으로 이동한다.
② 도파민(Dopamine) 가설 – 조현병의 발병이 도파민이라는 신경전달물질의 과다 활동에 의해 유발된다.
③ 사회선택이론 – 조현병이 냉정하고 지배적이며 갈등을 심어주는 어머니에 의해 유발된다.
④ 표출정서 – 조현병이 뇌의 특정 영역의 구조적 손상에 의해 유발된다.

35 DSM-5의 조현병 진단기준에 해당하지 않는 것은? 　21년

① 망상이나 환각 등의 특징적 증상들이 2개 이상 1개월의 기간 동안 상당 시간에 존재한다.
② 직업, 대인관계 등 주요한 생활영역에서의 기능 수준이 발병 전에 비해 현저하게 저하된다.
③ 장애의 지속적 징후가 적어도 3개월 이상 계속된다.
④ 장애가 물질의 생리적 효과나 다른 의학적 상태로 인한 것이 아니다.

빈출

36 항정신병 약물 부작용으로써 나타나는 혀, 얼굴, 입, 턱의 불수의적 움직임 증상은? 　23년, 20년, 17년

① 무동증(Akinesia)
② 구역질(Nausea)
③ 추체외로 증상(Extrapyramidal Symptoms)
④ 만발성 운동장애(Tardive Dyskinesia)

---

33 조현병 스펙트럼 및 기타 정신병적 장애 – 조현병
순환성 장애는 양극성 및 관련 장애의 하위 범주에 해당한다.

34 조현병 스펙트럼 및 기타 정신병적 장애 – 조현병
오답해설
① 사회적 낙인이론은 조현병의 원인이 아닌 결과로 보는 쪽이 옳다.
③ 조현병 유발 어머니 가설에 대한 내용으로, 해당 가설은 의학적으로 증명되지 않은 가설이다. 사회선택이론은 조현병 환자들의 부적응적 증상으로 인해, 결국엔 사회의 하위 계층으로 옮겨가게 되며, 다른 삶의 영역은 선택할 수 없다는 이론이다.
④ 표출정서는 가족이나 주변인이 표출하는 부정적 정서(비난, 적대, 과잉관여 등)가 조현병 재발에 영향을 준다는 것으로, 뇌의 구조적 손상과 관련이 없다.

35 조현병 스펙트럼 및 기타 정신병적 장애 – 조현병
조현병 진단을 위해서는 장애의 지속적 징후가 최소 6개월 이상 지속되어야 한다. 이 기간에는 명확한 활성기 증상인 망상, 환각, 와해된 언어 등의 2개 이상의 증상이 최소 1개월 이상 나타나야 한다.

36 조현병 스펙트럼 및 기타 정신병적 장애 – 조현병
오답해설
① 무동증은 운동이 느려지거나 멈추는 증상을 말한다.
② 구역질은 위장장애로 인해 발생하는 일반적인 부작용 증상 중 하나로, 구토를 하기 전 토하려고 하는 상태를 말한다.
③ 추체외로 증상은 항정신병 약물로 인한 운동 이상 증상들을 포괄하는 용어이다.

03. 이상행동 ② - 기분·불안 및 해리 관련 장애

Ⅱ. 이상심리학

2과목 내 출제 비중 29%

공략 포인트
- 이상행동 중 양극성 및 관련 장애, 우울장애, 불안장애, 강박 및 관련 장애, 외상 및 스트레스 관련 장애, 해리장애 등의 정신적 질환을 다룹니다.
- 모두 골고루 출제되는 편이지만, 우울장애와 불안장애의 출제 비중이 높은 편이니 잘 정리해 두세요.

수험 키워드!
\# 양극성 장애
\# 주요 우울장애
\# 불안장애
\# 공황장애
\# 외상 후 스트레스장애
\# 해리장애

1 양극성 및 관련 장애

1. 양극성 장애(Bipolar Disorder)

(1) 개념: 조증 삽화와 우울증 삽화를 보이는 질환으로, 조울증이라고도 하며 기분장애의 일종이다.

(2) 특징 기출 24~23, 21~20, 16년
① 양극성 장애에는 제1형과 제2형이 있으며, 평생 유병률은 제1형의 경우 1% 내외, 제2형의 경우 약 0.5% 정도이다.
② 여성과 남성의 유병률 차이는 제1형의 경우 거의 비슷하며, 제2형은 여성이 살짝 더 높은 수준이다.
③ 병전 성격에서 특별한 성격적 요소가 없다는 것이 특징이다.
④ 주요 우울장애와 달리 사회경제적 계층이 높은 쪽에서 더 많이 발병한다.
⑤ 치료방법: 약물치료뿐만 아니라 심리치료나 인지행동치료 등을 함께 병행하여야 효과가 있다.

(3) 발생 원인
① 유전적 요인이 강하게 작용하며, 가족 중 동일한 장애나 주요 우울장애를 가진 경우가 많다.
  ㉠ 부모 중 한 사람이 양극성 장애일 경우, 자녀의 발병률은 약 10%이다.
  ㉡ 일란성 쌍둥이의 경우, 한쪽이 양극성 장애를 앓고 있다면 다른 쪽도 앓을 확률(일치율)이 40~80% 정도이다.
② 유전적 요인 외에도 뇌의 신경전달물질변화 등의 생물학적 요인, 스트레스나 수면 문제 같은 심리사회적 요인도 존재한다.

빈출 핵심 발문
- 양극성 장애에 대한 설명으로 옳지 않은 것은?
- 양극성 장애(Bipolar Disorder) 조증 시기에 있는 환자의 방어적 대응 양상을 판단할 수 있는 행동이 아닌 것은?
- 주요 우울장애와 양극성 장애의 비교 설명으로 옳은 것은?

(4) **증상** 기출 25, 23, 21, 16년
① 조증 삽화와 우울증 삽화가 반복적으로 교차하며 나타난다.

조증 상태 증상	• 신체적 행동뿐만 아니라 정신적인 활동 및 에너지가 증가함 • 기분이 고조되고 활동 의욕이 넘침 • 피곤을 느끼지 않으며 수면욕구가 줄어듦 • 과대망상적 사고에 빠져들고, 자존감이 고양됨 • 쉽게 짜증을 내며, 공격적인 행동을 보이고 남탓을 하기도 함 • 사고의 비약 또는 사고가 질주하는 듯함
우울증 상태 증상	• 슬픔이 지속되거나 이유없이 눈물이 남 • 짜증이나 화를 내거나 걱정·불안 증상이 나타나며, 기운이 없음 • 과다수면을 취하는 경우가 많음 • 죄책감이나 자신이 쓸모없다는 자책감에 빠짐 • 죽음이나 자살에 대한 생각을 반복적으로 함

② 조증은 수일~수 주 내에 급격하게 발생하는 경우가 많고, 우울증은 수 주~수개월 내에 천천히 발생하는 경우가 많다.
③ 조증의 심도에 따라 제1형과 제2형으로 구분한다.

(5) 유형

제1형 양극성 장애	• 1회 이상의 조증 삽화와 우울증 삽화를 경험한 상태 • 가장 심한 형태의 양극성 장애로, 먼저 우울증 삽화를 1회 이상 경험하고 수개월에서 수년 뒤 조증 삽화를 경험하는 경우가 가장 흔함 • 망상이나 환각 등 정신증적 양상이 동반되어 사회적·직업적 기능에 심각한 영향을 주어 입원치료가 필요함 • 남녀 유병률은 비슷하며, 남성은 조증 삽화를, 여성은 우울증 삽화를 먼저 경험하는 경향이 있음
제2형 양극성 장애	• 1회 이상의 경조증 삽화와 우울증 삽화를 경험한 상태 • 단 한 번이라도 조증 삽화를 경험했다면, 제1형 양극성 장애로 진단됨 • 망상이나 환각 등 정신증적 양상은 없으며, 입원이 필요한 정도의 상태는 아님

2. 순환감정(순환성)장애(Cyclothymic Disorder) 기출 23~22, 17년

(1) **개념**: 양극성 장애와 유사하지만 심각도가 상대적으로 낮은 상태이다.

(2) **특징**
① 양극성 장애로 진행될 가능성이 15~50% 정도이다.
② 기분안정제(리튬 등)가 효과적이며, 규칙적인 생활이나 스트레스 조절 등의 자기관리가 필수이다.
③ 청소년기나 초기 성인기에 시작되며, 남녀 간의 유병률 차이는 비슷하다.

(3) **진단기준(임상적 특징)**
① 적어도 2년 이상(아동·청소년은 1년 이상) 경조증 수준과 우울 수준의 증상이 여러 기간(절반 이상)동안 존재하고 증상이 없는 기간이 2개월을 넘지 않아야 한다.
② 진단 기간동안 조증, 경조증, 주요 우울 삽화의 기준을 한 번도 충족하지 않아야 한다.
③ 기분변화로 인해 사회적·직업적 또는 기타 주요 기능영역에서 임상적으로 현저한 손상이 있어야 한다.

④ 경조증이나 우울증 증상이 조현병 스펙트럼 및 기타 정신병적 장애로 더 잘 설명되지 않아야 한다.
⑤ 증상이 약물, 물질, 의학적 상태의 생리적 효과로 인한 것이 아니어야 한다.

2 우울장애

1. 주요 우울장애(Major Depressive Disorder)

(1) 개념: 최소 2주 이상의, 거의 매일 지속되는 우울한 기분 및 흥미 저하와 함께 불면·식욕감소와 같은 여러 신체 증상이 발현되고 이러한 증상들로 인한 일상적 기능 저하가 동반되는 것을 말한다.

(2) 특징 기출 25~23, 21~19, 16년

① 주요 우울장애의 발병률은 남성의 경우 5~10%, 여성의 경우 10~25% 정도로 여성의 발병률이 높다. 연령층으로 따진다면, 20대에서 최고치를 보인다. 또한 문화권마다 큰 차이를 보인다.
② 주로 사회경제적 계층이 낮은 쪽에서 더 많이 발병한다.
③ 주요 우울장애 환자의 병전 성격을 보면, 성격적으로 자아가 약하고 의존적·강박적 사고를 보이는 경우가 많다.
④ 자신의 증상을 숨기려고 하고, 불평하는 특징이 있다.

(3) 발생 원인 기출 25, 22~19, 17~16년

① 가족의 사망, 질병, 이별 등의 부정적 사건이 우울장애를 유발할 수 있다고 보지만, 그 기여도는 20% 이하이다.
② 정신분석적 이론

프로이트(Freud) 이론	• 분노가 무의식적으로 자기에게 향해진 형상으로 봄 • 무의식적 상실이론: 사랑하는 대상의 상실 → 분노의 내향화 → 자기비난 → 우울장애 • 구강기 동안 욕구가 충족되지 못하였거나 과잉 충족되면 우울증에 걸릴 수 있다고 설명함
비브링(Bibring) 이론	이상적 자기와 현실 괴리 → 자아존중감 손상 → 우울장애
스트리커(Stricker) 이론	어린 시절의 외상 → 부정적 사건 경험 시 퇴행 → 무기력·절망감 → 우울장애

③ **우울증의 귀인이론**
  ㉠ 아브람슨(Abramson)이 주장한 이론으로, 우울의 원인을 귀인이론으로 설명한다.
  ㉡ 우울 성향이 있는 사람들은 자신의 실패 경험에 대해 내부적·안정적·전반적 귀인을 하는 경향이 있는 반면, 성공 경험에 대해서는 외부적, 불안정적, 특수적 요인으로 귀인하는 경향이 있다.

빈출 핵심 발문

• **주요 우울장애** 환자가 일반적으로 나타내는 **특징적 증상**이 아닌 것은?
• 알츠하이머병으로 인한 **신경인지장애**와 주요 **우울장애의 증상 구분**에 관한 설명으로 옳은 것은?
• 아브람슨(Abramson) 등의 '**우울증의 귀인이론**(Attributional Theory of Depression)'에 관한 설명으로 옳지 않은 것은?
• **지속성 우울장애(기분저하증)**의 **진단기준**에 관한 설명으로 옳지 않은 것은?

내부적 – 외부적 요인	• 내부적 요인: 원인을 자신의 내부적 요인(예 능력, 성격 등)으로 돌리는 것 • 외부적 요인: 원인을 자신의 밖에 있는 요인(예 환경, 운 등)으로 돌리는 것 • 자존감 손상 및 우울증 발생에 영향을 줌
안정적 – 불안정적 요인	• 안정적 요인: 시간이나 상황에 상관없이 비교적 변함이 없는 원인(예 능력, 성격 등)으로 돌리는 것 • 불안정적 요인: 비교적 변화가 자주 발생하는 원인(예 노력, 동기 등)으로 돌리는 것 • 우울의 만성화에 영향을 줌
전반적 – 특수적 요인	• 귀인 요인을 얼마나 구체적으로 한정하는지의 정도를 의미 • 우울의 일반화에 영향을 줌

④ 인지적 이론
  ㉠ 벡(Beck)의 인지이론: 우울장애의 일차적 요인은 부정적이고 비관적인 자동적 사고에 있다고 보았다. 이로 인해 우울한 기분과 부적응적 행동을 초래한다고 주장하였다.
  ㉡ 인지적 오류⁺: 이분법적 사고, 과잉일반화, 선택적 요약, 임의적 추론 등
  ㉢ 우울한 사람들은 생활사건을 부정적으로 해석하는 역기능적 인지도식을 가진다.
⑤ 생물학적 이론
  ㉠ 카테콜아민 가설: 우울증의 원인을 뇌 속 신경전달물질(예 노르에피네프린, 세로토닌, 도파민 등)의 부족으로 설명하는 가설이다.
  ㉡ 우울장애 환자는 시상하부와 관련된 뇌하수체·부신·갑상선 기능장애를 보이는 경우가 많다.
⑥ 행동주의 이론: 행동주의자들은 일상생활에서 즐거운 활동인 사회적 상호작용이 줄어들어 정적 강화가 감소하면 우울증이 생긴다고 본다.

(4) 진단기준(임상적 특징) 기출 24~23, 21~19, 16년
  ① 다음 9가지 증상 중 5가지 이상이 최소 2주 이상 거의 매일 지속되어야 하며, 최소 한 가지 증상은 우울한 기분 또는 흥미나 쾌락(즐거움)의 상실이어야 한다.

  > • 거의 하루 종일 우울한 기분이 거의 매일 이어지며, 이는 주관적 느낌(슬픔, 공허감, 아무런 희망이 없음)이나 객관적 관찰 소견(자주 눈물을 흘림)으로 확인됨
  > • 거의 모든 활동에 대한 흥미나 즐거움이 감소된 상태가 거의 매일 이어짐 → 위 두 가지 증상 중 하나는 반드시 있어야 함
  > • 체중 또는 식욕의 심한 감소나 증가
  > • 불면이나 과수면
  > • 관찰 가능할 정도의 정신운동의 초조 또는 지체
  > • 피로감 또는 활력 상실
  > • 무가치감, 또는 지나치거나 부적절한 죄책감
  > • 사고력 또는 집중력의 감퇴, 결정을 못 내리는 우유부단함
  > • 죽음에 대한 생각이 되풀이되어 떠오르거나, 특정한 계획이 없는 자살 사고가 반복되거나, 자살을 시도하거나, 구체적인 자살계획을 세움

  ② 증상들이 개인의 사회적·직업적 또는 기타 기능을 현저하게 손상시켜야 한다.
  ③ 증상은 약물, 신체 질환 등의 직접적인 생리적 효과로 인한 것이 아니어야 한다.

심화 인지적 오류
• **이분법적 사고**: 실패 아니면 성공 등 모든 경험을 극단적으로 구분하려는 경향(흑백논리)
• **과잉일반화**: 한두 가지 사건을 근거로 확대 해석하여 결론을 내리고 그것을 서로 관계없는 상황에 적용하는 것
• **선택적 요약**: 전체적인 상황이나 맥락을 무시하고 세부사항만을 기초로 결론을 내리는 것
• **임의적 추론**: 어떤 결론이 증거가 부족하거나 부적절함에도 그러한 결론에 도달하는 것

(5) **유형** 기출 24, 22, 16년

① 임상 양상과 원인에 따른 분류

㉠ 외부적 촉발사건에 따른 분류

내인성 우울	외부적 사건 없이 유전적, 생리적 요인 등 내부적 원인으로 발생
외인성(반응성) 우울	환경적 스트레스(가족 사망, 실연, 실직 등)가 계기가 되어 발생

㉡ 정신병적 증상 동반 여부에 따른 분류

정신병적 우울	심각한 우울 증상과 함께 현실 판단력이 손상되고, 망상 및 환각 등 정신병적 증상 동반
신경증적 우울	우울감, 의욕 상실, 자신에 대한 부정적 생각 몰두 등의 증상이 있지만, 현실 판단력은 유지되고 망상 등의 정신병적 증상 없음

㉢ 정신운동 양상에 따른 분류

지체성 우울	정신운동 활동이 매우 지연되어 말과 행동, 생각이 둔하고 단순해짐
초조성 우울	정신운동 활동이 증가하여 초조하고 불안하며 가만히 있지 못함

② 주요 우울장애에 동반되는 유형에 따른 분류

멜랑콜리아 양상 주요 우울장애	• 즐거움을 느끼는 능력이 거의 완전히 상실되며 초조 또는 정신-신체의 움직임이 느려지는 정신운동성 변화가 항상 존재 • 중등도 이상의 주요 우울장애, 환청 또는 망상이 동반되는 정신병적 증상을 보이는 경우❷ 빈번 • 식욕저하 및 체중 감소, 정신운동성 초조나 지체가 심하며 사소한 일에도 죄책감을 심하게 느낌
비전형 양상 주요 우울장애	• 주요 우울장애의 대표적인 증상과는 다른 양상의 증상을 보이는 경우 • 주변 상황에 따라 일시적으로 기분이 좋아졌다가 다시 우울해지는 기분반응성을 보이며 너무 많이 자고 너무 많이 먹는 경우가 많음
혼재성 양상 주요 우울장애	주요 우울장애 증상에 조증, 경조증 일부 증상이 동시에 나타나는 것 TIP 양극성 장애와 구분하여야 합니다.

참고 **주요 우울장애에 정신병적 증상이 동반된 경우의 진단**

주요 우울장애를 이미 진단 받은 이후, 정신증적 증상(망상, 환각 등)이 나타난 경우에는 주요 우울장애의 진단을 취소하는 것이 아닌, '정신병적 양상을 동반한 주요 우울장애'로 진단함

(6) **치료방법** 기출 23, 21년

① **대인관계 정신치료**: 우울증의 발병 소인에 관해 유전학적, 생화학적, 발달학적 그리고 인격상의 문제들을 인정하면서도 특히, 우울증 환자가 현재 겪고 있는 갈등과 대인관계 문제에 초점을 두는 단기 집중치료이다.

② **인지행동치료**: 개인의 행동이 우울증에 기여하는 문제에 어떻게 영향을 주는지 정의하고 그러한 행동의 변화에 초점을 두는 치료로, 약물치료와 함께 병행하였을 때 더 효과적이다.

③ **정신역동치료**: 내부의 심리적 갈등들이 개인의 우울증에 중요한 요소라는 가정에 기초하여, 이러한 갈등을 해결하고자 하는 치료법이다.

④ 생물학적 개입방법에 의한 치료

경두개 자기자극법	• 비침습적인 뇌자극치료로, 자기장을 통해 특정 뇌 부위를 자극하여 우울증을 치료하는 방법 • 약물치료가 효과가 없거나 부작용이 심한 환자들에게 사용
뇌심부자극	• 전극을 뇌 깊숙한 부위에 삽입하여 특정 영역을 자극하는 방법 • 약물 및 다른 치료법에 반응하지 않는 우울증 환자에게 활용

2. 지속성 우울장애(기분 저하증, Persistent Depressive Disorder)

(1) **개념**: 우울감이 2년 이상 지속되는 만성적 우울장애를 말한다.

(2) **특징**
① 지속성 우울장애가 있으면 주요 우울장애의 위험이 약 5배 증가한다.
② 주요 우울장애보다 실업, 재정적 곤란, 사회적 위축, 일상생활 부적응이 더 심각하다.

(3) **진단기준(임상적 특징)** 기출 25, 23~22년
① 우울한 기분이 최소 2년간(아동이나 청소년은 1년 이상) 거의 매일, 하루 대부분 지속된다.
② 다음 증상 중 2가지 이상이 동반되어야 하며, 식욕변화와 수면장애가 반드시 존재한다.

> • 식욕 부진 또는 과식   • 자존감 저하
> • 불면 또는 수면과다   • 집중력 감소 또는 우유부단
> • 기력 저하 또는 피로감   • 절망감

③ 증상이 없는 기간이 2개월 이상 지속된 적이 있어서는 안 된다.
④ 조증 또는 경조증 삽화가 없고, 다른 우울장애의 진단기준에 부합하지 않는다.
⑤ 증상이 다른 정신 질환이나 물질, 의학적 상태 때문이 아니며, 사회적·직업적 기능에 임상적으로 유의미한 손상을 초래해야 한다.

> **참고 청소년 지속성 우울장애의 증상**
> 기분이 과민한 상태로 나타나기도 함

3. 월경 전 불쾌장애(Premenstrual Dysphoric Disorder) 기출 25~24년

(1) **개념**: 월경전 증후군이라고도 하며, 월경 전에 반복적으로 발생하는 정서적·행동적·신체적 증상이 특징이다.

(2) **특징**
① 여성 중 70~80%는 경미한 증상을 보이지만, 이 중 20~40%는 증상이 심해 일상생활에서 어려움을 겪는다.
② 주요 우울장애, 양극성 장애, 불안장애가 함께 발병할 확률이 높다.
③ 진단을 위해서는 연속되는 2개월 이상의 일일 증상기록이 필요하다.
④ 일반적으로 폐경에 가까워질수록 증상이 악화되며, 폐경 이후에는 증상이 호전된다.

(3) **진단기준(임상적 특징)**
① 대부분의 월경 주기에서 월경 시작 1주 전에 증상이 시작되고, 수일 안에 증상이 호전되며 월경이 끝난 후에는 증상이 경미하거나 사라진다.

② 다음의 증상 중 한 가지 혹은 그 이상의 증상을 겪는다.

- 현저한 정서적 기복 예 갑자기 슬프거나 울음 등
- 현저한 과민성, 분노 또는 대인관계에서의 갈등 증가
- 현저한 우울감, 무기력감 또는 자책감, 절망감
- 현저한 불안, 긴장, 신경이 곤두서거나 과도한 긴장감

③ ②의 증상과 더불어 아래 증상 중 적어도 1가지 이상의 증상이 나타나며, 총 5가지 증상이 관찰된다.

- 일상 활동에서의 흥미 저하 예 일, 친구, 취미 등
- 집중력 저하
- 기면, 쉽게 피곤함, 현저한 무기력감
- 식욕의 현저한 변화, 즉 과식 또는 특정 음식에 대한 갈망
- 과다 수면 또는 불면
- 통제가 안되는 느낌 또는 압도당하는 느낌
- 유방의 압통이나 부종, 두통, 관절통, 근육통, 부풀거나 체중이 증가된 느낌과 같은 다른 신체적 증상

④ 증상이 다른 정신장애(예 주요 우울장애, 불안장애 등)로 더 잘 설명되지 않아야 한다.

3 불안⁺장애

1. 범불안장애(Generalized Anxiety Disorder)

(1) 개념: 다양한 상황에서 만성적 불안과 과도한 걱정을 나타내는 것을 말한다.

(2) 특징 기출 25, 23, 20년

① 일상 속 여러 가지 사건이나 활동에 대해 지나치게 걱정하여 지속적인 불안과 긴장을 경험한다. 이로 인해 일상생활 적응에 어려움을 겪는다.
② 과도하고 광범위한 불안이 다양한 신체 증상을 동반하면서 지속된다.
③ 정상적인 불안과 달리 통제하기 어려우며, 생활 전반의 다양한 주제로 불안이 확산되는 경향이 있다.

(3) 진단기준(임상적 특징) 기출 19년

① 다양한 사건이나 활동(예 직업이나 학업수행)에 대한 과도한 불안과 걱정이 나타난다. 이러한 불안과 걱정이 적어도 6개월 동안 절반 이상의 기간에 나타나야 한다.
② 스스로 이러한 걱정을 통제하기가 어렵다고 느낀다.
③ 불안과 걱정은 다음의 6가지 증상 중 3가지(아동은 1가지) 이상과 관련된다.

- 안절부절 또는 가장자리에 선 듯한 아슬아슬한 느낌
- 쉽게 피로해짐
- 집중의 곤란이나 정신이 멍해지는 느낌
- 짜증이나 화를 잘 냄
- 근육의 긴장
- 수면장애(입면 곤란, 지속적 불면)

④ 불안, 걱정 또는 신체적 증상이 심각한 고통을 유발하거나 사회적·직업적 또는 다른 중요한 영역의 활동에 현저한 손상을 초래한다.

빈출 핵심 발문

- **불안**과 관련된 **장애**에 관한 설명으로 옳지 않은 것은?
- **불안 증상**을 중심으로 한 **정신장애**에 대한 설명으로 가장 거리가 먼 것은?
- **공황장애**를 설명하는 인지적 관점에 의하면, **공황발작**을 **초래**하는 핵심적 **요인**은?

심화 불안과 공포의 개념

- **불안**: 광범위하고 불쾌한 감정으로, 막연한 두려움, 신체 증상(두근거림, 진땀), 행동 증상(과민성, 서성거림)을 동반하지만, 생체가 친숙하지 않은 환경에 적응하려는 기본반응 양상
- **병적 불안**: 정상적 불안이 과도하여 문제해결에 장애를 초래하고, 비적응적 반응을 보이는 상태
- **공포**: 특정한 대상이 존재하는 두려움과 불안감

⑤ 장애가 물질(예 남용약물, 치료약물)의 생리적 효과나 다른 의학적 상태(예 갑상선 기능항진증)로 인한 것이 아니다.
⑥ 장애가 다른 정신 질환으로 더 잘 설명되지 않는다.

2. 공포증

(1) 특정 공포증(Specific Phobia) 기출 24~22, 20년

① **개념**: 특정한 생물, 물체, 상황, 환경에 대해 공포감을 느끼는 것을 말하며, 특정 공포증 환자는 자신의 공포반응이 과도하고 비합리적임을 알고 있다.

② 유형

동물형	뱀, 거미, 개, 바퀴벌레 등 동물·곤충에 대한 공포
자연 환경형	천둥, 번개, 높은 장소, 물 등 자연에 대한 공포
혈액 – 주사 – 손상형	피, 주사, 신체적 상해 또는 고통에 대한 공포
상황형	비행기, 엘리베이터, 폐쇄된 공간 등 특정 상황에 대한 공포
기타형	질식, 구토, 질병, 큰소리 등에 대한 공포

③ 진단기준(임상적 특징)
㉠ 특정 대상이나 상황에 대해서 극심한 공포나 불안이 유발된다.
㉡ 공포 대상이나 상황에서 대부분의 경우 즉각적인 공포나 불안이 유발된다.
㉢ 공포 대상이나 상황을 회피하거나 아주 극심한 공포나 불안을 지닌 채 참는다.
㉣ 공포나 불안이 특정 대상이나 상황이 줄 수 있는 실제 위험보다 극심하며 사회문화적 맥락에서 통상적으로 받아들여지는 것보다 심하다.
㉤ 공포, 불안, 회피반응이 6개월 이상 지속되며, 공포, 불안, 회피는 사회적·직업적 또는 다른 중요한 기능영역에서 현저한 고통이나 손상을 초래한다.
㉥ 다른 정신 질환으로 더 잘 설명되지 않아야 한다.

(2) 광장공포증(Agoraphobia) 기출 23~21, 19년

① **개념**: 광장과 같은 넓은 장소, 급히 빠져나갈 수 없는 장소, 도움을 받기 어려운 장소나 상황에 혼자 있기를 두려워하는 것을 말한다.

② **특징**
㉠ 단순히 넓다는 것이 핵심이 아니며, 혼자 외출하거나, 줄을 서거나, 사람이 많은 거리나 상점에 가거나, 밀폐된 공간에 있을 때 불안을 느낀다.
㉡ 성인 초기에 많이 발생하며, 여성이 남성보다 약 2배 이상 더 많이 발생한다.

③ 진단기준(임상적 특징)
㉠ 다음 5가지 상황 중 2가지 이상의 경우에서 극심한 공포 또는 불안을 느낀다.

- 대중교통(예 자동차, 버스, 기차, 배 등)을 이용하는 상황
- 열린 공간(예 주차장, 시장, 다리 등)에 있는 상황
- 밀폐된 공간(예 터널, 공연장, 영화관 등)에 있는 상황
- 줄을 서 있거나 군중 속에 있는 상황
- 혼자 집 밖에 있는 상황

심화 유형에 따른 특정 공포증의 종류

- **왜소공포증**: 작은 것(작은 곤충, 작은 물체 등)에 대한 비현실적인 공포를 느끼는 것
- **폐쇄공포증**: 좁고 밀폐된 공간에 대해 공포를 느끼는 것
- **고소공포증**: 높은 곳에 있을 때 극도의 공포감이나 불안을 느끼는 것

ⓛ 공황 유사 증상이나, 무력하거나 당혹스럽게 만드는 다른 증상(예 노인의 경우 낙상공포, 요실금공포)이 발생했을 때 도움을 받기 어렵거나 그 상황에서 벗어나기 어려울 것이라는 생각 때문에 그 상황을 두려워하거나 회피한다.
ⓒ 광장공포증 상황은 거의 대부분 공포와 불안을 야기한다.
㉣ 광장공포증 상황을 능동적으로 회피하거나, 동반자를 필요로 하거나, 극도의 공포와 불안 속에서 견딘다.
㉤ 광장공포증 상황과 그것의 사회문화적 배경을 고려할 때 실제로 주어지는 위험에 비해 공포와 불안의 정도가 극심하다.
㉥ 공포, 불안, 회피반응은 전형적으로 6개월 이상 지속된다.
㉦ 공포, 불안, 회피가 사회적·직업적 또는 다른 중요한 기능영역에서 현저한 고통이나 손상을 초래한다.

(3) 사회불안장애(사회공포증, Social Anxiety Disorder) 기출 24~21, 17년
① 개념: 당혹감을 줄 수 있는 특정한 사회적 상황 또는 활동 상황을 지속적으로 두려워하고 피하려 하거나, 피할 수 없는 경우에 즉각적으로 불안반응을 보이는 것을 말한다.
② 특징: 주로 아동이나 청소년기에 발생하며, 생리학적으로 자율신경계 중 교감신경계의 과활성에 기인한다고 본다.
③ 진단기준(임상적 특징)
  ㉠ 타인에게 면밀하게 관찰될 수 있는 하나 이상의 사회적 상황에 노출되는 것을 극도로 두려워하거나 불안해 한다. 그러한 상황의 예로는 사회적 관계(예 대화를 하거나 낯선 사람을 만나는 것), 관찰되는 것(예 음식을 먹거나 마시는 자리), 다른 사람들 앞에서 수행하는 것(예 연설)을 들 수 있다.
  ㉡ 다른 사람들에게 부정적으로 평가되는 방향으로 행동하거나 불안 증상을 보일까 봐 두려워한다.
  ㉢ 공포를 느끼는 사회적 상황에 노출되면 거의 항상 공포나 불안을 일으킨다.
  ㉣ 공포를 느끼는 사회적 상황을 회피하거나 극심한 공포와 불안 속에 견딘다.
  ㉤ 이러한 불안과 공포는 실제 사회 상황이나 사회문화적 맥락에서 볼 때 실제 위험에 비해 비정상적으로 극심하다.
  ㉥ 공포, 불안, 회피는 전형적으로 6개월 이상 지속되어야 한다.
  ㉦ 공포, 불안, 회피는 사회적·직업적 또는 다른 중요한 기능영역에서 임상적으로 현저한 고통이나 손상을 초래한다.
  ㉧ 공포, 불안, 회피행동이 물질(예 약물 남용, 투약)이나 다른 의학적 상태(예 파킨슨병, 비만)의 생리적 효과로 인한 것이 아니다.
  ㉨ 다른 정신장애(예 공황장애, 신체이형장애, 자폐스펙트럼장애)로 더 잘 설명되지 않는다.

> **개념플러스** 공포증의 2요인 이론 기출 24, 16년
>
> - 모어(Mowrer)가 제안하였으며, 고전적 조건형성과 조작적 조건형성이 함께 작용하여 공포반응이 학습되고 유지된다는 이론
> - 제1요인: 고전적 조건형성(공포반응의 형성)
>   - 개(중립자극)에게 물리는 것(공포자극)이 반복해서 일어나면, 이후에는 개만 보아도 공포반응(조건반응)이 생김
>   - 공포반응이 조건화되어 학습됨
> - 제2요인: 조작적 조건형성(공포반응의 유지)
>   - 개를 피하면 불안이 줄어드는 부적 강화 발생 → 이로 인해 개를 피하는 행동이 강화되고 지속됨
>   - 부적 강화를 통해 공포반응이 소거되지 않고 유지됨

3. 공황장애(Panic Disorder) 기출 25~23, 21~20, 16년

(1) **개념**: 갑자기 극도의 두려움과 불안을 느끼며, 다양한 신체 증상을 경험하는 것을 말한다.

(2) **특징**

① 갑자기 엄습하는 강렬한 불안, 즉 공황발작을 반복적으로 경험하며, 증상이 없을 때도 증상이 발현될까 두려워한다.

② 광장공포증을 동반하기도 한다.

(3) **발생 원인** 기출 25, 22, 17년

① 생물학적 요인

㉠ 신경전달물질인 노르에피네프린, 세로토닌, 가바(GABA) 등의 이상

㉡ 측두엽·전전두엽 등 뇌 구조의 이상

② **인지적 요인**[클라크(Clark)의 인지이론]

㉠ 정상적인 신체 감각이나 평소와는 다른 신체 감각을 개인의 생명을 위협하는 것이라고 해석하는 파국적 오해석에 의해 유발된다고 본다.

㉡ 공황장애 환자들은 평소보다 강하거나 불규칙한 심장박동 등을 심장마비로 생각한다든가, 호흡곤란을 질식에 의한 죽음, 현기증과 몸 떨림을 자신이 미쳐버렸다고 생각하는 등의 파국적 오해석을 한다.

㉢ 이러한 파국적 해석 과정은 반복적인 공황발작을 경험하며 자동화되어 무의식적으로 발생할 수 있다.

(4) **진단기준(임상적 특징)** 기출 24년

① 예상하지 못한 공황발작이 반복적으로 발생한다. 공황발작은 극심한 공포와 고통이 갑작스럽게 발생하여 수 분 이내에 최고조에 이르러야 하며, 그 시간 동안 다음 13가지 증상 중 4가지 이상의 증상이 나타나는 것을 말한다.

- 심장이 빠르게 뛰거나 쿵쾅거림(두근거림)
- 발한(땀이 남)
- 몸이 떨리거나 흔들거림
- 숨이 가쁘거나 답답한 느낌
- 질식할 것 같은 느낌
- 흉통 또는 가슴 불편감
- 메스꺼움 또는 복부 불편감
- 어지럽거나 불안정하거나 멍한 느낌이 들거나 쓰러질 것 같음
- 오한 또는 열감
- 감각 이상(감각이 둔해지거나 따끔거리는 느낌)
- 비현실감(현실이 아닌 것 같은 느낌) 혹은 이인증(나에게서 분리된 느낌)
- 스스로 통제할 수 없거나 미칠 것 같은 두려움
- 죽을 것 같은 공포

② 최소한 한 번의 공황발작 이후에 1개월 이상 다음 중 하나 또는 둘 다 나타난다.

- 추가적인 공황발작이나 그 결과(예 통제를 잃음, 심장발작을 일으킴, 미치는 것)에 대한 지속적인 걱정이나 염려
- 발작과 관련된 행동으로 현저하게 부적응적인 변화가 일어남
  예 공황발작을 회피하기 위한 행동으로 운동이나 익숙하지 않은 환경을 피하는 것 등

③ 장애는 물질(예 남용약물, 치료약물)의 생리적 효과나 다른 의학적 상태(예 갑상선 기능 항진증, 심폐 질환)로 인한 것이 아니다.

④ 장애가 다른 정신 질환(예 사회불안장애, 특정 공포증, 강박장애)으로 더 잘 설명되지 않는다.

개념플러스 다 코스타 증후군(Da costa's Syndrome) 기출 24년

- 19세기 후반 미국 남북전쟁 당시 전쟁이라는 생과 사를 넘나드는 상황에서의 엄청난 공포감을 느낀 군인들이 심장 두근거림, 호흡곤란, 흉통 등의 심장 질환 증상을 보인 정신적 질환으로, 군인심장증후군이라고도 함
- 1980년 미국 정신의학회 진단 분류체계에서 '공황장애'로 지칭하였음

4. 분리불안장애(Separation Anxiety Disorder) 기출 23~22년

(1) **개념**: 애착 대상과의 분리에 대한 극심한 불안과 공포를 특징으로 하는 정서적 장애를 말한다.

(2) **특징**

① 발달단계에 비해 과도한 수준일 경우 장애로 진단된다. 주로 아동기에 나타나며, 청소년기·성인기까지도 지속될 수 있다.
② 부모의 양육행동, 아동의 유전적 기질, 인지행동적 요인 등이 영향을 미친다.
③ 행동치료, 놀이치료, 가족치료, 인지행동치료, 약물치료 등을 통하여 호전될 수 있다.

(3) **진단기준(임상적 특징)**

① 다음 증상 중 최소 3가지(또는 그 이상)가 나타나는, 애착 대상으로부터의 분리에 대한 발달적으로 부적절하고 과도한 공포나 불안이 있다.

- 애착 대상과 분리되거나 분리가 예상될 때 반복적으로 심한 불안을 느낌
- 애착 대상에게 해로운 일(예 질병, 부상, 재난 등)이 일어날 것에 대해 지속적으로 과도하게 걱정함
- 애착 대상을 잃을까 봐 또는 그들이 떠날까 봐 지속적이고 과도하게 걱정함
- 분리불안 때문에 학교에 가거나 외출하는 것을 지속적으로 주저하거나 거부
- 애착 대상과 떨어지게 되는 일(예 길을 잃거나 납치 등)이 일어날 것에 대해 지속적으로 과도하게 걱정함
- 애착 대상이 근처에 없으면 잠자기를 지속적으로 주저하거나 거부
- 분리를 주제로 하는 악몽을 반복적으로 꿈
- 애착 대상과의 분리가 예상되거나 실제로 분리될 때, 반복적인 신체 증상(예 두통, 복통, 메스꺼움, 구토)을 반복적으로 호소

② 두려움, 불안, 회피가 아동과 청소년의 경우 최소 4주 이상, 성인의 경우 전형적으로 6개월 이상 지속된다.

③ 이러한 장애가 사회적·직업적 또는 다른 중요한 기능영역에서 임상적으로 현저한 고통이나 손상을 초래한다.

④ 이러한 장애가 다른 정신장애(예 광장공포증, 사회불안장애)로 더 잘 설명되지 않는다.

5. 선택적 함구증(Selective Mutism)

(1) 개념: 말을 할 수 있음에도 특정한 상황에서 지속적으로 말을 하지 않는 장애를 말한다.

(2) 특징: 평소에는 말을 할 수 있지만, 사회적 상황(예 학교, 친척·또래와의 만남 등)에서는 침묵한다.

(3) 진단기준(임상적 특징)

① 다른 상황에서는 말을 할 수 있으면서도 말하는 것이 기대되는 특정한 사회적 상황(예 학교)에서 지속적으로 말을 하지 않는다.

② 증상이 학업적·직업적 성취나 사회적 의사소통을 저해한다.

③ 증상의 기간이 적어도 1개월 이상 지속된다(입학 후 첫 1개월은 제외).

④ 사회적 상황에서 필요한 말에 대한 지식이 부족하거나, 언어가 익숙하지 않은 것으로 인해 말을 하지 않는 것이 아니다.

⑤ 이 장애가 의사소통장애(예 아동기 발병 유창성 장애)로 더 잘 설명되지 않으며, 자폐스펙트럼장애, 정신분열증 또는 다른 정신병적 장애의 과정 중에만 나타나는 것이 아니다.

4 강박 및 관련 장애

1. 강박장애(Obsessive-Compulsive Disorder, OCD)

(1) 개념: 자신의 의지와는 상관없이 어떤 특정한 사고나 행동을 떨쳐버리고 싶은데도 시도 때도 없이 반복적으로 하게 되는 상태를 말한다.

(2) 특징 기출 25~23, 21~20, 18, 16년

① 강박사고와 강박행동을 주요 증상➕으로 한다.

강박사고	반복적인 폭력적·성적 사고 및 종교적 믿음에 반하는 사고 등
강박행동	잦은 손 씻기, 반복적인 확인, 순서 지키기, 청소하기 등의 반복적 행동이나 숫자 세기, 속으로 단어 반복 등의 심리 내적인 행위

② 강박장애 환자는 스스로 강박적인 사고, 충동, 심상이 자신의 정신적 산물이며, 지나치고 비합리적인 사고임을 인식한다(자아-이질적). 이를 떨쳐버리거나 중단하고 싶지만 그렇게 할 수 없기 때문에 불편함을 느끼고 고통스러워 한다.

③ **치료방법:** 약물치료(세로토닌 조절)와 행동치료(노출 및 반응방지법➕)로 호전이 가능하다.

(3) 진단기준(임상적 특징) 기출 18년

① 강박사고나 강박행동 중 한 가지가 나타나거나, 또는 둘 다 존재한다.

㉠ 강박사고

> - 반복적이고 지속적인 생각, 충동 또는 심상이 침투적이고 원치 않는 방식으로 경험되며, 대부분 현저한 불안이나 괴로움을 유발함
> - 이러한 생각, 충동 및 심상을 무시하거나 억압하려고 시도하며, 또는 다른 생각이나 행동을 통해(즉, 강박행동을 함으로써) 이를 중화시키려고 노력함

㉡ 강박행동

> - 개인의 강박사고에 대한 반응 또는 엄격하게 적용해야 하는 규칙에 따라 수행하려 하는 반복적인 행동(예 손 씻기, 정돈하기) 또는 심리 내적인 행위(예 기도하기, 숫자 세기, 조용히 단어 반복하기)
> - 이 행동이나 행위는 불안이나 고통을 예방하거나 감소시키고, 혹은 두려운 사건이나 상황을 방지하는 것으로 목표로 하지만, 그들이 중화하거나 방지하려는 대상과 현실적으로 연결되어 있지 않거나, 명백히 과도한 것임

② 강박사고나 강박행동은 시간을 소모하게 만들어(예 하루에 1시간 이상) 사회적·직업적 또는 다른 중요한 기능영역에서 임상적으로 현저한 고통이나 손상을 초래한다.

③ 강박 증상은 물질(예 약물 남용, 투약)의 생리적 효과나 다른 의학적 상태로 인한 것이 아니다.

④ 이 장애가 다른 정신장애(예 범불안장애)의 증상으로 더 잘 설명되지 않는다.

개념플러스 | 강박행동에 대한 행동주의적 관점 기출 24, 20년

특정 자극을 제거하는 행동이 강화로 작용하여 특정 행동을 반복적으로 하게 된다고 설명함 → '부적 강화❓'의 원리와 유사

예 문을 잠그지 않아 생기는 불편감을 해소하기 위해 다시 문을 잠그고 확인하는 행동을 함 → 강박장애의 경우엔 이런 과정을 거쳐도 불편감이 해소되지 않아 강박행동을 지속적으로 반복하게 된다고 봄

빈출 핵심 발문

- **강박장애**의 설명으로 옳은 것은?
- 행동주의적 견해에 따르면 **강박행동**은 어떤 **원리**에 의해 유지되는가?

심화 | 대표적인 강박 증상

- **오염 강박:** 과도하게 또는 특정 방식으로 손 씻기, 지나치게 오래 샤워하기, 청소나 정리정돈에 과한 집착
- **확인 강박:** 물건을 놓고 오지 않았는지, 현관문이나 가스 밸브를 잠갔는지 등을 반복적으로 확인
- **반복행동:** 두드리기, 눈 깜빡이기 같은 신체 움직임 또는 일상적 행동 반복, 같은 작업을 3번 수행하는 등 특정 숫자 고집

심화 | 노출 및 반응방지법(ERP)

환자의 불안을 유발하는 생각이나 상황에 내담자를 의도적으로 노출시켜, 강박행동을 억제하도록 돕는 것

용어 | 부적 강화

부정적 자극을 제거함으로써 행동 빈도가 증가하는 것

2. 저장장애(Hoarding Disorder)

(1) **개념**: 불필요한 물건을 버리지 못하고 집안에 쌓아두는 것을 말한다.

(2) **특징**
① 불필요한 물건을 버리지 못하는 강박적 저장과 지속적으로 수집하는 강박적 수집이 주요 증상이다.
② 여성보다 남성의 발병률이 더 높은 편이다.
③ 11~15세 경에 발병하여, 나이가 들어가면서 더 심해진다.
④ **치료방법**: 인지행동치료와 약물(항우울제)치료를 지속적으로 받아야 증상이 줄어들 수 있다.

(3) **진단기준(임상적 특징)**
① 실제 가치와는 상관없이 소지품을 버리거나 소지품과 분리되는 것을 지속적으로 어려워 한다.
② 이런 어려움은 소지품을 보관해야만 하는 욕구와 이를 버리는 데 따르는 고통에 의해 생긴다.
③ 소지품을 버리기 어려워해서 결국 물건의 축적으로 이어지고, 이로 인해 활동적인 생활 공간이 혼란스럽고 복잡해져 물건의 본래 용도로 사용하기가 상당히 어려워진다.
④ 사회적·직업적 또는 다른 중요한 기능영역에서 임상적으로 현저한 고통이나 손상을 초래한다.
⑤ 저장이 다른 의학적 상태(예 뇌 손상, 프레더-윌리 증후군)로 인한 것이 아니며, 다른 정신 질환(예 강박장애의 강박사고, 치매의 인지적 결함)의 증상으로 더 잘 설명되지 않는다.

TIP 강박 및 관련 장애에는 강박장애, 저장장애뿐만 아니라 신체이형장애, 피부뜯기장애, 발모광 등도 있습니다.

5 외상 및 스트레스 관련 장애

1. 외상 후 스트레스장애(Post-Traumatic Stress Disorder, PTSD) 기출 25, 23, 20, 17년

(1) **개념**: 외상(Trauma) 사건 경험 후 다양한 심리적 부적응 증상이 나타나는 장애를 말한다.

(2) **특징** 기출 24~23, 20, 17년
① 외상 사건에 대한 공포감을 계속해서 느끼고, 사건 후에도 계속적인 재경험을 통해 고통을 느끼며 그로부터 벗어나기 위한 에너지를 지속적으로 소비하여 정상적인 사회생활에 부정적인 영향을 미친다.
② 침습 경험, 자극 회피, 인지·감정변화, 각성과 반응성 변화의 4가지 주요 증상이 나타나며, 1개월 이상 지속된다. **TIP** 각 증상의 자세한 내용은 진단기준을 참고하세요.

빈출 핵심 발문
- 대형 화재현장에서 살아남은 남성이 불이 나는 장면에 극심하게 불안 증상을 느낄 때 의심할 수 있는 가능성이 가장 높은 장애는?
- 외상적 사건에 대한 기억과 연관된 불안을 감소시키는 데 초점을 맞추고 있으며, 포아(Foa)에 의해 개발된 이후 외상 후 스트레스장애에 대해 경험적으로 지지된 치료로써 학계로부터 널리 인정을 받고 있는 치료법은?

용어 외상(Trauma)
전쟁, 자연재해, 교통사고, 화재, 타인이나 자신을 향한 폭력과 범죄 등 직접 경험하거나 목격한 사건이 자신에게 심리적으로 큰 충격을 준 것

(3) 진단기준(임상적 특징)

① 다음과 같은 방식 가운데 한 가지 이상으로 실제적이거나 위협적인 죽음, 심각한 부상, 또는 성폭력에의 노출을 경험하였다.

- 외상성 사건(들)에 대한 직접적인 경험
- 타인에게 일어난 외상성 사건의 생생한 목격
- 외상성 사건(들)이 가족, 가까운 친척 또는 친한 친구에게 일어난 것을 알게 됨
- 외상성 사건(들)의 혐오스러운 세부사항에 대한 반복적이거나 지나친 노출의 경험
  예 변사체처리의 최초 대처자, 아동 학대의 세부사항에 반복적으로 노출된 경찰관

② 외상성 사건(들)이 일어난 후에 시작된, 외상성 사건(들)과 관련이 있는 침습 증상이 다음 중 한 가지 이상으로 나타난다.

- 외상 사건과 관련된 고통스러운 기억이 비자발적으로, 갑작스럽게 반복됨
- 외상 사건과 관련되어 있는 괴로운 꿈이 반복됨
- 플래시백(외상 재경험)과 같은 해리성 반응이 나타남
- 외상성 사건(들)을 상징하거나 닮은 내부 또는 외부의 단서에 노출되었을 때 극심하거나 지속적인 심리적 고통을 경험함
- 외상성 사건(들)을 상징하거나 닮은 내부 또는 외부의 단서에 노출되었을 때 뚜렷한 생리적 반응을 나타냄

③ 외상성 사건(들)이 일어난 후에 시작된, 외상성 사건(들)과 관련된 자극에 대한 지속적인 회피가 다음 중 한 가지 이상으로 나타난다.

- 외상적 사건(들)에 대한 또는 밀접하게 연관된 고통스러운 기억, 생각, 또는 감정을 회피하거나 또는 회피하려고 노력함
- 외상적 사건(들)에 대한 또는 밀접하게 연관된 고통스러운 기억, 생각, 또는 감정을 상기시키는 외적 단서(예 사람, 장소, 대화, 행동, 사물, 상황 등)를 회피하거나 또는 회피하려고 노력함

④ 외상적 사건(들)이 일어난 후에 시작되거나 악화된, 외상적 사건(들)과 관련된 인지와 기분의 부정적 변화가 다음 중 두 가지 이상으로 나타난다.

- 외상적 사건(들)의 중요한 부분을 기억하지 못함(두부 외상, 알코올, 약물 등 다른 원인들 때문이 아니며 전형적으로는 해리성 기억상실에 의함)
- 자신, 타인 또는 세상에 대해 지속적이고 과장된 부정적 신념 또는 기대
  예 "나는 나빠", "아무도 믿을 수 없어", "세상은 전적으로 위험해"
- 외상적 사건(들)의 원인 또는 결과에 대해 지속적으로 왜곡된 인지를 함으로써 자신 또는 타인을 비난함
- 지속적으로 부정적인 감정 상태를 경험 예 공포, 분노, 죄책감, 수치심
- 의미 있는 활동들에 현저하게 저하된 관심 또는 참여를 보임
- 다른 사람들로부터 거리감 또는 소원해짐을 느낌
- 긍정적인 감정을 지속적으로 경험하는 것에 어려움을 느낌
  예 행복감, 만족, 또는 사랑하는 감정을 느낄 수 없음

⑤ 외상적 사건(들)이 일어난 후에 시작되거나 악화된 외상적 사건(들)과 관련된 각성과 반응성의 뚜렷한 변화가 다음 중 두 가지 이상으로 나타난다.

- 과민성 및 분노의 폭발
- 무모하거나 자기파괴적인 행동
- 과도한 경계심
- 과장된 놀람반응
- 집중의 어려움
- 수면의 어려움

⑥ 증상의 지속기간이 1개월 이상이어야 한다.

용어 **해리**

감당할 수 없는 불쾌하고 고통스러운 것에 압도당하는 것을 막기 위해 정신적 과정, 감정, 사고 등을 분리하는 현상을 의미함

(4) 치료방법 기출 24, 16년
① **기억회복치료**: 무의식적으로 억압된 외상 경험을 상담 또는 치료 과정에서 회복(되살림)시키려는 심리치료 접근법이다.
② **지속노출치료**: 포아(Foa)가 개발한 둔감화를 원리로 한 치료법으로, 외상 사건에 대한 기억을 체계적이고 반복적으로 노출시켜 궁극적인 외상 사건에 대해 불안감 없이 직면할 수 있는 것이다.
③ **안구운동 둔감화 및 재처리 요법(EMDR)**: 안구운동을 통해 외상에 대한 기억과 경험 등을 처리하는 기법이다.

2. 급성스트레스장애(Acute Stress Disorder, ASD)

(1) 개념: 외상 사건을 직접 경험하거나 목격한 직후 발생하는 부적응적 증상이다.

(2) 특징 기출 17년
① 침습 증상, 부정적 기분, 해리 증상, 회피 증상, 각성 증상의 5가지 증상 중 일부가 3일~1개월 이내에 나타난다.
② 주요 증상 및 진단기준이 외상 후 스트레스장애와 유사하다. 급성스트레스장애의 증상이 1개월 이상 지속되면 외상 후 스트레스장애로 진단한다.

(3) 진단기준(임상적 특징)
① 다음과 같은 방식 가운데 한 가지 이상으로 실제적이거나 위협적인 죽음, 심각한 부상, 또는 성폭력에의 노출을 경험하였다.
   > **TIP** 해당 진단기준은 외상 후 스트레스장애의 진단기준 ①항목과 동일합니다.
② 외상성 사건이 일어난 후에 시작되거나 악화된 침습, 부정적 기분, 해리, 회피와 각성의 5개의 범주 중 어느 하나 또는 모두에서 9가지(또는 그 이상)의 증상이 나타난다.

> - **침습 증상**: 반복적이고 고통스러운 기억, 고통스러운 꿈, 플래시백(재경험), 외상 관련 내적·외적 단서에 노출 시 심리적 또는 생리적 고통
> - **부정적 기분**: 긍정적인 감정(예 행복, 사랑, 만족 등)을 경험할 수 없는 지속적인 무능력
> - **해리 증상**: 현실감 상실, 자신에게서 분리된 느낌, 외상 사건의 주요 부분에 대한 기억상실 등
> - **회피 증상**: 외상과 관련된 고통스러운 기억, 생각, 감정에 대한 노력적인 회피, 또는 외상과 관련된 외적 단서(예 사람, 장소, 사물 등)에 대한 노력적 회피
> - **각성 증상**: 수면 문제, 짜증, 과도한 경계심, 집중력 문제, 과장된 놀람반응

③ 장애의 기간은 외상 노출 후 최소 3일에서 최대 1개월이다.
④ 이러한 장애로 인해 사회적, 직업적 또는 다른 중요한 기능영역에서 임상적으로 현저한 고통이나 손상이 초래된다.
⑤ 이러한 장애는 물질(예 약물 남용)이나 다른 의학적 상태의 직접적인 생리적 효과로 인한 것이 아니다.
⑥ 이 장애는 다른 정신 질환으로 더 잘 설명되지 않는다.

3. 반응성 애착장애(Reactive Attachment Disorder, RAD)

(1) 개념: 부모와 친밀한 관계의 형성이 어긋나게 되어 아무에게나 강한 애착반응을 나타내거나 접촉을 거부하고, 적절한 사회적인 상호반응이 나타나지 않는 것을 말한다.

(2) 특징
   ① 안락함·자극·애정 등 아동의 기본적인 감정적 욕구나 아동의 기본적인 신체적 욕구를 지속적으로 방치한 경우 발병한다.
   ② 주 양육자가 반복적으로 교체되는 경우 안정된 애착형성을 저해하여 발병 가능성이 높아진다.

(3) 진단기준(임상적 특징)
   ① 성인 양육자에 대한 억제되고 감정적으로 위축된 행동의 일관된 양식이 다음의 2가지 모두로 나타난다.

   > • 아동은 정신적 고통을 받을 때 거의 안락을 찾지 않거나 최소한의 정도로만 안락을 찾음
   > • 아동은 정신적 고통을 받을 때 양육자의 안락에 대한 반응이 없거나 최소한의 정도로만 안락에 대해 반응함

   ② 지속적인 사회적·감정적 장애가 다음 중 최소 2가지 이상으로 나타난다.

   > • 타인에 대한 최소한의 사회적·감정적 반응성
   > • 제한된 긍정적 정동(정서)
   > • 성인 양육자와 비위협적인 상호작용을 하는 동안에도 설명되지 않는 과민성, 슬픔 또는 무서움의 삽화

   ③ 아동이 불충분한 양육의 극단적인 양식을 경험했다는 것이 다음 중 최소 한 가지 이상에서 분명하게 드러난다.

   > • 성인 양육자에 의해 충족되는 안락과 자극, 애정 등의 기본적인 감정적 요구에 대한 지속적인 결핍이 사회적 방임 또는 박탈의 형태로 나타남
   > • 안정된 애착을 형성하는 기회를 제한하는 주 양육자의 반복적인 교체
   >   예 위탁 보육에서의 잦은 교체
   > • 선택적 애착을 형성하는 기회를 고도로(심각하게) 제한하는 독특한 구조의 양육
   >   예 아동이 많고 보호자가 적은 기관

   ④ 진단기준 ③의 양육이 진단기준 ①의 장애행동에 대한 원인이 되는 것으로 추정된다.
   ⑤ 진단기준이 자폐스펙트럼장애를 만족하지 않는다.
   ⑥ 장애가 5세 이전에 시작된 것이 명백하다.
   ⑦ 아동의 발달연령이 최소 9개월 이상이어야 진단이 가능하다.

4. 탈억제 사회관여장애(Disinhibited Social Engagement Disorder, DSED)

(1) 개념: 낯선 사람에게 과도하게 친근하게 굴고, 적절한 거리 유지가 되지 않는 등 지나친 행동패턴으로 나타나는 것을 말한다.

(2) 특징
   ① 낯선 성인에게 지나치게 다가간다.
   ② 과도한 언어적/신체적 친밀감을 보인다(예 처음 만난 사람을 껴안거나 손을 잡음).
   ③ 낯선 상황에서도 양육자를 찾지 않는다.
   ④ 사회적 경계가 무너진다.
   ⑤ 위험에 대한 경계심이 부족하다.
   ⑥ 아동의 발달연령이 최소 9개월 이상이어야 진단이 가능하다.

6 해리장애

1. 해리장애(Dissociative Disorder)의 개요 기출 25, 22~21, 19, 16년

(1) **개념**: 한 사람의 생각, 기억, 의식, 행동이 하나로 통합되지 못하고 붕괴되면서 나타나는 질환을 말한다.

(2) **특징**
① 해리현상은 주로 학대받은 개인 경험이나 고통스러운 상태로부터의 도피 등의 요인으로 나타난다.
② 해리현상을 유발하는 가장 주된 방어기제는 **억압**으로, 억압이 강하게 작용하는 경우 기억상실이나 자아 분리 상태(해리) 증상이 나타난다.

2. 해리장애의 종류

(1) **해리성 기억상실증(Dissociative Amnesia)** 기출 25, 21년

개념	통상적으로 쉽게 기억되어야 할 개인의 중요한 자서전적 정보를 회상하지 못하는 것
특징	• 해리장애 중 가장 많은 비율을 차지 • 단순한 건망증과 달리 심리적 문제를 동반하며 기억상실의 범위가 넓음 • 치매나 다른 인지장애와 달리 정보 회상 능력이나 새로운 정보에 대한 학습 능력에는 손상이 없는 경우가 대부분임 • 해리성 둔주(Dissociative Fugue) 증상을 보이는 경우 존재
진단기준 (임상적 특징)	• 중요한 자서전적 정보(Autobiographical Information), 보통은 외상이나 스트레스와 관련된 사건에 대해 기억하지 못하는 현저한 기억상실이 존재함. 이 기억상실은 일반적인 망각을 넘어설 정도로 광범위하고 심각하며 국소적 기억상실, 선택적 기억상실, 또는 전반적 기억상실의 형태로 나타날 수 있음 • 물질의 직접적인 생리적 효과(예 알코올이나 약물), 신경학적 또는 기타 의학적 상태(예 발작, 뇌 손상)로 인한 것이 아님 • 다른 정신 질환(예 해리성 정체성 장애, 외상 후 스트레스장애, 급성스트레스장애, 신체증상장애, 주요 또는 경도 신경인지장애)으로 더 잘 설명되지 않음 • 증상이 사회적·직업적 또는 다른 중요한 기능의 영역에서 임상적으로 의미 있는 고통이나 손상 유발

(2) **해리성 정체감 장애(Dissociative Identity Disorder)**

개념	한 사람 안에 둘 또는 그 이상의 각기 구별되는 정체감이나 인격 상태가 존재하는 것
특징	• 해리성 정체감 장애 환자들이 가지는 다중 인격의 수는 평균 5~10가지 정도 • 인격 간의 이동이 급작스럽게 이루어지며, 각각의 인격에서 경험한 것을 환자 본인이 기억하지 못함 • 각각의 인격은 성별, 인종, 나이가 다양함

빈출 핵심 발문

• 정신분석학적 관점에서 볼 때 **해리성 장애** 환자들에게서 가장 흔히 나타나는 **방어기제**는?
• **해리장애**에 대한 설명으로 적절하지 않은 것은?

용어 해리성 둔주

기억상실을 특징으로 하며, 일정 기간 동안 자신의 과거에 대해 대부분 잊어버리고 일부 혹은 완전히 새로운 정체성을 가지고 생활하기도 하는 것

진단기준 (임상적 특징)	• 한 사람 안에 서로 다른 정체감(또는 인격 상태)이 둘 이상 존재하면서, 각 인격은 고유한 정서, 행동 양상을 가지고 있음 • 일상적인 사고, 중요한 개인정보, 외상 경험 등을 회상하는 데 있어 반복적인 공백이 존재하며, 이는 일반적인 건망증으로 설명되지 않음 • 증상이 물질(예 알코올 중독으로 인한 의식 상실)이나 다른 의학적 상태로 의한 것이 아님 • 증상이 사회적·직업적 또는 다른 중요한 기능의 영역에서 임상적으로 심각한 고통이나 손상 초래 • 장애가 광범위하게 문화적이나 종교적인 행위에서 받아들여지는 정상적인 부분이 아님

(3) 이인증/비현실감 장애(Depersonalization/Derealization Disorder) 기출 22, 17년

개념	자신의 마음과 몸이 자신으로부터 분리된 것(이인증) 같이 느껴지거나, 주변 환경이 자신으로부터 분리된 것(비현실감) 같은 경험을 하는 것
특징	• 스스로가 기계적인 로봇처럼 느껴지거나 제3자의 입장에서 자신을 보는 것 같은 느낌을 받기도 함 • 망상을 현실이라고 믿는 망상장애와 달리 현실감과 비현실감을 구분하는 현실 검증능력 존재

진단기준
(임상적 특징)
	• 이인증/비현실감 또는 2가지 모두에 대한 지속적이거나 반복적인 경험 존재
	    — 이인증: 자신의 생각, 감정, 감각, 몸 또는 행동에서 떨어져 나와 있는 느낌을 말하며, 마치 자신을 외부에서 관찰하는 듯한 경험
	    — 비현실감: 외부세계가 비현실적이고 낯설며, 꿈처럼 흐릿하거나 왜곡된 느낌
	• 현실 검증 능력(Reality Testing)은 손상되지 않음. 즉, 개인은 자신의 경험이 비정상적이라는 것을 자각하고 있음(비현실적이지만 실제가 아님을 인식)
	• 증상이 사회적·직업적 또는 다른 중요한 기능의 영역에서 임상적으로 심각한 고통이나 손상 초래
	• 물질(예 약물, 알코올)이나 다른 의학적 상태(예 간질)의 생리적 효과로 인한 것이 아님
	• 조현병, 공황장애, 우울장애, 급성스트레스장애, 외상 후 스트레스장애 또는 다른 해리장애와 같은 정신 질환으로 더 잘 설명되지 않음

기출(복원)문제

빈출
01 양극성 장애(Bipolar Disorder) 조증 시기에 있는 환자의 방어적 대응 양상을 판단할 수 있는 행동이 아닌 것은? 25년, 23년, 21년

① 활동 의욕은 줄어들어 과다수면을 취한다.
② 자신이 신의 사자라고 이야기한다.
③ 증거도 없는 행동을 두고 남을 탓한다.
④ 화장을 진하게 하고 다닌다.

03 주요 우울장애와 양극성 장애의 비교설명으로 옳은 것은? 24년, 20년

① 주요 우울장애와 양극성 장애의 발병률은 비슷하다.
② 주요 우울장애는 여자가 남자보다, 양극성 장애는 남자가 여자보다 높은 발병률을 보인다.
③ 주요 우울장애는 사회경제적으로 낮은 계층에서 발생비율이 높고, 양극성 장애는 높은 계층에서 더 많이 발견된다.
④ 주요 우울장애 환자는 성격적으로 자아가 약하고 의존적이며, 강박적인 사고를 보이는 경우가 많은 데 비해, 양극성 장애의 경우에는 병전 성격이 히스테리성 성격장애의 특징을 보인다.

빈출
02 양극성 장애에 대한 설명으로 옳지 않은 것은? 23년, 21년, 16년

① 조증은 서서히, 우울증은 급격히 나타난다.
② 우울증 상태에서는 자살을 시도하기도 한다.
③ 조증 상태에서는 사고의 비약 등의 사고장애가 나타난다.
④ 조증과 우울증이 반복되는 장애이다.

04 월경 전 불쾌감장애에 관한 설명으로 옳지 않은 것은? 25년, 24년

① 진단을 위해서는 연속되는 2개월 이상의 일일 증상기록이 필요하다.
② 신체적 증상, 심각한 기분변화, 불안 등이 나타난다.
③ 증상이 월경 시작 1주 전에 나타나며, 월경이 끝난 후에는 최소화되거나 없어져야 진단된다.
④ 일반적으로 폐경에 가까워질수록 증상은 경감된다.

---

01 양극성 및 관련 장애 – 양극성 장애
양극성 장애의 조증 시기에는 주로 활동 의욕이 과도하게 증가하고, 기분이 고조되며, 에너지가 넘치는 상태가 된다. 그래서 과다수면을 취하기보다는 잠을 거의 자지 않거나 수면을 줄이면서 활동을 극대화하는 경향이 있다.

02 양극성 및 관련 장애 – 양극성 장애
양극성 장애는 조증과 우울증이 반복적으로 번갈아가며 나타나는데, 조증은 급격히(수일~수 주 내) 발생하는 경우가 많고, 우울증은 천천히(수 주~수 개월) 발생하는 경우가 많다.

03 양극성 및 관련 장애와 우울장애

오답해설
①, ② 주요 우울장애의 발병률은 남성의 경우 5~10%, 여성의 경우 10~25% 정도이며, 양극성 장애의 발병률은 제1형은 1% 내외(남성과 여성의 발병률 거의 비슷), 제2형은 0.5%(여성이 살짝 더 높음) 정도이다.
④ 양극성 장애는 특별한 병전 성격적 요소가 없다.

04 우울장애 – 월경 전 불쾌장애
일반적으로 폐경에 가까워질수록 증상이 악화되며, 폐경 이후에 증상이 호전된다.

정답 01 ① 02 ① 03 ③ 04 ④

05 우울증의 임상 양상과 원인 등의 양분된 차원으로 틀린 것은?
24년, 16년

① 조발성 우울 / 만발성 우울
② 정신병적 우울 / 신경증적 우울
③ 내인성 우울 / 반응성 우울
④ 지체성 우울 / 초조성 우울

06 지속성 우울장애(기분저하증)의 진단기준에 관한 설명으로 옳지 않은 것은?
25년, 23년, 22년

① 우울 기간 동안 자존감 저하, 절망감 등의 이상증상이 2가지 이상 나타난다.
② 조증 삽화, 경조증 삽화가 없어야 한다.
③ 순환성 장애의 진단기준을 충족해야 한다.
④ 청소년에게서는 기분이 과민한 상태로 나타나기도 한다.

07 우울장애에 대한 치료방법으로 적절하지 않은 것은?
23년, 21년

① 기억회복치료(Memory Recovery Therapy)
② 대인관계치료(Interpersonal Psychotherapy)
③ 인지행동치료(Cognitive Behavioral Therapy)
④ 단기정신역동치료(Brief Psychodynamic Therapy)

---

05 우울장애-주요 우울장애

오답해설

우울장애는 정신병적 증상 동반 여부에 따라 정신병적 우울과 신경증적 우울(②), 내부적 요인(유전적·생리적 요인)에 의한 내인성 우울과 환경적 요인에 의한 반응성(외인성) 우울(③), 정신운동활동의 지체가 있는 지체성 우울과 지나치게 각성되어 가만히 있지 못하는 초조성 우울(④)로 구분한다.

06 우울장애-지속성 우울장애

순환성 장애는 DSM-5 진단기준 양극성 및 관련 장애의 하위 유형이며, 지속성 우울장애는 DSM-5 진단기준 우울장애의 하위 유형으로 서로 다른 범주이다.

07 우울장애-주요 우울장애

기억회복치료는 주로 기억상실이나 외상 후 스트레스장애(PTSD) 등에서 기억을 되찾기 위한 치료법으로 사용된다.

정답 05 ① 06 ③ 07 ①

08 주요 우울장애 환자가 일반적으로 나타내는 특징적 증상이 아닌 것은? 24년, 23년, 21년, 19년

① 거절에 대한 두려움
② 불면 혹은 과다수면
③ 정신운동성 초조
④ 일상활동에서의 흥미와 즐거움의 상실

09 아브람슨(Abramson) 등의 '우울증의 귀인이론(Attributional Theory of Depression)'에 관한 설명으로 옳지 않은 것은? 25년, 22년, 16년

① 우울증에 취약한 사람은 실패 경험에 대해 내부적, 안정적, 전반적 귀인을 하는 경향이 있다.
② 실패 경험에 대한 내부적 귀인은 자존감을 손상시킨다.
③ 실패 경험에 대한 안정적 귀인은 우울의 만성화에 기여한다.
④ 실패 경험에 대한 특수적 귀인은 우울의 일반화를 조장한다.

10 DSM-5에 근거한 주요 우울증 일화의 준거가 아닌 것은? 24년, 16년

① 사고의 비약
② 정신운동성 지체
③ 자기비하
④ 주의집중장애

11 알츠하이머병으로 인한 신경인지장애와 주요 우울장애의 증상 구분에 관한 설명으로 옳은 것은? 25년, 23년, 21년

① 주요 우울장애에서는 증상의 진행이 고른 데 반해 알츠하이머병으로 인한 신경인지장애에서는 몇 주 안에도 진행이 고르지 못하다.
② 알츠하이머병으로 인한 신경인지장애는 자기의 무능이나 손상을 과장하는 데 반해 주요 우울장애에서는 숨기려 한다.
③ 주요 우울장애보다 알츠하이머병으로 인한 신경인지장애에서 알코올 등의 약물 남용이 많다.
④ 알츠하이머병으로 인한 신경인지장애는 기억손실을 감추려는 시도를 하는 데 반해 주요 우울장애에서는 기억손실을 불평한다.

---

08 우울장애-주요 우울장애
거절에 대한 두려움은 회피성 성격장애의 특성이라고 볼 수 있다.

09 우울장애-주요 우울장애
우울의 일반화를 조장하는 것은 전반적 귀인과 관련이 있다. 특수적 귀인은 특정한 상황이나 사건에만 국한하여 해석하는 것으로, 이러한 해석은 우울감이 다른 영역으로 일반화되는 것을 막아준다.

10 우울장애-주요 우울장애
사고의 비약은 조증이나 조현병의 증상으로 볼 수 있다.

11 우울장애-주요 우울장애
알츠하이머병 환자는 자신의 기억손실을 감추려고 하며, 본인이 잘 기억한다고 착각한다. 반면 주요 우울장애 환자는 기억력이 나빠졌다고 불평하며, 노력하면 기억하는 것이 가능하다.

정답 08 ① 09 ④ 10 ① 11 ④

12 다음 ( )에 알맞은 증상은?　23년, 19년

> DSM-5 주요 우울 삽화의 진단에는 9가지 증상 중 5가지 혹은 그 이상의 증상이 연속 2주 동안 지속되며, 증상이 사회적, 직업적 또는 기타 중요기능 영역에서 임상적으로 현저한 고통이나 손상을 초래한다. 여기서 말하는 9가지 증상 가운데 적어도 하나는 ( )이거나 ( )이다.

① 우울기분, 무가치감
② 우울기분, 흥미나 즐거움의 상실
③ 불면, 무가치감
④ 불면, 사고력이나 집중력의 감소

13 기분장애의 원인론에 관한 설명으로 옳지 않은 것은?　22년, 19년

① 생리학적으로는 세로토닌 수준이 높아지면 우울증에 걸리게 된다고 설명하고 있다.
② 프로이트(Freud)의 정신분석이론에서는 구강기 동안 욕구가 충족되지 못하였거나 과잉 충족되면 우울증에 걸릴 수 있다고 설명하고 있다.
③ 벡(Beck)의 인지이론에서는 사고 과정으로 우울증을 설명하고 있다.
④ 자신의 삶을 통제할 수 없다는 느낌과 개인의 수동적 태도가 학습되어 무기력감을 가지게 된 결과가 우울증을 유발한다는 주장이 있다.

14 주요 우울장애에 대한 설명으로 옳은 것은?　20년

① 주요 우울장애의 유병률은 문화권에 관계없이 비슷하다.
② 주요 우울장애의 유병률은 60세 이상에서 가장 높다.
③ 정신증적 증상이 나타나면 주요 우울장애로 진단할 수 없다.
④ 생물학적 개입방법으로는 경두개 자기자극법, 뇌 심부자극 등이 있다.

---

12 우울장애-주요 우울장애
주요 우울 삽화의 주요 증상 중 우울한 기분 혹은 흥미나 즐거움의 상실, 둘 중 하나는 반드시 포함되어야 한다.

13 우울장애-주요 우울장애
우울증은 세로토닌, 노르에피네프린, 도파민 등의 신경전달물질이 저하되거나 부족하면 발병한다는 생물학적 이론이 있다. 이를 카테콜아민 가설이라고 한다.

14 우울장애-주요 우울장애
오답해설
① 주요 우울장애의 유병률은 문화권마다 다르게 나타난다.
② 주요 우울장애의 유병률은 20대 연령층에서 높게 나타난다.
③ 주요 우울장애에 정신증적 증상은 동반될 수 있으며, 이러한 경우 '정신병적 양상을 동반한 주요 우울장애'로 진단한다.

정답 12 ② 13 ① 14 ④

15 주요 우울장애에 동반되는 세부 유형(양상)이 아닌 것은? 22년

① 혼재성 양상 동반
② 멜랑콜리아 양상 동반
③ 급속 순환성 양상 동반
④ 비전형적 양상 동반

16 기분장애의 '카테콜아민(Catecholamine) 가설'에 관한 설명으로 옳은 것은? 20년

① 조증 – 도파민의 부족
② 조증 – 세로토닌의 증가
③ 우울증 – 노르에피네프린의 부족
④ 우울증 – 생물학적 및 환경적 원인의 상호작용

17 우울장애의 원인에 관한 설명으로 옳은 것은? 20년

① 신경전달물질인 노르에피네프린 및 세로토닌의 결핍과 관련이 있다.
② 갑상선 기능 항진과 관련된다.
③ 코티졸 분비감소와 관련된다.
④ 비타민 B_1, B_6, 엽산의 과다와 관련이 있다.

---

15 우울장애 – 주요 우울장애
급속 순환성 양상을 동반하는 것은 양극성 장애에서 나타나는 특성이다.

16 우울장애 – 주요 우울장애
카테콜아민 가설은 기분장애(우울증과 조증 등)의 원인을 뇌 속 신경전달물질(노르에피네프린, 도파민 등)의 불균형으로 설명하는 생물학적 이론이다. 이 가설에 따르면 우울증은 노르에피네프린과 도파민의 감소와 관련 있다고 한다.

17 우울장애 – 주요 우울장애

오답해설
② 우울장애는 오히려 갑상선 기능 저하증과 관련이 있다고 할 수 있다.
③ 우울장애 환자들은 스트레스 호르몬인 코티졸의 분비가 증가하는 경향을 보인다.
④ 비타민 결핍 시 우울 증상이 발생할 수 있다.

정답 15 ③ 16 ③ 17 ①

18 다음 중 DSM-5의 주요 우울장애(Major Depressive Disorder) 진단기준에 해당하지 <u>않는</u> 것은? 20년

① 증상이 사회적, 직업적 또는 다른 중요한 기능영역에서 정상적으로 현저한 고통이나 손상을 초래한다.
② 삽화가 물질의 생리적 효과나 다른 의학적 상태로 인한 것이 아니다.
③ 주요 우울 삽화가 조현정동장애, 조현병 등 기타 정신병적 장애로 더 잘 설명되지 않는다.
④ 조증 삽화 혹은 경조증 삽화가 존재한 적이 있다.

19 우울장애에 대한 설명으로 옳지 <u>않은</u> 것은? 21년

① 주요 우울장애의 발병은 20대에 최고치를 보인다.
② 주요 우울장애의 유병률은 남자보다 여자에게서 더 높다.
③ 노르에피네프린이나 세로토닌 같은 신경전달물질이 우울장애와 관련된다.
④ 적어도 1년 동안 심하지 않은 우울을 지속적으로 경험할 때 지속성 우울장애로 진단한다.

20 일명 다 코스타 증후군(Da Costa's Syndrome), 군인 심장증후군(Soldier's Heart Syndrome)과 관련 있는 장애는? 24년

① 공황장애
② 허위성 장애
③ 호흡 관련 수면장애
④ 질병불안장애

---

18 우울장애-주요 우울장애
양극성 및 관련 장애의 진단기준에 해당한다. 주요 우울장애에는 조증 삽화 혹은 경조증 삽화가 존재하지 않는다.

19 우울장애
지속성 우울장애의 진단기준은 DSM-5에 따르면, 성인의 경우 최소 2년 이상, 아동이나 청소년의 경우 최소 1년 이상 우울한 기분이 지속될 때 진단할 수 있다.

20 불안장애
다 코스타 증후군은 19세기 후반 미국 남북전쟁 당시 전쟁이라는 생과 사를 넘나드는 상황에서의 엄청난 공포감을 느낀 군인들이 심장 두근거림, 호흡곤란, 흉통 등의 심장 질환 증상을 보이는 정신적 질환이다. 1980년 미국 정신의학회 진단 분류체계에서 '공황장애'로 지칭하였다.

정답 18 ④ 19 ④ 20 ①

21 공황장애를 진단하는 데 필요한 증상으로 가장 부적절한 것은? 24년

① 토할 것 같은 느낌
② 감각이상증(마비감이나 찌릿찌릿한 감각)
③ 흉부통증
④ 메마른 감정표현

22 공포증에 대한 2요인 이론은 어떤 요인들이 결합된 이론인가? 24년, 16년

① 학습 요인과 정신분석 요인
② 학습 요인과 인지 요인
③ 회피조건형성과 준비성 요인
④ 고전적 조건형성과 조작적 조건형성

23 불안과 관련된 장애에 관한 설명으로 옳지 않은 것은? 24년, 23년, 20년

① 공황장애는 광장공포증을 동반하기도 한다.
② 특정 공포증 환자는 자신의 공포 반응이 비합리적임을 알고 있다.
③ 사회공포증은 주로 성인기에 발생한다.
④ 외상 후 스트레스장애는 외상과 관련된 자극에 대한 회피가 특징이다.

24 사회불안장애에 대한 설명으로 가장 적합한 것은? 23년, 22년

① 터널이나 다리에 대해 공포반응이 일어나는 경우이다.
② 특정 뱀이나 공원, 동물, 주사 등에 공포를 느낀다.
③ 공포스러운 사회적 상황이나 활동 상황에 대한 회피, 예기 불안으로 일상생활, 직업 및 사회적 활동에 영향을 받는다.
④ 생리학적으로 부교감신경계의 활성 등의 생리적 반응에서 기인한다.

---

21 불안장애-공황장애
메마른 감정표현은 공황장애를 유발하는 공황발작과 관련이 없다.

22 불안장애-공포증
2요인 이론은 모어가 제안한 이론으로, 공포반응은 고전적 조건형성과 조작적 조건형성이 함께 작용하여 학습되고 유지된다고 본다.

23 불안장애
사회공포증은 주로 아동이나 청소년기에 발생한다.

24 불안장애-공포증
오답해설
① 광장공포증에 관한 설명이다.
② 특정 공포증에 관한 설명이다.
④ 사회불안장애는 자율신경계 중 교감신경계의 과활성과 관련이 있다.

정답 21 ④ 22 ④ 23 ③ 24 ③

25 분리불안장애에 관한 설명으로 옳지 <u>않은</u> 것은?
23년, 22년

① 행동치료, 놀이치료, 가족치료 등을 통하여 호전될 수 있다.
② 부모의 양육행동, 아동의 유전적 기질, 인지행동적 요인 등이 영향을 미친다.
③ 성인의 경우 증상이 1개월 이상 나타날 때 진단될 수 있다.
④ 학령기 아동에서는 학교에 가기 싫어하거나 등교 거부로 나타난다.

[빈출]
26 불안 증상을 중심으로 한 정신장애에 대한 설명으로 가장 거리가 <u>먼</u> 것은?
25년, 23년, 20년

① 범불안장애 – 다른 사람들과 상호작용하는 사회적 상황을 두려워하여 회피한다.
② 외상 후 스트레스장애 – 외상적 사건을 경험하고 난 후에 불안 상태가 지속된다.
③ 공황장애 – 갑자기 엄습하는 강렬한 불안, 즉 공황발작을 반복적으로 경험한다.
④ 강박장애 – 원치 않는 생각이 침습적으로 경험되고, 이를 무시하거나 억압하려 하고, 중화시키려고 노력한다.

[빈출]
27 다음 사례에 가장 적절한 진단명은?
23년, 21년, 17년

> A는 중소기업에서 일하는 직원이다. 오늘은 동료 직원 B가 새로운 상품에 대해서 발표하기로 하였는데, 결근을 해서 A가 대신 발표하게 되었다. 평소 A는 다른 사람들이 자신의 발표에 대해 나쁘게 평가할 것 같아 다른 사람 앞에서 발표하기를 피해왔다. 발표 시간이 다가오자 온몸에 땀이 쏟아지고, 숨쉬기가 어려워졌으며, 곧 정신을 잃고 쓰러질 것 같이 느껴졌다.

① 사회불안장애
② 공황장애
③ 강박장애
④ 범불안장애

---

25 불안장애–분리불안장애
성인은 분리불안장애의 증상이 6개월 이상 지속될 때 진단이 고려된다.

26 불안장애
사회불안장애의 주요 증상에 해당한다. 범불안장애는 일상적인 여러 상황에 대해 과도하게 걱정하거나 불안을 느끼는 장애이다.

27 불안장애
제시된 사례에서 A는 사람들 앞에서 발표해야 하는 특정한 사회적 상황을 극도로 두려워하고 불안해하고 있다. 이는 사회불안장애의 전형적인 특징이라고 할 수 있다.

정답 25 ③ 26 ① 27 ①

빈출

28 공황장애를 설명하는 인지적 관점에 의하면, 공황 발작을 초래하는 핵심적 요인은?　25년, 22년, 17년

① 신체건강에 대한 걱정과 염려
② 만성질병에 대한 잘못된 귀인
③ 억압된 분노 표출에 대한 두려움
④ 신체감각에 대한 파국적 오해석

29 공황장애의 특징에 해당하는 것을 모두 고른 것은?　21년, 16년

㉠ 메스꺼움 또는 복부 불편감
㉡ 몸이 떨리고 땀 흘림
㉢ 호흡이 가빠지고 숨이 막힐 것 같은 느낌
㉣ 미쳐버리거나 통제력을 상실할 것 같은 느낌

① ㉢, ㉣
② ㉠, ㉡, ㉣
③ ㉡, ㉢, ㉣
④ ㉠, ㉡, ㉢, ㉣

30 광장공포증에 관한 설명으로 가장 적합한 것은?　21년

① 광장공포증의 남녀 간 발병비율은 비슷한 수준이다.
② 아동기에 발병률이 가장 높다.
③ 광장공포증이 있으면 공황장애는 진단할 수 없다.
④ 공포, 불안, 회피 반응은 전형적으로 6개월 이상 지속된다.

---

28 불안장애-공황장애
클라크는 공황장애를 인지적왜곡의 결과로 보고, 정상적인 신체 감각이나 평소와는 살짝 다른 신체 감각(호흡곤란, 어지러움 등)을 개인의 생명 위협이라는 '파국적인 해석'을 하여 공황발작을 유발한다고 설명하였다.

29 불안장애-공황장애
㉠, ㉡, ㉢, ㉣ 모두 공황장애의 증상에 해당한다.

30 불안장애-공포증

오답해설
① 여성이 남성보다 약 2배 이상 더 많이 발생한다.
② 아동기보다는 성인 초기에 많이 발생한다.
③ 광장공포증과 공황장애는 중복 진단이 가능하다.

정답 28 ④　29 ④　30 ④

31 행동주의적 견해에 따르면 강박행동은 어떤 원리에 의해 유지되는가? 24년, 20년

① 고전적 조건형성
② 부적 강화
③ 소거
④ 모델링

32 강박장애를 가진 내담자의 심리치료에 가장 효과적인 방법은? 21년

① 행동조형
② 자유연상법
③ 노출 및 반응방지법
④ 혐오조건화

---

31 강박 및 관련 장애-강박장애
강박행동은 강박장애의 증상 중 하나로, 불편한 요소를 제거하여 불안감을 줄이고자 반복적으로 수행하는 행동을 말한다. 이는 부정적이고 혐오적인 자극을 제거하여 행동빈도를 증가시킨다는 부적 강화의 원리와 상통한다.

32 강박 및 관련 장애-강박장애
강박장애에 가장 효과적인 치료 중 하나는 노출 및 반응방지법(ERP)이다. 노출 및 반응방지법은 환자의 불안을 유발하는 생각이나 상황에 내담자를 의도적으로 노출시켜, 강박행동을 억제하도록 돕는 것이다.

정답 31 ② 32 ③

33 강박장애의 설명으로 옳은 것은? 25년, 24년, 16년

① 강박관념은 환자 스스로에게 자아-동조적(Ego-syntonic)이다.
② 강박장애 환자의 사고, 충동, 심상은 실생활 문제를 단순히 지나치게 걱정하는 것이다.
③ 강박장애 환자는 강박적인 사고, 충동, 심상이 개인이나 개인 자신의 정신적 산물임을 인정한다.
④ 강박장애 환자는 자신의 강박적 사고나 강박적 행동이 지나치거나 비합리적임을 인식하지 못한다.

34 외상적 사건에 대한 기억과 연관된 불안을 감소시키는 데 초점을 맞추고 있으며, Foa에 의해 개발된 이후 외상 후 스트레스장애에 대해 경험적으로 지지된 치료로써 학계로부터 널리 인정을 받고 있는 치료법은? 24년, 16년

① 불안조절 훈련
② 안구운동 둔감화와 재처리치료
③ 지속노출치료
④ 인지적 처리치료

---

33 강박 및 관련 장애 – 강박장애

오답해설
① 강박관념은 환자 스스로에게 자아-이질적이다.
② 강박장애 환자의 사고, 충동, 심상의 내용으로는 세균, 오염, 상처, 폭력 등 비현실적인 경우가 많다.
④ 대부분의 환자는 자신의 생각이나 행동이 비합리적임을 인지하고 있지만, 이를 통제하기 힘들어한다.

34 외상 및 스트레스 관련 장애 – 외상 후 스트레스장애
포아가 개발한 외상 후 스트레스장애의 치료법은 지속노출치료이다. 이는 둔감화를 원리로 한 치료법으로, 트라우마에 대한 기억을 체계적이고 반복적으로 노출시켜 궁극적인 트라우마 사건에 대해 불안감 없이 직면할 수 있도록 돕는 것이다.

35 다음 증상사례의 정신장애 진단으로 옳은 것은?

20년

> 대구 지하철 참사현장에서 생명의 위협을 경험한 이후 재경험 증상, 회피 및 감정마비 증상, 과도한 각성 상태를 1개월 이상 보이고 있는 30대 후반의 여성

① 제2형 양극성 장애
② 외상 후 스트레스장애
③ 조현양상장애
④ 해리성 정체성 장애

36 대형 화재현장에서 살아남은 남성이 불이 나는 장면에 극심하게 불안 증상을 느낄 때 의심할 수 있는 가능성이 가장 높은 장애는?

23년, 20년, 17년

① 범불안장애
② 적응장애
③ 조현병
④ 외상 후 스트레스장애

37 정신분석학적 관점에서 볼 때 해리성 장애 환자들에게서 가장 흔히 나타나는 방어기제는?

22년, 19년, 16년

① 억압
② 반동형성
③ 전치
④ 주지화

38 해리장애에 대한 설명으로 적절하지 않은 것은?

25년, 21년

① 해리현상에 영향을 주는 주된 요인으로 학대받은 개인경험, 고통스러운 상태로부터의 도피 등이 있다.
② 해리현상을 유발하는 가장 주된 방어기제는 투사로 알려져 있다.
③ 해리성 둔주는 정체감과 과거를 망각할 뿐만 아니라 완전히 다른 장소로 이동한다.
④ 해리성 기억상실증은 중요한 자서전적 정보를 회상하지 못하는 것으로, 해리성 둔주가 나타날 수 있다.

---

35 외상 및 스트레스 관련 장애
제시된 사례의 여성은 외상 후 스트레스장애 증상을 겪고 있다. 외상성 사건이 일어난 후 해당 사건과 관련된 침습 증상, 회피, 부정적 변화를 겪는다.

36 외상 및 스트레스 관련 장애
외상 후 스트레스장애는 외상 사건에 대한 공포감을 계속해서 느끼고, 사건 후에도 계속적인 재경험을 통해 고통을 느낀다.

37 해리장애 – 해리장애의 개요
해리성 장애 환자들의 가장 중심적인 방어기제는 억압이다. 억압이 강하게 작용할 경우, 기억상실이나 자아의 분리된 상태(해리) 같은 증상이 나타나기도 한다.

38 해리장애
해리현상을 유발하는 가장 주된 방어기제는 억압이다.

정답 35 ② 36 ④ 37 ① 38 ②

39 다음의 사례에 가장 적합한 진단명은? 22년, 17년

> 24세의 한 대학원생은 자신이 꿈속에 사는 듯 느껴졌고, 자기신체와 생각이 자기 것이 아닌 듯 느껴졌다. 자신의 몸 일부는 왜곡되어 보였고 주변 사람들이 로봇처럼 느껴졌다.

① 해리성 정체성 장애
② 해리성 둔주
③ 이인화/비현실감 장애
④ 착란장애

---

39 해리장애 - 해리장애의 종류

오답해설
① 해리성 정체성 장애는 자아의 분리를 특징으로 하며, 두 개 이상의 독립적인 정체성을 가진 상태를 말한다.
② 해리성 둔주는 기억상실을 특징으로 하며, 일정 기간 동안 자신의 과거에 대해 대부분 잊어버리고, 일부 혹은 완전히 새로운 정체성을 가지고 생활하기도 하는 것을 말한다.
④ 착란장애는 섬망이라고도 하며, 갑작스럽고 일시적인 인지기능의 변화로 발생하는 인지장애이다.

정답 39 ③

04. 이상행동 ③ - 행동·신체·성·성격 관련 장애

II. 이상심리학

공략 포인트
- 이상행동 중 파괴적, 충동조절 및 품행장애, 물질 관련 및 중독장애, 신체 증상 및 관련 장애, 급식 및 섭식장애, 배설장애, 성 관련 장애, 성격장애를 다루고 있습니다.
- 모두 골고루 출제되는 편이지만, 물질 관련 및 중독장애와 성격장애는 특히 출제 비중이 높은 편입니다. 각 이상행동의 진단기준과 종류에 대해 잘 정리해 두세요.

수험 키워드!
- \# 병적 도벽
- \# 알코올 중독
- \# 코르사코프 증후군
- \# 성도착장애
- \# 전환장애
- \# 성격장애

1 파괴적, 충동조절 및 품행장애

1. 품행장애(Conduct Disorder)

(1) 개념: 다른 사람의 기본적인 권리를 침범하고, 자신의 나이에서 지켜야 할 사회적인 규범을 어기는 행동을 반복적으로 나타내는 것을 말한다.

(2) 특징 [기출] 23~21, 18년

① 주로 아동기나 청소년기에 처음으로 발병하는 경향이 있다.
  TIP 발병연령은 일반적으로 7~15세입니다.
② 품행장애의 유병률은 아동기에서 청소년기로 갈수록 증가하며, 여아보다 남아가 3배 가량 높은 유병률을 보인다.
③ 아동(소아)기 발병형❓이 청소년기 발병형❓보다 더 만성적이고, 성인기까지 지속되어 반사회적 성향으로 진행될 가능성이 높다.
④ 적대적 반항장애를 품행장애의 선행적 장애로 본다.
⑤ 품행장애에서 나타나는 공격성, 반사회적 행동, 비행행동은 중증도의 유전율을 보이며 이러한 유전적 요인에 더하여 부정적인 환경요인이 상호작용하여 영향을 미친다.

(3) 진단기준(임상적 특징)

① 다른 사람의 기본적인 권리를 침해하고 나이에 맞는 사회 규범 및 규칙을 위반하는 지속적이고 반복적인 행동 양상을 보이며 다음 범주 중 지난 12개월 동안 적어도 3가지 이상(지난 6개월 동안 최소 1가지)이 반복적으로 나타나야 한다.

| 사람과 동물에 대한 공격성 | • 자주 다른 사람을 괴롭히거나, 위협, 협박함
• 자주 육체적인 싸움을 경험함
• 타인에게 심각한 손상을 일으킬 수 있는 무기 사용
　[예] 곤봉, 벽돌, 깨진 병, 칼 또는 총
• 사람에게 신체적으로 잔혹하게 대함
• 동물에게 신체적으로 잔혹하게 대함
• 타인과 대면한 상태에서 도둑질을 함
　[예] 노상강도, 날치기, 강탈, 무장강도
• 타인에게 성적 행위 강요 |

빈출 핵심 발문
- 파괴적, 충동조절 및 품행장애에 관한 설명으로 옳지 않은 것은?
- 병적 도벽에 관한 설명으로 옳지 않은 것은?

참고 품행장애의 유형
- 아동(소아)기 발병형: 10세 이전에 품행장애 특유의 진단기준 가운데 적어도 1가지가 발생한 경우
- 청소년기 발병형: 10세 이전에는 품행장애의 어떠한 진단기준도 충족시키지 않다가 청소년기에 나타나는 경우

재산의 파괴	• 심각한 손상을 입히려는 의도로 일부러 불을 지름 • 타인의 재산을 일부러 파괴(방화는 제외)
사기 또는 절도	• 타인의 집, 건물 또는 자동차에 침입한 적이 있음 • 물건이나 호감을 얻기 위해, 또는 의무를 피하기 위해 거짓말을 흔하게 함 • 타인과 대면하지 않은 상황에서 귀중품을 훔침 예 파괴와 침입이 없는 도둑질, 문서 위조
심각한 규칙 위반	• 13세 이전에 부모의 금지에도 불구하고 밤늦게까지 집에 들어오지 않음 • 보호자와 같이 사는 동안 최소 2회 이상의 가출(또는 오랫동안 돌아오지 않는 1회 가출) • 13세 이전에 무단 결석을 자주함

② 행동의 장애가 사회적·학업적 또는 직업적 기능에 임상적으로 심각한 손상을 일으킨다.
③ 만 18세 이상일 경우 반사회적 인격장애의 진단기준에 맞지 않아야 한다.

2. 병적 도벽(Kleptomania) 기출 25, 23~20, 16년

(1) **개념**: 개인적으로 필요하지도 않고 금전적인 목적이 없음에도 물건을 훔치고 싶은 충동을 억제하지 못하여 물건을 훔치는 행위를 반복하는 것을 말한다.

(2) **특징**: 혼자서 즉흥적으로 도벽행위를 하며, 남성보다 여성의 유병률이 높은 편이다.

(3) **진단기준(임상적 특징)**
① 필요나 금전적 이득과 무관하게 물건을 훔치고자 하는 반복적인 충동을 억제하지 못한다.
② 훔치기 직전에 고조되는 긴장감이 있다.
③ 훔쳤을 때의 쾌감, 만족, 안도감이 있다.
④ 훔치는 행동이 분노 표출이나 복수심도 아니고 망상이나 환각에 대한 반응도 아니다.
⑤ 훔치는 행동이 품행장애, 조증 삽화 또는 반사회성 성격장애로 더 잘 설명되지 않아야 한다.

> **TIP** 병적 도벽은 도벽증으로 불리는 행위 중 DSM-5 진단에서 병적 도벽으로 분류된 것을 말합니다. 도벽증은 일반적으로 훔치는 행동을 포괄적으로 지칭하는 표현이며, 병적 도벽은 이에 해당하는 정신의학적 진단명입니다.

3. 간헐적 폭발장애(Intermittent Explosive Disorder, IED)

(1) **개념**: 분노조절장애라고도 하며, 분노를 통제하거나 조절하지 못해 다른 사람에게 공격적인 행동이나 언행을 보이는 것을 말한다.

(2) **특징**
① 공격적인 충동이 조절되지 않아 심각한 폭력이나 재산의 파괴를 야기한다.
② 기분장애, 불안장애 및 물질사용장애가 동반하는 경향이 있다.
③ 자신의 행동에 대한 죄책감과 자기비난감을 경험한다.

(3) 진단기준(임상적 특징) 기출 23~21년

① 공격적인 충동을 조절하지 못하는 것을 나타내는 반복적인 행동적 폭발이 나타나며, 다음 2가지 중 1가지로 명시된다.

> - 언어적 공격성 또는 비파괴적·비손상적 신체적 공격성: 재산, 동물, 또는 타인에 대한 언어적 공격성이나 비손상적인 신체적 공격성이 최소 3개월 동안 평균 주 2회 이상 발생
> - 재산 파괴 또는 신체적 손상을 초래하는 공격성: 재산 파괴 또는 동물이나 타인에게 신체적 손상을 입히는 행동적 폭발이 12개월 동안 3회 이상 발생

② 공격성 및 감정 폭발의 정도가 계기가 되는 심리적 상황이나 스트레스의 정도에 비례하지 않는다.
③ 공격성 및 감정 폭발이 계획된 것이 아니며, 어떤 구체적인 목적(예 돈, 권력, 위협)을 달성하기 위한 것도 아니다.
④ 반복적인 공격적 폭발이 개인에게 현저한 고통을 유발하거나, 기능의 손상을 초래하거나, 또는 재정적, 법적 결과를 초래한다.
⑤ 진단 받는 개인의 나이가 최소 만 6세 이상이어야 한다.
⑥ 이런 증상이 다른 정신장애(예 반사회성 성격장애)로 더 잘 설명되지 않으며, 물질이나 다른 의학적 상태로 인한 것이 아니어야 한다.

4. 병적 방화(Pyromania)

(1) **개념**: 불을 지르고 싶은 충동을 억제하지 못하여 방화행위를 반복적으로 일삼는 것을 말한다.

(2) **특징**

① 불을 지르기 전에는 긴장감이 고조되며, 불을 지른 후에 불이 나는 것을 보고 긴장이 완화되고 희열을 느낀다.
② 범죄를 은폐하거나 복수를 하기 위해 고의적으로 방화하는 것과 다르며, 망상과 환각 등에 의한 방화에 해당하지 않는다.
③ 사전에 치밀하게 준비한 후 방화를 시도하기도 한다.

(3) **진단기준(임상적 특징)** 기출 23~21년

① 계획적이고 목적이 있는 방화가 한 번 이상 있다.
② 불을 지르기 전에 긴장감 또는 정동적 흥분을 느낀다.
③ 불이나 불과 관련되는 상황에 대해 매혹을 느끼거나 흥미나 호기심, 끌림을 가진다.
④ 불을 지르거나 타인이 불을 지르는 것을 보거나 그 결과에 참여할 때 쾌감, 만족, 안도감을 느낀다.
⑤ 방화가 금전적 이득, 사회정치적인 이념표현, 범죄현장 은폐, 분노나 복수심 표출을 위한 것이 아니며, 망상이나 환각에 대한 반응, 또는 판단력 손상으로 인한 것이 아니다.
⑥ 방화가 품행장애, 조증 삽화, 반사회성 성격장애로 더 잘 설명되지 않아야 한다.

2 물질 관련 및 중독장애

1. 개요
(1) 분류 기출 21년

물질 관련 장애	물질 사용 장애	• 물질 의존: 반복적인 물질 사용으로 인해 내성이 생기고 금단 증상이 나타남 • 물질 남용: 과다하고 반복적인 물질 사용으로 학교, 직장, 가정 등에서 문제가 발생함
	물질 유도성 장애	물질 사용으로 인해 나타나는 부적응적인 증상
비물질 관련 장애		중독성 행위와 관련된 장애이며, 도박장애를 말함

(2) DSM-5에 규정된 중독성 물질: 알코올, 카페인, 대마, 환각제, 흡입제, 아편류, 진정제, 수면제 및 항불안제, 흥분제, 타바코 등

2. 알코올 관련 장애
(1) 알코올 사용장애(Alcohol Use Disorder) 기출 25~24, 22~20년

TIP 흔히 알려진 알코올 중독에 대한 개념입니다.

① **개념**: 금단 증상의 불쾌한 경험을 피하거나 경감시키기 위해 음주를 지속하며, 이러한 과도한 음주로 인해 정신적·신체적·사회적 기능에 장애가 초래되는 것을 말한다.

② **특징**
㉠ 금단, 내성, 갈망감이 포함된 행동과 신체 증상들의 집합체라고 할 수 있다.
㉡ 알코올 사용장애의 첫 삽화는 10대 중반에 일어나기 쉽다.
㉢ 남성이 여성보다 유병률이 높으며, 유전적 위험 요인에도 더 취약한 편이다. 다만, 여성 알코올 중독자들은 남성 알코올 중독자들보다 우울을 더 많이 경험하고, 자살 시도 횟수도 더 많다.
㉣ 여성이 남성보다 체지방 비율이 높고 체내 수분량이 적어 같은 양의 알코올을 섭취해도 혈중 알코올 농도가 높아져 술의 효과가 빠르게 나타나며, 간에서의 알코올 분해 효소 활성도도 남성보다 낮아 대사가 느리다.
㉤ 인종 간의 유병률 차이도 존재한다.
㉥ 알코올 중독자의 직계가족은 그렇지 않은 사람보다 3~4배 더 높은 발병률을 보인다. 즉, 가족력이나 유전적 요인의 영향이 있다.
㉦ 산모가 만성적으로 알코올을 사용하는 경우, 태아알코올증후군을 유발할 수 있다.
㉧ 공격적인 행동과 폭력행위를 유발할 수 있고, 판단력 저하와 행동통제력 상실로 인해 사고 발생 가능성을 높인다.

빈출 핵심 발문

• 알코올 중독과 비타민 B_1(티아민) 결핍이 결합되어 만성 알코올 중독자에게 발생하는 장애로, 최근 및 과거 기억을 상실하고 새로운 정보를 학습하지 못하는 인지손상과 관련이 있는 것은?
• 환각제에 해당되는 약물은?
• 도박 중독의 심리·사회적 특징에 대한 설명으로 옳은 것은?

참고 알코올의 특징
알코올은 중추신경계에서 다양한 뉴런과 결합하여 개인을 진정시키는 효과를 가져옴

참고 인종 간 유병률 차이
• 백인과 아메리카 원주민이 가장 높은 유병률을 보이며, 아시아계가 가장 낮은 유병률을 나타냄
• 아시아인들은 알코올을 분해하는 탈수소효소가 부족하여 알코올 섭취 시 홍조, 구토, 심박수 증가 등의 부정적인 반응이 쉽게 나타나 알코올을 잘 즐기지 못함

용어 태아알코올증후군
산모의 만성적 알코올 사용으로 인해 태아에게 신체적 기형과 정신적 장애가 나타나는 선천성 증후군으로, 신경계 기형, 성장 및 정신 지체, 안면 기형 등이 발생하는 것

| 개념플러스 | 알코올 의존과 알코올 남용 |

DSM-IV에서 각각의 진단명으로 존재하였던 알코올 의존(Alcohol Dependence)과 알코올 남용(Alcohol Abuse)은 DSM-5에서 알코올 사용장애의 증상(임상적 특징)으로 통합됨

알코올 의존	• 알코올에 대한 생리적 의존으로, 내성과 금단 증상 발생 • 특히, 금단 증상은 장기간 음주하던 것을 줄이거나 양을 줄인 지 4~12시간 후에 나타남 • 금단 증상을 피하기 위해 알코올을 지속적으로 섭취하며, 이로 인해 심리적·신체적으로 해로운 결과를 초래함 • 알코올을 구하고 섭취하는 것에 많은 시간을 할애함
알코올 남용	• 의존이 나타나지 않는 경우에만 진단됨 • 가정, 학교, 직장에서 자신의 역할을 제대로 수행하지 못함 • 사회적 문제나 대인관계 문제에도 불구하고 지속적으로 알코올 섭취 • 다만, 내성이나 금단 증상이 발생하진 않음

③ 진단기준(임상적 특징): 임상적으로 현저한 손상이나 고통을 일으키는 문제적 알코올 사용 양상이 지난 12개월 사이에 다음의 항목 중 최소한 2개 이상 나타난다.

- 알코올을 종종 의도했던 것보다 많은 양, 혹은 오랜 기간 동안 사용함
- 알코올 사용을 줄이거나 조절하려는 지속적인 욕구가 있음. 혹은 사용을 줄이거나 조절하려고 노력했지만 실패한 경험들이 있음
- 알코올을 구하거나, 사용하거나 그 효과에서 벗어나기 위한 활동에 많은 시간을 보냄
- 알코올에 대한 갈망감, 강한 바람, 혹은 욕구 존재
- 반복적인 알코올 사용으로 인해 직장, 학교 혹은 가정에서의 주요한 역할 책임 수행에 실패함
- 알코올의 영향으로 지속적·반복적으로 사회적 혹은 대인관계 문제가 발생하거나 악화됨에도 불구하고 알코올 사용을 지속함
- 알코올 사용으로 인해 중요한 사회적·직업적 혹은 여가 활동을 포기하거나 줄임
- 신체적으로 해가 되는 상황에서도 반복적으로 알코올을 사용함
- 알코올 사용으로 인해 지속적·반복적으로 신체적·심리적 문제가 유발되거나 악화될 가능성이 높다는 것을 알면서도 계속 알코올을 사용함
- 다음과 같은 알코올에 대한 내성이 존재함
    - 중독이나 원하는 효과를 얻기 위해 알코올 사용량의 뚜렷한 증가가 필요
    - 동일한 용량의 알코올을 계속 사용할 경우 효과가 현저히 감소
- 다음과 같은 금단 증상이 나타남
    - 알코올의 특징적인 금단 증후군(손떨림, 불면, 식은땀, 오심 또는 구토, 환시, 환각, 불안, 초조 등)
    - 금단 증상을 완화하거나 피하기 위해 알코올(혹은 벤조디아제핀 같은 비슷한 관련 물질)을 사용

※ 위의 증상 중 2~3개의 증상이 있다면 경도, 4~5개의 증상이 있다면 중등도, 6개 혹은 그 이상의 증상이 있다면 고도로 분류함

④ 옐리네크(Jellinek)의 알코올 중독(의존) 4단계

전알코올 증상단계	음주를 통해 긴장 해소 및 대인관계 개선을 경험하는 단계
전조단계	음주량과 빈도가 증가하고 과음 후 기억상실이 발생하는 단계
결정적 단계	술에 대한 자기통제력을 잃고, 직장과 대인관계에서 문제가 발생하는 단계
만성단계	자기통제력 상실, 내성 및 금단 증상, 신체적 질병과 심각한 부적응 상태가 나타나는 단계

> **개념플러스** **코르사코프 증후군** [기출] 24, 22, 20~19, 16년
> - 만성적인 알코올 사용으로 인한 비타민 B_1(티아민) 결핍 때문에 발생하는 신경학적 장애
> - 주요 증상: 최근 및 과거 기억에 대한 기억상실, 혼동, 학습 불능, 작화 등

(2) 알코올 유도성 장애 [기출] 23, 20년

① 개념: 알코올 사용으로 인해서 나타나는 부적응적 증상을 말한다.

② 유형: 알코올 중독, 알코올 금단, 그 밖에 알코올 사용으로 인한 다양한 정신장애 등

③ 알코올 중독(Alcohol Intoxication)

개념	과도한 알코올 사용으로 심하게 취한 상태에서 나타나는 부적응적 증상
진단기준 (임상적 특징)	• 최근 알코올 섭취가 있음 • 알코올을 섭취하는 동안, 또는 그 직후에 임상적으로 심각한 문제적 행동변화 및 심리적 변화가 발생함 　[예] 부적절한 성적 또는 공격적 행동, 기분 가변성, 판단력 손상 • 알코올을 사용하는 동안 또는 그 직후에 다음 징후나 증상 중 한 가지 혹은 그 이상이 나타남 　– 불분명한 언어　　– 운동 실조 　– 불안정한 보행　　– 안구 진탕 　– 집중력 또는 기억력 손상　– 혼미 또는 혼수 • 징후 및 증상은 다른 의학적 상태로 인한 것이 아니며, 다른 물질 중독을 포함한 다른 정신 질환으로 더 잘 설명되지 않음

> **참고** **안구 진탕**
> 안구가 원하는 위치에 머물러 있지 못하고 서서히 주시점을 벗어났을 경우 주시점을 회복하려는 무의식적인 안구의 빠른 움직임

④ 알코올 금단(Alcohol Withdrawal)

개념	과도하고 지속적으로 사용하던 알코올의 중단(또는 감소)으로 인해 나타나는 증상
진단기준 (임상적 특징)	• 심하게 지속적으로 사용하던 알코올의 중단(또는 감소)이 있음 • 알코올 중단(또는 감소) 이후에 몇 시간 또는 며칠 이내에 다음 증상 가운데 2개(또는 그 이상)가 나타남 　– 불면증　　– 오심 및 구토 　– 불안　　　– 정신운동성 초조증 　– 손 떨림 증가　– 대발작 　– 일시적인 환시, 환청, 환촉, 또는 착각 　– 자율신경계 기능 항진(발한 또는 빈맥 100회 이상 증가) • 징후 및 증상은 다른 의학적 상태로 인한 것이 아니며, 다른 물질 중독을 포함한 다른 정신 질환으로 더 잘 설명되지 않음 • 위의 증상이 사회적, 직업적, 또는 다른 중요한 기능영역에서 임상적으로 심각한 고통이나 장해를 일으킴

> **개념플러스** **알코올 진전 섬망(Alcohol Delirium Tremens)** [기출] 20년
> - 과도하고 지속적으로 사용하던 알코올의 중단(또는 감소)으로 나타나는 진전과 섬망 상태
> - 알코올의 금단 증상으로 나타나며, 환각, 지남력 장애, 경련, 고열 등의 증상이 나타남
> - 입원한 알코올 중독자의 5~10% 정도에서 나타남

3. 기타 물질 관련 장애

(1) 타바코(담배) 관련 장애(Tobacco-Related Disorder)
① 개념: 담배 제품의 사용, 의존, 중단으로 인해 발생하는 신체적·정신적 장애를 말한다.
② 특징
㉠ 주로 니코틴의 중독성과 관련되어 있다.
㉡ 담배 사용장애, 담배 금단, 그리고 기타 담배 유발장애로 분류된다.

(2) 환각제 관련 장애(Hallucinogen-Related Disorder) 기출 23, 20, 17년
① 개념: 환각을 유발하는 물질 남용 및 금단 증상이 나타나는 장애를 말한다.
② 특징
㉠ 환각제는 현실 감각을 왜곡시키고, 지각·사고·감정의 변화를 유발하는 물질이다.
㉡ **대표적 물질**

> - LSD(Lysergic acid diethylamide)
> - 실로시빈(Psilocybin, 환각 버섯)
> - 페이요트(Peyote), 메스칼린(Mescaline)
> - 펜시클리딘(Phencyclidine, PCP): 천사먼지로도 알려져 있으며, 환각과 망상, 폭력적 행동 유발 가능

(3) 억제제 관련 장애(Depressants-Related Disorder) 기출 22~21년
① 개념: 중추신경계를 억제하는 약물이나 물질의 사용, 금단, 또는 유도 증상을 유발하는 장애를 말한다.
② 특징
㉠ 억제제는 중추신경계의 활동을 저하시켜 불안 감소, 근육 이완, 진정, 수면 유도, 혼수 등을 유발하는 물질이다.
㉡ 대표적 물질

> - 알코올: 가장 흔한 억제제
> - 벤조디아제핀계 약물 예 디아제팜
> - 바르비투르산염(수면제)
> - 마약성 진통제 예 모르핀, 헤로인 → 아편계 약물도 포함

TIP 헤로인 과다 투여(복용) 시 뇌의 호흡 중추를 막아 죽음에 이를 수 있습니다.

(4) 자극제 관련 장애(Stimulant-Related Disorder)
① 개념: 중추신경계를 흥분시키는 자극제의 사용으로 인한 금단, 중독 등의 증상이 나타나는 장애를 말한다.
② 특징
㉠ 자극제는 중추신경계의 활동을 증가시켜 각성, 에너지 증가, 집중력 향상, 기분 고양 등의 효과를 유발하는 물질이다.
㉡ 대표적 물질

> - 암페타민(Amphetamine)
> - 메스암페타민(Methamphetamine, 필로폰)
> - 코카인(Cocaine)
> - 카페인, 니코틴 등 약한 자극제

4. 비물질 관련 장애: 도박장애(Gambling Disorder) 기출 23~20, 18, 16년

(1) 개념: 도박으로 인하여 본인, 가족 및 대인관계의 갈등과 재정적·사회적·법적 문제가 발생하고 있음에도 불구하고, 자신의 의지로 도박행위를 조절하지 못하고 지속적으로 도박을 하게 되는 것을 말한다.

(2) 특징
① 뇌의 보상회로, 특히 도파민 시스템이 활성화되어 도파민 분비와 작용이 증가한다.
② 물질사용장애와 유사하게 내성(예 원하는 흥분감을 위해 액수를 더 높임) 및 금단 증상(심하면 자살까지 초래), 재발 가능성이 존재한다.
③ 충동 조절이 어려우며, 계속 도박하면 이긴다는 오류적 사고(도박 오류)가 존재한다.
④ 스트레스를 받거나 우울감이 있을 때 도박 충동이 증가하는 경향이 있다(부정 정서 해소 목적).
⑤ 도박자금 마련을 위해 도둑질, 사기 등의 불법행위를 하고, 다른 사람에게 경제적으로 의존하는 경향이 있다.
⑥ 충동적이고 단기적인 만족을 추구하며 즉각적인 보상에 집중하는 경향이 있다.
⑦ 시골보다 도시에서의 비율이 더 높으며 평생 유병률은 1% 내외이다.

(3) 진단기준(임상적 특징)
① 지속적이고 반복적인 문제적 도박행동이 임상적으로 현저한 손상이나 고통을 일으키고 지난 12개월 동안 다음의 항목 중 4가지(또는 그 이상)가 나타난다.

- 원하는 흥분을 얻기 위해 액수를 늘리면서 도박하려는 욕구(내성)
- 도박을 줄이거나 중지시키려고 시도할 때 안절부절 못하거나 과민해짐(금단)
- 도박을 조절하거나 줄이거나 중지시키려는 노력이 반복적으로 실패함(조절 실패)
- 종종 도박에 집착함(집착) 예 과거의 도박 경험을 되새기고, 다음 도박의 승산을 예견해 보거나 계획하고, 도박으로 돈을 벌 수 있는 방법을 생각
- 괴로움(예 무기력감, 죄책감, 불안감, 우울감)을 느낄 때 도박함(회피성 도박)
- 도박으로 돈을 잃은 후, 흔히 만회하기 위해 다음날 다시 도박함(추격도박)
- 도박에 관련된 정도를 숨기기 위해 거짓말을 함(거짓말)
- 도박으로 인해 중요한 관계, 일자리, 교육적·직업적 기회를 상실하거나 위험에 빠뜨림(부정적 결과)
- 도박으로 야기된 절망적인 경제 상태에서 벗어나기 위한 돈 조달을 남에게 의존함(경제적 도움을 받음)

② 도박행동이 조증 삽화로 더 잘 설명되지 않는다.

3 신체 증상 및 관련 장애

1. 신체증상장애(신체화 장애, Somatic Symptom Disorder) 기출 21년

(1) **개념**: 스트레스를 받거나 심리적 불편감이 있을 때 다양한 신체 증상을 호소하지만, 검사 결과 증상을 뒷받침할 수 있는 신체적인 질환이 없는 상태를 말한다.

(2) **특징**: 초기 발현 증상이 신체 증상으로 나타나는 것이 특징이다.

(3) **진단기준(임상적 특징)**
① 하나 이상의 신체 증상을 호소하며 이 증상으로 인해 고통스러워 일상생활에서의 심각한 문제가 유발된다.
② 신체 증상 또는 관련 건강 문제와 연결된 지나친 생각, 느낌, 행동이 다음 세 가지 중 한 가지로 나타난다.

> • 증상의 심한 정도와 관련된 생각이 불균형적이고 지속적임
> • 건강과 증상에 관한 불안이 지속해서 높음
> • 이러한 증상과 건강 문제에 소비한 시간과 에너지가 과도함

③ 한 가지 신체 증상(예 복통, 두통 등)이 지속해서 있지 않더라도 증상 상태는 지속적이다(전형적으로 6개월 이상).

2. 질병불안장애(Illness Anxiety Disorder) 기출 21년

(1) **개념**: 건강염려증이라고도 하며, 자신이 심각한 질병에 걸렸다는 믿음이나 걸릴 수 있다는 공포에 사로잡혀 자신의 건강을 비정상적으로 염려하고 병에 집착하는 상태를 말한다.

(2) **특징**: 정상적인 신체 증상도 병 때문이라고 생각하는 경향이 있다.

(3) **진단기준(임상적 특징)**
① 심각한 질병에 걸려 있거나 걸리는 것에 대한 집착이 지속된다.
② 신체 증상들이 없거나, 있더라도 경도 수준이다. 만약 다른 의학적 질병이 있거나 질병에 대한 위험이 높은 경우, 집착은 명백히 과도하거나 불균형적이다.
③ 건강에 대한 높은 수준의 불안을 느끼며, 자신의 건강 상태에 대해 쉽게 경각심을 갖게 된다.
④ 건강과 관련된 과도한 행동(예 반복적인 자가 건강 확인이나 의사 방문 등)이 나타나거나, 반대로 회피행동(예 병원, 병, 뉴스 등 건강 관련 단서 회피)이 지속된다.
⑤ 질병에 대한 집착이 최소 6개월 이상 지속된다.
⑥ 이러한 집착이 다른 정신 질환(예 신체증상장애, 강박장애 등)으로 더 잘 설명되지 않는다.

3. 전환장애(Conversion Disorder) 기출 25~23, 21~20년

(1) **개념**: 과거에 흔히 히스테리라고 불리던 질환으로, 갑작스러운 감각기관의 기능상실이나 근육마비 등의 신경학적 신체 증상이 나타나지만, 이러한 증상이 신체적 질병이 아닌 심리적 갈등에 의해 일어나는 것을 말한다.

빈출 핵심 발문

• 전환장애의 특징을 모두 고른 것은?
• 심리적 갈등이나 스트레스로 인해 갑작스러운 시력 상실이나 마비와 같은 감각 이상 또는 운동 증상을 나타내는 질환은?
• 전환장애에 관한 설명으로 옳지 않은 것은?

TIP 신체증상장애와 질병불안장애는 혼동하기 쉽습니다. 하지만 둘의 차이는 어디에 초점을 두는지에 있습니다. 신체증상장애는 증상 자체에 대해 과도한 생각을 하는 것이며, 질병불안장애는 질병 진단 자체에 대한 불안을 느껴 거기에 과도한 집착을 하는 것입니다.

(2) 특징 기출 24, 20년
① 무의식적인 과정을 통해 증상이 일어나는 것으로, 환자가 의도적으로 꾸며낸 증상(예 꾀병 혹은 인위성 장애)이 아니다. 즉, 환자들이 겪는 증상이 의학적 질환의 증상과 유사하다.
② 전환장애의 증상은 다양하지만, 특히 흔한 것은 특정 감각 이상(예 시각, 후각 또는 청각장애), 마비, 무감각증 등이다.
③ 여성이 남성에 비해 유병률이 높으며, 사춘기나 성인 초기에 발병한다.

(3) 진단기준(임상적 특징)
① 하나 이상의 운동 또는 감각기능의 변화에 대한 증상이 있다.
② 임상적 평가 결과, 증상이 신경학적 또는 의학적 상태와 일치하지 않는다.
③ 증상이나 결함이 다른 의학적 장애 또는 정신 질환으로 잘 설명되지 않는다.
④ 증상이나 결함이 사회적·직업적 또는 기타 주요 기능영역에서 임상적으로 현저한 고통이나 손상을 유발한다.

> **TIP** DSM-Ⅳ에서는 스트레스 요인 동반을 진단의 필수조건으로 규정하였으나, DSM-5부터는 더 이상 필수조건으로 요구하지 않습니다. 스트레스 요인이 동반되지 않아도 무의식적 신경학적 증상이 나타나고 의학적으로 설명되지 않는 증상이라면 전환장애로 진단될 수 있습니다.

개념플러스 1차 이득(Primary Gain)과 2차 이득(Secondary Gain)

- 1차 이득과 2차 이득은 환자가 증상을 통해 얻게 되는 심리적·사회적 혜택을 말함

1차 이득	내면의 심리적 갈등이나 스트레스를 신체 증상으로 바꿔서 정신적 불안을 줄이거나 내적 갈등의 자각을 차단하는 무의식적 효과
2차 이득	증상을 통해 외부로부터 실제적인 보상이나 동정·관심을 받거나 책임감으로부터 벗어나게 해주는 것

- 전환장애의 환자는 이러한 이득을 위해 증상을 꾸며내는 것은 아니며, 이러한 이득 또한 무의식적으로 형성된 결과임

4. 인위성 장애(허위성 장애, Factitious Disorder) 기출 21년

(1) 개념: 주로 신체적인 징후나 증상을 의도적으로 만들어 내서 자신에게 관심과 동정을 이끌어 내는 것을 말한다.

(2) 특징: 이런 행동을 하는 데 있어서 외적 이득(예 경제적 이득, 법적 책임 회피 등)이 없으며, 환자 역할을 하고 싶다는 내적 동기에 의해 발병한다.

> **TIP** 외적 이득이 명확한 경우, 꾀병으로 진단합니다.

(3) 진단기준(임상적 특징)
① 자신에게 부여된 인위성 장애
  ㉠ 분명한 속임수와 관련되어 신체적이거나 심리적인 징후·증상을 허위로 조작하거나 상처, 질병을 유도한다.
  ㉡ 다른 사람에게 자신을 아프고 장애가 있거나 부상당한 것처럼 표현한다.
  ㉢ 명백한 외적 보상이 없는 상태에서도 기만적 행위가 분명하다. 주요 동기는 아픈 역할을 얻는 것이다.
  ㉣ 행동이 다른 정신 질환(예 망상장애 등)으로 더 잘 설명되지 않는다.

> **TIP** DSM-5에서는 자기의 증상을 꾸며내는 스스로에게 부여된 인위성 장애와 다른 사람의 증상을 만들어 내고 상처나 질병을 유도하는 타인에게 부여된 인위성 장애로 분류하여 진단합니다.

② 타인에게 부여된 인위성 장애
  ㉠ 분명한 속임수와 관련되어 신체적이거나 심리적인 징후·증상을 허위로 조작하거나 상처, 질병을 유도한다.
  ㉡ 제3자가 아프고 장애가 있거나 부상당한 것처럼 다른 사람에게 내보인다.
  ㉢ 명백한 외적 보상이 없는 상태에서도 기만적 행위가 분명하다. 주요 동기는 '대리인을 통해' 아픈 역할을 얻는 것이다.
  ㉣ 행동이 다른 정신 질환(예 망상장애 등)으로 더 잘 설명되지 않는다.

4 급식 및 섭식장애 기출 22, 18년

1. 신경성 식욕부진증(Anorexia Nervosa) 기출 25~24, 20, 16년

(1) **개념**: 체중 증가와 비만에 대한 극심한 두려움을 지니고 있어서 음식 섭취를 현저하게 감소시키거나 거부함으로써 체중이 비정상적으로 저하되는 것을 말한다.

(2) **특징**
① 전체 환자의 90% 이상이 젊은 여성(주로 10대~30대)이지만, 남성에게도 나타날 수 있다.
② 체중과 체형이 자기평가에 지나치게 영향을 미쳐 강한 식욕 또는 음식에 대한 갈망이 있지만, 적극적으로 이를 억제하는 특징이 있다.
③ 환자와 가족에 대한 치료가 동시에 이루어지는 것이 효과적이며, 일차적으로 외래치료를 추천하지만, 체중이 신장 대비 기대 체중의 20% 이하이거나 다른 합병증치료가 병행되어야 할 경우 입원치료가 진행되기도 한다.

(3) **유형**

제한형	지난 3개월 동안, 폭식 혹은 제거행동(예 자발적 구토, 설사제(하제) 남용, 이뇨제, 관장 등)이 반복적이지 않았던 경우
폭식 혹은 제거형	지난 3개월 동안 폭식 혹은 제거행동이 반복적으로 있었던 경우

(4) **진단기준(임상적 특징)**
① 신체적 필요에 비해 음식 섭취를 제한함으로써 나이, 성별, 발달 수준과 신체건강에 비추어 현저한 저체중 상태를 초래한다.
② 심각한 저체중임에도 불구하고 체중 증가와 비만에 대한 극심한 두려움을 지니거나 체중 증가를 방해하는 지속적인 행동이 나타난다.
③ 체중과 체형을 왜곡하여 인식하고, 자기평가에 체중과 체형이 지나친 영향을 미치거나, 현재 나타내고 있는 체중미달의 심각함을 지속적으로 부정한다.

2. 신경성 폭식증(Bulimia Nervosa) 기출 20~19년

(1) **개념**: 단시간(약 2시간) 내에 일반인들이 먹을 수 있는 양보다 명백히 많은 양을 먹고 음식을 먹는 동안 음식 섭취에 대한 통제력을 잃으며, 이로 인한 체중 증가를 막기 위해 자발적 구토, 이뇨제 남용, 과도한 운동 등의 비정상적인 행위를 반복하는 증상을 말한다.

빈출 핵심 발문
- 섭식장애에 관한 설명으로 옳지 않은 것은?
- 신경성 식욕부진증에 관한 설명으로 틀린 것은?

(2) 특징
① 지나친 저체중을 특징으로 하는 식욕부진증과 달리 일반적으로 정상 체중 혹은 약간의 저체중 상태이다.
② 자발적 구토로 인해 식도 등의 소화기관 천공이나 파열, 체액과 전해질의 불균형, 치아 손상 등이 동반된다.
③ 폭식행동은 비밀스럽게 이루어지는 경우가 많다.

(3) 진단기준(임상적 특징) 기출 19년
① 다음과 같은 폭식 삽화가 반복적으로 나타난다(두 가지 모두 해당).

> - 일정 시간(2시간 이내) 동안 대부분의 사람이 유사한 상황에서 동일한 시간 동안 먹는 것보다 분명하게 많은 양의 음식을 먹음
> - 삽화 중에 먹는 것에 대한 조절능력의 상실감을 느낌 예 먹는 것을 멈출 수 없거나, 무엇을 혹은 얼마나 많이 먹어야 할 것인지를 조절할 수 없는 느낌

② 체중이 증가하는 것을 막기 위한 반복적이고 부적절한 보상행동을 한다.
③ 폭식과 부적절한 보상행동이 평균적으로 최소 3개월 동안 평균 주 1회 이상 발생한다.
④ 자기평가에 체형과 체중이 과도하게 영향을 미친다.
⑤ 이 장애가 신경성 식욕부진증의 삽화기간 동안에만 발생하지 않는다.

참고 **부적절한 보상행동의 유형**
- 스스로 구토 유도(자발적 구토)
- 설사제(하제)·이뇨제·관장약 남용
- 금식 및 단식
- 과도한 운동

> **개념플러스 신경성 식욕부진증과 신경성 폭식증의 공통적 특징**
> - 마른 외형을 선호하는 사회문화적 분위기와 연관되어 발현된 장애
> - 대개 10대 청소년기에 처음 발병함
> - 외모가 중시되는 직업군에서 발병률이 높은 편
> - 신체기능의 저하를 가져와 죽음에까지 이를 수 있음

3. 폭식장애(Binge-Eating Disorder)

(1) 개념: 신경성 폭식증과 같이 빈번한 폭식을 보이지만 부적절한 보상행동이 없는 경우를 말한다.

(2) 진단기준(임상적 특징)
① 신경성 폭식증의 진단기준 ①과 동일한 폭식 삽화 두 가지가 나타난다.
② 폭식 삽화는 다음 중 3가지(혹은 그 이상)와 연관된다.

> - 평소보다 많은 양을 빠르게 먹음
> - 불편하게 배가 부를 때까지 먹음
> - 신체적으로 배고프지 않은데도 많은 양의 음식을 먹음
> - 얼마나 많이 먹는지에 대한 부끄러운 느낌 때문에 혼자서 먹음
> - 폭식 후 스스로에 대한 역겨운 느낌, 우울감 혹은 큰 죄책감을 느낌

③ 폭식으로 인해 현저한 고통을 느낀다.
④ 폭식 삽화가 최소 3개월 동안 평균 주 1회 이상 발생한다.
⑤ 폭식은 신경성 폭식증에서 관찰되는 것과 같은 부적절한 보상행동과 연관되어 있지 않으며, 신경성 폭식증 혹은 신경성 식욕부진증의 기간 동안에만 발생하지 않는다.

4. 이식증(Pica) 기출 23, 20년

(1) **개념**: 영양분이 없고 음식이 아닌 물질(예 종이, 비누, 천, 머리카락, 실, 흙, 화장품, 찰흙 등)을 섭취하는 것을 말한다.

(2) **특징**: 아동기에 가장 발병률이 높다.

(3) **진단기준(임상적 특징)**
① 최소 1개월 동안 비영양성, 비음식 물질을 지속적으로 먹는다.
② 이러한 행동이 발달 수준에 비춰 볼 때 부적절하다.
③ 이러한 행동이 문화적으로 지지되거나 사회적 관습의 일부가 아니다.
④ 만약 먹는 행동이 다른 정신 질환(예 지적 장애, 자폐스펙트럼장애, 조현병)이나 의학적 상태(임신 포함) 기간 중에만 나타난다면, 이 행동이 별도의 임상적 관심을 받아야 할 만큼 심각한 것이어야 한다.

5. 반추장애(되새김장애, Rumination Disorder) 기출 20년

(1) **개념**: 위의 내용물을 식도나 구강 내로 역류시켜 다시 씹어 삼키는 행동을 보이는 장애를 말한다.

(2) **특징**
① 주로 아동기에 발병하며, 여아보다는 남아에게서 발병률이 높은 편이다.
② 지적 장애와 전반적 발달장애를 가진 아동에게서 많이 나타난다.
③ 다른 정신적 장애에서 되새김 증상이 발생하는 경우, 이 증상이 별도의 임상적 주목을 받을 만큼 심각한 경우일 때만 추가적으로 진단이 가능하다.

(3) **진단기준(임상적 특징)**
① 최소 1개월 동안 음식물을 반복적으로 되새김질하여 다시 씹거나 뱉는 행동이 나타난다.
② 이러한 행동이 위장관 질환이나 다른 의학적 상태로 설명되지 않는다.
③ 증상이 신경성 식욕부진증이나 신경성 폭식증과 같은 다른 섭식장애로 설명되지 않아야 한다.
④ 만약 이 증상이 다른 정신장애(예 지적 장애)의 맥락에서 나타나더라도, 임상적으로 추가적인 주의가 필요할 만큼 충분히 심각한 것이어야 한다.

6. 회피적/제한적 음식섭취장애(Avoidant/Restrictive Food Intake Disorder, ARFID)

(1) **개념**: 체중 증가에 대한 공포나 왜곡된 신체 이미지와는 무관하게, 음식 섭취에 문제가 있어 적절한 영양 및/또는 에너지 필요량을 충족하지 못하는 것을 말한다.

(2) **특징**
① 영유아나 아동기에 주로 시작되지만, 성인기까지 지속될 수 있다.
② 음식에 대한 관심이 부족하고, 음식의 특성(예 색, 냄새, 질감 등)에 극도로 민감하다.
③ 음식 섭취 후 혐오적 경험(예 질식, 구토, 복통 등)을 할 것에 대한 두려움이 있다.

(3) 진단기준(임상적 특징)

① 특정 음식에 대한 회피, 무관심 등으로 인해 충분한 영양 섭취가 이루어지지 않는 장애로 다음 중 1가지 이상을 유발한다.

> - 현저한 체중 감소(아동의 경우 기대 체중에 못 미침)
> - 극심한 영양 결핍
> - 음식 또는 영양 공급을 위한 영양보충제에 대한 의존
> - 음식 섭취 문제로 인해 사회적 기능장애 발생 예 가족 식사, 학교 급식 등에서 문제 발생

② 음식을 구할 수 없는 상황이나 음식에 대한 문화적 관습 등으로 인한 것이 아니다.
③ 신경성 식욕부진증이나 신경성 폭식증의 과정 중에만 나타나는 것이 아니며, 체중이나 체형에 대한 왜곡된 경험이 없다.
④ 섭식장애가 병발하는 의학적 상태나 다른 정신장애 때문이 아니며, 만약 그러한 경우라도 섭식장애가 임상적으로 추가적인 주의를 요할 만큼 충분히 심각한 것이어야 한다.

5 배설장애(유뇨증과 유분증) 기출 21년

구분	유뇨증(Enuresis)	유분증(Encopresis)
개념	소변을 가릴 나이가 되었음에도 소변을 가리지 못하는 증상, 특히 적절하지 않은 장소에서 소변을 보는 것	대변을 가릴 나이가 되었음에도 대변을 가리지 못하는 증상, 특히 적절하지 않은 장소에서 대변을 보는 것
특징	• 5세 이상의 유아·아동에게서 발병하는 경우가 많음 • 남아의 유병률이 여아보다 높은 편	• 4세 이상의 유아·아동에게서 발병하는 경우가 많음 • 남아의 유병률이 여아보다 높은 편
증상에 따른 유형	• 야간 유뇨증(야뇨증): 주로 잠을 잘 때, 특히 REM(렘) 수면단계에서 소변을 가리지 못함(남아에게서 더 흔함) • 주간 유뇨증: 낮에 깨어 있을 때 소변을 가리지 못함 • 복합형: 주간 유뇨증과 야간 유뇨증 증상이 나타남	• 변비 및 범람 변실금이 있는 것: 신체적 검사나 내력에서 변비의 증거가 있는 경우 • 변비 및 범람 변실금이 없는 것: 신체적 검사나 내력에서 변비의 증거가 없는 경우
진단기준	• 침구 또는 옷에 의도적이든 불수의적이든 반복적으로 소변을 봄 • 적어도 3개월 이상을 지속적으로 주 2회 이상 나타나거나 사회적·직업적 또는 학습기능을 포함한 중요한 영역에서 심각한 장애를 보이는 경우 • 발달연령이 최소 5세 이상(혹은 이와 비슷한 발달 상태) • 이러한 장애가 약물(예 이뇨제 등)에 의한 것은 아니어야 하며, 다른 의학적 상태(예 당뇨병, 척수이분증, 또는 경련성 질환)의 직접적인 생리적 효과로 인한 것이 아니어야 함	• 옷 또는 마루 등과 부적절한 곳에 불수의적이든 의도적이든 반복적으로 대변을 봄 • 이러한 상황이 적어도 3개월 동안에 월 1회 이상 나타나야 함 • 발달연령이 최소 4세 이상(혹은 이와 비슷한 발달 상태) • 이러한 장애가 약물(예 완화제) 등에 의하거나 다른 의학적 상태(변비 제외) 등에 의한 직접적, 생리적 효과로 인한 것이 아니어야 함

참고 **연령별 유뇨증 유병률**
- 5세: 5~10%
- 10세: 1.5~5%
- 15세: 약 1%

참고 **연령별 유분증 유병률**
- 4세: 3%
- 10세: 1.6%
- 10~12세: 0.75%

6 수면-각성장애

1. 불면장애(Insomnia Disorder)와 과다수면장애(Hypersomnolence Disorder)

구분	불면장애	과다수면장애
개념	불면증이라고도 하며, 적절한 환경과 잠잘 수 있는 조건이 마련되어 있으나 2주 이상 잠을 이루지 못하는 수면장애	야간수면 시간이 충분함에도 불구하고 과도한 주간 졸음이나 각성 유지의 어려움을 특징으로 하는 수면장애
특징	• 불면증의 지속 기간에 따라 일시적, 단기, 장기 혹은 만성 불면증으로 구분함 • 잠들기 힘들거나, 야간에 자주 깨거나, 새벽녘에 일어나는 등의 증상이 있음	성인의 경우 하루 11시간 이상의 수면을 취하면 과다수면으로 간주될 수 있음

진단 기준	• 수면의 양이나 질의 현저한 불만족감이 있고, 다음 중 한 가지 이상의 증상과 연관됨
	  - 수면개시의 어려움
	  - 수면유지의 어려움으로 자주 깨거나 깬 뒤에 다시 잠들기 어려운 양상으로 나타남
	  - 이른 아침 각성하여 다시 잠들기 어려움
	• 수면장애가 사회적·직업적·교육적·학업적·행동적 또는 다른 중요한 기능영역에서 임상적으로 현저한 고통이나 기능 저하를 초래함
	• 수면 문제가 최소 주 3회 이상 지속됨
	• 수면 문제가 최소 3개월 이상 지속됨
	• 적절한 수면의 기회가 주어졌음에도 불구하고 수면 문제가 발생함
	• 다른 수면-각성장애로 더 잘 설명되지 않으며, 물질(약물)이나 다른 정신적/의학적 상태로 인한 것이 아님
		• 충분한 수면(최소 7시간 이상)을 취했음에도 과도한 졸음이 발생하며, 다음 중 한 가지 이상의 증상이 나타남
		  - 하루에 반복적인 졸음 또는 수면에 빠짐
		  - 주요 수면 시간이 9시간 이상임에도 불구하고 상쾌하게 느끼지 않음
		  - 갑자기 깨어난 후에 충분한 각성상태에 이르지 못함
		• 위 증상은 최소 3개월 동안 주 3회 이상 지속됨
		• 이러한 졸림은 임상적으로 의미 있는 고통 또는 사회적·직업적·기능적 손상을 초래함
		• 이 졸림은 다른 수면장애(예 기면증, 호흡 관련 수면장애, 일주기 리듬 수면장애)로 더 잘 설명되지 않으며, 다른 수면-각성 장애로 더 잘 설명되지 않고 물질(약물)이나 다른 정신적/의학적 상태로 인한 것이 아님

> **빈출 핵심 발문**
> • 사건수면(Parasomnia)에 해당되는 것은?

2. 사건수면(Parasomnia)

(1) **개념**: 수면 중 또는 잠이 덜 깬 상태에서 발생하는 비정상적인 행동이나 생리적 현상을 말한다.

(2) **특징**: DSM-5에서 사용되는 공식 진단명은 아니며, 수면-각성장애 진단 범주 안에 포함된 일부 진단명을 포함한 개념이다.

(3) **유형** 기출 24, 18년

① NREM 수면각성장애(Non-REM Sleep Arousal Disorder)

   ⊙ 수면 중에 각성 상태로 불완전하게 깨어나는 상태를 말한다.

   ⓒ 수면보행증(몽유병)과 야경증이 대표적이다.

수면보행증 (몽유병)	수면 중에 걸어다니는 현상을 말하며, 이 기간동안 본인이 취한 행동을 기억하지 못함
야경증	밤에 자다가 일어나서 소리를 지르며 잠에서 자주 깨는 증상

② REM 수면행동장애(REM Sleep Behavior Disorder): 수면 중에 꿈속의 행동을 실제 행동으로 옮기는 수면장애를 말한다.
③ 악몽장애(Nightmare Disorder): 수면 중 반복적으로 악몽을 꾸어 잠에서 깨는 수면장애를 말한다.
④ 그 외의 유형

수면마비 (가위눌림)	잠들기 직전이나 잠에서 깰 때 몸이 움직이지 않고 수초에서 3분 정도 지속되며, 환각이 동반되기도 하는 증상
야간 유뇨증	잠을 잘 때 본인도 모르게 소변을 가리지 못하는 증상
수면섭식장애	수면 중 본인도 모르는 사이에 음식을 먹는 증상

7 성 관련 장애

1. 성기능장애(성기능부전) 기출 25, 23~22, 20, 18, 16년

(1) 남성 성욕감퇴장애(Male Hypoactive Sexual Desire Disorder)
① 개념: 성적 욕망이 지속적으로 결여되어 없거나 부족한 상태를 말한다.
② 진단기준(임상적 특징)
㉠ 성적인 혹은 에로틱한 생각이나 공상 그리고 성행위에 대한 욕구가 지속적이거나 반복적으로 결여(또는 부재)되어 있다.
㉡ 이러한 증상이 최소 6개월 이상 지속된다.

(2) 발기장애(Erectile Dysfunction)
① 개념: 성행위에 대한 욕구가 있음에도 불구하고 음경이 발기되지 않아 성교에 어려움을 겪는 상태를 말한다.
② 진단기준(임상적 특징)
㉠ 다음 3가지 중 최소한 1가지의 증상이 대부분의 성행위(대략 75~100%) 시에 경험된다.

> · 성행위 동안 발기가 되지 않는 뚜렷한 어려움
> · 성행위가 끝날 때까지 발기를 유지하는 데의 뚜렷한 어려움
> · 발기력의 뚜렷한 감소

㉡ 이러한 증상이 최소 6개월 이상 지속된다.

(3) 조루증(Premature Ejaculation)
① 개념: 남성의 사정이 지나치게 빠르게 나타나는 장애를 말한다.
② 진단기준(임상적 특징)
㉠ 본인이 원하기도 전에 1분 이내에 사정하는 일이 지속적이거나 반복적으로 나타난다.
㉡ 이러한 증상이 최소 6개월 이상 지속된다.

빈출 핵심 발문

· 남성이 사정에 어려움을 겪으며 성적 절정감을 느끼지 못하는 성기능장애는?
· DSM-5에서 성도착장애의 유형에 대한 설명으로 옳은 것은?
· 성도착장애에 관한 설명으로 틀린 것은?

(4) 지루증(Delayed Ejaculation)
① 개념: 남성이 사정에 어려움을 겪으며 성적 절정감을 느끼지 못하는 장애를 말한다.
② 진단기준(임상적 특징)
  ㉠ 사정을 못하거나 사정을 하는 일이 드물고, 하더라도 사정이 지연되는 증상이 나타난다.
  ㉡ 이러한 증상이 최소 6개월 이상 지속된다.

(5) 여성 성적 관심/흥분장애(Female Sexual Interest/Arousal Disorder, FSIAD)
① 개념: 여성이 성행위에 관심이 심각하게 결여·감소되어 있거나, 성적 자극에도 불구하고 흥분을 느끼지 못하는 상태를 말한다.
② 진단기준(임상적 특징)
  ㉠ 성적 관심/흥분이 심각하게 결여되어 있거나 감소되어 있고, 다음 6가지 중 최소한 3가지 이상으로 드러난다.

> - 성행위에 대한 관심 결여/감소
> - 성적/에로틱한 사고나 공상의 결여/감소
> - 성행위를 먼저 시작하려는 시도가 결여/감소되어 있고, 성행위를 시작하려는 상대방의 시도 역시 받아들여지지 않음
> - 대부분의 성행위(대략 75~100%) 시에 성적 흥분/쾌락의 결여/감소
> - 내적이거나 외적인 성적/에로틱한 단서들(예 글, 언어, 시각)에 대한 성적 흥분/쾌락의 결여/감소
> - 대부분의 성행위(대략 75~100%) 시에 생식기 또는 비생식기 감각에 대한 결여/감소

  ㉡ 이러한 증상이 최소 6개월 이상 지속된다.

(6) 여성 절정감 장애(여성 성극치감 장애, Female Orgasmic Disorder)
① 개념: 적절한 성적 자극이 주어졌음에도 불구하고 절정감을 느끼지 못하는 상태를 말한다.
② 진단기준(임상적 특징)
  ㉠ 절정감의 지연이나 절정감을 느끼는 일이 드물고, 없는 경우 혹은 절정감의 강도가 뚜렷하게 저하가 되는 증상이 대부분의 성행위 시에(대략 75~100%) 경험된다.
  ㉡ 이러한 증상이 최소 6개월 이상 지속된다.

(7) 생식기/골반통증장애(Genito-Pelvic Pain/Penetration Disorder)
① 개념: 성관계 시에 생식기나 골반에 심한 통증을 경험하여 성행위를 고통스럽게 느끼는 상태를 말한다.
② 진단기준(임상적 특징)
  ㉠ 질 삽입이 예상되거나 시도 중에 있거나, 있은 후에 생식기나 골반에서 통증을 느끼거나 통증이 올 것이라는 심한 공포와 불안에 사로잡혀 있다.
  ㉡ 이러한 증상이 최소 6개월 이상 지속된다.

2. 성별(젠더) 불쾌감(성 불편증, Gender Dysphoria) 기출 23, 20~19년

(1) **개념**: 자신이 가지고 태어난 생물학적 성과 자신이 경험하고 표현하는 성 역할 간의 불일치로 인해 지속적으로 불편감(또는 불쾌감)이 초래되는 상태를 말한다.

(2) **진단기준(임상적 특징)**

① 아동에서의 성별 불쾌감

㉠ 자신이 경험하고 표현하는 성 역할과 주어진 생물학적 성 간의 뚜렷한 불일치가 최소한 6개월 이상 지속적으로 나타나고, 다음 8가지 중 최소한 6가지 이상으로 나타난다.

> - 다른 성별이 되고 싶은 강한 열망, 또는 자신이 다른 성별이라고 주장—반드시 나타나야 하는 증상
> - 다른 성별의 옷을 입거나, 스타일을 선호함
> - 가상놀이나 상상놀이에서 다른 성 역할을 강하게 선호함
> - 다른 성별이 전형적으로 사용하거나 참여하는 장난감, 게임, 또는 활동을 강하게 선호함
> - 다른 성별의 놀이친구를 강하게 선호함
> - 전형적인 같은 성별의 놀이, 장난감, 게임, 활동을 강하게 거부함
> - 자신에게 주어진 해부학적 성을 강하게 혐오함
> - 자신이 경험하는 성 역할과 어울리는 1차적·2차적 성 특징들에 대한 강한 열망이 있음

㉡ 이러한 상태가 사회, 학교, 또는 다른 중요한 기능영역에서 임상적으로 심각한 고통이나 손상과 관련되어 있다.

② 청소년과 성인에서의 성별 불쾌감

㉠ 자신이 경험하고 표현하는 성 역할과 주어진 생물학적 성 간의 뚜렷한 불일치가 최소한 6개월 이상 지속적으로 나타나고, 다음 6가지 중 최소한 2가지 이상으로 드러난다.

> - 자신의 생물학적 성별과 일치하지 않는 성별로 살고 싶은 강한 욕망이 있음
> - 자신이 원하는 성별과 일치하지 않는 1차 또는 2차 성징에 대한 강한 불쾌감이 있음
> - 자신의 생물학적 성별과 관련된 성징을 없애고 싶어함
> - 다른 성별의 성기나 2차 성징을 가지고 싶어함
> - 다른 성별로 간주되거나 대우받고 싶어함
> - 다른 성별의 감정과 반응을 가지고 싶어함

㉡ 이러한 상태가 사회, 학교, 또는 다른 중요한 기능영역에서 임상적으로 심각한 고통이나 손상과 관련되어 있다.

3. 변태성욕장애(성도착장애, Paraphilic Disorder) 기출 25~24, 22~20, 17~16년

(1) **노출장애(Exhibitionistic Disorder)** 기출 24, 21년

① **개념**: 성적 흥분을 위해 자신의 성기를 동의하지 않은 낯선 사람에게 노출시키는 장애이다.

② **특징**

㉠ 자신의 성기를 노출하거나 노출했다는 상상을 하며 자위행위를 하기도 한다.

㉡ 피해 대상은 거의 대부분이 신체적으로 성숙한 여성이거나 사춘기 이전의 아동(여자 또는 남자 아이)이다.

> **심화** 변태성욕장애의 임상적 진단 연령
>
> 보통 최소 18세 이상을 대상으로 진단

ⓒ 청소년기(18세 이전)나 성인기 초기에 처음 발병하며, 남성의 유병률이 높은 편이다.

③ 진단기준(임상적 특징)
㉠ 낯선 사람에게 자신의 성기를 노출시킴으로써 강한 성적 흥분을 일으키는 공상, 충동, 또는 행동이 최소한 6개월 이상 반복적으로 나타난다.
㉡ 이러한 성적 충동이 동의하지 않은 사람에게 일어나거나, 또는 성적 충동이나 공상이 사회적·직업적 또는 다른 중요한 기능영역에서 임상적으로 심각한 고통이나 손상을 초래한다.

(2) **관음장애(Voyeuristic Disorder)**
① 개념: 다른 사람이 옷을 벗고 있는 모습을 몰래 훔쳐봄으로써 성적 흥분을 느끼는 경우를 말한다.
② 특징: 대부분 15세 이전에 발견되며 지속되는 편이다.
③ 진단기준(임상적 특징)
㉠ 다른 사람이 옷을 벗거나, 옷을 벗고 있거나, 또는 성행위 중에 있는 모습을 몰래 훔쳐봄으로써 강한 성적 흥분을 일으키는 공상, 충동, 또는 행동이 최소한 6개월 이상 반복적으로 나타난다.
㉡ 이러한 성적 충동이 동의하지 않은 사람에게 일어나거나, 또는 성적 충동이나 공상이 사회적·직업적 또는 다른 중요한 기능영역에서 임상적으로 심각한 고통이나 손상을 초래한다.

(3) **접촉마찰장애(마찰도착장애, Frotteuristic Disorder)**
① 개념: 동의하지 않은 사람에게 자신의 성기나 신체 일부를 반복적으로 접촉하거나 문지르는 행위를 함으로써 성적 흥분을 느끼는 경우를 말한다.
② 특징: 주로 사람이 많은 붐비는 곳에서 행위가 진행된다.
③ 진단기준(임상적 특징)
㉠ 동의하지 않은 사람에게 접촉하고 문지름으로써 강한 성적 흥분을 일으키는 공상, 충동, 또는 행동이 최소한 6개월 이상 반복적으로 나타난다.
㉡ 이러한 성적 충동이 동의하지 않은 사람에게 일어나거나, 또는 성적 충동이나 공상이 사회적·직업적 또는 다른 중요한 기능영역에서 임상적으로 심각한 고통이나 손상을 초래한다.

(4) **성적 피학장애(Sexual Masochism Disorder)와 성적 가학장애(Sexual Sadism Disorder)**

구분	성적 피학장애	성적 가학장애
개념	상대방에게 굴욕 혹은 매질을 당하거나 묶이는 등의 고통을 당하는 행위에 성적 흥분을 느끼는 경우	상대방에게 굴욕감을 주거나 고통을 가하는 것에 성적 흥분을 느끼는 경우
특징	고통을 당하는 행위는 실제적일 수도 있고 가상적일 수도 있지만, 대부분 실제적임	가학행동에 우월성이나 성취감을 표시하는 행위(예 결박하기, 채찍질하기, 목조르기 등)가 나타남

진단기준 (임상적 특징)	• 굴욕을 당하거나, 매질을 당하거나, 묶이거나, 또는 다른 방식으로 고통을 당함으로써 강한 성적 흥분을 일으키는 공상, 충동, 또는 행동이 최소한 6개월 이상 반복적으로 나타남 • 이러한 공상, 성적 충동, 또는 행동이 사회적, 직업적, 또는 다른 중요한 기능영역에서 임상적으로 심각한 고통이나 손상을 초래함	• 다른 사람에게 신체적이거나 심리적인 고통을 줌으로써 강한 성적 흥분을 일으키는 공상, 충동, 또는 행동이 최소한 6개월 이상 반복적으로 나타남 • 이러한 성적 충동이 동의하지 않은 사람에게 일어나거나, 또는 성적 충동이나 공상이 사회적, 직업적, 또는 다른 중요한 기능영역에서 임상적으로 심각한 고통이나 손상을 초래함

(5) 아동성애장애(소아성애장애, Pedophilic Disorder)

① 개념: 사춘기 이전의 아동을 대상으로 성적 공상이나 성행위를 하는 경우를 말한다.

② 특징: 여성보다 남성의 유병률이 높은 편이고, 보통 청소년기에 증상이 시작되며 만성적인 특징이 있다.

③ 진단기준(임상적 특징)

㉠ 사춘기 이전의 아동이나 어린이(보통 13세 이하 혹은 초등 이하)를 대상으로 성적 흥분을 강하게 일으키는 공상이나 성적 충동, 또는 성 행동에 관여되는 행동이 최소한 6개월 이상 반복적으로 나타난다.

㉡ 이러한 성 충동적인 행동, 또는 성적 충동이나 공상이 뚜렷한 고통이나 대인관계의 어려움을 초래한다.

㉢ 개인은 최소한 16세 이상이어야 하고, ㉠에 언급된 아동이나 어린이보다 최소한 5세 이상 연장자여야 한다.

(6) 물품음란장애(Fetishistic Disorder)

① 개념: 무생물인 물건에 강한 성적 흥분을 느끼는 경우를 말한다.

② 특징

㉠ 증상은 보통 청소년기에 시작되고, 일단 발병하면 만성적 경과를 보인다.

㉡ 여성보다 남성에게서 훨씬 더 많이 나타난다.

③ 진단기준(임상적 특징)

㉠ 무생물인 물건들을 사용하거나 또는 생식기와 관련 없는 신체의 특정 일부분에 착용하는 물건들에 집착함으로써 강한 성적 흥분을 일으키는 공상, 충동, 또는 행동이 최소한 6개월 이상 반복적으로 나타난다.

㉡ 이러한 공상, 성적 충동, 또는 행동이 사회적·직업적 또는 다른 중요한 기능영역에서 임상적으로 심각한 고통이나 손상을 초래한다.

㉢ 집착하는 물건들이 이성의 옷으로 바꿔 입기 위한 의류(의상전환장애에서처럼)나 촉감으로 성기를 자극하려는 기구(예 진동기)에만 국한되지 않는다.

(7) 의상전환장애(복장도착장애, Transvestic Disorder)

① 개념: 이성의 옷을 수집하여 바꿔 입음으로써 성적 흥분을 느끼는 경우를 말한다.

② 특징: 성별 불쾌감으로 인해 이성의 옷을 입는 경우와는 다르기 때문에, 이를 구분하여야 한다.

③ 진단기준(임상적 특징)
  ㉠ 이성의 옷으로 바꿔 입음으로써 강한 성적 흥분을 일으키는 공상, 충동, 또는 행동이 최소한 6개월 이상 반복적으로 나타난다.
  ㉡ 이러한 공상, 성적 충동, 또는 행동이 사회적·직업적 또는 다른 중요한 기능 영역에서 임상적으로 심각한 고통이나 손상을 초래한다.

8 성격장애(Personality Disorder)

1. 성격장애의 개요

(1) 개념: 어린 시절부터 서서히 발전하여 성인기에 개인의 성격으로 굳어진 심리적 특성이 부적응적 양상을 나타내는 경우를 말한다.

(2) 특징 기출 20년
① 대개 청소년기 또는 초기 성인기에 시작해서 시간이 지나도 변화되지 않으며, 여러 상황에 일관되게 나타난다.
② 성격장애의 유병률은 일반 인구의 10~20% 정도이며, 정신장애를 앓는 사람의 약 50%는 성격장애가 동반된다.
③ 성격장애 환자들은 정신의학적 도움을 잘 요청하지 않는 특징이 있다.
④ 개인의 내적 경험과 행동양식이 지속적으로 부적응적인 형태로 나타난다.
⑤ 일반적으로 18세 이상에서 진단이 가능하지만, 청소년기에도 특정 행동패턴이 1년 이상 지속되고 일관적이면 진단이 가능하다.
  TIP 단, 반사회성 성격장애는 반드시 18세 이상이어야 진단 가능합니다.
⑥ 고정된 행동양식이 융통성이 없고 개인 및 사회생활 전반에 영향을 미치며, 삶의 중요한 영역에서 심각한 고통이나 기능장애를 초래한다.

(3) 진단기준(임상적 특징) 기출 20년
  TIP 이 진단기준은 성격장애를 진단하기 위해 가장 먼저 충족되어야 하는 공통적인 진단기준입니다.
① 개인의 문화적 기대에서 현저하게 벗어나는 내적 경험과 행동의 지속적인 양상이 있다. 이 양상은 다음 중 2가지(또는 그 이상)에서 나타난다.

  - 인지(자신과 다른 사람 및 사건을 지각하는 방법)
  - 정동(정서의 범위, 불안전성, 적절성 문제)
  - 대인관계기능
  - 충동 조절

② 이 지속적인 양상은 융통성이 없고 다양한 개인적·사회적 상황에 걸쳐 광범위하게 나타난다.
③ 이 지속적인 양상이 사회적·직업적 또는 다른 중요한 기능영역에서 임상적으로 현저한 고통이나 손상을 초래한다.
④ 이 양상은 안정적이고 오랜 기간 동안 있어 왔으며 최소한 청소년기 혹은 성인기 초기부터 시작된다.
⑤ 이 지속적인 양상이 다른 정신장애의 현상이나 결과로 더 잘 설명되지 않는다.
⑥ 이 지속적인 양상이 물질(예 남용약물, 치료약물)의 생리적 효과나 다른 의학적 상태(예 두부 손상)로 인한 것이 아니다.

빈출 핵심 발문
- 편집성 성격장애의 행동특성으로 가장 적합한 것은?
- 반사회성 성격장애와 가장 관련이 없는 것은?
- 대인관계의 자아상 및 정동의 불안정성, 심한 충동성을 보이는 광범위한 행동 양상으로 인해 사회적 부적응이 초래되는 성격장애는?

2. 성격장애의 종류

(1) 분류 기출 24, 22년

① 증상의 유사성에 따라 A군, B군, C군의 3가지 군으로 성격장애 유형을 분류한다.

② A군은 괴상하고 별난 행동특성을 가진 성격장애를, B군은 극적이거나 감정적이며 변덕스러운 행동특성을 가진 성격장애를, C군은 불안하고 두려움이 많은 행동특성을 가진 성격장애를 포함한다.

유형	종류
A군 성격장애	편집성 성격장애, 조현성(분열성) 성격장애, 조현형(분열형) 성격장애
B군 성격장애	반사회성 성격장애, 연극성(히스테리성) 성격장애, 경계성 성격장애, 자기애성 성격장애
C군 성격장애	회피성 성격장애, 의존성 성격장애, 강박성 성격장애

(2) A군 성격장애(Cluster A Personality Disorder): 사회적 고립과 기이한 성격을 특징으로 하는 편집성, 조현성(분열성), 조현형(분열형) 성격장애를 말한다.

① **편집성 성격장애(Paranoid Personality Disorder)** 기출 25, 22, 17년

개념	타인의 행동을 의심하고, 타인의 의도를 불신하는 성격장애
특징	• 다른 사람의 동기를 악의가 있는 것으로 해석하여 타인에 대한 전반적인 불신과 의심을 가짐 • 성인기 초기에 시작하며, 남성에서 더 흔하게 진단됨 • 다른 사람이 자신을 이용하거나 피해를 입힌다고 생각하며, 자신이 받았다고 생각하는 모욕이나 상처 혹은 경멸에 대해서 용서하지 못하고 오랫동안 적대적인 감정을 품고 있음 • 배신당할지도 모른다는 두려움, 어떠한 정보를 자신에게 나쁘게 이용할 것이라는 두려움 등으로 인해 다른 사람과 친밀한 관계를 형성하지 못하며, 그 관계를 완벽하게 통제하기를 원함

진단기준
(임상적 특징)
	• 타인의 동기를 악의가 있는 것으로 해석하는 등 타인에 대한 전반적인 불신과 의심이 있으며, 이는 성인기 초기에 시작되며 여러 상황에서 나타나고 다음 중 4가지(또는 그 이상)로 나타남
	  – 충분한 근거 없이 타인이 자신을 착취하고 해를 주거나 속인다고 의심함
	  – 친구나 동료의 성실성이나 신용에 대한 부당한 의심을 함
	  – 정보가 자신에게 악의적으로 사용될 것이라는 부당한 공포 때문에 터놓고 얘기하기를 꺼림
	  – 타인의 말이나 사건 속에서 자신을 비하하거나 위협하는 숨겨진 의미를 찾으려 함
	  – 원한을 오랫동안 풀지 않음
	    예 자신에 대한 모욕, 손상, 경멸을 용서하지 않음
	  – 타인은 그렇게 생각하지 않지만 자신의 인격이나 명성이 공격당했다고 인식하고 즉시 화를 내거나 반격함
	  – 이유 없이 배우자나 성적 상대자의 정절에 대해 반복적으로 의심함
	• 조현병, 정신병적 양상을 동반한 양극성 장애 또는 우울장애, 다른 정신병적 장애의 경과 중 발생한 것은 여기에 포함시키지 않으며, 다른 의학적 상태의 생리적 효과로 인한 것이 아님

② **조현성(분열성) 성격장애(Schizoid Personality Disorder)** 기출 21, 18~17년

개념	타인과의 친밀한 관계형성에 관심이 없고 감정표현이 부족하여 사회적 적응에 현저한 어려움을 나타내는 성격장애
특징	• 비사교적이며 대인관계에 무관심함. 그래서 혼자서 지내는 것을 좋아하며, 혼자하는 활동이나 취미를 가짐 • 가족과의 관계를 포함하여 누구와도 친밀한 관계를 원하지 않으며, 다른 사람과의 성적 경험에 관해서도 관심이 거의 없음 • 정서적으로 냉담하며 외부자극에 잘 반응하지 않고 백일몽이나 자기만의 환상을 가짐 • 다른 사람들의 칭찬이나 비난에 관심이 없으며, 다른 사람들이 자신을 어떻게 생각하는지에 대해 거의 관심을 갖지 않음
진단기준 (임상적 특징)	• 다양한 형태의 사회적 유대로부터 반복적으로 유리되고, 대인관계에서 제한된 범위의 감정표현이 전반적으로 나타나며, 이러한 양상이 성인기 초기에 시작되며 여러 상황에서 나타나고 다음 중 4가지 이상을 충족함 　- 가족의 일원이 되는 것을 포함하여, 친밀한 관계를 원하지도 즐기지도 않음 　- 거의 항상 혼자서 하는 활동을 선택함 　- 다른 사람과 성 경험을 갖는 일에 거의 흥미가 없음 　- 소수의 활동에서만 즐거움을 얻음 　- 직계가족 이외에는 가까운 친구나 마음을 털어놓는 친구가 없음 　- 타인의 칭찬이나 비평에 무관심해 보임 　- 정서적인 냉담, 무관심 또는 둔마된 감정반응을 보임 • 조현병, 정신병적 양상을 동반한 양극성 장애 또는 우울장애, 다른 정신병적 장애의 경과 중 발생한 것은 여기에 포함시키지 않으며, 다른 의학적 상태의 생리적 효과로 인한 것이 아님(단, 조현병, 정신병적 양상을 동반한 양극성 장애 또는 우울장애, 다른 정신병적 장애 혹은 자폐스펙트럼장애의 경과 중 발생한 것은 조현성 성격장애로 진단하지 않으며, 다른 의학적 상태의 생리적 효과로 인한 것이 아님)

③ **조현형(분열형) 성격장애(Schizotypal Personality Disorder)** 기출 24, 19~18, 16년

개념	사회적으로 고립되어 있으며, 기이한 생각이나 행동을 나타내어 사회적 부적응을 초래하는 성격장애
특징	• 조현성(분열성) 성격장애와 유사하지만 대인관계에 대한 불안감과 더불어 경미한 사고장애와 다소 기괴한 언행을 한다는 점에서 구분됨 • 조현병과도 유사하지만 환각과 망상 증상이 뚜렷하지 않고, 현실감도 유지됨 • 극심한 스트레스를 받을 경우, 일시적인 정신증적 증상이 나타날 수 있음 • 대인관계를 어려워하고 사람들과 친밀해지는 것을 불편해하여 가족 외에는 친한 친구나 측근이 없음 • 초자연적 현상에 몰두하여 미신을 신봉하고 자신이 천리안, 텔레파시와 같은 특별한 능력 혹은 다른 사람들을 통제할 수 있는 마술적 힘을 갖고 있다고 믿음

진단기준 (임상적 특징)	• 친분관계를 급작스럽게 불편해하고 대인관계능력의 감퇴, 인지 및 지각의 왜곡, 행동의 괴이성으로 구별되는 사회적 및 대인관계의 결함의 광범위한 형태로, 이는 성인기 초기에 시작되며 여러 상황에서 나타나고 다음 중 5가지(또는 그 이상)로 나타남 - 관계망상과 유사한 사고❓(분명한 관계망상은 제외) → 비교적 경미한 왜곡된 사고 - 행동에 영향을 미치는 괴이한 믿음이나 마술적 사고 - 신체적 착각을 포함한 유별난 지각 경험 - 기이한 사고와 언어 - 의심이나 편집증적인 사고 - 부적절하거나 메마른 정동 - 괴이하고 엉뚱하거나 특이한 행동이나 외모 - 직계가족 외에는 가까운 친구나 마음을 털어놓을 수 있는 사람이 없음 - 과도한 사회적 불안 • 조현병, 정신병적 양상을 동반한 양극성 장애 또는 우울장애, 다른 정신병적 장애 혹은 자폐스펙트럼장애의 경과 중 발생한 것은 여기에 포함하지 않음

> 참고 '관계망상과 유사한 사고(관계사고)'와 '분명한 관계망상'의 차이
>
> • 관계망상과 유사한 사고는 의심 수준의 왜곡된 사고라고 볼 수 있음
>   예 "저 사람이 웃는 것은 혹시 나 때문일까?"
> • 분명한 관계망상은 논리로 바꿀 수 없는 확신 수준의 망상이라고 볼 수 있음 → 이런 경우 조현병 등 정신병적 장애로 진단 가능함
>   예 "저 사람들이 나를 조롱하려고 일부러 웃는 거야"

(3) **B군 성격장애(Cluster B Personality Disorder)**: 감정적이고 극적인 성격을 특징으로 하는 반사회성, 연극성(히스테리성), 자기애성, 경계성 성격장애를 말한다.

① **반사회성 성격장애(Antisocial Personality Disorder)** 기출 25, 23, 21~20년

개념	사회의 규범이나 법을 지키지 않으며 무책임하고 폭력적인 행동을 반복적으로 나타내어 사회적 부적응을 초래하는 성격장애
특징	• 타인의 권리를 무시하거나 침해하는 행동양식이 생활 전반에 나타남 • 18세 이상의 성인에게만 진단되지만, 15세 이전에 품행장애를 나타낸 증거❓가 존재해야 진단이 가능함 • 타인의 고통을 초래한 자신의 행동에 자책하거나 후회하는 일이 없으며, 유사한 불법행동을 반복하는 경향이 있음 • 겉으로는 멀쩡하고 매력적으로 보이지만, 자신의 이익을 위해서라면 거짓 술수와 사기행각으로 상대방을 조종하고, 주저함 없이 공격을 감행함 • 단일 요인만이 아닌 선천적·후천적 요인 등의 복합적인 요인에 의해 발생하는데, 유전적 취약성을 비롯해 세로토닌의 부족, 불안정하고 역기능적인 양육 환경, 부적절한 사회적 학습이 모두 상호작용하여 발생하는 복합적인 성격장애임

> 참고 품행장애의 증거
> • 무단결석
> • 반복된 거짓말
> • 청소년 비행
> • 정학 등

| 진단기준
(임상적 특징) | • 15세 이후에 시작되고 다음과 같은 다른 사람의 권리를 무시하는 행동 양상이 다음 중 3가지(또는 그 이상)를 충족함
　– 법에서 정한 사회적 규범을 준수하지 않으며 체포당할 행동을 반복함
　– 개인의 이익, 쾌락을 위한 반복적인 거짓말, 가명 사용 또는 타인을 속이는 사기행동
　– 충동성 또는 미리 계획을 세우지 못함
　– 빈번한 육체적 싸움이나 폭력에서 드러나는 과민성과 공격성
　– 자신이나 타인의 안전을 무시하는 무모성
　– 꾸준하게 직업 활동을 수행하지 못하거나 채무를 이행하지 못하는 행동으로 나타나는 지속적인 무책임성
　– 타인에게 상처를 입히거나, 타인을 학대하거나 절도행위를 하고도 무관심하거나 합리화하는 행동으로 나타나는 자책의 결여
• 최소 18세 이상이어야 함
• 15세 이전에 품행장애가 시작된 증거가 있음
• 반사회적 행동은 조현병이나 양극성 장애의 경과 중에만 발생되지는 않음 |

② 연극성(히스테리성) 성격장애(Histrionic Personality Disorder) 기출 25~24, 22, 19, 17년

개념	타인의 애정과 관심을 끌기 위한 지나친 노력과 과도한 감정표현이 주된 특징인 성격장애
특징	• 마치 연극하듯이 자신의 경험과 감정을 과장되고 극적인 형태로 표현함 • 관심의 중심에 있고 싶어 하며, 그러지 못하면 불편감을 느낌 • 관심을 끌기 위해 화려하게 치장을 하며, 상황에 맞지 않는 성적 유혹이나 도발적 행동을 함 • 자기중심적이고 이기적인 경향이 있음
진단기준 (임상적 특징)	과도한 감정성과 주의를 끄는 광범위한 형태로 이는 성인기 초기에 시작되며 여러 상황에서 나타나고 다음 중 5가지(또는 그 이상)로 나타남 　– 자신이 관심의 초점이 되지 못하는 상황에서는 불편감을 느낌 　– 다른 사람과의 관계에서 흔히 상황에 어울리지 않게 성적으로 유혹적이거나 도발적인 행동을 특징적으로 나타냄 　– 감정의 빠른 변화와 피상적 감정표현❓을 보임 　– 자신에게 관심을 끌기 위해서 지속적으로 육체적 외모를 활용함 　– 지나치게 인상적으로 말하지만 구체적 내용이 없는 대화양식을 가지고 있음 　– 자기연극화, 연극조, 과장된 감정표현을 나타냄 　– 타인이나 환경에 의해 쉽게 영향을 받는 피암시성이 높음 　– 대인관계를 실제보다 더 친밀한 것으로 생각함

용어 **피상적 감정표현**
감정을 자주 드러내지만, 그 감정의 깊이가 없고 금방 다른 감정으로 바뀌는 것

③ 자기애성 성격장애(Narcissistic Personality Disorder) 기출 20, 18년

개념		자신에 대한 과장된 평가로 인한 특권의식을 지니고 타인에게 착취적이거나 오만한 행동을 나타내어 사회적인 부적응을 초래하는 성격장애
특징		• 타인이 자신을 칭찬해주고 찬양해주기를 바라며, 그렇지 않을 때 우울해지거나 분노를 느낌 • 외현적 자기애와 내현적 자기애로 구분됨
	외현적 자기애	제3자가 객관적으로 관찰할 수 있을 정도로 자기애적 속성이 외적으로 드러나는 경우
	내현적 자기애	겉으로는 잘난 척하거나 거만한 자기애적 행동특성을 잘 나타내지 않지만, 내면의 깊숙한 곳에 자기애적 성격특성이 있는 경우
		• 지위나 성공을 위하여 대인관계에서의 착취, 공감 결여, 사기성 같은 행동양식을 보임 • 자기애성 성격장애의 이론별 형성 원인
	대상관계 이론	어린 시절 부모의 진실한 애정이나 일관된 돌봄을 받지 못한 것이 원인
	정신역동 이론	부모가 아이를 지나치게 칭찬하고 이상화하거나, 반대로 지나치게 무관심하거나 비판적이어서 비현실적이고 과장된 자기개념을 갖게 된 것이 원인이라고 봄
	인지행동 이론	아동기에 경험한 부정적 경험뿐만 아니라 왜곡된 긍정적 경험(예 지나치게 긍정적인 대우)으로 인해 형성된 비합리적이고 왜곡된 자기신념형성이 원인이라고 봄
	사회문화 이론	성공, 외모, 경쟁 중심의 문화와 사회가 만든 문제라고 봄
진단기준 (임상적 특징)		과대성(공상 또는 행동상), 숭배의 요구, 공감능력의 부족이 광범위한 양상으로 있고, 이는 성인기 초기에 시작되어 여러 상황에서 다음 중 5가지(또는 그 이상)로 나타남 – 자신의 중요성에 대한 과장된 지각을 가짐 – 무한한 성공, 권력, 탁월함, 아름다움 또는 이상적인 사랑에 대한 공상에 집착함 – 자신이 특별하고 독특한 존재라고 믿으며, 특별하거나 상류층의 사람들만이 자신을 이해할 수 있고 또한 그런 사람들(혹은 기관)하고만 어울려야 한다고 믿음 – 과도한 찬사 요구 – 특권의식을 가짐 – 착취적 대인관계 – 공감능력 결여 – 흔히 타인을 질투하거나 타인들이 자신에 대해 질투하고 있다고 믿음 – 거만하고 방자한 행동이나 태도

④ **경계성 성격장애(Borderline Personality Disorder)** 기출 23~22, 20~19년

개념	강렬한 애정과 분노가 교차하는 불안정한 대인관계를 특징적으로 나타내는 성격장애
특징	• 극단적으로 심리가 불안정하며, 타인으로부터 버림받는 것을 제일 큰 두려움으로 느낌 • 여성에서 더 높은 유병률을 보임 • 왜곡된 긍정 경험❓을 할 수 있음. 이로 인해 대인관계에 문제가 발생하고, 감정 조절이 어려워짐 • 감정의 기복이 매우 심하며 행동은 폭발적이고 예측할 수 없고, 도벽·도박·자해·자살 시도 등을 시도할 가능성이 높은 편임 • 경계성 성격장애의 이론별 치료법

	대상관계 치료	• 어린 시절의 불안정한 애착관계로 인해 왜곡된 자기가 형성되고, 자존감 상실 및 의존성 증가 등의 경향을 보임 • 일관되고 안전한 관계를 제공함으로써 환자가 신뢰 및 안정된 애착 경험을 가져 타인과 자기 자신에 대한 인식을 재정립하도록 도움
	정신역동 치료	• 내면에 있는 무의식적 갈등과 정서적 상처에 주목 • 환자가 과거의 갈등을 현재 관계에서 재경험하고 그 감정을 인식, 표현, 통합하도록 도움
	행동치료	• 감정 조절 문제나 자해 같은 행동을 학습된 반응으로 보고 이를 조절할 수 있는 행동기술을 반복 연습시킴 • 변증법적 행동치료(DBT): 가장 효과적인 치료법 중 하나로, 수용과 변화를 균형으로 환자의 감정과 행동을 공감적으로 수용함과 동시에 문제행동을 수정함
	인지치료	• 환자가 극단적이고 왜곡된 사고, 인지적 오류를 가지고 있다고 봄 • 인지적 오류를 수정하고, 현실적이며 유연한 사고로 교체하게 도움

진단기준 (임상적 특징)	대인관계, 자아상 및 정동의 불안정성과 현저한 충동성의 광범위한 형태로, 성인기 초기에 시작되며 여러 상황에서 다음 중 5가지(또는 그 이상)가 나타남 - 실제적인 또는 가상적인 유기를 피하기 위한 필사적인 노력 - 극단적인 이상화와 평가절하가 특징적으로 반복되는 불안정하고 강렬한 대인관계양식 - 정체감 혼란: 자아상이나 자기지각의 불안정성이 심하고 지속적임 - 자신에게 손상을 줄 수 있는 충동성이 적어도 2가지 영역에서 나타남 - 반복적인 자살행동, 자살시늉, 자살 위협 또는 자해행동 - 현저한 기분변화에 따른 정서의 불안정성 - 만성적인 공허감 - 부적절하고 심한 분노를 느끼거나 조절하기 어려움 - 스트레스와 관련된 망상적 사고나 심한 해리 증상이 일시적으로 나타남

> **용어 왜곡된 긍정 경험**
> 긍정적인 정서적 경험(칭찬, 애정표현 등)을 그대로 받아들이지 않고, 이를 왜곡하거나 불안정하게 해석하는 것
> 예 상대가 칭찬을 하면, 그 사람이 자기에게 뭔가 원하는 것이 있어서 칭찬한 것이라고 해석

(4) C군 성격장애(Cluster C Personality Disorder): 쉽게 불안해하고 근심이 많으며 무서움을 잘 느끼는 것을 특징으로 하는 회피성, 의존성, 강박성 성격장애를 말한다.

① 회피성 성격장애(Avoidant Personality Disorder) 기출 21~20년

개념	다른 사람과의 만남에 대한 불안과 두려움 때문에 사회적 상황을 회피함으로써 적응에 어려움을 나타내는 성격장애
특징	• 자신을 거절하지 않을 것이라는 확신이 드는 사람만을 대상으로 인간관계를 맺고, 거부나 상실에 대한 두려움과 고통이 커서 오히려 혼자 지내려고 하지만, 내적으로는 친밀한 관계를 원하는 특징이 있음 • 우울증, 불안장애, 타인에 대한 분노 등이 함께 나타날 수 있음 • 비판이나 거절, 인정받지 못함 등에 대한 두려움이 극심한 편임 • 사회불안장애와 유사한 면이 있지만, 회피성 성격장애는 사회불안장애에 비해 더 어린 시절부터 시작되고 분명한 유발 사건을 찾기 어려우며, 증상이 비교적 변화 없이 지속된다는 점에서 구분됨 • 남녀 유병률은 비슷한 편임
진단기준 (임상적 특징)	사회관계의 억제, 부적절감, 그리고 부정적 평가에 대한 예민함이 광범위한 양상으로 나타나고 이는 청년기에 시작되며 여러 상황에서 다음 중 4가지(또는 그 이상)로 나타남 – 비난, 꾸중 또는 거절이 두려워서 대인관계가 요구되는 직업 활동을 회피함 – 호감을 주고 있다는 확신이 서지 않으면 사람과의 만남을 피함 – 창피와 조롱을 당할까 두려워서 대인관계를 친밀한 관계로 제한함 – 사회적 상황에서 비난당하거나 거부당하는 것에 사로잡혀 있음 – 부적절감 때문에 새로운 대인관계 상황에서는 위축됨 – 자신을 사회적으로 무능하고, 개인적인 매력이 없으며 열등하다고 생각함 – 당황하는 모습을 보일까 봐 두려워서 개인적 위험이 따르는 일이나 새로운 활동에는 관여하지 않으려 함

> **심화 회피성 성격장애와 조현성 성격장애의 차이**
> • **회피성 성격장애:** 타인과 관계에 대한 욕구가 존재하나 타인에 대한 불안과 두려움으로 피하는 것
> • **조현성 성격장애:** 타인과의 관계 욕구 자체가 높지 않거나 없음

② 강박성 성격장애(Obsessive-Compulsive Personality Disorder) 기출 24, 22년

개념	지나치게 완벽주의적이고 세부적인 사항에 집착하며 과도한 성취지향성과 인색함을 특징으로 하는 성격장애
특징	• 일반 인구에서 가장 흔한 성격장애 중 하나로, 남성의 유병률이 더 높은 편임 • 일반적으로 요구되는 융통성, 효율성 및 상호작용을 거부하면서 정리정돈 및 대인관계의 조절에만 과도하게 집착하는 양상이 광범위하게 나타남 • 여가 활동이나 사람들과 교제하는 것보다 일이나 성과에 지나치게 열중하며 취미나 여가 활동을 즐기는 것이 아닌 임무와 일로 접근함 • 지나치게 양심적이고, 소심하며, 도덕 윤리 또는 가치관에 관해 융통성이 없음

> **심화 강박증과 강박성 성격장애의 차이**
> • **강박증:** 스스로 비합리적임을 알면서도 자신의 강박행동을 고통스러워 함
> • **강박성 성격장애:** 스스로 옳다고 믿는 경향이 강한 성격적인 요소로 인해 주변이 힘든 경우가 많음
> ※ 강박증이 있다고 반드시 강박성 성격장애가 있는 것은 아님

진단기준 (임상적 특징)	융통성, 개방성, 효율성을 희생시키더라도 정돈, 완벽, 정신적 통제 및 대인관계의 통제에 지나치게 집착하는 광범위한 양상으로 이는 성인기 초기에 시작되며 여러 상황에서 다음 중 4가지(또는 그 이상)로 나타남 – 사소한 세부사항, 규칙, 목록, 순서, 시간계획이나 형식에 집착하여 일의 큰 흐름을 잃음 – 과제의 완수를 저해하는 완벽주의 성향 – 일과 생산성에만 과도하게 몰두하여 여가 활동과 우정을 희생함 – 도덕, 윤리 또는 가치 문제에 있어서 지나치게 양심적이나 고지식하며 융통성이 없음 – 닳아빠지고 무가치한 물건을 감상적 가치조차 없는 경우에도 버리지 못함 – 타인이 자신이 일하는 방식을 그대로 따르지 않으면 일을 맡기거나 같이 일하려 하지 않음 – 자신과 타인 모두에게 구두쇠처럼 인색하며, 돈은 미래의 재난에 대비하여 저축해 두어야 하는 것으로 생각함 – 경직성과 완고함

③ 의존성 성격장애(Dependent Personality Disorder) 기출 25, 22~21, 18년

개념	스스로 독립적인 생활을 하지 못하고 다른 사람에게 과도하게 의존하거나 보호받으려는 행동을 특징으로 하는 성격장애
특징	• 돌봄과 지지를 받고자 하는 욕구가 커서 상대에게 복종적이고 매달리는 행동을 하고 이별에 대한 공포를 흔하게 겪음 • 혼자서는 아무 일도 할 수 없다는 심한 공포와 혼자 남지 않는 것에 대한 과도한 집착 때문에 종종 우울과 절망감을 느낌 • 자신감이 부족하여 계획을 세우거나 스스로 일을 하기가 어려워하여 직업적으로도 실패 경험을 하기 쉬움
진단기준 (임상적 특징)	돌봄을 받고자 하는 광범위하고 지나친 욕구가 복종적이고 매달리는 행동과 이별공포를 초래하며, 이는 성인기 초기에 시작되어 여러 상황에서 다음 중 5가지(또는 그 이상)로 나타남 – 타인으로부터의 많은 충고와 보장 없이는 일상적인 일도 결정을 내리지 못함 – 자기인생의 매우 중요한 영역까지도 떠맡길 수 있는 타인을 필요로 함 – 지지와 칭찬을 상실하는 것에 대한 두려움 때문에 타인에게 반대의견을 말하기 어려움 – 자신의 일을 혼자 시작하거나 수행하기가 어려움 – 타인의 보살핌과 지지를 얻기 위해 무슨 일이든 다 할 수 있다고 하며, 심지어 불쾌한 일을 자원해서 하기까지 하기도 함 – 혼자서 일을 감당할 수 없다는 과장된 두려움 때문에 혼자 있으면 불안하거나 무기력해짐 – 친밀한 관계가 끝났을 때, 필요한 지지와 보호를 얻기 위해 또 다른 사람을 급하게 찾음 – 스스로를 돌봐야 하는 상황에 놓이는 것에 대한 두려움에 비현실적으로 집착함

기출(복원)문제

QR코드의 OMR 답안지로 문제를 반복해서 풀어 본 후, 문항 번호 아래 박스에 회독한 만큼 체크해 보세요.

회독용 OMR

01 병적 도벽에 관한 설명으로 옳은 것은? 23년, 20년
① 훔치기 전에 기쁨, 충족감, 안도감을 느낀다.
② 훔친 후에 고조되는 긴장감을 경험한다.
③ 개인적으로 쓸모가 없거나 금전적으로 가치가 없는 물건을 훔치려는 충동을 저지하는 데 반복적으로 실패한다.
④ 훔치는 행동이 품행장애로 더 잘 설명되는 경우에도 추가적으로 진단한다.

빈출
03 파괴적, 충동조절 및 품행장애에 관한 설명으로 옳지 않은 것은? 23년, 22년, 21년
① 병적 방화의 필수 증상은 고의적이고 목적이 있는, 수차례의 방화 삽화가 존재하는 것이다.
② 품행장애의 유병률은 아동기에서 청소년기로 갈수록 증가한다.
③ 병적 도벽은 보통 도둑질을 미리 계획하지 않고 행한다.
④ 간헐적 폭발성 장애는 언어적 공격과 신체적 공격을 모두 포함해야 한다.

02 품행장애에 대한 설명으로 틀린 것은? 21년
① 발병연령은 일반적으로 7~15세이며, 이 진단을 받은 아동 중 3/4은 소년이다.
② 주요한 사회적 규범을 위반하고 다른 사람들의 기본적인 권리를 종종 침해한다.
③ 사람이나 동물에 대한 공격적 행동, 절도나 심각한 거짓말 등이 전형적인 행동이다.
④ 청소년기 발병형은 아동기 발병형에 비해 성인기까지 지속되는 경향이 있다.

빈출
04 병적 도벽에 관한 설명으로 옳지 않은 것은? 25년, 22년, 16년
① 개인적으로 쓸모가 없거나 금전적으로 가치가 없는 물건을 훔치려는 충동을 저지하는 데 반복적으로 실패한다.
② 훔치기 전에 고조되는 긴장감을 경험한다.
③ 훔친 후에 기쁨, 충족감, 안도감을 느낀다.
④ 분노나 복수를 하기 위해서 훔친다.

---

01 파괴적, 충동조절 및 품행장애 – 병적 도벽
오답해설
① 훔친 후 기쁨, 충족감, 안도감을 느낀다.
② 훔치기 전에 고조되는 긴장감을 느낀다.
④ 다른 질환으로 더 잘 설명된다면, 병적 도벽으로 진단하지 않는다.

02 파괴적, 충동조절 및 품행장애 – 품행장애
아동기 발병형이 청소년기 발병형보다 더 만성적이고, 성인기까지 지속되어 반사회적 성향으로 진행될 가능성이 높다.

03 파괴적, 충동조절 및 품행장애
간헐적 폭발성 장애는 반복적이고 폭발적인 분노반응이 주요 증상이다. 이러한 반응은 언어적 공격(언어폭력) 또는 신체적 공격(육체 폭력)으로 나타날 수 있으며, 반드시 두 가지 모두 동반될 필요는 없다.

04 파괴적, 충동조절 및 품행장애 – 병적 도벽
도벽은 일반적으로 개인적 필요나 금전적 이득과는 무관하며, 분노나 복수심에 의한 행동도 아니다. 도벽은 심리적 긴장을 해소하려는 감정적 보상을 위한 충동적 행동이다.

정답 01 ③ 02 ④ 03 ④ 04 ④

05 옐리네크(Jellinek)는 알코올 의존이 단계적으로 발전하는 장애라고 주장하면서 4단계의 발전 과정을 제시하였다. 다음 중 4단계의 발전 과정을 바르게 나열한 것은? 24년

① 전알코올 증상단계 - 전조단계 - 중독단계 - 만성단계
② 전조단계 - 결정적 단계 - 남용단계 - 중독단계
③ 전알코올 증상단계 - 전조단계 - 결정적 단계 - 만성단계
④ 전조단계 - 유도단계 - 중독단계 - 만성단계

06 알코올 중독과 비타민 B_1(티아민) 결핍이 결합되어 만성 알코올 중독자에게 발생하는 장애로, 최근 및 과거 기억을 상실하고 새로운 정보를 학습하지 못하는 인지손상과 관련이 있는 것은? 24년, 19년

① 뇌전증
② 혈관성 신경인지장애
③ 헌팅턴병
④ 코르사코프 증후군

빈출
07 환각제에 해당되는 약물은? 23년, 20년, 17년

① 카페인
② 대마
③ 펜시클리딘
④ 오피오이드

08 55세의 A씨는 알코올 중독으로 입원한 후 이틀째에 혼돈, 망상, 환각, 진전, 초조, 불면, 발한 등의 증상을 보였다. A씨의 현 증상은? 23년, 20년

① 알코올로 인한 중독 증상이다.
② 알코올로 인한 금단 증상이다.
③ 알코올로 인한 치매 증상이다.
④ 알코올을 까맣게 잊어버리는(Black Out) 증상이다.

---

05 물질 관련 및 중독장애 - 알코올 관련 장애
옐리네크(Jellinek)의 알코올 중독 4단계는 '전알코올 증상단계 - 전조단계 - 결정적 단계 - 만성단계'이다.

06 물질 관련 및 중독장애 - 알코올 관련 장애
오답해설
① 뇌전증은 뇌 신경세포가 일시적으로 이상을 일으켜 뇌 기능의 일시적 마비 증상이 만성적, 반복적으로 발생하는 뇌 질환을 말한다.
② 혈관성 신경인지장애는 뇌혈관 혈액 흐름의 문제로 발생하는 장애이다.
③ 헌팅턴병은 인지기능 저하, 정신 증상을 동반하는 신경퇴행성 질환이다.

07 물질 관련 및 중독장애 - 기타 물질 관련 장애
환각제에는 LSD, 메스칼린, 펜시클리딘이 있다.

08 물질 관련 및 중독장애 - 알코올 관련 장애
DSM-5 진단기준에 따른 알코올 금단의 증상에는 자율신경계 항진(발한, 심박수 증가), 손 떨림(진전), 불면증, 오심 또는 구토, 환각 또는 착각, 초조 또는 불안, 발작이 있다. A씨의 증상은 알코올 금단 증상과 동일하다.

정답 05 ③ 06 ④ 07 ③ 08 ②

09 DSM-5에서 알코올 사용장애 진단기준에 관한 설명으로 옳은 것은?   25년, 22년

① 증상의 개수로 알코올 사용장애 심각도를 분류한다.
② 알코올로 인한 법적 문제가 진단기준에 포함된다.
③ 교차중독현상이 진단기준에 포함된다.
④ 음주량과 음주횟수가 진단기준에 포함된다.

10 다음 중 만성적인 알코올 중독자에게서 흔히 발생하는 것으로 비타민 B_1(티아민) 결핍과 관련이 깊으며, 지남력 장애, 최근 및 과거 기억력의 상실, 작화증 등의 증상을 보이는 장애는?   20년

① 혈관성 치매
② 코르사코프 증후군
③ 진전 섬망
④ 다운증후군

11 물질 관련 장애에 관한 설명으로 옳지 <u>않은</u> 것은?   22년, 21년

① 물질에 대한 생리적 의존은 내성과 금단 증상으로 나타난다.
② 임신 중의 과도한 음주는 태아알코올증후군을 유발할 수 있다.
③ 모르핀과 헤로인은 자극제(흥분제)의 대표적 종류이다.
④ 헤로인의 과다 복용은 뇌의 호흡 중추를 막아 죽음에 이르게 할 수 있다.

12 여성의 알코올 중독에 관한 설명으로 옳은 것은?   22년

① 알코올 중독의 남녀 비율은 비슷한 수준이다.
② 여성은 유전적으로 남성보다 알코올 중독의 가능성이 더 높다.
③ 여성 알코올 중독자들은 남성 알코올 중독자들보다 우울을 더 많이 경험하고 자살 시도 횟수가 더 많다.
④ 여성은 남성보다 체지방이 많기 때문에 술의 효과가 늦게 나타나고 대사가 빠르다.

---

09 물질 관련 및 중독장애 – 알코올 관련 장애
DSM-5 진단기준에 따르면 알코올 사용장애의 11가지 증상 중 12개월 사이에 경험한 증상 개수에 따라 경도(2~3개), 중등도(4~5개), 고도(6개 혹은 그 이상)로 분류된다.

10 물질 관련 및 중독장애 – 알코올 관련 장애
오답해설
① 혈관성 치매는 뇌졸중 등의 뇌혈관 손상에 의해 발생하는 치매이다.
③ 진전 섬망은 알코올 금단 증상으로 나타나는 급성 정신착란 상태를 말한다.
④ 다운증후군은 21번 염색체가 3개인 경우로, 염색체 이상으로 발생하는 지적 장애이다.

11 물질 관련 및 중독장애 – 기타 물질 관련 장애
모르핀과 헤로인은 진통 작용이 있는 아편계 약물로, 중추신경계 억제제에 속한다.

12 물질 관련 및 중독장애 – 알코올 관련 장애
오답해설
① 일반적으로 남성이 여성보다 알코올 중독 비율이 높은 편이다.
② 유전적 요인은 남녀 모두에게 영향을 미치지만, 남성이 유전적 위험 요인에 더 취약한 편이다.
④ 여성이 남성보다 체지방 비율이 높고 체내 수분량이 적어 같은 양의 알코올을 섭취해도 혈중 알코올 농도가 높아져 술의 효과가 빠르게 나타난다. 또한 간에서의 알코올 분해 효소의 활성도가 낮아 남성보다 대사가 느리다.

13 알코올 사용장애에 관한 설명으로 옳은 것은? 21년
① 가족력이나 유전과는 관련성이 거의 없다.
② 성인 여자가 성인 남자보다 유병률이 높다.
③ 자살, 사고, 폭력과의 관련성이 거의 없다.
④ 금단 증상의 불쾌한 경험을 피하거나 경감시키기 위해 음주를 지속하게 된다.

14 알코올 사용장애에 관한 설명으로 틀린 것은? 21년
① 금단 증상은 과도하게 장기간 음주하던 것을 줄이거나 양을 줄인 지 4~12시간 정도 후 나타나는 것이 특징이다.
② 장기간의 알코올 사용에 따르는 비타민 B_1의 결핍은 극심한 혼란, 작화반응 등을 특징으로 하는 헌팅턴병을 유발할 수 있다.
③ 알코올은 중추신경계에서 다양한 뉴런과 결합하여 개인을 진정시키는 효과를 가져온다.
④ 아시아인들은 알코올을 분해하는 탈수소효소가 부족하여 알코올 섭취 시 부정적인 반응이 쉽게 나타난다.

15 물질 관련 장애에 포함되지 않는 것은? 21년
① 알코올 중독(Intoxication)
② 대마계(칸나비스) 사용장애(Use Disorder)
③ 담배 중독(Intoxication)
④ 아편계 금단(Withdrawal)

16 알코올 중독과 관련 있는 장애는? 22년, 16년
① 헌팅톤무도병
② 코르사코프 증후군
③ 레트장애
④ 캐너 증후군

---

13 물질 관련 및 중독장애 – 알코올 관련 장애
오답해설
① 알코올 중독자의 직계가족은 그렇지 않은 사람보다 3~4배 더 높은 발병률을 보인다.
② 남성이 여성보다 더 높은 유병률을 보인다.
③ 공격적인 행동과 폭력행위를 유발할 수 있고, 판단력 저하와 행동통제력 상실로 인해 사고 발생 가능성을 높인다.

14 물질 관련 및 중독장애 – 알코올 관련 장애
코르사코프 증후군에 관한 설명이다.

15 물질 관련 및 중독장애
담배 중독은 DSM-5에 정의된 진단명이 아니다. DSM-5에 정의된 담배 관련 진단명은 담배 사용장애와 담배 금단이 있다.

16 물질 관련 및 중독장애 – 알코올 관련 장애
코르사코프 증후군은 만성적인 알코올 사용으로 인한 비타민 B_1(티아민) 결핍 때문에 발생하는 신경학적 장애이다. 주요 증상에는 기억상실, 혼동, 작화 등이 있다.

정답 13 ④ 14 ② 15 ③ 16 ②

17 알코올 사용장애에 관한 설명으로 옳지 않은 것은?

20년

① 금단, 내성, 그리고 갈망감이 포함된 행동과 신체 증상들의 집합체로 정의된다.
② 알코올 중독의 첫 삽화는 10대 중반에 일어나기 쉽다.
③ 유병률은 인종 간 차이가 없다.
④ 성인 남자가 성인 여자보다 유병률이 높다.

빈출

18 도박 중독의 심리·사회적 특징에 대한 설명으로 옳은 것은?

23년, 22년, 21년, 18년

① 도박 중독자들은 대체로 도박에만 집착할 뿐 다른 개인적인 문제를 가지지 않는다.
② 도박 중독자들은 직장에서 도박자금을 마련하기 위해 남보다 더 열심히 노력한다.
③ 도박행동에 문제가 있음을 인정하지 않고 변명하려 든다.
④ 심리적 특징으로 단기적인 만족을 추구하기보다는 장기적인 만족을 추구한다.

19 도박 중독에 관한 설명으로 옳은 것은?

20년, 16년

① 원하는 흥분을 얻기 위해 액수를 낮추면서 도박을 한다.
② 정상적인 사회생활에는 큰 지장이 없다.
③ 도박을 중단하면 금단 증상이 나타나며, 심하면 자살을 초래한다.
④ 도시보다 시골지역에 많으며, 평생 유병률은 5% 정도로 보고되고 있다.

20 전환장애에 관한 설명으로 옳지 않은 것은?

25년, 23년

① 전환장애 진단을 위해서는 증상이 신경학적 질병으로 설명되지 않아야 한다.
② 전환 증상은 다양하지만 특히 흔한 것은 보이지 않음, 들리지 않음, 마비, 무감각증 등이다.
③ 전환 증상은 의학적 증거로 설명되지는 않고 있으며 환자들이 일시적인 어려움을 피하기 위하여 꾸며낸 것이다.
④ 전환 증상은 내적 갈등의 자각을 차단하는 일차 이득이 있고, 책임감으로부터 구제해주고 동정과 관심을 끌어내는 이차 이득이 있다.

---

17 물질 관련 및 중독장애 - 알코올 관련 장애

인종 간 유병률 차이가 존재한다. 백인과 아메리카 원주민이 가장 높은 유병률을 보이며, 아시아계가 가장 낮은 유병률을 나타낸다. 이는 알코올 대사 효소의 유전적 차이로 인해 아시아인이 상대적으로 낮은 유병률을 보이는 것으로 알려져 있다.

18 물질 관련 및 중독장애 - 비물질 관련 장애

오답해설
① 도박 중독자는 대인관계 문제와 같은 개인적인 문제를 가진다.
② 도박자금 마련을 위해 도둑질, 사기 등의 불법행위를 하고, 다른 사람에게 의존하는 양상을 보인다.
④ 충동적이고 단기적인 만족을 추구하여 즉각적인 보상에 집중하는 경향이 있다.

19 물질 관련 및 중독장애 - 비물질 관련 장애

오답해설
① 흥분감을 위해 돈의 액수를 더 늘리며 도박을 한다.
② 도박자금 마련을 위해 도둑질 등의 불법행위를 하기도 하며, 대인관계 등에서 문제가 발생한다.
④ 도박 중독은 도시에서의 비율이 더 높으며, 평생 유병률은 1% 내외이다.

20 신체 증상 및 관련 장애 - 전환장애

전환장애는 신경학적 증상으로, 의학적으로 설명될 수 없는 증상과 무의식적으로 나타나는 신체적 증상을 말한다. 이러한 증상은 환자들이 이를 통해 심리적 갈등을 외면하려는 것일 뿐 의도적으로 꾸며낸 증상은 아니다.

정답 17 ③ 18 ③ 19 ③ 20 ③

21 심리적 갈등이나 스트레스로 인해 갑작스러운 시력 상실이나 마비와 같은 감각 이상 또는 운동 증상을 나타내는 질환은? 23년, 20년

① 전환장애
② 공황장애
③ 신체증상장애
④ 질병불안장애

22 전환장애의 특징을 모두 고른 것은? 24년, 20년

> ㉠ 신경학적 근원이 없는 신경학적 증상을 경험한다.
> ㉡ 의식적으로 증상을 원하거나 의도적으로 증상을 만들어내지 않는다.
> ㉢ 대부분 순수한 의학적 질환의 증상과 유사하지 않다.

① ㉠, ㉡
② ㉠, ㉢
③ ㉡, ㉢
④ ㉠, ㉡, ㉢

23 신체 증상 및 관련 장애에 관한 설명으로 틀린 것은? 21년

① 전환장애는 스트레스 요인이 동반되지 않는 경우도 있다.
② 신체증상장애는 일상에 중대한 지장을 일으키는 신체 증상이 존재한다.
③ 질병불안장애는 심각한 질병에 걸렸다는 집착이 6개월 이상 지속된다.
④ 허위성 장애는 외적 보상이 쉽게 확인된다.

24 다음에 해당하는 장애는? 23년, 20년

> • 적어도 1개월 동안 비영양성·비음식물질을 먹는다.
> • 먹는 행동이 사회적 관습 혹은 문화적 지지를 받지 못한다.
> • 비영양성·비음식물질을 먹는 것이 발달 수준에 비추어 볼 때 부적절하다.

① 이식증
② 되새김장애
③ 회피적/제한적 음식섭취장애
④ 달리 명시된 급식 또는 섭식장애

---

21 신체 증상 및 관련 장애

오답해설
② 공황장애는 공황발작이 반복적으로 나타나는 장애를 말한다.
③ 신체증상장애는 스트레스를 받거나 심리적 불편감이 있을 때 초기 발현 증상이 신체 증상으로 나타나는 장애를 말한다.
④ 질병불안장애는 건강염려증이라고도 하며, 자신의 건강을 비정상적으로 염려하고 병에 집착하는 장애를 말한다.

22 신체 증상 및 관련 장애 – 전환장애

오답해설
㉢ 대부분 순수한 의학적 질환의 증상과 유사하다.

23 신체 증상 및 관련 장애
허위성(인위성) 장애는 증상을 의도적으로 조작하거나 유발하는 장애로, 외적 보상이 아닌 환자 역할을 수행하고자 하는 내적 동기에 의해 발병한다. 외적 보상이 명확한 경우 꾀병으로 진단한다.

24 급식 및 섭식장애

오답해설
② 되새김장애는 음식물을 삼킨 후 다시 식도나 구강 내로 역류시켜 씹거나 뱉는 장애이다.
③ 회피적/제한적 음식섭취장애는 음식의 색, 냄새, 식감 등의 이유로 음식을 회피하거나 제한하는 장애이다.

정답 21 ① 22 ① 23 ④ 24 ①

25 급식 및 섭식장애에서 부적절한 보상행동에 포함되는 것은?
19년

① 폭식
② 과식
③ 되새김
④ 하제 사용

26 다음은 DSM-5에서 어떤 진단기준의 일부인가?
24년

- 필요한 것에 비해서 음식 섭취를 제한함으로써 나이, 성별, 발달 수준과 신체건강에 비추어 현저한 저체중 상태를 초래한다.
- 심각한 저체중임에도 불구하고 체중 증가와 비만에 대한 극심한 두려움을 지니거나 체중 증가를 방해하는 지속적인 행동을 나타낸다.
- 체중과 체형을 왜곡하여 인식하고, 체중과 체형이 자기평가에 지나친 영향을 미치거나 현재 나타내고 있는 체중미달의 심각함을 지속적으로 부정한다.

① 신경성 폭식증
② 신경성 식욕부진증
③ 폭식장애
④ 이식증

27 섭식장애에 관한 설명으로 옳지 않은 것은?
22년, 18년

① 신체기능의 저하를 가져와 죽음에까지 이를 수 있다.
② 마른 외형을 선호하는 사회문화적 분위기와 관련된다.
③ 대개 20대 중반에 처음 발병된다.
④ 외모가 중시되는 직업군에서 발병률이 높다.

28 급식 및 섭식장애에 대한 설명으로 틀린 것은?
20년

① 이식증은 아동기에서 가장 발병률이 높다.
② 되새김 증상은 다른 정신장애에서 발생하는 경우 심각성과 상관없이 추가적으로 진단할 수 있다.
③ 신경성 폭식장애에서는 체중 증가를 막기 위한 반복적이고 부적절한 보상행동이 나타난다.
④ 신경성 식욕부진증의 유병률은 여성이 남성보다 높다.

---

25 급식 및 섭식장애 - 신경성 폭식증
부적절한 보상행동에는 하제·이뇨제·관장약의 남용, 자발적 구토, 금식 및 단식, 과도한 운동이 있다.

26 급식 및 섭식장애
신경성 식욕부진증 진단기준의 일부이다.

27 급식 및 섭식장애
대개 청소년기에 처음 발병되며, 특히 여성 청소년에게서 흔히 나타난다.

28 급식 및 섭식장애
되새김 증상이 별도의 임상적 주목을 받을 만큼 심각한 경우일 때 추가적 진단이 가능하다.

정답 25 ④ 26 ② 27 ③ 28 ②

29 신경성 식욕부진증에 관한 설명으로 틀린 것은?

25년, 20년, 16년

① 폭식하거나 하제를 사용하는 경우는 해당하지 않는다.
② 체중과 체형이 자기평가에 지나치게 영향을 미친다.
③ 말랐는데도 체중의 증가와 비만에 대한 극심한 두려움이 있다.
④ 체중을 회복시키고 다른 합병증의 치료를 위해 입원치료가 필요한 경우도 있다.

최신 경향에 맞게 변형한 문제입니다.

30 배설장애 중 유뇨증에 관한 설명으로 틀린 것은?

21년

① 반복적으로 불수의적으로 잠자리나 옷에 소변을 본다.
② 유병률은 5세에서 5~10%, 10세에서 1.5~5%이며, 15세 이상에서는 약 1% 정도이다.
③ 야간 유뇨증은 여성에서 더 흔하다.
④ 야간 유뇨증은 종종 REM 수면단계 동안 일어난다.

31 사건수면(Parasomnia)에 해당되는 것은?

24년, 18년

① 악몽장애
② 기면증
③ 호흡 관련 수면장애
④ 일주기 리듬 수면 – 각성장애

32 성별 불쾌감에 대한 설명으로 옳지 않은 것은?

23년, 19년

① 자신의 1차 및 2차 성징을 제거하고자 하는 강한 갈망이 있다.
② 강력한 성적 흥분을 느끼기 위해 반대 성의 옷을 입는다.
③ 반대 성의 전형적인 느낌과 반응을 가지고 있다는 강한 확신이 있다.
④ 반대 성이 되고 싶은 강한 갈망이 있다.

---

29 급식 및 섭식장애 – 신경성 식욕부진증

DSM-5 진단기준 신경성 식욕부진증의 하위 유형에는 제한형과 폭식 및 제거형이 있다. 두 유형은 폭식 혹은 제거행동(자발적 구토, 하제 남용)이 반복적·정기적으로 진행되었는지에 따라 구분된다. 그러므로 폭식 혹은 하제 사용의 경우가 신경성 식욕부진증에 해당하지 않는다는 설명은 옳지 않다.

30 배설장애(유뇨증과 유분증)

보통 남성에게서 더 흔하다. 야간 유뇨증은 남아가 여아보다 2:1~3:1의 비율로 더 흔한 편이다.

31 수면-각성장애 – 사건수면

사건수면에는 수면보행증(몽유병), 야경증, REM 수면행동장애, 악몽장애, 수면마비(가위눌림), 수면섭식장애, 야간 유뇨증 등이 있다.

32 성 관련 장애 – 성별 불쾌감

의상전환장애에 관한 설명이다. 성별 불쾌감을 느끼는 사람의 경우, 반대 성의 옷을 입는 것을 선호하지만, 성적 흥분을 위해 반대 성의 옷을 입는 것은 아니다.

정답 29 ① 30 ③ 31 ① 32 ②

33 남성이 사정에 어려움을 겪으며 성적 절정감을 느끼지 못하는 성기능장애는? 25년, 22년, 18년

① 조루증
② 지루증
③ 발기장애
④ 성교통증장애

34 DSM-5에서 성도착장애의 유형에 대한 설명으로 옳은 것은? 24년, 20년, 16년

① 노출장애: 다른 사람이 옷을 벗고 있는 모습을 몰래 훔쳐봄으로써 성적 흥분을 느끼는 경우
② 관음장애: 동의하지 않는 사람에게 자신의 성기나 신체 일부를 반복적으로 나타내는 경우
③ 아동성애장애: 사춘기 이전의 아동을 대상으로 하여 성적 공상이나 성행위를 반복적으로 나타내는 경우
④ 성적 가학장애: 굴욕을 당하거나 매질을 당하거나 묶이는 등 고통을 당하는 행위를 중심으로 성적 흥분을 느끼거나 성적 행위를 반복

35 DSM-5의 성기능부전에 해당하지 않는 것은? 23년, 20년

① 조루증
② 발기장애
③ 남성 성욕감퇴장애
④ 성정체감장애

---

33 성 관련 장애-성기능장애

오답해설
① 조루증은 성적 자극 이후 사정이 지나치게 빠르게 일어나는 남성의 성기능장애를 말한다.
③ 발기장애는 성관계 중 발기가 되지 않거나, 발기가 유지되지 않는 상태를 말한다.
④ 성교통증장애는 성행위 중 통증이나 삽입의 어려움이 반복적으로 발생하는 장애를 말하며, 주로 여성에게 나타난다.

34 성 관련 장애-변태성욕장애

오답해설
① 관음장애에 해당한다.
② 노출장애에 해당한다.
④ 성적 피학장애에 해당한다.

35 성 관련 장애-성기능장애
성정체감장애는 DSM-5에서 성별 불쾌감으로 개정되었다. 따라서 성기능부전의 하위 유형에 해당하지 않는다.

정답 33 ② 34 ③ 35 ④

36 노출장애에 관한 설명과 가장 거리가 먼 것은?

24년, 21년

① 성도착적 초점은 낯선 사람에게 성기를 노출시키는 것이다.
② 성기를 노출시켰다는 상상을 하면서 자위행위를 하기도 한다.
③ 청소년기나 성인기 초기에 시작되는 것으로 알려져 있다.
④ 노출 대상은 사춘기 이전의 아동에게 국한된다.

37 다음 장애 중 성기능부전에 포함되지 않는 것은?

22년, 16년

① 사정지연
② 발기장애
③ 마찰도착장애
④ 여성극치감장애

38 성도착장애에 관한 설명으로 틀린 것은?

25년, 21년, 17년

① 물품음란장애는 여성보다 남성에게서 훨씬 더 많이 나타난다.
② 동성애를 하위 진단으로 포함한다.
③ 복장도착장애는 강렬한 성적 흥분을 위해 이성의 옷을 입는 것이다.
④ 관음장애는 대부분 15세 이전에 발견되며 지속되는 편이다.

39 변태성욕장애에 해당하지 않는 것은?

22년

① 관음장애
② 소아성애장애
③ 노출장애
④ 성별 불쾌감

---

36 성 관련 장애 – 변태성욕장애
노출장애의 피해 대상은 사춘기 이전의 아동부터 신체적으로 성숙한 개인(대부분 여성)까지 다양한 연령을 포함한다.

37 성 관련 장애 – 성기능장애
마찰도착장애는 성도착장애의 하위 유형에 해당한다.

38 성 관련 장애 – 변태성욕장애
동성애는 정신 질환으로 간주되지 않기 때문에, 그 어떤 하위 범주에도 포함되지 않는다.

39 성 관련 장애 – 변태성욕장애
성별 불쾌감은 변태성욕장애와는 구별되는 성 정체성 장애에 해당한다.

정답 36 ④ 37 ③ 38 ② 39 ④

40 다음에 해당하는 장애는? 20년

- 경험하는 성별과 자신의 성별 간 심각한 불일치
- 자신의 성적 특성을 제거하고자 하는 강한 욕구
- 다른 성별 구성원이 되고자 하는 강한 욕구

① 성도착증
② 동성애
③ 성기능부전
④ 성별 불쾌감

41 다음 중 세 성격장애군 중 다른 하나에 속하는 것은? 24년

① 편집성 성격장애
② 조현성 성격장애
③ 강박성 성격장애
④ 조현형 성격장애

42 다음의 특징을 보이는 장애는? 17년

비사교적이며 대인관계에 무관심하고 정서적으로 냉담하며 외부자극에 잘 반응하지 않고 과도한 백일몽이나 자기만의 환상을 가짐

① 조현성 성격장애(Schizoid Personality Disorder)
② 연극성 성격장애(Histrionic Personality Disorder)
③ 편집성 성격장애(Paranoid Personality Disorder)
④ 조현형 성격장애(Schizotypal Personality Disorder)

43 친밀한 관계에서의 문제, 인지 및 지각의 왜곡, 행동의 괴이성 등을 주요특징으로 보이는 성격장애는? 24년, 19년

① 조현성 성격장애
② 조현형 성격장애
③ 편집성 성격장애
④ 회피성 성격장애

---

40 성 관련 장애

오답해설
① 성도착증은 강력한 성적 충동과 함께 성적 흥분을 경험하기 위해 유별나고 괴이한 비정상적 상상, 대상, 행위 또는 방법을 사용하는 성적 장애이다.
② 동성애는 정신 질환으로 간주하지 않는다.
③ 성기능부전은 성욕 감소, 발기부전, 조루증 등 성적 기능과 관련된 장애이다.

41 성격장애-성격장애의 종류
강박성 성격장애는 C군 성격장애에 해당한다.

오답해설
①, ②, ④ 모두 A군 성격장애에 해당한다.

42 성격장애-성격장애의 종류

오답해설
② 연극성 성격장애는 타인의 관심을 끌기 위해 과장된 감정을 표현하고 극적인 행동을 보이는 성격장애를 말한다.
③ 편집성 성격장애는 타인을 지나치게 의심하고 불신하는 성격장애를 말한다.
④ 조현형 성격장애는 대인관계능력 감퇴, 인지 및 지각의 왜곡, 행동의 괴이성 등의 증상을 특징으로 하는 성격장애를 말한다.

43 성격장애-성격장애의 종류
조현형 성격장애와 조현성 성격장애는 유사한 임상적 특징을 보이지만, 괴이한 언행을 하는 경우, 이는 조현형 성격장애라고 진단할 수 있다.

정답 40 ④ 41 ③ 42 ① 43 ②

44 반사회성 성격장애와 가장 관련이 없는 것은?

25년, 23년, 21년

① 품행장애의 과거력
② 역기능적 양육 환경
③ 신경전달물질인 세로토닌(Serotonin)의 부족
④ 붕괴된 자아와 강한 도덕성 발달

45 자기애성 성격장애에 관한 이론과 그 설명을 잘못 연결한 것은?

18년

① 대상관계이론: 부모가 학대한 경우 위험성이 높다.
② 정신역동이론: 타인이 자신에게 매우 도움이 된다고 믿는다.
③ 인지행동이론: 아동기에 지나치게 긍정적으로 대우받은 사람들에게서 발생한다.
④ 사회문화이론: 경쟁이 조장되는 서구사회에서 나타날 소지가 크다.

46 조현형 성격장애 진단기준에 포함되지 않는 것은?

24년, 16년

① 괴이한 사고와 언어
② 과도한 사회적 불안
③ 관계망상적 사고
④ 불안정하고 강렬한 대인관계

47 다음 진단기준에 해당하는 성격장애는?

24년

- 다른 사람과의 상호작용에서 종종 부적절한 성적 유혹 또는 도발적 행동을 한다.
- 감정변화가 급격하며, 감정표현이 피상적이다.
- 대인관계를 실제보다 더욱 친밀한 것으로 생각한다.
- 피암시성이 높다.

① 의존성 성격장애
② 연극성 성격장애
③ 자기애성 성격장애
④ 경계성 성격장애

---

44 성격장애-반사회성 성격장애
반사회성 성격장애는 사회적 규범을 무시하고, 타인의 권리를 침해하며 충동적이고 공격적인 행동을 보이는 성격장애로, 붕괴된 자아와 강한 도덕성 발달과는 관련이 없다.

45 성격장애-자기애성 성격장애
정신역동이론은 부모의 지나친 이상화나 무관심으로 인해 형성된 비현실적이고 과장된 자기개념이 자기애성 성격장애로 발달한다고 본다. 그렇게 형성된 자기개념을 기반으로 자신의 가치를 높이고 타인의 인정을 받고자 자신의 능력이나 업적을 과장하거나 자신의 필요를 충족하기 위해 타인을 이용하는 경향을 보인다.

46 성격장애-조현형 성격장애
불안정하고 강렬한 대인관계는 경계성 성격장애의 주요 증상에 해당한다.

47 성격장애-성격장애의 종류
연극성 성격장애의 진단기준에는 문제에 제시된 기준을 포함해 아래의 증상 중 다섯 가지 이상 해당하는 경우 진단이 가능하다.
- 자신이 주목받지 못하는 상황을 불편하게 생각한다.
- 자신에 대한 관심을 끌기 위해 지속적으로 외모를 활용한다.
- 연극적인 방식으로 말을 하고, 말하는 내용에 세부적인 사항이 결여되어 있다.
- 자신을 극적인 방식으로 표현하고, 연극적인 태도를 보이며 감정을 과장해서 표현한다.

48 대인관계의 자아상 및 정동의 불안정성, 심한 충동성을 보이는 광범위한 행동 양상으로 인해 사회적 부적응이 초래되는 성격장애는? 23년, 22년

① 의존성 성격장애
② 편집성 성격장애
③ 경계성 성격장애
④ 연극성 성격장애

49 B군 성격장애에 해당하지 않는 것은? 22년

① 경계성 성격장애
② 강박성 성격장애
③ 반사회성 성격장애
④ 연극성 성격장애

50 경계성 성격장애의 치료에 대한 설명으로 옳지 않은 것은? 23년, 19년

① 대상관계적 이론가들은 초기에 부모로부터 수용받지 못해 자존감 상실, 의존성 증가, 분리에 대한 대처능력 부족 등이 나타난다고 보았다.
② 정신역동적 치료자들은 경계성 성격장애를 가진 사람들이 아동기에 겪은 갈등을 치유하는 데 집중한다.
③ 변증법적 행동치료에서는 내담자중심치료의 공감이나 무조건적인 수용을 비판하고 지시적인 방법으로 경계성 성격장애를 가진 사람들의 행동을 수정하는 데 집중한다.
④ 인지치료에서는 경계성 성격장애를 가진 사람들의 인지적 오류를 수정하려고 한다.

빈출
51 편집성 성격장애의 행동특성으로 가장 적합한 것은? 25년, 22년, 17년

① 다른 사람이 자신을 이용하거나 피해를 입힌다고 생각한다.
② 단순히 아는 정도의 사람을 '매우 친한 친구'라고 지칭한다.
③ 반복적으로 자살을 시도하거나 행동한다.
④ 거의 어떤 활동에서도 즐거움을 느끼지 못한다.

---

48 성격장애 – 성격장애의 종류
오답해설
① 의존성 성격장애는 타인에게 과도하게 의존하며, 스스로 독립적인 생활을 하는 데 어려움을 겪는 성격장애를 말한다.
② 편집성 성격장애는 타인을 지나치게 의심하고 불신하는 성격장애를 말한다.
④ 연극성 성격장애는 관심을 끌기 위해 과장된 감정을 표현하고 극적인 행동을 보이는 성격장애를 말한다.

49 성격장애 – B군 성격장애
강박성 성격장애는 C군 성격장애에 해당한다.

50 성격장애 – 경계성 성격장애
변증법적 행동치료는 경계성 성격장애 치료에서 가장 효과적인 치료 중 하나로, 수용과 변화를 균형으로 내담자의 감정과 행동을 공감적으로 수용하면서도, 동시에 문제행동을 수정하는 접근방법이다.

51 성격장애 – 편집성 성격장애
오답해설
② 연극성 성격장애에 해당한다. 편집성 성격장애는 대인관계에서 거리를 두는 경향이 있다.
③, ④ 주요 우울장애에 해당한다.

정답 48 ③ 49 ② 50 ③ 51 ①

52 회피성 성격장애에서 나타나는 대인관계 특징은?
21년

① 자신의 목적을 달성하기 위해서 타인을 이용한다.
② 타인에게 과도하게 매달리고 복종적인 경향을 띤다.
③ 친밀한 관계를 바라지도 않으며 타인의 칭찬이나 비판에 무관심해 보인다.
④ 비판이나 거절, 인정받지 못함 등에 대한 두려움이 특징적이다.

53 반사회성 인격장애의 진단기준이 아닌 것은? 21년

① 반사회적 행동은 조현병이나 양극성 장애의 경과 중에만 발생하지는 않는다.
② 10세 이전에 품행장애의 증거가 있어야 한다.
③ 사회적 규범을 지키지 못한다.
④ 충동성과 무계획성을 보인다.

54 일반적 성격장애의 DSM-5의 진단기준에 해당하지 않는 것은?
20년

① 지속적인 유형이 물질(남용약물 등)의 생리적 효과나 다른 의학적 상태로 인한 것이다.
② 지속적인 유형이 다른 정신 질환의 현상이나 결과로 더 잘 설명되지 않는다.
③ 지속적인 유형이 개인의 사회 상황의 전 범위에서 경직되어 있고 전반적으로 나타난다.
④ 유형은 안정적이고 오랜 기간 동안 있어 왔으며 최소한 청년기 혹은 성인기 초부터 시작된다.

55 다음 중 경계성 성격장애의 임상적 특징이 아닌 것은?
20년

① 반복적인 자살행동과 만성적인 공허감
② 자신의 중요성에 대한 과장된 지각과 특권의식 요구
③ 일시적이고 스트레스와 연관된 피해적 사고 혹은 심한 해리 증상
④ 실제 혹은 상상 속에서 버림받지 않기 위해 미친 듯이 노력함

---

52 성격장애-회피성 성격장애

오답해설

① 반사회성 성격장애의 대인관계 특징에 해당한다.
② 의존성 성격장애의 대인관계 특징에 해당한다.
③ 조현성 성격장애의 대인관계 특징에 해당한다.

53 성격장애-반사회성 성격장애

15세 이전에 품행장애의 증거가 있어야 한다.

54 성격장애-성격장애의 개요

DSM-5에서는 성격장애 진단 시 '약물이나 다른 의학적 상태의 직접적인 영향이 아니어야 한다.'고 규정하고 있다.

55 성격장애-경계성 성격장애

자신의 중요성에 대한 과장된 지각과 특권의식 요구는 자기애성 성격장애의 임상적 특징에 해당한다.

정답 52 ④ 53 ② 54 ① 55 ②

56 자기애성 성격장애에 대한 설명으로 틀린 것은?
20년

① 과도한 숭배를 원한다.
② 자신의 중요성에 대해 과대한 느낌을 가진다.
③ 자신의 방식에 따르지 않으면 일을 맡기지 않는다.
④ 대인관계에서 착취적이다.

58 스스로 독립적인 생활을 하지 못하고 다른 사람에게 과도하게 의존하거나 보호받으려는 행동을 특징적으로 나타내는 성격장애는?
25년, 22년

① 분열성 성격장애
② 의존성 성격장애
③ 자기애성 성격장애
④ 히스테리성 성격장애

57 성격장애에 대한 설명으로 옳은 것은?
20년

① 성격장애는 아동기, 청소년기에는 진단할 수 없다.
② 반사회성 성격장애의 경우 품행장애의 과거력이 있다면 연령과 상관없이 진단할 수 있다.
③ 회피성 성격장애의 유병률은 여성에게서 더 높다.
④ 경계성 성격장애의 유병률은 여성에게서 더 높다.

---

56 성격장애 - 자기애성 성격장애
강박성 성격장애에 대한 설명이다.

57 성격장애
오답해설
① 성격장애의 공식 진단연령은 일반적으로 18세 이상이지만, 청소년기에도 최소 1년 이상 지속적인 패턴이 관찰되면 예외적으로 진단할 수 있다.
② 15세 이전에 품행장애 과거력이 있어야 진단할 수 있다.
③ 남성과 여성 모두 비슷한 유병률을 보인다.

58 성격장애 - 성격장애의 종류
오답해설
① 분열성(조현성) 성격장애는 사회적 관계에 대한 냉담함과 감정표현의 결핍이 특징인 성격장애이다.
③ 자기애성 성격장애는 자신에 대한 과도한 자아 존중과 타인에 대한 공감 부족이 특징인 성격장애이다.
④ 히스테리성(연극성) 성격장애는 주의를 끌려는 강한 욕구와 극적인 감정표현이 특징인 성격장애이다.

심리검사

과목공략 포인트

- 심리검사는 3과목을 포함한 4, 5과목에도 자주 등장하며, 실기 시험에도 단독 문제로 자주 출제되는 내용입니다. 기본개념부터 각 심리검사의 특징 등에 대해 잘 정리해 두세요.
- 웩슬러 지능검사와 MMPI, 로샤(로르샤흐) 검사의 출제 비중이 굉장히 높은 편입니다. 세 검사에 대한 내용은 특히 잘 알아두세요.
- 신경심리검사의 출제 비중 또한 굉장히 높은 편입니다. 특히 뇌 기능과 관련된 검사에 관한 문제가 다양한 방식으로 출제되는 편이니 기능별로 어떤 검사를 주로 사용하는지 잘 정리해 두세요.

최근 10개년 챕터별 출제경향 분석

구분	출제 현황	빈출 키워드
01 심리검사의 기본개념	13%	초기면담(접수면담) 표집의 종류 신뢰도와 타당도, 표준점수 심리검사의 윤리
02 지능검사	22%	지능이론(스피어만, 길포드, 카텔과 혼) 비율지능지수, 편차지능지수 K-WAIS-IV와 K-WISC-IV 지능검사 시행 시와 해석 시 고려사항
03 성격검사	32%	자기보고식 검사, 검사 제작방식에 따른 분류 MMPI, MMPI 검사 실시 시 고려사항 주제통각검사(TAT), 로샤(로르샤흐) 검사 삭스의 문장완성검사
04 신경심리검사와 기타 심리검사	33%	검사의 목적, 실시와 해석 시 고려사항 전두엽, 두정엽, 뇌 손상의 영향 뇌 기능의 특징과 검사의 종류 발달검사, 노년기 인지발달 특징

01 심리검사의 기본개념

Ⅲ. 심리검사

3과목 내 출제 비중 13%

| 공략 포인트
- 3과목 내에서 출제 비중이 가장 낮은 부분이지만, 심리검사에 대한 전반적인 기본개념이므로 잘 알아두어야 합니다.
- 골고루 출제되는 경향이 있어 주로 출제되는 개념인 접수면담, 신뢰도, 타당도, 표준점수, 검사 윤리를 중심으로 전반적인 개념을 정리해 두세요.

| 수험 키워드!
\# 접수면담
\# 신뢰도
\# 타당도
\# 표준점수
\# 검사 윤리

1 심리검사의 개요

1. 심리검사의 개념과 목적

(1) 개념
① 개인의 행동적 특성이나 심리적 특성을 파악하고자 다양한 도구들을 이용하여 개인의 특성을 양적·질적으로 측정하고 평가하는 일련의 절차를 말한다.
② 심리평가의 한 도구이자 자료수집의 한 수단이라고 볼 수 있다.

> **개념플러스 심리평가**
> - 개인의 심리적 특성을 이해하기 위한 일련의 전문적 과정
> - 면담(상담)+행동관찰+심리검사+전문지식 등의 다양한 자료수집방법을 통합하여 이루어짐
>   TIP 심리평가에 대한 자세한 설명은 4과목 02. 심리평가(330쪽)에서 정리하였습니다.

(2) 목적
① 심리검사를 통해 개인에 대해 보다 심층적인 이해가 가능하며, 개인의 성향이나 정신 질환 유무 등을 평가하는 데 도움을 얻을 수 있다.
② 심리검사는 개인의 내적인 심리적 특성을 파악하고 향후 행동을 예측하는 데 도움을 준다.
③ 심리검사는 개인뿐 아니라 집단의 일반적인 경향을 파악하는 데 도움을 준다.

빈출 핵심 발문
- 다음 중 접수면접에서 반드시 확인되어야 할 사항과 가장 거리가 먼 것은?

2. 심리검사를 위한 자료수집방법

(1) **목적:** 심리검사의 보조 자료로써 검사의 정확한 시행과 해석을 위해 자료를 수집한다.

(2) **종류** 기출 25, 22, 19년

① 평가면담

㉠ 개념 및 목적

개념	심리검사 과정 전후 또는 중간에 수검자와 직접 대화하여 정보를 수집하는 방법
목적	• 적절한 검사 도구 결정 • 수검자에게 검사 목적 설명 및 라포형성 → 검사 협조 유도 • 검사 결과 해석을 위한 심리적·환경적 맥락 확보 • 검사 중 발생한 수검자의 특이반응이나 반응 저조 원인 탐색

㉡ 유형

• 면담 구조화 정도에 따른 분류

구조화 면담	정해진 질문지를 바탕으로 표준화된 질문을 하는 면담
비구조화 면담	개방적 면담으로, 정해진 면담문항 없이 자유롭게 진행하는 면담
반구조화 면담	정해진 질문은 있지만, 수검자의 반응에 따라 융통성 있게 진행하는 면담

• 면담 시점에 따른 분류

초기면담
(접수면담)
	• 검사 시행 전에 이루어지는 면담
	• 수검자에 대해 넓고 포괄적으로 탐색
	  → 인적사항, 검사 의뢰 이유 및 직접적 계기, 현재의 심리적·정신적 상태, 주 호소 문제 등
	  TIP 이 시기에는 수검자의 과거 경험 등과 같은 심층적인 질문은 삼가야 합니다.
	• 반구조화 형식으로 진행되는 경우가 많음
	• 검사의 유형 결정과 목표 설정, 수검자와의 라포형성에 매우 중요한 면담

중간면담	검사 진행 중 반응에 대한 확인이나 설명이 필요할 때 이루어지는 면담
해석면담	검사 종료 후 결과를 설명하고 검사 결과의 해석과 개입 방향을 논의하는 마무리 면담

② 행동관찰

개념	수검자의 행동, 태도, 반응 양상 등을 객관적으로 관찰하여 심리검사의 결과를 보완하고 해석의 신뢰도를 높이는 자료수집방법
목적	검사수행 중 나타나는 비언어적 행동, 정서반응, 집중도 등을 관찰하여 검사 결과와 실제 행동의 일치 여부를 확인하고 검사 해석에 반영하기 위함
특징	• 아동, 발달장애, 자폐스펙트럼장애 등의 언어표현이 어려운 경우나 지적 장애, 인지 저하 환자 등의 언어적 면담이 제한되는 경우 유용 • 주관성을 배제하고 객관적 서술형으로 기록

3. 심리검사의 유형

(1) 측정 내용에 따른 분류

최대수행검사	• 개인이 최선을 다해 수행하도록 요구하는 검사 • 종류: 지능·적성·학력검사 등
전형적 반응검사	• 개인의 일반적 반응이나 특성을 평가하는 검사 • 종류: 성격·흥미·가치관검사 등

(2) 측정 수단에 따른 분류

언어성 검사	• 인쇄된 문자나 말로 자극 또는 문항을 제시하고 글이나 말로 대답하는 형식의 검사 • 종류: 문장완성검사(SCT), 설문지형 검사 등
비언어성 검사	• 검사문항을 추상적 도형 혹은 그림으로 제시하거나 토막 쌓기, 그림 맞추기 등과 같은 자료들을 제시한 후, 응답 또한 문자나 말을 쓰지 않고 간단한 기호 또는 동작으로 반응하게 하는 검사 • 종류: 그림완성검사 등

(3) 검사 대상에 따른 분류

개별검사	• 검사자와 수검자 1:1로 진행되는 검사 • 종류: 웩슬러 지능검사, 로르샤흐 검사, 주제통각검사(TAT) 등
집단검사	• 한 명의 검사자가 한꺼번에 두 명 이상의 수검자를 대상으로 실시하는 검사 • 종류: 지필검사 형태로 제작된 지능검사, 설문지 형식의 검사 등

(4) 검사의 구조화에 따른 분류

객관검사 (구조화 검사)	• 질문 내용과 응답방식이 명확히 정해져 있는 검사 • 신뢰도와 타당도 검증에 매우 유용함 • 일반적으로 표준화된 심리검사가 이에 해당함 • 종류: 객관식 성격검사, 자기보고검사 등
투사검사 (비구조화 검사)	• 일정한 양식이나 반응이 정해진 것이 아닌 수검자만의 답을 하도록 유도하는 검사 • 모호한 자극을 제시하고 그에 대한 반응을 관찰하고 분석함 • 보다 다양하고 독특한 개인의 반응을 이끌어낼 수 있음 • 종류: 로르샤흐 검사, 주제통각검사(TAT), 문장완성검사(SCT) 등 TIP 문장의 첫 부분을 제시하고 미완성된 뒷부분을 채워 넣는 문장완성검사(SCT)는 완전한 비구조화 검사는 아니고, 준구조화 검사에 해당한다고 봅니다.

(5) 표준화 여부에 따른 분류 기출 20, 16년

표준화 검사	• 실시와 해석방식이 통계적 기준(예 규준, 신뢰도, 타당도)에 의해 정해진 검사 • 종류: MMPI 등
비표준화 검사	연구자가 혹은 현장에서 자율적으로 제작한 검사

> **개념플러스** 표준화 검사의 특징 기출 20, 16년
>
> - 검사의 제반 과정에서 검사자의 주관적인 의도나 해석이 개입되어서는 안 됨
> - 실시 및 채점의 표준화를 위해 그에 관한 절차를 명시하여야 하며, 절차는 엄격하게 통제되어야 함
> - 개인의 점수를 비교하고 해석할 수 있는 통계적 기준점인 규준이 존재함
> - 표준화된 여러 검사에서의 원점수는 각 검사의 규준에 따라 상대적인 의미를 가지므로 서로 동등하지 않음
> - 필요한 경우, 복수의 동등형 검사를 개발하여 측정의 일관성을 도모하기도 함

(6) 시간 제한 여부에 따른 분류

속도검사	• 주어진 시간 안에 얼마나 빠르게 수행하는지를 측정하는 검사 • 종류: 간단한 수리검사 등
역량검사	• 시간제한 없이 문제 난이도에 따른 수행능력을 측정하는 검사 • 종류: 웩슬러 지능검사 난이도문항 등

(7) 점수기준에 따른 분류

규준 참조검사	• 개인의 점수를 동일한 연령/집단의 평균과 비교하여 상대적인 위치를 판단하는 검사 • 검사문항에 정해진 답이 없음 • 종류: MMPI, MBTI 등
준거 참조검사	• 특정 기준이나 학습목표 달성 여부에 따른 절대평가검사 • 검사문항에 정답과 오답이 존재 • 종류: 자격 시험, 기능검사 등

> **참고** 규준과 준거의 차이
> - 규준: 집단과의 상대적 위치를 평가하는 기준
> - 준거: 목표나 기준의 충족 여부를 평가하는 기준

2 심리검사의 개발과 속성

1. 심리검사의 개발

(1) 검사 개발 과정 기출 18년

① 행동특성 및 심리적 특성을 정확하고 일관성 있게 평가하기 위해 다음과 같은 엄격하고 체계적인 과정을 거쳐 개발된다.

검사 목적 설정	• 어떤 심리적 특성을 측정할 것인지 결정하고, 이를 명확한 심리적 구성개념으로 정의하여 검사문항 개발과 타당도 검증의 기준을 마련함 • 검사 대상, 사용 상황, 해석방식 등 기본 방향을 설정함
문항 개발 및 측정방법 검토	• 설정된 검사 목적과 내용영역을 충분히 포괄하고 대표할 수 있는 문항을 제작하고 측정하고자 하는 특성과 가장 적합한 문항 형식을 선택함 • 각 문항의 응답에 대한 점수화 방식을 확립하고 객관적이고 명확한 채점기준을 수립함 • 측정된 데이터가 어떤 척도에 해당하는지 파악하여 통계 분석방법을 결정함
예비검사 실시	• 실제 검사 대상과 유사한 소규모 집단에 검사를 미리 적용하여 검사에 대한 문제점을 파악함 • 문항의 난이도, 명확성, 오해의 소지, 검사 시간의 적절성 등에 대한 피드백을 수집함

> **빈출 핵심 발문**
> - 모집단에서 규준집단을 표집하는 방법과 가장 거리가 먼 것은?
> - 표집 시 남녀 비율을 정해놓고 표집해야 하는 경우에 가장 적합한 방법은?
> - 검사-재검사 신뢰도에 관한 설명으로 옳지 않은 것은?
> - 타당도에 관한 설명으로 옳지 않은 것은?

> **용어** 심리적 구성개념
> 직접 관찰하기 어려운 심리적 특성을 과학적으로 연구하기 위해 조작적으로 정의한 개념

문항수정 및 본검사 제작	• 예비검사의 피드백을 반영하여 부적절한 문항을 제거 및 수정하며, 추가 보완을 진행함 • 문항수정 후 최종문항을 확정하고 검사지의 형식을 완성함
검사문항 분석	• 본검사 실시 전후로 신뢰도, 타당도, 문항내적일치, 문항반응을 분석함 • 통계적 분석을 통해 검사 점수의 질을 관리함
본검사 실시 및 규준 설정	• 검사 대상에게 검사를 실시하고, 해당 데이터를 바탕으로 규준⊕을 설정함 • 집단별(연령, 성별 등) 평균 및 표준편차를 산출함
검사 요강 작성	• 검사 목적, 신뢰도·타당도 수치, 규정 정보를 포함함 • 검사 사용법, 채점방법, 해석지침 등을 매뉴얼 형태로 문서화함 → 검사의 표준화

심화 규준의 종류
- 발달규준: 연령규준, 학년규준, 언어발달규준, 서열규준, 추적규준
- 집단 내 규준: 백분위점수, 표준점수, 표준등급

② 엄격한 절차를 통해 선정된 검사는 검사의 과학적 타당성과 실제적 유용성 확보가 가능하다.

(2) 표집 기출 23~21, 17년

① 개념: 검사를 실시하기 위해 전체 모집단의 특성을 가장 잘 대표하는 검사 대상자집단인 표본을 구하는 방법을 말한다.

② 목적: 검사의 신뢰도·타당도를 검증하고, 검사의 규준 제작을 위해 필요하다.

③ 종류

㉠ <mark>확률 표집</mark>: 무작위 추출로 표본을 선정하여, 모집단 내 구성원 표본에 포함될 확률이 높은 방식이다.

단순무작위 (무선) 표집	확률 표집방법 중 가장 널리 사용하는 방법으로 모집단으로부터 표본을 무작위로 표집하는 방법
체계적 표집	표집틀에서 처음 표본을 추출할 때만 단순무작위방식으로 하고, 이후의 표본은 번호를 부여하여 일정한 간격을 두고 표집하는 방법

층화(유층)
표집
	모집단에서 특정 하위 집단으로 분류한 후 각 하위 집단 내에서 무작위로 표본을 추출하는 방법
	• 비례층화 표집: 모집단에서 각 계층이 차지하는 크기(비율)에 비례하여 표본을 추출함
	  예 모집단의 남녀 비율이 2:1인 경우, 표본 역시 모집단의 비율로 추출
	• 비비례층화 표집: 비례층화 표집과 다르게 모집단의 구성비율과 표본비율을 다르게 적용함
	  예 모집단의 남녀 비율이 9:1인 경우, 이 비율대로 표본비율을 정하면 여성에 대한 의미 있는 정보를 얻기 어려워 여성 표본을 추가적으로 추출

군집 표집	표집단위가 개인이 아닌 개인이 포함된 자연집단(군집)을 대상으로 하는 표집방법

㉡ 비확률 표집: 무작위 추출이 아닌 연구자의 주관과 의도가 반영된 특정 표본을 선정하는 방식이다.

할당 표집	전체 집단의 성별, 종교, 지역 등의 구성비율을 알고, 그 비율에 맞춰 각 집단에서 조사자가 임의로 표본을 추출하는 방법
눈덩이 표집	초기 표본을 통해 추가 표본을 확보하는 방법으로, 모집단의 크기가 작고 찾기 어려울 때 사용하는 방법
의도적 표집	연구자의 판단에 따라 연구 목적과 관련된 표본을 추출하는 방법

2. 심리검사의 속성

(1) 신뢰도 기출 25~23, 20, 18년

① 개념: 한 검사가 측정하고자 하는 것을 어느 정도 일관성이 있고 안정감 있게 측정하고 있는지를 나타내는 정도를 말한다.

② 측정방법

검사-재검사 신뢰도	• 동일한 검사를 수검자집단에 일정 시간을 두고 두번 실시하여 두 검사 점수 간의 상관계수로 신뢰도를 결정하는 방법
	• 검사 사이의 시간 간격에 따른 특징
	  - 시간 간격이 긴 경우: 측정 대상의 속성이나 특성이 변할 가능성이 높음
	  - 시간 간격이 짧은 경우: 1차 검사의 내용을 기억할 가능성이 높아 2차 검사에 영향을 주는 이월 효과가 커짐
	• 1차 검사를 치른 경험으로 2차 검사 때 수검자의 심리적 반응에 영향을 주어 점수가 높아지는 경향 존재(반응민감성)
	• 측정 대상이 비교적 안정적이고 변하지 않는 특성을 검사할 때 활용하기 적절함
	  예 감각식별능력이나 운동능력 등 단기적으로 크게 변하지 않는 능력

반분 신뢰도	• 검사를 두 부분으로 나누어 두 부분 간 점수의 상관관계를 파악하여 신뢰도를 측정하는 방법 • 검사-재검사 신뢰도와 달리 단 1회의 시행으로 신뢰도를 측정할 수 있음 • 반분 신뢰도를 활용하려면 문항 수는 충분히 많아야 하며, 반분된 검사 부분이 동질적이어야 함
동형검사 신뢰도	• 동일한 검사를 동일 대상에게 차례로 실시하여 두 검사의 점수들 간의 상관정도를 통해 신뢰도를 측정하는 방법 • 검사-재검사 신뢰도와 달리 내용은 동일하지만 문항이 서로 다른 검사지를 사용함
문항 내적 합치도	검사를 구성하는 문항들 간의 일관성을 측정하는 것

참고 상관계수
- 상관계수는 -1.0~1.0의 수치를 가짐
- 두 요소 간의 상관계수 수치가 양의 수치가 나오면 정적관계, 음의 수치가 나오면 부적관계, 0은 서로 관계 없음을 의미함
- 수치가 높을수록 신뢰도, 타당도가 높다고 할 수 있음

(2) 타당도 기출 23~20년

TIP 타당도에 대한 자세한 설명은 1과목 01. 심리학의 역사와 연구방법론(21쪽)에서 정리하였습니다.

① 개념: 한 검사가 측정하려는 내용을 정확하게 측정하고 있는가를 나타내는 정도를 말한다.

② 측정방법

내용 타당도	검사문항이 측정하려는 내용영역을 충분히 포괄하는지(대표성, 적합성)를 확인
구인(구성) 타당도	• 검사가 이론적 구성개념(구인)을 제대로 측정하는지를 확인 • 변별 타당도: 이론적으로 관련성이 없는 두 개념 간의 상관성을 확인 • 수렴 타당도: 동일개념을 다른 방식으로 측정했을 때의 상관성을 확인
준거(경험) 타당도	• 검사 결과가 외부 측정 준거(기준)와 얼마나 관련성이 있는지를 확인 • 공인(동시) 타당도: 검사 결과와 이미 널리 사용하고 있는 검사 간의 상호관련성을 확인 • 예언 타당도: 검사 결과가 미래의 행동이나 성과를 얼마나 잘 예측할 수 있는지를 확인

심화 구성 타당도의 등장

초기엔 내용 타당도와 준거 타당도가 주로 활용됨 → 두 타당도 모두 심리학에서 다루는 추상적이고 복합적인 심리적 구성개념을 평가하는 데 있어서 적절하지 않은 한계 존재 → 이러한 한계를 해결하기 위해 개발된 것이 구성 타당도

3 심리검사의 시행과 윤리

1. 심리검사의 시행

(1) 검사 실시 과정 기출 21, 17년

① 사전 준비
  ㉠ 자격을 갖춘 검사자
    - 검사에 관한 전문적 지식을 갖추고 규준, 신뢰도, 타당도 등에 관한 기술적 가치를 평가할 수 있어야 한다.
    - 컴퓨터검사와 같이 자동화 검사여도 검사 도구의 적절한 사용, 해석, 피드백을 위해 반드시 심리검사에 대한 전문교육과 자격이 필요하다.
  ㉡ 심리검사의 선정
    - 검사하고자 하는 내용에 맞고, 타당도와 신뢰도가 높은 검사를 선정한다.
    - 심리검사 선정 시 고려사항
      – 수검자의 특성(나이, 성별, 심리적 특성 등)
      – 검사의 경제성과 실용성
      – 객관검사와 투사검사의 장단점
  ㉢ 검사 환경 조성
    - 실시 요강을 숙독하고 수검자와 라포형성 및 검사 목적을 설명한다.
    - 안정되고 아늑하며 소음이 차단된 검사 환경을 조성한다.

② 심리검사의 실시: 표준화된 절차에 따라 시행되어야 한다.

(2) 심리검사의 채점 기출 23, 21~20, 16년

원점수	• 검사에서 수검자가 바르게 응답한 수 또는 검사에서 수검자가 직접 얻은 최초의 점수 • 원점수는 각 검사의 규준에 따라 상대적 의미를 가지므로 그 의미가 동등하지 않고 비교가 불가능함 → 원점수 자체로 객관적 정보를 주지 못하고 특정 점수의 의미 파악이 어려움 • 원점수 간의 간격이 심리적으로 동일하다는 보장이 없어, 척도의 종류로 보면 서열척도에 해당함
백분위점수	• 검사에 의해 얻어진 자료를 크기 순으로 늘어놓은 후 동일 간격으로 백등분한 값을 말함 • 계산이 간편하고 이해하기 쉬워 대부분의 심리검사에서 보편적 적용 가능
표준점수	• 원점수를 다른 점수와 비교하기 쉽게 변환한 점수로, 표준으로부터 떨어진 정도를 표준편차의 단위로 재어 나타낸 점수 • 대표적으로 Z 점수, T 점수, IQ 점수 등이 있음

빈출 핵심 발문

- 표준점수에 관한 설명으로 옳지 않은 것은?
- 심리검사 사용 윤리와 가장 거리가 먼 것은?
- 심리검사의 윤리적 문제에 대한 설명으로 옳지 않은 것은?
- 심리검사자가 지켜야 할 윤리적 의무와 가장 거리가 먼 것은?

개념플러스 표준점수의 종류 기출 23, 21, 16년

Z 점수	• 원점수를 평균(0)과 표준편차(1)기준으로 표준화한 점수 • 원점수에서 평균을 빼고 표준편차로 나눈 값(원점수−평균/표준편차) • 원점수를 직선변환하여 얻은 값 • Z 점수가 0이라는 것은 평균과 동일한 위치라는 것을 의미하고, Z 점수가 +1이라는 것은 평균보다 1 표준편차 높다는 것을 의미함 • 정규분포를 따라 수치 해석이 직관적이고 비교가 용이함
T 점수	• Z 점수를 선형변환한 표준점수 • 평균을 50, 표준편차를 10으로 설정함[(Z × 10) + 50] • Z 점수에 비해 음수나 소수점이 없어 이해하기 쉽고 전달도 편리
IQ 점수	• 주로 지능검사에서 사용하는 표준점수 • 평균은 100, 표준편차는 15로 설정함 • 절대적인 지능 수준을 의미하는 것은 아니며, 상대적인 지능 위치를 나타냄

TIP 지능검사에서 사용하는 IQ 점수의 '등급 이름'과 '통계적 비율(Z 점수 기준)'이 서로 다르다는 점을 혼동하면 안 됩니다. 즉, 지능검사 결과 '평균'이라고 나온다고 해도, IQ 점수가 평균인 100이 아닌 평균의 범위에 해당하는 90~109점 중 하나일 수 있다는 것입니다.

(3) 심리검사의 해석 기출 23, 20년

① 해석을 위한 기본개념

㉠ 척도: 보이지 않는 심리적 특성을 수치로 표현하여 과학적이고 일관된 해석을 가능하게 한다.

명명척도	• 순서나 크기가 없으며, 구분을 위해 이름을 부여하는 척도 • 성별, 인종, 색깔 등
서열척도	• 사물의 순위를 나타내기 위한 척도지만, 간격은 불명확함 • 등수, 만족도, 선호도 등
등간척도	• 순서와 간격이 일정하며, 절대영점(0)이 없는 척도 • 온도(℃), IQ(지능지수), 시험 점수 등
비율척도	• 순서와 간격이 일정하며, 절대영점(0)이 존재하는 척도 • 소득, 시간, 키, 나이 등

㉡ 기초통계: 심리검사를 통해 얻어진 데이터를 분석하고, 이를 통해 인간의 심리적 특성을 파악하거나 특정 집단의 심리적 특성을 비교·분석하는 데 활용한다.

집중(중심) 경향치	• 한 집단의 점수분포를 나타내는 대표치 • 평균, 중앙치, 최빈치
산포도	• 데이터가 얼마나 퍼져(흩어져) 있는지에 대한 정도를 나타내는 지표 • 범위, 분산, 표준편차 등
상관	• 검사를 통해 얻은 데이터와 다른 요소 간의 관계를 나타내거나, 신뢰도와 타당도 분석에 활용되는 지표 • 상관계수
정규분포	• 평균을 중심으로 좌우대칭형의 종 모양분포도 • 대부분의 심리검사 점수는 정규분포를 전제로 해석함

② 해석 시 유의할 점
　㉠ 심리검사 점수를 해석할 때 개인의 배경, 정서 상태, 수행 동기, 사회문화적 맥락 등을 반드시 고려하여야 한다.
　㉡ 검사는 단순한 수치 이상의 의미를 가지며, 수검자의 환경이나 심리 상태에 따라 결과 해석이 달라질 수 있다.
　㉢ 수검자와 관련된 정보를 배제하고 검사 점수만으로 해석하는 것은 부적절하며, 임상심리사로서의 통합적 판단이 요구된다.
　㉣ 심리검사는 특정 시점에서의 기능적 상태나 가능성을 평가하기 위해 사용되며, 이를 통해 상담·치료·중재 방향 등을 설정한다.
　㉤ 문화적으로 편향된 검사는 특정 집단에게 불리하게 작용할 수 있기 때문에, 문화적 맥락을 고려한 도구 선택 및 해석이 필수적이다.
　㉥ IQ 점수를 지나치게 범주화하면 개인의 인지특성을 단순화하게 되며, 개별차를 무시한 해석이 될 수 있어 점수 해석 시 유연하고 다각적인 접근이 필요하다.
　㉦ 표준화된 절차에 따라 시행한 결과에 대해서만 규준과 비교 해석이 가능하기 때문에 표준절차 외의 부가적 절차로 산출된 결과는 규준에 의거하여 해석하지 않는다.

2. 심리검사의 윤리 기출 25~18년

(1) 기본개념
① 심리학자에게 면허와 자격에 관한 법을 시행하는 것은 직업적 윤리 기준을 세우기 위함이다.
② 심리검사는 사람을 대상으로 하는 검사이기 때문에, 정확성·책임성·공정성·비밀보장을 핵심 윤리기준으로 한다.
③ 검사자는 전문적이고 과학적인 기초 위에서 활동함으로써 자신의 지식과 능력의 범위를 인식할 의무가 있으며, 이를 남용하거나 악용해서는 안 된다.

(2) 심리검사의 윤리규정
① 심리검사는 반드시 자격을 갖춘 전문가(예 임상심리사, 상담심리사 등)만 사용 및 구매할 수 있다.
② 검사자는 본인의 학문적 훈련이나 경험의 범위와 검사의 결과가 수검자의 삶에 영향을 줄 수 있음을 인식하여야 한다. 따라서, 본인이 다루기 곤란한 어려움이 있을 경우에는 적절한 전문가에게 의뢰하여야 하고 자신의 범위 이상의 평가를 해서는 안 된다.
③ 검사 결과는 수검자의 연령과 이해 수준에 맞게 쉽게 설명하고, 검사 목적에 적합한 용어를 사용하여야 한다.
④ 검사 결과는 정확하고 윤리적으로 해석하여 보고하며, 오해를 불러일으키는 표현은 피한다.
⑤ 검사자는 수검자의 사생활 및 비밀을 보장하여야 한다.

TIP 수검자가 자신이나 타인에게 위해를 가할 가능성이 있는 경우나, 아동학대·성폭력 등의 중대한 범죄 사실을 검사를 통해 알게 된 경우 또는 법원의 정보 공개 명령이 있는 경우에는 비밀보장의 의무가 제한될 수 있습니다.

⑥ 검사자는 규준, 신뢰도, 타당도 등에 관한 기술적 가치를 평가할 수 있어야 하며, 이러한 검사규준 및 검사 도구와 관련된 최근 동향과 연구 방향을 민감하게 파악하여야 한다.

⑦ 검사자는 검사 제작 시에 다음의 측면을 모두 고려하여야 한다.

전문적 측면	검사자는 인간행동에 대한 이해를 바탕으로 전문교육을 받고, 심리평가 기법을 숙련되게 다룰 수 있어야 함
도덕적 측면	수검자의 존엄성과 권리❷를 보호할 의무가 있음
윤리적 측면	• 검사 목적과 활용방법, 비밀보장의 한계를 수검자에게 설명해야 함 • 소속기관에는 수검자의 정보를 최소한으로 제공하는 것이 바람직함
사회적 측면	• 검사의 이익이 위험을 능가하고, 위험이 최소화된 경우에만 검사 시행 • 검사자는 검사 사용이 개인의 권리와 자유를 침해할 수 있음을 인식

참고 수검자의 권리
• 검사를 받지 않을 권리
• 검사 점수 및 해석을 알 권리
• 검사 자료 접근 가능자를 알 권리
• 검사 결과의 비밀보장을 받을 권리

기출(복원)문제

빈출

01 다음 중 접수면접에서 반드시 확인되어야 할 사항과 가장 거리가 먼 것은? 25년, 22년, 19년

① 인적사항
② 주 호소 문제
③ 내원하게 된 직접적 계기
④ 문제의 원인으로 추정되는 어린 시절의 경험

02 표준화 검사의 특징과 가장 거리가 먼 것은? 16년

① 검사 실시의 절차가 엄격히 통제된다.
② 모든 표준화 검사는 규준을 갖고 있다.
③ 반응의 자유도를 최대한으로 넓힌다.
④ 두 가지 이상의 동등형을 만들어 활용한다.

03 표준화 검사에 대한 설명으로 옳은 것은? 20년

① 표준화 검사는 검사의 제반 과정에서 검사자의 주관적인 의도나 해석이 개입될 수 있도록 한다.
② 절차의 표준화는 환경적 조건에 대한 엄격한 지침을 제공함으로써 시간 및 공간의 변화에 따라 검사 실시 절차가 달라지는 것을 의미한다.
③ 실시 및 채점의 표준화를 위해서는 그에 관한 절차를 명시해야 한다.
④ 표준화된 여러 검사에서 원점수의 의미는 서로 동등하다.

---

01 심리검사의 개요-심리검사를 위한 자료수집방법
문제의 원인으로 추정되는 어린 시절의 경험은 심층면접 또는 사례개념화 단계에서 다루는 내용이다. 접수면접단계에서 섣불리 과거 경험을 파고들 경우, 수검자가 방어적이거나 위축될 수 있다.

02 심리검사의 개요-심리검사의 유형
비표준화 검사 혹은 투사검사의 특징에 해당한다. 표준화 검사는 검사 문항, 실시 절차 등이 모두 엄격하게 통제되어 있기 때문에 수검자의 자유 반응과는 거리가 멀다.

03 심리검사의 개요-심리검사의 유형

오답해설
① 표준화 검사는 검사자의 주관 개입을 최소화하기 위해 모든 절차가 통일되어 있다.
② 절차의 표준화는 시간과 공간의 변화에도 검사 절차가 동일하게 유지되도록 하는 것을 의미한다.
④ 원점수는 각 검사의 규준에 따라 상대적인 의미를 가지므로 서로 동등하지 않다.

정답 01 ④ 02 ③ 03 ③

QR코드의 OMR 답안지로 문제를 반복해서 풀어 본 후, 문항 번호 아래 박스에 회독한 만큼 체크해 보세요.

회독용 OMR

빈출
04 모집단에서 규준집단을 표집하는 방법과 가장 거리가 먼 것은? 　　23년, 22년, 17년

① 군집 표집(Cluster Sampling)
② 유층 표집(Stratified Sampling)
③ 단순무선 표집(Simple Random Sampling)
④ 비율 표집(Ratio Sampling)

빈출
05 표집 시 남녀 비율을 정해놓고 표집해야 하는 경우에 가장 적합한 방법은? 　　22년, 21년, 17년

① 군집 표집(Cluster Sampling)
② 유층 표집(Stratified Sampling)
③ 체계적 표집(Systematic Sampling)
④ 구체적 표집(Specific Sampling)

06 표준화 검사의 개발 과정으로 옳은 것은? 　　18년

① 검사 목적 구체화 → 측정방법 검토 → 예비검사 시행 → 문항수정 → 본검사 제작 → 검사문항 분석 → 검사 사용 설명서 제작
② 측정방법 검토 → 검사 목적 구체화 → 예비검사 시행 → 문항수정 → 검사문항 분석 → 본검사 제작 → 검사 사용 설명서 제작
③ 검사 목적 구체화 → 예비검사 시행 → 측정방법 검토 → 본검사 제작 → 문항수정 → 검사문항 분석 → 검사 사용 설명서 제작
④ 측정방법 검토 → 검사 목적 구체화 → 예비검사 시행 → 검사문항 분석 → 문항수정 → 본검사 제작 → 검사 사용 설명서 제작

빈출
07 검사-재검사 신뢰도에 관한 설명으로 옳지 않은 것은? 　　25년, 23년, 20년

① 검사 사이의 시간 간격이 너무 길면 측정 대상의 속성이나 특성이 변할 가능성이 있다.
② 반응민감성에 의해 검사를 치르는 경험이 개인의 진점수를 변화시킬 가능성이 있다.
③ 검사 사이의 시간 간격이 짧으면 이월 효과가 작아진다.
④ 감각식별검사나 운동검사에 권장되는 방법이다.

---

04 심리검사의 개발과 속성-심리검사의 개발
비율 표집은 모집단의 실제 구성비율을 고려하지 않고 임의의 비율을 정해 표본을 추출하는 것으로, 모집단을 대표할 수 있어야 하는 규준집단을 표집하는 방법과는 아주 멀다.
　참고　비율 표집은 표집에서 비공식적인 명칭으로, 오답선지일 가능성이 매우 높은 선지입니다.

05 심리검사의 개발과 속성-심리검사의 개발
표집 시 비율을 정하여 표집을 진행하는 방법은 유층(층화) 표집이다.

06 심리검사의 개발과 속성-심리검사의 개발
표준화 검사 개발은 '검사 목적 설정 → 문항 개발 및 측정방법 검토 → 예비검사 실시 → 문항수정 → 본검사 제작 → 검사문항 분석 → 검사 요강 작성'의 7단계 과정을 거쳐 진행된다.

07 심리검사의 개발과 속성-심리검사의 속성
검사 사이의 시간 간격이 짧으면 수검자가 첫 번째 검사 내용을 기억하고 있을 가능성이 커져 이월 효과가 커진다. 따라서 검사 간 간격이 너무 짧으면 신뢰도가 과대 추정될 수 있다.

정답　04 ④　05 ②　06 ①　07 ③

08 신뢰도의 추정방법 중 반분 신뢰도의 장점은?

24년, 18년

① 검사의 문항 수가 적어도 된다.
② 반분된 검사가 동형일 필요가 없다.
③ 단 1회의 시행으로 신뢰도를 구할 수 있다.
④ 속도검사의 신뢰도를 추정하는 데 적합하다.

09 다음에서 설명하는 타당도는?

20년

> 주어진 준거에 비추어 검사의 타당도를 확인하기 위한 것으로 미래 예측과 관련된다. 예를 들어 수능 시험이 얼마나 대학에서의 학업능력을 잘 예측하는지를 확인하기 위하여 학점과 관련성을 측정하는 것이다.

① 변별 타당도
② 예언 타당도
③ 동시 타당도
④ 수렴 타당도

빈출

10 타당도에 관한 설명으로 옳지 않은 것은?

23년, 22년, 21년

① 구성 타당도는 측정될 구성개념에 대한 평가 도구의 대표성과 적합성을 말한다.
② 구성 타당도는 내용 및 준거 타당도 접근법에서 직면하게 될 부적합성 및 문제점을 해결하기 위해 개발되었다.
③ 준거 타당도는 검사 점수와 외부 측정에서 얻은 일련의 수행을 비교함으로써 결정된다.
④ 준거 타당도는 경험 타당도 또는 예언 타당도라고 불리기도 한다.

---

08 심리검사의 개발과 속성-심리검사의 속성

오답해설
① 문항 수는 충분해야 한다.
② 반분된 두 부분이 동질적이어야 한다.
④ 속도검사는 주어진 시간 안에 얼마나 많은 문제를 푸는지를 측정하는 검사로, 보통 난도가 낮고 시간제한이 있어 후반부 문제를 거의 풀지 못해 반분된 두 부분 간의 점수 상관이 왜곡될 가능성이 높아 반분 신뢰도는 적합하지 않다.

09 심리검사의 개발과 속성-심리검사의 속성

오답해설
① 변별 타당도는 이론적으로 관련성이 없는 두 개념을 측정한 두 척도의 상관관계를 분석하여 타당도를 판별하는 것이다.
③ 동시 타당도는 검사 결과와 기존에 널리 사용되는 검사 간의 상호관련성을 확인하는 것이다.
④ 수렴 타당도는 동일개념을 측정한다면, 다른 방법으로 측정하더라도 측정값이 하나의 차원으로 수렴되어야 한다는 것이다.

10 심리검사의 개발과 속성-심리검사의 속성
측정될 구성개념에 대한 평가 도구의 대표성과 적합성을 확인하는 것은 내용 타당도에 관한 설명이다.

11. 심리검사의 시행에 관한 설명으로 옳은 것은? 17년

① 표준절차 외에 자신만의 효과적인 절차를 사용한다.
② 중립적 검사 시행을 위해 라포형성은 가급적 배제되어야 한다.
③ 표준절차 외의 부가적 절차로 산출된 결과는 규준에 의거하여 해석하지 않는다.
④ 검사를 자동화된 컴퓨터검사로 전환한 경우 원 검사에 대한 전문적 훈련은 요구되지 않는다.

12. [빈출] 심리검사자가 지켜야 할 윤리적 의무와 가장 거리가 먼 것은? 25년, 24년, 20년

① 심리검사 결과 해석 시 수검자의 연령과 교육 수준에 맞게 설명해야 한다.
② 컴퓨터로 실시하는 심리검사는 특정한 교육과 자격이 없어도 된다.
③ 심리검사 결과가 수검자의 삶에 영향을 줄 수 있음을 인식해야 한다.
④ 검사규준 및 검사 도구와 관련된 최근 동향과 연구 방향을 민감하게 파악해야 한다.

13. 심리검사 선정기준으로 틀린 것은? 21년

① 신뢰도와 타당도가 높은 검사를 선정한다.
② 검사의 경제성과 실용성을 고려해 선정한다.
③ 수검자의 특성과 상관없이 의뢰 목적에 맞춰 선정한다.
④ 객관적 검사와 투사적 검사의 장·단점을 고려하여 선정한다.

14. [빈출] 심리검사 사용 윤리와 가장 거리가 먼 것은? 24년, 19년, 18년

① 자격을 갖춘 사람만이 심리검사를 사용해야 한다.
② 자격을 갖춘 사람만이 심리검사를 구매할 수 있다.
③ 쉽게 이해할 수 있고 검사 목적에 맞는 용어로 검사 결과를 제시하는 것이 좋다.
④ 검사 결과는 어떠한 경우라도 사생활보장과 비밀유지를 위해 수검자 본인에게만 전달되어야 한다.

---

11 심리검사의 시행과 윤리 - 심리검사의 시행

오답해설
① 심리검사는 표준화된 절차에 따라 시행되어야 한다.
② 검사 시행 시 신뢰할 수 있는 응답을 이끌어내기 위해서 라포형성은 매우 중요하기 때문에, 배제되어서는 안 된다.
④ 검사가 자동화되었다고 하더라도, 검사 해석, 결과 통합, 수검자의 반응 해석 이해에는 여전히 전문적인 지식과 해석 역량이 요구된다.

12 심리검사의 시행과 윤리 - 심리검사의 윤리
컴퓨터 검사를 한다고 하더라도, 검사 도구의 적절한 사용, 해석, 피드백을 위해서는 반드시 심리검사에 대한 전문교육과 자격이 필요하다.

13 심리검사의 시행과 윤리 - 심리검사의 시행
심리검사를 선정할 때는 수검자의 특성(나이, 성별, 심리적 특성 등)을 고려해야 한다. 그렇지 않을 경우, 부적합한 결과를 초래할 수 있기 때문에 수검자에게 적합한 검사를 선택하는 것은 중요하다.

14 심리검사의 시행과 윤리 - 심리검사의 윤리
사생활보장과 비밀유지는 심리검사의 기본 원칙이자 검사자의 의무이긴 하지만, 수검자가 자신이나 타인을 해칠 위험이 있는 경우나 아동학대·성폭력과 같은 중대한 범죄에 연루된 경우 혹은 법원의 정보 공개 명령이 있는 경우에는 그 의무가 제한될 수 있다.

정답 11 ③ 12 ② 13 ③ 14 ④

빈출
15 심리검사의 윤리적 문제에 대한 설명으로 옳지 않은 것은?
23년, 22년, 20년, 18년

① 심리학자에게 면허와 자격에 관한 법을 시행하는 것은 직업적 윤리기준을 세우기 위함이다.
② 제대로 자격을 갖춘 검사자만이 검사를 사용해야 한다는 조건은 부당한 검사사용으로부터 피검자를 보호하기 위한 조치이다.
③ 검사자는 규준, 신뢰도, 타당도 등에 관한 기술적 가치를 평가할 수 있어야 한다.
④ 검사자들은 검사 제작의 기술적 측면에만 관심을 가질 필요가 있다.

16 심리검사 점수의 해석과 사용에서 임상심리사가 유의해야 할 점이 아닌 것은?
23년, 20년

① 검사는 개인의 일정 시점에서 무엇을 할 수 있는지를 밝혀내도록 고안된 것이다.
② IQ 점수를 범주화하여 해석하는 것은 오류 가능성이 있다.
③ 문화적 박탈 효과에 둔감한 검사는 문화적 불이익의 효과를 은폐시킬 수 있다.
④ 검사 점수를 해석할 때는 그 사람의 배경이나 수행동기 등을 배제해야 한다.

17 검사자가 지켜야 할 윤리적 의무로 옳지 않은 것은?
22년, 18년

① 검사 과정에서 피검자에게 얻은 정보에 대해 비밀을 보장할 의무가 있다.
② 자신이 다루기 곤란한 어려움이 있을 때는 적절한 전문가에게 의뢰하여야 한다.
③ 자신이 받은 학문적인 훈련이나 지도받은 경험의 범위를 벗어난 평가를 해서는 안 된다.
④ 피검자가 자해행위를 할 위험성이 있어도 비밀보장의 의무를 지켜야 하므로 누구에게도 알려서는 안된다.

18 심리검사자가 준수해야 할 윤리적 의무로 옳은 것을 모두 고른 것은?
21년

> ㉠ 심리검사 결과 해석 시 수검자의 연령과 교육 수준에 맞게 설명해야 한다.
> ㉡ 심리검사 결과가 수검자의 삶에 영향을 줄 수 있음을 인식해야 한다.
> ㉢ 컴퓨터로 실시하는 심리검사는 특정한 교육과 자격이 필요 없다.

① ㉠
② ㉠, ㉡
③ ㉡, ㉢
④ ㉠, ㉡, ㉢

---

15 심리검사의 시행과 윤리 – 심리검사의 윤리
검사자는 전문적 측면에 해당하는 검사 제작의 기술적인 측면뿐만 아니라 사회적 측면(검사의 사회적 영향), 도덕적 측면(수검자의 존엄성과 권리 존중), 윤리적 측면(검사자의 책임감)을 모두 고려하여야 한다.

16 심리검사의 시행과 윤리 – 심리검사의 시행
심리검사는 단순한 숫자, 수치만을 해석하는 것이 아니라 수검자의 개인적 배경, 동기, 상황적 요인 등을 종합적으로 고려하기 때문에 검사 점수를 해석할 때 수검자의 배경이나 동기 등을 반영하여야 한다.

17 심리검사의 시행과 윤리 – 심리검사의 윤리
수검자의 사생활보장 및 비밀유지는 검사자의 의무이지만, 수검자가 자해행위를 할 위험성이 있는 경우는 예외적으로 비밀보장의 의무가 제한될 수 있다.

18 심리검사의 시행과 윤리 – 심리검사의 윤리
오답해설
㉢ 컴퓨터로 검사를 실시한다고 하더라도, 검사 해석이나 측정 도구의 적절한 사용 검토 등의 면에서 전문성과 정확성이 요구되기 때문에 특정한 교육과 자격이 필요하다.

정답 15 ④ 16 ④ 17 ④ 18 ②

19 심리검사의 윤리에 관한 설명으로 틀린 것은? 21년

① 자격을 갖춘 사람이 심리검사를 실시해야 한다.
② 검사동의를 구할 때에는 비밀유지의 한계에 대해 알려야 한다.
③ 동의할 능력이 없는 사람에게도 평가의 본질과 목적을 알려야 한다.
④ 자동화된 서비스를 사용할 경우 검사자는 평가의 해석에 대한 책임을 지지 않는다.

빈출
20 표준점수에 관한 설명으로 옳지 않은 것은?
23년, 21년, 16년

① 대표적인 표준점수로는 Z 점수가 있다.
② Z 점수가 0이라는 것은, 그 사례가 해당 집단의 평균치보다 1 표준편차 위에 있다는 것을 의미한다.
③ 웩슬러 지능검사의 IQ 수치도 일종의 표준점수이다.
④ 표준점수는 원점수를 직선변환하여 얻는다.

21 심리검사에서 원점수에 대한 설명으로 틀린 것은?
20년

① 원점수 그 자체로는 객관적인 정보를 주지 못한다.
② 원점수는 기준점이 없기 때문에 특정 점수의 의미를 파악하기 어렵다.
③ 원점수는 척도의 종류로 볼 때 등간척도에 불과할 뿐 사실상 서열척도가 아니다.
④ 원점수는 서로 다른 검사의 결과를 동등하게 비교할 수 없다.

---

19 심리검사의 시행과 윤리 – 심리검사의 윤리
자동화된 서비스를 이용한다고 하더라도, 검사의 해석에는 검사자의 전문성이 요구되기 때문에 검사자는 검사의 해석에 대한 책임을 진다.

20 심리검사의 시행과 윤리 – 심리검사의 시행
Z 점수가 0이라는 것은 평균치와 동일한 위치에 있다는 것을 의미한다.

21 심리검사의 시행과 윤리 – 심리검사의 시행
원점수는 단순히 수검자가 맞춘 문항 수나 점수 합산으로 나타나기 때문에, 각 점수 간 간격이 심리적으로 동일하다는 보장이 없다. 그러므로 원점수는 등간척도가 아니라 서열척도로 간주된다.

정답 19 ④ 20 ② 21 ③

02 지능검사

III. 심리검사

공략 포인트
- 지능과 지능검사의 개념을 묻는 문제가 종종 출제되는 편입니다. 특히 학자들이 정의한 지능의 개념 및 해당 이론을 숙지해 두어야 합니다.
- 웩슬러 지능검사에 대한 문제도 자주 출제되는 편입니다. 성인용/아동용/유아용을 모두 잘 알아두어야 합니다. 각 지수, 소검사 등 모든 내용을 잘 정리해 두세요.

수험 키워드!
결정성 지능
비율지능지수
편차지능지수
웩슬러 지능검사

1 지능검사의 기본개념

1. 지능의 일반적 개념과 특징 기출 24, 21~20, 18~17년

(1) 일반적 개념

적응능력	• 인간을 둘러싸고 있는 전체 환경에 대한 적응력 • 새로운 환경 및 다양한 상황을 다루는 적응과 순응에 관한 능력
학습능력	교육을 받을 수 있는 능력 또는 유익한 것을 학습할 수 있는 능력
추상적 사고능력	추상적인 사고를 할 수 있는 능력이자, 이를 구체화하거나 구체적인 사실과 연관시킬 수 있는 능력
종합적 능력	개인이 합목적적으로 행동하고 합리적으로 사고하며, 환경에 효율적·능률적으로 적응하게 하는 능력

(2) 특징
① 아동기의 전반적인 인지발달속도가 청소년기보다 빠르다.
② 고정불변의 개념이 아니라 변화하고 발달하는 과정이다.
③ 지능은 학업성취도, 성격, 가정의 양육방식, 부모의 교육 수준 등과 관련이 있다.
④ 지능검사의 전체 IQ에서 남녀 간 평균에 의미 있는 차이는 없다.

(3) 학자별 지능 정의 기출 25~23, 21~20년
① **웩슬러(Wechsler)**: 지능은 개인이 목적 있는 행동을 하고, 논리적으로 사고하며 환경을 효과적으로 다루는 전체적인 능력이다. 또한, 지능은 성격과 분리될 수 없다.
② 비네(Binet): 지능은 목표를 세우고 이를 지속하며, 과제수행 중 결과를 조정해 나가는 능력이다.
③ 터만(Terman): 지능은 추상적 상징을 활용하여 복잡한 문제를 해결할 수 있는 사고능력이다.
④ 스피어만(Spearman): 지능은 사물 간의 관계를 인식하고 파악하는 정신적 능력이다.
⑤ 서스톤(Thurstone): 지능은 구체적 사실과 추상적 개념을 관련지을 수 있는 능력이다.

빈출 핵심 발문
- 지능에 대한 설명으로 옳지 않은 것은?
- 지능의 개념에 관한 연구자와 주장의 연결이 옳지 않은 것은?
- 지능을 일반 요인과 특수 요인으로 구분한 학자는?

⑥ 피아제(Piaget): 지능은 동화와 조절의 균형을 통해 환경에 적응하는 인지적 구조 변화의 과정이다.
⑦ 스턴버그(Sternberg): 지능은 성공적인 삶을 위해 분석적·경험적·실제적 지능을 균형 있게 활용하는 능력으로, 개인은 자신의 목표를 달성하기 위해 적합한 환경을 의도적으로 선택하고 변형하며 적응하는 과정을 거친다.
⑧ 핀트너(Pintner): 지능은 변화하는 환경 속에서 스스로를 효과적으로 조정할 수 있는 적응력이다.

2. 지능이론 기출 25~20년

(1) 스피어만(Spearman)의 2요인 이론
① 지능에 대해 최초로 요인 분석을 시도하였고, 여러 지적 능력에 관한 검사와 이러한 검사 간에 존재하는 상관관계를 설명하는 '요인(Factor)'개념을 도입하였다.
② 지능을 일반 요인(g 요인)과 특수 요인(s 요인)으로 구분하였다.

일반 요인(g 요인)	모든 지적 과정에 관여하는 일반적인 능력
특수 요인(s 요인)	수리 추리력, 언어이해력 등 특정 분야에서의 문제해결에 관여하는 특수능력

③ 일반지능이 낮더라도 음악이나 미술 등의 분야에서 천재성을 보이는 경우, 이는 특수 요인에 의한 것으로 파악한다.

(2) 손다이크(Thorndike)의 다요인 이론
① 스피어만의 일반 요인은 존재하지 않고, 고도로 특수화된 무수한 특수 요인들로 지능이 구성된다고 주장하였다.
② 그러한 특수 요인지능을 세 가지 영역으로 구분하였다.

추상적 지능	언어나 수 등의 상징적 기호를 처리하는 능력
사회적 지능	사람과 상호작용하고 사람을 이해하는 능력
구체적 지능	동작을 통해 사물을 조작하는 능력

(3) 서스톤(Thurstone)의 다요인 이론
① 지능은 하나의 일반적인 능력으로 구성된 것이 아니라 다양한 독립적인 능력의 집합체라고 주장하였다.
② 지능을 '기본 정신능력'이라 일컫고, 이를 구성하는 7가지 요인을 제시하였다.

언어이해	단어의 의미를 이해하고, 언어를 통해 정보를 처리하는 능력
언어 유창성	언어를 빠르고 정확하게 사용하고, 창의적으로 활용하는 능력
수	수치와 관련된 문제를 해결하고, 수학적인 개념을 이해하는 능력
공간시각	시각적인 정보를 이해하고, 공간적인 관계를 파악하는 능력
지각속도	빠르게 정보의 패턴을 인식하고, 차이점을 발견하는 능력
추리	주어진 자료 내 원칙을 알아내어 적용하는 능력
기억	정보를 저장하고, 기억을 회상하는 능력

(4) 길포드(Guilford)의 지능구조 모형
① 서스톤의 기본 정신능력을 확장·발전시켰다.
② 지능은 180개의 요인으로 구성되어 있고, 이를 설명하기 위해 세 가지 요소를 축으로 하는 입방형 모형⁺을 제시하였다.

내용 요인	• 사고의 대상으로써 주어진 정보의 내용에 관한 것 • 시각, 청각, 상징, 의미, 행동
조작 요인	• 사고의 과정으로써 정보를 처리하고 작동하는 지적 활동에 관한 것 • 평가, 수렴, 확산, 기억 파지, 기억 저장, 인지
결과 요인	• 사고의 결과로써 정보조작의 결과에 관한 것 • 단위, 분류, 관계, 체제, 전환, 함축

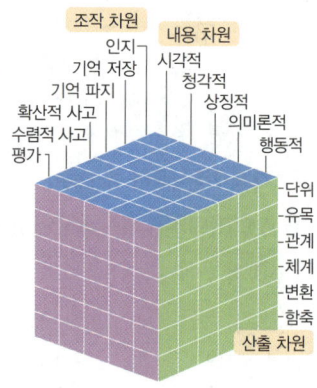

심화 길포드의 지능구조 모형

(5) 카텔(Cattell)과 혼(Horn)의 위계적 요인설
① 카텔은 인간의 지능을 유동성 지능과 결정성 지능으로 구분하였고, 혼이 이를 토대로 각 지능의 특징적 양상을 연구하였다.

유동성 지능	• 선천적으로 타고나는 지능으로, 문화와 환경에 따라 변화되지 않는 일반적인 지적 능력 • 새로운 상황에 대한 적응력과 해결력을 말함 • 생애 초기에 비교적 급속히 발달하고 성인기 이후부터 점차 쇠퇴함 • 웩슬러 지능검사에서 동작성 검사(빠진 곳 찾기, 토막 짜기 등)와 관련
결정성 지능	• 후천적으로 생기는 지능으로, 문화적·교육적 경험에 따라 영향을 받음 • 학습된 지식과 경험을 활용하여 문제를 해결하는 능력 • 성인기 이후에도 계속해서 발달하며, 노년기에도 비교적 감퇴하는 비율이 낮음 • 웩슬러 지능검사에서 결정성 검사(상식, 어휘, 이해, 공통성)와 관련

② 유동성 지능이 결정성 지능에 영향을 미칠 가능성이 높다. 즉, 유동성 지능이 높을수록 결정성 지능발달에 긍정적인 영향을 줄 수 있다.

(6) 가드너(Gardner)의 다중지능이론
① 인간의 지능은 일반지능과 같이 단일한 능력이 아닌 다수의 독립적인 지능 유형으로 구성되어 있다고 주장하였다.
② 언어적 지능, 논리·수학적 지능, 공간적 지능, 자연관찰적 기능, 신체·활동적 지능, 음악적 기능, 대인관계지능, 개인 내적 지능, 실존적 지능의 9가지 지능으로 구분하였다.

(7) 스턴버그(Sternberg)의 삼원지능이론
① 지능을 단순한 지능검사로 평가하는 것을 넘어, 문제해결 과정에서 다양한 심리적 요소들이 상호작용하며 나타나는 복합적인 능력으로 보았다.
② 인지 과정과 지적 행동이 분석적 지능, 경험적 지능, 실제적 지능의 3가지 능력의 통합으로 작용한다고 주장하였다.

분석적 지능	새로운 지식을 습득하고 그 지식을 논리적인 문제해결에 적용하는 능력
경험적 지능	서로 관련되어 있지 않은 사실들을 조합하고, 아이디어를 생성하는 창의적 능력
실제적 지능	현실적이고 실제적인 문제를 해결해 나가는 능력

3. 지능검사의 개요

(1) 개념: 훈련이나 학습의 영향을 받지 않고, 나이가 들어감에 따라 일반적인 경험으로 형성되는 지적 능력을 측정하기 위해 만들어진 검사이다.

(2) 목적

① 개인의 지능 수준과 인지적 잠재력, 신경심리적 특성 등을 파악한다.
② 지능검사의 결과를 바탕으로 임상적 진단을 명료화하고 합리적인 치료목표 및 방법을 수립한다.
③ 두뇌 손상 여부 및 두뇌 손상으로 인한 인지적 손상을 평가한다.
④ 학습과 진로지도의 자료로 활용한다.

(3) 종류 기출 18~17년

구분	개인용 지능검사	집단용 지능검사
개념	검사자와 수검자 1:1로 하는 검사	한 번에 여러 사람에게 동시에 실시할 수 있는 검사
특징	• 개인의 정신능력, 지적 결함, 심리적 상태 등을 보다 정밀하게 파악하고 진단할 수 있음 • 집단용 지능검사에 비해 상대적으로 신뢰성, 타당성, 임상적 유용성이 높음 • 시간이 오래 걸리고, 비싸다는 단점이 있음 • 개인용 지능검사는 검사자와 수검자 간의 상호작용이 중요함 • 검사자는 관찰 등을 통한 임상적 판단을 해야 함	• 주로 지필 또는 컴퓨터검사의 형태 • 일시에 많은 수검자의 정신능력, 심리적 상태 등을 파악할 수 있지만, 행동관찰 자료를 수집하기에는 어려움 • 실시와 채점이 간편하고 빠르며, 선별검사로 사용하기에 적합함 • 표준화된 문항에 대한 표면적·제한적 반응을 요구하기 때문에 개별적 문제해결 과정을 파악하기 어려워 임상적 관찰이나 심층평가에는 부적합함 • 검사자는 정해진 절차를 따라 검사를 수행함
종류	스탠포드-비네 검사, 웩슬러 지능검사, 카우프만 지능검사 등	군대알파검사, 군대베타검사 등

TIP 수검자는 개인용 지능검사에서는 사람에게 반응하지만, 집단용 지능검사에서는 주어진 문항에 반응한다고 볼 수 있습니다.

2 스탠포드-비네 지능검사와 카우프만 아동용 지능검사

1. 스탠포드-비네(Stanford-Binet) 지능검사 기출 25, 23, 21, 19, 16년

(1) 개념: 최초의 지능검사인 비네-시몽 검사를 터먼이 개정한 것이 스탠포드-비네 지능검사이다.

(2) 특징

① 비네는 정신연령(Mental Age)이라는 개념을 도입·제시하여 생활연령과 비교하여 지능 수준을 평가하는 데 사용하였고, 여기에 터먼이 지능지수(IQ)에 대한 개념을 도입하였다.

② 주로 2~18세 연령을 대상으로 하며, 인지능력, 구두 언어적 추론, 수량적 추론, 추상적·시각적 추론 및 단기기억 등의 영역을 평가한다.

③ 비율지능지수(비율 IQ): 슈테른(Stern)이 처음 제안한 개념으로, 개인의 지적 능력을 정신연령과 생활(신체)연령의 대비 비율로 나타낸 것이다.

$$비율지능지수 = \frac{정신연령(MA)}{생활연령(CA)} \times 100$$

④ 아동기 지능검사에는 적합하였으나, 성인평가에는 부적합하다는 평가를 받았다.

⑤ 발달규준에서는 수검자의 생활연령과 정신연령을 함께 표기한다.

개념플러스 발달규준

- 표준화된 검사에서 개인의 발달 정도가 어느 정도에 위치해 있는지를 나타내는 기준
- 개인의 발달 수준을 평가하여 발달 지연이나 조기 발달을 확인할 수 있고, 개별적인 발달 특징을 파악할 수 있음
- 연령, 학년 등의 발달단계에 따라 점수가 어떻게 분포되는지를 나타냄

연령규준	개인의 점수가 규준집단의 연령과 비교하여 어느 연령층에 해당하는지 판단하는 방법
학년규준	검사 점수를 학년별 평균이나 중앙치와 비교하여 해당 학년 수준에 속하는지 판단하는 방법
언어발달규준	개인의 점수를 규준집단과 비교하여 어느 정도의 언어발달 수준인지 판단하는 방법
추적규준	개인의 신체적·정신적 발달 양상을 추적하여 발달곡선으로 표시하는 방법
서열규준	행동관찰을 통해 발달단계상 어느 위치에 해당되는지 판단하는 방법

⑥ IQ는 대부분의 점수가 100 근처에 모여 있으며, 종 모양의 정상분포곡선을 그린다.

⑦ 언어 중심 검사이기 때문에, 정신지체가 의심되는 아동에게 사용하기 어렵다.

⑧ 웩슬러 지능검사와 함께 전 세계적으로 널리 사용되는 지능검사 중 하나이다.

빈출 핵심 발문

- 스탠포드-비네 지능검사에 대한 설명으로 옳지 않은 것은?
- 아동의 지적 발달이 또래집단에 비해 지체되어 있는지, 혹은 앞서고 있는지를 평가하기 위해 Stern이 사용한 IQ 산출계산방식은?

TIP 성인기 이후에는 정신연령이 더 이상 증가하지 않기 때문에, 생활연령이 높아질수록 IQ가 수학적으로 낮아지는 경향이 있기 때문에 성인평가에는 부적합하다는 평가를 받습니다.

TIP 추적규준은 연령별로 동일한 백분위를 갖는다고 가정합니다.

2. 카우프만 아동용 지능검사(Kaufman Assessment Battery for Children, K-ABC) 기출 21년

(1) **개념**: 정보처리와 인지능력을 측정하기 위해 카우프만이 개발한 지능검사이다.

(2) **특징**
① 정보처리이론을 기반으로 하여 아동이 정보를 어떻게 처리하는가에 비중을 두는 검사이다.
② 사고력과 전반적인 인지능력을 모두 측정할 수 있는 개인지능검사이다.
③ 만 2세 6개월부터 만 12세 6개월 연령을 대상으로 한다.
④ 순서처리, 동시처리, 성취 등의 영역을 평가하며, 비언어적 척도(예 패턴인지, 도형 유추, 손 동작 반복 등)와 같이 언어적 기술에 덜 의존하여 언어능력의 문제가 있는 아동에게 적합한 검사이다.
⑤ 문화적·언어적 편향을 최소화한 검사라고 할 수 있다.

> **개념플러스** 카우프만(Kaufman)과 리히텐베르거(Lichtenberger)의 정보처리 과정 모델
>
> - 루리아(Luria) 이론과 CHC 이론을 통합한 모델로, 이 모델을 통해 지능을 단일한 점수로 평가하는 대신, 개인의 다양한 인지적 강점과 약점을 파악하는 데 중점을 둠
> - 4가지 핵심 인지능력
>
> | | |
> |---|---|
> | 순차처리 | 자극을 순서대로 배열하고, 그 순서에 따라 문제를 해결하는 능력 |
> | 동시처리 | 여러 개의 자극을 동시에 통합하여 하나의 전체를 구성하고 패턴을 파악하는 능력 |
> | 계획 | 새로운 문제를 해결하기 위해 목표를 설정하고 전략을 세우는 능력 |
> | 학습/지식 | 학교교육이나 일상생활을 통해 습득한 지식과 기술을 활용하는 능력 |

심화 카우프만과 리히텐베르거가 제시한 지능검사의 기본철학
- 지능검사는 개인이 학습한 것을 측정함
- 지능검사가 측정하는 것은 개인행동의 표본일 뿐 전체는 아님
- 지능검사는 특정 실험조건 하에서 정신기능을 평가함
- 지능검사는 정보처리 모형으로 해석할 때 유용성이 최적화됨
- 지능검사에서 도출된 가설은 다양한 출처의 자료를 통해 지지되어야 함

용어 CHC(Cattell-Horn-Carroll) 이론(군집)
- 지능의 통합적 구조이론이라고 하며 3계층 구조를 가정함
- 제1계층: 좁은 능력으로, 70개 이상의 구체적 인지능력
- 제2계층: 광범위능력으로, 결정성 지능, 유동성 추론능력, 시각처리, 장기·단기기억 등을 말함
- 제3계층: 일반지능으로, 스피어만의 g 요인에 해당됨

3 웩슬러(Wechsler) 지능검사

1. 개요

(1) **개념**: 웩슬러가 제작한 지능검사로, 성인용(WAIS), 아동용(WISC), 유아용(WPPSI)으로 구성된 검사이다.

(2) **특징** 기출 23~22년
① 개인지능검사이며, 구조화된 객관적 검사에 해당한다.
② 일반 지적 능력평가뿐만 아니라 특수교육 요구 아동의 판별 및 진단, 교육계획과 배치평가 및 그 밖의 임상적 평가영역에서 널리 활용한다.
③ 스탠포드-비네 검사에서 사용하는 비율지능지수의 한계를 인식하고 편차지능지수를 사용한다.

$$지능지수(IQ) = 15 \times \left\{\left(\frac{개인\ 점수 - 해당\ 연령규준의\ 평균}{해당\ 연령규준의\ 표준편차}\right) + 100\right\}$$

빈출 핵심 발문
- 다음 K-WAIS 검사 결과가 나타내는 정신장애로 가장 적합한 것은?
- 시각운동협응 및 시각적 단기기억, 계획성을 측정하여 운동(Motor) 없이 순수하게 정보처리속도를 측정하는 소검사는?
- K-WAIS-IV의 언어이해 소검사에 해당하지 않는 것은?
- 지능검사를 해석할 때 고려사항으로 옳지 않은 것은?

> **개념플러스** 편차지능지수 `기출` 23, 20년
> - 집단 내 규준에 속하며, 지능을 동일 연령대 집단 내 상대적 위치로 규정한 것
> - 정규분포를 가정하여 계산되며, 평균 100, 표준편차 15를 기준으로 상대적 위치를 결정
> - 비율지능지수의 한계(성인평가에 적용 곤란)를 극복하는 개념에서 고안된 지수
> - 나이가 들어도 평균적인 인지기능을 유지한다면 지능지수가 변하지 않음

④ 웩슬러는 지능을 총합적이고 전체적인 능력으로 보았기 때문에, 검사 역시 지능의 다양한 영역을 총체적인 관점으로 평가한다.
⑤ 병전지능 수준의 추정도 가능하여, 이를 통해 현재의 인지기능장애가 어느 정도의 수준인지 측정 가능하다.

2. 종류

(1) 한국판 웩슬러 성인용 지능검사(K-WAIS) `기출` 24~23, 20~19년

① 개념: 16~64세를 대상으로 하는 성인용 검사이다.
② 언어성 검사와 동작성 검사로 구성된다.

언어성 검사	기본지식(상식, 29문항), 숫자 외우기(14문항), 어휘(35문항), 산수(16문항), 이해(16문항), 공통성(14문항)의 6가지 소검사로 구성
동작성 검사	빠진 곳 찾기(20문항), 차례 맞추기(10문항), 토막 짜기(9문항), 모양 맞추기(4문항), 바꿔 쓰기(93문항)의 5가지 소검사로 구성

TIP 병전지능 추정을 하는 데 사용하는 소검사는 상식, 어휘, 토막 짜기입니다.

③ 언어성 IQ, 동작성 IQ, 전체 IQ(FIQ)를 구분하여 지능지수를 제시하였다.
④ <mark>각 정신장애별 검사 결과의 특징</mark>

우울증	• 언어성 지능 > 동작성 지능 • 언어성 검사 중 공통성 소검사의 점수가 낮음 • 동작성 검사 중 빠진 곳 찾기를 제외한 나머지 소검사의 점수가 낮음
강박장애	• 전체 지능지수가 110 이상 • 언어성 지능 > 동작성 지능 • 언어성 검사 중 상식·어휘 소검사는 점수가 높으며, 이해 소검사는 점수가 낮음
기질적 뇌 손상	• 동작성 검사 중 토막 짜기, 바꿔 쓰기, 차례 맞추기, 모양 맞추기의 점수가 낮음 • 언어성 검사 중 숫자 외우기 소검사에서 따라 외우기와 거꾸로 따라 외우기 간의 점수 차이가 큼 • 언어성 검사 중 공통성 소검사는 점수가 낮고, 어휘·상식·이해 소검사의 점수는 비교적 유지되어 있음
불안장애	• 언어성 검사 중 숫자 외우기·산수 소검사 점수가 낮음 • 동작성 검사 중 바꿔 쓰기·차례 맞추기 소검사 점수가 낮음
반사회성 성격장애	• 언어성 지능 < 동작성 지능 • 동작성 검사 중 바꿔 쓰기·차례 맞추기 소검사 점수가 높고, 언어성 검사 중 공통성 소검사 점수는 낮음

TIP 기존의 K-WAIS의 소검사들 중 제4판에서 차례 맞추기, 모양 맞추기가 제외된 반면, 행렬추론, 퍼즐, 동형 찾기 소검사가 추가되었습니다.

TIP FIQ(Full IQ)는 웩슬러 지능검사의 구버전에서 사용한 용어이며, 제4판 이후부터는 FSIQ(Full Scale IQ)를 사용하고 있습니다. 표현방식만 다를 뿐, 본질적으로는 같은 용어이니 학습에 참고하시길 바랍니다.

(2) 한국판 웩슬러 성인용/아동용 지능검사 제4판(K-WAIS-IV/K-WISC-IV) 기출 25~19, 16년

① 개념
  ㉠ K-WAIS-IV: 16~69세 11개월까지를 대상으로 하는 성인용 검사
  ㉡ K-WISC-IV: 6~16세 11개월까지를 대상으로 하는 아동용 검사

② 전체지능지수(FSIQ)와 함께 언어이해(VCI), 지각추론(PRI), 작업기억(WMI), 처리속도(PSI)의 4가지 기본지표를 제공하며, 이를 평가하는 각각의 소검사가 존재한다.

③ 4가지 기본지표 외에 일반능력지수(GAI)와 인지효능지수(CPI)라는 2가지 추가 지표가 존재한다.

④ **K-WAIS-IV와 K-WISC-IV의 지수별 특징**

구분	K-WAIS-IV	K-WISC-IV
전체지능지수 (FSIQ)	• 언어이해지수, 지각추론지수, 작업기억지수, 처리속도지수를 종합한 지수 • 평균 100, 표준편차 15를 기준으로 함 • 지수 간 점수 차이가 유의미하게 클 경우, FSIQ의 일관성과 안정성이 낮아져 해석 주의 필요	
	성인의 전반적인 지적 능력을 나타냄	아동의 전반적인 지적 능력을 나타냄
언어이해지수 (VCI)	• 언어적 추론능력, 언어적 지식, 표현능력 등을 평가 • 축적된 지식과 언어적 사고력을 기반으로 함 • 지적 장애를 겪는 사람들이 어려움을 겪는 소검사 다수 포함	
	• 핵심 소검사: 공통성, 어휘, 상식 • 보충 소검사: 이해	• 핵심 소검사: 공통성, 어휘, 이해 • 보충 소검사: 상식, 단어 추리
지각추론지수 (PRI)	지각적 추론능력, 시각-운동협응능력, 공간처리능력, 제한된 시간 내 자료 해석 및 조직화하는 능력, 비언어적 능력 등을 평가	
	• 핵심 소검사: 토막 짜기, 행렬추론, 퍼즐 • 보충 소검사: 무게비교, 빠진 곳 찾기	• 핵심 소검사: 토막 짜기, 행렬추리, 공통그림 찾기 • 보충 소검사: 빠진 곳 찾기
작업기억지수 (WMI)	작업기억, 주의집중력, 수리능력, 청각적 단기기억 및 처리기술, 정신적 조작능력 등을 평가	
	• 핵심 소검사: 숫자, 산수 • 보충 소검사: 순서화	• 핵심 소검사: 숫자, 순차연결 • 보충 소검사: 산수
처리속도지수 (PSI)	시각 정보의 처리속도, 과제수행속도, 시각적 주의력, 주의집중력, 정신운동속도 등을 평가	
	• 핵심 소검사: 동형 찾기, 기호 쓰기 • 보충 소검사: 지우기	• 핵심 소검사: 기호 쓰기, 동형 찾기 • 보충 소검사: 선택
일반능력지수 (GAI)	• 언어이해지수와 지각추론지수의 핵심 소검사의 환산 점수 합을 바탕으로 산출되며, 실질적인 지능을 평가하기 위한 지수 • 각 지표의 점수가 23점 이상의 차이를 보일 때 전체 지능이 개인의 능력을 대표하지 못한다고 봄 • 개인의 핵심적인 사고 및 추론능력을 반영 • 주의력, 작업기억, 처리속도 등에 영향을 받지 않는 전반적 지적 능력평가에 활용	

심화 소검사별 측정능력

• 언어이해지수 소검사
  – 공통성: 개념형성능력, 언어적 추상화 등
  – 어휘: 언어적 지식, 표현능력 등
  – 상식: 기본지식, 장기기억 등
  – 이해: 사회적 판단력, 일상적 문제해결, 도덕적 추론 등
  – 아동용-단어 추리: 개념형성능력, 추상적 사고력, 언어적 유추 및 범주화 능력 등

• 지각추론지수 소검사
  – 토막 짜기: 시공간처리, 분석적 사고, 시각-운동 통합 등
  – 행렬추론(추리): 유추추론, 패턴 인식, 비언어적 추론 등
  – 무게비교: 수량적 추론, 정량 비교, 논리적 사고 등
  – 빠진 곳 찾기: 시각 세부 인식, 환경이해, 주의력 등
  – 성인용-퍼즐: 전체-부분 통합력, 정신적 회전, 시각적 추론 등
  – 아동용-공통그림 찾기: 범주화 능력, 추상적 유추능력, 시각적 유사성 인식능력 등

• 작업기억지수 소검사
  – 숫자: 주의집중, 단기기억, 청각적 순서화 능력 등
  – 산수: 정식 계산, 집중력, 작업기억, 수리적 추론 등
  – 순서화: 청각적 작업기억, 주의집중, 순서화 등
  – 아동용 – 선택: 시각적 작업기억력, 순차적 시각 정보 유지 및 재생능력 등

• 처리속도지수 소검사
  – 동형 찾기: 시각-운동협응 및 단기기억, 순수 정보처리속도 등
  – 기호 쓰기: 시각-운동협응, 처리속도, 학습 및 기억 등
  – 지우기: 시지각적 주의력, 시공간 탐색, 선택적 주의 등

TIP 토막 짜기는 시각-공간적 기능 손상이 있는 뇌 손상 환자에 특히 어려운 과제입니다.

인지효능지수 (CPI)	• 작업기억지수와 처리속도지수의 핵심 소검사의 환산 점수 합을 바탕으로 산출되며, 인지적 효율성(예 정보의 유지·처리·속도)을 평가하기 위한 지수 • 일반능력지수와의 차이가 클 경우, 인지효율성과 일반능력 간 불균형이 심하다고 해석될 수 있어 전체 지능이 개인의 능력을 대표하지 못한다고 봄 • 정보를 인지적으로 처리하고 조작하는 능력을 반영 • 학업수행, 실행기능, 과제 집중능력 등과 관련

⑤ 정서 상태와 지능지수 간 관련성
  ㉠ 언어이해지수와 지각추론지수 간 차이가 클 경우 그 의미를 임상적으로 해석해야 한다.
   • 높은 언어이해지수는 언어능력과 개념화 능력에 강점을 지녔다는 것을 의미한다.
   • 낮은 지각추론지수는 우울, 학습 문제, 주의력 문제 등을 시사할 수 있다.
  ㉡ 우울, 불안, 동기 저하, ADHD 등의 정서·행동 문제가 지능검사의 특정 지수에 영향을 줄 수 있다.

구분	언어이해지수 (VCI)	지각추론지수 (PRI)	작업기억지수 (WMI)	처리속도지수 (PSI)
우울	상대적 보존	• 경도: 정상 범위 • 중등도 이상: 저하 가능	저하	저하
불안	보존 또는 경도 저하	대체로 정상	저하	저하
ADHD	상대적 보존	저하	보존 또는 경도 저하	저하
지적 장애	전반적 저하	전반적 저하	저하	저하

⑥ 해당 지능검사 해석 시 지수 간 차이가 유의미할 경우, 전체지능지수 해석은 제한적으로 진행되어야 하며, 각 지수를 개별적으로 해석하거나 일반능력지수를 대안적으로 사용해야 한다.

⑦ 검사 시행 시 주의사항

• 검사 시행 전 수검자와 라포를 최대로 형성하여 수검자의 검사에 협조하고 동기화될 수 있게 함
• 검사는 반드시 표준화된 절차에 따라 시행해야 함
• 검사자는 중립적이고 일관된 태도를 유지하며, 검사 결과에 영향을 줄 수 있는 검사 개입을 해서는 안 됨
• 검사 환경은 조용하고 방해요소가 없어야 함
• 검사 도구는 그 검사를 실시하기 전까지 수검자의 눈에 띄지 않도록 함
• 시간 제한이 있는 소검사는 반드시 시간 측정을 정확히 해야 하며, 검사 간 일관성을 위해 반드시 준수하여야 함
• 수검자의 반응 내용뿐 아니라 과정과 행동도 관찰함
• 검사기록은 가능한 한 그대로 기록하고 모호하거나 이상하게 응답한 문항은 재질문하여 확인하여야 함
• 검사 점수 해석 시 문화적·언어적 요인을 고려하여야 함

⑧ 검사 해석 절차와 고려사항

㉠ 해석 절차

1단계	전체 IQ(FSIQ)와 일반능력지수(GAI) 해석
2단계	지수점수 및 CHC 군집 해석
3단계	소검사 간 변산성 분석 및 해석
4단계	과정 점수를 포함한 질적 분석 및 해석
5단계	소검사 내 변산성 분석 및 해석

㉡ 해석 시 고려사항

- 지수점수를 해석할 때 여러 지수들 간에 점수 차이가 유의한지 살펴봐야 함
- 작업기억과 처리속도는 상황적 요인(예 주의력 저하, 불안 등)에 민감한 지수임을 감안함
- 지수점수 간의 비교를 통해 상대적 약점이 문제의 원인이 될 수 있는지를 확인함
- 각 지수 내 소검사 간 점수 차이를 확인하여 어떤 부분의 능력이 상대적 약점인지 확인함
- 단순 점수의 나열을 피하고 각 점수를 일상생활, 학업, 직업기능과 연결하여 해석함

(3) 한국판 웩슬러 아동용 지능검사 제5판(K-WISC-V)

① 개념: 6~16세 11개월까지를 대상으로 하는 아동용 검사이다.

② 제4판과는 다른 새로운 척도개념을 도입하여 언어이해지수(VCI), 시공간지수(VSI), 유동추론지수(FRI), 작업기억지수(WMI), 처리속도지수(PSI)의 총 5가지 지수점수를 제시하였다.

㉠ 시공간지수와 유동추론지수는 제4판의 지각추론지수(PRI)가 세분화된 것이다.

㉡ 시공간지수: 시공간자극을 인식하고 구체적인 정보를 처리할 수 있는 능력을 측정한다.

㉢ 유동추론지수: 시각자극을 이용하여 개념적이고 추상적인 추론을 할 수 있는 능력을 측정한다.

③ 각 지수별 소검사

구분	언어이해 지수 (VCI)	시공간 지수 (VSI)	유동추론 지수 (FRI)	작업기억 지수 (WMI)	처리속도 지수 (PSI)
핵심 소검사	• 공통성 • 어휘	• 토막 짜기 • 퍼즐	• 행렬 추리 • 무게비교	• 숫자 • 그림기억	• 기호 쓰기 • 동형 찾기
보충 소검사	• 상식 • 이해	–	• 공통그림 찾기 • 산수	순차연결	선택

④ 5가지의 기본지표 외에 양적추론지수, 청각작업기억지수, 비언어지수, 일반능력지수, 인지효율지수라는 5가지 추가지표가 존재한다.

(4) 한국판 웩슬러 유아용 지능검사 제4판(K-WPPSI-IV) `기출` 20년
① 개념: 2세 6개월~7세 7개월을 대상으로 하는 유아용 검사이다.
② 유아의 인지능력을 임상적으로 평가할 수 있도록 개발된 개인지능검사이다.
③ 2세 6개월~3세 11개월과 4세~7세 7개월의 2가지 연령대로 검사를 구분하며, 측정하는 지표와 소검사도 다르게 실시한다.

구분	2세 6개월~3세 11개월	4세~7세 7개월
기본지수	• 언어이해지수 • 시공간지수 • 작업기억지수	• 언어이해지수 • 시공간지수 • 작업기억지수 • 유동추론지수 • 처리속도지수
추가지수	• 어휘습득지수 • 비언어지수 • 일반능력지수	• 어휘습득지수 • 비언어지수 • 일반능력지수 • 인지효능지수
소검사	7가지 소검사(수용어휘, 토막 짜기, 그림기억, 상식, 위치 찾기, 모양 맞추기, 그림명명) 시행	7가지에 8가지(행렬 추리, 동형 찾기, 공통성, 공통그림 찾기, 선택, 어휘, 동물짝 짓기, 이해)를 더해 총 15가지 소검사 진행

기출(복원)문제

01 지능을 일반 요인과 특수 요인으로 구분한 학자는?

24년, 22년

① 스피어만(C. Spearman)
② 서스톤(L. Thurstone)
③ 카텔(R. Cattell)
④ 길포드(J. Guilford)

02 지능의 개념에 관한 연구자와 주장의 연결이 옳지 않은 것은?

25년, 23년, 21년

① 웩슬러(Wechsler) - 지능은 성격과 분리될 수 없다.
② 혼(Horn) - 지능은 독립적인 7개 요인으로 이루어져 있다.
③ 카텔(Cattell) - 지능은 유동적 지능과 결정화된 지능으로 구분할 수 있다.
④ 스피어만(Spearman) - 지적 능력에는 g 요인과 s 요인이 존재한다.

03 지능에 대한 설명으로 옳지 않은 것은?

24년, 20년

① 비네(A. Binet)는 정신연령(Mental Age)이라는 용어를 사용하였다.
② 지능이란 인지적, 지적 기능의 특성을 나타내는 불변개념이다.
③ 새로운 환경 및 다양한 상황을 다루는 적응과 순응에 관한 능력이다.
④ 결정화된 지능은 문화적, 교육적 경험에 따라 영향을 받는다.

04 다음에서 설명하고 있는 지능개념은?

24년, 22년

- 카텔(Cattell)이 두 가지 차원의 지능으로 구별한 것 중 하나이다.
- 타고나는 지능으로 생애 초기 비교적 급속히 발달하고 20대 초반부터 감소한다.
- 웩슬러(Wechsler) 지능검사의 동작성 검사가 이 지능과 관련이 있다.

① 결정적 지능
② 다중지능
③ 유동적 지능
④ 일반지능

---

01 지능검사의 기본개념 – 지능이론

오답해설
② 서스톤은 언어이해, 언어 유창성, 수, 공간시각, 지각속도, 추론(추리), 기억의 7가지 요인으로 구성된 다요인설을 주장하였다.
③ 카텔은 유동성 지능과 결정성 지능으로 구분하였다.
④ 길포드는 3차원 구조의 지능구조이론을 주장하였다.

02 지능검사의 기본개념 – 지능이론
지능을 7가지 요인으로 구분한 연구자는 서스톤이다.

03 지능검사의 기본개념 – 지능의 일반적 개념과 특징
지능은 고정불변의 개념이 아니라 발달하고 변화하는 과정이다.

04 지능검사의 기본개념 – 지능이론

오답해설
① 결정성 지능은 카텔이 구분한 2가지 지능에 해당하지만, 환경·경험에 의해 발달하는 지능을 말한다.
② 다중지능은 하워드 가드너가 주장한 것이다.
④ 일반지능은 스피어만의 g 요인 이론과 관련이 있다.

정답 01 ① 02 ② 03 ② 04 ③

05 길포드(Guilford)의 지능구조입체 모형에서 조작(Operation) 요인에 해당하는 것은? 22년, 21년

① 표정, 동작 등의 행동적 정보
② 사고 결과의 적절성을 판단하는 평가
③ 의미 있는 단어나 개념의 의미적 정보
④ 어떤 정보에서 생기는 예상이나 기대들의 합

06 지능이론가와 모형이 잘못 짝지어진 것은? 20년

① 스피어만(Spearman): 2요인 모형
② 서스톤(Thurstone): 다요인/기본정신능력 모형
③ 가드너(Gardner): 다중지능 모형
④ 버트(Burt): 결정성 및 유동성 지능 모형

07 지능에 대한 설명으로 틀린 것은? 21년

① 아동기의 전반적인 인지발달은 청소년기보다 그 속도가 느리다.
② 발달규준에서는 수검자의 생활연령과 정신연령을 함께 표기한다.
③ 편차 IQ는 집단 내 규준에 속한다.
④ 추적규준은 연령별로 동일한 백분위를 갖는다고 가정한다.

08 지능을 구성하는 요인에 관한 Cattell과 Horn의 이론 중 결정화된 지능(Crystallized Intelligence)에 관한 설명으로 옳은 것은? 21년

① 비언어적 요인과 관련된 능력을 말한다.
② 후천적이기보다는 선천적으로 이미 결정화된 지능의 측면을 말한다.
③ 나이가 들어감에 따라 낮아진다.
④ 문화적 요인에 의해 더 많은 영향을 받는다.

---

05 지능검사의 기본개념 – 지능이론
오답해설
①, ③ 내용 요인에 해당한다.
④ 결과 요인에 해당한다.

06 지능검사의 기본개념 – 지능이론
결정성 지능과 유동성 지능의 구분은 카텔과 이후 혼에 의해 발전된 이론이다.

07 지능검사의 기본개념 – 지능의 일반적 개념과 특징
아동기의 인지발달속도가 청소년기보다 더 빠르다.

08 지능검사의 기본개념 – 지능이론
오답해설
①, ②, ③ 결정화 지능은 주로 언어적 지식이나 경험에 기반한 문제해결능력과 관련이 있으며, 후천적인 경험·학습·지식의 축적으로 발전한다. 따라서 나이가 들어도 지속적으로 향상되거나 유지되는 경향이 있다.

정답 05 ② 06 ④ 07 ① 08 ④

09 다음 중 지능에 관한 일반적인 정의와 가장 거리가 먼 것은? 17년
① 지능이란 적응능력이다.
② 지능이란 학습능력이다.
③ 지능이란 기억능력이다.
④ 지능은 총합적·전체적 능력이다.

10 집단용 지능검사의 특징으로 옳은 것은? 17년
① 개인용 검사에 비해 임상적인 유용성이 높다.
② 선별검사(Screening Test)로 사용하기에 적합하다.
③ 대규모 실시로 실시와 채점, 해석이 상대적으로 어렵다.
④ 개인용 검사에 비해 지적 기능을 보다 신뢰성 있게 파악할 수 있다.

11 개인용 지능검사와 집단용 지능검사에 관한 설명으로 옳은 것은? 18년
① 집단용 지능검사의 경우, 검사의 시행과 절차가 간편하기 때문에 검사자는 피검사자의 검사행동에 관한 자료수집이 용이하다.
② 개인용 지능검사나 집단용 지능검사에서 검사 실시와 절차에 대한 검사자의 본질적인 역할은 동일하다.
③ 피검사자는 개인용 지능검사의 경우에는 사람에게 반응하지만, 집단용 지능검사의 경우에는 주어진 문항에 반응한다고 볼 수 있다.
④ 개인용 지능검사나 집단용 지능검사나 피검사자가 반응하는 데 요구되는 인지작용은 질적인 측면에서 차이가 없다.

09 지능검사의 기본개념 - 지능의 일반적 개념과 특징
기억능력은 지능의 일부이긴 하지만, 지능을 전체적으로 정의할 수 있는 핵심기준이 아니다.

10 지능검사의 기본개념 - 지능검사의 개요
오답해설
① 집단을 대상으로 하는 검사이기 때문에, 개인의 임상적 관찰이나 심층 평가에는 부적합하다.
③ 대규모를 대상으로 검사를 하지만 간편한 것이 특징이다.
④ 개인용 검사가 신뢰성, 타당도 측면에서 훨씬 더 우수하다.

11 지능검사의 기본개념 - 지능검사의 개요
오답해설
① 수검자의 검사행동에 관한 자료수집은 어렵다.
② 개인용 지능검사에서의 검사자는 관찰 등을 통한 임상적 판단을 해야 하고, 집단용 지능검사에서의 검사자는 정해진 절차를 따르는 역할을 수행한다.
④ 개인용 지능검사는 심층적인 유연한 인지능력을, 집단용 지능검사는 표준화된 문항에 대한 표면적·제한적 반응을 요구하기 때문에 질적인 측면에서 차이가 존재한다.

12 지능에 관한 설명으로 옳지 않은 것은? 18년
① 지능은 학업성적과 관련이 있다.
② 지능발달은 성격과 관련이 없다.
③ 지능은 가정의 양육행동과 관련이 있다.
④ 일반적인 지능에 있어서 남녀의 성차가 없다.

13 다음은 Thurstone이 제안한 지능에 관한 다요인 중 어느 요인을 측정하는 검사인가? 24년

> 4분 이내에 'D'로 시작되는 말을 가능한 많이 적어보시오.

① 언어
② 단어 유창성
③ 공간
④ 기억

14 스탠포드-비네 지능검사에 대한 설명으로 옳지 않은 것은? 25년, 23년, 19년
① 언어성 검사와 동작성 검사 두 부분으로 나누어져 있다.
② 언어 추리, 추상적/시각적 추리, 양 추리, 단기기억영역 등을 포함한다.
③ IQ는 대부분의 점수가 100 근처에 모인다.
④ IQ분포는 종 모양의 정상분포곡선을 그린다.

15 카우프만 아동용 지능검사(K-ABC)에 관한 설명으로 틀린 것은? 21년
① 정보처리적인 이론적 관점에서 제작되었다.
② 성취도를 평가할 수도 있다.
③ 언어적 기술에 덜 의존하므로 언어능력의 문제가 있는 아동에게 적합하다.
④ 아동용 웩슬러 지능검사(WISC)와 동일한 연령대의 아동을 대상으로 한다.

---

12 지능검사의 기본개념 - 지능의 일반적 개념과 특징
지능과 성격은 완전히 독립된 것이 아니며, 상호 관련이 있다.

13 지능검사의 기본개념 - 지능이론
제한 시간과 주어진 조건에 따라 많은 언어반응을 하는 것은 언어(단어)의 유창성을 보는 것이다.

14 스탠포드-비네 지능검사
언어성/동작성 검사 구조는 웩슬러 지능검사에 해당한다. 스탠포드-비네 검사는 다양한 인지능력을 평가하며, 언어 및 비언어적 요소가 혼합되어 있다.

15 카우프만 아동용 지능검사
K-ABC는 만 2세 6개월부터 만 12세 6개월 연령을 대상으로 하며, WISC는 만 6세부터 16세 11개월까지의 연령을 대상으로 한다.

정답 12 ② 13 ② 14 ① 15 ④

16 아동의 지적 발달이 또래집단에 비해 지체되어 있는지 혹은 앞서고 있는지를 평가하기 위해 Stern이 사용한 IQ 산출계산방식은?　　21년, 16년

① 지능지수(IQ) = [정신연령/신체연령] × 100
② 지능지수(IQ) = [정신연령/신체연령] + 100
③ 지능지수(IQ) = [신체연령/정신연령] × 100
④ 지능지수(IQ) = [신체연령/정신연령] ÷ 100

18 WAIS-Ⅳ의 연속적인 수준 해석절차의 2단계는?　　24년, 19년

① 소검사반응 내용 분석
② 전체척도 IQ 해석
③ 소검사 변산성 해석
④ 지수점수 및 CHC 군집 해석

빈출
17 다음 K-WAIS 검사 결과가 나타내는 정신장애로 가장 적합한 것은?　　24년, 23년, 19년

- 토막 짜기, 바꿔 쓰기, 차례 맞추기, 모양 맞추기 점수 낮음
- 숫자 외우기 소검사에서 바로 따라 외우기와 거꾸로 따라 외우기 점수 간에 큰 차이를 보임
- 공통성 문제 점수 낮음: 개념적 사고의 손상
- 어휘, 상식, 이해 소검사의 점수는 비교적 유지되어 있음

① 강박장애
② 기질적 뇌 손상
③ 불안장애
④ 반사회성 성격장애

빈출
19 K-WAIS-Ⅳ의 언어이해 소검사에 해당하지 않는 것은?　　25년, 24년, 20년

① 어휘
② 이해
③ 기본지식
④ 순서화

---

16 스탠포드-비네 지능검사
비율지능지수는 아동의 지적 발달을 평가하기 위해 지능지수를 산출할 때 사용하는 것으로, 정신연령을 신체연령으로 나누고 100을 곱한다.

17 웩슬러 지능검사-종류

오답해설
① 강박장애는 어휘·상식 문제의 점수가 높고 이해 점수가 낮다.
③ 불안장애는 숫자 외우기, 산수, 바꿔 쓰기, 차례 맞추기 문제에서만 점수가 낮으며, 사고 자체는 문제가 없다.
④ 반사회성 성격장애는 소검사 간 분산이 심한 편이며, 사회적 판단 문제나 개념형성 문제 부분의 점수가 낮다.

18 웩슬러 지능검사-종류
WAIS-Ⅳ의 연속적인 수준 해석절차는 다음과 같다.
- 1단계: 전체 IQ(FSIQ)와 GAI 해석
- 2단계: 지수점수 및 CHC 군집 해석
- 3단계: 소검사 간 변산성 분석 및 해석
- 4단계: 과정 점수를 포함한 질적 분석 및 해석
- 5단계: 소검사 내 변산성 분석 및 해석

19 웩슬러 지능검사-종류
순서화는 작업기억의 보충 소검사에 해당한다. 언어이해의 핵심 소검사에는 공통성, 어휘, 상식(기본지식)이, 보충 소검사에는 이해가 있다.

정답 16 ① 17 ② 18 ④ 19 ④

20 편차지능지수에 관한 설명으로 옳은 것은? 23년, 20년

① 정규분포 가정이 적용되지 않는다.
② 한 개인의 점수는 같은 연령 범주 내에서 비교된다.
③ 비율지능지수에 비해 중년집단에의 적용에는 한계가 있다.
④ 비네 – 시몽(Binet-Simon) 검사에서 사용한 지수이다.

21 K-WAIS-IV에서 개념형성능력을 측정하는 소검사는?
22년, 16년

① 차례 맞추기
② 공통성 문제
③ 이해 문제
④ 빠진 곳 찾기

---

20 웩슬러 지능검사 – 개요

오답해설
① 편차지능지수는 정규분포를 가정하여 계산된다. 평균 100, 표준편차 15를 기준으로 개인의 상대적 위치를 결정한다.
③ 비율지능지수가 성인집단에 적용하기 어려워 고안된 것이 편차지능지수이다.
④ 편차지능지수는 웩슬러가 사용한 것이다. 비네 – 시몽 검사에서는 비율지능지수를 사용하였다.

21 웩슬러 지능검사 – 종류

오답해설
① 차례 맞추기는 작업기억 및 시간적 순서 이해능력을 평가하는 소검사이다. 기존의 K-WAIS의 소검사들 중 IV에서 차례 맞추기, 모양 맞추기가 제외된 반면 행렬추론, 퍼즐, 동형 찾기 소검사가 추가되었다.
③ 이해 문제는 개념형성과도 관련이 있지만, 사회적 판단능력과 더 관련이 있다.
④ 빠진 곳 찾기는 시각적 주의와 집중력을 평가하는 소검사이다.

정답 20 ② 21 ②

22 지능검사를 해석할 때 고려사항으로 옳지 <u>않은</u> 것은?

23년, 22년, 21년

① 지수가 유의한 차이가 있을 경우 전체척도 IQ는 해석하기가 용이하다.
② 지수점수를 해석할 때 여러 지수들 간에 점수 차이가 유의한지를 살펴봐야 한다.
③ 작업기억과 처리속도는 상황적 요인에 민감한 지수임을 감안한다.
④ 지수점수 간의 비교를 통해 상대적 약점이 문제의 원인이 될 수 있는지 확인한다.

23 한 아동이 웩슬러(Wechsler) 아동용 지능검사에서 언어이해지수(VCI) 125, 지각추론지수(PRI) 89, 전체검사 지능지수(FSIQ) 115를 얻었다. 이 결과에 대한 해석적인 가설이 될 수 있는 것은?

23년, 20년

① 매우 우수한 공간지각능력
② 열악한 초기 환경
③ 우울 증상
④ 부진

24 시각운동협응 및 시각적 단기기억, 계획성을 측정하여 운동(Motor) 없이 순수하게 정보처리속도를 측정하는 소검사는?

25년, 22년, 20년

① 순서화
② 동형 찾기
③ 지우기
④ 어휘

25 지능검사와 그 활용에 관한 설명으로 옳지 <u>않은</u> 것은?

23년, 22년

① 학습과 진로지도 자료로 활용할 수 있다.
② 웩슬러 지능검사의 특징 중 하나는 정신연령개념을 도입한 것이다.
③ 검사의 전체 소요 시간은 여러 요인에 따라 달라질 수 있다.
④ 지능지수가 높다고 해서 반드시 높은 학업성취를 보이는 것은 아니다.

---

22 웩슬러 지능검사 – 종류
지수점수 간 차이가 클 경우, 전체척도 IQ(FSIQ)의 일관성과 안정성이 낮아져 해석이 어려워진다. 예를 들어, 언어이해와 작업기억 간 차이가 크다면, 전체 IQ만으로 개인의 지적 능력을 설명하는 것은 어렵다.

23 웩슬러 지능검사 – 종류
웩슬러 아동용 지능검사에서 언어이해지수와 지각추론지수의 차이가 크고, 지각추론지수가 평균 이하일 경우 특정 심리적 요인, 특히 우울이나 불안 등의 정서적 문제 가능성이 있을 수 있다.

24 웩슬러 지능검사 – 종류

오답해설

① 순서화는 청각적 작업기억을 평가하는 소검사이다.
③ 지우기는 시지각적 주의력과 선택적 주의를 평가하는 소검사이다.
④ 어휘는 언어적 지식과 표현능력을 평가하는 소검사이다.

25 지능검사
정신연령의 개념은 스탠포드 – 비네 지능검사에서 사용되었다.

정답 22 ① 23 ③ 24 ② 25 ②

26 웩슬러 지능검사의 하위 지수 중 지적 장애를 가진 사람들이 어려움을 겪는 것으로 알려진 소검사들을 가장 많이 포함하고 있는 것은? 21년

① 언어이해
② 지각추론
③ 작업기억
④ 처리속도

27 정신지체가 의심되는 6세 6개월 된 아동의 지능검사로 가장 적합한 것은? 20년

① H-T-P
② BGT-2
③ K-WAIS-4
④ K-WPPSI

28 K-WISC-Ⅳ에서 인지효능지표에 포함되는 소검사가 아닌 것은? 21년

① 숫자
② 행렬 추리
③ 기호 쓰기
④ 순차연결

29 K-WAIS-Ⅳ에서 일반능력지수(GAI)와 개념적으로 관련이 있는 지수는? 20년

① 언어이해지수와 지각추론지수
② 언어이해지수와 작업기억지수
③ 작업기억지수와 처리속도지수
④ 지각추론지수와 처리속도지수

---

26 웩슬러 지능검사 - 종류
지적 장애를 가진 사람의 경우 언어 이해나 추상적 사고에 어려움을 겪는 경우가 많기 때문에, 언어이해영역에서 특히 어려워한다.

27 웩슬러 지능검사 - 종류
K-WPPSI는 2세 6개월부터 7세 7개월까지의 유아 및 아동을 대상으로, 언어능력, 시공간처리능력, 작업기억, 처리속도 등의 다양한 인지능력을 평가한다. 정신지체가 의심되는 아동의 전반적인 지능 수준을 측정할 수 있는 검사로 유용하다.

28 웩슬러 지능검사 - 종류
인지효능지수는 작업기억지수(①, ④)와 처리속도지수(③)로 구성된 것으로, 행렬 추리(추론)는 지각추론지수의 소검사이다.

29 웩슬러 지능검사 - 종류
일반능력지수(GAI)는 언어이해지수와 지각추론지수의 핵심 소검사의 환산점수 합을 바탕으로 산출되며, 실질적인 지능을 평가하기 위한 지수이다.

정답 26 ① 27 ④ 28 ② 29 ①

30 Wechsler 지능검사를 실시할 때 주의할 사항으로 옳은 것은? 20년

① 피검자가 응답을 못하거나 당황하면 정답을 알려주는 것이 원칙이다.
② 모호하거나 이상하게 응답한 문항을 다시 질문하여 확인할 필요는 없다.
③ 모든 검사에서 피검자가 응답할 수 있을 때까지 충분한 여유를 주어야 한다.
④ 피검자의 반응을 기록할 때는 그대로 기록하는 것이 원칙이다.

31 WAIS-Ⅳ의 소검사 중 언어이해지수 척도의 보충 소검사에 해당되는 것은? 21년

① 공통성
② 상식
③ 어휘
④ 이해

32 Wechsler 검사에서 시각-공간적 기능손상이 있는 뇌 손상 환자에게 특히 어려운 과제는? 20년

① 산수
② 빠진 곳 찾기
③ 차례 맞추기
④ 토막 짜기

33 K-WAIS-Ⅳ에서 일반능력지수(GAI)에 해당하지 않는 것은? 20년

① 행렬추론
② 퍼즐
③ 동형 찾기
④ 토막 짜기

---

30 웩슬러 지능검사 - 종류

오답해설
① 검사자의 개입 없이 수검자 자신의 반응만으로 평가해야 하며, 정답 제시는 절차 위반이다.
② 언어표현이 애매할 경우, 평가의 정확성을 위해 재질문을 통해 의미를 명확히 파악하는 것이 중요하다.
③ 웩슬러 지능검사는 표준화된 시간 제한이 있는 문항이 많으며, 검사 간 일관성을 위해 이를 준수하여야 한다.

31 웩슬러 지능검사 - 종류

오답해설
①, ②, ③ 언어이해를 평가하는 핵심소검사에 해당한다.

32 웩슬러 지능검사 - 종류

오답해설
① 산수는 언어적 추론 및 작업기억을 포함한 계산능력을 평가하는 과제이다.
② 빠진 곳 찾기는 공간구성능력보다는 시각적 주의와 집중력을 평가하는 과제이다.
③ 차례 맞추기는 시각적 연속성과 시간적 순서를 이해하는 능력을 평가하는 과제로, 시공간구성력보다는 순서화 능력과 관련이 있다.

33 웩슬러 지능검사 - 종류
동형 찾기는 처리속도지수(PSI)의 소검사로 일반능력지수에는 해당하지 않는다.

정답 30 ④ 31 ④ 32 ④ 33 ③

III. 심리검사

03 성격검사

3과목 내 출제 비중

▍공략 포인트
- MMPI와 MMPI-2에 대한 출제 비중이 매우 높은 편입니다. 특히 MMPI와 MMPI-2의 척도, 코드 쌍에 관한 문제가 자주 출제되는 편이니 잘 정리해 두세요.
- 로샤(로르샤흐) 검사, 문장완성검사, 주제통각검사 등 MMPI를 제외한 성격검사의 특징을 묻는 문제들도 자주 나오는 편입니다. 각 검사의 특징, 검사 시행방법 등을 잘 알아두어야 합니다.

▍수험 키워드!
MMPI
MMPI-2
성격검사 분류
로샤 검사
문장완성검사
주제통각검사

1 성격검사의 개요

TIP 성격의 개념과 특징은 1과목 03. 성격심리학(48쪽)에서 정리하였습니다. 병행하여 학습하시길 권장합니다.

1. 성격검사의 개념과 목적

(1) **개념**: 개인의 일상생활 속 사고, 감정, 성격특성을 체계적이고 표준화된 방법으로 측정하여, 성격 구조, 성향, 성격 병리 또는 적응 양상을 평가하는 것이다.

(2) **목적**
① 성격장애, 경계성 성향, 신경증적 특징 등과 같은 정신병리 또는 이상성격을 진단하는 데 활용한다.
② 수검자의 성격 구조, 방어기제, 정서처리방식, 대인관계 경향 등에 대한 임상적 해석에 도움을 준다.
③ 상담에서의 개입 전략 방향이나 치료계획을 수립할 때 활용한다.
④ 성격이론 및 연구를 검증하는 데 활용한다.

2. 성격검사의 분류 기출 25~21년

(1) **응답방식에 따른 분류**

자기보고식 검사	• 수검자가 자기 자신에 대해 객관적 문항에 응답하는 검사 • 객관적 검사이기 때문에, 개인의 심층적 내면의 탐색보다는 표면적 성격특성 및 행동 경향을 측정하는 데 유용함 • 수검자의 반응 경향성(일관된 패턴, 극단적·중립적 응답, 사회적 바람직성 등)에 영향을 받을 수 있음 • 종류: MMPI, MMPI-2, PAI, MBTI, NEO, 16 PF 등
투사검사	• 애매하고 모호한 자극에 대한 자유반응을 통해 성격을 추론하는 검사 • 종류: 로샤 검사, TAT, SCT 등

▍빈출 핵심 발문
- 성격을 측정하는 **자기보고형 검사**에 관한 설명으로 옳은 것은?
- **검사의 종류**와 **검사구성방법**을 짝지은 것으로 가장 옳지 않은 것은?

TIP 자기보고식 검사는 보통 수검자가 직접 보고하기 때문에 대부분 펜과 용지를 사용합니다. 그래서 Paper & Pencil Test 검사라고도 합니다.

(2) 검사 제작방식에 따른 분류

이론적 방법	• 특정 성격이론에 근거하여 문항을 구성한 검사 • 종류: MBTI[융(Jung)의 성격이론 기반], BDI[벡(Beck)의 인지이론 기반] 등
경험적 방법	• 정상군과 임상군 간의 문항 응답 차이에 따라 문항을 선별하여 구성한 검사 • 종류: MMPI, MMPI-2, CPI 등
합리적 방법	• 검사자 직관과 전문가의 판단에 따라 문항을 구성한 검사 • 종류: 초기 성격검사, 일부 MBTI 항목 등
요인 분석적 방법	• 통계적 요인 분석을 통해 성격 요인을 도출하고 문항을 구성한 검사 • 종류: NEO, 16 PF 등

2 미네소타 다면적 인성검사 (Minnesota Multiphasic Personality Inventory, MMPI)

1. 개요

(1) 개념: 개인의 성격특성과 정신병리 수준을 측정하기 위해 개발된 세계적으로 가장 널리 사용되는 표준화된 자기보고형 성격검사이다.

(2) 유형 기출 22년

MMPI	• 1943년 개발된 자기보고식 검사 • 총 566문항(550문항+중복 16문항)으로 구성
MMPI-2	• 사회문화적 변화로 현대적 인식을 반영하여 개정한 MMPI의 개정판 • 중복을 제거하고 문항을 일부 수정하여 총 567문항으로 구성

(3) 특징 기출 25~23, 21~18, 16년

① MMPI는 객관적이고 표준화된 규준을 가지고 있다.
② 수검자의 태도와 검사 결과의 타당성을 확인하는 척도가 있다.
③ 많은 응답 결과가 축적되어 있고, 코드 유형을 사용하기 때문에 체계적으로 사용할 수 있다.
④ 정신장애군과 정상군을 변별하는 통계적 결과에 따라 경험적 방식으로 제작되었다.
⑤ 특정 정신병리의 직접적인 진단의 도구라기보다는 보조 검사의 용도나 진단적 시사점을 제공하는 평가 도구라고 할 수 있다.

빈출 핵심 발문

- MMPI 제작방식에 관한 설명으로 옳은 것은?
- 치매가 의심되는 노인 환자를 대상으로 실시할 검사와 관련이 없는 것은?
- 원판 MMPI의 타당도 척도가 아닌 것은?
- MMPI-2에서 타당성을 고려할 때 '?'지표에 대한 설명으로 옳지 않은 것은?
- MMPI-2의 각 척도에 대한 해석으로 가장 적합한 것은?
- MMPI-2의 임상척도에 대한 설명으로 옳은 것은?
- 다음 MMPI-2 프로파일과 가장 관련이 있는 진단은?
- MMPI-2의 자아강도척도(Ego Strength Scale)에 관한 설명으로 옳지 않은 것은?
- MMPI에서 2-7 척도가 상승한 패턴을 가진 피검자의 특성으로 옳지 않은 것은?
- MMPI-2 검사를 실시할 때 유의사항으로 틀린 것은?

2. 구성요소

(1) 타당도 척도 `기출` 25~17년

① 개념: 수검자의 응답 신뢰도, 방어적 또는 과장된 응답 경향, 무성의반응 등을 탐지하기 위한 척도로, 임상척도보다 먼저 해석해야 한다.

② 기본 타당도 척도: 원판 MMPI부터 존재한 척도이다.

척도	척도 내용과 행동기술
?	• 무응답척도라고도 하며, 무응답(빈칸)문항 수를 세는 척도 • 무응답뿐만 아니라 '예' 혹은 '아니오'를 선택하는 문항에 둘 다 선택한 경우도 여기에 해당 • 30개 이상이면 신뢰할 수 없고, 해석이 불가능함 • ?반응이 3개 미만인 경우에도 해당 문항에 대한 재반응을 요청하는 등의 사전검토 작업 필요 • 각 임상척도별 ?반응의 분포를 분석하여 수검자의 민감반응영역이나 회피 주제, 응답 왜곡 가능성을 더욱 정밀하게 파악 가능

L	• 거짓척도, 부인척도라고도 하며, 사회적으로 도덕적·이상적으로 보이게 하려는 경향을 측정하는 척도
	• 사회적 바람직성 반응과 관련
	• 지능이 높고 교육 수준이 높을수록 L 척도는 낮게 나옴
	• L 척도가 상승한 경우의 특징
	  – 수검자가 자신의 부정적 특징을 부인하거나 축소한 것 → 자기통찰력이 낮고, 자신의 문제를 인정하지 않는 경향
	  – 부정적 감정이나 충동을 인정하지 않고 억누르는 경향이 있음 → 억압 또는 부인과 같은 방어기제가 높음

F	• 비전형 척도라고도 하며, 비정상적·비전형적 방식으로 응답한 빈도를 측정하는 척도
	• 수검자의 부주의, 정서적 혼란, 고의적 과장, 이해부족 등을 식별
	• F 척도 점수가 높을수록 비정상적 또는 과장된 반응 경향을 나타내어, 수검자의 심리적 고통이나 반응 왜곡 가능성을 시사함
	• F 척도가 상승한 경우의 특징
	  – 적절한 상승: 정서적 고통, 심리적 혼란 상태를 의미
	  – 지나친 상승(100 이상): 의도적 과장, 무성의 응답 혹은 정신병리가 굉장히 심각한 상태를 의미
	  – TRIN 척도와 VRIN 척도를 함께 검토해야 함

K	• 방어성 척도, 교정척도라고도 하며, 수검자가 얼마나 자기통제적이고 방어적으로 응답하는지를 측정하는 척도 • L 척도와 중복되는 경향이 있으나, L 척도로 포착하기 어려운 은밀하고 세련된 방어기제를 탐지하는 데 유용함 • 고지능자나 고학력자일수록 높게 나타나는 경향이 있으며, 자신의 정보에 대해 노출시키지 않으려는 비협조적인 태도를 보인다고 할 수 있음 • 점수가 낮으면 자신의 문제를 솔직하게 공개했다고 볼 수 있음

③ MMPI-2 이후 도입된 타당도 척도

척도	척도 내용과 행동기술
TRIN	• 고정반응 비일관성 척도라고 하며, 진술의 의미가 반대인 문항반응 쌍에 대해 수검자가 내용에 상관없이 일관되게 무조건 '그렇다' 혹은 '아니다'로 응답하는 경향, 즉 고정된 응답 경향을 측정하는 척도 예) 나는 자주 우울하다. > 그렇다 나는 거의 우울하지 않다. > 그렇다 • TRIN 점수가 80점 이상인 경우, 수검자가 무조건 '그렇다' 혹은 '아니다'로 일관되게 답하는 경향(반응 경직성, 기계적 반응)이 있다는 것을 나타내므로, 해석에 주의가 필요함
VRIN	• 무선반응 비일관성 척도라고 하며, 내용이 유사하거나 반대되는 문항반응 쌍에 대해 수검자가 일관되지 않게 무작위로 응답한 정도를 측정하는 척도 예) 나는 종종 불안을 느낀다. > 그렇다 나는 자주 긴장한다. > 아니다. • VRIN 점수가 80점 이상인 경우, 수검자가 무작위·무성의로 응답한 것이라고 볼 수 있으며, 재검사 요청 혹은 프로파일 무효 간주가 가능함
F(P)	• 비전형-정신병리척도라고 하며, 주로 증상 과장이나 꾀병을 탐지하기 사용하는 척도 • 일반적인 사람은 물론 정신과 환자들도 '예'라고 답하는 경우가 매우 드문 문항으로 구성 • 진짜 정신병리와 거짓 과장을 구분하는 용도로 사용 • F 척도가 높다고 해서 반드시 거짓이라고 단정할 수 없기 때문에, F 척도의 과잉보고 여부를 정밀하게 감별하는 데 활용
F(B)	• 비전형-후반부 척도라고 하며, 후반부 문항에 있는 비전형적 응답에 대한 반응을 측정하는 척도 • F 척도가 전반부 문항에 대한 과잉보고를 탐지한다면, F(B) 척도는 후반부 문항에 대한 과잉보고 또는 수검자의 검사 태도 등을 탐지 • F(B) 척도가 90점 이상이면서 F 척도보다 30점 이상 높은 경우, 수검자의 후반부 검사 태도에 유의미한 변화가 있었다고 해석 가능
FBS	• 증상 타당도 척도라고 하며, 주로 신체적 증상의 과장을 측정하는 척도 • FBS 점수가 높을수록 수검자가 신체 증상, 고통 등을 과장했을 가능성이 높음 • 일반 임상 상황보다는 법적 평가 상황에서 신뢰도 검증용으로 적합

용어 **프로파일**
검사 결과를 시각적으로 보여주는 자료로, 하나의 척도만으로 판단하는 것이 아니라 척도 간의 관계를 직관적으로 볼 수 있도록 시각적인 형태로 구성된 것

④ 반응에 따른 척도 구분

반응 구분	특징	척도
무효반응	무성의, 무작위, 반응 일관성 문제 탐지	• ? 척도 • TRIN 척도 • VRIN 척도
과소보고	자기미화(자신을 긍정적 방향으로 보고), 방어적 반응, 증상 부인 탐지	• L 척도 • K 척도 • S 척도
과잉보고	증상 과장, 비전형·비정상적 문항에 동의한 경우를 탐지	• F 척도 • F(P) 척도 • F(B) 척도 • FBS 척도

※ 이러한 반응이 있다면 임상척도 및 코드 유형 해석을 중단하거나 유보하여야 함

⑤ 척도 해석 순서: ? 척도(응답 신뢰성 확인) → TRIN/VRIN 척도(응답 일관성 여부 확인) → F/F(P)/F(B) 척도(과잉보고 또는 정서혼란 확인) → L/K/S 척도(방어적 반응 확인)

(2) 임상척도 기출 25~18, 16년

① 개념: 특정한 심리적 증상군 또는 성격특성을 파악하는 척도이다.

② 특징
  ㉠ MMPI와 MMPI-2에는 10개의 임상척도(MMPI-2-RF⁺의 재구성 임상척도는 9개)가 존재한다.
  ㉡ T 점수가 65 이상인 경우부터 임상적으로 유의미한 수준이라고 볼 수 있으며, 75 이상이면 뚜렷한 병리 수준이라고 볼 수 있다.
  ㉢ 수검자의 검사 태도에 따른 반응 왜곡의 영향을 받는다.
  ㉣ 임상척도 중 약물 처방유무를 직접적으로 알려주는 지표(2번, 7번, 8번 척도)를 먼저 검토해야 한다.
  ㉤ 상위 2~3개 척도의 조합을 통해 수검자의 전반적인 성격 프로파일을 파악한다.

③ 기본 임상척도

TIP 보통 임상척도의 T 점수가 65점 이상이면 임상적으로 유의미한 상승으로 간주합니다.

	척도	척도 내용과 행동기술

1	Hs (건강염려증)	• 신체적 기능 및 건강에 대한 과도하고 병적인 염려를 반영
		• 45T 이하: 증상의 인정 거부, 병 무시
		• 65T: 모호하고 불특정한 신체적 불편감 호소
		• 75T 이상
		  – 자신의 신체 증상에 대한 극적이고 기이한 염려
		  – 3번 척도인 Hy가 같이 높은 경우 → 전환장애 가능성 고려

2	D (우울증)	• 우울한 기분, 자신에 대한 과소평가, 열등감 등 반영 • 타인에 대해 지나치게 예민한 경향성 측정(4번과 반대) • 반응성 혹은 외인성 우울증과 관련됨 • 점수가 낮은 경우: 사교적, 낙천적이지만 주의력 부족 경향 있음 • 70T 이상: 희망이 없고, 자신의 미래에 대해 비관적이며, 자기비하, 불면증, 식욕감퇴 등의 신체 증상도 호소함 • 75T 이상: 항우울제나 항불안제 등 정신과적 약물치료 필요 시사

3	Hy (히스테리)	• 현실적 어려움이나 스트레스, 갈등을 해소하는 방법으로 억압이나 부정 같은 방어기제를 사용하는 정도를 반영
		• 점수가 낮은 경우: 논리적, 냉소적, 정서적으로 둔감하여 대인관계가 좋지 않은 편
		• 65T 이상
		  – 유아적·의존적·자아도취적
		  – 스트레스 상황에서 신체 증상 호소
		  – 부정·억압 등의 방어기제 사용
		  – 남들로부터 관심과 애정을 끌고 동정을 받으려는 경향을 보임

TIP MMPI의 임상척도는 실제 환자들의 반응을 기반으로 한 외적 준거방식의 경험적 제작방법으로 만들어졌습니다.

심화 MMPI의 종류

- MMPI: 최초의 MMPI로, 현재는 일반적으로 사용되지 않는 검사
- MMPI-2: 구시대적 문항을 삭제 및 수정하고, 검사의 신뢰도와 타당성을 높인 현재 가장 널리 쓰이는 검사
- MMPI-2-RF: MMPI-2의 재구성판으로, MMPI-2의 척도 구조를 재분석하여 보다 효율적이고 정확한 평가를 목적으로 하는 검사
- MMPI-A: 14~18세의 청소년을 위해 특별히 개발된 검사로, MMPI-2의 문항 일부를 청소년의 발달단계와 관심사에 맞게 수정하고, 청소년에게 적합한 규준과 척도를 추가한 검사

4	Pd (반사회성)	• 반사회적 일탈행동, 적대감, 충동성 등의 반사회적 성격특성 반영 • 타인의 감정이나 욕구에 대한 무관심(2번과 반대) • 점수가 낮은 경우: 도덕적(엄격한 기준 및 공격성에 대한 강한 억제), 관습적, 수동적, 자기비판적 • 65T 이상: 권위적 인물에 반항, 충동적, 자아도취적, 이기적, 자기중심적, 심리치료 예후가 좋지 않음
5	MF (남성성 – 여성성)	• 남성성 혹은 여성성의 정도를 반영 • 성 역할, 문화적 가치관, 성 정체성 등을 측정하는 데 활용 • 특정한 정신병리적 진단과 직접적으로 연결되지 않음 • 점수가 높은 남성: 탐미적, 수동적, 여성적 • 점수가 높은 여성: 남성적, 공격적, 모험적 • 점수가 지나치게 낮은 경우: 자신의 성 역할이나 고정관념에 대해 충실한 경향
6	Pa (편집증)	• 대인관계에서의 예민성, 피해의식, 의심 등과 같은 편집증적 임상 특징 반영 • 60T 내외로 약간 상승: 대인관계 민감성에 대한 경험을 나타냄 • 70T 이상: 피해망상, 과대망상, 관계사고, 타인에게 적대적이며 비난함, 방어기제로 투사를 주로 사용
7	Pt (강박증)	• 강박적인 성향과 특성 불안(만성적 불안, 우유부단함)을 반영 • 점수가 낮은 경우: 걱정·불안 없는 비교적 안정된 상태, 사회적 상황 적응력이 뛰어남 • 점수가 높은 경우: 지나친 불안·긴장·초조, 일어나지 않은 일을 미리 염려, 자기비판적, 완벽주의적 성향
8	Sc (정신분열증)	• 정신 혼란의 정도, 조현병 증상 반영 • 점수가 낮은 경우: 현실적·관습적 사고, 순종적·수용적, 창의력 및 상상력 부족 • 점수가 높은 경우: 정서적 위축, 사고 혼란, 기이한 사고, 환각, 판단력 상실
9	Ma (경조증)	• 개인의 전반적인 에너지와 활동 수준을 평가하며 특히 정서적 흥분, 짜증스러운 기분, 과장된 자기지각을 반영 • 40T 이하: 소극적, 조심스러움, 만성적 피로, 우울장애 • 70T 이상: 외향적, 충동적, 사고의 비약, 신경질적, 정서 불안정 • 80T 이상: 조증 삽화 가능성 고려
0	Si (내향성)	• 사회나 대인관계에서의 소극성, 흥미 등의 정도를 반영 • 전반적인 신경증적 부적응 상태를 반영하며, 5번 척도와 마찬가지로 특정한 정신병리적 진단과 직접적으로 연결되지 않음 • 40T 이하: 외향적, 쾌활, 사회생활에서의 능숙함 • 70T 이상: 내성적, 보수적, 순정적, 무기력

④ MMPI-2-RF 재구성 임상척도(RC 척도)

척도	측정 내용
RCd	• 전반적인 정신적 고통, 무기력감, 좌절감, 삶에 대한 자포자기 태도 • 우울, 자존감 저하, 불만, 자기비하, 의욕 상실
RC1	신체 증상에 대한 민감성, 만성적 통증이나 피로, 건강에 대한 우려
RC2	기쁨·즐거움·삶의 의미감 결핍, 무쾌감, 감정적 냉담함, 사회적 흥미 결여
RC3	타인에 대한 근본적인 불신, 이기적이고 자기중심적
RC4	사회 규범 무시, 충동 조절 문제, 책임감 결여, 반사회적 행동
RC6	타인에 대한 의심, 피해의식, 지나친 경계심
RC7	• 과도한 불안, 분노, 긴장, 감정 기복, 감정 조절 실패, 역기능적 부정정서 • 불안과 짜증 경험 시 상승
RC8	기이한 생각, 지각 왜곡, 환청, 환각
RC9	높은 에너지, 충동성, 자기과신, 조증적 행동, 과잉 낙관성

TIP 재구성 임상척도와 보완척도, 내용척도는 기본 임상척도가 모호하거나 경계 수준일 때 이를 구체화하고 보완하기 위해서 확인하는 척도입니다.

참고 재구성 임상척도의 등장
기본 임상척도는 한 문항이 여러 척도와 관련되어 있어 특정 문항에 응답하면 여러 척도의 점수가 동시에 상승하는 특징 존재 → 진단적 변별성이 낮음 → 이러한 문제를 해결하기 위해 척도 간 문항 중복을 최소화하여 진단적 변별성을 높인 MMPI-2-RF의 재구성 임상척도가 등장함

(3) 보완(보충)척도 기출 25, 23, 21년
① 개념: 특정 임상적 또는 성격적 특성을 임상적 척도로만 파악하기 어려울 때 보완해석을 위해 추가된 척도군이다.
② 종류

척도	측정 내용
A	불안 수준평가
R	감정 억제, 자기표현 회피 경향 측정
Es	자아 탄력성, 자아강도, 치료 예후 예측
Do	주도성, 자기주장, 외현적 에너지
Re	책임감, 규범준수 성향
Mt	대학생활 적응 곤란, 학업 스트레스
PK	외상 후 스트레스장애 가능성 탐지
O-H	겉으로는 차분하지만 내면의 분노 억압 정도 측정
MAC-R	알코올 및 약물 중독 가능성
S	세련된 자기미화, 방어성

(4) 내용척도
① 개념: 증상이나 특성별로, 의미적으로 유사한 항목을 묶어 만든 척도이다.
② 종류

ANX(불안)	BIZ(사고 이상성)	LSE(낮은 자존감)
FRS(공포)	ANG(분노)	SOD(사회적 불편감)
OBS(강박)	CYN(냉소적 태도)	FAM(가족 문제)
DEP(우울)	ASP(반사회적 태도)	WRK(직업/직무 문제)
HEA(건강염려)	TPA(긴장/과잉 활동)	TRT(부정적 치료 인식)

개념플러스	S 척도와 Es 척도의 특징 기출 25, 23~20년
S 척도	• 과장된 자기제시척도라고 하며, 수검자가 자신을 지나치게 긍정적으로 묘사하려는 응답 경향을 측정하는 척도 • 기존의 L 척도와 K 척도에는 포착되지 않는 방어성을 탐지하는 데 유용함 • 또한 검사 전반부에 포진된 K 척도문항과 달리, S 척도는 검사 전반에 포진되어 있음
Es 척도	• 자아강도척도라고 하며, 수검자가 심리적 위기 상황에서 얼마나 잘 적응하고 회복할 수 있는지, 즉 효율적인 기능과 스트레스를 견디는 능력을 측정하는 척도 • 정신치료의 성공 여부를 예측하기 위해 고안됨 • 개인의 전반적인 기능 수준과 심리사회적 적응 수준 파악 가능 • F 척도가 높을수록 Es 척도의 점수는 낮아짐

(5) 코드 유형 기출 25~22, 20~19, 17년

① 개념: 임상척도 중 T 점수가 65 이상으로 상승한 2개 또는 3개 척도를 조합하여 해석하는 방식을 말한다.

② 목적: 단일척도 해석보다 복합적인 해석이 가능하여 수검자의 성격 구조나 병리적 특성을 보다 정확하게 이해하는 것이 가능하다.

③ 주요 상승 척도 쌍

코드 유형	관련 척도	임상적 특징
1-2 / 2-1	Hs(건강염려), D(우울)	• 다양한 신체적 증상에 대한 호소와 염려 • 정서적 불안감·긴장감, 감정표현의 어려움 • 수동적이고 의존적인 경향
1-3 / 3-1	Hs(건강염려), Hy(히스테리)	• 다양한 신체적 증상에 대한 호소와 염려 • 전환장애 가능성 • 갈등 회피, 표면적 쾌활함, 감정 억제
1-8 / 8-1	Hs(건강염려), Sc(정신분열증)	• 다양한 신체적 증상에 대한 호소와 염려 • 적대감, 감정표현의 어려움, 과도한 공격성, 현실 왜곡의 괴이한 사고
2-3 / 3-2	D(우울), Hy(히스테리)	• 억압된 감정, 과도한 자기희생, 대인관계에서의 어려움 • 위장장애 같은 신체화 증상, 피로감, 억압, 의존성
2-6 / 6-2	D(우울), Pa(편집증)	• 평소 우울한 상태에 있고, 그 내면에 분노와 적개심 내재 • 보통의 우울증 환자와 달리, 타인에 대한 의심과 불신감, 공격성을 가짐
2-7 / 7-2	D(우울), Pt(강박증)	• 자기비판 혹은 자기처벌적인 성향 • 불안, 긴장, 과민성 등의 정서적 불안 상태 • 정신치료에 대한 동기는 높은 편
3-4 / 4-3	Hy(히스테리), Pd(반사회성)	• 대인관계의 어려움, 충동성, 분노 조절 문제 • 방어적 정서표현, 불신, 순응적 경향
3-8 / 8-3	Hy(히스테리), Sc(정신분열증)	• 심각한 불안, 긴장, 우울감 및 무기력감 • 위장장애 등의 신체화 증상, 지남력 상실, 망상 및 환각 등의 사고장애

참고 코드 유형의 구성방식
• 2점 코드: 가장 높은 두 척도의 조합
• 3점 코드: 가장 높은 세 척도의 조합

4-6 / 6-4	Pd(반사회성), Pa(편집증)	• 자신의 잘못에 대해 타인 비난 → 자아통찰 어려움 • 타인에 대한 불신감이 클 가능성이 높음 • 권위적 대상과의 관계에 문제 존재 • 분노와 적개심이 억제되어 있으며, 분노 조절 문제 존재
4-9 / 9-4	Pd(반사회성), Ma(경조증)	• 충동적·반항적 성격 + 공격적 행동 • 행동화적 경향이 높으며, 반사회적 범죄행위를 저지르기도 함 • 타인과의 관계에서 신뢰감을 얻지 못함
6-8 / 8-6	Pa(편집증), Sc(정신분열증)	• 편집증적 경향+환청, 환각 등의 사고장애 • 투사, 외향화, 현실 부정 등의 방어기제 사용 • 심한 피해망상, 과대망상 등으로 친밀한 관계형성이 어렵고, 타인에 대해 불신감·적대감 존재
8-9 / 9-8	Sc(정신분열증), Ma(경조증)	• 과잉 활동적이고 정서적으로 불안정, 감정 기복 심함 • 타인에게 다소 자기중심적이고 유아적인 기대를 함 • 내재된 성취 욕구나 성취 압박감에 비해 평범한 수행능력
6-7-8 / 6-8-7	Pa(편집증), Pt(강박증), Sc(정신분열증)	• 조현병 진단이 가능한 심각한 정신병리를 의미 • 피해망상, 과대망상, 환각 증상 • 주의집중에 어려움을 보이며, 대인관계 문제 존재

3. 검사 실시 및 채점, 해석 시 고려사항

(1) 검사 실시 시 고려사항 기출 25~24, 21, 16년

① 수검자의 독해력, 연령, 지능, 정신 상태를 고려하여야 한다.

독해력	초등학교 6학년 이상 수준이어야 함
연령	MMPI는 최소 16세 이상(만 15세)부터 실시가 가능함 TIP MMPI-2는 성인용, 청소년용으로 구분되어 있습니다.
지능	언어성 IQ가 80 이하인 경우는 검사가 어려움
정신 상태	심한 심리적 혼란 및 동요 상태인 경우를 제외하고, 수검자의 정신 상태를 이유로 검사를 제한할 수 없음

TIP MMPI-2 검사는 개별적으로 실시하는 것이 바람직하지만, 검사자가 통제가능한 환경이라면 집단 실시도 가능합니다.

② 수검자에게 수검자 본인의 현재 상태를 기준으로 응답하라고 지시하여야 한다.
③ MMPI는 원칙적으로 시간 제한이 없으나, 보통 90분 정도가 소요된다. 따라서 수검자의 검사 소요 시간이 90분 내외로 적절한지 검토하여야 한다.
  ㉠ 지나치게 시간이 짧은 경우(3~40분 이내): 수검자가 문항을 제대로 읽지 않았거나, 무성의하게 답변했을 가능성이 높다.
  ㉡ 지나치게 시간이 긴 경우(2시간 이상): 수검자의 집중력 저하, 피로 등으로 반응 신뢰도뿐만 아니라 후반부 문항에 대한 반응 질이 저하될 가능성이 높다.

(2) 검사 채점 절차 및 고려사항

① 수검자의 응답지를 확인하여 무응답문항의 개수를 확인한다. 무응답이 30개 이상이면 T 점수 환산이 불가능하거나 신뢰도가 떨어져 검사 해석이 불가능하기 때문이다.
② 타당도 척도(L, F, K 척도 등)를 채점하여 검사 결과의 신뢰성과 해석 가능 여부를 결정한다.

③ 각 임상척도의 원점수를 계산한 후 규준표에 대입하여 T 점수로 변환한다.

> **개념플러스** **T 점수의 특징** 기출 24~23, 20~19년
> - T 점수의 평균은 50이며, 표준편차는 10임
> - T 점수가 65 이상이면 임상적 해석이 가능하다고 보며, 75 이상이면 병리적 의심 수준으로 해석함

참고 **T 점수 공식**
- $T = (Z \times 10) + 50$
- $Z = 0 \rightarrow 50T, Z = 1 \rightarrow 60T \cdots$

④ T 점수가 65 이상인 임상척도 중 상위 2개를 확인하여, 표준 자료집에 따라 코드 유형의 특징, 정서 상태, 행동특성을 해석한다.
⑤ RC 척도, 내용척도, 보완척도 등을 활용하여 추가적 해석에 활용하고, 면담정보·병력·기타 심리검사 결과의 내용도 통합하여 전체 프로파일을 해석한다.

(3) 검사 해석 시 고려사항 기출 24, 19년

① 타당도 척도 해석을 우선적으로 진행하여야 한다. 타당도가 확보되지 않으면 이후의 임상척도 해석이 불가능하기 때문이다.
② 임상척도 해석은 T 점수 65점 이상과 상대적인 비교를 하고, 개별척도만 보기보다는 척도 간 상대적 높낮이패턴을 함께 고려하여야 한다.
③ 특정 임상척도의 점수가 높다고 하더라도, 이를 DSM 진단기준과 부합시켜 해석하여서는 안 된다. 임상척도의 점수는 특정 진단을 변별하는 용도가 아닌 진단을 위한 정보수집 도구 중 하나임을 고려하여야 한다.
④ 척도 간 유의미한 점수 차이가 있을 경우, 전체 프로파일 해석이 왜곡될 수 있으므로, 코드 유형 해석의 경우 T 점수 차이가 10점 이내인지 확인한다.
⑤ 결정문항을 반드시 검토하여야 한다.
⑥ 검사 목적과 수검자의 맥락을 고려하고, 타 검사 결과와 함께 종합적으로 해석한다.

용어 **결정문항**
- MMPI문항 중에서 자살사고, 환각, 폭력 충동 등 즉각적인 임상 개입이 필요한 위험신호문항을 말하며, 척도 점수와는 별개로 검사 후 반드시 확인해야 함
- 문항의 개수나 점수와 관련없이 증상의 유무 자체가 임상적으로 큰 의미를 가지는 문항으로, 단 한 문항이라도 특정 방식으로 응답하면 그 즉시 중요하게 간주함

3 기타 성격검사 유형

1. MBTI(Myers-Briggs Type Indicator) 검사

(1) 개념: 융의 성격이론을 기반으로 마이어스와 브릭스가 제작한 자기보고식 성격검사이다.

(2) 특징 기출 24~22년
① 인간의 건강한 심리에 기초를 두어 제작하였다.
② 개인의 성격을 4가지의 선호지표로 구성하고, 이를 기준으로 총 16가지 성격 유형으로 분류하였다.
③ 이론적·합리적 검사 제작방식을 따랐다.
④ 정신병리나 임상 진단 목적이 아닌 자기이해와 진로·직업 선택, 상담 도구 등으로 사용한다.

빈출 핵심 발문
- 주제통각검사(TAT)에 관한 설명으로 옳은 것은?
- Rorschach 구조변인 중 형태질에 대한 채점이 아닌 것은?
- MMPI-2와 로샤 검사(Rorschach Test)에서 정신병리의 심각성과 지각적 왜곡의 문제를 탐색할 수 있는 척도와 지표로 옳은 것은?
- Rorschach 검사의 모든 반응이 왜곡된 형태를 근거로 한 반응이고, MMPI에서 8번 척도가 65T 정도로 상승되어 있는 내담자에 대한 설명으로 가장 적합한 것은?
- 삭스(Sacks)의 문장완성검사(SSCT)에서 4가지 영역에 속하지 않는 것은?

(3) 선호지표에 따른 유형 기출 24년

① 에너지의 방향

특징	에너지의 방향이 외부 혹은 내부 중 어느 곳으로 향하는지를 확인
유형	• 외향형(E): 자기외부로 에너지가 향함, 폭넓은 활동성, 글보다는 말로 표현, 적극성, 정열 • 내향형(I): 자기내부로 에너지가 향함, 내부 활동, 말보다는 글로 표현, 신중함 및 조용함

② 인식기능

특징	정보의 인식 및 수집방식에서 감각 혹은 직관 중 어떤 방식으로 하는지 확인
유형	• 감각형(S): 지금/현재에 초점, 실제 경험 강조, 세부적·사실적·실리적, 숲보다는 나무를 보는 경향 • 직관형(N): 미래 가능성에 초점, 아이디어 강조, 상상적·임의적·개혁적, 숲을 보는 경향

③ 판단기능

특징	정보에 대한 판단과 결정을 어떤 방식으로 하는지 확인
유형	• 사고형(T): 사실과 논리에 근거, 원리·원칙에 근거, 객관적 가치에 따른 결정, 옳고 그름, 이성적으로 생각 • 감정형(F): 인간과 인간관계에 주목, 의미·영향 강조, 인간중심적 가치에 따른 결정, 좋고 나쁨, 감정적으로 느낌

④ 생활양식

특징	외부세계에 대한 대처방식에 있어서 주로 어떤 과정을 선호하는지 확인
유형	• 판단형(J): 계획 중시, 통제성, 확고하고 뚜렷한 자기 의사, 명확한 목적 의식 • 인식형(P): 가능성 중시, 적응성·융통성, 상황에 따른 포용성, 변화에 대한 개방성

①~④에 따른 16가지 성격 유형			
ISTJ (세상의 소금형)	ISFJ (임금님 뒤 권력형)	INFJ (예언자형)	INTJ (과학자형)
ISTP (백과사전형)	ISFP (성인군자형)	INFP (잔다르크형)	INTP (아이디어뱅크형)
ESTP (수완좋은 활동가형)	ESFP (사교적 유형)	ENFP (스파크형)	ENTP (발명가형)
ESTJ (사업가형)	ESFJ (친선도모형)	ENFJ (언변능숙형)	ENTJ (지도자형)

2. 16 성격 요인검사(16 Personality Factor Questionnaire, 16 PF) 기출 24~21년

(1) **개념**: 카텔(Cattell)이 자신의 성격이론을 입증하기 위해 고안한 검사 도구로, 인간의 행동을 기술하는 수많은 형용사에서 최소한의 공통 요인 16가지를 추출하여 만들어진 심리검사이다.

(2) 특징
① 요인 분석방법에 의해 제작되었다.
② 지필검사로 '아주 그렇다.'에서 '전혀 아니다.'에 이르는 5단계의 응답 범주들로 이루어져 있다.

(3) 요인구성 및 측정 내용(한국판 16 PF기준)

요인명	측정 내용	요인명	측정 내용
A 요인	온정성 척도(냉정 vs 온정)	M 요인	공상성 척도(실제 vs 공상)
C 요인	자아강도척도(약함 vs 강함)	N 요인	실리성 척도(순진 vs 실리)
E 요인	지배성 척도(복종 vs 지배)	O 요인	자책성 척도(편안 vs 자책)
F 요인	정열성 척도(신중 vs 정열)	Q1 요인	진보성 척도(보수 vs 진보)
G 요인	도덕성 척도(약함 vs 강함)	Q2 요인	자기결정척도(집단의존 vs 자기결정)
H 요인	대담성 척도(소심 vs 대담)	Q3 요인	자기통제성 척도(약함 vs 강함)
I 요인	예민성 척도(둔감 vs 민감)	Q4 요인	불안성 척도(이완 vs 불안)

3. 성격평가질문지(Personality Assessment Inventory, PAI)

(1) **개념**: 미국의 심리학자 모리(Morey)가 개발한 성인용 성격검사로써 자기보고식 질문지이다.

(2) **특징** 기출 24, 16년
① 현대의 문항반응이론에 근거하여 제작되었다.
② 정신병리적 특징을 가진 사람 외에도 정상군의 심리평가에도 매우 유용하다.
③ 4개의 타당도 척도, 11개의 임상척도, 5개의 치료척도, 2개의 대인관계척도로 구성되어 있다.
④ 임상척도는 각 척도 모두 고유문항으로 구성되어 있고 문항의 중복이 없으며, 2개의 척도를 제외한 나머지 각각의 척도는 3~4개의 하위 척도로 구분되어 있어 장애의 상대적 속성을 평가할 수 있다.
⑤ 총 344문항에 4점 평정척도[예 전혀 그렇지 않다(0점), 보통이다(1점), 약간 그렇다(2점), 매우 그렇다(3점)]로 구성되어 있다.

> **TIP** 하위 척도가 없는 임상척도는 ALC 척도(알코올 문제)와 DRG 척도(약물 문제)입니다.

(3) **구성요소**
① 타당도 척도

비일관성 척도 (ICN)	정적 또는 부적 상관이 있는 10개의 문항을 통해 문항에 대한 반응 과정 속 수검자의 일관성 있는 반응 태도를 측정하고 평가함
저빈도 척도 (INF)	수검자의 부주의하거나 무선적인 반응 태도를 확인하기 위해 8개의 문항으로 구성된 척도로, 대부분의 사람들이 '그렇다.'라고 답하지 않는 진술에 대해 '그렇다.'라고 반응한 빈도를 확인함
부정적 인상 척도 (NIM)	수검자가 자신을 지나치게 비정상적이고 부정적으로 과장하여 표현하는지를 9개의 문항을 통해 평가함
긍정적 인상 척도 (PIM)	수검자가 자신을 과도하게 긍정적이고 도덕적으로 이상화하려는 경향을 9개의 문항을 통해 평가함

② 임상척도

척도	명칭	측정 내용	하위 척도
SOM	신체화 (Somatic Complaints)	다양한 신체 증상이나 통증에 대한 민감성과 건강염려 수준	• 건강염려증 • 전환 • 신체화
ANX	불안 (Anxiety)	만성적 불안감, 긴장, 걱정 등 전반적인 불안 수준	• 인지적 불안 • 정서적 불안 • 신체적 불안
ARD	불안 관련 장애 (Anxiety-Related Disorders)	강박, 공포, 외상 후 증상 등 불안에 기반한 장애적 특성	• 강박장애 • 공포증 • 외상적 스트레스장애
DEP	우울 (Depression)	슬픔, 무기력, 흥미 상실 등 주요 우울 증상의 강도	• 인지적 우울 • 정서적 우울 • 생리적 우울
MAN	조증 (Mania)	과잉행동, 충동성, 들뜬 기분 등 기분 상승 경향	• 활동 수준 • 과대감 • 과민성
PAR	편집증 (Paranoia)	타인에 대한 의심, 경계심, 피해사고 경향	• 과민 경계심 • 피해 사고 • 억울감
SCZ	조현병 (Schizophrenia)	사고 혼란, 현실 왜곡, 사회적 위축 등 조현병적 경향	• 정신증 경험 • 사회적 위축 • 사고장애
BOR	경계성적 특징 (Borderline Features)	감정 기복, 불안정한 대인관계, 충동성 등 경계성 특성	• 감정 불안정 • 자아 혼란 • 부정적 관계 • 자기손상
ANT	반사회적 특징 (Antisocial Features)	규범 무시, 공감 부족, 충동성과 비책임성	• 반사회적 행동 • 자기중심성 • 자극 추구
ALC	알코올 문제 (Alcohol Problems)	음주로 인한 문제나 통제력 저하 여부	-
DRG	약물 문제 (Drug Problems)	약물 사용 및 그로 인한 부적응적 결과	-

③ 치료척도

척도	명칭	측정 내용
AGG	공격성 (Aggression)	• 분노, 공격적 충동, 공격적 행동 경향 • 하위 척도: 공격적 태도, 언어적 공격, 신체적 공격
SUI	자살성향 (Suicide Ideation)	• 자살 사고 또는 자해 충동의 존재 여부 • 고위험자 식별에 중요
STR	스트레스 (Stress)	최근 경험한 생활 스트레스의 정도 예 직장, 가족, 경제 등
NON	치료 비협조 (Nonsupport)	치료에 대한 동기 부족, 비협조적 태도, 치료 회피 경향

척도	명칭	
RXR	치료 저항 (Treatment Rejection)	치료자에 대한 불신, 심리치료에 대한 부정적 태도 예 치료 효과에 대한 저항, 불신 등

④ 대인관계척도

척도	명칭	측정 내용
DOM	지배성(Dominance)	• 대인관계에서의 지배적/권위적 태도 • 낮을수록 순응적이라고 볼 수 있음
WRM	온정성(Warmth)	• 따뜻함, 공감, 친밀감 등 대인관계에서의 친화적 태도 • 낮을수록 냉담하고 거리감을 가짐

4. 주제통각검사(Thematic Apperception Test, TAT) 기출 25~24, 18~17년

(1) 개념: 모호한 그림자극에 대해 수검자가 이야기를 구성하게 하여 무의식적 욕구, 갈등, 대인관계 양상, 성격특성 등을 탐색하는 투사적 성격검사이다.

(2) 특징

① 로샤(로르샤흐) 검사와 함께 전 세계적으로 사용되고 있는 대표적인 투사검사이며, 로샤 검사와 상호보완적으로 사용된다.
② TAT 성인용 도판(검사)은 남성용, 여성용, 남녀 공용으로 구분되어 있다.
③ 대인관계상의 역동적인 측면을 파악하는 데 유용하다.
④ TAT반응은 순수한 지각반응이 아닌 개인의 선행 경험과 공상적 체험이 혼합된 통각적 과정이다.

> **TIP** TAT는 머레이(Murray)의 욕구 이론을 기반으로 개발되었습니다.

(3) 도구의 구성

① 30장의 흑백그림카드와 1장의 백지카드, 총 31장으로 구성되어 있다.
② 그림카드 뒷면에는 공통(숫자), 남성공용(BM), 여성공용(GF), 성인공용(MF), 미성인공용(BG), 성인남성전용(M), 성인여성전용(F), 소년전용(B), 소녀전용(G)이 표시되어 있다(공통 11장, 나머지는 9장씩 존재). → 성별, 연령 등을 고려하여 20개의 카드를 2회에 걸쳐 10개씩 검사한다.

> **TIP** 아동용 주제통각검사(CAT)는 20장의 카드로 구성되어 있습니다.

(4) 검사 시행방법

① 1일 간격 매회 1시간 정도로 2회에 걸쳐 실시하며, 1회에는 1~10번 카드, 2회에는 나머지 11~20번 카드를 시행한다. 이를 통해 수검자의 피로를 최소화하여 반응의 효율성을 최대화한다.
② 검사는 검사자와 수검자 간의 라포가 형성된 상황에서 진행되며, 수검자가 안정감을 가지고 자유롭게 반응할 수 있는 분위기에서 실시한다.
③ 검사자는 수검자에게 각 카드를 보여주며 극적인 이야기를 만들고 이야기를 해달라고 요청한다. 이때 수검자가 카드 내용에 대한 세부 질문을 한다면, 검사자는 개입하지 않고 수검자의 판단에 맡긴다.
④ 수검자의 반응이 피상적이고 서술적인 경우에는 방해가 되지 않는 선에서 중간 질문을 통해 심층적인 반응을 유도한다.
⑤ 백지카드를 제시하고 수검자에게 어떤 그림을 상상하는지를 자세히 말해달라고 요청한다.

> **TIP** 표준화된 실시 카드 수는 없습니다. 수검자의 성별, 연령, 평가 목적에 따라 9~12장 정도를 선별하여 진행하는 단축검사도 존재합니다.

5. 로샤(로르샤흐) 검사(Rorschach Test)

(1) 개념: 1921년 로르샤흐(Rorschach)가 고안한 대표적인 투사적 성격검사이다.

(2) 특징 기출 22, 20~19년

① 검사 재료로 10장의 좌우대칭(데칼코마니)의 잉크반점카드를 사용하며, 정해진 순서대로 수검자에게 개별적으로 제시하여 '무엇처럼 보이는지'를 묻는다.
② 모호한 잉크반점자극에 대한 수검자의 반응을 통해 무의식적 정서, 사고, 지각 구조 및 성격특성을 평가한다.
③ 로샤 검사를 통해 정신병리, 자아기능, 방어기제, 감정 조절 및 현실 검증력 등을 통합적으로 평가할 수 있다.
④ 로샤 검사의 절차, 채점 및 해석은 엑스너(Exner)의 엑스너 종합체계를 따른다.

> **TIP** 로샤 검사에 사용된 검사 재료는 1921년 개발된 이후 변경된 적이 없습니다.

(3) 절차 기출 23, 19년

자유반응단계	• 검사에 대해 소개한 후 수검자에게 한장씩 카드를 정해진 순서대로 보여주며 무엇처럼 보이는지 질문 • 제시된 카드에 대한 수검자의 지각 및 자유연상이 이루어짐 • 이때 수검자는 카드를 회전하며 보고 반응을 하여도 무방함 • 검사자는 개입하지 않고, 반응을 기록만 함
탐색 질문단계	• 모든 카드 제시 후, 수검자의 반응에 대해 구체적으로 질문하며 정보를 보완함 • 임의로 해석을 유도하거나 단답형 유도, 판단 강요 질문은 삼가야 함 • 검사자는 수검자의 이야기를 반응기록지에 기재
채점 및 해석단계	• 엑스너 체계에 따라 위치, 결정인, 형태질, 내용 등을 부호화 및 해석 • 구조변인 계산 및 통합 해석 진행

(4) 채점 기출 25, 22~19년

① 반응의 위치: 카드의 어떤 부분에 반응했는지를 판단한다.

기호	의미	기준
W	전체반응	• 잉크 반점 전체를 보고 반응한 경우 • 일부분이 제외되면 W로 채점하지 않음
D	부분반응	• 흔히 반응되는 반점영역을 보고 반응한 경우 • 정상군의 반응 빈도를 기준으로 함
Dd	드문 부분반응	• 반응 빈도가 5% 미만인 곳을 보고 반응한 경우 • W, D가 아니면 자동으로 Dd로 기호화함
S	공백반응	• 카드의 흰 공백부분을 보고 반응한 경우 • S는 독립적으로 채점되지 않고 W, D, Dd와 함께 사용됨

② 발달질: 수검자가 그림을 얼마나 효과적으로 구성하였는지를 판단한다.

기호	의미	기준
o	보통의 발달질	한 가지 사물이나 대상을 명확하게 지각할 때 채점
v	모호한 발달질	반응의 형태가 불분명하거나, 조직화 노력이 거의 없이 모호한 경우 채점
+	통합된 발달질	두 가지 이상의 분리된 대상이 의미 있는 상호작용적 관계를 맺는 형태로 지각되고, 그중 적어도 하나는 분명한 형태가 있을 때 채점
v/+	모호–통합된 발달질	통합된 관계를 지각하려 시도하였으나, 구성 요소 중 하나 이상이 모호하거나 형태적 요구가 충족되지 않은 경우 채점

③ 결정인: 반응의 내용이 그림이 어떤 특징에 의해 결정되었는지를 판단한다.
  ㉠ 형태 반응과 움직임 반응

기호	의미	기준
F	형태반응	그림의 형태를 단독적으로 보고 반응했을 때 채점
M	인간의 움직임반응	• 인간이 움직임을 보이거나 동물 혹은 가공적 인물이 인간과 유사한 움직임을 보이는 경우 채점 • M반응이 많은 사람은 높은 상상력, 성숙한 인지, 정신적·행동적 안정감, 높은 지적 능력의 특징 존재 • 기분이 안정되고 심리적으로 개방적일 때, 상상력이나 유연한 사고가 확장되어 M반응 증가
FM	동물의 움직임반응	동물이 동물로서의 움직임을 보이는 경우 채점 TIP 동물로서의 움직임이 아닌 경우, M으로 채점합니다.
m	무생물의 움직임반응	생물이 아닌 존재의 움직임에 대해 채점

  ㉡ 색채반응

구분	기호	기준
유채색	C	그림의 색채만을 근거로 하여 반응하였을 때 채점
	CF	색채를 1차, 형태를 2차 결정인으로 사용하였을 때 채점
	FC	형태를 1차, 색채를 2차 결정인으로 사용하였을 때 채점
	Cn	그림의 색채에 이름을 붙이는 경우 채점
무채색	C'	회색, 검정색, 흰색의 무채색이 결정인으로 작용할 때 채점
	C'F	무채색을 1차, 형태를 2차 결정인으로 사용하였을 때 채점
	FC'	형태를 1차, 무채색을 2차 결정인으로 사용하였을 때 채점

  ㉢ 음영반응

구분	재질(촉각적 인상)	차원(깊이)	확산(밝고 어두움)
기호	T	V	Y
	TF	VF	YF
	FT	FV	FY

④ 형태질: 반응의 내용이 그림의 형태와 얼마나 잘 부합하는지를 판단한다.

기호	의미	기준
+	우수하고 정교함	매우 정확하게 형태가 사용되었고, 적절하면서도 질적으로 우수한 경우 채점
o	보통	그림을 묘사함에 있어 흔히 아는 사물을 이용하거나, 명백하고 쉽게 이해가 가능한 반응을 한 경우 채점
u	드묾	반응 내용과 그림이 부조화되진 않지만, 흔하지 않은 방식으로 반응한 경우 채점
–	왜곡❓	그림의 특징을 왜곡하거나 인위적·비현실적으로 반응한 경우 채점

참고 모든 반응이 왜곡된 형태로 나타나는 것은 현실 인식의 장애, 현실 검증능력의 약화, 혼란스러운 사고를 시사함

(5) **해석** 기출 25, 23, 21~20, 16년

① 수검자의 연령, 성별, 문화적 배경을 고려하여 검사 결과에 대한 해석이 이루어져야 한다.
② 채점 내용을 바탕으로 수검자의 성격 구조, 정서 조절, 사고 경향성, 현실검증능력을 다차원적으로 평가하는 '구조 요약'을 작성한다.
③ 구조 요약 작성 시 다음의 구조변인을 사용한다. 이를 통해 수검자의 심리적 특성을 보다 객관적으로 해석하는 것이 가능하다.

Afr	• 정서적 반응성 지표로, 총 반응 중에서 색채반응이 차지하는 비율을 의미 • 수검자의 정서표현능력, 감정반응의 민감성 평가 • 높을수록 감정에 민감하며, 정서표현이 풍부함 • 낮을수록 감정반응이 억제되어 있으며, 둔감하고 무미건조함
EB	• 경험처리 경향성 지표로, 운동반응과 색채반응의 비율을 의미 • 수검자가 경험을 처리할 때 사고 중심인지, 정서 중심인지를 평가 • 운동반응 > 색채반응: 내향적이고 인지적 처리 중심(사고형) • 운동반응 < 색채반응: 외향적이고 정서적 처리 중심(감정형) • 운동반응 = 색채반응: 균형 잡힌 처리방식
a:p	• 운동반응 유형지표로, 반응 중에서 동물반응과 사람반응의 비율을 의미 • 수검자의 대인관계 초점 및 사회적 상호작용 경향성을 평가 • 사람반응 > 동물반응: 타인과의 관계에 민감함 • 사람반응 < 동물반응: 본능적, 방어적, 정서적 반응 경향
X-%	• 왜곡된 지각률지표로, 형태질이 낮은 반응의 비율을 의미 • 수검자의 지각적 현실 검증능력 또는 인지 왜곡 수준평가 • 높을수록 지각 왜곡과 비현실적 해석이 많아 현실검증력이 저하된 상태 • 낮을수록 현실에 기반한 지각을 하며, 구조화된 사고를 가짐
M	• 인간의 움직임에 대한 지표 • 상상력, 고차원적 사고, 정서적 조절능력을 나타냄
FM	• 동물의 움직임에 대한 지표 • 본능적·원시적 충동 또는 긴장을 나타냄 • 무의식적 긴장감, 충동적 에너지, 정서적 흥분이 많을 때 증가
C'	• 무채색 중심의 반응에 대한 지표 • 우울, 정서 둔화, 억압된 감정반응을 반영하며, 특히 우울 상태일 때 증가
Y	• 잉크의 흐릿한 음영을 보고 불편감을 느껴 반응하는 경우에 대한 지표 • 모호함, 통제 불가능한 상황에 대한 불안을 반영하며, 스트레스를 느끼는 수검자일수록 증가

TIP 채점단계에서 활용한 지표들을 해석단계에서 사용하기도 합니다. 채점단계에서는 기호로 부여하여 사용하고, 해석단계에서는 구조변인으로 활용하여 해석합니다.

6. 문장완성검사(Sentence Completion Test, SCT) 기출 24, 22, 20, 18년

(1) **개념**: 미완성된 문장의 뒷부분을 수검자로 하여금 완성하게 하여 수검자의 지각, 태도, 성격특성을 파악할 수 있는 투사검사이다.

(2) **특징**
　① 구조화되어 있지만, 반응의 내용과 언어표현은 비구조적인 특징을 보여 반구조화 검사라고도 한다.
　② 정량적 해석보다는 정성적·질적 해석 중심이다.
　③ 간단하며 실시 시간이 짧고, 해석이 비교적 간단함에도 불구하고, 수검자에 대한 정보를 풍부하게 제공한다.
　④ 검사의 해석에 검사자의 임상적 경험과 주관이 개입하여 채점의 객관성이 낮으며, 언어능력이 낮은 대상자(예 외국인, 지적 장애인)에게 실시하기 어렵다.

(3) **종류**
　① 로터(Rotter)의 미완성문장검사(Rotter Incomplete Sentences Blank, RISB)

특징	• 미국에서 보편적으로 사용하는 검사로, 원래 미국 공군병원에서 부적합자를 초기에 걸러내기 위해 사용된 검사 • 아동용, 고등학생용, 대학생용, 성인용 등으로 구분되어 있음
해석	• 정성적 해석뿐만 아니라 각 반응에 점수를 배점하여 총점으로 적응 수준 평가 가능(정량적 해석) → 객관적 분석 가능 • 생략(누락)반응, 갈등반응, 긍정적 반응, 중립반응 네 가지 반응 범주에 적응점수를 부여하여 채점하고 해석함

　② **삭스(Sacks)의 문장완성검사(Sacks Sentence Completion Test, SSCT)**

특징	• 문장완성검사 중 임상현장에서 가장 많이 사용하는 검사 • 아동용, 청소년용, 성인용으로 구분되어 있음 • 문항을 4가지 영역으로 구분 **가족영역** - 부모, 가족 전체에 대한 정서적 태도, 애착, 갈등 등 - 가족 내 역할, 통제, 양육방식에 대한 인식 **대인관계영역** 또래 또는 일반적인 사회관계에서의 적응, 신뢰감, 경쟁심, 소외감 등 **성영역** - 이성에 대한 감정, 성적 관심, 성 역할 정체성, 애정욕구, 성적 불안 등 - 청소년기·성인기의 성적 갈등이나 혼란 **자아개념영역** - 자기인식, 자기가치, 자기효능감, 열등감, 자기이상 등에 대한 내적 이미지 - 자존감, 우울감, 죄책감, 두려움, 목표 등의 자기평가
해석	• 문항의미와 관련하여 이들 문항 세트를 함께 고려하여 해석 • 누락문항의 경우 채점하지는 않지만, 중요한 가설을 형성할 수 있다는 점에서 주의 깊게 검토해야 함

> **개념플러스** 그 외 성격검사 [기출] 21년

아동용 주제통각검사 (CAT)	• 주제통각검사(TAT)를 아동에게 적용할 수 있는 투사검사 • 3~10세 아동의 무의식적 갈등, 정서, 대인관계 등을 파악하기 위해 고안됨 • 아동의 인지·언어능력 수준에 맞게 그림자극을 단순화하고 동물 의인화를 통해 접근성을 높임 • TAT와 동일하게 모호한 자극을 제시하여 아동의 의식영역 밖 정신현상을 측정함
애니어그램	• 인간의 성격을 9가지 기본 유형으로 나누는 성격 유형 분류체계 • 자기보고식 검사로, 자기이해와 성장 분야에서 폭넓게 활용됨

기출(복원)문제

QR코드의 OMR 답안지로 문제를 반복해서 풀어 본 후, 문항 번호 아래 박스에 회독한 만큼 체크해 보세요.

회독용 OMR

빈출
01 검사의 종류와 검사구성방법을 짝지은 것으로 가장 옳지 <u>않은</u> 것은?
24년, 23년, 22년

① 16 PF – 요인 분석에 따른 검사구성
② CPI – 경험적 준거에 따른 검사구성
③ MMPI – 경험적 준거방법
④ MBTI – 합리적·경험적 검사구성의 혼용

빈출
02 성격을 측정하는 자기보고형 검사에 관한 설명으로 옳은 것은?
25년, 23년, 21년

① 개인의 심층적인 내면을 탐색하는 데 흔히 사용된다.
② 응답 결과는 개인의 반응 경향성과 무관하다.
③ 강제선택형 문항은 개인의 묵종 경향성을 예방하는 데 효과적이다.
④ 사회적으로 바람직하게 응답하려는 경향을 나타내기 쉽다.

빈출
03 MMPI-2의 각 척도에 대한 해석으로 가장 적합한 것은?
24년, 23년, 22년, 21년, 16년

① 6번 척도가 60T 내외로 약간 상승한 것은 대인관계 민감성에 대한 경험을 나타낸다.
② 2번 척도는 반응성 우울증보다는 내인성 우울증과 관련이 높다.
③ 4번 척도의 상승 시 심리치료 동기가 높고 치료의 예후가 좋음을 나타낸다.
④ 7번 척도는 불안 가운데 상태불안 증상과 연관성이 높다.

04 MMPI-2의 타당도 척도 점수 중 과잉보고(Over Reporting)로 해석 가능한 경우는?
24년, 18년

① TRIN(f방향) 82점, FBS 35점
② F 75점, F(P) 80점
③ VRIN 80점, K 72점
④ F(B) 52점, K 52점

---

01 성격검사의 개요-성격검사의 분류
MBTI는 융의 성격이론을 기반으로 하여 개발된 성격검사, 즉 이론적 방법을 기반으로 구성된 성격검사이다.

02 성격검사의 개요-성격검사의 분류
오답해설
① 주로 표면적 성격특성이나 행동 경향을 측정하는 데 유용하다.
② 자기보고형 검사는 수검자의 응답 경향성(일관된 패턴, 극단적·중립적 응답, 사회적 바람직성 등)에 영향을 받을 수 있어, 검사 해석 시 이러한 반응 경향성을 고려해야 한다.
③ 묵종 경향성은 질문의 내용과 상관없이 '네' 또는 '그렇다'와 같은 긍정적인 방향으로 응답하려는 경향을 말하며, 강제선택형 문항은 이러한 묵종 경향성을 통제하기 위해 고안된 검사 형식이다. 다만, 모든 자기보고형 검사에서 강제선택형 문항을 사용하는 것은 아니기 때문에 옳지 않다.

03 미네소타 다면적 인성검사-임상척도
오답해설
② 2번 척도는 반응성 혹은 외인성 우울증과 관련이 높다.
③ 4번 척도는 반사회적 성향을 측정하는 것으로, 이것이 높게 측정되는 사람의 경우, 치료를 조기에 중단하는 경향이 있고, 심리치료 예후가 좋지 않다.
④ 7번 척도는 강박적인 성향과 특성 불안(만성적 불안, 우유부단함 등)을 측정한다. 상태불안은 일시적인 불안을 의미한다.

04 미네소타 다면적 인성검사-타당도 척도
F 척도와 F(P) 척도는 모두 과잉보고를 탐색하는 척도이다. 둘 다 70점 이상으로 높은 수준에 해당한다.

정답 01 ④ 02 ④ 03 ① 04 ②

05 다면적 인성검사(MMPI-2)에서 개인의 전반적인 에너지와 활동 수준을 평가하며 특히 정서적 흥분, 짜증스러운 기분, 과장된 자기지각을 반영하는 척도는?
24년, 22년

① 척도 1
② 척도 4
③ 척도 6
④ 척도 9

06 치매가 의심되는 노인 환자를 대상으로 실시할 검사와 관련이 없는 것은?
25년, 24년, 16년

① MMPI-2
② 간이정신상태검사(MMSE)
③ 기억력 검사
④ 이름대기검사(BNT)

07 MMPI-2의 타당도 척도 중 수검자가 자신의 심리적 문제를 축소하고 긍정적인 방향으로 보이고자 할 때 상승하는 척도는?
24년

① F 척도
② F(B) 척도
③ FBS 척도
④ L 척도

---

05 미네소타 다면적 인성검사-임상척도

오답해설
① 척도 1(건강염려증)은 수검자의 신체적 기능 및 건강에 대한 과도하고 병적인 염려와 관련된 것이다.
② 척도 4(반사회성)는 반항, 반사회적 일탈행동, 범법행위 등과 관련된 것이다.
③ 척도 6(편집증)은 대인관계에서의 민감성, 의심, 집착, 피해의식 등과 관련된 것이다.

06 성격검사
MMPI-2는 주로 정서적 문제나 성격특성, 정신병리 감별에 활용된다. 치매 진단의 핵심평가영역인 인지기능을 직접적으로 측정하지 않아 치매를 진단하는 주요 도구로 활용되지 않는다.

07 미네소타 다면적 인성검사-타당도 척도

오답해설
①, ②, ③ 과잉보고, 즉 자신의 문제를 과장하거나 심각하게 보고하는 경향을 탐지한다.

정답 05 ④ 06 ① 07 ④

08 MMPI-2의 임상척도 중 0번 척도가 상승한 경우 나타나는 특징은? 24년, 20년

① 외향적이다.
② 소극적이다.
③ 자신감이 넘친다.
④ 관계를 맺는 데 능숙하다.

09 MMPI-2 코드 쌍의 해석적 의미로 틀린 것은? 24년

① 4-9: 행동화적 경향이 높다.
② 1-2: 다양한 신체적 증상에 대한 호소와 염려를 보인다.
③ 2-6: 전환 증상을 나타낼 경우가 많다.
④ 3-8: 사고가 본질적으로 망상적일 수 있다.

10 MMPI-2의 L 척도가 상승했을 때의 해석과 가장 거리가 먼 것은? 24년

① 자신의 동기에 대한 통찰력과는 부적 상관관계가 있다.
② 지능이 높고 교육 수준이 높을수록 상승하는 경향이 있다.
③ 이상적으로 자신을 나타내고자 하는 경우 상승한다.
④ 억압이나 부정 방어기제가 높을수록 상승하는 경향이 있다.

빈출
11 MMPI-2 검사를 실시할 때 유의사항으로 틀린 것은? 25년, 24년, 16년

① 독해력이 초등학교 6학년 수준 미만인 사람에게는 실시하기 어렵다.
② 시행 소요 시간이 90분 내외로 적정한지 검토해야 한다.
③ MMPI-2는 반드시 개별적으로 실시해야 한다.
④ 피검자에게 '현재의 상태'를 기준으로 평가하라고 지시한다.

---

08 미네소타 다면적 인성검사-임상척도
척도 0(내향성)은 내향적이며, 소극적인 사람에게서 관찰되는 것이다.

09 미네소타 다면적 인성검사-코드 유형
전환 증상은 1-3 코드 쌍과 관련이 있다.

10 미네소타 다면적 인성검사-타당도 척도
지능이 높고 교육 수준이 높을수록 L 척도는 낮게 나온다.

11 미네소타 다면적 인성검사-검사 실시 시 고려사항
개별적으로 실시하는 것이 바람직하지만, 반드시 개별로 해야 하는 것은 아니다. 검사자가 통제가능한 환경이라면 집단 실시도 가능하다.

12 MMPI-2의 형태 분석에서 T 점수가 65 이상으로 상승된 임상척도들을 묶어서 해석하는 것은?

24년, 19년

① 코드 유형(Code Type)
② 결정문항(Critical Items)
③ 내용척도(Content Scales)
④ 보완척도(Supplementary Scales)

빈출

13 MMPI-2의 자아강도척도(Ego Strength Scale)에 관한 설명으로 옳지 않은 것은?

25년, 23년, 21년

① 정신치료의 성공여부를 예측하기 위해 고안되었다.
② F 척도가 높을수록 자아강도척도의 점수는 높아진다.
③ 효율적인 기능과 스트레스를 견디는 능력을 반영한다.
④ 개인의 전반적인 기능 수준과 상관이 있다.

14 다음 MMPI 검사의 사례를 모두 포함하는 코드 유형은?

23년, 20년

- 에너지가 부족하고 냉담하며 우울하고 불안하며 위장장애를 호소하는 남자이다.
- 이 남자는 삶에 참여하거나 흥미를 보이지 않고 일을 시작하는 것을 힘들어한다.
- 미성숙한 모습을 보이며 의존적일 때가 많다.

① 1-8/8-1
② 3-4/4-3
③ 2-7/7-2
④ 2-3/3-2

빈출

15 원판 MMPI의 타당도 척도가 아닌 것은?

23년, 22년, 20년

① S 척도
② F 척도
③ K 척도
④ L 척도

---

12 미네소타 다면적 인성검사-구성요소

오답해설

② 결정문항은 특정 중대한 임상적 위험을 빠르게 탐지하는 문항 그룹들을 분석하는 것이다.
③ 내용척도는 증상이나 특성별로 문항을 묶은 척도를 해석하는 것이다.
④ 보완척도는 MMPI-2 임상척도를 보완하는 추가 척도를 해석하는 것이다.

13 미네소타 다면적 인성검사-보완척도

일반적으로 F 척도가 높을수록 정신병리적 요소가 강하기 때문에, 자아강도척도의 점수는 낮아지는 경향이 있다.

14 미네소타 다면적 인성검사-코드 유형

오답해설

① 1-8/8-1 코드 유형은 신체적 증상 호소, 현실왜곡의 괴이한 사고를 하는 등의 특징이 있다.
② 3-4/4-3 코드 유형은 대인관계 문제, 충동성, 방어적 정서표현을 보이는 특징이 있다.
③ 2-7/7-2 코드 유형은 불안과 우울이 주요 특징이며, 자기비판 혹은 자기 처벌적 경향이 있다.

15 미네소타 다면적 인성검사-타당도 척도

S 척도는 MMPI-2에서 추가된 척도이다.

정답 12 ① 13 ② 14 ④ 15 ①

16 MMPI-2에서 4-6코드의 대표적인 특성으로 옳은 것은? 23년, 19년

① 자신의 잘못에 대해 타인을 비난하기 때문에 이에 대한 자신의 통찰이 약하다.
② 외향적이고 수다스러우며 사교적이면서도 긴장하고 안절부절못한다.
③ 연극적이고 증상과 관련된 수단을 통해 사람을 통제한다.
④ 기묘한 성적 강박관념과 반응을 가질 수 있다.

17 MMPI-2에서 T 점수의 평균과 표준편차는? 23년, 20년

① 평균 - 100, 표준편차 - 15
② 평균 - 50, 표준편차 - 10
③ 평균 - 100, 표준편차 - 10
④ 평균 - 50, 표준편차 - 15

빈출
18 MMPI-2에서 타당성을 고려할 때 '?'지표에 대한 설명으로 옳지 <u>않은</u> 것은? 23년, 22년, 19년, 17년

① 각 척도별 "?'반응의 비율을 확인해 보는 것은 유용할 수 있다.
② '?'반응은 수검자가 질문에 대해 답변을 하지 않을 경우뿐만 아니라 '그렇다'와 '아니다'에 모두 응답하였을 경우에도 해당된다.
③ '?'반응이 3개 미만인 경우에도 해당 문항에 대한 재반응을 요청하는 등의 사전검토 작업이 필요하다.
④ '?'반응이 300번 이내의 문항에서만 발견되었다면 L, F, K 척도는 표준적인 해석이 가능하다.

---

16 미네소타 다면적 인성검사 - 코드 유형
4-6코드 유형은 반사회성과 편집증이 결합한 것으로, 자신의 잘못을 인정하지 못하고 타인을 비난하는 특징이 있다.

17 미네소타 다면적 인성검사 - 검사 채점 절차 및 고려사항
MMPI-2는 검사 결과를 T 점수로 변환하여 해석하는데, 이때 T 점수의 평균은 50, 표준편차는 100이다.

18 미네소타 다면적 인성검사 - 타당도 척도
L, F, K 척도는 MMPI 문항 전반적으로 걸쳐 있어 300번 이내에서 발견되었다고 하여도 '?'지표의 분포와 개수에 따라 해석 가능 여부가 결정된다. 즉, 해당 척도의 해석이 반드시 표준적으로 가능하다고 단정할 수 없다.

정답 16 ① 17 ② 18 ④

19 MMPI에서 2-7 척도가 상승한 패턴을 가진 피검자의 특성으로 옳지 <u>않은</u> 것은? 25년, 22년, 17년

① 행동화(Acting-out) 성향이 강하다.
② 정신치료에 대한 동기는 높은 편이다.
③ 자기비판 혹은 자기처벌적인 성향이 강하다.
④ 불안, 긴장, 과민성 등 정서적 불안 상태에 놓여 있다.

20 다면적 인성검사에 관한 설명으로 옳지 <u>않은</u> 것은? 22년

① 표준화된 규준을 가지고 있다.
② 수검 태도와 검사 결과의 타당성을 확인하는 척도가 있다.
③ MMPI의 임상척도와 MMPI-2의 기본 임상척도의 수는 동일하다.
④ 임상척도 간에 중복되는 문항이 적어서 진단적 변별성이 높다.

21 MMPI-2가 대표적인 자기보고식 심리검사로 사용되는 이유가 <u>아닌</u> 것은? 22년, 19년

① 객관적으로 표준화된 규준을 갖추고 있다.
② 많은 연구 결과가 축적되어 있다.
③ 코드 유형 등을 사용해 체계적으로 사용할 수 있다.
④ MMPI 척도가 DSM체계와 일치하여 장애진단이 용이하다.

22 다음 MMPI-2 프로파일과 가장 관련이 있는 진단은? 25년, 21년, 18년

- L=56, F=78, K=38
- 1(Hs)=56, 2(D)=58, 3(Hy)=54, 4(Pd)=53, 5(MF)=54, 6(Pa)=76, 7(R)=72, 8(Sc)=73, 9(Ma)=55, 0(Si)=66

① 품행장애
② 우울증
③ 전환장애
④ 조현병

---

19 미네소타 다면적 인성검사 - 코드 유형
행동화 성향이 강한 것은 4-9/9-4 코드 유형이 상승하는 패턴의 수검자의 특성이다.

20 미네소타 다면적 인성검사 - 개요
기본 임상척도는 한 문항이 여러 척도와 관련되어 있어 특정 문항에 응답하면 여러 척도의 점수가 동시에 상승하는 경향이 있다. 예를 들어, "나는 자주 불안함을 느낀다."라는 문항은 불안 관련 척도에 포함되지만, 우울증 척도나 히스테리 척도에도 포함될 수 있다. 따라서 이러한 문항적 특성으로 인해 진단적 변별성이 낮을 수 있다.

21 미네소타 다면적 인성검사
MMPI-2에 DSM체계와 일치하는 척도가 존재하긴 하지만, MMPI-2 자체가 DSM 진단기준을 따르는 것이 아니므로 장애 진단에 항상 용이하지 않다.

22 미네소타 다면적 인성검사 - 구성요소
해당 사례는 F 척도가 높고, 6번, 7번, 8번 척도가 모두 70 이상이며, K 척도가 낮아 방어가 낮고 정서적 혼란이 드러나 있는 상태이다. 이는 조현병의 전형적인 프로파일에 해당한다.

정답 19 ① 20 ④ 21 ④ 22 ④

23 MMPI-2 검사를 실시할 때 고려해야 할 사항으로 옳지 않은 것은? 21년

① 검사의 목적과 결과의 비밀보장에 대해 설명한다.
② 검사 결과는 환자와 치료자에게 중요한 자료가 됨을 강조할 필요가 있다.
③ 수검자들이 피로해있지 않는 시간대를 선택한다.
④ 수검자의 독해력은 중요하지 않다.

24 [빈출] MMPI-2의 임상척도에 대한 설명으로 옳은 것은? 25년, 23년, 20년

① 임상척도 중 5번 척도는 그에 상응하는 정신병리적 진단이 존재하지 않는다.
② MMPI-2의 임상척도는 타당도 척도와는 달리 수검태도에 따른 반응 왜곡의 영향을 받지 않는다.
③ 각 임상척도는 그에 상응하는 DSM 진단명이 부여되어 있으며 해당 진단명에 준해 엄격하게 해석해야 한다.
④ 임상척도 중에서는 약물처방 유무를 직접적으로 알려주는 지표를 먼저 검토해야 한다.

25 MMPI-2의 타당도 척도 중 비전형성을 측정하는 척도에서 증상 타당성을 의미하는 것은? 21년, 17년

① TRIN
② FBS
③ F(P)
④ F

26 [빈출] MMPI 제작방식에 관한 설명으로 옳은 것은? 23년, 21년, 18년

① 정신병리이론을 바탕으로 하여 제작되었다.
② 정신장애군과 정상군을 변별하는 통계적 결과에 따라 경험적 방식으로 제작되었다.
③ 합리적·이론적 방식을 결합하여 제작되었다.
④ 인성과 정신병리와의 상관성에 대한 선행 연구 결과들을 바탕으로 하여 제작되었다.

---

23 미네소타 다면적 인성검사-검사 실시 시 고려사항
MMPI-2는 문항을 정확히 이해하고 답하는 것이 중요하다. 수검자가 문항을 오해하면 검사 결과가 왜곡될 수 있으므로, 수검자의 독해력과 이해력을 고려해야 한다.

24 미네소타 다면적 인성검사-임상척도
5번 척도(남성성-여성성)는 성 역할, 문화적 가치관, 성 정체성 등을 측정하는 데 사용되지만, 특정 정신병리적 진단과 직접적으로 연결되지 않는다.

25 미네소타 다면적 인성검사-타당도 척도
오답해설
① TRIN은 수검자의 고정된 응답 경향을 측정하는 척도이다.
③ F(P)는 매우 드문 증상에 대한 반응을 측정하는 척도로, 진짜 정신병리와 거짓 과장을 구분한다.
④ F는 드물게 발생하는 증상이나 비정상적인 행동을 측정하는 척도이다.

26 미네소타 다면적 인성검사-개요
MMPI는 문항을 만들 때 특정 정신장애집단과 정상군을 비교하여 유의미한 차이가 있는 문항을 선별하였고, 최종 척도를 구성하였다.

정답 23 ④ 24 ① 25 ② 26 ②

27 다음은 무엇에 관한 설명인가?   20년

> 가장 널리 사용되고 있는 성격검사로서 성격특성과 심리적인 문제를 측정하는 데 사용되는 임상적 질문지

① 주제통각검사
② Rorschach 검사
③ 다면적 인성검사
④ 문장완성검사

28 MMPI-2의 재구성 임상척도 중 역기능적 부정 정서를 나타내며, 불안과 짜증 등을 경험하는 경우 상승하는 척도는?   20년

① RC4
② RC1
③ RC7
④ RC9

---

27 성격검사

오답해설

① 주제통각검사(TAT)는 수검자가 그림을 보고 이야기를 만들어내는 방식의 투사검사로, 무의식적 욕구나 동기·정서 상태를 파악하는 데 사용한다.
② 로샤 검사는 잉크반점을 이용한 투사검사로, 수검자의 무의식적인 정서, 사고 과정, 방어기제 등을 평가하는 데 사용한다.
④ 문장완성검사(SCT)는 수검자가 미완성된 문장을 완성하는 방식의 투사검사로, 수검자의 무의식적 갈등, 정서 상태 등을 평가하는 데 사용한다.

28 미네소타 다면적 인성검사 – 임상척도

오답해설

① RC4는 반사회적 행동, 충동성, 규범 무시에 대한 성향을 평가하는 척도이다.
② RC1은 신체적 증상에 대한 과도한 민감성과 불편감을 평가하는 척도이다.
④ RC9는 높은 에너지, 충동성, 자기과신, 조증적 행동을 반영하는 척도이다.

정답 27 ③ 28 ③

29 MMPI-2의 타당도 척도에 관한 설명으로 틀린 것은?
20년

① ? 척도는 응답하지 않은 문항들이나 '예', '아니오' 둘 다에 응답한 문항들의 합계로 채점된다.
② L 척도는 자신을 사회적으로 바람직하며 좋은 사람처럼 보이게끔 하려는 태도를 가려내기 위한 척도이다.
③ F 척도는 점수가 높을수록 평범반응 경향을 말해준다.
④ K 척도는 L 척도에 의해 포착하기 어려운 은밀한 방어적 태도를 측정하는 문항들로 구성되어 있다.

30 다음에서 설명하는 MBTI의 선호지표에 따른 성격유형으로 옳은 것은?
24년

- 지금, 현재에 초점
- 실제 경험을 강조
- 숲보다는 나무를 보려는 경향
- 세부적·사실적·실리적

① 내향형(Introversion)
② 사고형(Thinking)
③ 감각형(Sensing)
④ 판단형(Judging)

31 다음 중 성격평가질문지(PAI)의 특징과 가장 거리가 먼 것은?
24년

① 현대의 문항반응이론에 근거해서 제작되었다.
② 각 척도는 고유문항으로 구성되어 있고 문항의 중복이 없다.
③ 정상인보다는 정신병리적 특징을 가진 사람들에게 더 유용하다.
④ 각 척도는 3~4개의 하위 척도로 구분되어 있어서 장애의 상대적 속성을 평가할 수 있다.

32 MMPI-2와 비교할 때 성격평가질문지(PAI)의 특징이 아닌 것은?
24년, 16년

① 문항의 수가 더 적다.
② 임상척도의 수가 더 적다.
③ 임상척도 이외에 대인관계척도를 포함한다.
④ 4지 선다형이다.

---

29 미네소타 다면적 인성검사-타당도 척도
F 척도는 점수가 높다는 것은 일반적인 반응이 아니라 비정상적 또는 과장된 반응 경향을 나타내며, 심리적 고통이나 반응 왜곡 가능성을 시사한다.

30 기타 성격검사 유형-MBTI 검사
MBTI에서 감각형(S)에 해당하는 특징이다.

31 기타 성격검사 유형-성격평가질문지
성격평가질문지는 환자집단뿐만 아니라 정상인에게도 매우 유용하다.

32 성격검사
성격평가질문지의 임상척도 수는 11가지이고 MMPI-2의 임상척도 수는 10가지로 성격평가질문지의 임상척도 수가 더 많다.

정답 29 ③ 30 ③ 31 ③ 32 ②

33 주제통각검사(Thematic Apperception Test, TAT)의 실시에 관한 설명으로 옳은 것은?   18년

① 모든 수검자에게 24장의 카드를 실시한다.
② 카드를 보여주고, 각 그림을 보면서 될 수 있는 대로 연극적인 장면을 만들어 보라고 지시한다.
③ 수검자의 반응이 매우 피상적이고 기술적인 경우라도 검사자는 개입하지 않고 다음 반응으로 넘어간다.
④ 수검자가 "이 사람은 남자인가요? 여자인가요?"라고 묻는 경우, 검사 요강을 참고하여 성별을 알려준다.

빈출
34 주제통각검사(TAT)에 관한 설명으로 옳은 것은?   25년, 24년, 17년

① 숫자만 표시된 카드는 성별에 상관없이 성인에게만 실시한다.
② 카드 뒷면에 GF라고 적혀 있는 경우 소녀와 성인 여성 모두에게 실시 가능하다.
③ 흑백으로 인쇄된 20장의 그림카드와 한 장의 백지카드로 구성되어 있다.
④ 사고의 내용이 아니라 순수한 지각 과정에 관한 정보를 제공한다.

빈출
35 Rorschach 구조변인 중 형태질에 대한 채점이 아닌 것은?   25년, 22년, 19년

① v
② –
③ o
④ u

---

33 기타 성격검사 유형 – 주제통각검사
오답해설
① TAT는 총 31장의 카드가 있지만 필요에 따라 카드를 선별하여 진행하기 때문에 정해진 실시 카드 수는 없다.
③ 피상적이고 서술적인 반응만 있는 경우, 검사자의 적절한 개입을 통해 보다 심층적인 반응을 유도해야 한다.
④ TAT의 핵심은 '모호성'에 대한 투사반응을 유도하는 것으로 수검자가 질문한다고 하여도, 검사자는 답하지 않고 수검자의 판단에 맡겨야 한다.

34 기타 성격검사 유형 – 주제통각검사
오답해설
① 숫자만으로 표시된 카드는 모든 연령과 성별에 사용 가능하다.
③ 30장의 흑백그림카드와, 1장의 백지카드로 구성되어 있다.
④ 사고의 내용(욕구, 갈등 등)에 관한 정보를 제공한다.

35 기타 성격검사 유형 – 로샤(로르샤흐) 검사
v는 발달질에 대한 채점에 해당한다.

정답 33 ② 34 ② 35 ①

36 로샤 검사(Rorschach Test)의 질문단계에서 검사자의 질문 또는 반응으로 가장 적절하지 <u>않은</u> 것은?

23년, 19년

① "당신이 어디를 그렇게 보았는지를 잘 모르겠네요."
② "말씀하신 것은 주로 형태인가요?", "색깔인가요?"
③ "그냥 그렇게 보인다고 하셨는데 어떤 것을 말씀하시는 것인지 조금 더 구체적으로 설명해 주세요."
④ "그것처럼 보이게 만든 것은 무엇인가요?"

37 TAT(주제통각검사)에 관한 설명으로 <u>틀린</u> 것은?

17년

① TAT 성인용 도판은 남성용, 여성용, 남녀 공용으로 나누어진다.
② TAT는 대인관계상의 역동적인 측면을 파악하는 데 유용하다.
③ TAT는 준거조율전략(Criterion Keying Strategy)을 통해 개발되었다.
④ TAT반응은 순수한 지각반응이 아닌 개인의 선행경험과 공상적 체험이 혼합된 통각적 과정이다.

---

36 기타 성격검사 유형-로샤(로르샤흐) 검사
로샤 검사는 응답자의 무의식적 심리 상태를 분석하는 도구로, 선지의 질문처럼 형태인지, 색깔인지 질문하는 것은 응답을 형태와 색깔 중 하나로 제한하려는 유도적 질문이므로 부적절하다.

37 기타 성격검사 유형-주제통각검사
A집단과 B집단 간에 통계적으로 유의미하게 차이가 나는 문항만을 선별하여 검사문항으로 채택하는 방식인 준거조율전략은 MMPI와 같은 객관적 검사의 제작방식이다.

정답 36 ② 37 ③

38 심리평가 도구 중 최초 개발된 이후에 검사의 재료가 변경된 적이 없는 것은? 22년, 19년

① Wechsler 지능검사
② MMPI 다면적 인성검사
③ Bender-Gestalt 검사
④ Rorschach 검사

39 Rorschach 검사에서 반응의 결정인 중 인간운동반응(M)에 대한 설명으로 옳지 않은 것은? 21년

① M반응이 많은 사람은 행동이 안정되어 있고 능력이 뛰어남을 나타낸다.
② M반응이 많을수록 그 사람은 그의 세계의 지각을 풍부하게 만들기 위해 자유롭게 구사할 수 있는 상상력을 지니고 있다.
③ 상쾌한 기분은 M반응의 수를 증가시킨다.
④ 좋은 형태의 수준을 가진 M의 출현은 높은 지능의 존재를 부정하는 것이며 가능한 M이 많이 나타난다는 사실은 낮은 지능을 의미한다.

40 로샤(Rorschach) 검사의 엑스너(J. Exner) 종합체계에서 유채색반응이 아닌 것은? 21년

① C′
② CF
③ FC
④ Cn

41 Rorschach 검사에서 지각된 스트레스와 관련된 구조변인이 아닌 것은? 20년

① M
② FM
③ C′
④ Y

---

38 성격검사
로샤 검사는 1921년 로르샤흐가 개발한 이후, 검사 재료인 10장의 잉크얼룩카드는 한 번도 변경되지 않았다.

39 기타 성격검사 유형 – 로샤(로르샤흐) 검사
M반응이 많이 나타나면 지적 능력이 우수하고, 사고 통제가 잘 되는 사람으로 해석한다.

40 기타 성격검사 유형 – 로샤(로르샤흐) 검사
C′는 무채색의 음영에 대한 반응에 해당한다.

41 기타 성격검사 유형 – 로샤(로르샤흐) 검사
M은 운동반응으로, 개인의 내적 사고 활동, 공감능력, 상상력 등과 관련된 변인이다.

정답 38 ④ 39 ④ 40 ① 41 ①

42 Rorschach 검사에 대한 설명으로 옳지 않은 것은?
20년

① 좌우대칭의 잉크 반점이 나타난 10장의 카드로 구성되어 있다.
② 모호한 자극특성을 이용한 투사법 검사이다.
③ 자유로운 연상과 반응을 위해 임의의 순서로 카드를 제시하는 것이 좋다.
④ 반응 시 카드를 회전해서 보아도 무방하다.

43 Rorschach 검사에서 반응위치를 부호화할 때 단독으로 기록할 수 없는 것은?
20년

① S
② D
③ Dd
④ W

44 문장완성검사에 대한 설명으로 옳지 않은 것은?
22년

① 가족, 이성관계 등 문항의미와 관련하여 이들 문항 세트를 함께 고려하여 해석하는 것이 도움이 된다.
② 라파포트(Rapaport) 등(1968)은 형식적 면에서 연상의 장애를 '근거리반응'과 '원거리반응'으로 개념화하여 설명하고자 하였다.
③ 국내에서 출판되고 있는 삭스(Sacks)의 문장완성검사는 아동용, 청소년용, 성인용으로 구분되어 있다.
④ 누락된 문항이라 하더라도 중요한 가설을 형성할 수 있다는 점에서 주의 깊게 검토해야 한다.

---

42 기타 성격검사 유형-로샤(로르샤흐) 검사
10장의 카드를 정해진 순서에 따라 제시하는 것이 원칙이다.

43 기타 성격검사 유형-로샤(로르샤흐) 검사
S만 단독으로 기록할 수 없으며, 항상 다른 부호와 함께 기록한다.

44 기타 성격검사 유형-문장완성검사
라파포트 등은 자유연상 혹은 단어연상검사에서 정신병리와 관련된 사고장애를 형식적으로 분류하기 위해 '근거리반응'과 '원거리반응'의 개념을 활용하였다.

정답 42 ③ 43 ① 44 ②

45 삭스(Sacks)의 문장완성검사(SSCT)에서 4가지 영역에 속하지 않는 것은? 25년, 22년, 20년
① 가족영역
② 대인관계영역
③ 자기개념영역
④ 성취욕구

46 삭스(J. Sacks)의 문장완성검사(SSCT)에서 자기개념영역에 포함되지 않는 태도는? 24년, 18년
① 죄의식(죄책감)
② 이성관계
③ 목표
④ 두려움

47 성격검사에 관한 설명으로 틀린 것은? 21년
① MMPI는 만 15세 수검자에게 실시 가능하다.
② CAT는 모호한 검사자극을 통해 개인의 의식영역 밖의 정신현상을 측정하기 위한 성격검사이다.
③ 16 성격 요인 검사는 카텔(R. Cattell)의 성격특성 이론을 근거로 개발되었다.
④ 애니어그램은 인간의 성격 유형을 8개로 설명한다.

45 기타 성격검사 유형-문장완성검사
삭스의 문장완성검사(SSCT)의 4가지 영역에는 가족, 성, 대인관계, 자아개념영역이 있다. 성취욕구는 해당되지 않는다.

46 기타 성격검사 유형-문장완성검사
이성관계는 SSCT의 4가지 영역 중 성에 해당한다.

47 성격검사
애니어그램은 인간의 성격을 9개의 기본 유형으로 설명한다.

정답 45 ④ 46 ② 47 ④

48 MMPI-2와 로샤 검사(Rorschach Test)에서 정신병리의 심각성과 지각적 왜곡의 문제를 탐색할 수 있는 척도와 지표로 옳은 것은? 25년, 23년, 20년

① K 척도, Afr
② Sc 척도, EB
③ Pa 척도, a:p
④ F 척도, X-%

49 Rorschach 검사의 모든 반응이 왜곡된 형태를 근거로 한 반응이고, MMPI에서 8번 척도가 65T 정도로 상승되어 있는 내담자에 대한 설명으로 가장 적합한 것은? 23년, 20년, 16년

① 우울한 기분, 무기력한 증상이 주요 문제일 가능성이 있다.
② 주의집중과 판단력이 저하되어 있을 가능성이 있다.
③ 합리화나 주지화를 통해 성공적인 방어기제를 작동시킬 가능성이 있다.
④ 회피성 성격장애의 특징을 보일 가능성이 있다.

---

48 성격검사

오답해설

① K 척도는 정신병리의 심각성 평가보다는 방어 수준을 보는 척도이며, Afr은 정서적 반응성과 관련되어 있다.
② Sc 척도는 사고의 비논리성, 정서적 위축 등을 측정하여 정신병리의 심각성을 보며, EB는 정보처리방식을 나타낸다.
③ Pa 척도는 피해의식, 과도한 의심 등을 측정하며, a:p는 운동반응 유형을 나타낸다.

49 기타 성격검사 유형-로샤(로르샤흐) 검사

로샤 검사에서 모든 반응이 왜곡된 형태로 나타나는 것은 현실 인식의 장애, 현실검증능력의 약화, 혼란스러운 사고를 시사한다. 또한, 미네소타 다면적 인성검사의 8번 척도(정신분열증)가 임상적으로 유의미한 65T 이상 상승한 것은 주의집중력과 사고의 조직성, 현실판단능력에서의 저하를 의미한다. 즉, 두 평가 모두 주의집중과 판단력이 저하됐을 가능성을 강하게 시사한다.

정답 48 ④ 49 ②

04 신경심리검사와 기타 심리검사

III. 심리검사

33%
3과목 내 출제 비중

| 공략 포인트
- 신경심리검사와 관련된 내용이 전체적으로 출제 비중이 높은 편입니다. 기본개념부터 검사 종류까지 잘 알아두어야 합니다.
- 특히, 뇌의 특정 기능을 측정하는 검사의 종류를 묻는 문제가 많으니, 기능과 검사를 연결하여 기억해 두세요.
- 영유아, 성인, 노년기 발달검사에 대한 내용도 출제 비중이 높은 편입니다. 각 검사의 특징에 대해서 잘 정리해 두세요.

| 수험 키워드!
미세 탐지
병전지능 추정
신경심리검사의 종류
실어증
발달검사

1 신경심리검사의 개요

1. 신경심리검사의 개념과 목적

(1) 개념: 선천적이거나 후천적인 뇌 손상과 뇌 기능장애로 인한 인지적·정서적·행동적 변화를 검사 도구를 통해 파악하는 검사이다.

> TIP 임상심리사 시험에서는 신경심리검사와 신경심리평가를 혼용합니다. 실제 임상현장에서는 두 개념을 구분하지만, 시험에서는 특별히 구분하지 않으니 신경심리평가라고 나와도 신경심리검사라고 생각하시면 됩니다.

(2) 목적 기출 24~23, 21~20년

① 진단적 목적
  ㉠ 뇌 손상에 따른 인지기능 저하 여부를 확인한다.
  ㉡ 정신과적 증상과 신경과적 증상을 감별한다.
  ㉢ MRI 등으로 판단하기 어려운 미세기능장애를 탐지한다.

② 기능적 평가
  ㉠ 기질적 및 기능적 장애 간의 감별을 진단한다.
  ㉡ 손상된 영역뿐만 아니라 보존된 능력과 향후 사용 가능능력을 파악한다.
  ㉢ 병전지능 수준과 비교하여 얼마나 변화하였는지를 파악한다.

③ 치료계획 수립
  ㉠ 치료 과정에서 병의 진행 과정과 호전 여부를 평가한다.
  ㉡ 재활 및 치료 개입 시 수검자의 강점과 약점을 근거로 개입 방향을 설정한다.

④ 법의학적 판단: 꾀병 탐지, 노동능력 상실 여부, 민형사상 책임능력 등 법심리적 판단 자료를 제공한다.

⑤ 연구
  ㉠ 환자의 뇌 기능과 행동의 연관성에 대한 연구가 가능하다.
  ㉡ 인지기능 저하 과정, 정상노화와 질병 간의 비교 연구 등에 활용한다.

빈출 핵심 발문
- 신경심리검사에 대한 설명으로 옳은 것은?
- 뇌 손상 환자의 병전지능 수준을 추정하기 위한 자료와 가장 거리가 먼 것은?
- 교통사고 환자의 신경심리검사에서 꾀병을 의심할 수 있는 경우는?
- 신경심리평가 시 고려해야 할 사항과 가장 거리가 먼 것은?

심화 의료적 검사와의 비교
- 신경심리검사는 주로 인지·정서·행동과 같은 기능적 변화를 검사하고, 의료적 감사는 직접적인 손상 부위 등을 검사함
- 의료적 검사는 미세한 초기 장애에 대한 탐지가 어려워 신경심리검사를 통해 보완 가능

> **개념플러스** 병전지능 추정을 위한 자료 [기출] 23, 21, 19년
>
> - 이전의 직업기능 수준 및 학업 성취도
> - 교육 수준, 연령과 같은 인구학적 자료
> - 웩슬러 지능검사의 소검사 중 상황적 요인에 의해 잘 변화하지 않는 소검사 점수 활용
>   예 어휘, 상식, 숫자 순서 등

2. 신경심리검사의 구성 및 운영 전략

(1) 구성 [기출] 24~23, 21년

구분	배터리형 검사	개별형 검사
개념	배터리형으로 제작된 여러 종류의 검사를 하나의 세트로 묶어 한 번에 실시하는 방식	특정 영역의 기능을 집중적으로 평가하는 방식
특징	• 다양한 기능의 종합적 평가 가능 • 하위 척도 간 점수 비교를 통해 임상 진단에 유용한 정보 제공 • 검사 시간과 비용이 많이 소요됨 • 하위 척도 간 중복 위험성과 특정 기능에 대한 불필요한 자료 제공 가능성 존재	• 불필요한 중복검사를 방지하여 효율적인 평가 가능 • 뇌 손상영역과 관련된 기능장애에 대해 집중적 평가 가능 • 개별형 검사 선택 시, 실시 및 해석에 고도의 전문성 필요
종류	K-WAIS-IV, K-WISC-V, K-CBCL, MMPI-2	RCFT, Stroop Test, BGT, K-BNT

(2) 운영 전략: 여러 개의 검사 도구를 어떻게 조합하여 평가할지를 결정한다.

구분	고정식(Fixed) 배터리	융통식(Flexible) 배터리
개념	일정한 검사 세트를 모든 수검자에게 동일하게 실시	검사자의 임상 판단에 따라 필요한 검사만 선별하여 실시
특징	• 검사 간 비교가 용이하고 재검사 시 일관성이 유지됨 • 시간과 비용이 많이 소요됨	• 효율적이고 맞춤형 평가 가능 • 검사자 간 일관성 부족 • 신뢰도 관리가 어려움
종류	할스테드-라이탄⁺ 신경심리 배터리 (Halstead-Reitan Neuropsychological Battery, HRNB)	다양한 단일검사를 필요에 따라 조합

TIP '배터리(battery)'는 다의적인 용어이기 때문에, 헷갈릴 수 있습니다. 배터리형 검사에서의 '배터리'는 검사의 구조를 묻는 것이며, 고정·융통 배터리에서 '배터리'는 방식, 접근, 전략을 묻는 것이니 잘 구분하여야 합니다.

심화 임상신경심리학의 창시자

- **할스테드(Halstead)와 라이탄(Reitan)**: 미국 신경심리학의 토대를 마련한 학자들로, 할스테드가 뇌 손상 환자를 평가하기 위한 검사 배터리를 개발하였고, 그 제자였던 라이탄이 이를 체계화하고 표준화하여 할스테드-라이탄 신경심리 배터리를 완성함
- **루리아(Luria)**: 러시아 신경심리학의 창시자로, 뇌와 행동 간의 역동적인 관계를 밝히는 데 집중하며 질적인 분석을 통해 뇌 손상으로 인한 인지기능변화를 종합적으로 이해하고자 함

3. 신경심리검사의 실시와 해석 시 고려사항 `기출` 25~24, 22~21, 19, 16년

손상 후 경과 시간	뇌 손상 직후(급성기) 검사를 실시하는 경우, 일시적인 혼란, 붓기, 피로, 약물 영향 등으로 인해 정확한 인지 상태를 반영하지 못하기 때문에 환자의 상태가 안정된 아급성기❓나 만성기에 검사를 실시해야 함
인구학적 변인	검사 결과는 연령, 교육 수준, 문화적 배경 등에 따라 크게 달라질 수 있기 때문에 동일한 연령 및 교육 수준을 기준으로 한 규준을 바탕으로 해석해야 함
피로도, 과제 순서	• 장기간 검사로 인해 수검자의 피로도가 증가하여, 집중력 저하, 반응속도 감소, 실수 증가 등이 발생할 수 있어 후반부 과제에 대한 정확성이 떨어질 수 있음 • 과제 순서는 어려운 과제를 피로도가 적은 상태에서 실시하고, 어려운 과제와 쉬운 과제를 교대로 실시하는 것이 좋음
꾀병(위장자) 탐지	• 일부 수검자는 이득을 목적으로 증상을 과장하거나 꾀병을 부릴 수 있기 때문에, 여러 지표를 통해 탐지해야 함 • 특정 검사에서만 점수가 낮은 실제 환자와 달리 위장자는 모든 검사에서 점수가 낮음 • 실제 환자는 기억과제 중 쉬운 것은 잘하고 어려운 것은 못하는 반면, 위장자는 쉬운 것을 못하고 어려운 것을 잘함

TIP 진행성 뇌 질환이 의심될 경우 초기단계에서 조기 평가를 하는 것이 중요하기 때문에, 최대한 빠르게 검사가 이루어져야 합니다.

용어 **아급성기**
병의 진행 과정에서 급성기를 지난 시기

2 뇌 기능에 따른 신경심리검사의 종류

1. 뇌 손상과 뇌 기능장애

(1) 개념

뇌 손상	뇌 조직에 물리적·해부학적 손상이 발생한 것
뇌 기능장애	뇌 기능의 비정상적인 상태를 말하며, 뇌 손상 없이도 발생할 수 있음

(2) 대뇌반구영역과 손상 `기출` 25~21, 17년

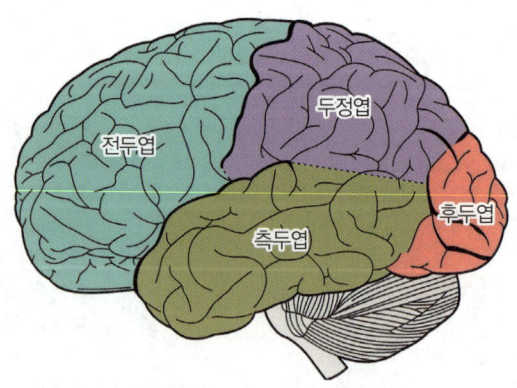

전두엽	• 계획 수립, 의사결정, 충동 조절, 집중력, 동기 부여 등의 고등 인지기능 담당 • 손상 시 언어장애, 실행기능장애, 무감동, 동기 결여, 주의력 결핍 등의 증상 발현
두정엽	• 감각신호 해석, 공간 인식, 언어 및 계산능력 담당 • 손상 시 구성장애❓, 촉각 인지 불능, 글쓰기 및 계산능력 저하 등의 증상 발현
후두엽	• 주로 시각 정보를 처리하고, 시각적 기억형성 담당 • 손상 시 시각장애, 공간인식장애 등의 증상 발현
측두엽	• 주로 청각 정보를 처리하고 언어이해 및 기억형성 담당 • 손상 시 언어장애, 기억장애, 감정변화, 청각적 환각 등의 증상 발현

빈출 핵심 발문
• 뇌 손상에 수반된 기억장애에 대한 설명으로 옳지 않은 것은?
• 두정엽의 병변과 가장 관련이 있는 장애는?
• 다음 환자는 뇌의 어떤 부위가 손상되었을 가능성이 높은가?
• 뇌 손상의 영향에 관한 설명으로 가장 적합한 것은?
• 선로잇기검사(Trail Making Test)는 대표적으로 어떤 기능 또는 능력을 측정하기 위해 고안된 검사인가?
• 집중력과 정신적 추적능력(Mental Tracking)을 측정하는 데 사용되는 신경심리검사는?
• 말의 유창성이 떨어지고 더듬거리는 말투, 말을 길게 하지 못하고 어조나 발음이 이상한 현상 등을 보이는 실어증은?

용어 **구성장애**
시각적 정보를 이용하여 물체를 구성하거나, 그림을 그리거나 복사하는 데 어려움을 겪는 것

| 개념플러스 | **뇌 손상의 영향** 기출 25~22, 20~19년 |

- 뇌 손상이 있다고 무조건 실어증을 수반하는 것은 아님
- 일차기억(단기기억)은 비교적 잘 유지되는 편이며, 장기기억의 손상보다는 최근기억의 손상이 더 큼
- 진행성 장애의 초기징후로 기억장애가 나타나기도 함
- 뇌 손상이 있는 환자는 복잡한 자극에 더 많은 어려움을 겪음
- 뇌 손상 이후 일반적인 지적 능력을 유지하지 못하여 원래의 지적 능력 수준이 떨어짐
- 주의력 저하, 동기 저하, 피로 등의 증상이 흔하게 나타남

> **참고 단기기억과 최근기억의 차이**
> - **단기기억**: 짧은 시간 동안 정보를 일시적으로 저장하는 기억
> - **최근기억**: 상대적으로 최근에 발생한 사건이나 정보를 기억하는 것으로, 단기기억과 마찬가지로 시간이 지날수록 잊혀질 수 있지만, 중요도에 따라 장기기억으로 전환될 가능성도 있는 기억

2. 뇌 기능의 특징과 검사 종류

(1) 주의집중 및 정신적 추적능력 기출 25, 23~18년

① 정보를 선택하고 유지하며, 필요한 작업을 수행하기 위해 주의를 집중하는 능력과 관련된 인지기능을 말한다.

② 뇌의 전두엽, 주의 네트워크와 관련되어 있는 능력이다.

③ 능력 손상 시 집중력 저하, 과도한 피로, 주의 분산, 기억력 문제, 수행능력 저하 등의 증상이 나타난다.

④ 검사 종류

- 선로잇기검사(Trail Making Test, TMT)
- 웩슬러 지능검사의 기호 쓰기 소검사(Coding)
- 웩슬러 지능검사의 숫자 소검사(Digit Span)
- 스트룹 검사(Stroop Test)

> **용어 주의 네트워크**
> 뇌에서 주의력 기능을 담당하는 신경 회로망

(2) 기억능력 기출 24, 20년

① 뇌의 해마와 관련되어 있는 능력이다.

② 능력 손상 시 단기·장기기억력 저하, 학습·언어능력 저하, 시간 및 장소 혼동 등의 증상이 나타난다.

③ 검사 종류

- 웩슬러 기억검사(Wechsler Memory Scale, WMS)
- 레이 복합도형검사(Rey Complex Figure Test, RCFT)
- 레이–킴 기억검사(Rey-Kim Memory Test)
- 웩슬러 지능검사의 숫자 소검사(Digit Span)
- 한국형 단어학습검사(K-CVLT)
- 시각재생검사(Visual Reproduction Test)

> **TIP** 기억능력을 측정할 때 수검자의 주의를 분산시키고, 기억할 정보에 대한 반복적인 암송을 방해하는 목적으로 간섭과제를 사용합니다(웩슬러 지능검사의 숫자 소검사 제외). 간섭과제를 통해 단기기억에 있는 정보를 인위적으로 제거하여, 장기기억으로의 부호화 및 인출능력을 순수하게 측정할 수 있도록 합니다.

(3) 실행(집행)능력

① 목표 지향적 행동을 위한 인지 과정을 의미하며, 계획부터 문제해결, 충동 조절 등의 개념을 포함한다.

② 뇌의 전두엽과 관련되어 있는 능력이다.

③ 능력 손상 시 계획 및 조직능력과 문제해결능력의 저하, 주의집중 및 유지의 어려움, 충동·감정 조절의 어려움 등의 증상이 나타난다.

④ 검사 종류

> - 위스콘신 카드분류검사(Wisconsin Card Sorting Test, WCST)
> - 런던 탑 검사(Tower of London Test)
> - 스트룹 색상-단어 검사(Stroop Color-Word Test)
> - 언어 유창성 검사(Verbal Fluency Test)
> - 하노이 탑 검사(Tower of Hanoi Test)

(4) 시공간·시지각 구성능력 기출 22~21년
① 공간적 위치와 형태를 파악하고 시각 정보를 처리하여 의미있는 정보로 조직화하는 능력을 말한다.
② 뇌의 두정엽, 후두엽과 관련되어 있는 능력이다.
③ 능력 손상 시 공간지각의 어려움, 물체 식별 및 인지능력 저하, 시각적 기억력 저하 등의 증상이 나타난다.
④ 검사 종류

> - 벤더 게슈탈트 검사(Bender-Gestalt Test, BGT)
> - 레이 복합도형검사(Rey Complex Figure Test, RCFT)
> - 시계 그리기 검사(Clock Drawing Test, CDT)
> - 시각구성검사(Visual Construction Test)
> - 선분 방향 판단 검사(Judgment of Line Orientation Test, JLO)
> - 사람 그림검사(Draw a Person Test, DAP)

(5) 운동·정신운동속도능력
① 운동속도능력은 신체 움직임의 빠르기를 의미하며, 정신운동속도능력은 생각과 신체 움직임이 결합된 수행의 속도를 의미한다.
② 뇌의 전두엽(운동피질), 기저핵과 관련되어 있는 능력이다.
③ 능력 손상 시 느린 움직임, 자세 및 보행 문제, 근육 경직, 반응 시간 지연, 사고의 어려움, 언어 장애 등의 증상이 나타난다.
④ 검사 종류

> - 손가락 두드리기 검사(Finger Tapping Test, FTT)
> - 기호 쓰기 검사(Digit Symbol Substitution Test, DSST)
> - 선로잇기검사 A형(Trail Making Test Part A, TMT-A)
> - 구슬 옮기기 검사(Purdue Pegboard Test)
> - 단순 반응시간 검사(Simple Reaction Time Test)

(6) 언어·명명능력
① 뇌의 전두엽(브로카), 측두엽(베르니케)과 관련되어 있는 능력이다.
② 능력 손상 시 실어증, 명칭실어증 등의 증상이 나타난다.
③ 검사 종류

> - 한국판 보스톤 이름대기검사(Korean-Boston Naming Test, K-BNT)
> - 언어 유창성 검사(Verbal Fluency Test)
> - 토큰검사(Token Test)
> - 실어증 선별검사(Aphasia Screening Test)
> - 단어반복검사(Word Repetition Test)

> **개념플러스** **실어증** 기출 25~24, 22, 18년
>
> - **개념**: 입, 발성기관, 귀의 외상 없이, 뇌의 질환이나 손상으로 인해서 언어의 이해 및 표현능력이 상실된 상태를 의미
> - **특징**
>   - 뇌의 구조를 침범할 수 있는 모든 병은 실어증 유발이 가능하며, 가장 흔한 원인은 뇌졸중
>   - 브로카와 베르니케가 실어증 연구 분야에서 뛰어난 업적을 남김
> - **유형**
>
> | | |
> |---|---|
> | 브로카 실어증 | 말의 유창성이 떨어지고 더듬거리는 말투, 말을 길게 하지 못하고 어조나 발음이 이상한 현상을 보이는 등의 특징 존재 |
> | 베르니케 실어증 | 표현은 유창하게 하지만 비논리적이며, 이해력도 매우 낮고 반복능력도 저하되는 등의 특징 존재 |
> | 전도성 실어증 | 이해력과 표현력은 정상이지만, 단어를 반복해서 말하는 것이 저하되는 등의 특징 존재 |
> | 초피질성 감각 실어증 | 말은 유창하고 반복도 잘하지만, 이해력·논리력이 떨어지는 등의 특징 존재 |

3 기타 검사의 종류

1. 발달검사

(1) 개념: 개인의 발달 수준을 연령에 따라 측정하고 평가하는 심리검사로써, 특히 신체적·인지적·언어적·사회적·정서적 발달 등 다양한 영역에서의 발달 정도가 연령에 맞게 이루어지고 있는지를 평가하는 데 사용된다.

(2) 검사 실시 시 고려사항 기출 23~22, 20년

① 단일검사의 점수만으로는 전반적인 기능을 평가할 수 없기 때문에, 다중기법적 접근을 취해야 한다.
② 발달검사는 연령에 따른 발달 수준을 비교하는 도구이기 때문에, 연령별 규준에 의한 발달적 비교가 가능해야 한다.
③ 경험적으로 타당한 측정 도구, 즉 임상적 타당성을 확보한 검사를 사용하여야 한다.

(3) 검사의 유형 기출 25~16년

① 영유아 대상 발달검사

㉠ **게젤(Gesell)의 발달검사**

개념	유아 및 학령 전 아동의 발달 과정을 체계적으로 측정하기 위해 고안된 최초의 검사이자 가장 오래된 검사
특징	• 생후 4주~5세를 대상으로 하며, 적응행동, 소근육·대근육운동, 언어 등을 측정 • 표준 놀이 기구와 자극 대상에 대한 유아의 반응 직접 관찰 • 의학적 평가나 신경학적 원인에 의한 이상평가를 위해 사용됨

빈출 핵심 발문

- 발달검사를 사용할 때 고려해야 할 사항과 가장 거리가 먼 것은?
- BSID-II(Bayley Scales of Infant Development-II)에 대한 설명으로 옳지 않은 것은?
- 아동용 시지각-운동통합의 발달검사로, 24개의 기하학적 형태의 도형으로 이루어진 지필검사는?
- 벤더 게슈탈트 검사(Bender Gestalt Test)에 관한 설명으로 옳지 않은 것은?
- 노인을 대상으로 HTP검사를 실시하는 방법으로 옳은 것은?
- 80세 이상의 노인집단용 규준이 마련되어 있는 심리검사는?
- 노인집단의 일상생활기능에 대한 양상 및 수준을 평가하기에 가장 적합한 심리검사는?
- 노년기 인지발달의 특징에 관한 설명으로 옳지 않은 것은?
- 진로발달검사(CDI)의 하위 척도에 포함되지 않는 것은?

ⓒ **베일리의 영아발달척도(Bayley Scales of Infant Development-Ⅱ, BSID-Ⅱ)**

개념	영아 및 유아기의 발달을 평가하는 대표적 표준화 검사로, 1969년에 처음 고안된 이후 1993년에 개정된 검사
특징	• 개정판을 통해 기존 생후 2개월~32개월을 생후 16일(혹은 1개월)~42개월까지의 영유아로 확대 • 유아의 기억, 습관화, 시각선호도, 문제해결 등과 관련된 문항 추가 • 신뢰도와 타당도에 관한 보다 많은 정보를 제공하고, 검사 도구의 임상적 효용성도 개선되어 검사의 심리 측정학적 질이 높아짐 • 정상발달뿐만 아니라 다운증후군, 자폐아 등에 관한 정보도 제공하여 임상 및 치료 장면 적용 확대 • 정신척도, 운동척도, 행동평정척도로 구성 　- 정신척도: 인지발달, 언어발달, 개인/사회성 발달 측정 　- 운동척도: 소근육·대근육발달(운동의 질), 촉각·시각 등의 감각발달, 지각-운동기능발달 측정 　- 행동평정척도: 주의 및 각성 상태, 과제·검사 참여도, 정서 조절, 운동의 질 측정

ⓒ 덴버발달선별검사(Denver Developmental Screening Test, DDST)

개념	영유아의 발달상태검사를 통해 발달상의 문제를 조기 발견하여, 발달 문제 의심 영유아를 선별하는 검사
특징	• 생후 1개월~6세를 대상으로 함 • 개인/사회성 발달, 미세운동 및 적응발달, 언어발달, 운동발달 네 가지 영역에 대해 평가

② 사회성 발달검사[사회성숙도검사(Social Maturity Scale, SMS)]

개념	개인의 사회적 적응능력과 일상생활기술발달 수준을 평가하는 검사
특징	• 개인의 성장이나 변화를 측정하면서 정신지체의 유무나 정도 파악도 가능 • 부모나 보호자, 수검자에 대해 잘 아는 친척 등을 대상으로 검사 진행(대상자에게 직접 검사X) • 자조 일반, 식사, 용변, 이동, 작업, 의사소통, 자기관리(자기지시), 사회화 등에 대해 평가

③ 시지각 및 운동 통합발달검사

㉠ **시지각-운동 통합검사(Visual-Motor Integration Test, VMI)**

개념	시각적 정보와 손의 움직임 간의 통합능력을 평가하는 검사
특징	• 만 2세부터 노인에 이르기까지 폭넓은 연령을 대상으로 실시가 가능함 • 시지각과 소근육 운동협응능력 등을 평가 • 24개의 기하학적 형태의 도형을 제시하여 이를 따라 그리게 함 **TIP** 최근에는 6번째 개정판인 VMI-6도 사용되고 있습니다.

ⓛ 벤더-게슈탈트 검사(Bender-Gestalt Test, BGT)

개념	기질적 장애를 판별하는 목적에서 만들어졌으며, 시각-운동발달 및 신경학적 기능의 이상 여부를 평가하는 도형재생검사

특징	• 9개의 표준 도형을 보고 따라 그리게 하여 도형의 왜곡, 위치 오류 등을 통해 신경학적 검사로 특히 활용
	• 뇌 기능장애평가에 유용
	• 그림검사이기 때문에 언어능력이나 표현에 제한적인 사람이나, 언어적 방어가 심한 사람에게 효과적임
	• 통일된 채점체계가 없어 전문가 간의 해석 불일치가 발생할 수 있음
	• BGT로 아동의 정서적 문제를 알아보고자 할 때 고려하는 지표
	  - 도형의 크기변화(과대묘사/과소묘사)
	  - 도형의 배치 순서(혼란)
	  - 선긋기의 강도(약한 선, 강한 선)
	  - 반복 시행
	  - 확산

개념플러스 허트(Hutt)와 코피츠(Koppitz) 기출 25, 23, 20년

허트 (Hutt)	• BGT의 정신병리적 해석체계를 확립 • 주로 성인을 대상으로 하였으며, 특히 정신병적 증상평가에 초점
코피츠 (Koppitz)	• 정서적 해석을 발전시켜 '정서적 지수' 개념 도입 • BGT를 투사검사적 요소를 포함한 심리 진단 도구로 확장

용어 **정서적 지수**
수검자의 심리적·정서적 불안정성, 정서적 갈등, 충동 조절 문제 등을 반영하기 위해 사용되는 지표로, 기질적 손상 정도를 나타내는 기질적 지수와 중복되는 경우 존재(기질적 손상 시 정서 문제를 동반하는 경우가 많기 때문)

ⓒ 시계 그리기 검사(Clock Drawing Test, CDT)

개념	아날로그 시계를 그려보게 해서 시공간구성력, 주의, 실행기능을 평가하는 검사
특징	• 간단하고 빠르게 인지기능 선별 가능 • 주로 노년기 인지장애 선별에 사용되지만, 발달적 시공간 구성력 평가에도 활용

④ 주의력 및 학습 관련 발달검사

㉠ 지속수행검사(Continuous Performance Test, CPT)

개념	일정 시간 동안 주어진 자극에 반응하게 하여 지속적 주의력을 평가하는 검사
특징	• 반응 시간, 오반응(충동성), 누락반응(부주의) 등의 패턴 분석 • ADHD 및 주의력 결함 아동평가에 널리 사용됨

ⓒ 한국판 아동·청소년 행동평가척도(Korea Child Behavior Checklist, K-CBCL)

개념	아동 및 청소년의 정서 및 행동 문제를 부모가 보고하도록 하는 행동평가척도
특징	• 외현화 문제(공격성, 비행)와 내면화 문제(불안, 위축)로 구분 • 사회적 유능감, 활동성, 또래관계 등 전반적 적응기능도평가 → 이 모든 점수를 합산하여 문제행동총점 산출

⑤ 그림 투사검사[HTP(집-나무-사람 검사)]

개념	벅(Buck)이 개발한 그림 투사검사로, 그림의 내용과 표현방식을 통해 무의식적 정서, 성격특성, 대인관계 태도, 자아상 등을 탐색하는 검사
특징	• 집, 나무, 사람의 순서로 그림을 그리게 하고, 각 대상은 별도의 용지를 사용 　– 집: 가족관계, 안정감, 애착을 의미 　– 나무: 자아상, 성장욕구, 자아 탄력성을 의미 　– 사람: 대인관계 태도, 자기표현, 성 역할을 의미 • 그리는 순서, 시간, 시선 이동 등의 행동을 관찰하고 기록 • 각 그림을 그리는 시간에는 제한을 두지 않음 → 시간 자체를 해석지표로 활용 • 그림의 크기, 선의 강도, 위치나 여백, 수정, 지우개 자국 등은 모두 해석지표로 활용이 가능하기 때문에 따로 제한을 두지 않음 • 그림검사이기 때문에 모든 연령층을 대상으로 검사가 가능하며, 언어능력이나 표현에 제한적인 사람이나, 언어적 방어가 심한 사람에게 효과적임 • 아동 혹은 노인 대상 검사 실시 시 보호자가 함께 입실할 경우, 검사 상황에 영향을 줄 수 있기 때문에 보호자는 최대한 배제함

⑥ 노인 대상 발달검사

㉠ 바인랜드 적응행동척도(K-Vineland-Ⅱ)

개념	일상생활기술, 사회성, 의사소통, 운동기술, 자기관리 등의 적응행동 전반을 평가하는 검사
특징	• 영아기부터 노인까지 가능(연령규준 존재, 0~90세)하지만, 특히 80세 이상의 노인집단용 규준이 마련되어 있어 노인집단의 일상생활기능에 대한 양상 및 수준을 평가할 때 많이 사용됨 • 자기보고 형식은 아니며, 주로 부모, 보호자, 교사의 면담 또는 질문지로 진행

㉡ 그 외 노인 대상 신경심리학적 평가에 사용하는 검사 종류

• 웩슬러 성인용 지능검사(K-WAIS-Ⅳ): 69세까지 규준이 마련되어 있음(단, 70세 이상은 제한적 해석 필요)
• 서울신경심리검사배터리(Seoul Neuropsychological Screening Battery, SNSB, SNSB-Ⅱ): 고령자에 특화된 표준화 완료
• 한국판 시지각-운동 통합검사(K-VMI-6): 2~99세까지 사용 가능
• 간이정신상태검사(Mini-Mental State Examination, MMSE): 노인 대상 기본검사

개념플러스 노년기 인지발달 특징 기출 24~23, 20년

• 노년기의 전반적인 처리속도 저하는 노년기 인지기능 저하의 핵심 요인으로 작용함
• 노년기에는 유동성 지능이 노화에 따라 뚜렷하게 감소하지만, 결정성 지능은 노화에도 비교적 유지됨
• 장기기억보다는 단기기억에 대한 쇠퇴가 심해지고, 특히 일화기억에 대한 쇠퇴가 심해짐
• 나이가 들면서 여러 가지 신체적·인지적 능력이 서서히 감퇴하는데, 이에 수동적인 대처를 하기보다는 자신의 상황에 맞게 최적화 전략을 세워 생활함

TIP 연령에 따라 유동성 지능과 결정성 지능의 변화 양상은 다릅니다. 유동성 지능은 청년기 이후 꾸준히 감소하는 반면, 결정성 지능은 노년기까지 비교적 안정적으로 유지되거나 오히려 증가하기도 합니다.

2. 적성검사

(1) **개념**: 특정 분야나 활동에서 미래에 잘 수행할 가능성이 있는 잠재력을 평가하는 검사이다.

(2) **특징** 기출 21년
  ① 개인의 특수한 영역에서의 능력을 측정한다.
  ② 개인의 미래수행능력을 예측하는 데 사용된다.
  ③ 적성과 성취도는 항상 일치하는 관계가 아니다. 적성이 높아도 성취도가 낮을 수 있고, 반대로 성취도가 높아도 적성이 낮을 수 있다.

(3) **검사의 유형** 기출 24, 16년
  ① 홀랜드(Holland)의 직업적성검사(Career Aptitude Test, CAT)

개념	직업선호도검사(VPT)라고도 하며, 개인의 흥미와 적성을 6가지 유형으로 분류하여 진로 탐색을 돕는 검사	
특징	• 다양한 심리적 특성을 측정하여 6가지 흥미 유형으로 분류	
	현실형(R)	분명·질서정연·체계적인 것 선호, 현장수행 활동 또는 사교적 재능보다는 손 재능 및 기계적 소질 존재 → 실행/사물 지향
	탐구형(I)	관찰적·물리적·탐구적·창조적 탐구 활동 선호, 대인관계 능력보다는 학술적 재능 존재 → 사고/아이디어 지향
	예술형(A)	자유롭고 상징적인 활동 선호, 사무적 재능보다는 혁신적이고 지적인 재능 존재 → 창조/자기표현 지향
	사회형(S)	타인을 돕고 봉사하는 활동 선호, 기계적 소질보다는 대인관계능력 존재 → 자선/사람 지향
	진취형(E)	명예, 인정, 권위와 관련된 활동 선호, 과학적 능력보다는 설득력 및 영업능력 존재 → 관리/과제 지향
	관습형(C)	사무적·계산적 능력 발휘 활동 선호, 예술적 재능보다는 비즈니스 실무능력 존재 → 정확/자료 지향
	• 자신의 성격 유형을 이해하고, 그에 맞는 직업군을 탐색할 수 있음 → 성격과 직업 환경 간의 적합성이 높을수록 직무 만족도와 지속성이 높아진다고 봄	

  ② 일반직업적성검사(General Aptitude Test Battery, GATB)

개념	다양한 직업군 중에서 적성에 맞는 직업을 탐색하는 검사
특징	• 지능, 언어능력, 수리능력, 사무지각, 공간적성, 형태지각, 운동반응, 손가락 재치, 손의 재치의 9가지 적성 측정 • 11종 지필검사와 4종의 기구검사로 측정

심화 적성검사 vs 능력(성취도)검사

• 유사한 점
  – 특정 업무나 기능에서의 능력평가
  – 문항 형식
• 차이점
  – 적성은 유전적 성향을, 능력(성취)은 환경적 영향을 강조
  – 적성검사: '미래'의 수행능력이나 적합성에 초점
  – 능력(성취도)검사: '현재'까지 학습된 능력에 초점

TIP 21년도 기출문제 선지에서 '적성검사를 능력검사로 부르기도 한다.'라는 내용이 옳은 선지로 처리되었습니다. 더 명백히 옳지 않은 선지가 있었기 때문입니다. 하지만 둘의 차이는 엄연히 존재합니다. 따라서, 기출문제에 적성검사의 특징을 묻는 문제가 나온다면 명백한 오류가 있는 선지를 고르셔야 합니다.

| 개념플러스 | **진로발달검사**(Career Development Inventory, CDI) | 기출 25~24, 16년 |

- **개념**: 단순한 흥미나 적성검사를 넘어, 개인이 자신의 진로를 계획하고 결정하는 데 얼마나 성숙하고 준비되어 있는지를 종합적으로 평가하는 검사
- **특징**
  - 청소년 및 청년층을 대상으로 하며, 개인 맞춤형 진로교육의 지침 자료로 활용 가능
  - **하위 척도**

CP(Career Planning)	진로계획
CE(Career Exploration)	진로 탐색
DM(Decision Making)	의사결정
WW(World of Work information)	일의 세계에 대한 정보
CDA(Career Development Attitudes)	진로발달-태도
CDK(Career Development Knowledge and skill)	진로발달 지식과 기술
COT(Career Orientation Total)	총체적인 진로성향
PO(knowledge of Preferred Occupational group)	선호하는 직업군에 대한 지식

  → 점수가 높을수록 진로에 대해 체계적인 준비와 탐색이 이루어졌다고 해석
  → 점수가 낮을 경우, 상담 개입이나 진로교육의 필요성 판단 가능

기출(복원)문제

빈출
01 신경심리검사에 대한 설명으로 옳은 것은?
24년, 23년, 21년

① 브로카와 베르니케(Broca & Wernicke)는 실어증 연구에 뛰어난 업적을 남겼으며, 벤톤(Benton)은 임상신경심리학의 창시자라고 할 수 있다.
② X레이, MRI 등 의료적 검사 결과가 정상으로 나온 경우에는 신경심리검사보다는 의료적 검사 결과를 신뢰하는 것이 타당하다.
③ 신경심리검사는 환자에 대한 진단, 환자의 강점과 약점, 향후 직업능력의 판단, 치료계획, 법의학적 판단, 연구 등에 널리 활용된다.
④ 신경심리검사는 고정식(Fixed) 배터리와 융통식(Flexible) 배터리 접근이 있는데, 두 가지 접근 모두 하위 검사들이 독립적인 검사들은 아니다.

02 신경심리검사의 실시에 대한 설명으로 옳은 것은?
21년

① 두부 외상이나 뇌졸중 환자의 경우에는 급성기에 바로 검사를 실시하는 것이 바람직하다.
② 어려운 검사는 피로가 적은 상태에서 실시하고 어려운 검사와 쉬운 검사를 교대로 실시하는 것이 좋다.
③ 운동기능을 측정하는 검사는 과제 제시와 검사 사이에 간섭과제를 사용한다.
④ 진행성 뇌 질환의 경우 6개월 정도가 지난 후에 정신 상태와 인지기능을 평가하는 것이 바람직하다.

---

01 신경심리검사의 개요 – 신경심리검사의 개념과 목적

오답해설
① 브로카와 베르니케는 실어증 연구에 업적을 남겼으며, 할스테드와 라이탄, 루리아 등이 임상신경심리학의 창시자라고 할 수 있다.
② 의료검사 결과가 정상이어도 신경심리검사는 미세한 초기 장애를 탐지할 수 있기 때문에 의료검사와 함께 유효하게 사용된다.
④ 융통식 배터리는 각 검사를 독립적인 개별검사로도 사용할 수 있다.

02 신경심리검사의 개요 – 신경심리검사의 실시와 해석 시 고려사항

오답해설
① 급성기에는 뇌의 상태가 불안정하여 정확한 평가가 어려울 수 있기 때문에, 이 시기에 검사를 하는 것은 바람직하지 않다.
③ 간섭과제는 주로 인지적 평가에서 사용되는 것으로, 운동기능평가에 사용하는 것은 적절하지 않다.
④ 진행성 뇌 질환이 의심될 경우, 초기단계에서 조기 평가를 하는 것이 중요하기 때문에, 최대한 빠르게 검사가 이루어져야 한다.

정답 01 ③ 02 ②

03 신경심리평가를 사용하는 목적으로 옳지 않은 것은?
23년, 20년

① 뇌 손상 여부의 판단
② 치료 과정에서 병의 진행 과정과 호전 여부의 평가
③ MRI 등으로 판단하기 어려운 미세한 기능장애의 평가
④ 과거의 억압된 감정치료

빈출
04 신경심리평가 시 고려해야 할 사항과 가장 거리가 먼 것은?
25년, 24년, 19년

① 손상 후 경과 시간
② 성별
③ 교육 수준
④ 연령

빈출
05 교통사고 환자의 신경심리검사에서 꾀병을 의심할 수 있는 경우는?
25년, 24년, 22년, 16년

① 기억과제에서 쉬운 과제에 비해 어려운 과제에서 더 나은 수행을 보일 때
② 즉각 기억과제와 지연 기억과제의 수행에서 모두 저하를 보일 때
③ 뚜렷한 병변이 드러나며 작위적인 반응을 보일 때
④ 단기기억 점수는 정상 범위이나 다른 기억 점수가 저하를 보일 때

---

03 신경심리검사의 개요-신경심리검사의 개념과 목적
과거의 억압된 감정치료는 정신분석심리치료에 관한 설명이다.

04 신경심리검사의 개요-신경심리검사의 실시와 해석 시 고려사항
성별은 전반적인 인지기능이나 신경심리검사 점수에 직접적 영향을 크게 주지 않는 항목이기 때문에 주요 고려사항은 아니다.

05 신경심리검사의 개요-신경심리검사의 실시와 해석 시 고려사항
위장자(꾀병)는 특정 검사에서만 점수가 낮은 실제 환자와 달리 모든 검사에서 못하는 경우가 많다. 난이도 면에서 봤을 때 실제 환자는 쉬운 과제를 잘하고 어려운 과제를 못하는 반면, 위장자는 어려운 과제를 더 잘하는 특성을 보인다.

정답 03 ④ 04 ② 05 ①

06 뇌 손상 환자의 병전지능 수준을 추정하기 위한 자료와 가장 거리가 먼 것은? 23년, 21년, 19년

① 교육 수준, 연령과 같은 인구학적 자료
② 이전의 직업기능 수준 및 학업 성취도
③ 이전의 암기력 수준, 혹은 웩슬러 지능검사에서 기억능력을 평가하는 소검사 점수
④ 웩슬러 지능검사에서 상황적 요인에 의해 잘 변화하지 않는 소검사 점수

08 다음 환자는 뇌의 어떤 부위가 손상되었을 가능성이 높은가? 23년, 21년, 17년

> 30세 남성이 운전 중 중앙선을 침범한 차량과 충돌하여 두뇌 손상을 입었다. 이후 환자는 매사 의욕이 없고, 할 수 있는데도 불구하고 어떤 행동을 시작하려고 하지 않으며, 계획을 세우거나 실천하는 것이 거의 안 된다고 한다.

① 측두엽
② 전두엽
③ 후두엽
④ 두정엽

07 뇌 손상의 영향에 관한 설명으로 가장 적합한 것은? 25년, 23년, 19년

① 의사소통장애가 있는 모든 뇌 손상 환자들이 실어증을 수반한다.
② 뇌 손상이 있는 환자는 대부분 일차기억보다 최신기억을 더 상세하게 기억한다.
③ 뇌 손상이 있는 환자는 복잡한 자극보다는 단순한 자극에 더 시지각장애를 보인다.
④ 뇌 손상 이후 일반적인 지적 능력을 유지하지 못하여 원래의 지적 능력 수준이 떨어진다.

---

06 신경심리검사의 개요 – 신경심리검사의 개념과 목적
기억력과 같은 능력은 뇌 손상 후 급격히 변화할 가능성이 크므로 병전지능을 추정하는 데 적절하지 않다.

07 뇌 기능에 따른 신경심리검사의 종류 – 뇌 손상과 뇌 기능장애
오답해설
① 뇌 손상이 있다고 무조건 실어증을 수반하는 것은 아니다.
② 일차기억은 비교적 잘 유지되지만, 최신기억에 대한 상실이 있다.
③ 뇌 손상이 있는 환자는 복잡한 자극에 더 많은 어려움을 겪는다.

08 뇌 기능에 따른 신경심리검사의 종류 – 뇌 손상과 뇌 기능장애
전두엽은 계획 수립, 의사결정, 충동 조절, 동기 부여 등의 고등 인지기능을 담당하는 곳으로, 손상되면 무감동, 실행기능장애, 동기 결여, 주의력 결핍 등의 증상이 나타난다. 제시된 사례의 환자가 의욕이 없고, 어떤 행동도 시작하지 않으며, 계획의 수립 및 실천이 어렵다는 점에서 전두엽이 손상되었음을 알 수 있다.

정답 06 ③ 07 ④ 08 ②

빈출
09 뇌 손상에 수반된 기억장애에 대한 설명으로 옳지 않은 것은? 25년, 24년, 23년, 20년

① 대부분의 경우에 정신성 운동속도의 손상이 수반된다.
② 장기기억보다 최근기억이 더 손상된다.
③ 일차기억은 비교적 잘 유지된다.
④ 진행성 장애의 초기징후로 나타나기도 한다.

빈출
10 두정엽의 병변과 가장 관련이 있는 장애는? 25년, 24년, 22년, 17년

① 시각양식의 장애
② 구성장애
③ 청각기능의 장애
④ 고차적인 인지적 추론의 장애

11 다음 중 뇌 손상으로 인해 기능이 떨어진 환자를 평가하고자 할 때 흔히 부딪힐 수 있는 환자의 문제와 가장 거리가 먼 것은? 22년, 20년

① 시력장애
② 주의력 저하
③ 동기 저하
④ 피로

12 전두엽기능에 관한 신경심리학적 평가영역과 가장 거리가 먼 것은? 22년

① 의욕(Volition)
② 계획능력(Planning)
③ 목적적 행동(Purposive Action)
④ 장기기억능력(Long-term Memory)

---

09 뇌 기능에 따른 신경심리검사의 종류-뇌 손상과 뇌 기능장애
운동속도 손상으로 인한 저하는 뇌 손상의 흔한 증상은 맞지만, 기억장애에서 반드시 수반되는 것은 아니다.

10 뇌 기능에 따른 신경심리검사의 종류-뇌 손상과 뇌 기능장애
두정엽은 공간지각, 신체 감각처리, 구성적 작업을 담당하는 뇌영역으로, 여기에 병변이 생기면 구성장애가 발생할 수 있다.

11 뇌 기능에 따른 신경심리검사의 종류-뇌 손상과 뇌 기능장애
시력장애는 뇌 손상으로 인해 발생할 수 있는 문제 중 하나일 순 있지만, 뇌 손상으로 인해 발생하는 주요 기능적 문제는 아니다.

12 뇌 기능에 따른 신경심리검사의 종류-뇌 손상과 뇌 기능장애
장기기억능력은 측두엽기능에 관한 신경심리학적 평가영역에 해당한다.

정답 09 ① 10 ② 11 ① 12 ④

13 기억검사로 분류되지 않는 것은? 24년, 20년

① K-BNT
② Rey-Kim Test
③ Rey Complex Figure Test
④ WMS

15 신경심리평가 중 주의력 및 정신적 추적능력을 평가할 수 있는 검사가 아닌 것은? 21년, 18년

① Wechsler 지능검사의 기호 쓰기 소검사
② Wechsler 지능검사의 숫자 소검사
③ 선로잇기검사(Trail Making Test)
④ 위스콘신 카드분류검사(Wisconsin Card Sorting Test)

14 선로잇기검사(Trail Making Test)는 대표적으로 어떤 기능 또는 능력을 측정하기 위해 고안된 검사인가? 25년, 21년, 19년

① 주의력
② 기억력
③ 언어능력
④ 시공간처리능력

16 신경심리학적 능력 중 BGT 및 DAP, 시계 그리기를 통해 가장 효과적으로 평가할 수 있는 것은? 22년, 21년

① 주의능력
② 기억능력
③ 실행능력
④ 시공간구성능력

---

13 뇌 기능에 따른 신경심리검사의 종류-뇌 기능의 특징과 검사 종류
K-BNT는 그림으로 된 카드를 보고 사물의 이름을 대는 검사로, 언어능력을 평가하는 검사이다.

14 뇌 기능에 따른 신경심리검사의 종류-뇌 기능의 특징과 검사 종류
선로잇기검사는 주의집중력과 관련된 기능을 측정하기 위해 고안된 검사이다. 주의의 지속성과 집중력, 그리고 작업기억을 평가하는 데 유용하다.

15 뇌 기능에 따른 신경심리검사의 종류-뇌 기능의 특징과 검사 종류
위스콘신 카드분류검사는 전두엽 실행기능을 평가하기 위한 검사이다.

16 뇌 기능에 따른 신경심리검사의 종류-뇌 기능의 특징과 검사 종류
BGT와 DAP, 시계 그리기와 같은 검사들은 개인이 공간을 어떻게 인식하고, 시각적 정보를 어떻게 조직하는지를 평가하는 대표적인 도구들이다.

정답 13 ① 14 ① 15 ④ 16 ④

17 말의 유창성이 떨어지고 더듬거리는 말투, 말을 길게 하지 못하고 어조나 발음이 이상한 현상 등을 보이는 실어증은?

25년, 24년, 22년, 18년

① 브로카 실어증
② 전도성 실어증
③ 초피질성 감각 실어증
④ 베르니케 실어증

18 집중력과 정신적 추적능력(Mental Tracking)을 측정하는 데 사용되는 신경심리검사는?

23년, 22년, 20년

① 벤더 게슈탈트 검사(Bender Gestalt Test)
② 선로잇기검사(Trail Making Test)
③ 레이 복합도형검사(Rey Complex Figure Test)
④ 위스콘신 카드분류검사(Wisconsin Card Sorting Test)

---

17 뇌 기능에 따른 신경심리검사의 종류 – 뇌 기능의 특징과 검사 종류

오답해설
② 전도성 실어증은 이해력과 표현력은 정상이지만, 단어를 반복해서 말하는 것이 저하되는 것이 특징이다.
③ 초피질성 감각 실어증은 말은 유창하고 반복도 잘하지만, 이해력·논리력이 떨어지는 것이 특징이다.
④ 베르니케 실어증은 표현은 유창하게 하지만 비논리적이며, 이해력도 매우 낮고 반복능력도 저하되는 것이 특징이다.

18 뇌 기능에 따른 신경심리검사의 종류 – 뇌 기능의 특징과 검사 종류

오답해설
① 벤더 게슈탈트 검사(BGT)는 시각 – 운동 통합능력 및 신경 손상을 평가하는 검사이다.
③ 레이 복합도형검사(RCFT)는 시공간기억 및 시각적 구성능력을 평가하는 검사이다.
④ 위스콘신 카드분류검사(WCST)는 실행능력, 추론능력, 개념형성, 인지적 유연성을 평가하는 검사이다.

19 신경심리평가의 용도로 사용되지 않는 검사는?
24년

① 스트룹(Stroop) 검사
② 레이 도형(Rey Complex Figure)검사
③ 밀론 다축 임상(Millon Clinical Multiaxial Inventory)검사
④ 위스콘신 카드분류(Wisconsin Card Sorting) 검사

20 다음에서 설명하는 검사는?
24년, 23년, 21년, 18년

> 유아 및 학령 전 아동의 발달 과정을 체계적으로 측정하기 위한 최초의 검사로써, 표준 놀이 기구와 자극 대상에 대한 유아의 반응을 직접 관찰하며, 의학적 평가나 신경학적 원인에 의한 이상을 평가하기 위해 사용된다.

① 게젤(Gesell)의 발달검사
② 베일리(Bayley)의 영아발달척도
③ 시·지각발달검사
④ 사회성숙도검사

21 발달검사를 사용할 때 고려해야 할 사항과 가장 거리가 먼 것은?
23년, 22년, 20년

① 다중기법적 접근을 취해야 한다.
② 일반적인 기능적 분석만 사용해야 한다.
③ 규준에 의한 발달적 비교가 가능해야 한다.
④ 경험적으로 타당한 측정 도구를 사용해야 한다.

22 벤더 게슈탈트 검사(Bender Gestalt Test)에 관한 설명으로 옳지 않은 것은?
25년, 23년, 20년

① 정서적 지수와 기질적 지수가 거의 중복되지 않는다.
② 기질적 장애를 판별하려는 목적에서 만들어졌다.
③ 언어적인 방어가 심한 환자에게 유용하다.
④ 통일된 채점체계가 없으며 전문가 간의 불일치가 발생할 수 있다.

---

19 뇌 기능에 따른 신경심리검사의 종류 – 뇌 기능의 특징과 검사 종류
밀론 다축 임상검사(MCMI)는 성격장애와 임상 증후군을 평가하는 성격검사이다.

20 기타 검사의 종류 – 발달검사
유아와 아동의 발달 과정을 체계적으로 측정하고자 고안된 최초의 검사는 게젤의 발달검사이다.

21 기타 검사의 종류 – 발달검사
단순한 기능적 분석만으로는 정확한 진단과 평가가 어렵기 때문에, 다양한 평가방법이 필요하다. 예를 들어, 발달적 규준과 비교하고 타당한 검사를 활용하는 등의 방법이 있다.

22 기타 검사의 종류 – 발달검사
기질적 손상이 있는 경우, 정서적 문제를 함께 동반하는 경우가 많아 두 지수가 중복될 가능성이 있다.

23 연령이 69세인 노인 환자의 신경심리학적 평가에 적합하지 않은 검사는? 20년
① SNSB
② K-VMI-6
③ Rorschach 검사
④ K-WAIS-IV

빈출
24 BSID-II(Bayley Scales of Infant Development-II)에 대한 설명으로 옳지 않은 것은? 24년, 23년, 21년
① 지능척도, 운동척도의 2가지 척도로 구성되어 있다.
② 유아의 기억, 습관화, 시각선호도, 문제해결 등과 관련된 문항들이 추가되었다.
③ BSID-II에서는 대상 연령 범위가 16일에서 42개월까지로 확대되었다.
④ 신뢰도와 타당도에 관한 보다 많은 정보를 제공하여 검사의 심리 측정학적 질이 개선되었다.

25 BGT에 의해 아동의 정서적 문제를 알아보고자 할 때, 고려해야 할 지표와 가장 거리가 먼 것은? 24년, 16년
① 도형의 각도변화
② 도형크기의 변화 여부
③ 도형 배치의 순서
④ 선긋기의 강도

---

23 기타 검사의 종류-발달검사
로샤 검사는 투사적 성격검사에 해당한다.

24 기타 검사의 종류-발달검사
BSID-II는 정신척도, 운동척도, 행동평정척도의 3가지 척도로 구성되어 있다.

25 기타 검사의 종류-발달검사
BGT의 정서적 지표에는 도형 배치의 순서(혼란), 도형크기의 변화(과대묘사/과소묘사), 선긋기의 강도(약한 선, 강한 선), 반복 시행, 확산 등이 있다. 하지만, 도형의 각도변화는 정서적 지표에 해당하지 않는다.

26 아동용 시지각-운동 통합의 발달검사로, 24개의 기하학적 형태의 도형으로 이루어진 지필검사는?

25년, 23년, 19년, 16년

① VMI
② BGT
③ CPT
④ CBCL

27 노인을 대상으로 HTP검사를 실시하는 방법으로 옳은 것은?

24년, 22년, 19년

① 노인의 보호자가 옆에서 지켜보면서 격려하도록 한다.
② HTP를 실시할 때 각 대상은 별도의 용지를 사용하여 실시한다.
③ 그림을 그린 다음에는 수정하지 못하게 한다.
④ 그림이 완성된 후 보호자에게 사후 질문을 하는 것이 일반적이다.

---

26 기타 검사의 종류-발달검사

오답해설
② BGT(벤더 - 게슈탈트 검사)는 시각 - 운동기능을 평가하지만, 9개의 도형으로 구성되어 있다.
③ CPT(지속수행검사)는 주의력과 충동 조절능력을 평가하는 검사이다.
④ CBCL(아동행동평가척도)은 아동의 정서 및 행동 문제를 평가하는 검사이다.

27 기타 검사의 종류-발달검사

오답해설
① 보호자가 있을 경우, 검사 상황에 영향을 줄 수 있기 때문에 보호자는 최대한 배제하여야 한다.
③ 수검자의 검사수행 태도 또한 해석적 의미가 있기 때문에 허용하여야 한다.
④ 보호자가 아닌 수검자에게 직접 질문하여야 한다.

정답 26 ① 27 ②

28 노년기 인지발달의 특징에 관한 설명으로 옳지 <u>않은</u> 것은?
24년, 23년, 20년

① 일화기억보다 의미기억이 더 많이 쇠퇴한다.
② 노년기 인지기능의 저하는 처리속도의 감소와 관련이 있다.
③ 연령에 따른 지능의 변화 양상은 지능의 하위 능력에 따라 다르다.
④ 노인들은 인지기능의 쇠퇴에 직면하여 목표 범위를 좁혀나가는 등의 최적화 책략을 사용한다.

29 80세 이상의 노인집단용 규준이 마련되어 있는 심리검사는?
25년, 22년, 21년, 17년

① MMPI-A
② K-WISC-IV
③ K-Vineland-II
④ SMS(Social Maturity Scale)

30 집-나무-사람(HTP)검사에 관한 설명으로 맞는 것은?
21년

① 집, 나무, 사람의 순서대로 그리도록 한다.
② 각 그림마다 시간 제한을 두어야 한다.
③ 문맹자에게는 실시할 수 없다.
④ 머레이(H. Murray)가 개발하였다.

---

28 기타 검사의 종류 - 발달검사
노년기에는 의미기억보다 일화기억이 더 많이 쇠퇴한다.

29 기타 검사의 종류 - 발달검사
K-Vineland-II는 노인집단을 포함한 다양한 연령대에서 사용되는 발달지표로, 특히 80세 이상의 노인집단용 규준이 마련되어 있다는 점이 특징이다. 이는 노인의 사회적 기능, 적응능력 등을 평가한다.

30 기타 검사의 종류 - 발달검사

오답해설
② 그림을 그리는 시간도 해석요소가 되기 때문에, 제한을 두지 않는다.
③ 그림을 그리는 검사이기 때문에, 문맹자와 같이 언어적 제한이 있는 사람에게도 유용하게 사용된다.
④ 주제통각검사(TAT)에 관한 설명이다. HTP검사는 벅(Buck)이 개발한 검사이다.

정답 28 ① 29 ③ 30 ①

31 노인집단의 일상생활기능에 대한 양상 및 수준을 평가하기에 가장 적합한 심리검사는? 25년, 22년, 18년
① MMPI-2
② K-VMI-6
③ K-WAIS-Ⅳ
④ K-Vineland-Ⅱ

32 진로발달검사(CDI)의 하위 척도에 포함되지 않는 것은? 25년, 24년, 16년
① 진로계획(CP)
② 진로 탐색(CE)
③ 의사결정(DM)
④ 경력개발(CD)

33 적성검사에 관한 설명으로 옳지 않은 것은? 21년
① 개인의 특수한 영역에서의 능력을 측정한다.
② 적성검사는 능력검사로 불리기도 한다.
③ 적성검사는 개인의 미래수행을 예측하는 데 사용된다.
④ 학업적성은 실제 학업성취도와 일치한다.

34 직업선호도검사(VPT)의 코드 유형 중 다음은 어느 유형에 대한 설명인가? 24년, 16년

> 현장에서 몸으로 부대끼는 활동을 좋아한다. 사교적이지 못하며, 대인관계가 요구되는 상황에서 어려움을 느낀다.

① 현실형(R)
② 탐구형(I)
③ 관습형(C)
④ 진취형(E)

---

31 기타 검사의 종류 - 발달검사
노인집단의 일상생활기능에 대한 양상 및 수준을 평가하기에 가장 적합한 심리검사는 바인랜드 적응행동척도이다.

32 기타 검사의 종류 - 적성검사
진로발달검사의 하위 척도에는 진로계획, 진로 탐색, 의사결정, 선호 직업군 지식, 진로발달 태도 등이 있다. 하지만 경력개발은 여기에 포함되지 않는다.

33 기타 검사의 종류 - 적성검사
학업적성과 실제 학업성취가 완전히 일치한다고 볼 수는 없다.

34 기타 검사의 종류 - 적성검사
현실형은 분명하고 질서정연하고 체계적인 것을 좋아하며, 현장에서 수행하는 활동 또는 손이나 도구를 활용하는 활동을 선호한다. 현실적이고 신중한 성격이며 타인과의 상호작용에서 어려움을 느끼는 특징이 있다.

정답 31 ④ 32 ④ 33 ④ 34 ①

임상심리학

과목공략 포인트

- 심리치료에 대한 출제 비중이 매우 높은 과목입니다. 특히, 심리치료기법은 특정 기법에 치중되어 있기보다는 다양한 기법이 골고루 자주 출제되니 각 기법에 대한 개념정리를 잘 해두어야 해요.
- 심리평가(특히 면접, 행동관찰과 행동평가)와 임상 특수분야(특히 지역사회심리학, 건강심리학, 신경심리학)에 대한 개념은 이전 과목과 유사한 내용이 존재하지만, 더 심화된 내용이거나 초점이 다르기 때문에 4과목에서도 집중하여 개념을 정리해 두세요.

최근 10개년 챕터별 출제경향 분석

구분	출제 현황	빈출 키워드
01 임상심리학의 역사와 연구방법	4%	관찰법 2차 세계대전 전후 임상심리학의 성장 배경 초기 임상심리학의 학자
02 심리평가	26%	접수면접(초기면접), 정신상태검사 면접의 기술, 경청, 질문의 유형 행동관찰의 종류, 행동평가의 개요와 방법
03 심리치료	42%	적극적 경청, 전이와 역전이, 방어기제 신프로이트학파, 대상관계이론 상담자의 3가지 태도, 혐오치료 유관학습, 인지심제, 인지왜곡, 현실치료
04 임상심리학자의 자문, 교육, 윤리	8%	학교심리학자 비밀보장 유능성(전문성)
05 임상 특수분야	20%	지역사회심리학, 예방 건강심리학 적용 분야, A·B 유형 성격이론 대뇌, 뇌의 편재화(편측화)와 국재화 아동 상담 시 비밀보장의 중요성

01 Ⅳ. 임상심리학
임상심리학의 역사와 연구방법

4%
4과목 내 출제 비중

공략 포인트
- 임상심리학의 연구방법은 기본적인 내용만 숙지하고, 기출문제를 중심으로 정리하는 방식을 추천합니다.
- 임상심리학의 역사 중 위트머와 관련된 내용은 객관식으로 자주 출제되니 반드시 기억해 두세요.
- 상담가의 윤리기준 중 비밀보장의 예외 상황이나 상담자의 유능성 및 다중관계 부분은 출제 비중이 높은 영역이므로 잘 정리해 두세요.

수험 키워드!
관찰법
유사관찰법
임상심리학 역사

1 임상심리학의 개요

1. 임상심리학의 개념과 특징

(1) 개념: 심리학의 한 분야로, 지적·정서적·심리적 및 행동적 장애와 불편을 더 잘 이해·예측하며 경감시키는 데 심리학의 원리를 적용하는 학문이다.

(2) 특징
① 인간이 겪는 심리적 장애의 분석, 치료 및 예방적 측면을 다룬다.
② 개인적 적응력 및 효능성 증진에 대한 심리과학의 실무적 측면을 띤다.

> **개념플러스** 미국심리학회(American Psychological Association, APA)의 임상심리학 정의
> - 임상심리학 분야는 인간의 적응과 개인적인 발전을 촉진할 뿐만 아니라 신체적 부적응, 장애, 불편함을 이해하고 예측하고 완화하기 위해 과학, 이론, 실무를 통합함
> - 임상심리학은 전 생애와 다양한 문화, 모든 사회경제적 수준에 걸쳐 나타나는 인간기능의 지적·정서적·생물학적·심리적·사회적 및 행동적 측면에 초점을 맞춤

빈출 핵심 발문
- 다음 중 자연관찰법의 특징이 아닌 것은?
- 다음에 해당하는 관찰법은?

2. 임상심리학의 연구 목적과 연구방법

(1) 연구 목적
① 인간의 심리적 문제를 단순한 추측이나 권위에 의존해서 접근하지 않고, 과학적인 방법을 통해 체계적으로 이해하고 설명하기 위함이다.
② 이론을 간략하고 유용하게 정립하기 위함이다.
③ 사람들의 행동, 감정 및 생각을 이해하고 예측하는 능력을 증진하기 위함이다.

(2) 연구방법
① **관찰법** 기출 23~21년
   TIP 관찰법은 02. 심리평가(336쪽)에도 있습니다. 병행하여 학습하시길 권장합니다.

⊙ 자연관찰법

개념	내담자가 일상적 환경에서 행동하는 모습을 참여자가 아닌 관찰자가 비참여적으로 기록함
관찰자의 역할	• 관찰자는 관여하지 않고 외부에서 관찰함 • 환경 내에서 일어나는 참여자의 행동을 관찰하고 기록함
장점	• 생태적 타당도가 높음 • 자연스러운 행동 포착이 가능함 • 문제행동의 빈도, 강도, 지속성을 파악하고, 행동을 유지하는 환경적 요인을 분석하는 데 유용함
단점	• 통제가 어려움 • 희귀행동 관찰이 어려움 • 관찰 인식 시 다르게 행동할 우려가 있음 • 시간과 비용이 많이 소요됨 • 관찰자의 주관적 판단에 따라 편파적 해석이 가능함 • 완전한 비밀보장이 어려움

ⓒ 유사관찰법(통제된 관찰법)

개념	실제와 유사하게 조작된 '구조화된 상황'에서 행동을 관찰함
관찰자의 역할	관찰자가 환경을 설정, 조작함
장점	• 표적행동의 유도가 용이함 • 관찰 통제가 용이함
단점	인위적인 상황에서 관찰이 이루어지기 때문에 자연스러움이 떨어질 수 있음

ⓒ 참여관찰법

개념	관찰자가 직접 상황에 참여하면서 행동을 관찰함
관찰자의 역할	관찰자가 환경 안에 포함됨
장점	• 관계형성에 유리한 심층 정보를 확보할 수 있음 • 관찰하고자 하는 개인이 자연스러운 환경에 속함
단점	• 객관성 손상의 우려가 있음 • 윤리적 고려가 필요함

ⓔ 자기관찰법

개념	내담자 스스로 자신의 행동, 감정, 상황을 기록함
관찰자의 역할	• 관찰자 = 자기 자신 • 자신이 개인과 환경 간의 상호작용에 관한 자료를 수집함
장점	• 자기인식이 향상됨 • 비용·시간 절약이 가능함
단점	• 신뢰도가 낮을 수 있음 • 왜곡 가능성이 있음

② **사례연구법**: 개인을 집중적으로 연구하는 데 중요한 연구방법으로, 조사 상황과 유사한 사례를 가지고 심층적이고 총체적으로 연구하는 방법이다.

③ **역학연구법**: 주어진 모집단에서 질병의 발병률, 유병률, 분포에 대한 연구, 질문지나 면접을 사용해서 연구하는 방법이다.

발병률	주어진 기간 내에 발병된 새로운 사례의 비율
유병률	주어진 기간 내의 전체적인 사례(이전 혹은 새로운 것)의 비율
상관법	변인 X가 변인 Y와 관계가 있는지 알 수 있게 해주는 것(상관계수 = r)
횡단 대 종단 접근	• 횡단설계: 개인들을 동시에 비교하고 평가하는 것 • 종단설계: 같은 피험자를 시간에 따라 추적하는 것

④ 실험법: 인위적으로 통제된 조건 아래서 연구하고자 하는 변인을 체계적으로 변화시킬 때 그 효과가 어떻게 나타나는가를 측정하는 방법으로, 원인과 결과를 가장 과학적인 방법으로 알려준다.

독립변인	효과를 연구하기 위해 사용되는 특정 변인
종속변인	독립변인의 처치에 의해서 특정되는 효과

3. 임상심리학과 연관된 정신건강 전문가의 종류 및 활동

정신건강의학과 의사	• 정신의학과 관련한 의학적 수련을 받은 전문가로, 의과대학을 졸업해야 함 • 우리나라의 경우 약물치료에 대한 권한과 책임이 있음
상담심리학자	• 정상인이나 중등도의 문제를 지닌 사람을 대상으로 활동함 • 예방적 치료, 자문, 방문 상담 프로그램 개발, 직업 상담, 단기 심리치료 등을 진행함
학교심리학자	학습 환경의 설계, 아동의 평가, 자문 등의 활동을 진행함
재활심리학자	신체적·인지적 장애가 있는 사람들을 대상으로 적응을 돕는 활동을 함
정신건강의학과 간호사	정신건강의학과 의사, 임상심리학자와 긴밀히 협력하면서 치료적 권고를 실행에 옮김
기타	작업치료사, 레크리에이션치료사, 예술치료사 등이 있음

4. 임상심리학자의 활동

진단·평가	내담자의 심리적·정서적·사회적 문제를 파악하고 기능 및 능력의 한계를 객관적으로 평가하여 치료계획 수립의 기초 자료로 활용함
치료·개입	심리적 문제를 해결하고 개인이 일상생활과 대인관계를 원활히 영위할 수 있도록 돕는 심리치료와 행동치료 등을 수행함
심리 재활	신체질환자 및 정신질환자와 그 가족을 대상으로 교육, 훈련, 상담 등의 서비스를 통해 심리적·사회적 회복을 촉진함
교육	대학 강의, 임상실습 지도, 전문가 양성교육 등을 통해 임상심리학 지식을 전파하고 후학을 양성함
임상 슈퍼비전 (Supervision)	경력이 많은 임상심리 전문가가 비교적 경험이 적은 전문가에게 실습 지도와 피드백을 제공하여 직무능력 향상을 도움
연구	심리적 문제의 원인과 결과, 평가 및 치료의 효과성을 과학적으로 검증하기 위한 실증 연구를 수행함
자문	보건복지부, 교육기관, 지방자치단체 등과 협력하여 정신건강 관련 정책 수립, 제도 개선 등에 자문을 제공함
행정	내담자기록 관리, 평가 보고서 작성, 관련 행정업무수행 등으로 심리서비스체계 운영에 기여함

2 임상심리학의 역사적 개관

1. 국제 임상심리학의 역사

(1) 임상심리학의 태동 기출 17년

① 18~19세기 초: 정신 질환에 대한 종교적·미신적 사고를 탈피하고 본격적으로 합리적 사고가 시작되었다.

빌헬름 분트 (Wilhelm Wundt)	독일 라이프치히 대학교에 세계 최초의 실험심리학 연구소를 설립함
벤자민 러시 (Benjamin Rush)와 도로시아 딕스 (Dorothea Dix)	• 정신 질환의 원인은 미신적 측면이 아닌 생리학적 측면에 있다고 주장함 • 인간적인 치료를 시도함 • 이후 다른 의사들과도 활발히 접촉하여 정신 질환에 대한 미국 국민들의 의식을 바꾸는 데 기여함
윌리엄 투크 (William Tuke)	• 정신병원 '요크 리트리트(York Retreat)'를 설립함 • 보다 인간적이며 심리학적인 접근법에 따라 환자들을 치료함
필리프 피넬 (Philippe Pinel)	• 환자들에게 맑은 공기를 쐬게 하거나 따뜻한 물로 목욕을 시키는 등 환자들을 인간적인 관심과 친절로 대함 • 온화한 치료 환경을 제공함 • 우울증, 조증, 치매 등의 진단을 세분화함
장 에티엔느 도미니크 에스퀴롤 (Jean-Étienne Dominique Esquirol)	피넬의 모델을 계승하였으며, '환각(Hallucination)'을 의학적 용어로 처음 정의함

② 19세기 말

㉠ APA 창설: 1892년, 심리학자들의 직업협회인 APA(American Psychological Association)가 만들어졌다.

㉡ 정신분석이론 도입: 프로이트(Freud)가 정신분석이론을 내보임으로써 무의식적 갈등과 정서적 영향이 정신 질환과 신체적 질병의 원인이 될 수 있다고 가정하였고, 이는 임상심리학의 발전에 엄청난 영향을 미쳤다.

TIP 프로이트의 정신분석이론에 대한 자세한 설명은 03. 심리치료(353쪽)에서 정리하였습니다. 병행하여 학습하시길 권장합니다.

③ 20세기 초

㉠ 제2차 세계대전 이전인 20세기 초, 아들러(Adler)가 개인심리학을 제안하며 개인의 열등감, 사회적 관심, 목표 지향성 등을 강조하였고, 초기 정신분석 운동에서 독립하여 발전하였다.

㉡ WAIS, WISC, 스탠포드-비네 검사 등 많은 심리평가 도구들이 개발되었다.

㉢ 1937년, 임상심리학, 상담심리학, 교육심리학, 산업심리학 분야의 심리학자들이 APA를 탈퇴하고 미국 응용심리학회(American Association of Applied Psychology, AAAP)를 결성하였다.

빈출 핵심 발문

• 초기 임상심리학자와 그의 활동으로 바르게 짝지어진 것은?

| 개념플러스 | 제1·2차 세계대전 이후 미국 임상심리학의 성장 배경 | 기출 21, 18~17년 |

- 제1차 세계대전 이후

집단 심리검사의 도입	미국이 제1차 세계대전에 참전하면서 수많은 신병의 정신능력과 적합성을 빠르게 평가해야 했기 때문에, 대규모 집단 심리검사 도구인 군대알파(Army α)와 군대베타(Army β)가 개발됨
심리평가의 실용화 계기	이 검사를 통해 군인의 선발, 배치, 훈련 등에 심리학적 방법이 실제로 활용되면서 심리평가의 실용성과 가능성이 입증됨
치료영역으로 확장	참전 용사들이 외상 후 스트레스를 비롯한 다양한 심리적 문제를 겪으며 사회로 복귀 → 심리 서비스 수요 증가 → 심리학자의 역할 확대 및 치료적 기술과 임상 실습의 중요성 부각
임상심리학 초기 기반 마련	임상적 목적의 평가가 실전에 도입되면서, 심리학이 단순한 이론적 학문을 넘어 실제 적용 분야로 확장될 수 있는 가능성을 보여준 계기가 되었음

- 제2차 세계대전 이후

군인들의 정신건강 문제	전쟁 중 PTSD(외상 후 스트레스장애 = 전투 스트레스반응) 등 심리적 문제를 겪는 군인들이 대규모로 발생함
임상심리 전문가 수요 증가	심리평가 및 치료를 담당할 전문 인력(임상심리사)의 수요가 급격히 증가함
정부 차원의 지원	미국 정부와 군의 심리평가 및 재활 프로그램 개발 적극 지원
심리검사와 평가 도구 개발	MMPI 등 심리검사 도구가 실용적으로 널리 사용되며 임상현장에서 검증됨
교육 및 훈련 제도화	박사 과정 중심의 과학자-실무자 모델(Scientist-Practitioner Model)이 확립됨
전문 직업으로서의 자리매김	임상심리학이 독립된 전문 직업군으로 인정받기 시작함

(2) 초기 임상심리학 주요 학자 기출 23~22, 19~17년

위트머 (Witmer)	• 1896년, 최초의 심리학 클리닉(심리진료소)을 개설함 • 1904년, 펜실베이니아 대학에서 최초로 임상심리학 강좌를 개설함 • 1907년, 최초의 임상심리학 저널인 『The Psychological Clinic』이라는 잡지를 창간함
비네(Binet)와 시몽(Simon)	1904년부터 1911년에 걸쳐 정신지체아와 정상아를 변별하기 위한 목적으로 지능검사('비네-시몽(Binet-Simon)' 검사의 원형)를 개발함
터먼 (Terman)	1916년, 미국에서 터먼이 비네-시몽 검사를 개조하여 스탠포드-비네(Stanford-Binet) 검사를 만듦
터먼과 여키스(Yerkes)	• 군대알파검사를 개발함 • 군인들의 지능을 평가하기 위해 사용됨
웩슬러 (Wechsler)	• 1939년, W-B 1(Wechsler Bellevue 1)검사를 개발함(범용) • 1955년, 현대 지능검사의 대표격인 WAIS(성인용)와 WISC(아동용) 지능검사를 개발함 • 기존의 스탠포드-비네 검사가 연령기준으로 지능을 평가하는 한계에 주목하며, 편차지능지수(Deviation IQ)개념 도입
스피어만 (Spearman)	다양한 인지과제에서 공통적으로 작용하는 g 요인(g factor)개념 제안함

(3) 초기 임상심리학 훈련 모델의 형성 [기출] 20년

① 볼더 모델(과학자-전문가 모델)

> 1945년, 코네티컷 주에서 처음으로 임상심리학자 자격제도가 마련됨
> ↓
> 1949년, 콜로라도 주 볼더(Boulder)에서 회의가 개최됨
> ↓
> 임상심리학자 훈련 프로그램인 과학자-전문가 모델의 표준교육계획 합의에 대한 논의가 대두됨
> ↓
> 데이비드 샤코(David Shakow)의 보고서가 인정받아 이를 바탕으로 과학자-전문가 모델이 이른바 '볼더 모델'로 인정·통용됨
> ↓
> 1973년, 콜로라도 주 베일(Vail)에서 회의가 개최됨
> - 석사학위 소지자로서 적절한 훈련을 받은 자는 '심리학자'라는 칭호를 쓸 수 있게 됨
> - 심리학 박사(Psy.D) 프로그램도 적절한 임상심리학자 훈련 과정으로 인정됨

[심화] 볼더 모델의 임상심리학자 역할
- 임상심리학자는 과학자이자 전문가로서의 두 가지 역할을 동시에 수행할 수 있어야 함
- 그러나 1차적으로 과학자가 되어야 하며, 그 후 전문가(임상심리학자)가 되어야 함

② 생물심리사회 모델

> 1977년, 조지 엥겔(George Engel)은 전통적인 생물의학적 모델만으로는 인간의 건강과 질병을 충분히 설명할 수 없다고 봄
> ↓
> 생물학적 요인뿐만 아니라 심리적, 사회적 요인까지 통합적으로 고려하는 생물심리사회적 관점을 제시함
> ↓
> 현대 심리학, 정신건강, 의학 분야에 큰 영향을 끼침

2. 우리나라 임상심리학의 역사

개척기 (1945~1970)	• 1958년, 심리학자 성백선 교수가 서울아동상담소를 개소함 • 1964년, 임상심리학의 본격적 활동기로, 한국 심리학회 내에 임상심리분과회가 개설됨
정착기 (1971~1994)	• 1971년, 임상 및 상담심리 전문가 자격기준이 규정·공표됨 • 1972년, 중앙대학교 심리학과 이현수 교수가 국내 심리학과 중에서 처음으로 임상심리학 교수로 부임함
확장기 (1995~현재)	• 1995년, 정신보건법의 제정으로 임상심리사의 법적 지위와 역할이 부여됨 • 1990년대에 들어 임상심리사의 개업 및 사회 진출로 활동분야가 점차 확장됨

기출(복원)문제

01 다음에 해당하는 관찰법은? 23년, 21년

> • 문제행동의 빈도, 강도, 만성화된 문제행동을 유지시키는 요인들을 실제 장면에서 관찰하는 데 효과적이다.
> • 시간과 비용이 많이 들며, 대부분의 사람들은 자신들이 관찰된다는 것을 알고 있을 때 다르게 행동한다.

① 자기관찰법
② 통제된 관찰법
③ 자연관찰법
④ 연합관찰법

02 다음 중 자연관찰법의 특징이 아닌 것은? 23년, 22년

① 시간과 비용이 많이 든다.
② 자신이 관찰된다는 것을 알았을 때 다르게 행동한다.
③ 관찰은 편파될 수 있다.
④ 비밀이 보장된다.

03 최초의 심리진료소를 설립함으로써 임상심리학의 초기 발전에 직접적으로 중요한 공헌을 한 인물은? 19년

① 칸트(Kant)
② 위트머(Witmer)
③ 모어(Mowrer)
④ 밀러(Miller)

---

01 임상심리학의 개요-임상심리학의 연구 목적과 연구방법
자연관찰법은 연구자가 실제 생활 환경에서 개입 없이 피험자의 행동을 관찰하는 방법이다. 특히, 문제행동의 빈도, 강도, 지속성을 파악하고, 문제행동을 유지하는 환경적 요인을 분석하는 데 유용하며, 시간과 비용이 많이 들고, 관찰 사실을 알게 되면 행동이 달라질 수 있는 단점이 있다.

02 임상심리학의 개요-임상심리학의 연구 목적과 연구방법
자연관찰법은 공개된 장소나 특정 환경에서 관찰이 이루어지므로 완전한 비밀보장은 어려울 수 있다.

03 임상심리학의 역사적 개관-국제 임상심리학의 역사
위트머는 1896년 미국 펜실베이니아 대학에 세계 최초의 심리진료소(Psychological Clinic)를 설립한 인물로, 임상심리학의 창시자로 불린다.

정답 01 ③ 02 ④ 03 ②

04 현대 임상심리학 발전에 가장 큰 영향을 준 역사적 사건은?   18년

① 비네(Binet)의 지능검사 개발
② MMPI의 개발
③ 미국심리학회 설립
④ 제1·2차 세계대전

05 공식적인 임상심리학의 기원으로 보는 역사적 사건은?   22년

① 분트(Wundt)의 심리실험실 개설
② 위트머(Witmer)의 심리클리닉 개설
③ 제임스(James)의 『심리학의 원리』 출판
④ 비네(Binet)의 지능검사 개발

빈출
06 초기 임상심리학자와 그의 활동으로 바르게 짝지어진 것은?   23년, 22년, 18년

① 웩슬러(Wechsler) – 지능검사를 개발하였다.
② 위트머(Witmer) – g지능개념을 제시하였다.
③ 비네(Binet) – 군대알파(Army a)검사를 개발하였다.
④ 스피어만(Spearman) – 정신지체아 특수학교에서 심리학자로 활동하였다.

07 펜실베이니아(Pennsylvania) 대학교에 첫 심리진료소를 개설하고 임상심리학의 탄생에 크게 기여한 학자는?   17년

① 윌리엄 제임스(William James)
② 라이트너 위트머(Lightner Witmer)
③ 에밀 크레펠린(Emil Kraepelin)
④ 빌헬름 분트(Wilhelm Wundt)

---

04 임상심리학의 역사적 개관–국제 임상심리학의 역사
두 차례의 세계대전은 임상심리학의 발전에 가장 결정적인 전환점이었다. 특히 병사들의 심리평가 및 전쟁 후 PTSD 등 정신건강 문제에 대한 대응 필요성이 커지면서 임상심리학자의 수요가 폭발적으로 증가했다.

05 임상심리학의 역사적 개관–국제 임상심리학의 역사
공식적인 임상심리학의 기원은 1896년 위트머가 미국 펜실베이니아 대학교에 설립한 세계 최초의 심리클리닉으로 본다.

06 임상심리학의 역사적 개관–국제 임상심리학의 역사
웩슬러는 웩슬러 지능검사를 개발했다. 기존 스탠포드–비네 검사와 달리, 편차지능지수(Deviation IQ)개념을 도입하여 지능을 평가하는 방식을 발전시켰다.

07 임상심리학의 역사적 개관–국제 임상심리학의 역사
위트머는 1896년에 미국 펜실베이니아 대학교에 세계 최초의 심리진료소(Psychological Clinic)를 설립했다. 이로써 임상심리학이라는 용어와 분야를 처음으로 정립한 인물로 평가받는다.

정답 04 ④ 05 ② 06 ① 07 ②

08 세계 제1차 대전과 제2차 대전 사이에 임상심리학의 발전사에 대한 내용으로 틀린 것은? 18년

① 많은 심리평가 도구들이 개발되었다.
② 치료영역에서 심리학자들의 역할이 증대되었다.
③ 정신건강분야 내 직업적 갈등으로 임상심리학자들은 미국의 APA를 탈퇴해서 미국 응용심리학회를 결성했다.
④ 미국 임상심리학의 박사급 자격전문화가 이루어졌다.

09 임상심리학의 발전에 기여한 인물이나 사건과 그 설명이 바르게 짝지어진 것은? 17년

① 비네(Alfred Binet) - 편차형 아동지능검사를 개발하였다.
② 프로이트(Sigmund Freud) – 무의식적 갈등과 정서적 영향이 정신 질환과 신체적 질병의 원인이 될 수 있다고 가정하였다.
③ 군대알파(Army Alpha) – 문맹자와 언어장애자를 위한 비언어성 지능검사가 개발되었다.
④ 분트(Wilhelm Wundt) – 펜실베이니아(Pennsylvania) 대학교에 심리진료소를 개설하였다.

---

08 임상심리학의 역사적 개관-국제 임상심리학의 역사

오답해설
① 군대알파와 베타 이후 다양한 심리평가 도구가 개발되었다.
② 심리학자들이 진단뿐 아니라 치료영역으로도 조금씩 진입하기 시작하였다.
③ 임상심리학자들과 정신과 의사들 사이 갈등으로 인해 일부 심리학자들이 APA를 탈퇴하고 응용심리학회를 결성했다.

09 임상심리학의 역사적 개관-국제 임상심리학의 역사

오답해설
① 알프레드 비네는 편차가 아닌 정신연령 기반 지능검사를 개발했으며, 편차지능지수는 웩슬러가 제안하였다.
③ 군대알파검사는 문자이해가 가능한 집단 대상의 언어성 지능검사이다.
④ 분트는 독일 라이프치히 대학에서 실험심리학 연구실을 설립하였다.

10 임상심리학의 접근법 중 제2차 세계대전 이전에 대두된 치료 접근법은? 17년

① 합리적 정서치료
② 아들러(Adler)의 개인심리학
③ 교류분석
④ 게슈탈트

11 미국에서 임상심리학이 비약적으로 발전하게 된 계기가 된 것은? 21년

① 자원봉사자들의 활동
② 루스벨트 대통령의 후원
③ 제2차 세계대전
④ 매카시즘의 등장

12 다음 중 가장 최근에 있었던 사건은? 20년

① 볼더(Boulder) 모형 제안
② 웩슬러 – 벨뷰(Wechsler-Bellevue) 지능척도 출판
③ 조지 엥겔(George Engel) 생물심리사회 모델 제안
④ 로저스(Rogers) 『내담자중심치료』 출판

---

10 임상심리학의 역사적 개관-국제 임상심리학의 역사
아들러는 개인심리학을 창시하였고, 그의 이론은 1910년대부터 발전되어 제2차 세계대전 이전에 이미 독립된 치료 접근법으로 대두되었다.

11 임상심리학의 역사적 개관-국제 임상심리학의 역사
제2차 세계대전 동안 많은 군인들이 전쟁 신경증(전투 스트레스)과 같은 심리적 문제를 겪으면서, 이를 평가하고 치료할 임상심리학자의 수요가 급격히 증가했다.

12 임상심리학의 역사적 개관-국제 임상심리학의 역사
엥겔의 생물심리사회 모델은 1977년에 제안되었다.

오답해설
① 볼더 모델(모형)은 1949년에 제안되었다.
② 웩슬러 – 벨뷰 지능척도는 1939년에 출판되었다.
④ 로저스의 『내담자중심치료』는 1951년에 출판되었다.

정답 10 ② 11 ③ 12 ③

02 심리평가

Ⅳ. 임상심리학

26%
4과목 내 출제 비중

공략 포인트
- 면접에 대한 내용은 골고루 출제되는 편이니, 전반적인 내용을 숙지해 두어야 합니다.
- 행동평가에서 관찰법 부분은 다소 출제 비중이 높은 편이니 내용을 잘 기억해 두세요.
- 심리검사, 지능·성격평가에 활용되는 지능·성격검사는 3과목 심리검사와 중복되는 내용입니다. 본 교재에서는 관련 이론과 문제를 3과목에 통합하여 정리해 두었으니, 3과목에서 철저히 공부해 두시는 것을 권장합니다.

수험 키워드!
\# 접수면접
\# 정신상태검사
\# 경청과 질문
\# 의사소통기술
\# 행동평가
\# 행동평가방법

1 심리평가의 개요

1. 심리평가의 개념과 특징
(1) 개념
① 단순히 검사를 시행하는 것을 넘어, 내담자의 상태를 이해하고 개입 방향을 세우기 위한 중요한 과정이다.
② 단순히 검사의 결과를 제시하는 것을 넘어, 면담, 행동관찰, 심리검사, 전문가적 판단 등 다양한 방법을 통해 수집한 정보를 종합적으로 해석하고, 내담자의 문제해결과 개입계획 수립을 위한 통합적 평가 과정이다.

(2) 특징 기출 20년
① 면담(상담) + 행동관찰 + 심리검사 + 전문지식 등의 다양한 자료수집방법을 통합하여 이루어진다.
② 심리평가 과정에는 여러 가지 접근과 방법이 사용되며, 실제 임상현장에서는 상황에 따라 다양한 평가방식이 선택된다.
③ 최근 임상실무에서 컴퓨터를 활용한 치료 효과평가가 점차 확대되고 있으며, 이러한 전산화된 심리평가는 진술의 길이가 짧거나 중간 정도일 경우, 긴 진술보다 더 높은 타당성을 보인다.

2. 심리평가의 목적

진단	내담자의 정신건강 상태나 심리적 장애를 진단하기 위해 실시됨
치료계획 수립	적절한 치료방법과 방향을 설정하기 위해 실시됨
치료 효과평가	중재 이후 변화나 효과를 확인하기 위해 실시할 수 있음
예후 예측	향후 증상의 경과나 회복 가능성을 예측하는 데 도움이 됨
문제행동의 이해 및 설명	개인의 심리적 특성과 행동양식을 심층적으로 이해하기 위해 실시됨

> **빈출 핵심 발문**
> - 심리평가에서 임상적 예측을 시행할 때 자료통계적 접근법이 더욱 권장되는 경우는?

3. 심리평가의 접근방식 기출 25~24, 20년

구분	임상적 접근법	자료통계적 접근법
주요 특징	전문가의 직관과 경험에 근거하여 판단함	객관적 자료와 공식, 알고리즘에 기반하여 판단함
적합한 경우	• 개인적인 경우 • 드물거나 예외적인 사건을 예측할 경우	• 대규모 집단의 경우(다수의 이질적인 표본들을 대상으로 할 경우) • 한 개인의 특성에 대한 관심은 적은 경우 • 일반적 경향성을 예측할 경우
장점	유연성, 복잡하고 예측 불가능한 상황 대처가 가능함	신뢰성, 일관성, 오류 감소가 가능함
단점	주관적 오류(편향) 가능성이 존재함	예상치 못한 변수에 취약할 수 있음
예시	한 개인의 특이한 심리 상태를 분석할 때 활용	대규모 검사 결과로 우울증 발생률을 예측할 때 활용

2 심리평가를 위한 자료수집방법

1. 면접(면담)

(1) 면접의 개요

① 개념: 내담자가 직접 상담기관에 방문하여 면접자가 내담자의 심리적 문제나 증상, 성격, 과거력, 현재 상태 등을 구조적 또는 비구조적으로 파악하는 과정을 의미한다.

② 목적

내담자의 강점 및 취약점 탐색	개인이 지닌 심리적·행동적 강점과 약점을 체계적으로 파악하여, 전반적인 기능 수준을 이해하는 데 도움을 주기 위함임
문제 구조화 및 개념화	내담자가 경험하는 주요 문제를 이론적 틀에 따라 정리하고 이해함으로써, 효과적인 치료 방향을 설정하기 위함임
문제 완화 및 이해 촉진	내담자의 문제를 유지시키는 요인을 분석하고, 이를 약화시킬 수 있는 개입방안을 모색하여 내담자의 자기이해와 변화를 돕기 위함임
해결 중심 정보수집 및 기술	내담자의 상담 의뢰 목적을 명확히 하고, 실제적인 문제해결에 도움이 되는 정보를 포괄적이고 구체적으로 기술하기 위함임

③ 특징
  ㉠ 효과적인 면접은 내담자와의 신뢰로운 상호작용을 통해 이루어진다.
  ㉡ 면접은 충분한 사전계획하에 신중하고 숙련된 방식으로 진행되어야 하며, 평가 목적에 부합하는 방향으로 체계적으로 이루어져야 한다.
  ㉢ 면접의 내용과 방법

내용	의뢰자가 면접자로부터 알고자 하는 구체적인 질문(의뢰 질문)을 중심으로 구성됨
방법	임상심리학자들이 활용하는 가장 기본적이면서도 실용적인 기법들로 구성함

빈출 핵심 발문

- 정신상태검사(Mental Status Examination)에서 파악하는 항목과 가장 거리가 먼 것은?
- 임상적 면접에서 사용되는 바람직한 의사소통기술에 해당되는 것은?
- 치료상면에서 효과적인 경청과 가장 거리가 먼 것은?
- 다음 중 면접질문의 유형과 예로 잘못 짝지어진 것은?

심화 면접과 대화, 검사의 차이

- 면접은 대화보다는 목적적·구조적이고, 검사보다는 덜 공식적·표준적임
- 검사는 표준적인 절차가 엄격한 편이나 면접은 최소한의 유연성을 요함
- 면접에서의 유연성은 장점이자 동시에 단점이 될 수 있음

(2) 면접의 종류 기출 25~23, 21~20, 16년

① 접수면접(초기면접)

개념 및 목적	• 내담자의 문제를 전반적으로 파악함(주 호소 문제, 내원 사유 등) • 기관 서비스와 내담자 요구의 적합성을 평가함 • 내담자에 대해 적절한 치료 방향이나 중재계획을 설정하기 위해 실시함

특징	• 구조화된 동시에 유연성을 가지며 진행해야 함
	• 신뢰형성을 위해 따뜻하고 개방적인 자세가 필요함
	• 내담자가 기관에 방문한 이유, 주 호소 문제나 증상 등 초기 문제를 탐색함
	• 기관의 시설, 정책, 서비스가 내담자의 요구와 기대에 부합하는지를 확인함
	  – 초기 라포를 형성함
	  – 내담자가 기대하는 바를 현실적으로 조율함
	  – 비현실적 기대가 있다면 현실적으로 조정함
	  – 내담자에게 제공할 수 있는 서비스를 명확히 안내함
	• 기관의 규정, 절차, 개인정보 보호, 기능, 비용, 정책, 담당 직원 등에 대한 정보를 제공하여 내담자가 기관에 대한 이해를 높이도록 도움
	• 내담자의 미래 문제해결능력을 평가하는 것은 다루지 않음

TIP 내담자의 자·타해 위험성 평가(위험성 사정)는 별도의 심층평가 절차를 통해 수행되는 것으로, 전반적인 문제를 파악하는 접수면접의 목적과는 구별됩니다.

개념플러스 접수면접(초기면접)에서 탐색할 정보 기출 23년

신상정보	이름, 성별, 나이, 거주지, 결혼 여부, 직업 등 기본 인적사항
의뢰사유 및 주 호소 문제	내담자가 현재 도움을 요청하는 이유, 가장 괴로운 핵심 문제
과거·현재 병력	정신과적·심리적 문제의 발생 시기, 경과, 과거 치료 이력
가족력	가족구성, 의미 있는 관계, 유전적·환경적 관련 가능성
심리검사 결과	사용된 검사 종류, 주요 결과 요약 및 해석
의학적 검사 결과	정신건강에 영향을 줄 수 있는 신체 질환 여부
평가 및 권고사항	예상 진단, 치료계획, 후속조치 권고사항

② 개인력 면접

개념	내담자의 발달사 및 생활사 등 가능한 많은 개인적·사회적 정보를 수집하는 면접
특징	• 개인의 성장 배경, 가족관계, 사회적 맥락 등을 통해 내담자의 역사를 파악함 • 증상의 발현과 유지 요인을 이해하기 위해 치료적 개념에 따라 핵심사항을 구조화하여 파악함

③ 정신상태검사(Mental Status Examination, MSE)

개념	• 내담자의 현재 정신적 기능을 평가하는 표준화된 임상적 관찰기법 • 내담자의 인지적, 정서적, 행동적 기능을 포괄적으로 평가하기 위한 면접
특징	• 현재의 심리 상태를 객관적으로 확인하고, 이상 여부를 판단하는 데 활용됨 • 감각기능(주의력, 기억력, 의식 상태), 지남력(사람·시간·장소에 대한 인식), 지각장애(착각·환각), 인지기능(사고 내용과 형태, 정서 상태, 언어, 판단력, 통찰력), 외모와 태도, 등의 항목을 포함함 • 정신 질환이나 뇌 손상 등의 신경인지장애가 의심되는 경우 유용하게 사용함

④ 위기면접

개념	급성 위기 상황에서 즉각적인 개입과 대처방안을 모색하기 위한 면접
특징	• 내담자가 치료적 관계를 맺고 도움을 받을 수 있도록 심리적 지지를 제공함 • 필요한 경우 다른 전문가나 기관에 의뢰하는 과정이 포함되기도 함

⑤ 진단적 면접

개념	임상적 진단을 위한 목적으로 수행되는 면접
특징	기존에는 비교적 자유로운 비구조화 면접이 주로 사용되었으나, 최근에는 진단의 신뢰성을 높이기 위해 구조화 면접⁺으로 점차 변화하고 있는 추세임

> **심화 진단을 위한 구조화 면접 종류**
> • SADS: 우울증, 양극성 장애, 조현병 등 주요 정신 질환의 진단을 위한 면접
> • SIRS: 꾀병 또는 증상 과장 여부를 평가하기 위한 면접

개념플러스 MSE(정신상태검사) 항목 기출 25~24, 16년

항목	평가 내용
외모 및 행동	복장, 위생, 자세, 안면표정, 행동의 기민성 예 단정한가?, 지저분한가?, 지나치게 초조한가?, 과다 활동적인가?
태도	면접자에 대한 태도, 협조성 예 협조적, 경계적, 적대적인가?, 과도하게 친밀한가?
언어 (말하기)	언어의 양, 속도, 적절성, 말투 예 말이 많거나 너무 적은가?, 말의 흐름은 정상적인가?
기분 및 정동	• 기분: 주관적 정서 상태 • 정동: 객관적으로 관찰되는 감정표현 • 정서의 유형과 적절성 예 기분이 어떠세요?, 정동이 제한적, 둔마됨, 부적절한가?
사고	• 사고의 형태: 사고의 조직화, 연결성, 속도 예 사고비약, 우회, 사고지연, 지리멸렬 등 • 사고의 내용: 망상, 강박사고, 자살사고, 죄책감 등 예 피해망상, 과대망상, 자살에 대한 생각표현 여부
지각장애	환각, 착각, 왜곡 예 환청, 환시, 체감 이상 등 존재 여부
감각 및 인지기능	주의력, 기억력, 지남력 등 예 숫자 따라 말하기, 3단어 기억하기, 오늘 날짜·장소 말하기
지남력	시간, 장소, 사람에 대한 인식 예 여기가 어딘지 아세요?, 오늘이 무슨 요일인가요?
판단력	현실적 상황에서의 판단능력 예 길을 잃었을 때 어떻게 하시겠어요?
병식 (통찰력)	자신의 상태나 문제에 대한 인식과 수용 정도 예 병이 있다는 걸 인식하는가?, 약물치료의 필요성을 이해하는가?

(3) 면접의 기술 기출 25~22, 20, 18~16년

① **물리적 환경 조성**: 면접은 사생활이 보호되고 외부의 방해를 받지 않는 조용한 환경에서 이루어져야 한다.

② **기록과 녹음**
  ㉠ 내담자와의 모든 접촉은 반드시 문서로 기록되어야 한다.
  ㉡ 면접 중의 기록은 상황에 따라 유연하게 작성하며, 내담자의 흐름을 방해하지 않도록 주의한다.
  ㉢ 면접 내용의 녹음 또는 녹화는 반드시 사전에 안내하고, 내담자의 명확한 동의를 얻은 후에 진행해야 한다.

③ **라포(Rapport)형성**
  ㉠ 개요

개념	라포란, 프랑스어로 '다리(Bridge)'를 뜻하는 말로 면접자와 내담자 사이에서 회기 시작단계에 형성되는 신뢰와 협력적인 관계를 의미함
특징	• 상담 과정에서 내담자가 자신의 생각과 감정을 편안하게 표현할 수 있도록 돕는 심리적 연결고리 역할을 함 • 효과적인 면접과 치료 개입의 필수적인 기반이 됨
효과	• 라포형성을 통해 내담자에 대한 더 깊이 있는 정보를 획득할 수 있음 • 라포가 형성되면 내담자와의 안정된 상호작용이 가능함

TIP 정해진 치료 시간이 지났음에도 라포형성을 위해 내담자의 이야기를 계속 들어주는 것은 적절하지 않습니다. 치료 시간이 지나도록 이야기를 나누면 내담자가 예측 가능한 안정감을 갖기 어려워져 면접자와의 신뢰형성에 부정적인 영향을 줄 수 있습니다.

  ㉡ 라포형성을 위한 의사소통방법

언어 사용	• 내담자의 이해 수준에 맞는 언어로 설명하고, 불필요한 전문용어 사용은 자제함 • 단어 이면에 담긴 의미(Under Meaning)를 민감하게 파악하여, 내담자의 정서를 보다 깊이 이해하려는 태도가 필요함
침묵	• 침묵도 하나의 의사소통방식으로, 내담자의 정서적 반응을 반영할 수 있음 • 침묵의 의미는 상황과 맥락에 따라 다르므로, 면접자는 민감하게 반응하고 그 의미를 파악하려는 노력이 필요함 • 단, 즉각적인 개입을 통해 내담자의 침묵을 깨려고 하면 안 됨
경청	• 내담자의 이야기를 편견 없이 주의 깊게 듣는 것이 기본적 자세임 • 단순히 내용을 듣는 것을 넘어, 감정과 맥락까지 수용하려는 태도가 요구됨 • 내담자가 문제를 이야기할 때는 말을 중단하지 않도록 유의함
적절한 질문 사용	개방형 질문, 폐쇄형 질문 등 상황에 따라 적절한 질문을 사용해야 함

TIP 면접자 자신의 사적인 이야기를 노출(자기노출)시키는 것도 라포형성에 도움을 주지만, 때로 위험을 수반하기 때문에 신중하게 진행하여야 합니다.

심화 회기 시작 시 의사소통방법
• 면접 초반은 내담자의 불안감을 완화할 수 있는 방향으로 진행해야 함
• 일상적인 가벼운 주제로 시작해 내담자가 긴장을 풀 수 있도록 도움
• 면접자는 자신의 정서 상태와 태도를 점검하며, 진정성과 집중력을 갖추는 것이 중요함

심화 바람직한 의사소통기술
• **적극적 경청**: 내담자의 말에 집중하고, 언어적·비언어적 신호까지 주의 깊게 경청함
• **공감적 이해**: 내담자의 감정과 입장을 이해하고, 이를 적절히 반영함
• **명확화**: 내담자의 모호한 표현을 명확히 하려는 질문을 함
• **반영**: 내담자가 표현한 감정이나 내용을 다시 요약해주어 이해를 확인함
• **요약**: 대화의 주요 내용을 정리해주는 것으로 면담의 초점과 진행을 도움
• **침묵 존중**: 내담자가 생각하거나 감정을 정리할 수 있도록 침묵을 허용함
• **단어 사용에 민감**: 내담자가 사용한 단어의 의도를 이해하려고 노력하고 존중함
• **전문적 경계 유지**: 면접자 자신의 사적 이야기 노출을 최소화하여 관계의 전문성을 유지함

| 개념플러스 | 라포형성을 위한 적절한 질문의 종류 | 기출 24, 22, 18년 |

개방형 질문	• 내담자가 자유롭게 자신의 생각과 감정을 표현하도록 유도하는 질문 • 이야기 확장, 감정 탐색, 초기 면접에서 신뢰형성에 효과적 예 "그 상황에서 어떤 감정을 느끼셨나요?", "그때 무슨 일이 있었는지 말씀해 주시겠어요?"	
폐쇄형 질문	• 예·아니오 또는 매우 제한된 답을 요구하는 질문 • 정보 확인, 명확한 사실 확인 시 유용 예 "그때 화가 났나요?", "두통이 자주 있습니까?"	
촉진형 질문	• 내담자가 말을 계속하거나 더 자세히 말하도록 격려하는 질문 • 침묵 후 흐름 유지, 내담자의 자율적 표현 촉진 예 "계속 말씀해 보세요.", "조금만 더 구체적으로 말씀해 주시겠어요?"	
명료형 질문	• 내담자의 진술을 명확하게 파악하기 위해 다시 묻는 질문 • 혼동되는 표현 확인, 치료적 오해 방지 예 "그 말씀이 무슨 뜻인지 조금 더 설명해 주시겠어요?", "'그렇게 느꼈다'는 게 어떤 의미인가요?"	
직면형 질문	• 내담자의 말이나 행동 간 불일치를 지적하는 질문 • 회피나 부인을 드러내고 통찰 유도 예 "당신은 괜찮다고 하셨지만, 방금 눈물을 흘리셨어요.", "전에 말씀하신 것과 조금 다르네요."	
해석형 질문	• 내담자의 무의식적 의미나 패턴을 추론하여 제시하는 질문 • 정신역동적 통찰 촉진, 주의 깊게 사용해야 함 예 "혹시 아버지와의 관계가 지금 상황에 영향을 미치고 있을까요?"	
요약형 질문	• 지금까지 들은 내용을 정리해 반영하는 질문 • 정리, 반영, 치료 동기 명확화에 효과적 예 "즉, 요약하면 이런 상황에서 반복적으로 좌절감을 느끼셨다는 말씀이시죠?"	

심화 개방형 질문 시 일반적 지침
• '왜'로 시작하는 질문 지양
• 한 번에 한 가지 질문만 하기(질문 남발 금지)
• 탐색적 질문 사용

④ 기타 유의사항
  ㉠ 면접자는 상담 과정에서 자신의 욕구를 충족시키려는 의도가 없는지 지속적으로 점검해야 한다.
  ㉡ 자신이 내담자에게 미치는 영향력을 인지하고, 그 영향이 면접에 어떤 식으로 작용하는지 숙고할 필요가 있다.
  ㉢ 면접자는 자신의 가치관, 신념, 배경 등이 내담자에게 투사되지 않도록 주의해야 한다.
  ㉣ 긍정적이든 부정적이든 할로 효과❷는 면접의 객관성을 해치고, 올바른 치료 방향을 설정하는 데 방해가 되기 때문에 면접자는 내담자의 한두 가지 특성이 아닌, 전체적인 맥락과 증상을 객관적으로 이해하는 태도를 가져야 한다.

용어 할로(Halo) 효과
한 사람의 첫인상, 외모, 태도, 말솜씨 등 두드러진 특성을 바탕으로 긍정적 혹은 부정적인 전반적 인상을 형성한 후, 이를 기준으로 그 사람의 능력, 성격 등 다른 특성들을 추론하고 평가하는 인지적 편향

(4) 면접 시 면접자의 태도 기출 23, 21년

수용	내담자의 가치와 감정을 판단하지 않고 존중해야 함
이해	내담자의 입장에서 세상을 바라보고 공감하는 노력을 해야 함
진실성	• 면접자는 자신의 감정을 솔직하게 표현하여 내담자로 하여금 면접자를 신뢰할 수 있도록 해야 함 • 면접자의 내면과 부합하는 심상을 수용해야 함
해석	내담자의 행동이나 감정을 분석하고 의미를 부여할 수 있어야 함

2. 행동관찰

(1) 행동관찰의 개요 기출 24~22, 20, 18, 16년

① 개념: 행동평가를 위해 관찰자가 대상자의 행동을 직접 관찰·기록하는 방법이다.

② 특징
  ㉠ 객관적인 행동특성과 변화 양상을 파악할 수 있다는 장점이 있다.
  ㉡ 면접을 통해 얻은 정보에 비해 의도적 또는 비의도적으로 왜곡될 가능성이 더 적다.
  ㉢ 객관적 분석을 위해 조작적 정의를 개발해야 한다.

③ 종류

자연관찰 (직접관찰)	• 관찰자가 자연스러운 환경 내에서 일어나는 참여자의 행동을 개입 없이 관찰하고 기록하는 방법(관찰자가 관찰 대상을 제3자로 관찰) • 내담자의 주의력, 공격성, 사회성 문제 등을 파악할 수 있음 • 시간과 비용이 많이 들고, 참여자가 자신이 관찰된다는 것을 알았을 때 평소와 다르게 행동할 가능성이 있음 • 관찰자의 편향이 생길 수 있음 • 유형	
	가정관찰	• 내담자를 가정 내에서 관찰하는 것 • 행동부호화체계를 통해 행동패턴을 분석함
	학교관찰	내담자를 학교 환경 내에서 관찰하는 것
	병원관찰	• 정신병원이나 정신지체장애인시설 등 의료기관이나 보호시설 안에서 관찰하는 것 • 시간표본행동 체크리스트기록을 통해 내담자의 행동 빈도나 패턴을 분석할 수 있음
유사관찰 (통제된 관찰)	실제 생활 상황을 모방한 구조화된 환경이나 조건에서 참여자의 행동을 관찰하는 방법 예 스트레스 면접, 역할시연, 모의실험 등	
참여관찰	• 관찰자가 직접 상황에 참여하여 관찰하는 방법(관찰자가 관찰 대상집단의 구성원이 됨) • 관찰자의 적극적인 개입(활동 참여 등)이 있을 수 있음 • 관찰자의 편향이 발생할 가능성이 높고, 관찰자의 개입을 알아차린 참여자의 행동이 변형될 가능성이 있음	
자기관찰 (자기감찰· 탐지)	• 내담자가 자신의 행동, 사고, 정서 등을 스스로 관찰하고 기록하는 기법 • 역기능적 사고기록지 같은 도구를 통해 이루어짐	
	장점	• 비교적 시간과 비용이 적게 들어 경제적이며, 실생활에 쉽게 적용할 수 있음 • 치료 중 변화 과정을 정량적·정성적으로 추적할 수 있어, 치료 효과를 객관적으로 확인하는 데 도움이 됨 • 관찰과 기록 자체가 자기인식과 행동수정에 긍정적인 영향을 주며, 자체적으로 치료 효과를 유도할 수 있음 • 내담자가 자신의 행동과 그 원인 및 결과 사이의 연결고리를 인식하게 되어, 문제해결에 필요한 자기이해가 증진됨
	단점	• 내담자가 의도적 혹은 무의식적으로 정보를 과장하거나 축소하는 등 정보를 왜곡하여 기록할 가능성이 있음 • 스스로를 관찰하는 과정에서 부담을 느끼는 등 전반적인 참여 과정에 대해 저항감을 가질 수 있음

(2) 행동관찰 변인

① 행동관찰 신뢰도에 영향을 주는 변인
  ㉠ 목표행동의 복잡성: 복잡한 행동일수록 관찰자가 동일한 기준으로 행동을 판단하고 기록하기 어려워 신뢰도가 떨어질 가능성이 높다.
  ㉡ 훈련된 관찰자-관찰자 표류: 가깝게 지내는 관찰자들에 의해 객관성이 흐려지고 평정치가 미묘하게 변화될 수 있다.

② 행동관찰 타당도에 영향을 주는 변인

내용 타당도	관찰하고자 하는 행동에는 임상적으로 의미 있는, 실제 문제행동의 핵심적 요소들이 빠짐없이 반영되어 있어야 관찰 결과의 해석이 타당해짐
공존 타당도	동일한 시점에 다른 관찰자가 같은 행동을 관찰했을 때, 얼마나 일치된 결과를 보고하는지를 확인하는 것
구성 타당도	관찰하려는 행동이 이론적 개념(예 공격성, 불안 등)에 부합되도록 정의되고 측정되었는지를 평가함
생태학적 타당도	관찰된 행동이 실제 생활 상황에서도 일관되게 나타나는 대표적인 행동 패턴인지 여부를 평가함
평정기법	• 관찰 시 사용하는 평정기준에 따라 타당도에 큰 영향을 줄 수 있음 • 행동의 분석단위, 강도, 지속 시간, 빈도 등을 얼마나 명확하고 일관되게 설정했는지가 중요함
관찰자 오류	• 관찰자의 개인적 편견, 기대, 피로도, 주의집중 부족 등으로 인해 발생하는 오류로, 타당한 판단을 방해할 수 있음 • 반복적인 교육과 기준 재확인이 필요함
반응특성	피관찰자가 관찰되고 있다는 사실을 인식함으로써, 평소와 다른 방식으로 행동하게 되는 현상. 이로 인해 행동이 인위적으로 나타날 수 있으며, 자연스러운 반응이 왜곡될 수 있음

3. 심리검사

TIP 심리검사에 대한 자세한 설명은 3과목 01. 심리검사의 기본개념(226쪽)에서 정리하였습니다.

(1) **심리검사의 개념**: 심리평가의 핵심 도구 중 하나로, 내담자의 심리 상태를 정량적 수치로 표현하여 진단과 치료에 유용한 정보를 제공한다.

(2) **심리검사의 유형**

① 객관형 검사
  ㉠ 개념과 특징

개념	검사과제가 구조화되어 있으며, 문항이 객관적이고 명확하여 모든 사람에게 동일한 방식으로 해석될 수 있는 검사
특징	• 짧은 시간 내에 많은 인원을 대상으로 실시할 수 있어 경제적임 • 채점이 단순하고 빠르며, 채점자의 주관이 개입될 여지가 적음 • 표준화된 절차와 점수 해석기준이 있어, 일관된 결과 도출이 가능함 • 주로 외현적 행동을 평가하므로, 개인의 내면적 동기나 감정 상태에 대한 깊이 있는 이해는 어려움 • 내담자가 문항을 자기방식대로 왜곡하여 해석할 수 있어, 응답이 실제 성격이나 상태를 정확히 반영하지 않을 수 있음 • 객관식 문항은 반응선택지가 제한되어 있어, 보다 풍부한 맥락이나 설명이 필요한 경우에는 부가적인 정보수집이 어려움

ⓛ 종류

스트롱 직업흥미검사 (SII, 1927)	특정 직업에 대한 흥미와 자신의 성향이 적합한지 측정함
웩슬러 지능검사 (WAIS, 1939)	일반 지적 능력평가뿐만 아니라 특수교육 요구 아동의 판별 및 진단 등의 임상적 평가영역에서 널리 활용함
다면적 인성검사 (MMPI, 1943)	• 개인의 성격특성과 정신병리 수준을 측정함 • 컴퓨터 채점 프로그램을 이용하여 채점함(전산화된 검사)

개념플러스 전산화된 심리검사의 장단점 기출 20년

구분	장점	단점
시간 효율성	검사 시행 및 채점이 빠르고 효율적임	내담자의 속도 차이가 오히려 반응에 영향을 줄 수 있음
표준화	일관된 절차로 시행되어 검사자 편차가 낮음	개인별 유연한 진행이 어려움 예 상황 조정, 언어 설명 등
정확성	자동 채점으로 오류 가능성이 낮음	복합적 판단이 필요한 경우 단순 채점만으로는 한계가 있음
자료처리	결과가 자동 저장 및 분석되어 연구에도 유리함	기술적 문제(컴퓨터, 오류, 데이터 손실)에 노출될 수 있음
타당성	짧고 간결한 진술은 타당성이 높음	긴 진술은 과잉 해석이나 일반화 오류의 가능성이 있음
비용	• 반복 시행이 가능함 • 검사자의 훈련비용이 절감됨	초기 시스템 도입 비용이 발생할 수 있음
임상적 해석	기초 자료로 활용 가능	임상가의 전문적 해석을 대체할 수 없음

② 투사검사 ➕

㉠ 개념과 특징

개념	개인의 다양한 반응을 이끌어내는 검사로, 불분명하고 모호하며 비구조화된 검사과제를 통해 내담자의 성격 구조를 드러내도록 함
특징	• 자극 재료가 비구조화되어 있어 자유롭고 자발적인 응답이 나올 수 있음 • 반응 해석의 변인이 다양하고, 해석이 검사반응에 큰 영향을 미치기도 함 • 간접적인 방식이므로 검사 목적을 인식하기 어려움

ⓛ 종류

문장완성검사(1897)	제시된 문장을 자유롭게 완성하게 하여 이를 통해 개인의 태도, 가치관, 감정 등을 파악함
로샤 검사(1921)	개인의 무의식적 사고, 감정, 성격 구조 등을 탐색함
주제통각검사(1935)	개인의 내적 욕구나 갈등, 대인관계패턴 등을 파악함
집–나무–사람 그림 검사(HTP, 1948)	집–나무–사람을 그리게 하여 내담자의 심리를 평가함

심화 투사검사 관련 용어
- **착각상관**: 상관관계가 없는 변인들을 과도·유의미하게 연관 짓는 것을 의미
  예 까마귀 날자 배 떨어진다.
- **개인선발과 편향**: 개인선발에 관련된 사항의 경우, 타당성의 문제와 동일한 점수임에도 두 집단 성원에 대해 다른 평가를 내리는 검사 편향의 문제가 발생하기도 함

3 심리평가의 주요 영역별 종류

1. 행동평가

(1) 행동평가의 개요 기출 25, 23~21, 18~17년

① 개념: 행동관찰을 통해 관찰한 내용을 체계적·객관적으로 기록하고 분석하여, 문제행동의 원인, 빈도, 강도, 지속 시간, 상황 등을 파악하고 적절한 처치를 선별 및 수정하는 것을 말한다.

> **TIP** 직접 관찰된 행동에 대해 평가하므로, 전통적 심리평가와 달리 추론 수준이 낮습니다.

② 기본 전제

환경적 맥락	• 행동은 환경적 사건에 의해 결정됨 • 문제행동은 환경 요인과의 시간적 인접성 및 상호작용 속에서 이해해야 함 • 행동의 선행 상황 요인이 행동 발생과 특성에 중요함
복합적 맥락	• 다요인 결정론: 행동은 다양한 요인의 상호작용으로 결정됨 • 반응의 단편화: 문제행동은 여러 요소(인지·정서·행동 등)로 구성되어 있음

③ 특징
  ㉠ 자연적 상황뿐만 아니라 인위적으로 설정된 실험 상황이나 과제를 활용하기도 한다.
  ㉡ 내면 심리나 무의식을 추론하지 않고, 관찰 가능한 외현적 행동 자체를 기술·측정하는 것을 원칙으로 한다.
  ㉢ 상황적 맥락, 내담자의 반응성, 평가자의 요구특성, 관찰자 효과 등을 반드시 고려하여 결과를 해석한다.
  ㉣ 동일한 개념이라도 상황, 맥락, 연구자에 따라 조작적 정의가 달라질 수 있음을 인지하고 평가하여야 한다.
  ㉤ 행동을 고정된 성격특성으로 간주하지 않고, 특정 상황 내에서 나타나는 반응(행동)들의 표본으로 본다. 따라서, 행동은 항상 환경과의 상호작용 속에서 관찰되어야 한다고 본다.
  ㉥ 특정한 진단명을 탐색하거나 확정하기 위해 진행하는 것은 아니다.

④ 기능

목표행동 선정	치료 대상으로 삼을 구체적인 표적행동을 결정하는 것을 의미
동일 기능 행동 발견	같은 기능을 하는 대체 가능한 행동을 찾음
대안적 긍정행동 선정	문제행동을 대신할 긍정적 행동 탐색
결정 요인 발견	행동문제의 원인이 되는 환경 요인을 밝힘
기능적 분석	행동과 그 유발 요인 간의 통제가 가능하고 반복적인 관계를 분석
치료 전략 고안	분석 결과에 따라 개입 전략을 계획함
개입 효과평가	• 개입 전·중·후의 변화를 추적하여 치료 효과 확인 • 치료적 관계 촉진: 평가 과정 자체가 내담자와의 신뢰형성에 기여

빈출 핵심 발문

• 행동평가에 관한 설명으로 가장 옳은 것은?
• 행동평가와 전통적 심리평가 간의 차이점으로 옳지 않은 것은?
• 행동적 평가요소에 관한 설명으로 옳은 것은?
• 행동평가방법에 관한 설명으로 옳지 않은 것은?

(2) 행동평가의 접근방식 [기출] 22, 18년

① **인지행동적 평가**: 내담자의 문제행동이 어떤 상황에서 유발되고(선행조건), 그 행동이 어떤 결과에 의해 강화 또는 유지되는지(환경적 유인가), 보상의 대체원, 귀인방식에 대하여 중점적으로 살펴본다.

② **기술지향적 평가**: 내담자의 현재 행동을 서술하고 측정하는 데 초점을 둔다.

③ **정신역동적 평가**: 내담자의 무의식적 동기, 초기 경험 등의 내면세계를 강조한다.

④ **다축 분류체계평가**: 내담자의 임상적 증상, 성격 및 발달적 문제, 신체 질환, 환경적 스트레스, 전반적 기능 수준 등 다양한 차원을 포괄적으로 평가한다.

(3) 행동평가방법 [기출] 24~22, 20, 18, 16년

TIP 행동관찰은 행동평가를 위한 하나의 수단으로, 행동관찰방법이 곧 행동평가방법이라고 할 수 있습니다.

자연관찰 (직접관찰)	관찰자가 자연스러운 환경 내에서 일어나는 참여자의 행동을 개입 없이 관찰하고 기록하는 방법
유사관찰 (통제된 관찰)	실제 생활 상황을 모방한 구조화된 환경이나 조건에서 참여자의 행동을 관찰하는 방법
참여관찰	관찰자가 직접 상황에 참여하여 관찰하는 방법
자기관찰 (자기감찰·탐지)	내담자가 자신의 행동, 사고, 정서 등을 스스로 관찰하고 기록하는 기법

2. 지능평가

(1) 개념: 개인의 인지적 능력, 즉 학습능력, 추리력, 문제해결능력, 언어능력, 기억, 처리속도 등을 측정하기 위한 평가이다.

(2) 종류

TIP 지능평가에 대한 자세한 설명은 3과목 02. 지능검사(246쪽)에서 정리하였습니다.

스탠포드 – 비네 검사	최초의 지능검사인 비네–시몽 검사를 터먼이 개정한 것으로, 정신연령의 개념을 도입하였고 비율지능지수를 활용함
카우프만 아동용 지능검사	아동의 정보처리와 인지능력을 측정하기 위해 카우프만이 개발한 지능검사
웩슬러 지능검사	• 웩슬러가 제작한 지능검사로, 성인용(WAIS), 아동용(WISC), 유아용(WPPSI)으로 구성된 검사 • 비율지능지수의 한계를 인식하고 편차지능지수의 개념을 활용함

3. 성격평가

(1) 개념: 개인의 고유한 심리적 특성을 측정하여 성격 구조와 기능을 이해하고, 심리적 개입 방향을 설정하는 데 도움을 주는 평가이다.

(2) 종류

TIP 성격평가에 대한 자세한 설명은 3과목 03. 성격검사(263쪽)에서 정리하였습니다.

미네소타 다면적 인성검사(MMPI)	개인의 성격특성과 정신병리 수준을 측정하기 위해 개발된 세계적으로 가장 널리 사용되는 표준화된 자기보고형 성격검사
MBTI 검사	융(Jung)의 성격이론을 기반으로 마이어스(Myers)와 브릭스(Briggs)가 제작한 자기보고식 성격검사로, 16가지 성격 유형으로 구분함

16 성격 요인검사 (16 PF)	카텔(Cattell)이 인간의 행동을 기술하는 수많은 형용사에서 최소한의 공통 요인 16가지를 추출하여 만들어진 심리검사
성격평가질문지 (PAI)	미국의 심리학자 모리(Morey)가 개발한 성인용 성격검사로서 자기보고식 질문지
주제통각검사 (TAT)	모호한 그림자극에 대해 피검자가 이야기를 구성하게 하여 무의식적 욕구, 갈등, 대인관계 양상, 성격특성 등을 탐색하는 투사적 성격검사
로샤(로르샤흐) 검사	1921년 헤르만 로르샤흐(Hermann Rorschach)가 고안한 대표적인 투사적 성격검사
문장완성검사 (SCT)	미완성된 문장의 뒷부분을 피검자로 하여금 완성하게 하여 피검자의 지각, 태도, 성격특성을 파악할 수 있는 투사검사

기출(복원)문제

01 최근 컴퓨터는 임상실무에서의 치료 효과평가에 점차 그 사용이 확대되고 있다. 전산화된 심리평가에 관한 설명으로 옳은 것은? 20년

① 컴퓨터 기반 검사는 시행 시간을 절약해 주지만 검사자 편파가능성이 높아진다.
② 컴퓨터 기반 보고서는 임상가를 대체하는 임상적 판단을 제공할 수 있다.
③ 컴퓨터 기반 검사를 사용하면 임상가가 유능하지 못한 영역에서도 임상적 판단을 제공할 수 있다.
④ 컴퓨터평가 기반 해석의 경우 짧거나 중간 정도의 분량을 지닌 진술이 긴 분량의 진술에 비해 일반적으로 타당한 경우가 더 많다.

빈출
02 심리평가에서 임상적 예측을 시행할 때 자료통계적 접근법이 더욱 권장되는 경우는? 25년, 24년, 20년

① 매우 드물게 발생하며, 비정상적인 사건으로서 지극히 개인적인 일을 예측하고 판단 내려야 하는 경우
② 다수의 이질적인 표본들을 대상으로 한 경우로 한 개인의 특성에 대한 관심은 적은 경우
③ 적절한 검사가 없는 영역이나 사건에 대한 정보가 필요한 경우
④ 예측하지 못한 상황변수가 발생하여 공식이 유용하지 않게 되는 경우

빈출
03 다음 중 면접질문의 유형과 예로 잘못 짝지어진 것은? 24년, 22년, 18년

① 개방형 – 당신은 그 상황에서 분노를 경험했나요?
② 촉진형 – 조금만 더 자세히 말씀해 주시겠습니까?
③ 직면형 – 이전에 당신은 이렇게 말했는데요.
④ 명료형 – 당신이 그렇게 느꼈다는 말인가요?

빈출
04 정신상태검사(Mental Status Examination)에서 파악하는 항목과 가장 거리가 먼 것은? 25년, 24년, 16년

① 감각기능 – 의식 상태, 주의력, 기억력 등
② 인지기능 – 내담자의 치료 동기 파악
③ 지각장애 – 착각, 환각의 유무 등
④ 지남력 – 시간, 장소, 사람 지남력

---

01 심리평가의 개요–심리평가의 개념과 특징
전산화된 심리평가는 진술의 길이가 짧거나 중간 정도일 경우, 긴 진술보다 더 높은 타당성을 보인다.

02 심리평가의 개요–심리평가의 접근방식
오답해설
①, ③, ④ 임상적 접근이 더 적합한 경우에 해당한다.

03 심리평가를 위한 자료수집방법–면접의 기술
예/아니오로 대답이 가능한 질문은 폐쇄형 질문이다.

04 심리평가를 위한 자료수집방법–면접의 종류
정신상태검사는 감각 및 인지기능, 지남력, 지각장애, 언어, 통찰력 등을 판단하여 내담자의 현재 정신적 기능을 평가하는 검사로, 치료 동기를 파악하는 것은 검사의 평가 목적에 맞지 않다.

정답 01 ④ 02 ② 03 ① 04 ②

QR코드의 OMR 답안지로 문제를 반복해서 풀어 본 후,
문항 번호 아래 박스에 회독한 만큼 체크해 보세요.

회독용 OMR

05 평가면접에서 면접자의 태도에 대한 설명으로 옳지 않은 것은?   23년, 21년

① 수용 – 내담자의 가치에 대한 기본적인 존중과 관련되어 있다.
② 해석 – 면접자가 자신의 내면과 부합하는 심상을 수용하는 것과 관련되어 있다.
③ 이해 – 내담자의 관점에서 세계를 보기 위한 노력과 관련되어 있다.
④ 진실성 – 면접자의 내면과 부합하는 것을 전달하는 정도와 관련되어 있다.

06 환자와의 초기면접에서 면접자가 주로 탐색하는 정보의 내용이 아닌 것은?   23년

① 환자의 증상과 주 호소, 도움을 요청하게 된 이유
② 최근 환자의 적응기제를 혼란시킨 스트레스 사건의 유무
③ 면접 과정에서 드러난 고통스러운 경험에 대한 이해와 심리적 격려
④ 기질적 장애의 가능성 및 의학적 자문의 필요성에 대한 탐색

07 다음 중 접수면접의 주요 목적과 가장 거리가 먼 것은?   21년

① 환자를 병원이나 진료소에 의뢰할지를 고려한다.
② 제공되는 서비스에 대한 환자의 질문에 대답한다.
③ 환자에게 신뢰, 라포 및 희망을 심어주려고 시도한다.
④ 환자가 자신이나 다른 사람을 해칠 중대한 위험 상태에 있는지 결정한다.

05 심리평가를 위한 자료수집방법 – 면접 시 면접자의 태도
해석은 면접자가 내담자의 심상을 이해하고 설명하는 과정으로, 면접의 주관적 태도에 포함되는 개념이 아니라, 내담자의 경험과 행동의 의미를 파악하는 과정이다.

06 심리평가를 위한 자료수집방법 – 면접의 종류
내담자의 고통스러운 경험에 대한 이해나 심리적 격려는 중기 이후 면접이나 상담관계형성 후에 진행되는 개입이라고 볼 수 있다.

07 심리평가를 위한 자료수집방법 – 면접의 종류
내담자의 자·타해 위험성 평가(위험성 사정)는 별도의 심층평가 절차를 통해 수행되는 것으로, 전반적인 문제를 파악하는 접수면접의 목적과는 구별된다.

정답 05 ② 06 ③ 07 ④

08 다음과 같은 면접의 유형은? · 24년

> 이 면접은 전형적으로 인지, 정서 혹은 행동에 문제가 있는지 여부를 신속히 평가하고, 흔히 비구조적으로 행해졌기 때문에 신뢰도가 다소 낮은 한계점이 있었다. 이 문제를 보완하기 위해 구조적 면접이 고안되었고, 다양한 영역에서 보이는 행동을 포함하기 위해 특별한 질문이 보완되고 있다. 다양한 정신건강 전문가들을 위한 중요한 임상면접 중 하나이다.

① 개인력 면접
② 접수면접
③ 진단적 면접
④ 정신상태검사면접

09 임상적 면접에서 사용되는 바람직한 의사소통기술에 해당되는 것은? · 23년, 20년, 16년

① 면접자 자신의 사적인 이야기를 꺼내는 데 주저하지 않는다.
② 침묵이 길어지지 않게 하기 위해 면접자는 즉각 개입할 준비를 한다.
③ 내담자의 감정보다는 얻고자 하는 정보에 주목한다.
④ 환자가 의도한 대로 단어들을 이해하기 위해 노력한다.

---

08 심리평가를 위한 자료수집방법 – 면접의 종류

오답해설
① 개인력 면접은 내담자의 발달사 및 생활사 등 가능한 많은 개인적·사회적 정보를 수집하는 면접이다.
② 접수면접은 내담자의 문제를 전반적으로 파악하여 적절한 치료 방향이나 중재계획을 설정하기 위해 실시하는 면접이다.
③ 진단적 면접은 임상적 진단을 위한 목적으로 수행되는 면접이다.

09 심리평가를 위한 자료수집방법 – 면접의 기술

오답해설
① 면접자의 자기노출은 내담자와의 라포형성에 도움을 주지만, 때로는 위험을 수반하기 때문에 신중하게 진행하여야 한다.
② 내담자가 침묵하는 이유는 다양하므로, 즉각적으로 개입하는 것보단 내담자가 반응할 때까지 관찰하며 기다리는 것이 좋다.
③ 내담자의 언어적 표현뿐만 아니라 비언어적 표현도 파악하여, 내담자의 감정과 맥락까지 수용하여야 한다.

정답 08 ④ 09 ④

10 접수면접의 목적에 대한 설명으로 가장 적합한 것은?

21년

① 환자의 심리적 기능 수준과 망상, 섬망 또는 치매와 같은 이상 정신현상의 유무를 선별하기 위해 실시한다.
② 가장 적절한 치료나 중재계획을 권고하고 환자의 증상이나 관심을 더 잘 이해하기 위해 실시한다.
③ 환자가 중대하고 외상적이거나 생명을 위협하는 위기에 있을 때 그 상황에서 구해내기 위해서 실시한다.
④ 환자가 보고하는 증상들과 문제들을 진단으로 분류하기 위해서 실시한다.

11 초기 접수면접에 관한 설명과 가장 거리가 먼 것은?

20년

① 환자가 미래의 문제들을 잘 다룰 수 있는지에 초점을 맞춰야 한다.
② 내원 사유를 정확히 파악해야 한다.
③ 기관의 서비스가 환자의 필요와 기대에 부응하는지 판단해야 한다.
④ 치료에 대해 가질 수 있는 비현실적 기대를 줄여줄 수 있어야 한다.

12 통제된 관찰에 관한 설명으로 적합하지 않은 것은?

20년

① 스트레스 면접은 통제된 관찰의 한 유형이다.
② 자기–탐지기법은 통제된 관찰의 한 유형이다.
③ 역할시연은 가장 일반적으로 사용되는 통제된 관찰 유형이다.
④ 모의실험방식에서 관심행동이 나타나도록 하는 유형이다.

---

10 심리평가를 위한 자료수집방법 – 면접의 종류
접수면접(초기면접)은 내담자의 문제를 전반적으로 이해하고, 가장 적절한 치료 방향이나 중재계획을 설정하기 위해 실시하는 면접이다.

11 심리평가를 위한 자료수집방법 – 면접의 종류
접수면접은 내담자의 미래 문제해결능력에 대한 평가를 다루지 않는다.

12 심리평가를 위한 자료수집방법 – 행동관찰
자기–탐지(자기관찰)기법은 내담자가 스스로 자신의 행동, 사고, 감정 등을 관찰하고 기록하는 방법으로, 통제된 관찰과는 구분된다.

13 신경인지장애가 의심되는 경우 주로 사용하는 구조화된 면접법은? 20년

① SADS(Schedule for Affective Disorders and Schizophrenia)
② 개인력 청취
③ SIRS(Structured Interview of Reported Symptoms)
④ 정신상태평가

14 행동관찰에 대한 설명으로 틀린 것은? 20년

① 면접을 통해서 얻어진 정보에 비해서 의도적 또는 비의도적으로 왜곡될 가능성이 더 적다.
② 연구자 스스로 관심을 가지고 있는 문제를 볼 수 있는 기회를 제공해 준다.
③ 표적행동을 분명하게 정의하기 위하여 조작적 정의를 개발하는 것이 필요하다.
④ 외현적 – 운동행동뿐만 아니라 인지와 정서적 상태에 대한 정보를 풍부하게 얻을 수 있다.

빈출
15 치료장면에서 효과적인 경청과 가장 거리가 먼 것은? 25년, 22년, 17년

① 내담자가 자신의 문제를 심각하게 얘기하지만, 치료자가 보기에는 그렇지 않을 때에는 중단시킨다.
② 치료자는 반응을 보이기에 앞서 내담자가 스스로 말할 시간을 충분히 주려고 한다.
③ 치료자는 내담자에게 주의를 많이 기울인다.
④ 내담자가 문제점을 피력할 때 가로막지 않는다.

---

13 심리평가를 위한 자료수집방법 – 면접의 종류

오답해설
① SADS는 우울증, 양극성 장애, 조현병 등 주요 정신 질환의 진단을 위한 구조화된 면접이다.
② 개인력 청취는 내담자의 가족력, 병력, 성장 과정 등을 탐색하는 비구조화 면접이다.
③ SIRS는 꾀병 또는 증상 과장 여부를 평가하기 위한 구조화 면접이다.

14 심리평가를 위한 자료수집방법 – 행동관찰
행동관찰은 관찰 가능한 외현적 행동을 주로 기록하고 분석한다. 인지적 과정이나 내면의 정서 상태는 행동관찰을 통해 파악하기 어렵다.

15 심리평가를 위한 자료수집방법 – 면접의 기술
면접자가 내담자의 말에 대한 심각성을 주관적으로 평가하여 말을 중단시키는 것은 효과적인 경청의 원칙에 어긋난다.

정답 13 ④ 14 ④ 15 ①

16 행동평가방법에 관한 설명으로 옳지 않은 것은?

24년, 23년, 22년, 16년

① 자연관찰은 참여자가 아닌 관찰자가 환경 내에서 일어나는 참여자의 행동을 관찰하고 기록하는 방법이다.
② 유사관찰은 제한이 없는 환경에서 관찰하는 방법이다.
③ 참여관찰은 관찰하고자 하는 개인이 자연스러운 환경에 관여하면서 기록하는 방식이다.
④ 자기관찰은 자신이 개인과 환경 간의 상호작용에 관한 자료를 수집하도록 한다.

17 내담자를 평가할 때 문제행동의 선행조건, 환경적 유인가, 보상의 대체원, 귀인방식과 같은 요소를 중요하게 여기는 평가방법은?

22년, 18년

① 기술지향적 평가
② 인지행동적 평가
③ 정신역동적 평가
④ 다축 분류체계평가

---

16 심리평가의 주요 영역별 종류-행동평가방법

오답해설

① 자연관찰은 관찰자가 실제 생활 환경(예 교실, 가정 등)에서 피관찰자의 행동을 직접 관찰하고 기록하는 방법이다.
③ 참여관찰은 관찰자가 상황에 참여하여 대상자와 함께 활동하면서 행동을 관찰하는 방식이다.
④ 자기관찰은 내담자가 자신의 행동, 사고, 감정 등을 스스로 기록하며 자료를 수집하는 방법이다.

17 심리평가의 주요 영역별 종류-행동평가의 접근방식

오답해설

① 기술지향적 평가는 내담자의 현재 행동을 서술하고 측정하는 데 초점을 둔다.
③ 정신역동적 평가는 내담자의 무의식적 동기, 초기 경험 등의 내면세계를 강조한다.
④ 다축 분류체계평가는 내담자의 임상적 증상, 성격 및 발달적 문제 등 다양한 차원을 포괄적으로 평가한다.

정답 16 ② 17 ②

18 행동평가에 관한 설명으로 가장 옳은 것은?

22년, 21년, 17년

① 자연적인 상황에서 실제 발생한 것만을 대상으로 평가한다.
② 행동표본은 내면 심리를 반영한 것으로 해석된다.
③ 특정 표적행동의 조작적 정의가 상이할 수 있음을 고려해야 한다.
④ 관찰 결과는 요구특성이나 피험자의 반응성 요인과는 무관하다.

19 행동평가와 전통적 심리평가 간의 차이점으로 옳지 않은 것은?

23년, 21년, 18년

① 행동평가는 추론의 수준이 높다.
② 행동평가에서 성격의 구성개념은 주로 특정한 행동패턴을 요약하기 위해 사용된다.
③ 전통적 심리평가는 예후를 알고, 예측하기 위한 것이다.
④ 전통적 심리평가는 개인 간이나 보편적 법칙을 강조한다.

20 행동평가의 목적에 해당하지 않는 것은?

21년

① 처치를 수정하기
② 진단명을 탐색하기
③ 적절한 처치를 선별하기
④ 문제행동과 그것을 유지하는 조건을 확인하기

---

18 심리평가의 주요 영역별 종류-행동평가의 개요

오답해설
① 자연적 상황뿐 아니라 이를 모방한 구조화된 상황도 대상으로 한다.
② 행동평가는 관찰 가능한 외현적인 행동 자체를 평가한다.
④ 결과는 내담자의 반응성 등의 영향을 받아 달라질 수 있다.

19 심리평가의 주요 영역별 종류-행동평가의 개요
행동평가는 직접 관찰된 행동에 대해 평가하므로 추론 수준이 낮다.

20 심리평가의 주요 영역별 종류-행동평가의 개요
행동평가는 진단명 자체를 탐색하거나 분류하는 데 중점을 두지 않고, 구체적인 문제행동과 이를 유지시키는 환경적 요인을 파악하여 실질적인 개입과 처치를 위한 정보를 수집하는 것을 목적으로 한다.

정답 18 ③ 19 ① 20 ②

빈출

21 행동적 평가요소에 관한 설명으로 옳은 것은?

25년, 22년, 17년

① 목적 – 병인론적 요인을 확인하기 위해 강조된다.
② 과거력의 역할 – 현재 상태가 과거의 산물이라 생각하기 때문에 중시된다.
③ 행동의 역할 – 특정한 상황에서 사람의 행동목록의 표본으로 중시된다.
④ 도구의 구성 – 상황적 특성보다는 초맥락적 일관성을 강조한다.

22 행동평가방법 중 흡연자의 흡연 개수, 비만자의 음식 섭취 등을 알아보는 데 가장 적합한 방법은?

22년, 18년

① 자기감찰
② 행동관찰
③ 참여관찰
④ 평정척도

23 임상클리닉에 설치된 일방거울(One-way Mirror)을 통해 결혼생활에 문제가 있는 부부의 대화 및 상호작용을 관찰하여 이들의 의사소통 문제를 평가하였다면 이러한 관찰법은?

24년

① 자연관찰법(Naturalistic Observation)
② 유사관찰법(Analogue Observation)
③ 자기관찰법(Self-monitoring Observation)
④ 참여관찰법(Participant Observation)

---

21 심리평가의 주요 영역별 종류–행동평가의 개요

오답해설

①, ② 행동평가는 현재의 문제나 증상이 생기게 된 과거의 원인 또는 배경적 요인보다는 현재 관찰 가능한 행동에 초점을 둔다.
④ 동일한 행동이라도 상황에 따라 다른 의미와 기능을 가질 수 있기 때문에 상황적 특수성을 강조한다.

22 심리평가의 주요 영역별 종류–행동평가방법

일상생활 속에서 빈번하게 발생하는 행동을 외부 관찰자가 모두 확인하기 어렵기 때문에, 자신의 행동을 직접 체크하는 자기관찰(감찰)방법이 가장 적합하다.

23 심리평가의 주요 영역별 종류–행동평가방법

임상클리닉이라는 제한된 장소에서 실제 상황을 모방한 일방거울을 통해 관찰하였기 때문에, 이는 유사관찰법에 해당한다.

Ⅳ. 임상심리학

03 심리치료

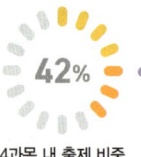

4과목 내 출제 비중

| 공략 포인트
- 심리치료의 치료기법에 대한 출제 비중이 매우 높은 편입니다. 특히, 정신분석적·행동주의적 치료기법이 자주 출제되는 편이니 개념을 잘 정리해 두세요.
- 인지치료기법 중 벡의 인지삼제, 인지왜곡에 대한 내용도 자주 출제되는 편이니 잘 알아두어야 합니다.
- 치료자의 태도와 관련하여 적극적 경청의 주요 기법에 대한 문제도 종종 나오는 편이니 잘 기억해 두세요.

| 수험 키워드!
\# 적극적 경청
\# 정신역동적 치료
\# 인간중심치료
\# 행동치료
\# 인지행동치료
\# 현실치료

1 심리치료의 기본개념

1. 심리치료의 개념과 목적

(1) 개념: 인지적 기능(사고장애)·감정적 기능(정서적 고통)·행동적 기능(행동의 부적절, 부적응) 중 일부영역이나 전체영역에서 생기는 고통을 개선하는 과정을 의미한다.

(2) 목적

고통 완화	불안, 우울, 분노 등 부적응적 정서 상태를 완화하고 조절할 수 있도록 도움
적응기능 회복	일상생활, 대인관계, 사회적 역할수행 등에서의 기능을 향상시킴
자기이해 증진	내담자가 자신의 감정, 사고, 행동패턴을 인식하고 통찰하게 도움
내담자의 변화 촉진	역기능적 사고와 행동을 수정하고, 보다 적응적인 방식으로 변화하도록 지원함
심리적 자원 강화	스트레스 대처능력, 자기조절력, 문제해결력 등 심리 내적 자원을 개발하도록 함

2. 심리적 개입

(1) 개념: 내담자의 심리적 문제를 완화하고, 심리·사회적 기능 회복을 돕기 위한 과정이다.

(2) 특징: 계획된 상담, 치료, 행동수정 등의 전략을 통해 내담자에게 적절한 개입을 실행한다.

(3) 개입의 단계와 요소

① 개입의 단계

임상적 평가	• 내담자에 대한 심리적 정보를 수집함 • 면접, 검사 등을 실시함
임상적 판단	자료 종합 → 문제이해 → 개입 방향 결정
임상적 해석	판단 내용을 이론적으로 풀어 의미를 부여하는 추론 과정을 의미함

② 개입의 주요 실행요소

정확한 문제평가	문제행동에 대해 체계적이고 정확한 평가를 실시함
목표행동의 구체화	개입목표행동을 구체화하여 임상적 문제를 조작 가능하게 만듦
단계별 평가수행	치료의 초기, 중기, 후기단계에 걸쳐 다중적으로 평가를 진행함
평가 기반 치료수정	평가 결과를 바탕으로 치료계획을 수정하거나 필요한 정보를 제공함

개념플러스 심리적 개입 과정 중 관찰되는 일반적 특징 [기출 22년]

- 내담자는 치료자가 아무런 요구 없이 인간으로서의 관심만을 베푼다는 것을 경험함
- 상담은 일반적이고 추상적인 자료보다는 그 상황에서의 실제행동과 경험을 다루어야 함
- 내담자의 행동 및 정서변환의 전환은 점진적이며, 상담관계 내 경험을 통해 촉진됨
- 다양한 치료 유형이 존재하지만, 치료 효과를 유도하는 공통 요인이 존재함

3. 임상적 판단과 해석

(1) 개념

① 임상적 판단❓ : 다양한 심리적 자료(면담, 행동관찰, 검사 등)를 종합하여 내담자의 문제를 이해하고, 적절한 개입방법을 결정하는 전반적인 사고 과정을 의미한다.

② 임상적 해석
  ㉠ 평가를 마치는 순간 시작되는 추론 과정으로, 수집된 심리 자료에 의미를 부여하는 추론적 과정이며, 판단의 핵심구성요소 중 하나이다.
  ㉡ 임상심리학적 판단은 주로 해석을 통해 실현된다. 따라서 해석이 이루어지는 절차와 정확성을 이해하는 것은 매우 중요하다.

(2) 임상적 판단과 해석 수준 향상을 위한 고려사항

정보에 대한 신중함 유지	많은 정보에 대해 신중함을 유지하며, 섣불리 판단하지 않도록 함
과잉 해석 지양	사소한 경험이나 사건에 과도한 의미를 부여하거나 위험성을 확대 해석하지 않도록 주의함
과도한 일반화 지양	애매한 해석을 단정적으로 기록하지 않으며, 기록에 자신의 편견이 개입되지 않도록 함
이론에 근거한 해석 유지	모호한 개념은 이론적 틀에 근거해 구조화된 면접과 평가방법으로 해석하며, 주관적 추측이나 보고서의 편향된 표현에 치우치지 않도록 주의함
예측에 대한 경계 유지	하나의 관찰 결과로 미래 행동을 예단하지 않도록 함
불확실한 상황에 대한 해석 자제	충분한 정보 없이 특정 행동의 의미를 해석하려는 시도는 경계해야 함
오류에 대한 가능성 인지	판단에 오류 가능성이 있음을 인식하고, 자신의 선입견으로 인한 해석을 경계함
객관성 유지	내담자의 배경이나 선입견이 해석에 영향을 미치지 않도록 객관성을 유지함

참고 임상적 판단 시 고려사항
- 내담자의 상태를 종합적으로 이해해야 함
- 문제의 원인, 경과, 예후 등을 예측해야 함
- 적절한 치료 접근을 결정해야 함

2 심리치료의 기술 및 유의점

1. 주요 기술

(1) 관심 기울이기(SOLER): 상담치료에서의 미시적 기법은 각각의 앞글자를 따 'SOLER'로 요약할 수 있다.

S(Squarely)	내담자와 정면으로 마주보며 관심과 집중을 표현함
O(Open)	팔짱을 끼지 않거나 다리를 꼬지 않는 등, 개방적인 자세로 내담자에게 편안함을 전달함
L(Lean)	때때로 내담자 쪽으로 몸을 살짝 기울여, 관심을 기울이고 있다는 태도를 보여줌
E(Eye contact)	지나치지 않게, 자연스럽고 따뜻한 눈맞춤을 유지하며 신뢰감을 형성함
R(Relaxed)	긴장하지 않고, 편안하고 부드러운 자세를 유지하여 내담자가 안정감을 느낄 수 있도록 함

(2) 적극적 경청⁺(Cormier & Cormier) 기출 25~22, 20년

① 개념
  ㉠ 내담자의 말에 단순히 귀 기울이는 것을 넘어, 그 말에 담긴 감정과 의도를 깊이 있게 이해하려는 태도를 의미한다.
  ㉡ 단어의 표면적인 의미뿐 아니라 그 이면에 담긴 비언어적 신호나 정서적 맥락까지 파악하려는 노력으로, 내담자가 직접 표현하지 않은 감정에까지 관심을 기울이는 것을 포함한다.

② 적극적 경청⁺의 주요 기법

부연	내담자의 진술 중 핵심 내용을 치료자가 간결하고 명확하게 다시 말해주는 것
반영	내담자의 말과 행동에서 표현된 기본적인 감정, 생각 및 태도를 치료자가 다른 참신한 말로 부연해 주는 것
요약	내담자의 말 중 핵심적인 내용과 감정을 묶어 정리해주는 것으로, 주제를 정리하거나 다음 단계로 나아갈 때 유용함
명료화	내담자의 메시지가 치료자에게 충분히 이해되었는지를 확인하고, 필요한 경우 보다 분명하게 하기 위해 질문을 던짐

(3) 비언어적 행동 파악

① 내담자는 비언어적 행동을 통해서도 메시지를 전달하므로, 치료자는 이를 왜곡하거나 확대하지 않고 읽는 방법을 학습할 필요가 있다.
② 전문적인 치료자는 아래와 같은 내담자의 비언어적 행동을 듣고, 읽고, 배우는 데 능통하다.

행동	자세, 몸의 움직임, 제스처
특징	건강, 키, 몸무게, 안색 등
표정	미소를 짓거나 미간을 찌푸리거나, 눈썹을 치켜세우는 등의 얼굴 표정
생리적 반응	목소리의 톤, 음률의 고저, 어조, 억양, 단어 띄우기, 침묵, 말의 유창함, 가쁜 숨, 일시적 발진, 창백, 동공확대 등의 자율신경에 의한 관찰 가능한 생리적 반응
외관	옷차림새 등

빈출 핵심 발문

- Cormier와 Cormier가 제시한 **적극적 경청기술**과 그 내용에 해당하지 않는 것은?
- 내담자의 말과 행동에서 표현된 기본적인 감정, 생각 및 태도를 **상담자가 다른 참신한 말로 부연해** 주는 것은?

심화 경청과 적극적 경청의 차이

- 경청은 단순히 소리를 듣는 것을 넘어, 상대방의 말을 주의 깊게 듣고 이해하려는 기본적인 행위
- 적극적 경청은 단순한 경청의 의미를 넘어, 상대방의 메시지를 완전히 이해하고, 공감하며, 자신이 이해했음을 적극적으로 표현하는 것

심화 완벽한 경청을 위한 4가지 조건

- 내담자의 언어적 메시지를 듣고 이해함
- 내담자가 나타내는 자세, 얼굴표정, 몸의 움직임, 목소리 등의 비언어적 행동을 관찰하고 이해함
- 내담자가 처해 있는 사회 환경이라는 상황 속에서 내담자를 볼 수 있어야 함
- 내담자가 언젠가는 깨닫고 변화시켜야 할 문제까지도 주의 깊게 들을 수 있어야 함

(4) 해석

> **TIP** 해석은 심리치료의 기술 중 하나에 속하나, Cormier & Cormier의 '적극적 경청'기법에는 포함되지 않으니 이 점을 유의하세요.

① 내담자의 말이나 행동 이면에 숨어 있는 의미를 치료자가 설명해주는 과정이다.
② 내담자가 말하지 않은 무의식적 의미를 치료자가 추론을 통해 설명을 덧붙인다.
③ 치료자의 해석을 통해 내담자 스스로 자신의 문제를 새로운 시각으로 접근할 수 있도록 한다.

(5) 지지하기
지지적이며 공감적인 분위기를 조성하기 위해 사용하는 것으로, 치료자와 내담자 간의 신뢰감·친밀감을 형성한다.

2. 심리치료기술 적용 시 유의점

기법 적용의 맥락적 고려	치료기법은 내담자의 문제 유형, 치료단계, 개인적 특성에 따라 달리 적용되어야 함 → 기계적·일률적 사용은 오히려 저항을 유발하거나 신뢰감을 저해할 수 있으므로 유의해야 함
치료자의 자기점검	치료자는 사용하는 기법이 내담자에게 어떤 영향을 주는지를 지속적으로 점검할 필요가 있음 → 정기적인 사례회의나 슈퍼비전을 통해 자신의 개입방식이 적절했는지 돌아보는 자세가 필요함

3 주요 심리치료기법

1. 정신분석(역동)적 치료기법 기출 23, 21~20, 16년

(1) 개념: 고전적 정신분석이론에 뿌리를 두고 있으며, 다음과 같은 특징을 가진다.

무의식 탐색	내담자의 무의식에 존재하는 갈등과 욕구를 탐색하여, 의식화함으로써 통찰을 도움
과거 경험의 중요성	특히 아동기와 초기 대인관계에서 형성된 경험이 현재의 심리적 어려움이나 이상행동에 영향을 준다고 봄
반복되는 대인관계패턴 탐색	내담자가 과거 관계에서 경험한 역동이 현재 인간관계에서도 반복될 수 있음을 전제로 함
방어기제의 이해와 해석	내담자가 사용하는 심리적 방어기제를 탐색하고, 그것이 현재의 문제에 어떻게 작용하는지 이해함
근본 원인에 대한 통찰을 통한 변화	심리적 증상이나 갈등의 표면적 해결보다는, 그 이면에 있는 근본 원인을 이해하고 변화시키는 것을 목표로 함

(2) 목적

① 치료적 관계 내에서 무의식을 직면하고 방어를 무너뜨리는 것이 정신분석의 목표이다.
② 기본적인 목표는 통찰을 통해 무의식의 억압으로부터 자유로워지는 것이다.

(3) 대표 치료기법: 정신분석(역동)적 치료 기출 25, 23, 21~18, 16년

① 프로이트(Freud)가 1890년대 말~1900년대 초에 정신분석이론을 정립하면서 '무의식의 탐색을 통한 치료'를 제시하여 정신분석적 치료의 원형을 마련하였다.

빈출 핵심 발문

[정신분석적 치료기법]
- **방어기제**에 대한 개념과 설명이 옳게 연결된 것은?
- 심리치료 과정에서 **저항이 일어나는 일반적인 이유**와 가장 거리가 먼 것은?
- 자신의 초기 경험이 타인에 대한 확장된 인식과 관계를 맺는다는 가정을 강조하는 **치료적 접근**은?

[인본주의적 치료기법]
- 심리치료 장면에서 **치료자의 3가지 기본특성 혹은 태도**가 강조된다. 이는 **인간중심 심리치료**의 기본적 치료기제로도 알려져 있는데, 이러한 치료자의 기본특성에 해당되지 않는 것은?

[행동주의적 치료기법]
- 다음 중 **유관학습**의 가장 적합한 예는?
- 골수 이식을 받아야 하는 아동에게 불안과 고통에 대처하도록 돕기 위하여 교육용 비디오를 보게 하는 **치료법**은?
- 사회기술 훈련 프로그램의 **구성요소**와 가장 거리가 먼 것은?

② 주요 개념

자유연상		• 환자로 하여금 떠오르는 모든 것을 말하게 하는 것 • 한 연상이 다른 연상을 이끌 것이라고 가정함 • 연상은 무의식적 사고와 충동에 점차 더 가까워짐
꿈의 분석		• 꿈을 인간의 무의식 속 본질을 잘 드러내 준다고 여김 • 꿈의 표면 내용: 꿈에서 실제로 발생한 것 • 꿈의 잠재 내용: 꿈에서 발생한 것의 상징적 의미 • 잠재 내용을 알기 위해 꿈에 대한 자유연상을 격려함
전이와 역전이	전이	• 내담자가 과거 중요 인물(예 부모, 형제 등)에게 가졌던 감정과 태도를 치료자에게 무의식적으로 옮겨서 경험하는 것 • 과거 대인관계패턴이 치료관계 안에서 재현됨
	역전이	• 치료자가 과거의 관계에서 경험한 감정을 내담자에게 투사하는 현상 • 내담자의 태도나 반응에 대해 치료자가 개인적인 정서로 반응하는 심리적 작용 • 치료자가 내담자를 과거 인물과 동일시하여 왜곡된 반응을 보일 수 있음 • 상담관계에서 적절한 거리 유지와 자기조절능력 확보가 중요함

③ 방어기제

TIP 방어기제에 대한 자세한 설명은 1과목 03. 성격심리학(50쪽)에서 정리하였습니다.

투사	자신의 받아들이기 힘든 감정이나 충동을 타인에게 전가함 예 "저 사람이 나를 싫어하는 것 같아" (사실은 내가 상대방을 싫어함)
해리	의식세계에서 수용하기 힘든 성격의 일부가 자아를 벗어나 독립된 기능을 수행하는 것 예 지킬박사와 하이드
반동형성	받아들이기 어려운 무의식적 충동을 의식적으로 정반대되는 행동이나 태도로 표현함 예 질투심을 느끼는 친구에게 지나치게 친절하게 대함
퇴행	스트레스 상황에서 어린 시절 행동양식으로 후퇴함 예 성인이 스트레스를 받을 때 이불 속에 숨어 울거나 떼쓰는 행동
억압	받아들이기 힘든 생각이나 기억을 무의식 속으로 밀어 넣음 예 어린 시절의 충격적 기억을 의식적으로 기억하지 못함
부인	고통스러운 현실을 인정하지 않고 부정함 예 심각한 질병 진단을 받고도 '나는 건강해'라고 생각함
합리화	받아들이기 힘든 행동이나 감정에 대해 논리적으로 그럴듯한 이유를 만들어 스스로를 정당화함 예 시험에 떨어진 후 "원래 별로 가고 싶지 않은 곳이었어"라고 말함
승화	사회적으로 용납되지 않는 충동을 수용 가능한 형태로 전환함 예 공격성을 스포츠나 예술 활동으로 표현함
전위 (전치, 대치)	어떤 대상에 대해 느낀 감정을 직접 표현하지 못하고 덜 위협적인 다른 대상에게 표출함 예 선생님에게 꾸중을 듣고 나서 동생에게 화풀이함
저항	고통과 불안한 기제가 의식세계로 떠오르는 것을 막는 것 예 내담자가 피하고 싶은 이야기를 하지 않고 침묵하는 것

• 기말고사에서 전 과목 100점을 받은 경희에게 선생님은 최우수상을 주고 친구들 앞에서 칭찬도 해주었다. 선생님이 경희에게 사용한 학습 원리는?

• 알코올 중독 환자에게 술을 마시면 구토를 유발하는 약을 투약하여 치료하는 기법은?

• 행동치료를 위해 현재 문제에 대한 기능 분석을 하면 규명할 수 있는 요소가 아닌 것은?

• 정신건강의학과 병동에 입원한 환자들 중 단체생활의 규칙을 잘 지키지 않는 환자들의 행동문제들을 개선하는 데 가장 효과적인 치료적 접근은?

[인지치료기법]

• 벡(Beck)의 우울증 인지행동치료에서 인지적 삼제(Cognitive Triad)로 옳지 않은 것은?

[기타 치료기법]

• 단기 심리치료에서 좋은 결과를 이끌어내기 위한 요인이 아닌 것은?

• 현실치료에 관한 설명으로 가장 적합한 것은?

• 집단치료의 치료요소에 대한 설명으로 옳은 것은?

| 개념플러스 | 심리치료 과정 중 **저항이 일어나는 일반적인 이유** 기출 25, 22, 17년 |

- 환자가 변화를 원하더라도 환자의 삶에 중요한 영향을 미치는 타인들이 현 상태를 유지하도록 방해할 수 있기 때문
- 부적응적 행동을 유지함으로써 얻는 이차적 이득을 환자가 포기하기 어렵기 때문
- 익숙한 행동을 변화시키려는 시도가 환자에게 위협을 주기 때문

④ 관계 중심 단기치료 모델의 유형

핵심적 갈등관계 주제 (C.C.R.T)	• 루보스키(Luborsky)가 발전시킨 모델로, 대상관계이론에 기반함 • 내담자가 현재 겪고 있는 문제를 분석하여, 반복되는 갈등 관계의 핵심 주제를 파악함 → 핵심 주제는 세 가지 요소[소망(W, 내담자가 원하는 것), 타인의 반응(RO, 소망에 대한 타인의 반응), 자기의 반응(RS, 타인의 반응에 대한 내담자의 반응)]으로 구성 • 내담자의 다양한 관계 이야기에서 이러한 패턴을 찾아내고, 내담자가 이를 인식하여 건강한 관계를 맺도록 도움
불안유발 단기치료 (단기 역동 정신치료)	• 다반루(Davanloo)와 말란(Malan) 등이 발전시킨 모델로, 정신분석적 원리에 기반함 • 내담자가 핵심 감정(정서)을 방어하고 억압하기 때문에 불안이 발생한다고 봄 • 갈등의 삼각형(Triangle of Conflict): 감정-불안-방어라는 세 요소의 역동을 핵심적으로 다룸 • 다른 정신역동 치료와 달리 치료자의 적극적인 개입이 존재하며, 내담자의 전이를 적극적으로 활용 • 내담자의 감정적 돌파를 유도하여, 오랜 기간 억압해온 무의식적 갈등을 단기간에 해결하려고 시도함
분리개별화	• 말러(Mahler)가 제시한 모델로, 대상관계이론의 핵심 발달 개념임 • 유아가 어머니로부터 심리적으로 분리되어 하나의 독립된 개체(Self)로 발달해 나가는 과정을 설명함 • 이 발달 과정이 제대로 이루어지지 않으면, 성인기에도 영향을 주어 타인에 대한 과도한 의존성, 관계 불안정성, 불안정한 자기개념 등의 문제가 발생할 수 있다고 봄 • 미해결된 발달과제를 확인하여 이에 대한 재경험·재구성을 통해 내담자의 건강한 분리와 개별화 경험 및 독립적이고 통합된 자아상 형성을 도움

(4) 정신분석적 접근방식의 해석 기출 23, 19년

① 내담자가 자신도 인식하지 못한 문제의 핵심 주제를 명확히 볼 수 있도록 사용한다.
② 내담자의 생각 중 명확하지 않은 부분에 대해 치료자가 추리하여 설명해 준다. 단, 충분한 근거와 맥락을 바탕으로 신중히 진행되어야 한다.
③ 내담자가 자기통찰 수준에 맞추어 받아들일 준비가 된 주제부터 점진적으로 해석을 시작한다. 그렇지 않으면 방어를 강화하거나 저항이 심화될 수 있다.
④ 내담자가 저항(Defense)을 보이고 있는 상태에서 곧바로 무의식적 갈등을 해석하면, 받아들이지 못하고 오히려 부정, 회피, 퇴행 등의 방어기제가 강화된다. 따라서, 저항에 대한 해석이 먼저 이루어져야 한다.

(5) **신(新)프로이트 학파(Neo-Freudians)** 기출 24~23, 20, 17~16년

① 개념: 프로이트의 이론을 계승하되, 성 본능과 무의식 중심의 관점을 비판하고, 사회·대인관계·문화적 요인을 강조하며 이론을 발전시킨 학파이다.

② 특징
  ㉠ 본능보다는 사회적·대인관계적 요인을 강조한다.
  ㉡ 초기 경험과 무의식은 인정하지만, 보다 현실적이고 사회적인 자아의 역할을 강조한다.

③ 대표 인물

주요 인물	주요 이론	핵심개념
아들러(Adler)	개인심리학	• 열등감, 우월성 추구, 사회적 관심, 생활양식 • 가족 내 서열에 대한 해석이 성인이 된 이후 대인관계나 삶의 태도에 영향을 준다고 강조함
호나이(Horney)	신경증이론	기본불안, 대인관계 전략(복종·공격·도피), 여성 심리 비판
프롬(Fromm)	인간주의 정신분석	자유, 고독, 사랑, 존재양식(소유 vs 존재)
에릭슨(Erikson)	심리사회적 발달이론	전 생애 발달(8단계), 자아정체감 강조
설리반(Sullivan)	대인관계이론	자아체계, 불안과 대인관계의 상호작용
페어베언(Fairbairn), 클라인(Klein) 등	**대상관계이론**	초기 대상(주 양육자)과의 관계와 경험이 성격 발달과 타인에 대한 인식에 영향을 미친다고 봄

2. 인본주의적 치료기법(인간중심치료)

(1) **개념**: 사람은 자신의 내적 잠재력과 자기실현의 추구 사이에서 자유롭게 선택하는 존재임을 전제로 한다. 또한 진단명을 강조하지 않고 긍정적 힘, 자기실현, 자유, 자연스러움 등을 강조한다.

(2) **대표 치료기법: 내담자중심치료** 기출 22~21, 17년

기원	• 칼 로저스(Carl Rogers)와 오토 랭크(Otto Rank) • 현상학적 세계: 개인의 현상학적 장이 행동을 전적으로 결정하는 것을 의미함 • 현상적 자기: 개인이 나를 경험하는 현상적 장의 일부를 의미함 • 경험은 자기구조와 일치하지 않기 때문에 상징화❓가 부정되거나 왜곡될 수 있음 • 개인의 독립과 통합을 목표로 삼으며 치료 과정과 결과에 대한 연구관심사를 포괄하며 개발됨
핵심특성	• 자기개념을 확장하도록 돕는 것이 치료의 목표 • 자기와 경험의 불일치가 불안의 원인이라고 보며, 부모의 조건적인 애정과 가치가 문제의 근원이 될 수 있다고 봄 • 내담자의 경험에 초점을 두며, 진단명이나 병리적 분류에 따라 다른 치료원리를 적용하지 않고 일관되게 대응함 • 치료자는 주로 내담자의 자기와 세계에 대한 인식에 관심을 가짐 • 치료자를 지도자(Director)가 아닌 촉진자(Facilitator)로 봄

용어 **상징화**

인간의 경험이 언어나 기호로 표현(표상)되는 것을 의미함. 즉, 자기구조와 일치하지 않는다는 것은 자신의 개인적 경험이 언어나 기호로 표현되는 것이 부정되거나 적절한 형태가 아닌 타인에 의해 왜곡되는 것을 의미함

(3) 상담자(치료자)의 3가지 핵심 태도 기출 25~21, 19~18년

진실성 (진솔성)	• 치료자는 가면을 쓰지 않고 솔직한 태도로 내담자를 대해야 함 • 자신이 느끼는 감정을 있는 그대로 표현하는 것이 중요함
공감적 이해 (정확한 공감)	• 내담자의 감정을 정확하게 이해하고, 그 감정을 반영해야 함 • 단순히 '이해한다.'는 수준이 아니라 내담자의 입장에서 깊이 공감하는 것이 중요함
무조건적인 긍정적 존중	• 내담자의 생각과 감정을 판단하지 않고 있는 그대로 존중하는 태도 • '이런 감정을 느끼는 것은 괜찮다.'라는 메시지를 전달해야 함

TIP 이 외에도 자유로운 분위기를 제공하고, 내담자 자신과 주변세계에 대한 자각을 높이게 하는 것이 상담자(치료자)가 가져야 할 태도입니다.

3. 실존주의적 치료기법

(1) 특징
① 하나의 통합된 견해가 아닌 다양한 견해를 가지도록 한다.
② 인간은 의미를 추구하는 존재임을 전제로 둔다.
③ 현대의 소외, 고립, 무의미 등 생활의 딜레마 해결에 제한된 인식을 벗어나 자유와 책임능력의 인식을 강조한다.

(2) 대표 치료기법

의미치료	• 가장 대표적인 실존치료 중 하나로, 빅터 프랭클(Viktor Frankl)에 의해 개발됨 • 책임감이 강조되는 치료법 • 역설적 의도: 내담자의 불안이나 걱정의 대상이 되는 행동을 의도적·의식적으로 수행하도록 함 • 탈반영: 문제가 되는 행동이나 증상을 무시하도록 지시해야 함
게슈탈트치료	• 인간을 정서, 인지, 행동 등 개별적으로 기능하는 부분들이 아닌, 하나의 조직화된 전체로 개념화하는 것에서 시작함 • 이질성 운동: 치료를 통해 자신의 고유성과 삶에 대한 해석을 표현함 • 치료자는 내적 잠재력 표현이 꺾이는 과정에 대해 내담자 스스로 자각하는 것을 돕는 촉매가 됨
과정 체험적 치료 (PET)	• 내담자중심치료와 게슈탈트심리치료의 전통을 통합한 치료 • 치료자는 내담자가 자신의 여러 다른 측면들을 자각하고 정서 상태에 접근하고 탐색할 수 있게끔 도움

4. 행동주의적 치료기법(행동치료)

(1) 개요 기출 24, 16년
① 기원: 1920년 왓슨(Watson)과 레이너(Rayner)가 알버트라는 소년에게 흰 쥐에 대한 공포증을 실험적으로 형성시킨 뒤 일반화❷에 의해서 털이 있는 대상물을 두려워하도록 한 데서 기원을 찾을 수 있다.
② 개념: 내담자의 부적응행동수정 및 적응행동을 형성하고 증강하는 일을 의미한다.
③ 특징
　㉠ 문제행동의 원인을 '선행사건(Antecedents) → 행동(Behavior) → 결과(Consequences)'로 분석하는 ABC 모델에 기반한다.

용어 **일반화**
특정 자극에 대한 반응이 점점 비슷한 자극에도 반응하는 과정을 의미함. '자라 보고 놀란 가슴 솥뚜껑 보고 놀란다.'라는 속담은 이러한 일반화를 설명하는 개념과 유사함

ⓒ 과거의 무의식적 갈등이나 초기 경험보다는 현재의 행동을 유지시키는 환경적 요인에 중점을 둔다.
ⓒ 모든 사례에 동일한 기법을 적용하기보다는 개별화된 평가와 개입을 진행한다.
ⓔ 행동평가를 통해 표적행동의 빈도, 강도, 선행사건, 결과 등을 분석한 후, 그 분석 결과를 바탕으로 구체적이고 명확한 치료목표를 설정하고 치료계획 수립에 직접적으로 반영한다.
ⓜ 평가와 치료가 직접적으로 연관되며, 평가의 치료 절차가 구체적이고 분명하다.

> **개념플러스 기능 분석** 기출 23, 21, 16년
> - 행동치료에서 문제행동의 발생 원인과 유지를 분석하기 위해 사용하는 핵심 절차
> - 주로 ABC 모델 또는 SORC 모델로 설명됨
> - 규명 가능한 요소
>   - 문제행동과 관련 있는 유기체 변인 → O요소
>   - 문제행동을 일으키는 자극과 선행조건 → A요소, S요소
>   - 문제행동의 결과 → C요소

(2) 대표 치료기법(고전적 조건형성 기반) 기출 24~20, 17~16년

① 체계적 둔감법(탈조건형성)

㉠ 솔터(Salter)와 볼프(Wolpe)에 의해 개발되었으며, 불안을 유발하는 자극에 점진적으로 노출하면서 동시에 이완반응을 학습하도록 하여, 부적응적 반응(불안, 회피 등)을 감소시키는 행동치료기법이다.

㉡ 불안과 이완은 동시에 존재할 수 없기 때문에 이완반응이 불안을 억제할 수 있다는 상호억제의 원리를 적용하였다.

㉢ 효과
- 주로 불안과 관련된 부적응행동들이나 회피반응들의 치료에 사용된다.
- 공포(동물, 고소공포 등), 악몽, 신경성 식욕부진, 강박관념, 충동적 행동, 말더듬, 우울증 등에도 효과적이다.
- 적절한 대처능력(기초적인 이완 훈련과 대처능력 전제)이 있으나, 특정한 상황에 심각한 불안을 보이는 내담자에게 적합하다.

㉣ 치료 절차

이완 훈련	근육 이완법, 심호흡 등으로 긴장을 완화시킴
불안위계	• 초기 면접 후에 치료자는 확인된 영역에 대한 불안위계표를 작성하고, 이를 불안이나 회피의 정도에 따라 서열 목록표로 구성함 • 불안위계표는 내담자가 생각할 수 있는 가장 나쁜 상황부터 아주 적은 불안을 일으키는 상황까지 순서대로 정렬함
실제 적용 (점진적 노출)	이완 상태에서 불안위계에 따라 하나씩 상상하거나 실제 노출하여 불안을 줄임

참고 ABC 모델
- A(선행사건): 행동 발생 전 자극이나 상황
- B(행동): 문제행동 그 자체
- C(결과): 행동이 일어난 뒤의 결과, 강화 또는 처벌

참고 SORC 모델
- S(선행자극): 문제행동 발생 전 나타나는 상황, 사건 또는 신호 등
- O(유기체적 변수): 기질, 체력, 성격, 인지능력 등
- R(문제행동): 정서, 행동, 생리반응 등
- C(결과): 문제행동 이후 나타나는 결과

참고 이완 훈련 과정
- 이완된 상태에서 불안 장면을 상상함
- 불안이 느껴지면 멈추고 다시 이완 → 반복
- 최종적으로 가장 높은 불안 장면에서도 이완 유지를 가능하게 함

② 노출치료
  ㉠ 공포나 불안이 제거될 때까지 오랜 기간 점차적으로 노출하여 견디게 하는 것을 의미한다.
  ㉡ 불안을 유발하는 자극을 낮은 수준에서 높은 수준으로 서서히 경험하게 하는 방식(점진적 노출)이 가장 효과적이다.
  ㉢ 노출은 공포나 불안이 제거될 때까지 반복되어야 한다.
  ㉣ 환자는 될 수 있는 한 공포스러운 자극에 주의를 기울이고, 그 자극과 관계를 맺도록 노력해야 한다.

③ 혐오치료
  ㉠ 단일 치료라기보다는 바람직하지 않은 행동에 적용되는 여러 절차를 일컫는 것이다.
  ㉡ 환자가 부정적인 행동을 할 때마다 혐오자극을 주어 그 행동 자체에 불쾌감을 유발한다.
  ㉢ 결과적으로 환자가 부정적인 행동을 하지 않도록 유도하는 치료방법이다.
  ㉣ 주로 중독(예 알코올, 담배 등)이나 충동조절장애치료에 사용된다.
  ㉤ 혐오자극을 제공한다는 점에서 초등학생 이하 아동들에게 적용하기에는 부적절한 치료방법이다.

④ 내재적 민감화
  ㉠ 심상을 통한 자극을 제시하는 것이다.
  ㉡ 내담자가 부정적인 이미지를 상상하게 함으로써 행동을 수정하는 기법이다.
  예 도벽 환자에게 물건을 훔치는 방법을 상상하게 한 후, 그로 인한 부정적 결과를 생각하게 한다.

⑤ 조형법(행동조성)
  ㉠ 바람직한 목표행동을 바로 하도록 요구하지 않고, 점진적인 단계별 접근을 통해 바람직한 최종 목표행동을 학습하게 하는 방법이다.
  예 말을 못하는 아이에게 'ㅇ', '우', '우유'처럼 점진적으로 목표 단어를 말하게 유도
  ㉡ 핵심 원리

차별강화	목표행동에 점점 더 가까운 행동만 선택적으로 강화
점진적 접근	목표에 도달할 수 있도록 행동을 작은 단계로 나누어 하나씩 학습

  ㉢ 적용방법

  출발점행동 선정(현재 할 수 있는 가장 기초적인 행동부터 시작) → 목표행동까지의 중간단계 설정 → 각 단계별 행동을 강화 → 각 단계가 안정되면 다음 단계로 넘어감

⑥ 행동연쇄
  ㉠ 복잡한 과제를 단계적인 하위 행동들로 나누고, 이들을 정해진 순서대로 연결(연쇄)하여 전체행동을 학습하게 하는 기법이다.

ⓒ 핵심 원리

자극 – 반응 연결(Chain)	각 행동은 그 다음 행동을 유도하는 자극의 역할을 하며 연속적으로 이어짐
단계적 학습	한 번에 수행하기 어려운 행동을 작은 단위로 나누어 학습

예 손씻기행동: 수도꼭지를 튼다 → 손에 물을 묻힌다 → 비누를 묻힌다 → 손을 문지른다 → 물로 헹군다 → 수도꼭지를 잠근다 → 수건으로 닦는다

⑦ 용암법(Fading)
  ㉠ 처음에는 자극(촉진)을 사용하여 행동을 유도하지만, 점차 그 자극을 약화 또는 제거하여 자연스러운 상황에서도 스스로 행동을 하도록 만드는 기법이다.
  ㉡ 핵심 원리: 자극 통제 → 점진적 자극 제거(목표행동이 특정한 인위적 자극 없이 일반적인 환경자극에도 나타나도록 유도)
  예 아이가 사물 이름을 배울 때, 처음에는 손가락으로 사물을 가리키며 질문하고, 점차 손가락자극을 줄이고 나중에는 말소리만 듣고도 해당 사물을 말하게 한다.

⑧ 역조건형성: 불안자극과 이완, 즐거운 자극 등을 동시에 제시하여 기존의 불안한 반응을 새로운 반응으로 대체하는 것이다.

(3) 대표 치료기법: **유관학습(조작적 조건형성 기반)** 기출 25~22, 20~19, 17~16년

① 개념: 특정 행동이 어떤 결과(자극)와 일관되게 연합되거나 이어질 때, 그 결과에 따라 행동이 증가하거나 감소하는 학습 형태를 말한다.
  예 욕설을 하지 않게 하기 위해 욕을 할 때마다 화장실 청소를 한다.

② **유관성 관리**
  ㉠ 유관학습을 실제 행동치료에 적용한 전략으로, 바람직한 행동을 유도하거나 문제행동을 줄이기 위해 강화와 처벌을 조절하는 행동수정기법이다.
  ㉡ 적응적 행동 시 강화를 제공하고, 부적응적 행동 시 처벌을 제공함으로써 문제행동을 감소시키고, 적응적 행동을 강화시킨다.
  ㉢ 즉각적이고 일관성 있는 적용이 중요하다.
  ㉣ 특히 집단 생활 규칙에 효과적이다.

③ 대표적 적용 사례

조성	목표행동과 유사한 행동에 강화를 주어 목표행동에 도달하도록 하는 것을 의미함
타임아웃	벌의 일종으로, 바람직하지 않은 행동에 대해서는 보상을 주지 않음
프리맥의 원리	할머니의 법칙이라고도 하며, 비교적 덜 선호하는 행동을 수행하면 이후 더 좋은 행동을 할 특권을 주는 것을 의미함
토큰경제	조작적 조건형성의 원리를 적용시킨 것으로, 쿠폰이나 토큰이 경제적 가치를 가지며 이를 이용해서 원하는 행동의 빈도를 높임
과잉교정	내담자의 바람직하지 못한 행동에 대한 수정행동 훈련을 지나칠 정도로 시키는 것을 의미함
포화의 원리	부적절한 행동을 싫증이 날 때까지 수행하도록 허용 또는 강요하는 것을 의미함

참고 **유관성**
- 두 가지 이상의 사건이 서로 예측 가능한 관계를 가지고 일어나는 것
- 행동주의는 우리의 행동이 이러한 유관성을 학습하는 과정과 관련되어 있다고 보고, 자극 간의 유관성을 행동학습의 핵심 원리라고 봄
  예 종소리(자극1) 다음에 항상 음식(자극2)이 따라온다는 유관성을 학습하면서 침을 흘리는 반응이 생기는 것

심화 **강화와 처벌**
- **정적 강화**: 긍정적인 결과를 제공해 바람직한 행동 빈도를 증가시킴
- **부적 강화**: 부정적인 결과를 제거해 바람직한 행동 빈도를 증가시킴
- **정적 처벌**: 부정적인 자극을 제시해 행동 빈도를 감소시킴
- **부적 처벌**: 긍정적인 자극을 철회해 행동 빈도를 감소시킴

참고 **조작적 조건형성 개입법의 활용**

아동 또는 청소년의 폭력비행 상담 시 부모를 통한 개입법 중 조작적 조건형성을 활용한 개입법이 가장 효과적임 → 반사회적 행동을 대체할 수 있는 긍정적 행동에 대해 즉각적이고 일관된 보상(강화)을 제공하면, 긍정적 행동의 빈도가 높아질 수 있는 원리를 활용한 것

| 개념플러스 | 회피조건형성 기출 24, 18, 16년 |

- 어떤 불쾌하거나 두려운 자극(혐오자극)이 발생하기 전에 그 자극을 피하기 위한 행동을 반복하게 되는 학습 → 싫은 일이 일어나지 않게 하려고 하는 행동이 강화되는 과정
- 고전적 조건형성과 조작적 조건형성이 결합된 형태

  예 • 벌을 받지 않기 위해 규칙을 미리 지키는 행동
  • 야단을 피하려고 숙제를 제시간에 제출하는 행동
  • 지각하여 교사에게 혼나는 것을 피하기 위해 일찍 등교하는 행동

(4) 대표 치료기법: 사회기술 훈련(사회학습이론 + 조작적 조건형성) 기출 24~23, 21~20, 16년
  ① 개념: 사회적 상호작용에서 적절한 행동을 학습하고 강화하여 개인의 대인관계 능력과 적응력을 향상시키는 치료기법이다.
  ② 치료목표: 문제행동을 감소시키고 사회적으로 적절한 행동을 습득시켜 또래 및 교사, 가족과의 관계를 개선하고 자기통제력을 증진시키는 데 있다.
  ③ 사회불안장애, ADHD, 자폐스펙트럼장애 등을 겪는 환자들이 주요 적용 대상이다.
  ④ <mark>사회기술 훈련 프로그램의 주요 내용</mark>

문제해결기술	갈등 상황 해결, 의사결정, 대안 모색 등의 문제해결능력 향상 훈련
의사소통기술	효과적인 의사소통을 위한 언어적·비언어적 기술, 경청, 질문 등의 대화기술 훈련
자기주장 훈련	자신의 의견을 적절하고 예의바르게 표현하며, 거절하는 기술 훈련
대인관계기술	관계형성, 유지, 갈등 해결, 협력 등 사회적 상호작용에 필요한 기술 훈련
감정 조절기술	자신의 감정을 이해하고 조절하며, 타인의 감정에 공감하는 기술 훈련

  ⑤ 대표적 적용 사례

<mark>모델링</mark>	치료자 또는 타인이 시범을 보이거나, 매체를 통한 행동을 관찰하고 이를 모방하여 학습하는 방법
행동시연 (역할연기)	실제 상황을 가정한 시나리오에 따라 내담자가 직접 행동을 연습하는 방법

5. 인지치료기법

(1) 개념: 인지치료와 행동치료의 원리를 통합한 접근으로, 개인의 부적응적인 사고(인지)와 행동을 동시에 조정하여 정서적 어려움을 해결하고자 하는 심리치료기법이다.

(2) 치료 유형 기출 24~23, 21, 19~18, 16년

벡(Beck)의 인지행동치료 (CBT)	• 문제가 되는 질병을 특징짓는 역기능적 사고를 조절함 • 잘못된 인지, 부정적 사고 등에 대한 신념을 인식 및 변화시키는 것을 목적으로 함 • 인지적 시연, 자기주장 훈련, 역할 훈련, 대안의 탐색 등을 치료적 기법으로 사용함 • 주요 기법: 인지적 재구성, 행동 실험, 자기주장 훈련, 노출치료 등

리네한(Linehan)의 변증법적 행동치료(DBT)	• 인간은 감정적으로 취약한 성품을 지녔으며, 감정을 인정해 주지 않는 가정 환경과의 상호작용을 거치면 감정 조절의 어려움과 자해행동으로 발전하게 된다는 이론에서 기인함 • 경계성 성격장애와 감정 조절의 어려움, 충동성이 문제가 되는 상태를 치료하기 위해 개발됨 • 주로 자살행동을 보이는 여성 환자들의 임상 경험을 바탕으로 개발됨 • 문제해결기술, 감정 조절, 대인관계기술 훈련을 포함함 • 마음챙김, 감정 조절, 고통 감내, 대인관계 효과성의 4가지 영역을 훈련함
엘리스(Ellis)의 합리적 정서치료 (REBT)	• 비합리적 신념에 직면하게 하고, 합리적으로 수정하여 정서적 안정을 도모하는 치료 • 인간의 심리적 문제나 비합리적 결과(Consequence)는 사건(Activating Event) 그 자체가 아니라, 그 사건에 대한 해석인 비합리적인 신념(Belief)에서 비롯된다고 봄(ABC 모델) • 비합리적 신념을 논박하고, 보다 현실적이고 유연한 신념으로 대체함으로써 정서적 고통을 줄이는 것을 목표로 함
재구성	• 부정적이거나 고통스러운 사건을 다른 관점으로 보게 하여 보다 긍정적이고 수용 가능한 의미를 부여하는 치료기법 • 자기지시 훈련, 역할연기 등과 함께 사용될 수 있음

개념플러스 벡(Beck)의 인지치료 관련 개념 [기출] 25~24, 22, 20, 18년

- **역기능적 인지도식**: 인지치료의 주요 개념으로, 자동적으로 자신과 세상, 그리고 다양한 삶의 상황에 대한 부정적인 해석을 의미함
- **인지삼제(Cognitive Triad)**: 우울한 내담자들이 흔히 보이는 사고의 세 가지 영역으로, 자기 자신에 대한 부정적 인식, 세상에 대한 부정적 인식, 그리고 미래에 대한 부정적 인식을 포함함
- **인지왜곡(인지적 오류)**

이분법적 사고 (흑백논리)	'둘 중 하나'로 해석하며 그 중간의 의미를 생각하지 못함 [예] 자신의 성취에 대해 '성공 아니면 실패'로 판정하는 것
과잉일반화	한 사건을 확대 해석하여 성급하게 일반적 결론을 내리는 것
파국화	현재 상황이나 결과를 지나치게 부정적이고 극단적인 방향으로 확대 해석하는 자동적 사고의 한 형태
선택적 추상화 (정신적 여과)	사건의 주된 내용은 무시하고 일부 특정 정보에만 주의를 기울여 전체의 의미를 해석하는 것
극대화와 극소화 (의미확대와 의미축소)	자신의 단점이나 약점은 매우 중요한 것으로 걱정하면서 자신의 장점이나 강점은 별것 아닌 것으로 과소평가하는 경우
개인화	자신과 상관없는 일을 자신에 대한 사건으로 받아들이는 것
잘못된 추론 (임의적 추론)	충분한 증거가 없거나, 심지어 반대되는 증거가 있음에도 불구하고 결론을 성급하게 내리는 사고방식
잘못된 명명	사람의 특성이나 행위를 기술할 때 과장되거나 부적절한 명칭을 사용하여 기술하는 오류
독심술	충분한 근거 없이 다른 사람의 마음을 마음대로 추측하고 단정하는 것
당위적 사고	'반드시 ~해야 한다.'는 비현실적이고 자기비판적인 규범을 내면화한 사고

[참고] 인지삼제의 예
- 자신 → "나는 쓸모없는 사람이다."
- 세상 → "세상은 날 힘들게 하기만 한다."
- 미래 → "앞으로도 나아질 희망은 없다."

[용어] 자동적 사고
사람들이 어떤 사건에 접했을 때 아무런 의식적 노력 없이 자동적으로 떠오르는 생각

(3) 주요 기법
① 정서적 기법
　㉠ 최근의 정서적 경험을 구체적으로 이야기하도록 한다.
　㉡ 심상기법을 사용하여 당시의 상황에 몰입하도록 한다.
　㉢ 정서 경험을 재현하기 위해 역할연기를 사용한다.
　㉣ 상담 중에 일어나는 내담자의 정서변화에 주목한다.
② 언어적 기법(소크라테스식 질문): 내담자가 자신의 자동적 사고가 현실적으로 타당한가를 평가 후 조금 더 현실적인 생각을 하도록 만드는 방법이다.

> - 그렇게 생각하는 근거는 무엇인가? → 부분적인 현실에 근거한 주관적인 생각에 머물러 있는 내담자가 있는 그대로의 현실에 주의를 기울이도록 하는 질문
> - 대안적 사고 찾기 → 달리 설명할 수는 없는가?
> - 실제로 그 일이 일어난다면 과연 얼마나 끔찍할 것인가?

6. 기타 치료기법

(1) 단기 심리치료 기출 25, 23, 21, 17년
① 개념: 보통 20회기 이하로 진행되는 단기간 집중치료를 의미한다.
② 특징

현실 중심목표	전반적인 통찰보다는 내담자가 즉시 해결하고자 하는 문제에 초점을 둠
기능적 생활 배경	보통 내담자는 문제 발생 이전에는 기능적인 생활을 해왔음
구체적 호소 문제	내담자는 분명한 호소 문제를 가지고 있음
생애발달적 접근	심리사회적 발달단계 및 수준을 고려하여 접근함
자원 중심 접근	문제의 원인보다는 내담자의 자원과 강점에 초점을 둠
조기 자원 활용	내담자가 가진 성공 경험이나 강점 자원을 조기에 활용함
능동적 자세	치료자와 내담자 모두 능동적이고 적극적인 태도가 요구됨

③ 핵심 요인

치료자의 온정과 공감	내담자가 안전하게 문제를 다룰 수 있도록 정서적 지지를 제공함
견고한 치료적 동맹	치료자와 내담자 간 신뢰와 협력관계를 형성함
적극적인 문제 직면	문제를 회피하지 않고 명확히 인식하고 다룸
내담자의 긍정적 기대	치료에 대한 희망과 개선 가능성에 대한 믿음을 유지함
명확한 목표 설정	치료 과정 초기에 구체적이고 실현 가능한 목표를 설정함
시간 관리	제한된 시간 안에 효과적인 개입을 계획하고 실행함

(2) 현실치료 기출 24~23, 21~20, 16년
① 개념: 윌리엄 글래서(William Glasser)의 선택이론에 기반한 치료기법으로, 내담자가 자신의 행동을 스스로 선택하고 책임지도록 돕는 것을 목표로 한다.
② 특징
　㉠ 내담자 개인의 책임을 강조하며, 내담자가 실행하지 못한 것에 대한 변명을 허용하지 않는다.

ⓒ 현실 그 자체를 정확히 아는 것이 아닌 개인의 지각을 통해 주관적으로 현실을 해석한다. 즉, '지각된 세계'를 통해 세상을 이해한다.
ⓒ 내담자의 좌절된 욕구를 알고 사람들과의 관계에서 새로운 선택을 함으로써 보다 성공적인 관계를 얻고 유지할 수 있음을 강조한다.
ⓔ 내담자가 자신의 행동을 스스로 선택하고 통제할 수 있다고 본다.
③ 전행동(Total Behavior)
  ㉠ 개념: 현실치료기법에서 인간의 행동을 표현할 때 쓰는 용어이다.
  ㉡ 구성요소

행동하기	실제로 하는 행위
생각하기	행동에 대한 생각, 인지 과정, 꿈, 공상
느끼기	행동과 생각에 따른 감정, 정서적 반응
생리적 반응	행동, 생각, 감정에 따른 신체적 반응

→ 내담자의 행동하기와 생각하기를 변화시킴으로써 느끼기와 생리적 반응을 긍정적으로 변화시킬 수 있다고 본다.

(3) 근거기반치료(EBT) 기출 23, 20년
① 개념: '잘 확립된 치료'라고도 하며, 특정 심리적 문제나 질병에 대한 과학적 연구를 통해 효과가 입증된 치료법을 말한다.
② 특징
  ㉠ 치료 효과에 대한 실증적 증거, 치료자의 전문성, 그리고 내담자의 가치와 선호도를 통합적으로 고려하여 적용된다.
  ㉡ 인지행동치료(CBT), 변증법적 행동치료(DBT), 수용전념치료(ACT), 마음챙김 기반 인지치료(MBCT), 마음챙김 기반 스트레스 완화법(MBSR) 등이 이에 해당된다.
③ 근거기반치료기준에 부합하는 경우

> - 서로 다른 연구자들이 시행한 두개 이상의 집단설계 연구로써 위약 혹은 다른 치료에 비해 우수한 효능을 보이는 경우
> - 많은 일련의 단일사례설계 연구로써 엄정한 실험설계 및 다른 치료와 비교하여 우수한 효능을 보이는 경우
> - 서로 다른 연구자들이 시행한 두개 이상의 집단설계 연구로써 이미 적절한 통계적 검증력(집단당 30명 이상)을 가진 치료와 동등한 효능을 보이는 경우

(4) 합동가족치료 기출 21년
① 개념: 가족 전체를 한 세션에 함께 참여시켜 상호작용과 의사소통의 패턴을 치료자 앞에서 드러내고 조정하려는 가족치료 접근방법이다.
② 특징
  ㉠ 한 치료자가 가족 전체를 하나의 단위로 보고 치료를 진행하며, 가족 구성원이 동시에 참여한다.
  ㉡ 가족 구성원 간의 상호작용과 감정 교류를 중시한다.

용어 수용전념치료(ACT)
고통스러운 감정이나 사고를 변화시키려 하지 않고 수용하도록 하여 자신이 원하는 가치와 목표를 실현하는 데 초점을 둔 치료법으로, 불안장애, 우울증 등에 주로 사용함

용어 마음챙김 기반 인지치료 (MBCT)
우울증과 관련된 부정적인 사고패턴을 인식하고 변화시키도록 돕는 CBT와 현재 순간에 주의를 기울여 고통스러운 감정에 휩쓸리지 않도록 하는 MBSR을 결합한 것으로, 우울증치료 및 공황장애 등 다양한 심리 문제에 사용함

용어 마음챙김 기반 스트레스 완화법(MBSR)
명상과 마음챙김 활동을 기반으로 구성된 프로그램을 통해 스트레스를 관리하는 치료법으로, 주로 스트레스, 불안장애치료에 사용함

ⓒ 치료자는 중재자, 촉진자, 해석자 등 다양하고 유연하게 여러 역할을 수행한다. 즉, 가족 구성원의 감정과 생각을 직접적으로 통제하거나 지시하지 않고 그들이 스스로 탐색하고 자각할 수 있도록 공감적이고 수용적인 태도(비지시적 역할)를 취하는 것이다.
ⓔ 가족 구성원에게 수행할 과제를 주기도 한다.

(5) 집단치료 기출 25, 22, 18년

① 개념: 한 명 또는 그 이상의 치료자가 여러 명의 내담자를 대상으로 하여 심리적 문제를 다루고 정서적·대인관계적 변화와 성장을 촉진하는 치료기법이다.

② **얄롬(Yalom)의 11가지 치료요소**

희망고취	변화 가능성에 대한 기대와 희망을 갖게 함
보편성	비슷한 문제를 겪는 사람들과 연결되어 고립감을 줄임
정보 전달	심리적 지식이나 문제해결에 유용한 정보를 제공함
이타성	다른 구성원을 돕는 경험을 통해 자기효능감과 의미를 느낌
교정적 가족 경험	초기 가족관계에서 생긴 문제를 집단 안에서 재경험하고 수정함
사회화기술	대인관계능력과 사회적 기술을 실제 상호작용을 통해 연습하고 배움
모방행동	치료자나 다른 구성원의 긍정적 행동을 관찰하고 모방함
대인관계학습	다른 사람과의 관계 속에서 자신을 이해하고 대인관계를 개선함
집단 응집력	집단 소속감을 느끼고 서로 지지하는 정서적 유대감을 형성함
정화	억압된 감정을 표출하여 정화하고 심리적 긴장을 해소함
실존적 요인	인간의 한계, 죽음, 자유, 삶의 의미 등을 받아들이고 통합함

> **개념플러스** 학습된 무기력 이론(Learned Helplessness Theory) 기출 20년
>
> - 셀리그만(Seligman)이 제시한 이론으로, 반복된 실패나 통제 불가능한 상황에 반복적으로 노출되었을 때, 통제가 가능함에도 불구하고 시도하지 않게 되는 상태를 의미함
> - 사람들이 부정적 사건의 원인을 내부적(자기 자신에게 원인이 있다고 생각), 안정적(시간이 지나도 변하지 않을 것이라고 생각), 일반적(다른 상황에도 광범위하게 적용된다고 생각)으로 인식할 때, 무기력감과 우울에 빠질 가능성이 높아진다고 예측함

기출(복원)문제

01 심리상담 및 심리치료의 과정에서 나타나는 현상과 가장 거리가 먼 것은? 22년

① 내담자는 상담자가 아무런 요구 없이 인간으로서의 관심만을 베푼다는 것을 경험한다.
② 상담관계에서 내담자는 처음부터 새로운 방식으로 반응하고 행동하게 된다.
③ 상담장면에서는 일반적이고 추상적인 자료보다는 그 상황에서의 실제행동을 다룬다.
④ 치료 유형에 차이가 있음에도 불구하고 심리치료에는 공통 요인이 작용한다.

빈출

02 Cormier와 Cormier가 제시한 적극적 경청기술과 그 내용에 해당하지 않는 것은? 25년, 24년, 20년

① 해석: 당신이 그 사람과의 관계에서 재미없다고 말할 때 성적 관계에서 재미없다는 말씀으로 들립니다.
② 요약: 이제까지의 말씀은 당신이 결혼하기에 적당한 사람인지 불확실해서 걱정하신다는 것이지요.
③ 반영: 당신은 그 사람과의 관계에서 지루함을 느끼고 있군요.
④ 부연: 그래서 당신은 자신의 문제 때문에 결혼이 당신에게 맞는지 확신하지 못하는군요.

03 내담자의 말과 행동에서 표현된 기본적인 감정, 생각 및 태도를 상담자가 다른 참신한 말로 부연해 주는 것은? 23년, 22년

① 해석
② 직면
③ 반영
④ 명료화

---

01 심리치료의 기본개념-심리적 개입
상담 초기단계부터 내담자가 즉시 새로운 방식에 반응하고 행동하는 경우는 드물다. 행동 및 정서의 변화를 위한 전환은 점진적이며, 치료관계의 안정감 속에서 서서히 이루어진다.

02 심리치료의 기술 및 유의점-주요 기술
해석은 적극적 경청기술에 해당하지 않으며, 제시된 내용은 메시지의 이해를 확실히 하기 위한 명료화에 해당한다.

03 심리치료의 기술 및 유의점-주요 기술

오답해설
① 해석은 내담자의 말이나 행동 이면에 숨어 있는 의미를 치료자가 설명해주는 과정이다.
② 직면은 내담자가 부인하거나 회피하는 감정·행동을 마주보게 하는 기법이다.
④ 명료화는 내담자의 메시지가 치료자에게 충분히 이해되었는지를 확인하고, 필요한 경우 보다 분명하게 하기 위해 질문을 던지는 것이다.

정답 01 ② 02 ① 03 ③

QR코드의 OMR 답안지로 문제를 반복해서 풀어 본 후.
문항 번호 아래 박스에 회독한 만큼 체크해 보세요.

회독용 OMR

빈출
04 다음의 설명에 해당하는 것은?   25년, 23년, 21년

> 불안을 유발하는 기억과 통찰을 무의식적으로 억압하거나 회피하려는 시도로 치료 시간에 잦은 지각이나 침묵과 의사소통의 회피 등을 보인다.

① 합리화
② 저항
③ 전이
④ 투사

05 심리치료이론 중 전이와 역전이의 중요성을 강조하고 치료에 활용하는 접근은?   23년, 21년

① 인본주의적 접근
② 행동주의적 접근
③ 정신분석적 접근
④ 게슈탈트적 접근

빈출
06 다음 (   ) 에 알맞은 방어기제는?   23년, 20년, 16년

> 중현이는 선생님께 꾸중을 들어 기분이 매우 좋지 않았다. 집으로 돌아온 중현이에게 동생이 밥을 먹을 것인지 묻자, "네가 상관할 거 없잖아"라고 소리를 질렀다. 중현이가 사용하고 있는 방어기제는 (   ) 이다.

① 행동화
② 투사
③ 퇴행
④ 전위

---

04 주요 심리치료기법 – 정신분석(역동)적 치료기법

오답해설
① 합리화는 불안을 유발하는 상황에 대해 논리적으로 그럴듯한 이유를 만들어 스스로를 정당화하는 방어기제를 말한다.
③ 전이는 과거의 중요한 대상에 대한 감정을 치료자에게 투사하는 현상을 말한다.
④ 투사는 자신의 받아들이기 힘든 감정이나 충동을 타인에게 전가하는 방어기제를 말한다.

05 주요 심리치료기법
전이와 역전이의 개념을 활용하는 것은 정신분석(역동)적 접근법이다.

06 주요 심리치료기법 – 정신분석(역동)적 치료기법
전위는 어떤 대상(선생님)에게 느낀 감정(꾸중을 들어 기분이 좋지 않음)을 그 대상에 직접 표현하지 못하고 덜 위협적인 다른 대상(동생)에게 표출하는 것을 말한다.

정답 04 ② 05 ③ 06 ④

07 심리치료기법에서 해석에 관한 설명으로 적절하지 않은 것은? 23년, 19년

① 핵심적인 주제가 더 잘 드러나도록 사용한다.
② 내담자의 생각 중 명확하지 않은 부분에 대해 상담자가 추리하여 설명해 준다.
③ 내담자가 상담자의 해석을 받아들일 수 있는 것부터 해석한다.
④ 저항에 대한 해석보다는 무의식적 갈등에 대한 해석을 우선시한다.

빈출
08 심리치료 과정에서 저항이 일어나는 일반적인 이유와 가장 거리가 먼 것은? 25년, 22년, 17년

① 환자가 변화를 원하더라도 환자의 삶에 중요한 영향을 미치는 타인들이 현 상태를 유지하도록 방해할 수 있기 때문이다.
② 부적응적 행동을 유지함으로써 얻는 이차적 이득을 환자가 포기하기 어렵기 때문이다.
③ 익숙한 행동을 변화시키려는 시도가 환자에게 위협을 주기 때문이다.
④ 치료자가 가진 가치나 태도가 환자에게 위협적이기 때문이다.

빈출
09 방어기제에 대한 개념과 설명이 옳게 연결된 것은? 23년, 21년, 19년

① 투사(Projection) – 당면한 상황에서 얻게 된 결과에 대해 어쩔 수 없었다고 생각하며 행동한다.
② 대치(Displacement) – 추동 대상을 위협적이지 않거나 이용 가능한 대상으로 바꾼다.
③ 반동형성(Reaction Formation) – 이전의 만족방식이나 이전 단계의 만족 대상으로 후퇴한다.
④ 퇴행(Regression) – 무의식적 충동과는 정반대로 표현한다.

---

07 주요 심리치료기법–정신분석(역동)적 치료기법
내담자가 저항을 보이는 상태에서 곧바로 무의식적 갈등에 대한 해석을 진행하면 부정, 회피, 퇴행 등의 방어기제가 발생할 가능성이 있기 때문에, 저항에 대한 해석을 먼저 하여야 이후의 심층 해석이 효과적으로 작동한다.

08 주요 심리치료기법–정신분석(역동)적 치료기법
치료자는 심리치료 과정에서 자신의 태도, 가치, 감정 등이 환자에게 위협적이지 않게 이를 드러내지 않는 중립적인 태도로 임해야 한다.

09 주요 심리치료기법–정신분석(역동)적 치료기법
오답해설
① 합리화에 대한 설명이다. 투사는 자신의 받아들이기 힘든 감정이나 충동을 타인에게 전가하는 것이다.
③ 퇴행에 대한 설명이다. 반동형성은 받아들이기 어려운 무의식적 충동을 의식적으로 정반대되는 행동이나 태도로 표현하는 것이다.
④ 반동형성에 대한 설명이다. 퇴행은 스트레스 상황에서 어린 시절 행동양식으로 후퇴하는 것이다.

정답 07 ④ 08 ④ 09 ②

10 다음 중 관계를 중심으로 치료가 초점화되고 있는 정신역동적 접근방법의 단기치료가 아닌 것은?

21년, 16년

① 핵심적 갈등관계 주제(Core Conflictual Relationship Theme)
② 불안유발 단기치료(Anxiety Provoking Brief Therapy)
③ 기능적 분석(Functional Analysis)
④ 분리개별화(Separation and Individuation)

11 프로이트(Freud)의 정신분석적 심리치료에 대한 비판을 토대로 발전한 신 프로이트학파의 주요 인물 및 치료 접근법에 해당하지 않는 것은?

24년, 17년

① 아들러(Adler)의 개인심리학
② 설리반(Sullivan)의 대인관계이론
③ 페어베언(Fairbairn)의 대상관계이론
④ 글래서(Glasser)의 통제이론

12 치료자가 환자에게 자신의 욕구, 소망 및 역동을 투사함으로써 환자의 전이에 반응하는 것은?

24년, 18년

① 전이
② 전치
③ 역할전이
④ 역전이

---

10 주요 심리치료기법 – 정신분석(역동)적 치료기법
기능적 분석은 행동치료에서 사용하는 기법으로 정신역동적 관계 중심 단기치료와는 관련이 없다.

11 주요 심리치료기법 – 정신분석(역동)적 치료기법
글래서는 정신분석이나 신 프로이트학파와는 무관하며, 내적 욕구 충족과 책임 중심의 현실요법을 주장하였다.

12 주요 심리치료기법 – 정신분석(역동)적 치료기법

오답해설
① 전이는 환자가 과거의 중요한 인물에 대해 가졌던 감정을 치료자에게 투사하는 것을 말한다.
② 전치(전위, 대치)는 감정을 원래 대상이 아닌 덜 위협적인 대상으로 옮기는 방어기제를 말한다.
③ 역할전이는 서로의 역할을 바꿔 상대방의 입장에서 생각하고 느껴보도록 돕는 것을 말한다.

정답 10 ③ 11 ④ 12 ④

13 자신의 초기 경험이 타인에 대한 확장된 인식과 관계를 맺는다는 가정을 강조하는 치료적 접근은?

23년, 20년, 16년

① 심리사회적 발달이론
② 자기심리학
③ 대상관계이론
④ 인본주의

14 내담자중심치료에서 치료자의 주요 기능과 가장 거리가 먼 것은?

24년, 18년

① 자유로운 분위기를 제공하는 것
② 내담자 자신과 주변세계에 대해 스스로의 지각을 높이게 하는 것
③ 충고, 제안, 해석 등을 제공하는 것
④ 내담자가 자신에 대해 더 많이 말할 수 있도록 하는 반응들을 나타내 보이는 것

15 심리치료 장면에서 치료자의 3가지 기본특성 혹은 태도가 강조된다. 이는 인간중심심리치료의 기본적 치료기제로도 알려져 있는데, 이러한 치료자의 기본 특성에 해당되지 않는 것은?

25년, 23년, 22년, 19년

① 진솔성
② 적극적 경청
③ 정확한 공감
④ 무조건적인 존중

---

13 주요 심리치료기법

오답해설
① 심리사회적 발달이론은 개인의 사회적 환경과 발달단계에 따른 심리적 변화를 강조하며, 초기 경험이 아닌 생애 전반의 발달과 위기 극복 과정을 중시한다.
② 자기심리학은 자기형성과 유지를 핵심으로 보며, 타인과의 관계보다 자아의 통합성 유지를 더 강조한다.
④ 인본주의는 인간의 성장 가능성과 자기실현을 강조하며, 과거 경험보다는 현재의 성장과 긍정적인 변화를 중시한다.

14 주요 심리치료기법 – 인본주의적 치료기법
로저스는 치료자의 3가지 핵심조건으로 공감적 이해, 무조건적인 긍정적 존중, 진실성이 있다고 보았으며, 치료자는 촉진자이지 지도자가 아니라고 보았다.

15 주요 심리치료기법 – 인본주의적 치료기법
로저스는 인간중심치료에서 치료자의 3가지 핵심 태도로 진실성(진솔성), 공감적 이해(정확한 공감), 무조건적인 긍정적 존중을 강조하였다.

정답 13 ③ 14 ③ 15 ②

16 로저스(Rogers)의 인간중심 접근에 대한 설명으로 옳지 <u>않은</u> 것은? 22년, 17년

① 자기개념을 확장하도록 돕는 것이 치료의 목표이다.
② 자기-경험의 불일치가 불안의 원인이라고 본다.
③ 부모의 조건적 애정과 가치가 문제의 근원이 될 수 있다.
④ 치료자는 때에 따라 자신의 감정을 숨기거나 왜곡해야 한다.

17 인간중심치료에 대한 설명으로 적합하지 <u>않은</u> 것은? 21년

① 인간중심 접근은 개인의 독립과 통합을 목표로 삼는다.
② 인간중심적 상담(치료)은 치료 과정과 결과에 대한 연구관심사를 포괄하면서 개발되었다.
③ 치료자는 내담자의 자기와 세계에 대한 인식에 주로 관심을 가진다.
④ 내담자가 정상인인가, 신경증 환자인가, 정신병 환자인가에 따라 각기 다른 치료 원리가 적용된다.

18 Rogers가 제안한 내담자의 긍정적 변화를 촉진시키기 위한 치료자의 3가지 조건에 해당하지 <u>않는</u> 것은? 21년

① 무조건적 존중
② 정확한 공감
③ 창의성
④ 솔직성

19 체계적 둔감법에 관한 설명으로 틀린 것은? 24년, 16년

① 기본 절차는 조작적 조건형성의 원리에 기초한 치료기법이다.
② 주로 불안과 관련된 부적응행동의 치료에 사용된다.
③ 불안을 일으키는 자극들을 반복적으로 이완 상태와 짝 지운다.
④ 신경성 식욕부진증, 충동적 행동, 우울증을 치료하는 데도 사용된다.

---

16 주요 심리치료기법-인본주의적 치료기법
치료자가 때에 따라 자신의 감정을 숨기거나 왜곡하는 것은 치료자의 3가지 핵심 태도 중 진실성에 위배되는 내용이다.

17 주요 심리치료기법-인본주의적 치료기법
인간중심치료는 내담자의 진단명이나 병리적 분류에 따라 다른 치료 원리를 적용하지 않고 일관되게 대응한다.

18 주요 심리치료기법-인본주의적 치료기법
창의성은 로저스가 제시한 치료자의 3가지 핵심 태도에 해당하지 않는다.

19 주요 심리치료기법-행동주의적 치료기법
체계적 둔감법의 기본 절차는 고전적 조건형성의 원리에 기초하였다.

정답 16 ④ 17 ④ 18 ③ 19 ①

20 다음에서 보여주는 철수엄마의 행동을 가장 잘 설명한 것은? 24년, 18년

> 철수의 엄마는 아침마다 철수가 심한 떼를 쓰면 기분이 상하기 때문에, 철수가 떼를 쓰기 전에 미리 깨우고, 먹여주고, 가방을 챙겨서 학교에 데려다주는 행동을 계속하고 있다.

① 정적 강화
② 처벌
③ 행동조형
④ 회피조건형성

21 행동치료에 관한 설명으로 틀린 것은? 24년, 16년
① 평가와 치료가 직접적으로 연관된다.
② 문제행동의 기저 원인에 중요성을 둔다.
③ 모든 사례에 동일한 기법을 적용하기보다는 개별화된 평가와 개입을 한다.
④ 평가의 치료 절차가 구체적이고 분명하다.

22 체계적 둔감 절차의 핵심적인 요소는? 24년, 16년
① 이완
② 공감
③ 해석
④ 인지의 재구조화

빈출
23 다음 중 유관학습의 가장 적합한 예는? 25년, 24년, 22년, 17년
① 욕설을 하지 않게 하기 위해 욕을 할 때마다 화장실 청소하기
② 손톱 물어뜯기를 줄이기 위해 손톱에 쓴 약을 바르기
③ 충격적 스트레스 사건이 떠오를 때 '그만!'이라는 구호 외치기
④ 뱀에 대한 공포가 있는 사람에게 뱀을 만지는 사람의 영상 보여주기

---

20 주요 심리치료기법 – 행동주의적 치료기법
제시된 사례에서 철수의 엄마는 '기분이 상한다.'는 부정(혐오)자극을 회피하기 위해 철수가 떼를 쓰기 전에 깨우는 등의 행동을 하고 있다. 이처럼 부정(혐오)자극이 뒤따른다는 신호를 받고 이를 회피하고자 하는 행동을 학습하는 것을 회피조건형성이라고 한다.

21 주요 심리치료기법 – 행동주의적 치료기법
정신분석적 치료기법에 해당하는 설명이다. 행동치료는 문제행동 자체와 행동을 유지시키는 현재의 환경적 요인에 초점을 맞춘다.

22 주요 심리치료기법 – 행동주의적 치료기법
체계적 둔감법의 절차는 '이완 훈련 → 불안위계표 작성 → 둔감화 시행'의 과정으로 진행된다. 이 과정에서 가장 핵심적 기초가 되는 요소가 바로 이완 훈련이다.

23 주요 심리치료기법 – 행동주의적 치료기법
바람직하지 않은 행동(욕설)이 일어날 때마다 불쾌한 결과(화장실 청소)가 따르므로, 이는 처벌을 통해 행동 감소를 유도하는 전형적인 유관학습의 예시이다.

정답 20 ④ 21 ② 22 ① 23 ①

빈출
24 골수 이식을 받아야 하는 아동에게 불안과 고통에 대처하도록 돕기 위하여 교육용 비디오를 보게 하는 치료법은?
24년, 23년, 20년, 16년

① 유관관리기법
② 모델링
③ 행동시연을 통한 노출
④ 역조건형성

26 수업 시간에 가만히 자리에 앉아 있지 못하고 돌아다니며, 급우들의 물건을 함부로 만져 왕따를 당하고 있는 초등학교 3학년 10세 지적 장애 남아의 문제행동에 가장 권장되는 행동치료법은?
23년, 20년

① 노출치료
② 체계적 둔감화
③ 혐오치료
④ 유관성 관리

빈출
25 사회기술 훈련 프로그램의 구성요소와 가장 거리가 먼 것은?
23년, 20년, 16년

① 문제해결기술
② 의사소통기술
③ 증상 관리기술
④ 자기주장 훈련

빈출
27 기말고사에서 전 과목 100점을 받은 경희에게 선생님은 최우수상을 주고 친구들 앞에서 칭찬도 해주었다. 선생님이 경희에게 사용한 학습 원리는?
25년, 23년, 20년, 16년

① 성취
② 내적 동기화
③ 조건화
④ 모델링

---

24 주요 심리치료기법-행동주의적 치료기법

오답해설
① 유관관리기법은 강화 혹은 처벌 등을 통해 행동의 결과를 조절하여 행동을 변화시키는 기법이다.
③ 행동시연을 통한 노출은 직접적으로 불안자극에 반복적으로 노출시켜 둔감화를 유도하는 기법이다. 간접 노출의 모델링과 달리 직접자극에 노출된다.
④ 역조건형성은 불안자극과 이완, 즐거운 자극 등을 동시에 제시하여 기존의 불안반응을 새로운 반응으로 대체하는 기법이다.

25 주요 심리치료기법-행동주의적 치료기법
증상 관리는 환자교육을 위한 프로그램에 해당한다.

26 주요 심리치료기법-행동주의적 치료기법
유관성 관리는 적응적 행동 시 강화를, 부적응적 행동 시 처벌을 제공하여 문제행동을 감소시키고, 적응적 행동을 강화시키는 치료법이다.
참고 혐오치료도 문제행동을 감소시키는 치료법 중 하나이지만, 불쾌자극(혐오자극)을 제공하는 점에서 초등학생에게, 특히 지적 장애 아동에게 부적절한 방식이다. 주로 중독이나 충동조절장애치료에 사용된다.

27 주요 심리치료기법-행동주의적 치료기법
선생님이 경희가 100점 맞은 것(행동)에 대해 칭찬(보상)을 한 점에서 조작적 조건화의 정적 강화 원리를 사용한 것을 알 수 있다.

정답 24 ② 25 ③ 26 ④ 27 ③

28 바람직한 행동을 한 아동에게 그 아동이 평소 싫어하던 화장실 청소를 면제해 주었더니, 바람직한 행동이 증가하였다면 이는 어떤 유형의 조작적 조건형성에 해당하는가? 22년, 17년

① 정적 강화
② 부적 강화
③ 정적 처벌
④ 부적 처벌

29 알코올 중독 환자에게 술을 마시면 구토를 유발하는 약을 투약하여 치료하는 기법은? 23년, 21년, 20년, 17년

① 행동조성
② 혐오치료
③ 자기표현 훈련
④ 이완 훈련

30 볼프(Wolpe)의 체계적 둔감법을 적용하기에 가장 적합한 내담자는? 22년

① 적절한 대처능력이 떨어지고 특정 상황에 심각한 불안을 보이는 내담자
② 적절한 대처능력이 있으나 특정 상황에 심각한 불안을 보이는 내담자
③ 적절한 대처능력이 떨어지고 일반 상황에 심각한 불안을 보이는 내담자
④ 적절한 대처능력이 있으나 일반 상황에 심각한 불안을 보이는 내담자

31 행동치료를 위해 현재 문제에 대한 기능 분석을 하면 규명할 수 있는 요소가 아닌 것은? 23년, 21년, 16년

① 문제행동과 관련된 인지적 해석
② 문제행동과 관련 있는 유기체 변인
③ 문제행동을 일으키는 자극이나 선행조건
④ 문제행동의 결과

---

28 주요 심리치료기법 – 행동주의적 치료기법
바람직한 행동을 강화시키기 위해 화장실 청소라는 불쾌자극을 제거해 주었다는 점에서, 부적 강화에 해당한다.

29 주요 심리치료기법 – 행동주의적 치료기법
알코올 중독자가 술을 마시면(바람직하지 않은 행동) 구토를 유발하는 약을 투약(혐오자극)하는 점에서, 이는 혐오치료에 해당한다.

30 주요 심리치료기법 – 행동주의적 치료기법
체계적 둔감법은 불안유발자극에 대해 상상하거나 노출되었을 때 스스로 긴장을 완화할 수 있는 기초적인 이완 훈련과 대처능력이 전제되어 있어야 한다. 또한, 불안이 특정 자극에 한정되어 있을 경우 체계적인 자극 계층을 구성하기에 용이하다.

31 주요 심리치료기법 – 행동주의적 치료기법
인지적 해석은 인지치료의 분석 대상에 해당한다.

정답 28 ② 29 ② 30 ② 31 ①

32 정신건강의학과 병동에 입원한 환자들 중 단체생활의 규칙을 잘 지키지 않는 환자들의 행동 문제들을 개선하는 데 가장 효과적인 치료적 접근은?

25년, 22년, 19년, 16년

① 자기주장 훈련(Self-Assertiveness Training)
② 체계적 둔감법(Systematic Desensitization)
③ 유관성 관리(Contingency Management)
④ 내재적 예민화(Covert Sensitization)

33 불안에 관한 노출치료의 내용과 가장 거리가 먼 것은?

21년

① 노출은 불안을 더 일으키는 자극에서 낮은 불안을 일으키는 자극 순으로 진행되어야 한다.
② 노출은 공포, 불안이 제거될 때까지 반복되어야 한다.
③ 노출은 불안을 유발해야 한다.
④ 환자는 될 수 있는 한 공포스러운 자극에 주의를 기울이고 그 자극과 관계를 맺도록 노력해야 한다.

34 역할연기에 대한 설명과 가장 거리가 먼 것은?

21년

① 주장 훈련과 관련이 있다.
② 사회적 기술을 포함하고 있다.
③ 행동시연을 해야 한다.
④ 이완 훈련을 해야 한다.

35 아동의 바람직하지 않은 행동을 감소시키기 위해 사용할 수 있는 적합한 기법은?

24년, 19년

① 행동연쇄(Chaining)
② 토큰경제(Token Economy)
③ 과잉교정(Overcorrection)
④ 주장 훈련(Assertive Training)

---

32 주요 심리치료기법 – 행동주의적 치료기법
문제행동을 개선시키는 데 가장 효과적인 방법은 문제행동 시 보상을 주지 않고, 적응적 행동 시 보상을 제공하는 방식의 유관성 관리이다.

33 주요 심리치료기법 – 행동주의적 치료기법
일반적으로 노출치료 진행 시 낮은 불안유발자극에서 높은 불안유발자극 순(점진적 노출)으로 진행하는 것이 효과적이다.

34 주요 심리치료기법 – 행동주의적 치료기법
이완 훈련은 체계적 둔감법과 연결된다.

35 주요 심리치료기법 – 행동주의적 치료기법

오답해설
① 행동연쇄는 행동 촉진을 목적으로 하는 기법이다.
② 토큰경제는 문제행동 감소보다는 긍정행동 증진이 주된 목표인 기법이다.
④ 주장 훈련은 자기표현방식을 학습시키는 훈련으로, 문제행동 감소가 목적은 아니다.

정답 32 ③ 33 ① 34 ④ 35 ③

36 체계적 둔감법에 대한 설명으로 **틀린** 것은? 21년
① 고전적 조건형성 원리에 기초한 행동치료기법이다.
② 특정한 대상에 불안을 느끼는 경우에 효과적이다.
③ 이완 훈련, 불안위계 목록 작성, 둔감화로 구성된다.
④ 심상적 홍수법과는 달리 불안유발 심상에 노출되지 않는다.

37 다음은 무엇에 관한 설명인가? 20년

> Beck이 우울증 환자에 대한 관찰을 기반하여 사용한 용어로, 자신을 무가치하고 사랑받지 못할 사람으로 간주하고, 자신이 경험하는 세계가 가혹하고 도저히 대처할 수 없는 곳이라고 지각하며, 자신의 미래는 암담하고 통제할 수 없으며 계속 실패할 것이라고 예상하는 것

① 부정적 사고(Negative Thought)
② 인지적 삼제(Cognitive Triad)
③ 비합리적 신념(Irrational Belief)
④ 인지오류(Cognitive Error)

빈출
38 다음은 어떤 치료에 대한 설명인가? 23년, 19년, 16년

> 경계성 성격장애와 감정 조절의 어려움과 충동성이 문제가 되는 상태를 치료하기 위해 상대적으로 최근에 개발된 인지행동치료이다. 주로 자살행동을 보이는 여자 환자들과의 임상 경험을 바탕으로 개발되었다.

① DBT(Dialectical Behavior Therapy)
② ACT(Acceptance and Commitment Therapy)
③ MBSR(Mindfulness Based Stress Reduction)
④ EMDR(Eye Movement Desensitization and Reprocessing)

---

36 주요 심리치료기법-행동주의적 치료기법
체계적 둔감법은 불안유발자극을 점진적으로 노출하여 이완반응을 연습하게 하는 치료기법이다.

37 주요 심리치료기법-인지치료기법
오답해설
① 부정적 사고는 특정한 사건이나 상황에 대한 부정적인 생각이나 평가를 의미한다.
③ 비합리적 신념은 엘리스의 합리적 정서치료(REBT)의 개념이다.
④ 인지오류는 사고 과정에서 발생하는 비논리적이고 왜곡된 인식 경향으로, 이분법적 사고(흑백논리), 개인화 등이 있다.

38 주요 심리치료기법-인지치료기법
오답해설
② ACT(수용전념치료)는 고통스러운 감정이나 사고를 변화시키려 하지 않고 수용하도록 하여 자신이 원하는 가치와 목표를 실현하는 데 초점을 둔 치료법으로, 불안장애, 우울증 등에 주로 사용한다.
③ MBSR(마음챙김 기반 스트레스 완화법)은 명상과 마음챙김 활동을 기반으로 구성된 프로그램을 통해 스트레스를 관리하는 치료법으로, 주로 스트레스, 불안장애치료에 사용한다.
④ EMDR(안구운동 둔감화 및 재처리치료)은 외상기억을 떠올림과 동시에 안구운동을 유도하여 외상사건에 관한 부정적 사고 등을 약화시키는 치료법이다.

정답 36 ④ 37 ② 38 ①

39 인지치료에서 강조하는 자동적 자기파괴 인지 중 파국화에 해당하는 것은? 22년

① 나는 성공하거나 실패하거나 둘 중 하나이다.
② 나는 완벽해져야 하고 나약함을 보여서는 안 된다.
③ 그 프로젝트가 성공하지 못한 것은 나 때문이다.
④ 이 일이 잘되지 않으면 다시는 이 일과 같은 일은 할 수 없을 것이다.

40 Beck의 인지이론에 따르면 다양한 인지 오류가 내담자의 문제를 지속시키는 역할을 담당한다고 보고 있다. 이러한 인지 오류에 해당되지 않는 것은? 24년

① 자동적 사고
② 선택적 추상화
③ 임의적 추론
④ 이분법적 사고

빈출
41 벡(Beck)의 우울증 인지행동치료에서 인지적 삼제(Cognitive Triad)로 옳지 않은 것은? 25년, 22년, 18년

① 자신
② 과거
③ 세계
④ 미래

42 다음에 해당하는 인지치료기법은? 21년

> 친한 친구와 심하게 다퉈 헤어졌을 때 마음이 많이 아프지만 이 상황을 자신의 의사소통이나 대인관계방식을 돌아볼 수 있는 기회로 삼는다.

① 개인화
② 사고중지
③ 의미축소
④ 재구성

---

39 주요 심리치료기법 – 인지치료기법
오답해설
① 이분법적 사고에 해당한다.
② 당위적 사고에 해당한다.
③ 개인화에 해당한다.

40 주요 심리치료기법 – 인지치료기법
자동적 사고는 자극에 대한 즉각적이고 자동적인 인지반응을 말한다.

41 주요 심리치료기법 – 인지치료기법
벡의 인지적 삼제는 우울한 내담자들이 흔히 보이는 사고의 세 가지 영역으로, 개인이 자기 자신, 자신의 미래, 주변 환경(세계)에 부정적인 인식을 가진다고 보는 것이다.

42 주요 심리치료기법 – 인지치료기법
재구성은 부정적이거나 고통스러운 사건을 다른 관점으로 보게 하여 보다 긍정적이고 수용 가능한 의미를 부여하는 인지치료기법이다.

정답 39 ④ 40 ① 41 ② 42 ④

43 합리적 정서치료에 대한 설명으로 틀린 것은?
24년, 18년

① Aaron Beck이 개발했다.
② 환자가 사물에 대해 생각하는 방식을 바꿈으로써 행동변화를 목적으로 한다.
③ 해석은 문제가 되는 감정적, 행동적 결과(C)를 결정하는 사건과 상황(A)에 대한 믿음(B)이다.
④ 이 치료의 기본 목적은 사람들이 자신이 가진 비논리적 사고에 직면하게 만드는 것이다.

44 합동가족치료에 대한 설명으로 틀린 것은?
21년

① 비행청소년들과 그들의 가족들을 위한 개입법으로 개발되었다.
② 한 치료자가 가족 전체를 동시에 본다.
③ 치료자는 상황에 따라 비지시적인 역할을 할 수 있다.
④ 치료자는 가족 구성원에게 과제를 준다.

45 아동기에 기원을 둔 무의식적인 심리적 갈등에서 이상행동이 비롯된다고 가정한 조망은?
20년, 16년

① 행동적 조망
② 인지적 조망
③ 대인관계적 조망
④ 정신역동적 조망

---

43 주요 심리치료기법-인지치료기법
벡은 인지치료를 개발하였고, 합리적 인지치료는 엘리스(Ellis)가 개발하였다.

44 주요 심리치료기법-기타 치료기법
합동가족치료는 비행청소년 개입을 목적으로 개발된 것이 아닌, 가족 전체를 하나의 단위로 보고 치료를 진행하기 위해 마련된 접근법으로, 다양한 가족 문제에 적용된다.

45 주요 심리치료기법
오답해설
① 행동주의는 주변 환경으로부터의 잘못된 학습에서 이상행동이 비롯된다고 보았다.
② 인지주의는 인간의 역기능적 사고와 신념 등 부적응적인 인지적 활동에서 이상행동이 비롯된다고 보았다.
③ 대상관계이론은 인간의 정서와 행동이 대인관계, 특히 초기 주요 관계 속에서 형성된다고 보았다.

정답 43 ① 44 ① 45 ④

46 내담자의 경험에 초점을 두고 심리치료적 상호작용에서 감정이입, 따뜻함, 무조건적인 긍정적 존중을 강조한 접근은? 19년

① 정신분석적 접근
② 행동주의 접근
③ 생물학적 접근
④ 인본주의 접근

47 단기 심리치료에서 좋은 결과를 이끌어내기 위한 요인이 아닌 것은? 25년, 23년, 21년, 17년

① 치료자의 온정과 공감
② 견고한 치료적 동맹관계
③ 문제에 대한 회피
④ 내담자의 적절한 긍정적 기대

48 현실치료에 관한 설명으로 틀린 것은? 24년, 21년

① 내담자가 실행하지 못한 것에 대한 변명을 허용하지 않는다.
② 전행동(Total Behavior)의 '생각하기'에는 공상과 꿈이 포함된다.
③ 개인은 현실에 대한 지각을 통해 현실 그 자체를 알 수 있다.
④ 내담자 개인의 책임을 강조한다.

---

46 주요 심리치료기법

오답해설

① 정신분석적 접근은 무의식적 갈등, 초기 아동기 경험, 방어기제 등을 통해 현재 문제를 해결하는 것을 강조한다.
② 행동주의 접근은 관찰 가능한 행동에 초점을 맞추며, 학습이론을 기반으로 문제행동을 수정하고 새로운 행동을 학습시키는 데 주력한다.
③ 생물학적 접근은 심리적 문제의 원인을 뇌 구조, 신경전달물질, 유전적 요인 등의 생물학적 요인에서 찾고, 주로 약물치료 등의 생물학적 개입을 강조한다.

47 주요 심리치료기법 – 기타 치료기법

문제를 회피하는 것은 변화의 장애 요인으로, 문제를 직면하는 능동적이고 적극적인 자세가 필요하다.

48 주요 심리치료기법 – 기타 치료기법

현실치료는 인간이 현실을 있는 그대로 알 수 없고, 개인의 지각을 통해 주관적으로 현실을 해석한다고 본다. 즉, 현실 자체를 정확히 아는 것이 아니라 '지각된 세계'를 통해 세상을 이해한다고 본다.

정답 46 ④ 47 ③ 48 ③

49 치료 매뉴얼을 바탕으로 하며 내담자의 특성이 명확하게 기술된 대상에게 경험적으로 타당화된 치료를 실시할 때 증거가 잘 확립된 치료에 대한 기준에 해당하지 <u>않는</u> 것은?

23년, 20년

① 두 개 이상의 연구가 대기자들과 비교해 더 우수한 효능을 보이는 경우
② 서로 다른 연구자들이 시행한 두 개 이상의 집단설계 연구로써 위약 혹은 다른 치료에 비해 우수한 효능을 보이는 경우
③ 많은 일련의 단일사례설계 연구로써 엄정한 실험설계 및 다른 치료와 비교하여 우수한 효능을 보이는 경우
④ 서로 다른 연구자들이 시행한 두 개 이상의 집단설계 연구로써 이미 적절한 통계적 검증력(집단당 30명 이상)을 가진 치료와 동등한 효능을 보이는 경우

빈출
50 현실치료에 관한 설명으로 가장 적합한 것은?

23년, 20년, 16년

① 내담자가 더 현실적이고 실현 가능한 인생철학을 습득함으로써 정서적 혼란과 자기패배적 행동을 최소화하는 것을 강조한다.
② 내담자의 좌절된 욕구를 알고 사람들과의 관계에서 새로운 선택을 함으로써 보다 성공적인 관계를 얻고 유지할 수 있음을 강조한다.
③ 현대의 소외, 고립, 무의미 등 생활의 딜레마 해결에 제한된 인식을 벗어나 자유와 책임능력의 인식을 강조한다.
④ 가족 내 서열에 대한 해석은 어른이 되어 세상과 작용하는 방식에 큰 영향이 있음을 강조한다.

---

49 주요 심리치료기법-기타 치료기법
잘 확립된 치료(근거기반치료)는 경험적으로 효과가 검증된 치료를 의미하는데, 대기자(Wait-list)와 비교하는 연구는 치료의 효과성을 입증하는 데 불충분하다. 잘 확립된 치료보다는 유망한 치료 수준에 해당한다고 볼 수 있다.

50 주요 심리치료기법-기타 치료기법
오답해설
① 합리적 정서치료에 적합한 설명이다.
③ 실존치료에 적합한 설명이다.
④ 아들러의 개인심리학에 적합한 설명이다.

정답 49 ① 50 ②

51 다음 ( )에 알맞은 것은? 20년

Seligman의 학습된 무기력과 관련하여 사람들이 부정적 사건들을 ( ), ( ), ( )으로 볼 때 우울하게 되는 경향이 있다고 예언한다.

① 내부적, 안정적, 일반적
② 내부적, 불안정적, 특수적
③ 외부적, 안정적, 일반적
④ 외부적, 불안정적, 특수적

52 집단치료의 치료요소에 대한 설명으로 옳은 것은? 25년, 22년, 18년

① 보편성 – 다른 사람들도 자신과 비슷한 문제와 걱정을 가지고 있다는 것을 알게 된다.
② 희망고취 – 집단 구성원들은 치료자와 다른 구성원들로부터 충고를 받을 수 있다.
③ 카타르시스 – 집단 구성원들은 집단수용을 통해 자기존중감을 증대시킨다.
④ 이타성 – 집단 구성원들은 다른 구성원들로부터 배울 수 있다.

51 주요 심리치료기법 – 기타 치료기법

셀리그만의 학습된 무기력 이론에 따르면, 사람들이 부정적 사건의 원인을 내부적(자기 자신에게 원인이 있다고 생각함), 안정적(시간이 지나도 변하지 않을 것이라고 믿음), 일반적(다른 상황에도 광범위하게 적용된다고 생각함)으로 인식할 때, 무기력감과 우울에 빠질 가능성이 높아진다고 예측하였다.

52 주요 심리치료기법 – 기타 치료기법

오답해설

② 희망고취는 변화 가능성에 대한 기대와 희망을 불러일으키는 것으로 직접적인 충고와는 관련이 없다.
③ 카타르시스(정화)는 억압된 감정을 표출하여 정화하고 심리적 긴장을 해소하는 것에 중점을 둔다.
④ 모방행동이나 대인관계학습의 설명으로 적절하다. 이타성은 내가 누군가를 도우면서 자기효능감을 얻는 것에 중점을 둔다.

정답 51 ① 52 ①

04. 임상심리학자의 자문, 교육, 윤리

Ⅳ. 임상심리학

4과목 내 출제 비중 8%

공략 포인트
- 임상심리학에서의 자문이나 교육 부문에 관한 문제는 각각의 유형에 대해 묻는 문제가 자주 출제되는 편입니다. 따라서, 자문의 유형과 교육 활동 유형에 대해 잘 알아두어야 합니다.
- 임상심리사의 윤리와 관한 내용은 출제 비중이 높은 편입니다. 특히, 윤리적 태도와 비밀보장에 관한 내용이 자주 출제되는 편이니 잘 정리해 두세요.

수험 키워드!
자문의 유형
교육 활동 유형
학교심리학자
윤리 원칙
비밀보장

1 임상심리학자의 주요 역할 기출 21년

역할	내용
심리평가	지능, 성격, 정서, 인지기능 등을 평가하여 진단과 개입계획에 활용함
심리치료	다양한 심리적 문제를 해결하기 위해 치료적 개입을 수행함
연구	심리학 이론 검증 및 새로운 심리적 기법을 개발함
자문	병원, 학교, 기업 등 다양한 기관에 심리학적 자문을 제공함
교육	학생, 내담자, 전문가 대상 심리학적 지식과 기술을 교육함
예방 활동	정신건강 증진 및 심리적 문제 예방을 위한 프로그램 개발 및 운영을 진행함

TIP 우리나라에서는 임상심리학자에게 약물 처방 권한이 부여되지 않으며, 이는 의사의 고유 업무입니다.

2 자문

1. 자문의 기본개념

(1) **임상심리학에서의 자문**: 중앙정부, 지방자치단체, 교육기관뿐만 아니라 병원, 학교 등 다양한 기관 혹은 사람으로부터 요청을 받아, 정신건강과 관련된 다양한 문제의 해결이나 정책 수립 과정에 임상심리학자가 전문적인 지식과 의견을 제공하는 활동을 말한다.

(2) **자문의 의의**: 공공정책이나 제도설계, 기관 내 의사결정 등에 과학적·심리학적 근거를 제공함으로써, 사회 전반의 정신건강 증진에 기여하는 중요한 역할을 수행한다.

(3) **자문의 특징**
   ① 직접적인 치료나 상담이 아니라, 자문을 의뢰한 사람(피자문자)이 특정 문제 상황을 더 잘 이해하고 해결하도록 돕는 조언의 성격을 가진다.
   ② 임상심리사(자문가)는 피자문자를 자율적인 존재로 간주하여, 피자문자 스스로 문제를 해결할 수 있는 능력을 키우도록 돕는다. 최종적인 결정과 행동은 전적으로 피자문자에게 있다.

③ 자문은 구체적인 문제를 다루며, 실제 현장에서 발생한 쟁점을 해결하는 데 초점을 맞춘다.
④ 자문가는 자문을 통해 직접 내담자를 만나지 않고, 피자문자를 통해 간접적으로 서비스를 제공한다.
⑤ 자문은 단기적이고 한시적인 관계이다. 특정한 목표를 달성하면 종결된다.

> **개념플러스** 도허티(Dougherty)의 6가지 자문가 역할
>
> - 전문가로서의 자문가
> - 협력자로서의 자문가
> - 과정 전문가로서의 자문가
> - 옹호자로서의 자문가
> - 진상 조사자로서의 자문가
> - 수련가·교육자로서의 자문가

2. 자문의 유형 기출 22~21년

(1) 비공식적인 동료집단 자문: 임상심리학자들이 동료 전문가들에게 비공식적으로 자문을 요청하는 것이다.

(2) 내담자 중심 사례 자문
① 특정 내담자의 사례에 대한 문제해결에 초점을 맞춘다.
② 자문가와 피자문자가 협력하여 내담자의 문제해결을 위한 가장 효과적인 개입방안을 논의한다.

(3) 피자문자 중심 사례 자문
① 내담자보다는 피자문자의 기술, 신념, 감정 등 전문가적 역량 향상에 초점을 둔다.
② 피자문자가 가진 지식이나 기술의 부족을 파악하고 이를 보완하도록 돕는다.
③ 내담자의 문제해결뿐만 아니라 피자문자의 성장과 학습을 목표로 한다.

(4) 프로그램 중심 행정 자문
① 개인적인 사례보다는 조직이나 기관의 프로그램이나 제도에 초점을 맞춘다.
② 자문가가 조직의 관리자나 실무진에게 심리학적 지식을 제공하여 새로운 프로그램을 효과적으로 기획하고 실행하도록 돕는다.
③ 조직이나 기관의 프로그램 및 전체적인 쟁점이 되는 문제에 관한 기능적 측면에 대한 자문을 제공한다.

(5) 피자문자 중심 행정 자문
① 피자문자의 행정적 역량 향상에 초점을 맞춘다.
② 조직이나 기관 내 행정적인 쟁점과 인사 쟁점에 관한 업무에 대한 자문을 제공한다.
③ 피자문자의 조직 운영, 제도 개선 등에 대한 자문으로, 임상사례가 아닌 제도나 행정 문제가 주된 내용이다.

3. 자문의 5가지 단계

단계	명칭	특징
1	질문의 이해	• 피자문자(자문 의뢰자)가 무엇을 필요로 하는지 명확히 파악하는 단계 • 자문 의뢰 이유와 배경을 경청한 후, 의뢰 문제를 파악하고, 자문의 역할과 목표에 대해 합의 • 자문의 성격이 자문가 자신의 전문성에 부합하는지 확인
2	평가	• 문제를 정확히 진단하기 위해 필요한 정보를 수집하고 분석하는 단계 • 면접법, 관찰법 등을 통해 문제행동의 빈도, 강도, 관련 요인 등 구체적인 데이터를 수집 • 피자문자의 관점뿐만 아니라, 내담자도 함께 고려하여 다각적으로 평가
3	중재	• 평가 결과를 바탕으로 문제해결을 위해 구체적인 계획을 수립하고 실행하는 단계 • 문제해결을 위한 다양한 전략을 논의하고, 피자문자가 실행하기에 가장 적합한 중재 전략 선택
4	종결	• 자문 과정의 목표가 달성되었는지 평가하고, 자문관계를 마무리하는 단계 • 문제해결의 효과성 평가 및 피자문자가 스스로 문제를 해결할 수 있는 능력을 갖추었는지 확인 • 향후 피자문자가 유사한 문제를 만났을 때 스스로 대처할 수 있도록 격려
5	추적	• 공식적인 자문이 종료된 후에도 해결책이 잘 유지되고 있는지 확인하는 단계 • 자문의 장기적인 성공을 확인하고, 필요 시 추가적인 지원이 필요한지 판단

3 교육

1. 교육의 개념

(1) 임상심리학에서의 교육

① 임상심리학에서의 교육은 내담자, 피교육자, 수련생 등 다양한 대상에게 심리학적 지식과 기술을 전달하고, 정신건강의 이해를 증진시키기 위한 활동을 의미한다.
② 임상심리학자는 다양한 형태의 교육에 참여할 수 있다.

(2) 교육의 의의

심리적 자각 촉진	교육을 통해 대상자는 자신의 심리적 상태를 이해하고 스스로 대처할 수 있는 능력을 기르게 됨
전문성 향상	수련생 및 동료 전문가에 대한 교육은 임상심리학자의 전문성을 전수하고, 임상현장의 질적 향상을 도모함
사회적 책임수행	정신건강 증진과 관련된 공공교육 활동은 임상심리학자가 사회적 역할과 책임을 다하는 방법 중 하나임

> **빈출 핵심 발문**
>
> • 잠재적인 학습 문제의 확인, 학습실패 위험에 처한 아동에 대한 프로그램 운용, 학교 구성원들에게 다양한 관점 제공, **부모 및 교사**에게 특정 문제행동에 대한 **대처기술**을 제공하는 **학교심리학자**의 역할은?

2. 교육 활동 유형 기출 20년

(1) 학구적인 장면에서의 교육
① 대학 또는 대학원의 심리학과에서 심리학 및 관련 과목을 강의한다.
② 의과대학이나 병원에서 의학·정신건강 관련 강의를 진행한다.
③ 교육학, 여성학, 경영학, 사회복지학, 아동복지학 등 타 전공 학과에서 심리학 관련 주제로 강의를 진행한다.

(2) 비학구적인 장면에서의 교육
① 정신건강센터, 재활기관, 진료소 등 임상현장에서 강의를 맡는다.
② 학회나 학교 주최 워크숍에서 강연자로 참여한다.
③ 내담자 및 그 가족을 대상으로 심리교육을 실시한다.

개념플러스 학교심리학자 기출 25~24, 21년

- **개념**
  - 학습 문제나 정서·행동 문제를 조기에 발견하고, 학습실패나 심리적 부적응을 방지하기 위해 예방적 프로그램을 운영함
  - 이는 위험에 처한 아동을 선별하고, 조기 개입을 통해 문제를 심화시키지 않도록 하는 데 초점을 둠
  - 학부모와 교사에게 다양한 시각과 대처기술을 제공하는 것도 이러한 예방적 노력의 일환임

- **역할**

구분	개념	대표 활동
예방	문제 발생을 사전에 방지하고 위험 요인을 조기에 식별하기 위한 활동	• 학습부진 조기 선별 • 사회정서 프로그램 운영 • 학교폭력 예방교육 • 부모 및 교사 대상 워크숍
자문	교사, 부모, 관리자 등과의 협업을 통해 간접적으로 아동을 지원하는 개입	• 교사에게 수업 중 문제행동 대응법 제안 • 부모에게 양육 상담 제공 • 학급 분위기 조정 전략 제공
중재	이미 나타난 정서·행동·학습 문제에 대한 직접적 치료 또는 조정	• 개인·집단 상담 • 학습 전략 중재 • 감정 조절 훈련 • 인지행동 프로그램 운영
위기개입	자살위험, 재난, 폭력 등 위기 상황에서의 신속한 심리적 지원	• 위기 발생 직후 개입 • 심리적 응급처치(PFA) • 사후 모니터링 및 외부기관 연계

4 윤리

1. 임상심리사의 주요 윤리 원칙 기출 24, 22~21, 19~18년

(1) 내담자 존중

자율성 존중	• 내담자는 자신의 행동을 스스로 결정하고 처리할 수 있는 자율적인 존재 • 상담자는 이러한 내담자의 권리와 결정권을 존중하고 보호하여야 함
공정성	• 상담자는 인종, 성별, 종교 등의 이유로 내담자를 차별하지 않아야 함 • 상담자는 내담자의 인종, 성별, 종교 등에 가지고 있는 자신의 편향이나 제한점을 인식하고 조정하여야 함
성실성과 정직성	• 상담자는 정직하고 신뢰 가능한 태도로 내담자와의 관계를 형성함 • 내담자와의 이중(다중)관계 및 성적 관계를 형성하여서는 안 됨⁺ • 허위 진술이나 기만, 조작 등이 없이 보고하여야 함

(2) 비밀보장(한국임상심리학회 윤리규정) 기출 25~24, 20, 16년

① 개념: 내담자와의 상담 과정에서 알게 된 모든 정보에 대해 비밀을 유지해야 한다.

② 고려사항

비밀유지의 범위	내담자의 진술, 평가 결과, 기록물 등 상담 및 평가 과정에서 얻은 모든 개인정보를 포함함
정보 공개 시 절차	• 필요한 최소한의 정보만 공개해야 함 • 가능하면 사전에 내담자에게 정보 공개 사실을 고지하고 동의를 얻도록 노력해야 함
기타 고려사항	• 기록물 관리 시에도 비밀보장이 유지되어야 함 • 다수 대상(가족, 집단 상담 등) 상담 시에는 참여자 모두에게 비밀 유지 범위를 명확히 설명해야 함

③ 비밀보장 예외 상황

전문 서비스 제공 목적	필요한 전문적 서비스를 제공하기 위한 경우
전문 자문 필요 시	적절한 전문적 자문을 구하기 위한 경우
신체적 위해 방지	내담자나 환자, 심리학자 또는 그 밖의 사람들을 상해로부터 보호하기 위한 경우
서비스 비용 청구	내담자·환자로부터 서비스에 대한 비용을 받기 위한 경우
자·타해 위험 시	자신이나 타인에게 해가 될 위험이 있는 경우
중대한 범죄 관련	학대나 성폭력 등 중대한 범죄의 경우
치명적 감염병 보유 시	치명적인 감염성의 질병이 있다는 확실한 정보를 갖게 된 경우
법적 공개 요구 시	법적으로 정보 공개가 요구되는 경우

빈출 핵심 발문

• 임상심리학자의 **윤리**에 관한 일반 원칙 중 다음에 해당하는 것은?
• **비밀보장**에 관한 설명으로 틀린 것은?
• 임상심리사로서 **전문적인 관계**를 유지하는 데 바람직한 **지침사항**과 가장 거리가 먼 것은?

심화 내담자와의 관계 형성 시 금지사항

• **이중(다중)관계**: 상담자와 내담자 간의 상담관계 이외에 다중으로 관계를 맺는 것
  예 성적 관계, 금전 및 상품의 거래 관계, 친구나 친척 등 친밀한 관계 등
  ※ 단, 불가피한 예외적인 상황에서는 이중관계가 형성될 수 있으나, 매우 신중하게 접근해야 함
• **성적 관계**: 상담자와 내담자 간의 성적 관계는 윤리강령에서 엄격하게 금지시키는 관계임

(3) **상담자⁺의 유능성(전문성, Competence)** 기출 24, 22, 19~18년
　① 상담자는 자신의 능력과 훈련을 통한 자격을 바탕으로 실전적 활동을 하는 전문가여야 한다.
　② 지식, 기술, 자격의 한계를 명확히 인식해야 한다.
　③ 적절한 전문교육과 수련, 지속적인 학습 필요, 개인 문제(정신적, 정서적 어려움 등)가 업무수행에 영향을 미치면 즉시 대처해야 한다.
　④ 자신의 무능함을 자각하지 못하는 상태가 가장 위험하다.
　TIP 임상심리사는 과학적 근거에 기반하여 전문적인 서비스를 제공해야 하며, 객관적인 평가, 검증된 치료기법, 윤리적 원칙을 따라야 합니다.

2. 임상심리 전문가의 관계 윤리 기출 23, 21년

(1) 윤리적 근거

책임성	자신의 전문적 행동에 대해 책임을 지고, 전문적 지식을 활용하여 사회와 내담자의 복지를 증진시킨다는 원칙
의무성	임상심리사가 내담자와 맺은 신뢰관계를 충실하게 지켜야 한다는 원칙

(2) 지침사항
　① 내담자와 상담자 간의 관계는 오직 전문적인 목적을 위해서만 유지되어야 한다.
　② 동료 전문가 및 타 전문직에 종사하는 전문가들을 존중한다. 또한, 이들의 욕구·능력·의무에 적절한 관심을 가져 내담자에게 최대 이익을 제공하기 위해 필요한 경우 그들의 자원을 활용하거나 의뢰한다.
　③ 동료의 윤리적 위반 가능성을 인지한 경우, 무조건 바로 고발하기보다는 비공식적인 방식(예 해당 동료와 직접 논의 등)으로 문제를 해결하도록 노력한다.
　④ 소속된 단체나 기관의 규정을 준수한다.

3. 윤리위반 해결 원칙(한국심리학회 윤리강령)

(1) **경미한 위반:** 우선 해당 상담심리사에게 직접 알림으로써 문제 인식을 유도한다.
(2) **명백하거나 중대한 위반 또는 개별적 해결이 어려운 경우:** 상벌윤리위원회에 공식 신고한다.
(3) **소속기관의 규정과 윤리강령이 충돌할 경우:** 갈등의 본질을 명확히 파악하고, 소속기관에 대해 윤리강령을 설명·준수할 수 있도록 설득한다.

심화 **다문화 상담 관련 상담자의 태도**
- 일반적으로 내담자가 상담에 가지고 오는 호소 문제는 사회적, 문화적 배경과 관련되어 발생함
- 상담자는 문화에 대한 개방성, 내담자의 문화에 대한 지식 등을 바탕으로 내담자를 이해하고 적절한 개입을 할 수 있도록 능력을 길러야 함

기출(복원)문제

01 임상심리사가 수행하는 역할과 가장 거리가 먼 것은? 21년
① 심리치료 상담
② 심리검사
③ 언어치료
④ 심리 재활

02 우리나라 임상심리학자의 고유 역할에 해당되지 않는 것은? 21년
① 연구
② 자문
③ 약물치료
④ 교육

03 정신건강 자문 중 점심 시간이나 기타 휴식 시간 동안에 임상사례에 대해 동료들에게 자문을 요청하는 형태는? 22년
① 내담자 – 중심 사례 자문
② 피자문자 – 중심 사례 자문
③ 비공식적인 동료집단 자문
④ 피자문자 – 중심 행정 자문

---

01 임상심리학자의 주요 역할
언어치료는 언어발달 지연이나 언어장애를 다루는 전문 분야이다. 임상심리사가 수행하는 역할에는 심리평가, 심리치료, 연구, 자문, 교육, 예방 활동이 있다.

02 임상심리학자의 주요 역할
우리나라에서 약물치료는 의사의 고유 업무이다. 우리나라의 임상심리학자에게는 약물 처방 권한이 부여되어 있지 않다.

03 자문-자문의 유형

오답해설
① 내담자 중심 사례 자문은 자문의 주요 초점이 내담자의 문제해결에 있고, 자문가는 피자문자의 개입방안을 구체적으로 제안한다.
② 피자문자 중심 사례 자문은 내담자보다는 피자문자의 기술, 신념, 감정 등 전문가적 역량 향상에 초점을 둔다.
④ 피자문자 중심 행정 자문은 피자문자의 조직 운영, 제도 개선 등에 대한 자문으로, 임상사례가 아닌 제도나 행정 문제가 주된 내용이다.

정답 01 ③ 02 ③ 03 ③

QR코드의 OMR 답안지로 문제를 반복해서 풀어 본 후, 문항 번호 아래 박스에 회독한 만큼 체크해 보세요.

회독용 OMR

04 다음에 해당하는 자문의 유형은?   21년

주의력결핍장애를 가진 아동의 혼란된 행동을 다루는 방법을 확신하지 못하고 있는 초등학교 3학년 담임교사에게 자문을 해주었다.

① 내담자 중심 사례 자문
② 프로그램 중심 행정 자문
③ 피자문자 중심 사례 자문
④ 자문자 중심 행정 자문

빈출
05 잠재적인 학습 문제의 확인, 학습실패 위험에 처한 아동에 대한 프로그램 운용, 학교 구성원들에게 다양한 관점 제공, 부모 및 교사에게 특정 문제행동에 대한 대처기술을 제공하는 학교심리학자의 역할은?

25년, 24년, 21년

① 예방
② 교육
③ 부모 및 교사 훈련
④ 자문

06 임상심리사의 역할 중 교육에 관한 설명으로 옳은 것을 모두 고른 것은?   20년

㉠ 심리학자가 아동들이 부모의 이혼에 대처하도록 도와주는 방법에 관한 강의를 해주는 것은 비학구적인 장면에서의 교육에 해당된다.
㉡ 의과대학과 병원에서의 교육은 비학구적인 장면에서의 교육에 포함된다.
㉢ 임상심리학자들은 심리학과뿐만 아니라 경영학, 법학, 의학과에서도 강의한다.
㉣ 의료적, 정신과적 문제를 대처하도록 환자를 가르치는 것도 임상적 교육에 포함된다.

① ㉠, ㉡, ㉢
② ㉠, ㉡, ㉣
③ ㉠, ㉢, ㉣
④ ㉡, ㉢, ㉣

---

04 자문-자문의 유형
제시된 사례의 자문은 자문자가 교사의 내담자인 아동을 효과적으로 다룰 수 있도록 교사에게 도움을 주었다는 점에서, 피자문자인 교사를 중심으로 한 피자문자 중심 사례자문에 해당한다.

05 교육-교육 활동 유형
학부모와 교사에게 다양한 시각과 대처기술을 제공하는 것은 예방적 노력의 일환에 해당한다.

06 교육-교육 활동 유형
오답해설
㉡ 의과대학과 병원은 학문적 환경에 해당되므로, 비학구적인 장면이 아니다.

정답 04 ③ 05 ① 06 ③

07 임상심리학자의 윤리에 관한 일반 원칙 중 다음에 해당하는 것은? 24년, 22년, 19년

> 모든 사람은 심리 서비스를 이용하고 이익을 얻을 권리가 있다. 심리학자는 자신이 가진 편견과 능력의 한계를 인지하고 있어야 한다.

① 공정성
② 유능성
③ 성실성
④ 권리와 존엄성의 존중

08 임상심리학자로서의 책임과 능력에 있어서 바람직하지 못한 것은? 21년, 18년

① 서비스를 제공할 때 높은 기준을 유지한다.
② 자신의 활동 결과에 대해 책임을 진다.
③ 자신의 능력과 기술의 한계를 알고 있어야 한다.
④ 자신만의 경험을 기준으로 내담자를 대한다.

09 임상심리학자는 내담자와 이중관계를 갖지 말아야 한다. 이와 가장 관련이 깊은 윤리 원칙은? 22년

① 성실성
② 유능성
③ 책임성
④ 의무성

10 임상심리사로서 전문적인 관계를 유지하는 데 바람직한 지침사항과 가장 거리가 먼 것은? 23년, 21년

① 다른 전문직에 종사하는 동료들의 욕구, 특수한 능력, 그리고 의무에 대하여 적절한 관심을 가져야 한다.
② 동료 전문가와 관련된 단체나 조직의 특권 및 의무를 존중하여 행동하여야 한다.
③ 동료 전문가의 윤리적 위반 가능성을 인지하면 즉시 해당 전문가 단체에 고지해야 한다.
④ 소비자의 최대이익에 기여하는 모든 자원들을 활용해야 한다.

---

07 윤리 – 임상심리사의 주요 윤리 원칙
위에서 강조하는 것은 모든 사람이 심리 서비스를 이용할 권리를 가진다는 점과, 심리학자가 자신의 편견과 능력의 한계를 인식해야 한다는 점이다. 이는 공정성 원칙에 해당한다. 공정성은 모든 개인이 평등하게 심리 서비스를 받을 수 있도록 차별 없이 대하고, 전문가로서 자신의 편향이나 제한점을 인식하고 조정하는 태도를 포함한다.

08 윤리 – 임상심리사의 주요 윤리 원칙
임상심리학자는 과학적 근거에 기반하여 전문적인 서비스를 제공해야 하며, 개인적인 경험이나 주관적 판단만을 기준으로 내담자를 대하는 것은 바람직하지 않다. 객관적인 평가, 검증된 치료기법, 윤리적 원칙을 따라야 한다.

09 윤리 – 임상심리사의 주요 윤리 원칙

오답해설
② 유능성은 전문적 지식과 기술을 갖추고, 자신의 한계를 인식하며, 계속해서 전문가로서의 역량을 개발해야 한다는 원칙이다.
③ 책임성은 개입의 결과에 대해 도덕적·법적 책임을 지는 자세를 뜻하며, 타인의 복지에 대한 배려가 포함된다.
④ 의무성은 일반적으로 임상심리사의 약속과 책임을 충실히 지키는 것을 의미하며, 보다 포괄적인 윤리개념에 해당한다.

10 윤리 – 임상심리 전문가의 관계 윤리
동료 전문가의 윤리적 위반 가능성을 인지했다고 해서 즉시 전문가 단체에 고지하는 것은 바람직한 지침이 아니다. 해당 전문가와 직접 논의하거나, 필요 시 공식적인 윤리적 절차를 따르는 것을 원칙으로 한다.

정답 07 ① 08 ④ 09 ① 10 ③

11 다음은 어느 항목의 윤리적 원칙에 위배되는가?

24년, 18년

> 임상심리사가 개인적인 심리적 문제를 갖고 있다든지, 너무 많은 부담 때문에 지쳐있다든지, 교만하여 더 이상 배우지 않고 배울 필요가 없다고 생각하거나, 해당되는 특정 전문교육수련을 받지 않고도 특정 내담자군을 잘 다룰 수 있다고 여긴다.

① 유능성
② 성실성
③ 권리의 존엄성
④ 사회적 책임

12 비밀보장에 관한 설명으로 틀린 것은?

25년, 24년, 16년

① 내담자에게 얻은 정보에 대한 비밀보장을 중요시해야 한다.
② 내담자 자신이나 타인에게 명백한 위험을 초래하게 되는 경우에도 비밀보장은 준수되어야 한다.
③ 적절한 시기에 내담자들에게 비밀보장의 법적인 한계에 대하여 알려주어야 한다.
④ 전문적인 관계에서 얻은 정보나 평가 자료는 전문적인 목적을 위해서만 토론되어야 한다.

13 한국심리학회 윤리규정에 관한 설명으로 틀린 것은?

20년

① 심리학자는 성실성과 인내심을 가지고 함께 일하는 다른 분야의 종사자와 협조적으로 업무를 수행한다.
② 심리학자는 내담자의 개인정보를 어떠한 경우에도 노출하면 안 된다.
③ 심리학자는 성적 괴롭힘을 하지 않는다.
④ 심리학자는 개인과 사회의 발전을 위해 노력하여야 한다.

---

11 윤리-임상심리사의 주요 윤리 원칙
유능성은 임상심리사가 자신의 능력 범위를 명확히 인식하고, 필요한 교육과 수련 없이 전문적 서비스를 제공하지 않도록 규정한 원칙으로, 제시된 사례의 임상심리사는 이 원칙을 무시하고 있다.

12 윤리-임상심리사의 주요 윤리 원칙
비밀보장은 기본 원칙이나, 자신과 타인에게 명백하게 위험한 상황, 내담자의 동의 하 자문의 경우, 법적 권위기관으로부터의 법률적 명령의 경우 비밀보장이 지켜지지 않을 수 있으며 이에 대해 내담자에게 고지해야 한다.

13 윤리-임상심리사의 주요 윤리 원칙
한국심리학회 윤리규정에 따르면, 심리학자는 내담자의 개인정보를 보호해야 하지만 '어떠한 경우에도' 노출을 금지하는 것은 아니다. 예외적으로 법적 요구(예 법원의 명령)가 있거나, 내담자 또는 타인의 생명과 안전이 위협받는 경우에는 비밀유지 의무가 제한될 수 있다. 즉, 비밀보장은 원칙이지만, 특정 상황에서는 정보 공개가 허용된다.

05 임상 특수분야

Ⅳ. 임상심리학

20%
4과목 내 출제 비중

| 공략 포인트
- 지역사회심리학과 관련된 부분은 특정 과년도 기출문제들이 계속 반복하여 나옵니다. 기출을 통해 지역사회심리학에 대한 개념을 정리하는 공부법을 추천합니다.
- 건강심리학과 신경심리학에 대한 출제 비중이 높습니다. 세부 내용에 대해 골고루 나오는 편이니 잘 정리해 두세요.

| 수험 키워드!
지역사회심리학
예방
건강심리학
A·B 유형 성격이론
뇌손상
편재화와 국재화

1 지역사회심리학

1. 지역사회심리학의 개요 기출 24~22, 20~19, 17년

(1) 기본 관점
① 질병치료보다 예방과 조기 개입을 더욱 중시한다.
② 준전문가의 역할과 자조 활동을 강조한다(자원봉사자, 지역 리더, 자조 모임 등 비전문 인력을 교육하여 지역사회 역량을 강화함).
③ 전통적인 입원 중심치료를 지양하고, 지역사회 기반의 서비스를 강화함을 지향한다.
④ 개인과 지역사회의 자원 및 강점을 파악하고 개발하여 문제해결을 도모한다.
⑤ 개인의 결손보다는 유지되고 있는 능력을 발굴하고 강화하는 데 집중한다.
⑥ 병원시설 확장이 아닌, 지역 내 해결을 통해 정신건강을 증진시키는 것을 목표로 한다(탈원화 지향).
⑦ 정신질환자를 병원이 아닌 가족, 학교, 직장 등 지역사회 내 구조로 통합하려 한다.

(2) 특징

환경 및 개인 고려	• 지역사회심리학자들은 개인의 문제를 이해할 때, 개인의 특성뿐만 아니라 그가 속한 환경의 영향까지 함께 고려해야 한다고 봄 • 전통적인 병원 중심 모델 대신, 지역사회 전체를 고려함 • 개인의 심리 건강을 지역사회 수준에서 예방·치료·지원함
자원 활용 강조	• 사람과 지역사회가 지닌 자원과 강점을 발견하고 개발함 • 문제해결을 위한 대안을 함께 창출하는 과정에 중점을 둠 • 지역사회 자원봉사자, 비전문 인력, 지역 조직 등
다양성 존중	사람과 지역사회 간의 차이를 결핍이 아닌 바람직한 다양성으로 받아들이며, 이를 존중하고 수용하려는 태도를 가짐
공정한 자원 분배 강조	사회적 자원은 단일한 능력기준(예 학력, 지능 등)만으로 배분되어서는 안 되며, 모든 사람의 잠재력과 필요를 고려한 공정한 분배가 필요하다고 봄

빈출 핵심 발문

- 지역사회심리학에서 지향하는 바가 아닌 것은?
- 프로그램의 주요 초점은 사회 복귀이며, 직업능력 증진부터 내담자의 자기개념 증진에 걸쳐 있는 것은?
- 암, 당뇨 등과 같은 질병을 진단받은 환자들을 위한 효과적인 집단개입으로 가장 적합한 것은?

TIP 결손 중심 접근은 전통적인 임상적 모델에 가까운 접근입니다.

(3) 주요 목적

스트레스 관리	스트레스 관리와 대처를 통해 심리적 안정과 질병 예방을 도모함
심리적 적응	• 암, 당뇨, 심혈관 질환 등 만성 신체 질환의 심리적 적응을 도움 • 주로 심리·교육적 집단치료❓가 활용됨
중독 예방 및 치료	알코올, 흡연, 도박, 인터넷 등의 중독 문제를 예방하고 치료함
섭식 문제 조절	비만, 폭식, 섭식장애 등 섭식 문제를 조절하고 건강한 식습관을 촉진함
건강행동 개선	운동, 수면, 성 행동 등 건강행동 개선을 통해 삶의 질을 높임
심신치료	행동수정, 인지치료, 명상, 바이오피드백 등 치료기법을 활용해 심신 건강을 증진함
심리적 지원	통증, 수술 스트레스, 임종 등 특수 상황에 대한 심리적 지원을 제공함
정서 조절	분노와 같은 부정적 정서를 조절하고 정서적 안정을 유도함
웰빙 증진	삶의 질 향상과 웰빙 증진을 주요 목표로 삼음
건강 커뮤니케이션	건강 정보 전달과 정책 개발을 통한 건강 커뮤니케이션과 공공 예방 활동도 포함됨

> **용어** 심리·교육적 집단치료
> • 정보 제공 + 정서적 지지 + 행동 변화까지 다루는 치료
> • 의료현장에서 암, 당뇨, 심장 질환, 만성통증 등의 환자에게 자주 사용
> • 자기효능감 향상과 질환 수용을 촉진함

2. 지역사회심리학의 주요 실천영역 기출 25, 23, 20년

(1) 예방

보편적 예방	• 대상: 특정 위험군이 아닌 전체 인구를 대상으로 함 • 목표: 심리적 문제 발생을 사전에 방지하는 것 예 학교에서 심리건강교육, 금연 캠페인, 스트레스 관리 워크숍
1차 예방	• 대상: 고위험군 이전의 일반인 • 목표: 질병이나 문제가 발생하기 전 단계에서, 해로운 환경 요인을 미리 제거하거나 위험을 줄여 건강한 상태를 유지하도록 돕는 것 • 직업적 차별을 줄이고, 학교의 교과 과정을 수행하거나, 주택을 늘리며, 부모 기술을 교육하고, 한부모 가정 아동을 돕는 등의 방법이 있음 예 정신건강 증진 프로그램, 자살 예방교육, 지역사회 정신건강 캠페인
2차 예방	• 대상: 초기 증상을 보이는 사람 또는 고위험군(대규모 인원에 대한 선별을 시사함) • 목표: 문제가 심각해지기 전에 조기에 발견 및 개입하여, 더 큰 피해로 이어지는 것을 막는 것 예 음주 관련 문제를 가진 사람들에 대한 조기 탐지 및 치료
3차 예방	• 대상: 정신 질환 이력이 있는 사람 • 목표: 진단된 정신장애의 영향을 줄이는 것 • 정신장애 발생 후, 기존 질환을 관리하여 지속기간과 부정적 영향을 줄이는 추가 손상 예방에 해당함 • 정신 질환을 경험했거나 심각한 문제를 겪은 사람의 사회 복귀, 직업능력 회복, 기능 증진까지 아우르는 예방개념 예 정신 질환 이력이 있는 대상자의 사회 복귀 프로그램

(2) 재활
① 의미: 정신장애를 가진 사람을 돕기 위한 '예방, 치료, 재활'이라는 정신보건분야의 세 가지 주요 영역 중 한 가지이다.
② 목적: 정신 질환을 가진 사람이 스스로 선택한 환경 내에서 최소한의 전문적인 개입을 받으며, 성공적이고 만족스럽게 살 수 있도록 그의 기능을 증진시키는 것을 목적으로 한다.
③ 단계별 재활의 모형

단계	개념 및 개입방법
손상	• 심리적, 생리적 혹은 해부학적인 구조나 기능이 상실되거나 어떤 이상이 생긴 상태 　예 환각, 망상, 우울, 무감동 • 개입방법: 약물치료, 정신치료
기능결함	• 정상이라고 생각되는 방식과 범위 내에서 활동수행능력이 제한되거나 부족한 상태 　예 직무적응 부족, 기술 부족, 사회기술 부족, 일상생활기술 부족 • 개입방법: 재활 상담, 기술 훈련, 환경 지원
역할장애	• 정상이라고 생각되는 방식과 범위 내에서 역할수행능력이 제한되거나 부족한 상태 　예 학교를 못 다님, 취업을 못함, 거주지가 없음 • 개입방법: 직업 재활 상담, 기술 훈련, 환경 지원
불이익	• 어떤 개인이 정상적인 역할을 수행하는 일에 제한과 방해를 받는 불이익 상태 　예 사회적 차별, 사회적 편견, 가난(빈곤) • 개입방법: 제도변화, 권익옹호, 편견일소하기

2 건강심리학(행동의학)

1. 건강심리학의 개요
(1) 개념: 심리학 내의 전문영역 중 하나이며, 심리학의 일차적 역할을 행동의학영역에서의 과학과 직업으로써 나타내는 특정적 학문의 분야를 지칭하는 용어이다.

(2) 특징: 사회, 산업, 생리심리학 등 많은 분야의 심리학자들에 의한 건강 관련 실무, 연구 및 교육을 포함한다.

(3) 주요 목적: 건강의 유지 및 증진, 그리고 질병 예방과 치료에 목적을 두었다.

(4) 적용 분야 기출 25~22, 19~18, 16년

스트레스 관리	스트레스 관리와 대처를 통해 심리적 안정과 질병 예방을 도모함
만성 질환 적응	암, 당뇨, 심혈관 질환 등 만성 신체 질환의 심리적 적응을 도움
중독 문제 개입	알코올, 흡연, 도박, 인터넷 등의 중독 문제를 예방하고 치료함
섭식 문제 조절	비만, 폭식, 섭식장애 등 섭식 문제를 조절하고 건강한 식습관을 촉진함
건강행동 증진	운동, 수면, 성 행동 등 건강행동 개선을 통해 삶의 질을 높임
심신 건강치료	행동수정, 인지치료, 명상, 바이오피드백 등 치료기법을 활용해 심신 건강을 증진함
통증 관리 등 특수 상황 지원	통증, 수술 스트레스, 임종 등 특수 상황에 대한 심리적 지원을 제공함
심신 관리	분노와 같은 부정적 정서를 조절하고 정서적 안정을 유도함
웰빙 증진	삶의 질 향상을 주요 목표로 삼음
건강 커뮤니케이션	건강 정보 전달과 정책 개발을 통한 건강 커뮤니케이션과 공공 예방 활동도 포함됨
기타 적용 분야	흡연, 알코올 남용, 비만, Type A, 고혈압, 심부정맥, 알츠하이머, AIDS, 낭포성 섬유종, 거식증, 만성구토, 유분증, 대변실금, 궤양, 과민성대장증후군, 연추사경, 틱, 뇌성마비, 뇌혈관사고, 간질, 천식, 신경피부염, 건성, 만성통증, 두통, 불면증, 당뇨병 등

> **개념플러스 | 환자 중심적 치료** 기출 23~22, 17년
> - 치료자의 친절하고 상세한 설명으로 환자의 질환에 대한 이해도를 높이고, 치료의 필요성과 효과에 대한 신뢰를 강화하여 치료적 준수를 촉진하는 가장 효과적인 전략 중 하나
> - 환자가 이해하고 납득한 상태에서 약물 복용을 선택할 수 있도록 돕는 것은 자기결정성과 치료 효과를 모두 향상시키는 접근이며, 이는 환자 중심적 진료의 핵심 원칙임

2. 관련 이론
(1) 생물심리사회적 모델 기출 24, 18년

① 등장 배경
  ㉠ 심리적 요인과 사회적 요인들이 모두 병과 건강에 영향을 미친다는 인식이 발전하였다.
  ㉡ 스트레스, 생활양식과 행동, 성격, 사회적 지지와 건강 관련의 중요성이 대두되었다.

빈출 핵심 발문
- 건강심리학 분야의 초점영역과 가장 거리가 먼 것은?
- 건강심리학 분야의 주된 관심영역과 가장 거리가 먼 것은?
- 환자가 처방한 대로 약을 잘 복용하고, 의사의 치료적 권고를 준수하게 하기 위한 가장 적절한 방법은?
- A 유형(Type A) 성격의 행동패턴이 아닌 것은?

용어 | 행동의학
의학적 질환과 관련된 행동, 정서, 인지, 생리적 요인들 간의 상호작용을 연구하고 중재하는 분야로, 만성 질환, 통증, 고혈압, 당뇨, 심장병 등 신체 질환의 예방 및 치료를 다룸. 만성통증 관리는 행동의학의 대표적인 주제로, 생리적 반응에 대한 바이오피드백, 인지행동치료, 이완 훈련 등의 심리적 개입이 활용됨

② 생리적 반응 조절기법

바이오피드백	• 생리적 신호(심박수, 근긴장, 피부전도 등)를 장비로 피드백 받아 조절학습 • 심박수, 혈압, 근육긴장, 체온 등 조절 • 주요 활동 분야: 만성통증, 편두통, 고혈압, 불안, ADHD
점진적 근육이완법 (PMR)	• 신체의 각 근육군을 긴장-이완시키는 감각 인식 훈련 • 근육긴장, 자율신경반응 조절 • 주요 활동 분야: 불안장애, 수면장애, 시험불안
복식호흡/ 이완호흡법	• 횡격막을 이용한 깊고 느린 호흡으로 부교감신경 활성화 유도 • 심박수, 호흡률, 긴장반응 조절 • 주요 활동 분야: 스트레스, 공황, 긴장성 두통
명상/마음챙김	• 현재의 경험에 주의를 기울이고 판단 없이 수용하는 인지적 이완기법 • 전반적 자율신경계 조절, 심박변이도 조절 • 주요 활동 분야: 만성 스트레스, 우울, PTSD, 통증
자기최면	• 의식적으로 이완된 상태에 들어가 암시를 통해 생리반응 조절 • 근육긴장, 통증, 감각 민감도 조절 • 주요 활동 분야: 수술 전 불안, 만성통증, 습관장애
이미지 훈련	• 편안한 장면을 시각적으로 상상하며 이완반응 유도 • 근긴장, 혈압, 심박수 조절 • 주요 활동 분야: 불안, 불면, 항암치료 시 구역 완화

(2) A·B 유형 성격이론 기출 25~24, 22, 18~17년

① 등장 배경: 1950년대 미국, 심장 전문의였던 프리드만(Friedman)과 로젠만(Rosenman)이 병원에 자주 내원하는 관상동맥심장 질환(Coronary Heart Disease, CHD) 환자들을 관찰하면서 시작되었다.

② 특징

구분	A 유형(Type A)	B 유형(Type B)
성격특성	• 경쟁적, 조급함, 공격적, 초조, 성취지향적, 시간에 민감함 • 즉각적 보상을 선호하고 장기적, 지연된 보상에 인내심이 부족한 경향이 있음 • 물리적·사회적 환경을 장악하려는 통제감이 높음	• 느긋함, 여유로움 • 비경쟁적 • 감정표현 적음 • 비공격적
행동 경향	• 항상 바쁘고 긴장 상태 • 말과 행동이 빠름 • 쉬지 않음	• 스트레스를 덜 받음 • 천천히 말하고 행동 • 휴식을 잘 취함
건강과의 관련성	심혈관계 질환(특히 관상동맥심장 질환)의 위험 증가	심혈관계 질환 위험 낮음

| 개념플러스 | 스트레스 관련 이론: 셀리에(Selye)의 일반적응증후군(General Adaptation Syndrome, GAS) 기출 21년 |

- **경고 반응단계(Alarm Reaction Stage)**: 스트레스자극에 대한 신체의 즉각적 반응. 교감신경계 활성화 및 아드레날린 분비로 '투쟁-도피반응'이 나타남
- **저항단계(Resistance Stage)**: 스트레스에 적응하기 위해 에너지를 동원함. 초기 반응이 안정되며, 신체적 저항을 유지함
- **소진단계(Exhaustion Stage)**: 스트레스가 장기화되어 자원이 고갈됨. 신체적·심리적 기능 저하 및 질병 위험이 증가함

3. 건강심리학의 개입방법

(1) 반응적 방법 – 고전적 조건화 기반

소거	• 자극이 그 행동을 일으키는 환경적 자극과 더 이상 연합되지 않는 상황을 만드는 것 • 조건화된 정서적 반응을 제거함 예 치과를 두려워하는 아동을 치과 환경을 친숙하게 하고, 덜 불안하도록 만들어 정서적 반응을 소거시킴
체계적 둔감법	• 불안을 유발하는 자극에 대해 이완반응을 연결함 • 점진적으로 두려움을 극복함

(2) 조작적 방법 – 조작적 조건화

조작적 조건화	건강한 행동은 강화하고 불건강한 행동은 무시하도록 함
유관성 계약	치료자와 환자가 기대되는 행동들과 어떤 행동들의 결과들을 일일이 규정하는 공식적인 계약을 체결함

(3) 인지행동적 방법
① 인지행동치료적 접근을 바탕으로 한다.
② 현실적이고 목표지향적인 인지의 중요성을 강조한다.
③ 부정적 행동은 감소시키고 긍정적 행동을 증가시키는 것을 목적으로 한다.

3 신경심리학

1. 신경심리학의 개요

(1) 개념: 두뇌 기능과 행동 간의 관계에 대해 연구하는 것을 의미한다.

(2) 특징
① 두뇌, 행동관계를 정확하고 민감하게 척도화한, 표준화된 검사에 대한 환자수행에 근거하여 두뇌 기능을 기술하는 비침습적 방법을 사용한다.
② 초기의 심리검사들은 주로 두뇌 손상 여부를 판단하기 위한 목적으로 사용되었으며 이후 다양한 인지기능평가 및 진단 목적으로 확대되었다.

빈출 핵심 발문

- 대뇌의 우반구가 손상되었을 때 주로 영향을 받게 될 능력은?
- 다음 중 대뇌 기능의 편재화를 평가하는 데 사용하는 검사가 아닌 것은?
- 뇌의 편측화 효과를 측정할 수 있는 대표적 방법은?
- 두뇌 기능의 국재화에 관한 설명으로 옳은 것은?
- 대뇌피질 각 영역의 기능에 관한 설명으로 옳은 것은?
- 다음은 뇌와 관련하여 공통적으로 어떤 질환에 해당하는가?

2. 신경심리학자의 역할
(1) **신경학적 진단:** 진단의 명료화를 위한 신경학적 진단을 내린다.
(2) **회복 예후 예측:** 두뇌 기능과 연관된 회복의 예후에 관해 예측한다.
(3) **치료 및 재활 지원:** 내담자의 치료에 개입하거나 재활을 돕는다.

3. 신경학적 손상 증상

지남력 손상	시간, 장소, 사람에 대한 손상 등을 의미함
기억력 손상	최신 사건을 중심으로 기억하지 못함
지적 기능 손상	이해, 말하기, 계산 및 일반적인 지식의 손상 등을 의미함
판단력 손상	결정을 하지 못함
정서 불안정	사소한 자극에도 웃거나 울거나 함, 빠른 정서변화 등을 보임
회복력 상실	스트레스 상황에서 판단력 저하, 정서반응, 퇴행을 보임
전두엽 증후군	충동통제의 장애, 사회적 판단능력과 계획능력의 장애, 행동 결과에 대한 관심 부족, 무감동과 무관심, 의심, 그리고 분노 발작(Temper Tantrum) 등의 특징이 나타남

4. 뇌 구조 및 기능
(1) **대뇌** 기출 24~23, 21~20, 18년

구분	좌반구(Left Hemisphere)	우반구(Right Hemisphere)
주요 담당	우측 신체 및 우측 공간 담당	좌측 신체 및 좌측 공간 담당
주요 역할	• 언어기능 • 논리적 사고(문제해결) • 세부 분석적 처리	• 공간지각 • 직관적 사고 • 전체적 처리
기능영역	• 언어(말하기, 언어이해, 읽기, 쓰기 등) • 논리 및 분석(수학적 계산, 논리적 추론, 순차적 처리 등) • 시간 인지 • 오른쪽 신체 제어 등	• 얼굴 인식(재인) • 시공간능력(공간지각, 위치 인식 등) • 정서(감정표현 및 이해 등) • 음악적 능력 • 왼쪽 신체 제어
정보처리 스타일	순차적 처리(하나하나 단계별 분석)	전체적 처리(패턴과 전체 구조 인식)
손상 시 특징	• 언어장애(실어증) • 논리적·분석적 사고 및 추론능력 저하 • 우측 편마비	• 얼굴 재인장애(안면실인증) • 시공간능력 저하 • 정서적 표현 해석의 어려움 • 좌측 편마비

개념플러스 뇌의 편재화(편측화)와 국재화 [기출] 25, 23, 21~20, 18, 16년

- 편재화(편측화)
  - 뇌의 특정 기능이 어느 한쪽 반구에 더 우세하게 집중되어 있거나 특화되어 있다는 것 [예] 언어능력은 대부분 좌뇌에 편재되어 있음
  - 편재화(편측화) 측정검사

손잡이검사	주로 사용하는 손(오른손/왼손) 확인 → 좌·우반구 편재화(편측화)의 단서
발잡이검사	주로 사용하는 발(오른발/왼발) 확인 → 좌·우반구 기능 편재화(편측화) 단서
눈의 편향성 검사	주로 사용하는 눈(오른눈/왼눈) 확인 → 감각 정보처리 편재화(편측화) 단서
이원청취기법	양쪽 귀에 서로 다른 소리를 동시에 들려주고 어느 쪽을 더 잘 인식하는지 확인 → 청각 및 언어기능의 반구 편재화(편측화) 단서

  ※ 위 검사 외에도 와다검사, 기능적 자기공명영상(fMRI) 등을 통해 측정 가능함

- 국재화
  - 뇌의 특정 기능이 뇌의 특정 영역(또는 위치)에 집중되어 있다는 것, 즉 뇌의 각 부분이 고유한 기능을 담당한다는 것
    [예] 시각 정보처리는 주로 후두엽에 국재함, 브로카영역, 베르니케영역
  - 국재화 측정검사

기능적 자기공명영상 (fMRI)	가장 널리 사용하고 있는 비침습적 방법으로, 특정 인지과제를 수행할 때 뇌의 어느 부분에서 혈류량 및 산소 소모량이 증가하는지 시각적으로 보여줌 → 기능이 활성화되는 정확한 뇌영역을 매핑
양전자 방출 단층 촬영 (PET)	방사성 동위원소를 체내에 주입하여 뇌의 특정 부위에서 포도당 대사나 혈류의 증가를 측정 → 특정 과제수행 시 활성화되는 뇌영역을 색깔로 표시

(2) 대뇌피질 4개 엽 [기출] 25~20, 16년

① 전두엽

위치	대뇌 앞부분(전체의 약 40%)
주요 기능	• 고차원적 정신 활동 조절 • 창조성, 자율성, 감정 조절, 동기, 행동계획, 억제 • 사고, 판단, 전략 설정, 계획 세우기 • 운동기능 조절(운동피질⁺) • 언어 생성(표현)(브로카영역⁺)
손상 시 증상	충동조절장애, 성격변화, 표현적 실어증(브로카 실어증), 운동 마비, ADHD 등

[심화] 운동피질과 브로카영역

- 전두엽 운동피질과 브로카영역은 모두 언어표현과 발화에 관여하지만, 위치와 기능에서 차이가 있음
- 전두엽 운동피질은 발성기관의 실제 움직임을, 브로카영역은 언어의 생성과 표현을 담당함
- 두 부위는 신경적으로 연결되어 있지만 기능적 역할은 구분됨
  - 전두엽 운동피질은 뇌의 운동영역으로, 근육의 조정과 발성기관의 움직임을 담당하고, 손상 시 말을 하는 신체적 능력에 문제(예 실행증, 조음장애)가 발생할 수 있음
  - 브로카영역은 언어 생성과 말하기(발화)를 담당하고, 손상 시 브로카 실어증(말하기장애)이 나타날 수 있음
※ 정확히는 이런 세밀한 차이가 존재하지만, 운동피질과 브로카영역은 매우 가깝게 위치하여 한쪽에 손상이 발생할 경우 두 영역이 동시에 손상되는 경우가 흔함. 즉, 운동피질영역에 손상이 생기면, 임상적으로는 그 주변에 위치한 브로카영역까지 손상되어 언어장애나 실어증을 함께 겪을 가능성이 높음

② 측두엽

위치	대뇌의 측면(전체의 약 21%)
주요 기능	• 청각처리 • 언어이해(베르니케영역) • 기억형성(해마 포함) • 감정처리 • 언어·청각·정서 경험 통합
손상 시 증상	수용성 실어증(베르니케 실어증), 기억 손상, 감정조절장애 등

③ 후두엽

위치	대뇌의 뒤쪽(전체의 약 17%)
주요 기능	• 망막에서 들어오는 시각 정보처리 • 색, 형태, 거리 인식 • 기본/복잡한 시각 해석 • 중재된 기억의 일부 측면에 관여
손상 시 증상	시야 결손, 시각 실인증, 시각적 상상력 저하 등

④ 두정엽

위치	대뇌의 윗부분 중앙(전체의 약 21%)
주요 기능	• 감각 정보 통합(신체 감각피질) • 신체 위치 인식, 공간지각 • 계산 및 연산기능 • 움직임계획, 운동 감각
손상 시 증상	신체인식장애, 방향 감각 저하, 계산 불능(거스트만 증후군) 등

(3) 기타

소뇌	• 균형의 통제와 근육긴장도 및 운동 조절기능을 가지고 있음 • 두뇌 손상의 선행사건과도 관련이 있음
해마	기억형성기능 담당

개념플러스 스트레스반응 기전 기출 22~21년

스트레스에 장기간 노출 → 스트레스에 대한 정보가 여러 경로를 거쳐 시상하부로 전달 → CRH(부신피질자극 방출 호르몬) 분비 → 뇌하수체자극 → ACTH(부신피질자극호르몬) 분비 → 부신에서 코르티솔(코티솔, Cortisol) 분비

참고 **코르티솔의 특징**
스트레스 상황에서 혈압을 높이고, 에너지를 공급하며, 면역반응에 영향을 주는 등 신체의 다양한 기능을 조절하는 역할을 함

5. 주요 뇌 손상(뇌 질환) 기출 25, 22~21, 17년

(1) 외상성 뇌 질환

뇌진탕	강한 충격으로 인한 순간적인 두뇌의 기능혼란을 의미함
뇌좌상	외상 또는 다른 충격에 의하여 뇌 실질에 출혈이 발생한 경우를 의미함
뇌열상	뇌막 등 뇌 조직이 실제로 파열된 경우를 의미함

(2) 혈관성 뇌 질환

뇌졸중	대뇌 혈관이 막히거나 터지면서 뇌에 손상이 생기는 경우를 의미함
뇌폐색	혈병이 뇌의 특정 영역에 공급되는 혈관을 막는 것으로 실어증, 실행증, 실인증을 야기함
대뇌출혈	혈관이 파열되고 혈액이 뇌 조직으로 흘러 들어가 조직을 손상시키거나 파괴시키는 것을 의미함

(3) 종양성 뇌 질환(뇌종양)
① 뇌의 바깥이나 내부에서 성장하거나, 폐나 유방과 같은 신체의 다른 기관으로부터 체액에 의해서 퍼진 전이 세포에 의해서 생긴다.
② 종양이 있을 경우 두통과 시각장애가 나타난 이후 점차 판단장애를 보인다.

(4) **퇴행성 뇌 질환**: 중추신경계에 있는 뉴런들이 퇴행되는 것으로, 알츠하이머, 파킨슨, 기타 치매 등이 이에 해당한다.

구분	주요 특징	관련 부위 및 주요 증상
헌팅턴병	유전성 신경퇴행성 질환으로, 운동장애와 인지·정서장애가 점진적으로 악화됨	기저핵(특히 선조체) 손상 → 무도증(불수의적 움직임), 인지 저하, 정서 불안정
파킨슨병	점진적 운동기능 저하를 특징으로 하는 신경퇴행성 질환	흑질(Substantia Nigra)의 도파민 뉴런 감소 → 운동 완서, 경직, 떨림(진전), 자세 불안정
알츠하이머병	가장 흔한 형태의 치매로, 기억력 저하 및 인지기능 저하가 특징	대뇌피질 및 해마 손상 → 기억장애, 판단력 저하, 인격변화

용어 기저핵
기저핵은 신체운동 조절을 담당하는 기관으로, 손상되면 근육이 경직되어 원하는 대로 몸을 움직이기 어려운 파킨슨병이 나타날 수 있음. 또는, 본인의 의지와 무관하게 같은 동작을 반복하는 헌팅턴병과 같은 이상운동 질환이 발생할 수 있음

(5) **대사성/영양성 뇌 질환**: 뇌의 티아민(비타민 B_1) 결핍으로 인한 신경학적 장애를 말하며, 코르사코프 증후군이 이에 해당한다.

용어 코르사코프 증후군
만성 알코올 중독이 주 원인인 뇌 질환으로, 최근 사건에 대한 기억상실이 발생하며 이러한 기억상실을 숨기기 위해 종종 이야기를 꾸며내는 작화증 증상이 나타남

6. 뇌 기능 평가방법

(1) **융통적 접근방법(가설검증 접근방법)**
① 개념: 환자의 개별적인 특성, 주 호소, 의뢰 사유, 병력 등을 바탕으로 가설을 설정하고, 이 가설을 검증하기 위해 가장 적합하다고 판단되는 검사들을 선별하고 조합하여 실시하는 방식이다.
   예 기억력 저하가 주 호소인 경우, WMS-Ⅲ+ROCF+BNT 등을 선택적으로 조합해서 실시함
② 특징
   ㉠ 필요한 검사만 시행하여 검사 시간을 단축하고 비용을 절감할 수 있다.
   ㉡ 환자 개개인의 특성에 맞게 개별화된 평가가 가능하지만, 환자마다 다른 검사를 사용하기 때문에 결과 비교나 연구 목적의 데이터 통합에 어려움이 존재한다.
   ㉢ 검사자의 전문적인 임상적 판단과 경험이 중요하다.
   ㉣ 의뢰된 문제 외에 다른 숨겨진 인지적 결함을 놓칠 위험이 있는 등 포괄성이 부족하다.

| 개념플러스 | 기억력 평가 도구 vs 집행기능평가 도구 | 기출 24, 20년 |

구분	주요 검사	평가 내용
기억력 평가 도구	• 웩슬러 지능검사 • 벤톤 시각기억검사 • 레이-오스테리스 복합도형검사	• 즉각기억 • 지연기억 • 시각적 기억 • 재구성능력 등
집행기능 평가 도구	• 위스콘신 카드분류검사 • 발음장애와 착어평가 • 기호잇기검사(TMT)	• 인지적 유연성 • 추론능력 • 문제해결력 • 주의 전환 등

(2) 표준 배터리 접근방법(고정 배터리 접근방법)

① 개념: 모든 환자에게 동일한 검사 세트를 고정적으로 적용하여 신경심리학적 능력을 포괄적으로 평가하는 방식으로, HRNB와 LNNB가 있다.

HRNB (할스테드-라이탄 배터리)	특징	• 가장 널리 사용되는 신경심리 배터리형 검사임 • 할스테드가 개발하였으며 라이탄이 개정하여 제작함 • 뇌 손상 환자의 행동특성을 측정하기 위한 목적으로 개발됨 • 가능한 병소 위치와 그 병소가 점진적으로 진행된 것인지 갑자기 발병한 것인지에 관한 정보를 제공함
	소요 시간	6시간 이상
	사용연령	• 15세 이상 • 9~14세 아동, 5~8세 아동에 대한 검사가 각각 따로 존재함
LNNB (루리아-네브라스카 신경심리 배터리)	특징	• 269개 과제와 11개의 소검사(운동기능, 리듬기능, 촉각기능, 시각기능, 언어 수용, 언어표현, 쓰기기능, 읽기기술, 산수기술, 기억처리, 지적 처리)로 이루어져 있음 • 간결하지만 포괄적인 평가가 가능함
	소요 시간	2~2.5시간

② 특징
  ㉠ 모든 환자에게 동일한 검사를 적용하므로 객관성이 높고, 표준화된 데이터베이스 축적이 가능하다.
  ㉡ 환자의 특성이나 의뢰된 문제와 무관한 검사가 포함될 수 있어 검사 시간이 길고 비용이 많이 들며, 개별화하기 어렵다.
  ㉢ 전반적인 뇌 기능의 강점과 약점을 파악할 수 있어, 예상치 못한 인지적 문제를 발견할 수 있다.

4 법정심리학

1. 법정심리학의 개요

(1) 개념
① 주요 활동: 증언의 신뢰도평가, 피고인의 심리평가, 아동 면담, 배심원 선정 자문 등
② 핵심 주제: 거짓기억, 증언의 정확성, 심리적 강압, 책임능력 등을 평가한다.

(2) 특징 기출 21년

심리학 이론 기반	심리학의 방법 중 하나로, 심리학의 이론 및 개념들을 법률체계에 적용하는 학문 분야임
전문적 판단 제공	임상심리와 법률 지식을 함께 요구하며, 법적 기준(예 책임능력, 심신미약 등)에 부합하는 전문적 판단을 제공함
적용영역	정신병원 입원 결정, 아동 보호, 재범 위험성 예측, 법정진술능력평가, 범죄 책임 판단, 고용인의 보상 요구, 매 맞는 여성 증후군(BWS), 강간외상 증후군, 성희롱, 배심원 선발, 범죄자 프로파일링 등

2. 미국의 법정심리학 역사

1930년대	심리학이 주로 법적 원칙과 판결에 대한 비판적 분석을 하는 데 적용됨
1950년대	심리학자들은 법정에서 전문가 증인으로 참여하기 시작함
1970~80년대	배심원의 의사결정 과정과 행동을 분석하고, 배심원 선정 및 자문 역할을 맡는 등 실제 법정 운영에 적극 관여함

개념플러스 정신이상 항변기준 기출 20년

맥노튼(M'Naghten) 원칙	• 범행 당시 옳고 그름을 분별할 능력이 없으면 면책 가능 • 가장 오래되고 보수적인 기준임
더럼(Durham)기준	• 범죄행위가 정신 질환의 결과라면 책임 면제 • 너무 광범위해서 현재는 거의 사용되지 않음
ALI기준	• 범행 당시 인지능력 또는 행동 통제능력의 심각한 손상이 있으면 면책 가능 • 인지 + 행동 통제 모두 평가 • 비교적 현대적 접근
GBMI 평결	• 범행 당시 정신 질환을 앓고 있었더라도, 법적 책임은 있다고 판단될 경우 → 우선 정신병원에서 치료 후 남은 기간 동안 교도소 복역 • 정신 질환 고려 + 형사 책임 부과

5 아동임상심리학(소아아동심리학)

> **빈출 핵심 발문**
> • 아동을 상담할 때 일반적으로 고려해야 할 사항과 가장 거리가 먼 것은?

1. 아동임상심리학의 개요

(1) 개념
① 정신병리적 증상이 나타나게 된 아동과 청소년을 대상으로 하는 심리학이다.
② 주로 정신병리가 발달하기 전에 개입하고, 대개 소아과 의사들에 의해 의뢰된다.

(2) 특징
① 아동심리학자는 인지행동적 지향성을 가진다.
② 아동심리학자들은 단기적이고 즉각적인 개입 전략을 사용해야 하며 치료적 지향점 또한 다양하다.

2. 주요 문제 및 치료법

(1) 문제 분류

내재화 장애	불안, 우울, 수줍음, 사회적 위축, 기분장애와 불안장애
외현화 장애	공격적 행동, 충동적 행동, 품행 문제, 품행장애, ADHD

(2) 연령별 주요 문제

유아기 (0~5세)	수면 문제, 분리불안, 신체발달 지연, 의사소통 문제(언어발달 지연 또는 비언어적 의사소통의 어려움) 등
학령기 (6~12세)	ADHD, 학습장애, 학교공포증(등교 거부 등), 분리불안, 또래관계 문제(따돌림, 괴롭힘 등), 품행장애 등
청소년기 (13~18세)	우울증, 섭식 문제(거식증, 폭식증), 비행, 조현병, 약물 남용 등

(3) 치료법
① 면접
　㉠ 행동, 사건, 상황에 대한 정보를 이끌어 낸다.
　㉡ 부모의 감정과 정서를 평가한다.
　㉢ 아동 스스로 '진짜 방문 목적'이 무엇이라고 생각하고 느끼는지 아는 것이 중요하다.
　㉣ 구조화된 진단적 면접이 사용될 수 있다.
② 행동관찰
　㉠ 자기관찰기법 및 부호화체계를 활용한다.
　㉡ 아동행동체크리스트의 직접관찰 형식을 활용한다.

③ 심리검사

지능검사	K-WISC-Ⅳ, K-ABC, K-WPPSI-R, PPVT(피바디 그림 어휘검사) 등
성취검사	PIAT(피바디 개인 성취도검사), 아이오와 기초기술검사, 기초학습기능검사 등
투사검사	TAT, 로샤 검사 등(신뢰도와 타당도 문제로 논쟁의 여지가 있음)
질문지와 체크리스트	CBCL, MMPI-2, MMPI-A 등
신경심리학적 평가	라이탄-인디아나 Ⅳ, 루리아-네브라스카 신경심리 배터리, WISC-Ⅳ 등

④ 인지적 평가
　㉠ 의학적 문제가 있는 아동들은 자신의 상태를 이해하지 못하기도 한다.
　㉡ 자기효능감이 의학적 문제와 치료에 수많은 영향을 미칠 수 있다.
　㉢ 아동의 인지적 평가는 행동과 정서에 핵심적인 영향을 미칠 수 있다.

⑤ 가족평가

가족적 맥락 고려	아동의 문제는 전반적으로 가족이라는 맥락 속에 있음을 유의해야 함
다양한 척도 파악	가족환경척도, 가족 적응 및 응집성 척도 등 다양한 척도 등이 존재함
개입 시 활용되는 치료법	정신분석 지향적 치료, 놀이치료, 행동치료, 행동 소아과학, 인지행동치료, 집단치료와 가족치료, 정신약리학적 치료(ADHD에 가장 빈번히 사용됨)

(4) 상담 시 고려사항 기출 25, 22, 19년

놀이의 중요성	아동은 놀이를 통해 내면의 감정, 욕구, 갈등을 표현하므로 놀이치료적 접근이 중요함
발달특성 반영	아동은 신체적, 인지적, 정서적으로 발달 중이므로 상담방법과 목표를 발달단계에 맞춰야 함
보호자와의 협력	아동은 보호자에게 의존하고 있으므로 상담자는 가족역동과 부모 역할을 고려해 개입해야 함
비밀보장의 특수성	아동의 안전을 최우선으로 하되, 가능한 한 아동의 상담 내용을 존중하고 신뢰를 쌓아야 함
환경적 개입	아동 스스로 생활조건을 변화시키기 어렵기 때문에, 상담자는 필요 시 환경 개선을 위해 보호자나 학교 등과 협력해야 함

> **개념플러스** **아동 상담 시 비밀보장의 중요성** 기출 25, 22~21, 19년
>
> - 상담 시작 시, 비밀보장의 범위와 예외사항을 아동과 보호자 모두에게 명확히 설명하는 것이 중요함
> - 아동도 상담 과정에서 비밀보장의 권리를 존중받아야 함
> - 아동은 완전한 자율성을 가진 존재가 아니므로, 보호자의 협력이 필요한 경우가 많음
> - 아동의 안전, 학대, 자해 위험이 감지될 경우, 상담자는 보호자나 관련 기관에 정보를 제공해야 함

기출(복원)문제

01 지역사회심리학에서 강조하는 사항과 거리가 먼 것은?   24년, 20년

① 지역사회 조직과의 관계 개발을 강조한다.
② 준전문가의 역할과 자조 활동을 강조한다.
③ 전통적인 입원치료에 대한 지역사회의 대안을 강조한다.
④ 유지되는 능력보다는 결손된 능력을 강조한다.

빈출
02 지역사회심리학에서 지향하는 바가 아닌 것은?   24년, 23년, 22년, 19년, 17년

① 정신병원시설의 확장
② 정신장애의 예방
③ 정신장애인의 사회 복귀
④ 자원봉사자 등 비전문인력의 활용

빈출
03 프로그램의 주요 초점은 사회 복귀이며, 직업능력 증진부터 내담자의 자기개념 증진에 걸쳐 있는 것은?   25년, 23년, 20년

① 보편적 예방
② 1차 예방
③ 2차 예방
④ 3차 예방

---

01 지역사회심리학 – 지역사회심리학의 개요
지역사회심리학은 개인의 강점과 잔존기능을 강조하며 유지되고 있는 능력을 발굴하고 강화하는 데 집중한다. 결손 중심 접근은 전통적인 임상적 모델에 가깝다.

02 지역사회심리학 – 지역사회심리학의 개요
정신병원시설의 확장은 지역사회심리학의 기본 방향성인 탈원화 지향과 맞지 않는다.

03 지역사회심리학 – 지역사회심리학의 주요 실천영역

오답해설
① 보편적 예방은 전체 인구를 대상으로 하며 심리적 문제 발생을 사전에 방지하는 것을 목적으로 한다.
② 1차 예방은 문제 발생 전 단계에서 유해 요인을 제거하거나 위험을 줄여 건강한 상태를 유지하도록 돕는 것을 목적으로 한다.
③ 2차 예방은 초기 증상자 또는 고위험군을 대상으로 문제가 더 악화되지 않게 막는 것을 목적으로 한다.

정답 01 ④ 02 ① 03 ④

04 암, 당뇨 등과 같은 질병을 진단받은 환자들을 위한 효과적인 집단 개입으로 가장 적합한 것은?

24년, 17년

① 정신역동적 집단치료
② 가족치료
③ 인본주의적 집단치료
④ 심리·교육적 집단치료

빈출
05 A 유형(Type A) 성격의 행동패턴이 아닌 것은?

25년, 24년, 17년

① 마감시한이 없을 때에도 최대의 능력을 발휘하여 일한다.
② 자신의 물리적·사회적 환경을 장악하려는 통제감이 높다.
③ 지연된 보상이 주어지는 과제에서 향상된 수행을 발휘한다.
④ 좌절하면 공격적이고 적대적으로 되며, 피로감과 신체적 증상을 덜 보고한다.

06 행동의학에서 주로 다루는 주제로 가장 적합한 것은?

22년, 16년

① 공황발작
② 외상 후 스트레스장애
③ 조현병의 음성 증상
④ 만성통증 관리

빈출
07 건강심리학 분야의 초점영역과 가장 거리가 먼 것은?

25년, 23년, 22년, 19년

① 결핵
② 고혈압
③ 과민성대장증후군
④ 통증

---

04 지역사회심리학-지역사회심리학의 개요
심리·교육적 집단치료는 정보 제공+정서적 지지+행동변화까지 다루기 때문에 의료현장에서 암, 당뇨, 심장 질환, 만성통증 등의 환자에게 자주 사용한다.

05 건강심리학-관련 이론
A 유형(Type A) 성격은 즉각적 보상을 선호하기 때문에 지연된 보상이 있는 과제에서는 수행이 저하될 수 있다.

06 건강심리학-건강심리학의 개요
오답해설
①, ②, ③ 행동의학보다는 정신병리 및 약물치료 중심의 정신의학적 관리 대상으로 볼 수 있다.

07 건강심리학-건강심리학의 개요
결핵은 세균 감염에 의해 발생하는 전염성 질환으로, 건강심리학의 주요 관심사인 심리·행동적 요인과의 직접적 연관성이 상대적으로 적은 질환이다.

정답 04 ④ 05 ③ 06 ④ 07 ①

빈출

08 건강심리학 분야의 주된 관심영역과 가장 거리가 먼 것은? 　　　　　　　　　　　24년, 19년, 18년

① 흡연
② 우울증
③ 비만
④ 알코올 남용

10 근육긴장을 이완시키고, 심장의 박동을 조정하고, 혈압을 통제하는 훈련을 받는 것은? 　24년, 18년

① 바이오피드백
② 행동적인 대처방식
③ 문제 중심의 대처기술
④ 정서 중심의 대처기술

빈출

09 환자가 처방한 대로 약을 잘 복용하고, 의사의 치료적 권고를 준수하게 하기 위한 가장 적절한 방법은?
　　　　　　　　　　　　　　　　　23년, 22년, 17년

① 준수하지 않을 때 불이익을 준다.
② 의사가 권위적이고 단호하게 지시한다.
③ 모든 책임을 환자에게 위임한다.
④ 치료자가 약의 효과 등에 대해 친절하고 상세하게 설명한다.

---

08 건강심리학-건강심리학의 개요
우울증은 신경심리학 분야에 해당한다.

09 건강심리학-건강심리학의 개요
치료자의 친절하고 상세한 설명은 환자의 질환에 대한 이해도를 높이고, 치료의 필요성과 효과에 대한 신뢰를 강화하여 치료적 준수를 촉진하는 가장 효과적인 전략 중 하나이다.

10 건강심리학-관련 이론

오답해설

② 행동적인 대처방식은 문제 상황에서 행동을 바꾸거나 회피하는 방식이다.
③ 문제 중심의 대처기술은 스트레스 유발 요인을 직접 해결하거나 조정하려는 노력이다.
④ 정서 중심의 대처기술은 정서반응을 완화하기 위한 전략으로, 생리적 조절보다는 감정 해소나 수용 등에 초점이 있다.

정답 08 ② 09 ④ 10 ①

11 관상동맥성심장병과 관련 깊은 성격 유형에 대비되는 성격으로 스트레스에 유연하게 반응하고 느긋함이 강조되는 성격 유형은? 22년, 18년

① Type A
② Type B
③ Introversion
④ Extraversion

12 셀리에(Selye)의 일반적응증후군의 단계로 옳은 것은? 21년

① 경고 → 소진 → 저항
② 경고 → 저항 → 소진
③ 저항 → 경고 → 소진
④ 소진 → 저항 → 경고

13 파킨슨병 및 헌팅턴병과 같은 운동장애의 발병과 관련이 가장 큰 것은? 22년

① 변연계
② 기저핵
③ 시상
④ 시상하부

14 기억력 손상을 측정하는 검사가 <u>아닌</u> 것은? 24년, 20년

① Wechsler Memory Scale
② Benton Visual Retention Test
③ Rey-Osterrieth Complex Figure Test
④ Wisconsin Card Sorting Test

---

11 건강심리학-관련 이론
관상동맥성심장병은 A 유형 성격과 관련되어 있으며, 이와 대비되는 성격이자 스트레스에 유연하게 반응하는 성격은 B 유형이다.

12 건강심리학-관련 이론
셀리에는 스트레스자극이 주어지면 '경고단계 – 저항단계 – 소진단계'를 거쳐 신체반응 과정이 이루어진다고 주장하였다.

13 신경심리학-주요 뇌 손상(뇌 질환)
기저핵은 신체운동 조절을 담당하는 기관으로, 손상되면 근육이 경직되어 원하는 대로 몸을 움직이기 어려운 파킨슨병이 나타날 수 있고, 본인의 의지와 무관하게 같은 동작을 반복하는 헌팅턴병과 같은 이상운동 질환이 발생할 수 있다.

14 신경심리학-뇌 기능 평가방법
위스콘신 카드분류검사는 기억력 평가 도구가 아닌 집행기능평가 도구에 해당한다.

정답 11 ② 12 ② 13 ② 14 ④

15 브로카(Broca)영역 및 그 안쪽에 있는 백질과 주변 영역이 손상되었을 때 나타나는 증상은?

24년, 16년

① 언어적 표현의 장애 혹은 표현적 실어증
② 언어적 이해의 장애 혹은 수용적 실어증
③ 목표지향적 운동을 수행하지 못하는 실행증
④ 소리가 인식되거나 해석되지 못하는 실인증

16 위치감각과 공간적 회전 등의 개별적인 신체표상과 관련이 있는 대뇌 영역은?

23년, 22년

① 두정엽
② 전두엽
③ 측두엽
④ 후두엽

17 대뇌피질 각 영역의 기능에 관한 설명으로 옳은 것은?

25년, 24년, 16년

① 측두엽 – 망막에서 들어오는 시각 정보를 받아 분석하며 이 영역이 손상되면 안구가 정상적인 기능을 하더라도 시력을 상실하게 된다.
② 후두엽 – 언어를 인식하는 데 중추적인 역할을 하며 정서적 경험이나 기억에 중요한 역할을 담당한다.
③ 전두엽 – 현재의 상황을 판단하고 상황에 적절하게 행동을 계획하며 부적절한 행동을 억제하는 등 전반적으로 행동을 관리하는 역할을 한다.
④ 두정엽 – 대뇌피질의 다른 영역으로부터 모든 감각과 운동에 관한 정보를 다 받으며 이러한 정보들을 종합한다.

18 다음 중 대뇌 기능의 편재화를 평가하는 데 사용하는 검사가 아닌 것은?

25년, 23년, 20년

① 손잡이(Handedness)검사
② 주의력 검사
③ 발잡이(Footedness)검사
④ 눈의 편향성 검사

---

15 신경심리학-뇌 구조 및 기능
브로카영역은 좌측 전두엽 하부, 운동피질 바로 앞에 위치하며 언어의 생성과 표현, 특히 말을 구성하고 말하는 능력과 관련되며, 손상 시 표현적 실어증을 보인다.

16 신경심리학-뇌 구조 및 기능

오답해설
② 전두엽은 실행·운동·언어·계획·판단기능과 관련이 있다.
③ 측두엽은 청각 정보처리기능과 관련이 있다.
④ 후두엽은 시각 정보처리기능과 관련이 있다.

17 신경심리학-뇌 구조 및 기능

오답해설
① 측두엽은 청각처리, 언어이해 등을 담당한다.
② 후두엽은 시각 정보처리, 색, 형태, 거리 인식 등을 담당한다.
④ 두정엽은 감각 정보를 받아서 종합하는 역할을 하지만, 모든 감각 정보를 받아들이는 것은 아니며(시각이나 청각은 1차적으로 각각 후두엽과 측두엽에서 처리), 운동에 관한 정보 역시 전두엽의 운동피질에서 담당한다.

18 신경심리학-뇌 구조 및 기능
주의력 검사는 신경심리평가에서 ADHD, 뇌 손상, 인지기능 저하 등의 뇌의 전반적인 네트워크 관련 기능을 평가하는 용도로 사용된다.

정답 15 ① 16 ① 17 ③ 18 ②

19 뇌의 편측화 효과를 측정할 수 있는 대표적 방법은?

23년, 20년, 16년

① 미로검사
② 이원청취기법
③ 웩슬러(Wechsler) 기억검사
④ 성격검사

21 두뇌 기능의 국재화에 관한 설명으로 옳은 것은?

23년, 21년, 18년

① 특정 인지능력은 국부적인 뇌 손상에 수반되는 한정된 범위의 인지적 결함으로부터 발생한다고 본다.
② 브로카(Broca)영역은 좌반구 측두엽 손상으로 수용적 언어 결함과 관련된다.
③ 베르니케(Wernicke)영역은 좌반구 전두엽 손상으로 표현 언어 결함과 관련된다.
④ MRI 및 CT가 개발되었으나 기능 문제 확인에는 외과적 검사가 이용된다.

20 다음은 뇌와 관련하여 공통적으로 어떤 질환에 해당하는가?

25년, 22년, 21년, 17년

> 헌팅턴병, 파킨슨병, 알츠하이머병

① 종양
② 뇌혈관사고
③ 퇴행성 질환
④ 만성알코올 남용

---

19 신경심리학 - 뇌 구조 및 기능
이원청취기법은 양쪽 귀에 서로 다른 소리를 동시에 들려주고 어느 쪽을 더 잘 인식하는지 확인하는 방법으로, 우뇌와 좌뇌의 정보처리방식의 차이를 확인하는 대표적인 편측화 검사이다.

20 신경심리학 - 주요 뇌 손상(뇌 질환)
헌팅턴병, 파킨슨병, 알츠하이머병은 모두 신경세포가 점진적으로 손상되고 기능이 저하되는 퇴행성 뇌 질환이다.

21 신경심리학 - 뇌 구조 및 기능

오답해설
② 브로카영역은 좌측 전두엽에 위치하며, 표현적 언어(말하기)와 관련된다.
③ 베르니케영역은 좌측 측두엽에 위치하며, 언어이해를 담당한다.
④ MRI, CT 외에도 PET, fMRI 등을 이용해 확인 가능하며, 반드시 외과적 검사를 해야 하는 것은 아니다.

정답 19 ② 20 ③ 21 ①

22 주의력 결핍 및 과잉행동장애(ADHD)는 뇌와 행동과의 관계에서 볼 때 어떤 부위의 결함을 시사하는가? 20년

① 전두엽의 손상
② 측두엽의 손상
③ 변연계의 손상
④ 해마의 손상

23 다음 중 뇌반구의 기능에 관한 설명으로 적합하지 않은 것은? 20년

① 좌반구는 세상의 좌측을 보고, 우반구는 우측을 본다.
② 좌측 대뇌피질의 전두엽 가운데 운동피질영역의 손상은 언어 문제 혹은 실어증을 일으킨다.
③ 대부분의 언어장애는 좌반구와 관련이 있다.
④ 좌반구는 말, 읽기, 쓰기 및 산수를 통제한다.

24 시각적 처리와 시각적으로 중재된 기억의 일부 측면에 관여하는 뇌의 위치는? 21년

① 두정엽
② 후두엽
③ 전두엽
④ 측두엽

---

22 신경심리학-뇌 구조 및 기능
ADHD(주의력 결핍 및 과잉행동장애)는 주의집중, 충동 조절, 계획 수립 등 실행기능을 담당하는 전두엽(특히 전전두피질)의 기능 저하 또는 손상과 관련이 깊다.

23 신경심리학-뇌 구조 및 기능
뇌의 신경로는 교차되어 있기 때문에, 좌반구는 우측 신체와 우측 공간을, 우반구는 좌측 신체와 좌측 공간을 주로 담당한다.

24 신경심리학-뇌 구조 및 기능
오답해설
① 두정엽은 공간지각과 감각 통합에 관여한다.
③ 전두엽은 계획, 판단, 의사결정 등에 관여한다.
④ 측두엽은 청각처리와 언어이해, 그리고 일부 장기기억 저장에 관여한다.

정답 22 ① 23 ① 24 ②

25 대뇌의 우반구가 손상되었을 때 주로 영향을 받게 될 능력은?   24년, 23년, 21년, 18년

① 통장잔고 점검
② 얼굴 재인
③ 말하기
④ 논리적 문제해결

26 스트레스 호르몬이라고 불리는 코르티솔(Cortisol)이 분비되는 곳은?   22년, 21년

① 부신
② 변연계
③ 해마
④ 대뇌피질

27 다음은 무엇에 관한 설명인가?   20년

> 정신이상 항변을 한 피고인이 유죄로 판결되면 치료를 위해 정신과 시설로 보내진다. 최종적으로 정상 상태로 판정되면 남은 형기를 채우기 위해 교도소로 보낸다.

① M'Naghten 원칙
② GBMI 평결
③ Durham 기준
④ ALI 기준

---

25 신경심리학 – 뇌 구조 및 기능

오답해설
①, ③, ④는 좌반구의 기능영역에 해당하는 것으로, 대뇌 좌반구 손상 시 영향을 받는 능력들이다.

26 신경심리학 – 뇌 구조 및 기능
스트레스에 장기간 노출되면 이러한 스트레스 관련 정보가 여러 경로를 거쳐 시상하부에 전달되고, 이는 뇌하수체를 거쳐 부신에서 스트레스 호르몬인 코르티솔을 분비한다.

27 법정심리학 – 미국의 법정심리학 역사

오답해설
① M'Naghten 원칙은 피고인이 범죄 당시 정신 질환으로 인해 자신의 행위가 위법하다는 것을 인지하지 못하였거나, 위법하다는 것을 알았더라도 그 행위를 통제할 수 없었다면 무죄로 판단하는 것을 말한다.
③ Durham 기준은 피고의 범죄행위가 정신 질환이나 정신적 결함에서 기인한 것이라면, 형사 책임을 면제하는 것을 말한다.
④ ALI 기준은 행위가 잘못이라는 것을 판단하거나, 행동 통제능력의 심각한 손상이 있을 경우 형사 책임을 면제하는 것을 말한다.

정답 25 ② 26 ① 27 ②

28 강제입원, 아동 양육권, 여성에 대한 폭력, 배심원 선정 등의 문제에 특히 관심을 가지는 심리학 영역은?

21년

① 아동임상심리학
② 임상건강심리학
③ 법정심리학
④ 행동의학

빈출

29 아동을 상담할 때 일반적으로 고려해야 할 사항과 가장 거리가 먼 것은?

25년, 22년, 19년

① 아동에게 치료 중 일어난 일은 성인의 경우와 마찬가지로 부모 등에게는 반드시 비밀로 유지되어야만 한다.
② 아동은 놀이를 통해 자신의 생각과 감정을 표현하기 때문에 놀이의 기능을 중요하게 다루어야 한다.
③ 아동은 발달 과정에 있기 때문에 생활조건을 변화시키는 데 있어 거의 무력하다.
④ 아동은 부모에게 의존적 상태에 있기 때문에 상담자는 가족의 역동을 이해하고 변화시키는 것이 바람직하다.

---

28 임상 특수분야

오답해설

① 아동임상심리학은 정신병리적 증상이 나타나게 된 아동과 청소년을 대상으로 하는 심리학이다.
② (임상)건강심리학은 건강과 질병에 대한 심리적 요인을 다루며, 질병의 예방, 건강 증진, 만성질환 관리 등을 다루는 심리학이다.
④ 행동의학은 의학과 심리학의 통합 분야로, 행동변화가 건강에 미치는 영향을 연구하고 실천하는 영역의 심리학이다.

29 아동임상심리학-주요 문제 및 치료법

아동 상담에서는 비밀보장이 중요하지만, 아동은 성인과 달리 보호가 필요한 존재이므로 부모나 보호자와 필요한 정보를 공유하는 것이 원칙이다. 아동의 안전과 복지를 최우선으로 고려해야 하며, 상담 내용 중 위험요소가 있을 경우 보호자에게 알리는 절차가 필요하다.

정답 28 ③ 29 ①

30 임상심리학자로서 지켜야 할 내담자에 대한 비밀보장에 관한 설명으로 <u>틀린</u> 것은? 21년

① 일반적으로 상담 과정에서 내담자에 대해 알게 된 사실을 다른 사람들에게 말하면 안 된다.
② 아동 내담자의 경우에도 아동에 관한 정보를 부모에게 알려서는 안 된다.
③ 자살 우려가 있는 경우 내담자의 비밀을 지키는 것보다는 가족에게 알려 자살예방조치를 취하는 것이 더 중요하다.
④ 상담 도중 알게 된 내담자의 중요한 범죄사실에 대해서는 비밀을 지킬 필요가 없다.

30 임상 특수분야
기본적으로 비밀보장의 원칙을 존중해야 하지만, 부모는 아동의 주요 정보에 대해 알 권리가 있으며, 특히 치료 과정이나 안전에 중대한 영향을 미치는 사항에 대해서는 적절히 보호자에게 알릴 필요가 있다.

정답 30 ②

심리상담

과목공략 포인트

- ☑ 01. 심리상담의 기본개념을 제외하고 모든 챕터에서 골고루 출제되는 편입니다. 내용을 전체적으로 잘 정리해 두어야 해요.
- ☑ 특히, 가장 출제 비중이 높은 04. 문제별 상담 유형의 경우, 각 상담 유형에 대한 문제가 골고루 출제되기 때문에 특정 상담 유형에 집중하지 말고, 모든 상담 유형을 잘 정리해 두세요.

최근 10개년 챕터별 출제경향 분석

구분	출제 현황	빈출 키워드
01 심리상담의 기본개념	6%	상담자의 윤리 키츠너의 윤리적 상담 5원칙 현대 상담이론, 주요 학자별 치료이론
02 심리상담의 주요 이론	32%	인간중심 상담이론의 특징과 주요 기법 처벌을 통한 행동수정 시 유의사항 인지적 왜곡(오류), REBT 개요와 기법 ABC 모델, 게슈탈트 상담, 교류분석 상담
03 심리상담의 실제	22%	보딘의 작업동맹, 상담 구조화 조기 종결, 단기 상담 비지시적 놀이치료 원칙 사이버(인터넷) 상담
04 문제별 상담 유형	40%	약물 중독, 성 피해 상담 초기단계 위기 상담, 청소년 비행 원인론 자살 시도 청소년의 특징, 시간관리 전략 생애기술 상담, 진로문제 유형별 개입 전략

01 V. 심리상담
심리상담의 기본개념

6%
5과목 내 출제 비중

| 공략 포인트
- 상담에 대한 기본적인 내용을 다룹니다. 필기 시험의 출제 비중이 가장 낮은 부분이지만, 이는 실기 시험 및 임상 장면에서 중요한 부분이니 잘 알아두어야 합니다.
- 상담이론의 역사적 발전 과정, 키츠너의 상담 윤리 원칙이 자주 출제되는 편이니 잘 정리해 두세요.

| 수험 키워드!
심리상담
키츠너
현대 상담이론

1 상담의 이해

1. 상담의 개념과 목적 기출 17년

(1) **개념:** 상담자가 일방적으로 기술을 적용하는 것이 아닌, 상담자❓와 내담자❓가 함께 노력하는 조력 과정이다(상담 결과보다 상담 과정에서의 조력을 더 중요시함).

(2) **목적:** 내담자가 자신의 감정, 생각, 행동을 탐색하고 자각을 확장하며, 문제해결과 발달을 이루도록 돕는 것이다.

> **용어** 상담자와 내담자
> - **상담자:** 전문적 훈련을 받고, 내담자를 돕기 위해 노력하는 전문가
> - **내담자:** 조력이 필요한 사람으로, 문제해결이나 성장, 삶의 질 향상을 위해 상담에 참여함

2. 상담의 7가지 기본 원리 기출 20년

개별화의 원리	내담자의 고유한 성격과 배경을 존중하며, 상담방식도 각 개인의 차이에 맞게 조정되어야 함
의도적 감정표현의 원리	내담자가 자신의 감정을 숨기거나 억누르지 않고, 있는 그대로 표현할 수 있도록 도와주며, 특별히 말로 표현하기 어려운 감정까지도 편안하게 드러낼 수 있는 분위기를 만들어야 함
통제된 정서적 관여의 원리	• 상담자는 자신의 감정을 절제하며, 내담자의 감정에 과도하게 휘말리지 않도록 조절해야 함 • 적절한 공감과 반응을 통해 감정적 안정감을 제공해야 함
수용의 원리	• 내담자의 있는 그대로의 모습, 감정, 행동을 비판 없이 받아들이는 자세가 필요함 • 내담자의 현실을 인정하고 존중하는 태도를 의미함 • 상담은 내담자를 중심으로 진행해야 함 • 내담자의 자조의 욕구와 권리를 존중해야 함 • 상담자는 먼저 자기의 감정이나 태도를 이해할 수 있어야 함 • 상담자의 반응은 상담실에서 이루어져야 함 • 내담자에 대한 과잉 동일시를 피해야 함
무비판적인 태도의 원리	내담자의 말이나 행동을 섣불리 판단하거나 평가하지 않고, 가치중립적이고 열린 자세로 경청하고 반응해야 함
자기결정의 원리	내담자가 자신의 삶에 대해 스스로 선택하고 결정할 수 있는 주체임을 인정하며, 그 결정을 존중해야 함
비밀보장의 원리	상담 중 알게 된 정보는 상담 목적 이외의 용도로 사용하지 않으며, 비밀을 지키는 것은 상담자의 기본적인 윤리적 책임임

2 상담자의 자질

1. 상담자의 자격과 역할

(1) 이해와 존중: 내담자와 내담자의 문제에 대한 깊이 있는 수용과 이해가 필요하다.

현재 문제	내담자가 현재 겪고 있는 문제를 명료화하고, 심리적 증상·일상생활·신체기능 등에 영향을 미치는지 탐색함
근본 문제	겉으로 드러난 내담자의 호소 문제 이면의 근본적 문제를 파악해야 함
상담 동기	초기 상담에서 내담자의 상담 동기를 파악 및 평가함으로써 더욱 결정적이며 극대화된 효과를 도출할 수 있어야 함

(2) 전문적인 지식
① 상담이론·심리학 지식 등 인간에 대한 이해를 기반으로 내담자의 문제를 파악한다.
② 내담자의 배경(성별·지역·사회경제 등)에 따른 차이 등을 수용할 수 있어야 한다.
③ 경력이 많은 전문가에게 지도를 받는 슈퍼비전(Supervision)을 통해 자신의 상담기술을 향상시킬 수 있도록 한다.

(3) 성숙한 태도: 자기문제를 탐색하고 해결하며 성숙함을 유지해야 한다.

(4) 상담에 대한 열성: 상담 활동에 진지하게 몰입하고 열의를 가져야 한다.

(5) 가치관 정립: 자신의 가치관을 탐색하고 이해하며, 상담 중에는 가치중립적인 태도를 유지해야 한다.

(6) 인간관계형성능력: 내담자와 유의미하고 친밀한 관계를 형성·유지해야 하며, 모호한 상황이나 거부적 태도를 보이는 내담자도 포용할 수 있어야 한다.

2. 상담자의 태도

변화 확신	상담기법에 자신감을 가지고, 내담자에게 변화에 대한 믿음을 전달함
좋은 인상	내담자가 편안함을 느낄 수 있도록 자연스러운 태도를 유지함
소진 예방	내담자의 저항과 고통 속에서도 상담자는 활력을 유지할 필요가 있음
자기탐색 지원	내담자가 자신의 생각·감정·행동을 탐색하도록 도와야 함
비강압적 태도	압력·강요 없이 내담자가 스스로 탐색하고 깨닫도록 지원하여 내담자의 자율성을 존중해야 함
내담자의 행동 제한	내담자의 부정적 행동은 제재할 수 있어야 하며, 그에 따른 대안적 방법(예 빈 의자기법)으로의 해소를 유도할 수 있어야 함

> **빈출 핵심 발문**
>
> • 키츠너(Kitchener)가 제시한 상담의 기본적 윤리 원칙 중 상담자가 내담자와 맺은 약속을 잘 지키며 믿음과 신뢰를 주는 행동을 하는 것은?

3. 상담자의 윤리 기출 20, 17~16년

TIP 상담자의 윤리에 대한 자세한 설명은 4과목 04. 임상심리학자의 자문, 교육, 윤리(386쪽)에서 정리하였습니다.

책임성	• 내담자 보호와 내담자의 건강한 삶 지원을 위해 상담자는 반드시 윤리를 준수해야 하며, 위반 시 자격정지·박탈, 법적 책임이 가능함 • 상담자는 개인 상담 외의 모든 상담 형태에서도 내담자의 윤리적 측면 고려해야 함
역량 및 전문성	• 상담자 자신의 전문적 역량의 한계를 명확히 인식하고, 그 역량 밖의 문제에 대해 개입하지 않거나, 다른 전문가에게 의뢰해야 함 • 최신 상담 연구와 기법을 지속적으로 학습하며 전문성 유지
사전 동의	상담목표⊕, 기법, 한계, 위험성, 상담의 비용 및 시간, 상담자의 자격과 훈련에 대한 정보, 상담을 거부할 수 있는 권리 등의 정보를 명확히 안내해야 함 → 내담자가 이를 이해하고 동의했는지 확인
다문화적 역량	• 상담이론과 기법은 과거에 검증된 것이라 하더라도 시대변화, 사회적 여건, 문화적 배경에 맞추어 유연하게 적용되어야 함 • 상담은 고정된 절차가 아닌 내담자의 상황, 시대적 변화, 사회적 감수성을 반영하여 조정되어야 하는 과정에 해당함
비밀보장❓	• 상담 진행 과정 중 가장 근본적인 윤리기준임 • 개인 상담뿐만 아니라 집단 상담, 가족 상담에서도 고려되어야 함 • 상담자-내담자 간 신뢰를 위한 정보 보호가 필수적임 • 신뢰형성을 위해 상담 초기에 비밀보장에 대한 설명이 필요함 • 아동·청소년 상담의 경우 보호자라도 상담의 내용을 전달해서는 안 됨(단, 성인과 달리 보호자가 필요한 존재이기 때문에, 상담 내용 중 위험 요소 발견 시 공유해야 함) • 학회 발표·출판 시 내담자에 대해서는 가명 사용과 정보 보호가 필수적임
다중(이중)관계 금지	상담자-내담자 간의 관계를 넘어 내담자와 친구·연인·금전관계 등을 맺는 것은 전문성·중립성을 훼손하는 일이므로 금지함
성적 관계 금지	• 내담자와의 성적 관계를 절대 금지함 • 내담자에게 감정이 생기면 상담을 중단하고, 슈퍼비전이 필요함 • 내담자가 유혹할 시에도 중립을 지키며 현명하게 대처해야 함

심화 상담목표의 유형

• 과정목표
  – 내담자의 변화에 필요한 상담 분위기의 조성과 관련됨
  – 과정목표에 대한 결과는 내담자뿐만 아니라 상담자의 책임도 포함됨
• 결과목표
  – 내담자가 상담을 통해 이루고자 하는 구체적인 삶의 변화와 관련됨
  – 객관적일수록 효과적임

참고 비밀보장의 예외

타인을 해칠 위험이나 치명적 질병, 자살 위기, 법적 요구 시에는 비밀을 유보할 수 있음

개념플러스 키츠너(Kitchener)의 윤리적 상담 5원칙 기출 24~22, 19~17년

자율성 (Autonomy)	상담자는 내담자가 스스로 선택하고 결정할 권리(자기결정권)를 존중하고 최대한 지지해야 함
선행 (Beneficence)	상담자는 내담자에게 최대한 이익이 되도록 행동하며, 내담자의 복지를 적극적으로 증진시키려 해야 함
무해성, 비해악성 (Nonmaleficence)	고의적으로든, 부주의로든 내담자에게 해를 끼치지 않도록 주의해야 함
공정성 (Justice)	모든 내담자를 평등하고 공정하게 대해야 하며, 모든 내담자에게 차별 없이 공평한 서비스를 제공해야 함
진실성, 충실성 (Fidelity)	내담자와의 신뢰관계를 유지하고, 내담자와의 약속을 지키며, 일관성 있는 태도로 내담자의 기대에 부응하고 성실하게 행동하여 내담자가 상담자를 믿고 스스로를 개방할 수 있도록 함

3 상담이론의 역사적 발전 과정

1. 중세 상담이론

심리적 고통 초점	주로 심리적 고통과 불행을 종교적 맥락에서 이해하고 치료하려는 시도가 이루어짐
주술적 치료 성행	• 과학적 이해보다는 종교적·초자연적 관점이 우세하였음 • 정신 질환은 악령, 죄악 등과 연관지어 해석되었음 • 주술, 기도, 퇴마 등 비과학적이고 비의학적인 방법이 사용되었음

개념플러스 주요 학자별 치료이론 기출 25~23, 21~20, 18~17년

학자	대표 치료이론	관련 업적/기여
프로이트(Freud)	정신분석치료	심층 심리학의 기초 제시
스키너(Skinner)	행동치료	실험 기반 행동수정기법 정립
로저스(Rogers)	인간중심치료	치료적 관계 중심의 전인적 접근
엘리스(Ellis)	REBT	초기 인지치료 모델 제시
벡(Beck)	인지치료	우울증 및 불안에 적용되는 CBT 확립
윌버(Wilber)	통합심리치료	인간발달의 통합적 이해 제공
파슨스(Parsons)	특성-요인 상담이론	• 진로지도운동의 선구자 • 현대 상담심리학의 시초

2. 현대 상담이론

(1) 현대 상담이론의 태동 기출 25~23, 21~20, 18~17년

시기	주요 학자 및 특징	주요 치료 접근법

1800년대 후반	• 분트(Wundt)
	  – 심리학을 실험과학으로 정립한 출발점이자 현대 심리학의 시초
	  – 독일 라이프치히에 심리학 실험실 개설
	• 위트머(Witmer)
	  – 현대 임상심리학의 창시자
	  – 펜실베이니아 대학에서 세계 최초의 '심리클리닉'을 설립함
	  – 심리학 지식을 실제 현실 문제해결, 특히 상담과 치료의 목적으로 활용하고자 함
		–

1900년대 초	프로이트(Freud): 무의식, 꿈 해석, 자유연상 등 심층 심리 탐색 중심	정신분석치료
1910~30년대	• 왓슨(Watson), 스키너(Skinner)를 중심으로 행동주의 치료 접근법이 대두됨 • 스키너와 볼프(Wolpe), 아이젱크(Eysenck)에 의해 행동주의 심리학이 발전되었으며, 행동치료가 등장함 • 관찰 가능한 행동과 조건형성을 강조함	행동주의

빈출 핵심 발문

• 심리치료의 발전사에 관한 설명으로 옳지 않은 것은?
• 상담 및 심리치료의 발달사에 관한 설명으로 옳지 않은 것은?
• 심리학 지식을 상담이나 치료의 목적으로 활용하기 위해 최초의 심리클리닉을 펜실베이니아 대학교에 설립한 사람은?

참고 상담이론의 역사적 배경

• 상담심리학은 정신병리 중심의 의학적 모델보다는, 인간의 성장과 적응, 발달을 강조하는 심리학적·교육적 배경에서 발전하였음
• 정신건강에 대한 관심이 점차적으로 증가하고, 이에 따른 심리 측정적 경향의 발달과 개인차 연구가 활성화되는 배경 속에서 발전하였음

1940~
70년대
	• 로저스(Rogers)
	  – 공감, 수용, 진실성, 자기실현 촉진을 강조함
	  – 무조건적인 긍정적 존중을 주요 원리로 하는 인간 중심치료를 도입하였으며, 상담기법의 기본 태도를 확립함
	  – 자신의 치료 활동을 '카운슬링(Counseling)'으로 지칭함
	• 메이(May)와 프랭클(Frankl): 기법에 앞서 개인을 이해하는 데 초점을 둔 실존주의 상담법을 발전시켰음
	• 펄스(Perls)
	  – 인간을 전체적이고 잠재적 존재로 여기는 '게슈탈트 상담기법'을 창시함
	  – 인간의 심리적 문제를 '지금-여기' 경험과 자기인식, 환경과의 접촉에서 이해하고자 함
	  – 인간의 주관적 경험과 내담자와의 긴밀한 상담관계를 중시함
	• 벡(Beck), 엘리스(Ellis) 등
	  – 비합리적 사고수정과 행동변화 통합을 시도함
	  – 벡의 인지치료, 엘리스의 합리적 정서행동치료(REBT)를 통해 인지 중심 상담이 발전됨
	• 글래서(Glasser): 현실치료를 창시하였으며, 비슷한 시기에 인지·행동치료(CBT)가 형성 및 발전됨
	• 가족 상담이 도입됨
	• 사티어(Satir)의 경험적 가족치료 모델, 보웬(Bowen)의 다세대 가족치료 모델을 통해 가족 상담이 발전됨
	• 미누친(Minuchin)
	  – 체계이론을 기반으로 구조적 가족치료 모델을 창시함
	  – 가족 내 상호작용과 구조를 중점으로 가족의 기능 개선 및 변화를 시도함
		• 인간중심치료
		• 게슈탈트 상담기법
		• 합리적 정서행동치료(REBT)
		• 현실치료
		• 인지치료·인지행동치료(CBT)
		• 가족치료
		• 체계치료
		• 가족 상담

1980~
90년대 이후
	윌버(Wilber)
	  – 다양한 이론을 통합함
	  – 영성·의식 확장을 포함하는 맞춤형 치료를 지향함
	  – 통합적 심리치료기법인 자아초월 심리학이 등장함
		통합적·자아초월적 접근

기출(복원)문제

01 다음 내용에 해당하는 상담의 기본 원리는? 20년

- 상담은 내담자를 중심으로 진행해야 한다.
- 내담자의 자조의 욕구와 권리를 존중해야 한다.
- 상담자는 먼저 자기의 감정이나 태도를 이해할 수 있어야 한다.
- 상담자의 반응은 상담실에서 이루어져야 한다.
- 내담자에 대한 과잉 동일시를 피해야 한다.

① 개별화의 원리
② 무비판적인 태도의 원리
③ 자기결정의 원리
④ 수용의 원리

02 심리상담에 관한 설명으로 옳은 것은? 17년

① 내담자의 자각확장이 이루어지도록 조력하는 활동이다.
② 상담자의 가치관을 중심으로 성과가 산출되도록 해야 한다.
③ 조력 과정으로 결과를 강조하는 활동이어야 한다.
④ 상담자의 전문적 훈련이 실제 상담 과정과 무관하여야 한다.

03 다음 중 상담목표의 구성요소에 관한 설명으로 틀린 것은? 16년

① 과정목표는 내담자의 변화에 필요한 상담 분위기의 조성과 관련된다.
② 과정목표에 대한 결과는 내담자의 책임이다.
③ 결과목표는 내담자가 상담을 통해 이루고자 하는 구체적인 삶의 변화와 관련된다.
④ 결과목표는 일반적으로 객관적일수록 효과적이다.

---

01 상담의 이해 - 상담의 7가지 기본 원리

오답해설
① 개별화의 원리는 내담자의 고유한 성격과 배경을 존중하며, 상담방식도 각 개인의 차이에 맞게 조정되어야 한다는 것이다.
② 무비판적인 태도의 원리는 내담자의 말이나 행동을 섣불리 판단하거나 평가하지 않고, 가치중립적이고 열린 자세로 경청하고 반응해야 한다는 것이다.
③ 자기결정의 원리는 내담자가 자신의 삶에 대해 스스로 선택하고 결정할 수 있는 주체임을 인정하며, 그 결정을 존중한다는 것이다.

02 상담의 이해 - 상담의 개념과 목적

오답해설
② 심리상담은 내담자 중심이어야 한다. 상담자의 가치관을 중심으로 하면 내담자의 자율성이 침해된다.
③ 결과보다 상담 과정에서의 조력이 더 중요하다.
④ 상담자의 전문적 훈련은 상담의 질을 높이는 데 매우 중요하다.

03 상담자의 자질 - 상담자의 윤리

과정목표의 결과에는 내담자뿐만 아니라 상담자의 책임도 포함된다.

정답 01 ④ 02 ① 03 ②

04 상담에서 내담자의 권리에 관한 설명으로 옳지 않은 것은? 20년

① 상담자의 자격과 훈련에 대한 정보를 제공받을 수 있다.
② 내담자가 자신과 타인에게 해를 미칠 경우에도 비밀을 보장받을 수 있다.
③ 상담자를 선택할 수 있는 권리와 상담을 거부할 수 있는 권리에 대한 정보를 제공받을 수 있다.
④ 법적으로 정보공개가 요구되는 경우는 비밀보장의 한계를 가질 수 있다.

05 상담자가 상담과 관련하여 내담자에게 제공해야 할 정보와 가장 거리가 먼 것은? 16년

① 상담 시간과 요금
② 상담자의 특성과 훈련
③ 상담을 거부할 수 있는 권리
④ 비밀보장의 한계

빈출
06 키츠너(Kitchener)가 제시한 상담의 기본적 윤리 원칙 중 상담자가 내담자와 맺은 약속을 잘 지키며 믿음과 신뢰를 주는 행동을 하는 것은? 24년, 23년, 22년, 17년

① 자율성(Autonomy)
② 무해성(Nonmaleficence)
③ 충실성(Fidelity)
④ 공정성(Justice)

04 상담자의 자질-상담자의 윤리
상담에서 비밀보장은 내담자의 기본 권리이지만, 절대적인 권리는 아니다. 상담자는 내담자가 자신 혹은 타인의 생명이나 안전에 중대한 해를 가할 우려가 있는 경우, 혹은 법적으로 정보 제공이 요구되는 상황(아동학대, 범죄 관련 요청 등)에는 비밀보장의 한계를 분명히 인식하고 내담자에게 사전에 안내해야 한다.

05 상담자의 자질-상담자의 윤리
상담자의 개인적 특성은 의무적으로 제공해야 할 정보에 해당하지 않는다.

06 상담자의 자질-상담자의 윤리
오답해설
① 자율성은 내담자가 스스로 선택하고 결정할 권리를 존중하는 것이다.
② 무해성은 고의적이든 아니든 내담자에게 해를 주지 않도록 하는 것이다.
④ 공정성은 모든 내담자를 평등하고 공정하게 대해야 하며, 차별 없이 공평한 서비스를 제공하는 것이다.

07 상담의 일반적인 윤리적 원칙에 해당하지 않는 것은? 19년

① 자율성(Autonomy)
② 무해성(Nonmaleficence)
③ 선행(Beneficence)
④ 상호성(Mutuality)

08 상담 윤리 중 비해악성(Nonmaleficence)과 가장 거리가 먼 것은? 18년

① 상담자가 지나친 선도나 지도를 자제하는 것과 관련된다.
② 상담자의 전문 역량, 사전동의, 이중관계, 공개 발표와 관련된다.
③ 상담자가 의도하지 않게 내담자를 괴롭히는 것을 예방하기 위한 것이다.
④ 내담자가 상담자의 요구를 순순히 따르는 경우가 많아서 이로 인한 문제를 예방하기 위한 것이다.

09 상담자의 윤리에 관한 설명으로 틀린 것은? 17년

① 비밀보장은 상담 진행 과정 중 가장 근본적인 윤리기준이다.
② 내담자의 윤리는 개인 상담뿐만 아니라 집단 상담이나 가족 상담에서도 고려되어야 한다.
③ 상담여부를 결정하는 것은 내담자이며 상담자는 내담자에게 정확한 정보를 제공해야 한다.
④ 상담이론과 기법은 반복적으로 검증된 것이므로 시대 및 사회여건과 무관하게 적용해야 한다.

---

07 상담자의 자질-상담자의 윤리
상호성은 윤리 원칙이라기보다는 관계의 성격을 말하는 용어로, 일반적인 윤리 원칙 목록에는 포함되지 않는다.

08 상담자의 자질-상담자의 윤리
지나친 지도 자제는 자율성의 원칙에 더 가까운 내용이다.

09 상담자의 자질-상담자의 윤리
상담이론과 기법은 과거에 검증된 것이라 하더라도 시대변화, 사회적 여건, 문화적 배경에 맞추어 유연하게 적용해야 한다. 상담은 고정된 절차가 아니라, 내담자의 상황, 시대적 변화, 사회적 감수성을 반영하여 조정되어야 한다.

정답 07 ④ 08 ① 09 ④

빈출
10 심리치료의 발전사에 관한 설명으로 옳지 <u>않은</u> 것은?
25년, 23년, 21년

① 인지심리학의 발전과 더불어 개발된 치료방법들은 1960~70년대 행동치료와 접목되면서 인지행동치료로 발전하였다.
② 로저스(Rogers)는 정신분석치료의 대안으로 인간중심치료를 제시하면서 자신의 치료 활동을 카운슬링(Counseling)으로 지칭하였다.
③ 윌버(Wilber)는 자아초월 심리학의 이론체계를 발전시켰으며 그의 이론에 근거한 통합적 심리치료를 제시하였다.
④ 제임스(James)는 펜실베이니아 대학교에 최초의 심리클리닉을 설립하여 학습장애와 행동장애 아동을 대상으로 치료 활동을 시작하였다.

11 상담심리학의 역사에서 상담심리학의 기반형성에 근원이 된 주요 영향이 <u>아닌</u> 것은?
17년

① 의학적 관점으로부터의 상담과 심리치료의 발달
② 파슨스(Parsons)의 업적과 직업운동의 성숙
③ 정신건강에 대한 관심
④ 심리 측정적 경향의 발달과 개인차 연구

---

10 상담이론의 역사적 발전 과정 – 현대 상담이론
심리클리닉의 개념을 처음 도입한 인물은 제임스가 아니라 위트머이다.

11 상담이론의 역사적 발전 과정 – 현대 상담이론
의학적 관점은 주로 임상심리학과 정신의학의 발달에 기여하였으며, 상담심리학의 형성 기반으로 보기에는 거리가 있다. 상담심리학은 인간의 성장과 적응, 발달을 강조하는 심리학적·교육적 배경에서 발전하였다.

정답 10 ④ 11 ①

빈출

12 상담 및 심리치료의 발달사에 관한 설명으로 옳지 않은 것은? 　　　　　　　　　　23년, 20년, 17년

① 글래서(Glasser)는 1960년대에 현실치료를 제시하였다.
② 가족치료 및 체계치료는 1970년대부터 본격적으로 등장하였다.
③ 메이(May)와 프랭클(Frankl)의 영향으로 게슈탈트 상담이 발전하였다.
④ 위트머(Witmer)는 임상심리학이라는 용어를 최초로 사용하였으며, 치료적 목적을 위해 심리학의 지식과 방법을 활용하였다.

빈출

13 심리학 지식을 상담이나 치료의 목적으로 활용하기 위해 최초의 심리클리닉을 펜실베이니아 대학교에 설립한 사람은? 　　　25년, 24년, 23년, 21년, 18년, 17년

① 위트머(Witmer)
② 볼프(Wolpe)
③ 스키너(Skinner)
④ 로저스(Rogers)

---

12 상담이론의 역사적 발전 과정 – 현대 상담이론
메이와 프랭클은 실존주의 상담과 관련이 있는 인물이다. 게슈탈트 상담은 펄스가 창시한 것으로, 인간의 심리적 문제를 '지금 – 여기' 경험과 자기인식, 환경과의 접촉에서 이해하고자 하는 학문이다.

13 상담이론의 역사적 발전 과정 – 현대 상담이론
위트머는 심리학 지식을 실제 문제해결, 특히 상담과 치료의 목적으로 활용하고자 하여 1896년 미국 펜실베이니아 대학교에 최초의 심리클리닉을 설립하였다.

정답　12 ③　13 ①

02 심리상담의 주요 이론

V. 심리상담

5과목 내 출제 비중 32%

공략 포인트
- 각 상담이론의 다양한 부분에서 문제가 출제되기 때문에 전반적인 내용을 잘 알아두어야 합니다.
- 특히 인간중심 상담이론, 인지적 상담이론, 게슈탈트 상담에 대한 출제 비중이 높은 편입니다. 세 가지 상담에 대해서는 특히 잘 정리해 두세요.

수험 키워드!
\# 충분히 기능하는 사람
\# 처벌
\# 인지적 왜곡
\# ABCDE 모델
\# 접촉-경계 혼란 유형
\# 교류분석 상담

1 정신분석(역동) 상담이론

1. 개요 기출 25~24, 22년

(1) 이론적 배경

① 프로이트(Freud)가 창시한 이론으로, 인간행동의 원인은 무의식적 갈등, 특히 성적·공격적 충동과 그것을 억압하는 방어기제 간의 갈등에 있다고 본다.

② 성격은 심리성적 발달단계를 통해 형성되며, 유년기 경험이 핵심적인 역할을 한다고 가정한다.

> **TIP** 프로이트의 심리성적 발달단계는 1과목 02. 발달심리학(38쪽)에서 정리하였습니다. 병행하여 학습하시길 권장합니다.

(2) 특징

① 현대 심리상담의 출발점이 된 고전적 접근이다.

② 상담자는 상담 과정을 통해 내담자의 무의식적 갈등, 충동, 욕구 등을 의식 수준으로 끌어올리는 것을 목표로 한다.

③ 인간의 현재 행동은 과거의 무의식적 경험에 의해 결정된다고 본다.

④ 개인의 내면 깊숙하게 자리 잡은 무의식적인 갈등과 억압된 경험을 탐색하고 이해함으로써, 심리적 문제의 근본적인 원인을 밝히고 이를 해소하는 것을 목표로 한다.

⑤ 내담자의 무의식적 갈등이나 과거 경험이 현실을 어떻게 왜곡하여 인식하게 만드는지 탐색하여, 내담자의 자아를 강화하고 현실검증능력❷을 향상시킨다.

2. 주요 개념 기출 21~20, 16년

(1) 결정론(정신적 결정론): 인간의 기본적 성격과 행동은 우연히 발생하는 것이 아니라, 무의식적인 동기에 의해 결정되며, 특히 약 5세 이전의 초기 경험에 의해 그 기본적 성격과 행동이 형성된다❷고 보는 개념이다.

(2) 지형학적 모델: 의식, 전의식, 무의식이라는 세 가지 의식 수준을 바탕으로 인간 정신의 영역을 구분하고 설명하는 모델을 말한다.

빈출 핵심 발문

- 정신분석에서 내담자가 지속적이고 반복적인 학습을 통해 자신이 이해하고 통찰한 바를 충분히 소화하는 과정은?
- 정신분석적 상담기법 중 상담 진행을 방해하고 현재 상태를 유지하려는 의식적, 무의식적 생각, 태도, 감정, 행동을 의미하는 것은?

용어 현실검증능력
비현실, 즉 내면의 경험(환상, 기억, 충동 등)과 외부 현실을 구별하는 자아의 인지적 능력

참고 발달적(발생적) 원리
인간의 성격과 행동의 원인이 과거의 발달 경험에 있으며, 그것이 현재에 영속적인 영향을 미친다고 보는 것

의식	• 개인이 자각하고 있는 모든 정신 활동을 의미하며, 주의를 기울여 인식할 수 있는 생각, 감각, 경험 등을 포함함 • 정신 활동의 극히 일부분만이 의식의 범위에 있다고 봄 • 논리적이고 합리적인 사고가 주로 이루어지는 영역
전의식	• 현재는 의식하지 못하지만, 약간의 노력이나 주의를 기울이면 언제든지 의식으로 떠올릴 수 있는 기억이나 생각, 감정 등을 포함함 • 무의식에 비해 쉽게 접근할 수 있는 영역
무의식	• 개인이 전혀 자각하지 못하는 정신 활동의 심층영역 • 원시적인 본능, 억압된 욕망이나 충동, 과거의 상처나 트라우마 등이 저장되어 있음 • 논리적이지 않고 비합리적이며 시공간개념이 없는 영역으로, 꿈이나 실수, 자유연상 등을 통해 드러남

(3) **원초아, 자아, 초자아**: 프로이트가 제시한 성격의 세 가지 구조이다.

원초아	태어날 때부터 존재하는 본능적인 부분으로, 무의식세계에 존재하는 성적이고 공격적인 충동의 근원
자아	성격의 합리적인 측면을 담당하며, 의식과 무의식세계에 걸쳐 존재함
초자아	현실적인 자아의 목표를 이상적인 방향으로 이끌며, 의식과 무의식세계에 존재함

> **참고** 성격구조의 역동성
> 개인의 심리 내에서 원초아, 자아, 초자아 세 가지 성격 구조가 본능적 충동, 욕구, 방어기제 등 심리적 에너지를 통해 끊임없이 상호작용하며 갈등을 일으키는 것

(4) **불안**: 자아에게 다가오는 위험을 감지하고 이를 알리는 신호로, 불안의 원천에 따라 세 가지로 분류하였다.

현실적 불안	자아가 외부 현실의 위험을 지각하고 느끼는 불안
신경증적 불안	원초아와 자아 간의 갈등에서 비롯된 것으로, 원초아의 통제되지 않은 충동으로 인해 처벌을 받을까 두려워하는 불안
도덕적 불안	원초아와 초자아 간의 갈등에서 비롯된 것으로, 자신의 도덕적 기준이나 가치에 어긋나는 생각이나 행동을 할 때 느끼는 불안

(5) **방어기제**: 자아가 불안을 줄이기 위해 사용하는 무의식적 심리 전략으로, 현실을 왜곡하거나 억압함으로써 자아를 보호하려는 작용이며, 보통 자동적·습관적으로 나타난다.

> **TIP** 방어기제에 대한 자세한 설명은 1과목 03. 성격심리학(50쪽)에서 정리하였습니다.

억압	의식에서 용납하기 힘든 생각이나 욕망, 충동 등을 무의식 속으로 눌러 넣어 버리는 것
부인(부정)	자신이 겪고 있는 현실이나 감정을 부정하거나 인정하지 않는 것
투사	자신의 부정적이거나 바람직하지 않은 생각, 감정을 다른 사람에게 전가하는 것
저항	상담의 진행을 방해하거나 현재 상태를 유지하려는 내담자의 의식적 또는 무의식적 사고와 감정

(6) 전이와 역전이

전이	• 내담자가 과거 시절 중 경험했던 중요한 인물(예 부모, 형제, 교사 등)에 대한 감정, 태도, 기대 등을 상담자에게 무의식적으로 투사하는 현상 • 과거의 관계에서 느낀 사랑, 분노, 실망, 의존 등의 감정이 현재의 상담 장면에 나타남 • 전이는 상담관계 안에서 내담자의 심리적 갈등과 욕구를 이해하는 데 중요한 단서가 됨 • 정신분석에서는 전이 분석을 통해 무의식적 갈등을 의식화하고, 이를 해석함으로써 치료적 변화를 촉진함
역전이	• 상담자가 자신의 무의식적 감정을 내담자에게 투사하는 현상 • 상담자가 자신의 역전이를 스스로 인식하고 분석함으로써 내담자의 무의식적 욕구나 갈등 등 내담자에 대해 더 깊이 이해하고 치료에 활용할 수 있음

3. 주요 기법 기출 23~21년

자유연상	• 내담자가 마음속에 떠오르는 생각이나 느낌을 검열 없이, 있는 그대로 말하도록 유도하는 기법 • 무의식에 억압된 기억, 감정, 갈등 등이 자연스럽게 드러나도록 하는 데 목적이 있음
해석	• 상담자가 내담자의 자유연상, 꿈, 저항, 전이 등에 내재된 무의식적 의미를 추리하여 설명하는 과정 • 내담자가 자신의 사고, 감정, 행동의 패턴을 통찰하고, 문제의 근원을 새로운 시각에서 이해할 수 있도록 도움
꿈의 분석	• 내담자의 꿈에 나타난 억압된 감정과 무의식적 욕구를 분석하여, 무의식을 통찰할 수 있도록 돕는 정신분석기법 • 꿈은 무의식의 '왕도'로 간주되며, 내담자의 현재 심리 상태를 이해할 수 있는 자료를 제공함
훈습	• 내담자의 통찰을 일상생활 속에서 반복적으로 적용하여, 지속적인 행동 변화로 이어지도록 하는 과정 • 단순한 통찰에 그치지 않고, 경험을 통해 내면화하고 실제변화로 확장되도록 하는 데 목적이 있음 • 저항을 다루고, 통찰을 반복하며, 새로운 행동을 실천하도록 도움 • 훈습을 통해 내면화된 갈등이 해소되며, 성격 구조의 변화와 지속 가능한 행동변화가 나타남

개념플러스 버텨주기(Holding) 기출 20년

개념	내담자의 정서적 불안, 무력감, 내적 혼란을 상담자가 심리적 안정감과 수용으로 감싸주는 것을 의미함
이론 배경	• 위니컷(Winnicott)의 대상관계이론❓에서 유래함 • 어머니가 영아에게 제공하는 안정된 '심리적 안아줌'을 치료적 상황에 적용함
특징	• 내담자의 심리적 퇴행과 감정적 폭로를 안정적으로 수용해 줌 • 정서적 안정과 신뢰감형성에 도움을 줌 • 치료 초기, 애착 문제 대상자에게 특히 효과적임

용어 대상관계이론
• 프로이트의 정신분석이론에서 파생된 것으로 페어베언(Fairbairn), 클라인(Klein), 위니컷(Winnicott) 등의 여러 학자들에 의해 발전하고 확장된 이론임
• 유아기에 어머니와 같은 초기 대상과의 관계 경험이 개인의 성격발달과 정신병리에 결정적인 영향을 미친다는 것에 초점을 둠

4. 상담 과정

단계	명칭	특징
1	개시단계 (초기 면접)	자유연상이나 꿈의 분석 등을 통해 내담자의 문제(심리적 갈등)를 탐색하며, 상담자와의 신뢰형성을 통해 치료동맹을 구축하는 단계
2	전이단계	• 내담자가 과거 중요한 인물에게 가졌던 감정을 상담자에게 반복적으로 투사(전이)하는 단계 • 상담자는 전이에 대해 중립적인 태도로 해석하며, 욕구 충족이 아닌 좌절을 통해 무의식을 직면하도록 유도함 • 상담자의 역전이도 분석되고 통제되어야 함
3	통찰단계	• 내담자가 전이를 통해 자신의 감정과 욕구의 근원을 통찰하게 되며, 과거 경험이 현재의 행동에 미치는 영향을 인식하는 단계 • 상담자는 이러한 감정을 해석하고 다루며, 내담자가 감정적으로 정리할 수 있도록 도움
4	훈습단계	• 내담자가 통찰한 내용을 반복적으로 일상생활에 적용하며, 행동과 감정의 변화를 체험하는 단계 • 훈습을 통해 변화가 안정 수준에 이르면 상담의 종결 준비
5	종결 및 해석 통합단계	• 내담자는 상담 과정을 통해 형성된 통찰을 자기 것으로 내면화함 • 해석의 재구성 및 성격 구조의 변화를 확인하는 단계

2 인간중심 상담이론

1. 개요 [기출] 25~23, 21, 19, 17년

(1) 이론적 배경
  ① 로저스(Rogers)가 창시한 이론으로, 인간을 주관적 경험에 따라 스스로 성장하고 변화할 수 있는 존재로 본다.
  ② 인간은 자기실현을 향해 나아가는 경향성을 지니며, 이 과정에서 조건 없는 수용과 진실한 관계는 개인의 변화와 성장을 촉진한다고 본다.

(2) **특징**
  ① 인간은 변화하는 경험세계의 중심적인 존재로, 그 경험에 대해 지각하고 반응한다.
  ② 자아는 경험을 조직하고 의미를 부여하는 심리적 구조이며, 자기개념은 경험 해석의 기준이 된다.
  ③ 인간은 실현 경향성(Actualizing Tendency)을 지닌 유기체로, 자기보존·성장·향상을 추구한다.
  ④ 유기체는 경험하고 지각하는 대로 장(Field)에 반응한다.
  ⑤ 인간의 행동을 이해하려면 객관적인 외부 현실보다는 그 사람의 주관적인 내적 경험세계(내적 참조 준거)를 이해해야 한다고 본다. → 상담자는 내담자의 이러한 내적 참조 틀을 바탕으로 공감적 이해를 하며, 내담자에게 자신의 경험을 전달하려고 시도한다.
  ⑥ 내담자는 주로 자기개념의 불일치 상태에 있어 불안하고 초조한 상태이므로, 상담자는 조건 없는 긍정적 존중, 무조건적 수용, 진실성 있는 태도를 보여야 한다. → 내담자와 상담자 간 관계는 상담의 가장 중요한 요소이다.

빈출 핵심 발문

• 로저스(Rogers)의 인간중심 상담이론의 기본명제에 관한 설명으로 틀린 것은?
• 로저스(Rogers)의 인간중심 상담에 대한 설명으로 옳지 않은 것은?
• 로저스(Rogers)가 제시한 '충분히 기능하는 사람'의 특성과 가장 거리가 먼 것은?

용어 실현 경향성

자기를 보전, 유지하고 향상시키고자 하는 선천적 경향

심화 내적 참조 준거 VS 외적 참조 준거

• 내적 참조 준거: 개인이 세상을 경험하고, 이해하고, 해석하며 의미를 부여하는 주관적인 틀 또는 관점
• 외적 참조 준거: 외부세계의 객관적인 기준, 타인의 시선, 사회적 규범, 통계적 자료, 전문가의 진단이나 평가 등

2. 주요 개념 `기출` 23, 20년

자기개념	• 자기 자신에 대한 조직화되고 일관된 지각 및 신념체계 • 현실적 자기와 이상적 자기로 구성 • 주로 사회적 상호작용, 특히 중요한 타인(예 부모 등)의 피드백과 평가를 통해 형성 • 개인은 자신의 자기개념과 일치하는 방향으로 행동함 → 현재와 자기개념의 불일치(예 현실적 자기와 이상적 자기의 괴리)로 불안, 심리적 부적응 등을 경험하기 때문
충분히 기능하는 사람 (Fully-Functioning Person)	• 경험에 대한 개방성: 새로운 경험을 받아들이고 방어적이지 않음 • 유기체적 신뢰: 자신의 감정과 경험을 신뢰하고 스스로 판단함 • 경험적 자유: 사회적·심리적 제약 없이 자율적 삶을 살아감 • 창조성: 삶에서 창조적이고 적응적인 태도를 유지함 • 실존적 삶: 현재를 중시하며 순간을 온전히 경험함

용어 현실적 자기와 이상적 자기
- 현실적 자기: 현재 자신의 실제적인 특성, 능력, 행동에 대한 인식
- 이상적 자기: 자신이 되고 싶어하는 모습, 열망하는 특성, 가치, 능력 등에 대한 인식

심화 자기 간 괴리 발생 원인

주로 조건부 가치(가치의 조건화)의 내면화로 인해 발생

예 아동의 행동에 대해 무조건적 긍정적 존중이 아닌, 특정 조건을 만족시켰을 때만 긍정적 존중을 표현 → 아동은 부모의 사랑과 인정을 위해 이를 내면화(이상적 자기형성) → 이때 내면화된 조건을 '조건부 가치'라고 함 → '있는 그대로의 나(현실적 자기)'와 '남들에게 인정받기 위한 나(이상적 자기)' 사이에 괴리 발생

3. 주요 기법 `기출` 25, 23, 20~19년

TIP 성공적인 상담관계를 위해 상담자가 갖추어야 할 세 가지 충분하고 필수적인 기법입니다. 이러한 상담 태도는 '만일 ~라면 ~이다.'라는 형태로 표현될 수 있습니다.

예 "만일 상담자가 내담자에게 무조건적인 긍정적 존중을 제공하고, 공감적으로 이해하며, 진실성을 보인다면, 내담자는 성장하고 변화할 것이다."

일치성(진실성)	• 상담자는 진실해야 하며, 내적 경험과 외적 표현이 일치해야 함 • 상담자는 신뢰할 수 있는 본보기가 되어야 하며, 상담 중 솔직하게 감정을 표현하되 충동적이지 않아야 함 • 내담자와의 관계에서 방해가 되는 감정이 무엇인지 탐색해야 함
무조건적인 긍정적 관심(존중, 수용)	• 내담자를 평가 없이 있는 그대로 받아들이며 진실하게 돌보아야 함 • 내담자의 감정, 생각, 행동을 비판 없이 수용하며 비소유적 돌봄을 제공함
정확한 공감적 이해	• 상담자가 내담자의 내면세계를 민감하고 정확하게 이해하려는 태도 • 내담자의 감정을 자신의 감정처럼 느끼되 그 감정에 함몰되어서는 안 됨 • 내담자가 스스로를 깊이 이해하고 불일치성을 해결하도록 돕기 위해 내담자의 감정을 민감하고 정확하게 이해해야 함 • 내담자가 자신의 숨겨진 감정까지 인지하고 자각을 확장할 수 있도록 해야 함 • 상담자가 내담자의 주관적 세계를 정확히 파악할 때 변화가 일어남

4. 상담 과정 `기출` 21년

단계	명칭	특징
1	소통의 부재	• 변화의 필요를 느끼지 않음 • 감정이나 문제 인식이 거의 없음
2	도움 요청	• 일부 문제 인식은 있으나 외부 탓으로 돌림 • 방어적 태도
3	대상으로서의 경험표현	감정을 피상적으로 말하며, 경험에 대해 거리를 두고 서술함
4	지금-여기의 유연한 경험표현	현재 상황에 맞추어 보다 직접적인 감정표현을 함

5	감정 수용과 책임 증진	자신의 감정과 행동에 책임을 지려는 태도가 형성됨
6	경험과 인식의 일치	• 감정과 자기인식이 깊이 있게 통합됨 • 변화의 시작
7	자기실현의 경험	자발적 성장, 진정성 있는 자기표현, 융통성 있는 사고 등을 경험함

※ 각 단계는 내담자의 자기표현방식, 감정 수용, 책임 증진, 그리고 '지금-여기'의 경험에 대한 개방성이 점차 심화되는 순서로 발전함

3 행동주의 상담이론

1. 개요

(1) 이론적 배경

① 행동주의 상담은 고전적 조건형성, 조작적 조건형성, 사회학습이론 등에 기반을 둔다.
② 내면의 원인보다 관찰 가능하고 측정 가능한 외현적 행동의 변화에 초점을 두어, 객관적이고 측정 가능한 행동 분석과 평가를 중시한다.

(2) 특징

① 인간의 행동은 학습을 통해 형성되며, 학습 원리를 통해 행동수정이 가능하다고 본다. 또한, 특정한 환경변화는 행동변화를 유도할 수 있다고 본다.
② 문제행동은 부적절한 학습의 결과로 간주하며, 재조건화를 통한 행동교정이 가능하다고 본다.
③ 강화, 소거, 모델링, 체계적 둔감화 등 행동수정기술을 강조한다. 즉, 상담관계 형성보다도 이러한 기술과 기술을 통한 관찰 가능한 행동변화에 더 중점을 둔다.
④ 상담자는 내담자의 행동변화를 유도하는 지시적 역할을 수행한다.

> **개념플러스 행동주의 상담의 한계** 기출 22년
>
> • 상담 과정에서 감정과 정서를 직접적으로 다루지 않으며, 그것들이 행동에 어떤 영향을 주는가에 한정함
> • 통찰보다는 학습과 행동변화에 집중하여, 내담자의 문제에 대한 심층적인 이해가 불가능함
> • 주로 외현적 행동에 초점을 맞추기 때문에 자기결정, 창의성, 자기실현 등 고차원적 인간기능을 다루지 못함

2. 주요 개념

(1) 고전적 조건형성

개념	자극에 의해 자동적으로 유발되는 반응적 행동학습을 의미하며, 생리적 반응과 같이 본능적으로 나타나는 반응이 특정 자극과 연합되어 조건화되는 것을 말함 예 파블로프의 개 실험
특징	• 학습은 자극 간의 시간적·반복적 연합을 통해 일어남 • 학습된 반응은 수동적이고 반응적임(의도적인 행동이 아님) • 소거(Extinction)와 자발적 회복(Spontaneous Recovery)현상이 나타날 수 있음

빈출 핵심 발문

• 다음은 어떤 **행동주의 상담기법**에 관한 설명인가?
• 벌을 통한 행동수정 시 **유의해야 할 사항**으로 옳지 않은 것은?

TIP 행동주의 상담에서 관계형성은 치료적 변화를 위한 보조적 수단으로만 여겨지며, 관계 자체를 심층적으로 탐색하거나 강조하지 않습니다.

심화 **고전적 조건형성의 소거 vs 조작적 조건형성의 소거**

• **고전적 조건형성의 소거**: 조건자극(종소리)을 무조건자극(음식) 없이 반복 제시하여 조건반응(침 분비)이 사라지는 것
• **조작적 조건형성의 소거**: 행동(레버 누르기)에 뒤따르던 강화(먹이)를 중단하여 행동의 빈도가 줄어드는 것

(2) 조작적 조건형성

개념	특정 행동이 환경에 영향을 미쳐 결과(강화물)를 만들어내는 과정에서 학습이 일어나는 것을 의미 예 읽기, 운전
특징	• 행동은 보상(정적 강화)이나 혐오자극 제거(부적 강화)로 이어지면 반복된다고 봄 • 스키너(Skinner)는 강화 없이는 학습이 일어나지 않는다고 주장함 • 정적 강화, 부적 강화, 처벌, 소거 등을 통한 행동수정 가능 • 행동은 수동적 자극반응(고전적 조건형성)이 아닌, 능동적 조작(Operant Behavior)을 통해 환경에 영향을 미치는 방식

(3) 사회학습이론

개념	특정 행동을 직접 경험하지 않더라도 다른 사람(모델)의 행동을 관찰하고 모방(모델링)하는 과정을 통해 학습이 일어나는 것을 의미
특징	• 사고, 기억, 기대, 예측 등의 인지적 요소가 학습 과정⊕에서 중요한 매개 역할을 한다고 봄 • 인간의 행동은 개인의 인지적 요인(사고, 신념), 행동(과거의 학습 경험), 그리고 환경적 요인(상황, 타인)이 서로 끊임없이 영향을 주고받으며 상호 결정된다고 봄 • 자기효능감(Self-Efficacy)⊕ 강조

> **심화** 사회학습이론의 학습 과정 (단계)
> 주의(Attention) → 파지(Retention) → 운동재생(Motor Reproduction) → 동기(Motivation)

> **심화** 자기효능감과 자존감의 차이
> 자기효능감이란, '스스로가 무엇인가를 할 수 있다는 자신감의 정도'로, 자존감과는 다른 개념임. 자존감이 자신의 정체성에 대한 가치를 의미한다면, 자기효능감은 자신의 능력에 대한 가치와 관련됨

3. 주요 기법

(1) 고전적 조건형성 기반 기법

혐오치료	내담자가 제거하고자 하는 부적응적인 행동과 불쾌하거나 혐오스러운 자극을 연합하여 제시함으로써, 해당 행동에 대한 혐오반응을 조건화하여 행동을 감소시키는 기법 예 알코올 중독치료 시 구토제가 섞인 술을 마시게 하여 술에 대한 혐오반응을 형성하는 것
(자극)홍수법	내담자가 두려워하는 자극이나 상황에 즉각적이고 강하게, 그리고 장시간 노출시켜 불안반응이 최고조에 달했다가 점차 감소하고 소거되도록 유도하는 기법 예 뱀 공포 환자에게 실제 뱀을 갑자기 보여주고 회피하지 못하게 하는 것
체계적 둔감법	내담자가 두려워하거나 불안을 느끼는 자극에 대해 점진적으로 노출시키면서 동시에 이완반응(불안과 상반되는 반응)을 조건화하여 불안반응을 감소시키는 기법 예 발표공포증이 있는 학생에게 소수 인원 앞 발표부터 점진적으로 청중을 늘리며 연습시키는 것

(2) 조작적 조건형성 기반 기법 기출 24, 21, 18년

강화	• 특정 행동의 빈도를 증가시키기 위해 사용되는 모든 자극이나 사건을 의미하며, 행동 이후에 주어지는 결과가 행동의 재발 가능성을 높이는 것 • 정적 강화: 바람직한 행동 후에 긍정적인 자극(보상)을 제공하여 그 행동의 빈도를 증가시키는 것 • 부적 강화: 바람직한 행동 후에 혐오스러운 자극을 제거하거나 회피하게 함으로써 그 행동의 빈도를 증가시키는 것
처벌	• 특정 행동의 빈도를 감소시키기 위해 사용되는 자극이나 사건을 의미하며, 행동 이후에 주어지는 결과가 행동의 재발 가능성을 낮추는 것 • 정적 처벌: 바람직하지 않은 행동 후에 혐오스러운 자극을 제시하여 그 행동의 빈도를 감소시키는 것 • 부적 처벌: 바람직하지 않은 행동 후에 긍정적인 자극(강화물)을 제거하여 그 행동의 빈도를 감소시키는 것

> **TIP** 강화와 처벌 모두 자극과 행동 간의 기능적 관계를 통해 정의되지만 강화는 자극과 연관하여 행동 빈도가 증가하는 것이며, 처벌은 자극과 연관하여 행동 빈도가 줄어드는 것을 의미합니다. 간혹 부적 강화나 부적 처벌을 혼동하여 행동이 줄어들거나 행동이 늘어나는 것으로 오해할 수 있는데, 착각하지 않는 것이 중요합니다.

용암법	목표행동이 복잡하거나 한 번에 나타나기 어려울 때, 목표행동에 점진적으로 접근하는 행동(점진적 접근)들을 단계적으로 강화하여 최종목표행동을 형성하는 기법
프리맥의 원리	개인이 더 선호하는 행동(고확률행동)을 덜 선호하는 행동(저확률행동)의 뒤에 오도록 배열함으로써, 덜 선호하는 행동의 발생 빈도를 증가시키는 강화 원리
자극통제	특정 자극이 있을 때만 특정 행동이 나타나도록 학습되는 과정 또는 그 상태로, 특정 자극이 특정 행동을 유발하거나 억제하도록 환경을 조정하는 기법

개념플러스 처벌을 통한 행동수정 시 유의사항 [기출] 25, 23~22, 20, 16년

명확성	어떤 행동을 하면 벌을 받는 것인지 구체적으로 설명함
즉각성	문제행동 직후 즉각적으로 벌을 제공함
일관성	동일한 문제행동에 대해 일관된 방식으로 대응함
강도 조절	불필요하게 벌의 강도를 증가시키지 않고, 필요한 최소 강도를 유지함
환경 조정	문제행동이 발생할 수 있는 상황을 사전에 차단하거나 줄임

TIP 벌의 강도를 점점 높이는 방식은 비효율적이며 부작용이 있을 가능성이 큽니다. 벌의 강도를 점차 높이면 피처벌자가 벌에 익숙해져서 효과가 감소할 수 있으므로 처음부터 일관되면서도 적절한 강도의 벌을 주는 것이 중요합니다. 또한, 너무 강한 벌은 부작용(공포, 반항, 회피행동)을 초래할 수 있으므로 신중하여야 합니다.

(3) 사회학습이론 기반 기법

모델링	내담자가 변화시키고자 하는 행동을 가진 다른 사람(모델)의 행동을 관찰하고 모방(따라 하기)함으로써 새로운 행동을 학습하거나 기존 행동을 수정하는 기법
자기교수 훈련	내담자가 문제 상황에 직면했을 때, 스스로에게 긍정적이고 지시적인 내적 언어(자기대화)를 가르치고 사용하는 훈련을 통해 자신의 사고, 감정, 행동을 변화시키는 인지행동적 기법
자기표현 훈련	자신의 생각, 감정, 신념, 권리 등을 타인의 권리를 침해하지 않는 범위 내에서 솔직하고 직접적이며 적절한 방식으로 표현하는 기술을 가르치고 연습시키는 훈련

4. 상담 과정

단계	명칭	특징
1	문제행동 정의	내담자의 문제행동을 관찰 가능하고 측정 가능한 형태로 명확히 정의함 예 '불안' → '손톱 물어뜯기 빈도'
2	행동평가	내담자의 문제행동과 관련된 장면, 빈도, 강도 등을 상세히 기술하여 적절한 기법 선택을 위한 평가
3	목표 설정	변화시키려는 문제행동과 강화할 바람직한 행동을 구체적으로 설정함
4	기법 적용	이전 단계에서 수집한 정보를 바탕으로 내담자의 문제특성과 개별적인 상담목표에 따라 기법 적용
5	상담 결과평가	상담 과정과 적용된 기법의 효과에 대해 객관적으로 평가
6	상담 종결	내담자가 스스로 변화를 유지할 수 있게 하고, 새로운 문제에도 대처할 수 있도록 도움

4 인지적 상담이론

1. 인지행동 상담(CBT)

TIP 인지행동 상담(치료)은 4과목 03. 심리치료(361쪽)에도 있습니다. 병행하여 학습하시길 권장합니다.

(1) 개요

① 이론적 배경
　㉠ 인지행동 상담(치료)은 벡(Beck)에 의해 체계화된 이론으로, 인간은 사고에 의해 감정과 행동이 결정된다는 가정에서 출발한다.
　㉡ 심리적 문제는 비합리적이거나 왜곡된 인지로부터 비롯된다고 보며, 이를 수정함으로써 정서와 행동의 변화를 도모한다.

② 특징
　㉠ 사고·감정·행동 간의 상호작용을 중요하게 여기며, 인지 구조의 변화가 정서적 안정과 행동변화로 이어질 수 있다고 본다.
　㉡ 상담은 논리적이고 시간 제한적이며, 실용적인 문제해결 중심으로 진행된다.
　㉢ 내담자가 치료에 능동적으로 참여하고, 상담 중 과제수행을 통해 치료 효과를 높이는 것이 특징이다.
　㉣ 내담자의 인지적 자각능력을 전제로 하며, 상담자는 구조적·계획적으로 개입한다.

(2) 주요 개념

① 신념체계 ➕
　TIP 다음 신념체계에서 역기능적인 측면이 인지행동 상담의 개입지점이라고 할 수 있습니다.

핵심 신념 (인지도식)	• 개념: 개인의 가장 근본적이고 심층적인 신념으로, 자신, 타인, 세상에 대한 가장 기본적인 믿음과 가정을 포함함 • 역기능적 측면: 자신, 타인, 세상에 대한 비합리적이고 왜곡된, 그리고 극단적인 믿음으로, 심리적 문제의 근본적인 원인이 되며 어린 시절의 부정적인 경험을 통해 형성되는 경우가 많음
중간 신념	• 개념: 핵심 신념에서 파생된 것이자 자동적 사고의 바탕이 되는 규칙, 태도, 가정(가설) 등을 포함하며, 주로 '만일 ~라면 ~할 것이다.', '나는 ~해야 한다.', '~하는 것이 좋다.'와 같은 형태로 나타남 • 역기능적 측면: 비현실적이거나 비합리적인 규칙, 태도, 가정을 의미하며, 이는 개인의 행동과 사고를 지나치게 제한하거나 부정적인 결과를 초래할 수 있음
자동적 사고	• 개념: 특정 상황에 직면했을 때 자동적이고 즉각적으로 떠오르는 생각으로, 의식적인 노력 없이 불쑥 나타나며, 감정과 행동에 직접적 영향을 미침 • 역기능적 측면: 현실에 대한 부정확하거나 비합리적인 해석을 담고 있는 자동적 사고를 의미하며, 주로 비논리적이거나 왜곡된 형태로 나타남

빈출 핵심 발문

- 벡(Beck)의 인지적 왜곡 중 개인화에 대한 예로 적절한 것은?
- REBT 상담에 대한 설명으로 옳지 않은 것은?
- 엘리스(Ellis)의 ABCDE 모형에 관한 설명으로 옳은 것은?

심화 역기능적 신념

- 현실을 왜곡하거나 비합리적인 내용을 담고 있는 신념을 말함
- 이러한 역기능적 신념을 가진 사람은 사소한 실수에도 '나는 역시 아무것도 제대로 할 수 없어.'라는 역기능적 자동적 사고를 하게 되고, 이는 우울감과 함께 일을 포기하는 부적응적 행동으로 이어지기도함

개념플러스	인지도식 기출 23, 20년	
인지도식	• 개인이 세상을 이해하는 틀로, 경험을 조직하고 해석하는 역할을 함 • 어린 시절부터 형성되며, 부모의 양육방식, 환경, 초기 경험 등에 의해 점진적으로 발달함 → 사람마다 다르게 형성되어, 같은 사건이라도 사람마다 다르게 해석하게 됨	
역기능적 인지도식	• 부정적 내용으로 구성되어 있어 삶의 경험 또한 부정적으로 해석하게 되는 것 • 어린 시절의 경험에 의해 형성될 가능성이 높으며 이후 성장하면서 다양한 경험을 통해 강화되거나 수정될 수 있음	

② 인지적 왜곡(오류) 기출 25~24, 22~21년

이분법적 사고 (흑백논리)	모든 경험이나 상황을 극단적인 두 범주로만 나누어 인식하고 해석하는 것 예 "시험에서 한 문제 틀렸어. 난 완전 실패야."
과잉일반화 (과도한 일반화)	한두 번의 특정 경험과 사건에 근거하여 일반적인 규칙이나 결론을 도출하고, 그것을 서로 관련 없는 다른 상황에까지 적용하는 것 예 "한 번 발표를 망쳤으니 나는 사람들 앞에서 절대로 잘할 수 없을 거야."
정신적 여과	어떤 상황의 부정적인 세부사항에만 선택적으로 주의를 기울이고 그것에만 집중하여 전체적인 긍정적인 측면이나 맥락을 무시하는 사고방식 예 팀 프로젝트에서 칭찬을 많이 받았지만, 동료의 사소한 비판 한 마디에만 매달려 '나는 결국 인정받지 못했어'라고 생각하는 것
긍정적인 것 무시하기	긍정적인 경험, 특성, 혹은 칭찬 등을 객관적인 근거 없이 무효화하거나 폄하하여 부정적인 신념을 유지하는 사고방식 예 누군가 "발표 잘하셨네요."라고 칭찬했을 때, '그냥 예의상 하는 말일 뿐이야'라고 생각하며 칭찬을 받아들이지 않는 것
감정적 추론	자신이 느끼는 감정이 곧 현실을 반영하는 객관적인 진실이라고 믿는 사고방식 예 "너무 불안하니까, 분명히 뭔가 안 좋은 일이 생길 거야."
의미확대(과장) 및 의미축소	• 의미확대(극대화): 자신의 실수, 결점, 또는 부정적인 사건의 중요성을 과장하는 것 예 "작은 실수 하나로 모든 것을 망쳐버렸어!" • 의미축소: 자신의 능력, 성공, 또는 긍정적인 특성의 중요성을 과소평가하는 것 예 "그냥 운이 좋아서 성공한 것뿐이야. 내 실력은 아무것도 아니야."
개인화	외부에서 발생한 부정적인 사건이나 타인의 행동에 대해 합리적인 근거 없이 자신과 관련시키거나 자신의 탓으로 돌리는 사고방식 예 "친구들이 모여 속닥거리는 걸 보니, 분명 나에 대해 이야기하고 있을 거야."
잘못된 추론 (임의적 추론)	충분한 증거가 없거나, 심지어 반대되는 증거가 있음에도 불구하고 결론을 성급하게 내리는 사고방식 예 친구가 전화에 답이 없자, 바로 '나를 피하는 게 분명해'라고 결론 내리는 것(나중에 친구가 바빠서 못 받았다는 것을 알게 되어도)
당위적 사고	자신이나 타인이 '반드시 ~해야만 한다.'는 엄격하고 비현실적인 규칙이나 기대를 가지고, 이러한 규칙이 지켜지지 않을 때 자신을 비난하거나 타인에게 분노하는 사고방식 예 "나는 항상 완벽하게 해내야만 해."

낙인찍기	자신의 실수나 타인의 행동을 단편적으로 보고 자신이나 타인에게 전반적이고 부정적인 특성이나 고정된 꼬리표(낙인)를 붙이는 사고방식 예 "한 번 실수했으니 나는 정말 멍청한 인간이야."
예언자의 오류	미래에 일어날 일을 부정적으로 예언하고, 그 예언이 사실일 것이라고 확신하는 사고방식 예 "이 일을 시도해봤자 분명히 실패할 거야."
선택적 추상화	어떤 상황의 여러 요소 중 부정적인 한 가지 세부사항에만 선택적으로 초점을 맞추고, 나머지 긍정적인 측면이나 전체적인 맥락은 무시하는 것 예 수십 개의 칭찬이 담긴 평가서를 받았지만, 그 중 하나의 작은 비판에만 집중하며 '나는 제대로 하는 일이 없어.'라고 생각하는 것

(3) 주요 기법

① 인지적 기법

소크라테스식 질문	• 내담자 스스로 자신의 생각과 신념의 타당성을 점검하고 대안적인 사고방식을 탐색하도록 유도함 • 주로 개방형 질문으로 다양한 유형에 대하여 질문하며, 내담자의 자동적 사고, 중간 신념, 핵심 신념 등을 다룰 때 사용
이중잣대방법	• 내담자들이 자신에게는 지나치게 엄격하고 비판적인 기준(잣대)을 적용하면서, 정작 타인(친구, 동료)에게는 훨씬 더 관대하고 합리적인 기준을 적용하는 경향을 발견하고 이를 수정하도록 돕는 기법 • 내담자 스스로 "만약 내 친구/동료가 같은 상황이라면 나는 어떻게 생각하고 말해줄까?"라고 질문하게 하여, 자신에게 적용하는 비판적인 기준이 얼마나 비합리적인지 깨닫게 함
장점과 단점 열거하기	• 내담자가 특정 생각, 신념, 행동, 또는 결정에 대해 유지했을 때와 변화시켰을 때의 예상되는 장점과 단점을 체계적으로 비교 분석하는 기법 • 감정적이고 충동적인 결정 대신, 논리적이고 장기적인 관점에서 합리적인 의사결정을 내리도록 도움
다른 설명 찾기	• 내담자가 특정 사건이나 상황에 대해 가지고 있는 부정적이고 역기능적인 해석(자동적 사고) 외에, 다른 합리적이고 긍정적이거나 중립적인 해석 가능성을 탐색하고 개발하도록 돕는 기법 • 부정적인 해석이 유일한 진실이 아님을 깨닫게 하여 사고의 유연성을 높임

② 행동적 기법

근육이완 훈련	• 신체의 다양한 주요 근육군을 체계적으로 번갈아 가며 긴장시켰다가 이완시키는 훈련 예 PMR(Progressive Muscle Relaxation) • 내담자는 긴장감과 이완감의 차이를 인식하고, 자발적으로 근육의 긴장을 조절하여 신체적 이완 상태를 유도할 수 있게 됨
주의 환기하기	• 내담자가 압도적인 불안, 분노, 슬픔 등 강렬한 부정적 감정이나 부정적인 자동적 사고에 과도하게 몰입되어 있을 때, 의도적으로 주의의 초점을 다른 곳으로 돌리도록 돕는 기법 • 부정적인 생각이나 감정에 몰입된 주의를 다른 곳으로 옮김으로써 즉각적인 고통을 줄이고, 감정적 안정화 도모
호흡 훈련	• 복식 호흡, 느린 호흡 등 특정 호흡패턴을 연습하는 훈련 • 호흡법을 통해 불안감을 완화하고 신체의 안정감을 회복함

심화 소크라테스식 질문의 주요 유형과 예시

• 증거에 대한 질문
  예 "그 생각이 사실이라고 확신하는 이유는 무엇인가요?"
• 대안적 관점에 대한 질문
  예 "그 상황을 다르게 볼 수 있는 방법은 없을까요?"
• 의미 및 함의에 대한 질문
  예 "만약 그 생각이 사실이라면, 당신에게 그것은 무엇을 의미하나요?"
• 유용성에 대한 질문
  예 "이 생각이 당신에게 어떤 이점을 주나요?"
• 비논리성 탐색 질문
  예 "만약 다른 사람이 같은 말을 한다면, 당신은 어떻게 반응할까요?"

참고 PMR(점진적 근육 이완법)

PMR의 핵심 원리는 근육을 의도적으로 수축한 후 천천히 이완시켜, 신체 긴장을 자각하고 해소하는 것으로, 이를 통해 전신의 이완 상태를 유도하고, 불안·스트레스·신체긴장을 완화하는 것임. 여기서 점진적이란 가장 다루기 쉬운 근육(손, 팔뚝)부터 다루기 어려운(어깨, 머리) 근육으로 이완을 넓혀 가는 것을 의미함

(4) 상담 과정

단계	명칭	특징
1	상담의 구조화	• 상담 도입·초기에 상담자와 내담자는 상담의 목표와 과정을 명확히 설정함 • 친밀하고 믿음직한 상담 환경을 조성함
2	역기능적 사고에 대한 통찰	• 내담자의 자동적 사고, 핵심 신념, 인지적 오류를 찾아내는 단계 • 내담자의 삶 속에서 심리적 문제를 유발하는 구체적인 상황을 분석함 • 문제 상황에서의 감정을 확인하고 문제에 대한 사고를 파악함
3	역기능적 사고와 핵심 신념 논박	• 상담자는 다양한 기법을 사용해 내담자의 역기능적 사고와 핵심 신념을 논박함 • 대안적이고 합리적인 해석을 탐색하도록 도움
4	상담 종결	내담자가 자동적 사고와 비합리적 신념을 스스로 수정하고 자기 감정통제력을 회복하는 시기임

2. 합리적·정서적 행동 상담(REBT)

(1) **개요** 기출 24~22, 20, 16년

① 이론적 배경: 엘리스(Ellis)가 창시한 이론으로, 비합리적 사고를 합리적 사고로 대체함으로써 정서적 반응과 행동을 변화시키는 것을 목표로 한다.

② 특징

㉠ 인간의 정서와 행동은 사건 그 자체보다 그 사건에 대한 인지(해석)에 의해 결정된다고 본다.

㉡ 상담자는 내담자의 비합리적 신념을 발견하고 규명한다.

㉢ 사고-감정-행동의 상호작용을 중요하게 여기며, 이 세 요소는 함께 변화할 수 있다고 본다.

㉣ 치료는 능동적·지시적·교육적이며, 내담자의 신념을 상담자가 적극적으로 도전하고 변화시키려 한다.

㉤ 논리적이고 실용적인 기법으로 상담을 구조화하며, 실생활 적용을 강조한다.

㉥ 인간을 합리적 경향성과 비합리적 경향성을 가지고 있는 이중적인 존재로 본다. 하지만 인간은 이러한 비합리적인 사고를 변화시키고 성장할 수 있는 능력이 있다고 본다.

(2) 주요 개념 [기출 23~21년]

① 신념체계

합리적 신념	• 유연하고, 논리적이며, 현실에 기반한 사고방식 • 바람직한 정서(적절한 부정적 정서)와 적응적인 행동을 유발하여 개인의 삶의 만족과 행복에 기여 • 주로 선호, 비극화하지 않기, 좌절 인내, 무조건적 수용의 형태로 나타남	
비합리적 신념	• 비논리적이고, 비현실적이며, 경직된 사고방식 • 주로 '반드시 ~해야만 한다.', '절대로 ~해서는 안 된다.'와 같은 당위성을 포함함 → 개인에게 비생산적이고 자기파괴적인 정서(부적절한 정서)와 부적응적인 행동 유발 • 주요 유형	
	당위성	• 자기-당위성: 자신의 기준이 충족되지 않으면 수치심, 자기비난 등 자기파멸적인 생각을 함 • 타인-당위성: 타인이 자신의 방식대로 행동하지 않으면 인간에 대한 불신감을 가짐 • 세상-당위성: 세상이 자신의 방식대로 움직이지 않으면 분노, 원망 등 부적절한 행동을 함
	파국화	과장적 사고라고도 하며, 어떤 사건이나 상황을 실제보다 훨씬 심각하거나 끔찍하게 여기며 확대 해석하는 것

② **ABCDE 모델**

단계	명칭	특징
A	선행사건 (Activating Event)	• 개인의 정서적 혼란을 유발하는 사건이나 상황 • 외부 사건 그 자체보다 사건에 대한 해석이 중요함
B	신념 (Belief)	• 사건에 대해 개인이 가진 사고방식이나 신념 • 합리적 신념과 비합리적 신념을 모두 포함하며, 그중 비합리적 신념은 문제의 핵심 원인
C	결과 (Consequence)	• 신념체계(B)를 바탕으로 사건(A)을 해석할 때 나타나는 정서적 반응이나 행동적 결과 • 비합리적 신념은 부정적 결과를 초래함
D	논박 (Disputation)	내담자가 가진 비합리적 신념에 대해 논리성, 실용성, 현실성의 기준으로 검토하고 반박하는 과정
E	효과 (Effect)	• 논박을 통해 비합리적 신념이 수정되거나 합리적 신념으로 대체된 후 나타나는 결과 • 자기수용, 긍정적 감정, 행동변화 등이 포함됨

(3) 주요 기법 [기출 24~22, 20년]

① 인지적 기법

내담자의 언어 변화시키기	내담자가 사용하는 당위적이고 절대적인 표현을 보다 유연하게 바꾸도록 유도함 예 '할 수 없다.' → '하지 않았다.'
인지적 과제	내담자가 자신의 사고·감정 등을 기록하거나 자기 대화 연습 등을 통해 자신의 사고패턴을 인식하도록 안내함
논박	• 상담자가 내담자의 비합리적 신념에 대해 논리적, 현실적(경험적), 실용적으로 도전하고 반박하는 과정으로, 내담자가 스스로 자신의 비합리적 신념을 깨닫도록 함 • 인지적 재구성: 논박을 통해 찾아낸 내담자의 비합리적 신념을 유연하고 합리적인 신념으로 재구성하는 과정

[심화] 합리적 신념의 주요 유형

- **선호**: '~하면 좋겠다.', '~을 원한다.'와 같은 유연한 바람을 가지지만, 원하는 대로 되지 않아도 세상이 끝나는 것이 아님을 인정함
- **비극화하지 않기**: 부정적인 사건을 '끔찍하거나 재앙적'이라고 과장하지 않고, 불쾌하거나 불편한 일임을 인정하되 견딜 수 없는 일은 아니라고 생각함
- **좌절 인내**: 삶의 어려움이나 불편함을 충분히 감당할 수 있다고 믿으며, 이를 회피하기보다 마주하고 극복하려는 태도
- **무조건적 수용**: 자신, 타인, 그리고 삶의 현실을 조건 없이 있는 그대로 수용

[심화] 비합리적 신념의 예

- "모든 사람으로부터 항상 사랑과 인정을 받아야 한다."
- "모든 면에서 반드시 유능하고 성취적이어야 한다."
- "악한 사람은 반드시 처벌받아야 한다."
- "일이 바라는 대로 되지 않으면 끔찍한 파멸이 초래될 것이다."
- "불행은 외부 환경 탓이며, 통제할 수 없다."
- "위험한 일이 언제든지 발생할 수 있으므로 항상 걱정해야 한다."
- "난관이나 책임은 부딪치는 것보다 회피하는 것이 더 쉽다."
- "타인에게 의존해야 하며, 나보다 더 강한 누군가가 필요하다."
- "현재 운명은 과거 경험에 의해 결정되며 벗어날 수 없다."
- "주변인이 환난을 겪으면 나도 당황할 수밖에 없다."
- "모든 문제에는 완벽한 해결책이 있어야 하며, 찾지 못하면 파멸이다."

[심화] 논박의 유형

- **인지적 논박**: 비합리적 신념의 논리적 오류를 지적하여, 합리적인 사고로 교체하게 돕는 방식
- **정서적 논박**: 내담자가 가진 신념의 감정적·부정적 영향을 자각하게 하여 감정적 반응을 조절하도록 돕는 방식
- **행동적 논박**: 신념이 현실에서 어떻게 작동하지 않는지를 행동을 통해 체험하게 만드는 방식

② 정서적 기법

무조건적 수용 훈련	내담자가 자신의 실수, 약점, 실패에도 불구하고 자신을 통째로 비난하지 않고 있는 그대로 수용(무조건적 자기수용)하도록 도우며, 자기뿐만 아니라 타인이나 삶의 불완전함까지 수용 범위를 확장함
유머 사용	상담자가 유머를 사용하여 내담자의 비합리적 신념이 얼마나 비논리적이고 터무니없는지 보여주거나, 내담자가 자신의 문제를 너무 심각하게 받아들이는 경향을 완화시킴

③ 행동적 기법

행동 연습	상담실에서나 실제 생활에서 새로운 사고방식(합리적 신념)을 바탕으로 새로운 행동을 실제로 시도하고 반복적으로 연습하는 모든 활동
수치심 공격 연습	내담자가 타인의 비난이나 판단에 대한 과도한 두려움을 극복하기 위해, 일부러 대중 앞에서 다소 어리석거나 부끄러운 행동을 해보도록 격려하는 기법
역할극 (역할연기)	상담자와 내담자가 특정 상황을 설정하고 역할을 바꾸어 가며 연기하는 것으로, 내담자는 자신의 역할을 하거나, 상담자의 역할을 하면서 자신의 비합리적 신념을 객관적으로 바라보고 새로운 반응을 연습함
주장 훈련	내담자가 자신의 권리, 생각, 감정을 솔직하고 적절하게 표현하는 기술을 익히도록 훈련하여 대인관계에서의 어려움을 해소하고 자기존중감을 높임

개념플러스 그 외 특수기법 기출 24~22, 20, 16년

스트레스 면역법	• 주로 인지행동 상담에서 사용하는 기법이지만, 합리적·정서적 행동 상담에서도 활용하는 기법 • 내담자가 스트레스 상황에 직면했을 때 효과적으로 대처하고 면역력을 기르도록 돕는 통합적인 기법 • 스트레스를 단순히 피하도록 두지 않고, 스트레스에 대한 인지적 평가를 변화시키고, 다양한 대처기술을 습득하며, 실제 스트레스 상황에 점진적으로 노출하여 성공적인 대처 경험을 쌓음으로써 스트레스에 대한 내성을 키우는 데 중점을 둠
직면	• 내담자가 가지고 있는 비합리적 신념이나 비논리적 사고, 일관되지 않은 말과 행동 등을 상담자가 직접적으로 지적하고 대면하게 하는 기법 • 논리적 비판이 아닌, 정서적 각성과 사고의 전환을 유도함
교화	• 상담자가 내담자에게 REBT 이론을 직접 설명하고 교육하는 기법 • 내담자가 자신의 문제를 단지 느끼는 것에서 더 나아가, 이해하고 분석하며 변화시킬 수 있는 힘을 갖도록 도움 • 재교육: 내담자의 비합리적 신념과 비적응적 행동을 합리적 사고와 행동양식으로 대체하도록 재교육하는 과정

(4) 상담 과정

1단계	내담자의 문제점을 질문하고, 상담을 통해 얻고자 하는 바를 명확히 확인함
2단계	내담자의 부적절한 부정적 정서에 초점을 맞춰 문제를 규명함
3단계	A(선행사건)로 인한 C(정서적 결과)를 파악함
4단계	A(선행사건)를 구체적으로 평가함

5단계	이차적 정서 문제를 규명하고, 이차적 문제가 있으면 우선적으로 다룸
6단계	B(신념체계)와 C(결과)의 연관성을 교육함
7단계	B(비합리적 신념)를 평가하고 구체적으로 파악함
8단계	비합리적 신념이 C(정서와 행동)에 미치는 영향을 이해시킴
9단계	비합리적 신념을 논박함
10단계	합리적 신념체제를 심화하고 강화함
11단계	학습된 신념체제를 실천하도록 숙제를 부과하고 격려함
12단계	숙제수행 결과를 검토함
13단계	반복적 연습(훈습)을 촉진하여 내담자의 변화를 공고히 함

5 기타 상담이론

1. 게슈탈트 상담(형태주의 상담, Gestalt Therapy)

(1) 개요　기출 25~21, 19, 16년

① 이론적 배경
　㉠ 게슈탈트(Gestalt)란 독일어로 '전체', '형태'를 뜻하며, 펄스(Perls)에 의해 창시된 이론이다.
　㉡ 정신분석, 형태심리학, 현상학, 실존주의 철학의 영향을 받았으며, 인간의 자각과 책임감을 중시하는 경험적 접근이다.

② 특징
　㉠ 환경과의 접촉(Contact), 개인의 책임감, 미해결과제의 완결 등이 핵심 주제이다.
　㉡ 내담자가 자신의 감정, 행동, 신체 감각을 자각하고 통합적 자기(Self)로 성장하도록 돕는다.
　㉢ 전통적 진단명 사용을 반대하였다.
　㉣ 심리적 문제는 각기 다른 접촉-경계 혼란(장애)으로 설명한다.
　㉤ 과거의 경험이나 미래의 불안이 아닌, '지금-여기'에 매 순간 변화하는 자신을 온전히 경험하고 받아들이는 것을 강조한다.

(2) 주요 개념

게슈탈트	개인의 욕구나 감정을 하나의 유의미한 전체로 통합하여 자각하고 행동화함으로써 문제를 해결하고 성장해 나가려는 과정을 의미함
전경-배경	인간은 끊임없이 욕구에 따라 환경을 구성하며, 주요 욕구는 '전경', 부차적 요소는 '배경'으로 인식됨
미해결과제	• 과거의 경험(어린 시절 창조적 적응)에서 온전히 해소되지 않고 남은 억압된 감정이나 욕구의 잔여물 • 과거의 경험이 현재에도 영향을 미쳐 현재의 알아차림을 방해함
알아차림	• '지금-여기'에서 자신의 생각, 감정, 신체 감각, 주변 환경을 있는 그대로 온전히 경험하고 자각하는 것 • 미해결과제로 남아 있는 과거의 습관을 내담자가 알아차리게 하여 현재의 상황에 더 적절하고 새로운 방식으로 반응하도록 함

빈출 핵심 발문

• 내담자의 현재 상황에서의 욕구와 체험하는 감정의 자각을 중요시하는 상담이론은?

• 교류분석 상담에서 성격이나 일련의 교류들을 자아 상태 모델의 관점에서 분석하는 것은?

• 교류분석에서 치료의 바람직한 목표인 치유의 4단계에 해당되지 않는 것은?

• 특성-요인 상담에 관한 설명으로 옳지 않은 것은?

접촉-경계 혼란	자아와 환경 간의 경계가 흐려질 때 발생하는 문제로, 심리적 혼란과 부적응을 초래할 수 있음
회피	불편한 감정(분노, 슬픔 등)이나 미해결과제를 직면하지 않고 회피함으로써 자각을 방해하고 현실 적응을 어렵게 하는 방식
자각	지금-여기의 감정, 신체적 감각, 행동에 대한 명료한 인식이며 게슈탈트치료의 핵심목표

개념플러스 접촉-경계 혼란 유형 기출 24, 20~19, 16년

펄스(Perls)가 '내사', '투사' 등을 제시하였으며 폴스터(Polster)가 이에 '편향'을 추가함

내사	외부의 가치, 신념, 행동방식 등을 비판 없이 그대로 받아들여 자신의 것으로 소화하지 않고 삼키는 것 예 "거짓말하지 마라", "모든 사람에게 인정받아야 한다."
투사	자신의 수용하기 어려운 생각, 감정, 욕구, 특성 등을 다른 사람이나 환경 탓으로 돌리는 것 예 타인에게 애정이 있으면서 오히려 타인이 자신을 좋아한다고 생각하는 것
융합	자신과 타인 또는 자신과 환경 간의 경계가 모호해져 분리되지 않는 상태로, 갈등을 극도로 회피하고 타인의 의견에 무조건 동조하며, 자신의 의견을 주장하지 못함 예 의견이 달라도 타인과의 갈등을 피하기 위해 항상 동의하는 태도를 보이는 것
반전	개인이 환경을 향해 표현해야 할 행동이나 감정을 자신에게로 돌리는 것으로, 외부로 향해야 할 에너지를 스스로에게 돌림으로써 자신을 해치거나 억압함 예 타인에게 화를 내지 못하고 자신을 비난하거나 스스로 위로하는 것
편향	감당하기 힘든 내적 갈등이나 환경적 자극에 노출될 때 이러한 경험으로부터 압도당하지 않기 위해 감각을 둔화시켜 자신 및 환경과의 접촉을 약화시키는 것 예 장황한 말, 시선 회피, 추상적 표현, 감각 차단 등

(3) 주요 기법

빈 의자기법	• 빈 의자에 중요한 사람이 앉아 있다고 상상하고, 하고 싶은 말을 하도록 유도하는 기법 • 직면과 역할연기를 포함하며, 관계를 탐색하는 데 효과적임
꿈 작업	• 꿈을 내담자의 소외된 자기부분이 투사된 것으로 간주함 • 꿈의 각 부분을 연기하게 하여 투사된 부분과 접촉을 강화함
욕구와 감정 자각	• 욕구·감정 자각으로 게슈탈트형성과 환경 접촉을 원활히 함 • 내담자가 자신의 욕구·감정을 자각하도록 돕는 것을 중시함
신체 자각	신체 감각을 자각해 무의식적 욕구와 감정을 인식하도록 도움
언어 자각	언어에서 행동의 책임이 불분명할 경우, 내담자가 자신의 감정과 동기에 책임지도록 표현하도록 함
환경 자각	미해결과제에 몰두한 내담자가 현실·환경을 자각하도록 유도해 환경과의 접촉을 증진함
즉시성	상담자와 내담자 간의 '지금-여기(Here and Now)'에서 일어나고 있는 관계와 상호작용에 대해 상담자가 솔직하게 피드백을 제공하는 기법

용어 빈 의자기법

심리극(사이코드라마)이나 게슈탈트치료에서 많이 활용되는 기법으로, 비어 있는 의자에 내담자가 만나고 싶거나 말하고 싶은 인물이 앉아 있다고 상상하고 대화를 하는 기법. 진행 중 내담자 본인이 의자에 앉아 말하는 대상의 역할을 하는 것을 통하여 스스로의 마음을 이해하거나 정화를 이끌어내기도 함

2. 현실치료 상담(Reality Therapy)

(1) 개요

① 이론적 배경
- ㉠ 글래서(Glasser)에 의해 개발된 상담 접근으로, 인간의 행동은 자신의 욕구를 충족하기 위해 선택된 결과라고 본다.
- ㉡ 정신장애라는 개념을 거부하고, 내담자가 현재 삶에서 어떻게 욕구를 충족하고 있는지를 점검하는 데 초점을 맞춘다.

② 특징
- ㉠ 인간이 자신의 행동과 선택에 책임을 질 수 있을 때 정신적으로 건강하다고 본다.
- ㉡ 인간은 삶을 스스로 통제할 수 있을 때 행복을 느낀다고 주장한다.
- ㉢ 통제이론과 현실치료를 통해 누구나 자기 삶을 바꿀 힘을 가질 수 있다고 본다.

(2) 주요 개념: 기본 욕구이론 기출 21, 16년

① 인간은 5가지 기본 욕구를 충족시키기 위해 창의적 행동을 시도한다.
② 각 욕구의 충족방법은 개인마다 내면에 저장되어 있으며, 상황에 따라 선택적으로 사용된다.
③ 5가지 기본 욕구

사랑과 소속 욕구	타인과 애정적 관계를 맺고 소속되려는 욕구 예 사랑, 협력, 유대감형성
힘과 권력 욕구	중요한 존재로 인정받고 성취하려는 욕구 예 성취, 성공, 자존감, 영향력
자유 욕구	선택과 표현, 자율성을 누리려는 욕구 예 선택의 자유, 자율성, 통제감
즐거움(재미) 욕구	놀이와 학습을 통해 즐거움을 추구하는 욕구 예 놀이, 모험, 재미, 창의 활동
생존 욕구	생리적 안전과 건강, 생존을 유지하려는 본능적 욕구 예 건강, 음식, 안전, 생존 유지

(3) 주요 기법: WDEP 모형

W(Wants, 바람)	• 내담자가 진정으로 원하는 것이 무엇인지, 내담자의 욕구, 바람, 지각을 탐색하는 과정 • 상담자는 내담자에게 "무엇을 원하는가?"라고 질문함으로써, 내담자로 하여금 현재 자신의 욕구를 충족시킬 수 있는 방법을 발견할 수 있도록 도움 • 내담자는 자신의 질적인 세계를 탐색하고 상담자의 숙련된 질문에 응답하면서 이제까지 명확하지 않았던 자신의 내적인 바람에 대한 여러 측면을 직관적으로 인식하게 됨
D(Doing and Direction, 행동)	현재 어떤 행동을 하고 있는지를 점검함
E(Evaluation, 평가)	현재 행동이 바람직한 결과를 내고 있는지 평가하도록 함
P(Planning, 계획)	더 효과적인 행동을 위한 구체적이고 실현 가능한 계획을 수립함

> **개념플러스** 현실주의 상담 8단계 원리

단계	명칭	내용
1	관계형성	내담자와의 개인적 접촉을 통한 신뢰관계를 형성함
2	현재 초점화	과거보다는 현재 행동에 초점을 맞춤
3	자기평가 촉진	자신의 행동이 도움되는지에 대한 평가를 유도함
4	계획 수립 지원	구체적인 행동계획 수립과 실행 약속을 도출함
5	실행 촉진	자발적 실행을 통한 책임감과 자기존중감을 증진함
6	변명 거부	변명을 수용하지 않고 책임감 있는 행동을 유도함
7	처벌 지양	처벌 대신 자연적 결과 수용을 강조함
8	포기 단절	내담자의 가능성을 믿고 끝까지 포기하지 않음

3. 개인심리학(Individual Psychology)

(1) 개요 [기출] 24, 19년

① **이론적 배경**: 아들러(Adler)가 창시한 이론으로, 아들러는 사람들이 성장 과정에서 느끼는 열등감을 극복하기 위해 다양한 보상행동을 하며, 이 과정 속에서 개인 고유의 생활양식(Lifestyle)이 형성된다고 본다.

② **특징**
㉠ 인간의 열등감을 극복하고 우월성을 추구하려는 동기를 중심으로 설명한다.
㉡ 인간을 목적 지향적이고 사회적 존재로 간주하며, 내담자의 생활양식, 열등감, 사회적 관심에 초점을 맞춘다.

> **TIP** 개인심리학에서는 인간의 부적응 문제를 병리적인 것으로 여기지 않습니다.

(2) 주요 개념

열등감	• 인간은 성장 과정에서 신체적·심리적 한계나 문제해결 실패를 통해 열등감을 경험함 • 열등감은 성숙과 자기완성을 위한 원동력이 될 수 있음 • 열등감을 극복하기 위한 노력이 보상으로 이어짐
우월성 추구	• 인간은 열등감⁺을 극복하고 자신을 향상시키기 위해 우월성을 지향함 • 이는 생득적이고 보편적인 동기로, 자기완성과 문화적 기여를 포함함 • 사회적 관심과 결합될 경우 긍정적으로 작용하나, 개인적 우월성만을 추구할 경우 부정적 경향이 나타날 수 있음
생활양식	• 개인이 세상을 바라보고 살아가는 고유한 신념과 행동양식을 의미함 • 초기 아동기 경험에 따라 형성되며, 삶의 목표와 행동조직방식을 결정함 • 부적응행동의 원인이 되기도 하며, 상담을 통해 수정 가능함
허구적 최종 목적론	• 인간은 실제로 존재하지 않는 이상적 목표를 설정하고 이를 향해 행동함 • 현실에서 검증되지 않은 이상이지만, 현재 행동을 이끄는 동기로 작용함 [예] '완벽해져야 한다.'는 생각이 현재의 행동 방향을 결정함
사회적 관심	• 타인과 협력하고 사회 공동체에 기여하려는 성향 • 아동기, 특히 부모와의 상호작용을 통해 발달하며 심리적 성숙의 척도가 됨 • 사회적 관심이 높을수록 적응력이 높고, 열등감과 소외감은 감소함

> **심화** **열등감**
> 일반적으로 열등감 혹은 콤플렉스(Complex)라는 용어를 혼재해서 사용하지만, 콤플렉스는 정신분석적 개념으로 어떤 정서적 요소가 심리적으로 관련되는 것을 의미함. 열등감의 원어를 달리 번역하면 '복합체'라고도 하는데, 이처럼 정서적으로 무엇인가 얽혀있는 것 중 하나가 열등감 콤플렉스임. 이와 더불어 정신분석에서 일컫는 오이디푸스 콤플렉스, 엘렉트라 콤플렉스 등도 정서적 요소의 복합체를 의미함

출생순위	• 형제자매 간의 순서(첫째, 둘째, 막내, 외동)가 성격형성에 영향을 미침 • 첫째는 책임감·권위적, 둘째는 경쟁적, 막내는 의존적·과잉 보호 경향, 외동은 자기중심적·독립성 부족 등으로 요약됨
초기 기억	• 개인의 초기 기억은 현재의 생활양식과 세계관을 반영함 • 초기 기억을 분석하면 개인의 핵심 신념과 삶의 방향성을 파악할 수 있음

(3) 주요 기법 기출 25, 23, 20년

수프에 침 뱉기	• 문제행동의 숨겨진 이득을 노출시켜 자기파멸적인 행동을 지속하기 어렵게 함 • 내담자가 자신도 모르게 반복하는 부적응적인 행동의 숨겨진 동기를 자각하도록 도움 예 "아프다고 하면 주변으로부터 관심을 받을 수 있죠?"
마치 ~인 것처럼 행동하기	자신감 있는 사람처럼 행동하도록 격려하는 역할연기 예 "자신 있는 사람처럼 걸어보세요."
격려	변화 가능성과 강점에 초점, 용기 회복을 돕는 핵심기법 예 "이미 해낸 것도 많아요. 그 점을 기억해요."
단추(초인종) 누르기	긍정적 감정자극을 통해 내담자의 내적 자원 활성화 예 "그때 행복했던 기억을 다시 떠올려보세요."
허용적 질문	통찰 촉진을 위한 간접적 질문방식 예 "만약 두려움이 없었다면 무엇을 했을까요?"

4. 교류분석 상담(Transactional Analysis, TA)

(1) 개요

① 이론적 배경: 에릭 번(Eric Berne)이 개발한 심리치료이론으로, 자신과 타인의 행동 및 대인관계를 분석하여 건강한 의사소통과 자아 성장을 돕는 상담기법이다.

② 특징

㉠ 의사소통 훈련을 통해 자아 상태의 긍정적 변화를 유도하며, 내담자가 건강히 인성을 발달시킬 수 있는 것을 목표로 한다.

㉡ 내담자를 자신의 삶에 대한 주체적인 선택과 책임을 질 수 있는 합리적이고 자율적인 존재로 가정하며, 이러한 능력을 발휘하도록 돕는 것을 목표로 한다.

(2) 주요 개념 기출 23~22, 20, 16년

PAC(자아 상태) 모델	• P(부모 자아): 어린 시절 부모나 중요한 양육자로부터 보고 듣고 경험한 것들을 내면화한 자아 상태 • A(어른 자아): 객관적이고 논리적으로 사고하며 행동하는 자아 상태 • C(어린이 자아): 어린 시절 느꼈던 감정, 욕구, 생각, 행동방식을 포함하는 자아 상태 • 자아 상태에 따른 관점	
	구조 분석	자아 상태 각각이 무엇으로 구성되어 있는지를 분석하며, 개인의 성격 구조를 이해하는 데 사용됨
	기능 분석	자아 상태가 밖으로 어떻게 표현되고 행동으로 나타나는지를 분석, 즉 자아 상태의 행동적 발현 양상을 다룸

교류분석	• 내담자와 타인 간의 의사소통 유형을 분석하여, 상보적·교차적·암시적 교류를 파악함 • 자극과 반응의 소통방식에 따라 상보교류, 교차교류, 이면교류로 구분함	
	상보교류	한 사람이 특정 자아 상태(부모, 어른, 어린이)에서 메시지를 보냈을 때, 상대방이 그 메시지를 의도한 자아 상태로 받아들이고 적절하게 반응하는 교류
	교차교류	한 사람이 특정 자아 상태에서 메시지를 보냈는데, 상대방이 예상하지 못한 다른 자아 상태로 반응하여 자아 상태가 교차되는 교류
	이면교류	겉으로 드러나는 사회적 수준(Social Level)의 메시지와 그 뒤에 숨겨진 심리적 수준(Psychological Level)의 메시지가 다른 교류

(3) 주요 기법

게임 분석	• 반복적이고 부정적인 대인관계의 의사소통패턴(심리 게임)을 찾아내고 중단하는 기법 • 표면적 대화 뒤에 숨겨진 이면의 감정과 의도를 분석함 • '꼬였다.'는 느낌이 들거나, 일상적 교류 뒤에 불편한 감정(라켓감정❼)이 따라올 때 주로 작동함 • 게임의 목적, 역할, 결과 등을 밝힘으로써 비효율적 관계패턴을 개선함
각본 분석	• 개인이 어린 시절 외적 경험에 기반해 형성한, 삶에 대한 무의식적 계획을 분석함 • 과거의 부정적 사고·감정·행동을 반복하게 만드는 각본적 결정을 파악하고 변화시키는 것이 목표임 • '인생각본'은 초기 결정(초기신념)에 따라 자동적으로 반응하는 행동 양식을 포함함 • 내담자의 각본형성 과정 및 각본 유형을 이해함으로써 자율성과 변화 가능성을 높임
악동 피하기	• 상담자가 내담자의 어린이 자아의 유혹적이고 비생산적인 게임에 빠져들지 않고 거리를 유지함으로써, 내담자로 하여금 자신의 책임과 어른 자아를 활성화하도록 돕는 기법 • 상담자는 어른 자아로 대응함

> **용어** **라켓감정**
>
> 현재 상황에 적절하지 않고 과거의 경험에서 비롯된 부적절하거나 과장된 감정을 의미함. 이는 반복적으로 나타나며, 실제 상황과의 불일치에도 불구하고 익숙한 방식으로 경험되고 표현되는 경향이 있음
>
> 예 사소한 비판에도 과거 경험이 결합되어 과도한 분노나 수치심을 느끼는 경우

개념플러스 **치료의 4단계 치유 과정** 기출 22~21, 17년

사회적 통제형성	타인과의 상호작용 속에서 개인이 자신의 행동을 자율적으로 통제할 수 있는 능력을 발달시킴
증상의 완화	개인이 불안 등 심리적 증상의 감소나 완화를 주관적으로 인식함
전이의 치유	내담자가 치료자를 심리적 내사물(Introject)로 내면화하여, 치료자 없이도 정서적 안정과 건강을 유지할 수 있게 됨
각본의 치유	내담자가 제한적인 인생 각본에서 벗어나 새로운 결단을 통해 자율적이고 건강한 삶을 살아가는 존재로 변화함

5. 신경언어학적 프로그래밍(Neuro-Linguistic Programming, NLP)

(1) 개요 기출 22, 19년
① 이론적 배경
  ㉠ 리처드 밴들러(Richard Bandler)와 존 그라인더(John Grinder)에 의해 개발된 것이다.
  ㉡ 인간의 행동은 오감(五感)을 통한 신경적 과정에서 비롯되며, 사고와 의사소통은 언어적 과정에서 비롯된다.
  ㉢ 개인의 일상적 경험 구조, 특히 소속된 분야에서 특별하다고 간주되던 사람들의 일상적 경험 구조를 상세하게 연구하기 위해 개발되었다.

② 특징
  ㉠ 삶과 마음은 끊임없이 영향을 주고받는 상호작용적·체계적 과정이다.
  ㉡ 인간은 마음, 몸, 영혼이 상호작용하는 통합된 체계로 간주된다. → 총체적 체계
  ㉢ 모든 시행착오는 실패가 아니라 피드백이자 학습의 기회로 간주한다.
  ㉣ 인간은 주어진 자원과 능력 안에서 가능한 최선의 선택을 한다는 가정하에 접근한다.

(2) 주요 개념

신경(N)	• 인간의 사고, 감정, 행동은 감각기관(시각, 청각, 촉각 등)을 통해 입력된 자극에 의해 형성된다고 봄 • 오감 기반의 신경 시스템이 모든 경험과 반응의 출발점이 됨
언어(L)	• 사람은 자신의 내면 경험을 언어로 표현하고 구성하며, 언어는 사고와 감정을 구조화하고 전달하는 수단임 • 언어를 바꾸면 인식도 바뀔 수 있다고 봄
프로그래밍(P)	반복되는 행동패턴은 일종의 '심리적 프로그램'이며, 이를 재구성함으로써 부정적인 습관이나 사고방식을 변화시킬 수 있다고 봄

(3) 주요 기법

모델링 (모방학습)	특정 분야에서 탁월한 성과를 내는 사람(전문가, 성공한 사람)의 사고패턴, 언어 사용방식, 행동 전략 등 성공의 경험 구조를 분석하고 추출한 것을 모방함으로써 개인의 잠재력을 극대화하고 원하는 결과를 얻도록 하는 기법
프레이밍과 리프레이밍	• 프레이밍(Framing): 특정 정보나 상황을 어떤 틀 안에서 인식하고 이해하도록 돕는 것으로, 내담자가 자신의 문제를 어떤 관점으로 바라볼지에 대한 기준을 제시함 • 리프레이밍(Reframing): 기존에 문제가 되는 상황이나 행동에 대해 내담자가 가지고 있던 부정적인 의미나 관점을 긍정적이고 생산적인 관점으로 재해석하도록 돕는 기법

6. 실존주의 상담(실존치료, Existential Therapy)

(1) 개요
① **이론적 배경**: 실존주의 상담은 인간 존재의 본질, 즉 삶과 죽음, 자유, 책임, 고독, 무의미 등 피할 수 없는 실존적 조건에 직면하도록 돕는 심리치료 접근이다.
② **특징**: 실존주의 상담을 대중화한 얄롬(Yalom)은 인간이란 본질적으로 죽음을 피할 수 없고, 타인과 완전히 연결될 수 없으며, 스스로 의미를 만들어가야 하는 존재라고 본다.

> **심화 │ 실존주의 상담과 관련된 학자**
> - **롤로 메이(Rollo May)**: 미국에 실존주의 심리학을 도입하고 확산시킨 선구자
> - **빅터 프랭클(Viktor Frankl)**: 실존주의 상담 접근방식인 '의미치료'를 발전시킴
> - **의미치료**: 인간의 가장 근본적인 동기는 삶의 의미를 찾으려는 의지이며, 어떤 상황에서든 의미를 발견하고 실현할 자유와 책임이 있음을 강조하는 접근방식을 말함

(2) 주요 개념: 인간의 4가지 실존적 조건 [기출 20년]

죽음	• 인간은 필연적으로 죽음을 맞이할 유한한 존재임 • 죽음에 대한 인식은 불안의 원천이지만, 동시에 삶의 의미를 일깨움 • 죽음에 대해, 내담자로 하여금 회피 대신 수용하게 만듦으로써 지금 이 순간의 삶을 깊이 있게 살도록 유도함
자유와 책임	• 인간은 자신의 삶에 대해 선택할 수 있는 자유가 있음 • 외부의 구조나 타인의 기대에 의존하지 않고, 선택과 결과에 책임을 짐 • 내담자가 자신의 삶에 대한 책임을 회피하거나 타인에게 전가하는 태도를 직면하게 함
고독과 소외	• 인간은 근본적으로 타인과 완전히 연결될 수 없는 존재임 • 누구도 나 대신 존재하거나 죽어줄 수 없음 → 존재론적 외로움 • 상담자는 내담자 스스로 내면의 고립을 인식하고, 진정한 자기와의 만남을 촉진할 수 있도록 지지함
무의미	• 삶에는 본래적인 의미가 주어져 있지 않음 • 의미는 발견되는 것이 아니라 스스로 창조해야 하는 과제임 • 내담자가 자신만의 '삶의 의미'를 탐색하고 구축하도록 돕는 것이 핵심 목표임

(3) 주요 기법 [기출 16년]

역설적 의도	• 내담자가 두려워하거나 피하려는 행동이나 상황에 오히려 직면하도록 하여 두려움과 불안에서 벗어나게 하는 기법 • 불안이나 공포에 대한 경직된 태도를 완화하고, 문제행동이나 감정에 대한 새로운 인식을 유도함 • 내담자로 하여금 예상되는 불안과 공포에 의도적으로 익살을 섞어 과장해서 표현하도록 함
탈숙고	• 지나친 숙고는 내담자의 자발성과 활동성을 방해하므로, 내담자의 주의 집중을 다른 곳으로 돌리게 하는 기법 • 과거 일에 대한 내담자의 지나친 자기반영을 멈추고 외부로 시선을 돌리게 하는 것

개념플러스 그 외 심리상담이론 기출 24, 23~21, 19년

- **특성–요인 상담**

이론적 배경	윌리암슨(Williamson)이 파슨스(Parsons)의 직업 선택이론에 기초하여 발전시킨 것으로, 개인의 특성(능력, 흥미, 성격 등)과 직업의 요구 요인 간의 과학적·합리적 매칭을 통해 진로 문제를 해결하고자 하는 진단 중심의 상담이론
특징	• 내담자의 정서나 주관적 경험보다는 객관적 검사 결과와 분석 자료에 근거하여 상담이 이루어짐(상담자 중심 상담방법) • 내담자가 자신의 특성과 직업세계에 대한 정보를 바탕으로, 논리적·합리적·현실적인 진로 결정을 내릴 수 있도록 도움 • 상담자는 정보 제공자이자 진단자로서의 역할을 수행하며 내담자의 특성과 직업의 요인을 분석하고, 적합한 진로를 제안하는 지시적·구조화된 방식의 개입을 함 • 성격, 적성, 흥미, 가치관 등 다양한 심리검사 도구를 통해 내담자의 특성을 파악하고, 직업세계와의 적합성 분석을 중시함 • 유사한 진로 선택지나 복잡한 조건들 사이에서 논리적으로 사고하고 명확히 구분하는 사고 과정(변별 진단, Differential Diagnosis)을 중시함 • 내담자가 진로 결정을 실현해 나갈 수 있도록, 정보 제공, 학습기술 교육, 사회적 기술 훈련 등을 함께 제공함 • 사례 연구를 상담의 중요한 자료로 삼음

- **통합(절충) 상담**

이론적 배경	현대 상담의 흐름⊕에 따라, 특정 상담이론에 얽매이지 않고, 필요에 맞게 다양한 이론적 접근과 기법을 선별적·체계적으로 적용하는 상담이론
특징	• 내담자의 개별적인 특성, 문제, 상황, 문화적 배경에 따라 가장 효과적인 접근방식을 선택하고 적용하는 데 초점을 둠 • 상담자는 특정 이론에 얽매이지 않고, 내담자에게 최적화된 맞춤형 상담을 제공하기 위해 유연하게 접근하도록 함 → 상담자의 역량과 경험 강조 • 정신역동, 인지행동, 인간중심, 게슈탈트, 해결중심, 가족치료 등 다양한 상담이론에서 효과가 입증된 개념과 기법들을 선별하여 통합적으로 활용 • 상담자와 내담자 간의 상담관계(라포)형성을 매우 중시함 → 동반자적 관계 • 내담자의 문제를 인지, 정서, 행동, 신체, 관계, 사회–문화적 맥락 등 다양한 차원에서 이해하고 개입하고자 함 → 인간을 총체적으로 바라봄 • 내담자가 현실에서 겪는 문제에 효과적으로 대처하도록 돕는 것(재사회화)이 궁극적 목표

심화 현대 상담의 흐름
- 현대 상담의 흐름은 여러 이론과 기법을 융합하고 통합하려는 경향을 띠고 있음
- 단일 이론만을 고수하기보다는 다양한 접근의 장점을 살리고, 내담자의 특성과 문제에 맞추어 융통성 있게 상담을 진행하는 것이 중요함
- 다소 복잡하고, 역사적이고 이론적인 시야를 갖추는 것은 현대 상담에서 필수적인 통찰임
- 다양한 접근들의 공통적이고 효과적인 요소를 고민하는 것은 현대 상담의 특징임
- 상담 접근방식 간의 핵심 차이를 이해하고 논의하는 것도 현대 상담에 필요한 작업임

기출(복원)문제

빈출
01 다음은 어떤 상담에 관한 설명인가? 25년, 24년, 22년

> 정상적인 성격발달이 특정 발달단계의 성공적인 문제해결과 관련 있다고 보는 상담 접근

① 가족체계 상담
② 정신분석 상담
③ 해결중심 상담
④ 인간중심 상담

빈출
02 정신분석에서 내담자가 지속적이고 반복적인 학습을 통해 자신이 이해하고 통찰한 바를 충분히 소화하는 과정은? 23년, 22년, 21년

① 자기화
② 훈습
③ 완전학습
④ 통찰의 소화

---

01 심리상담의 주요 이론

오답해설
① 가족체계 상담은 개인이 아닌 가족 전체의 상호작용패턴을 중심으로 문제를 이해하는 접근이다.
③ 해결중심 상담은 문제의 원인보다 해결에 초점을 두는 단기 상담 접근으로, 발달단계이론과는 무관하다.
④ 인간중심 상담은 로저스가 제안한 접근으로, 인간의 성장 가능성과 현재 경험을 중시하며 특정 발달단계 이슈를 중심으로 다루지는 않는다.

02 정신분석 상담이론 - 주요 기법

오답해설
① 자기화는 새로운 정보를 기존의 인지 구조에 통합하는 과정으로, 훈습과 유사하지만 정신분석에서 특정한 의미로 사용되지는 않는다.
③ 완전학습은 교육심리학개념으로, 학습자가 특정 내용을 완벽하게 이해할 때까지 반복적으로 학습하는 과정이다.
④ 통찰의 소화는 학술적 개념으로 명확히 정립된 용어는 아니다.

정답 01 ② 02 ②

03 정신분석적 상담기법 중 상담 진행을 방해하고 현재 상태를 유지하려는 의식적, 무의식적 생각, 태도, 감정, 행동을 의미하는 것은? 21년, 16년

① 전이
② 저항
③ 해석
④ 훈습

04 정신분석적 상담에서 내적 위험으로부터 아이를 보호하고 안정시켜 주는 어머니의 역할을 모델로 한 분석기법은? 20년

① 버텨주기(Holding)
② 역전이(Countertransference)
③ 현실검증(Reality Testing)
④ 해석(Interpretation)

---

03 정신분석 상담이론 – 주요 개념

오답해설
① 전이는 내담자가 과거의 중요한 인물에 대한 감정을 상담자에게 투사하는 것이다.
③ 해석은 내담자의 무의식적 갈등이나 저항 등을 상담자가 설명하여 의식화시키는 기법이다.
④ 훈습은 분석을 통해 얻은 통찰을 일상의 삶에서 행동으로 나타나도록 반복적으로 활용하는 것이다.

04 정신분석 상담이론 – 주요 기법

오답해설
② 역전이는 상담자가 자신의 무의식적 감정을 내담자에게 투사하는 현상이다.
③ 현실검증은 내담자가 현실과 비현실을 구별할 수 있도록 돕는 인지적 작업이다.
④ 해석은 상담자가 내담자의 무의식 내용을 설명하고 통찰을 유도하는 기법이다.

정답 03 ② 04 ①

05 정신분석적 접근에서 과거가 현재의 정신적 활동에 지배적이고 영속적인 영향을 미친다는 기본개념은?

20년

① 결정론(Determinism)
② 역동성(Dynamics)
③ 지형학적 모델(Topography)
④ 발생적 원리(Genetic Principle)

06 인간중심 상담에 관한 설명으로 옳지 않은 것은?

21년

① 모든 인간에게 실현 경향성이 있다고 보는 긍정적 인간관을 지닌다.
② 이상적 자기와 현실적 자기 간의 괴리가 큰 경우 심리적 부적응이 발생한다고 본다.
③ 상담자가 내담자에 대해 무조건적 긍정적 존중의 태도를 지니는 것을 강조한다.
④ 아동은 부모의 기대와 가치를 내면화하여 현실적인 자기를 형성한다.

빈출

07 로저스(Rogers)의 인간중심 상담에 대한 설명으로 옳지 않은 것은?

25년, 23년, 19년

① 내담자는 불일치 상태에 있고 상처받기 쉬우며 초조하다.
② 상담자는 내담자와의 관계에서 일치성을 보이며 통합적이다.
③ 상담자는 내담자의 내적 참조틀을 바탕으로 한 공감적 이해를 경험하고 내담자에게 자신의 경험을 전달하려고 시도한다.
④ 내담자는 의사소통의 과정에서 상담자의 선택적인 긍정적 존중 및 공감적 이해를 지각하고 경험한다.

---

05 정신분석 상담이론－주요 개념

오답해설

① 결정론은 인간의 모든 행동은 우연히 발생하는 것이 아니라, 무의식적인 동기나 과거의 경험과 같은 특정 원인에 의해 결정된다는 입장이다.
② 역동성은 개인의 심리 내에서 충동, 욕구, 방어기제 등이 끊임없이 상호작용하며 갈등을 일으킨다는 원리로, 내적 갈등 구조에 대한 설명이다.
③ 지형학적 모델은 프로이트가 제시한 의식, 전의식, 무의식의 심리적 구조 구분 모델이다.

06 인간중심 상담이론－개요

인간중심 상담에서는 아동이 부모나 중요한 타인의 기대와 가치를 내면화할 경우, 오히려 '조건부 가치'에 의해 현실적 자기가 왜곡될 수 있다고 본다. 즉, 아동이 부모의 기대에 맞추려고 할 때 자기 본연의 감정과 욕구를 억압하거나 부정하고, '이상적 자기'와 '현실적 자기' 사이에 괴리가 발생해 심리적 부적응으로 이어질 수 있다.

07 인간중심 상담이론－개요

로저스의 인간중심 상담에서 상담자는 내담자에 대한 무조건적인 긍정적 존중의 태도를 가져야 한다.

08 로저스(Rogers)의 인간중심 상담이론의 기본명제에 관한 설명으로 틀린 것은?
25년, 24년, 17년

① 모든 개인은 본인이 중심이 되고 끊임없이 변화하는 경험의 세계에 존재한다.
② 유기체는 경험하고 지각하는 대로 장(Field)에 반응한다.
③ 행동이해를 위한 가장 좋은 관점은 개인의 외적 참조 준거에서 나온다.
④ 유기체에 의해 선택된 대부분의 행동방식은 자기 개념과 일치하는 것이다.

09 로저스(Rogers)가 제시한 '충분히 기능하는 사람'의 특성과 가장 거리가 먼 것은?
23년, 20년

① 창조적이다.
② 현재보다는 미래에 투자할 줄 안다.
③ 자신의 유기체를 신뢰한다.
④ 제약 없이 자유롭다.

10 다음에서 설명하는 것은?
20년

> 로저스(Rogers)가 제시한 바람직한 심리상담자의 태도 중 상담자가 내담자의 경험 또는 내담자의 사적인 세계를 민감하게 그리고 정확하게 이해하려는 노력

① 공감적 이해
② 진실성
③ 긍정적 존중
④ 예민한 관찰력

---

08 인간중심 상담이론 – 개요
로저스의 인간중심 상담이론에서는 내담자가 자신의 세계를 어떻게 지각하고 경험하는지를 중시하기 때문에, 내담자의 내적 참조 준거가 가장 중요하다.

09 인간중심 상담이론 – 주요 개념
로저스는 '지금 – 여기(Here and Now)'의 경험을 중요하게 여기며, 미래에 대한 계획보다는 현재를 온전히 경험하고 성장하는 것을 강조한다.

10 인간중심 상담이론 – 주요 기법

오답해설

②, ③ 로저스가 제시한 바람직한 심리상담자의 태도에 해당하는 것으로, 진실성(일치성)은 상담자의 내적 경험과 외적 표현이 일치하는 태도를 보이는 것이고, 긍정적 존중은 내담자의 어떠한 행동이나 생각이든 있는 그대로 존중하고 수용하는 태도를 보이는 것이다.
④ 예민한 관찰력은 로저스가 제시한 바람직한 심리상담자의 태도에 해당하지 않는다.

정답 08 ③ 09 ② 10 ①

11
인간중심 상담의 과정을 7단계로 나눌 때, ( )에 들어갈 내용의 순서가 올바른 것은? 21년

> 1단계: 소통의 부재
> 2단계: 도움의 필요성 인식 및 도움 요청
> 3단계: 대상으로서의 경험표현
> 4단계: (㉠)
> 5단계: (㉡)
> 6단계: (㉢)
> 7단계: 자기실현의 경험

① ㉠: 지금 – 여기에서 더 유연한 경험표현
　㉡: 감정 수용과 책임 증진
　㉢: 경험과 인식의 일치
② ㉠: 감정 수용과 책임 증진
　㉡: 경험과 인식의 일치
　㉢: 지금 – 여기에서 더 유연한 경험표현
③ ㉠: 경험과 인식의 일치
　㉡: 지금 – 여기에서 더 유연한 경험표현
　㉢: 감정 수용과 책임 증진
④ ㉠: 감정 수용과 책임 증진
　㉡: 지금 – 여기에서 더 유연한 경험표현
　㉢: 경험과 인식의 일치

12
인간중심 상담이론에 관한 설명으로 옳지 않은 것은? 22년

① 가치의 조건화는 주로 타자로부터 긍정적 존중을 받기 위해 그들이 원하는 가치와 기준을 내면화하는 것이다.
② 자아는 성격의 조화와 통합을 위해 노력하는 원형이다.
③ 현재 경험이 자기개념과 불일치할 때 불안을 경험하게 된다.
④ 실현화 경향성은 자기를 보전, 유지하고 향상시키고자 하는 선천적 성향이다.

---

11 인간중심 상담이론 – 상담 과정
인간중심 상담은 '소통의 부재 → 도움의 필요성 인식 및 도움 요청 → 대상으로서의 경험표현 → 지금 – 여기에서 더 유연한 경험표현(㉠) → 감정 수용과 책임 증진(㉡) → 경험과 인식의 일치(㉢) → 자기실현의 경험' 순서로 진행된다.

12 인간중심 상담이론 – 개요
인간중심 상담이론에서 자아는 경험을 조직하고 의미를 부여하는 심리적 구조로 이해되며, 자기개념(Self-Concept)과 일치하거나 불일치하는 경험을 통해 변화하고 성장한다.

정답 11 ① 12 ②

13 다음은 어떤 행동주의 상담기법에 관한 설명인가?
24년, 18년

> 영어 알파벳을 배우는 학생에게 처음에는 진하게 된 글자를 덧쓰게 하고 다음에는 점선을 따라 쓰게 하다가 잘 쓰게 되면 빈 여백에 알파벳을 쓰게 함

① 자극홍수법
② 체계적 둔감법
③ 용암법
④ 자극통제

14 벌을 통한 행동수정 시 유의해야 할 사항으로 옳지 않은 것은?
25년, 23년, 22년, 20년, 16년

① 벌을 받을 행동을 구체적으로 세분화하고 설명한다.
② 벌을 받을 상황을 가능한 한 없애도록 노력한다.
③ 벌을 받을 행동이 일어난 직후에 즉각적으로 벌을 준다.
④ 벌은 그 강도를 점차로 높여가야 한다.

15 행동주의 상담의 한계에 관한 설명으로 옳지 않은 것은?
22년

① 상담 과정에서 감정과 정서의 역할을 강조하지 않는다.
② 내담자의 문제에 대한 통찰이나 심오한 이해가 불가능하다.
③ 고차원적 기능과 창조성, 자율성을 무시한다.
④ 상담자와 내담자의 관계를 중시하여 기술을 지나치게 강조한다.

---

13 행동주의 상담이론 – 주요 기법

오답해설
① 자극홍수법은 공포자극을 한꺼번에 노출시켜 공포를 제거하는 기법이다.
② 체계적 둔감법은 점진적으로 불안자극에 노출시키며 이완을 유도하는 기법이다.
④ 자극통제는 특정 자극이 특정 행동을 유발하거나 억제하도록 환경을 조정하는 기법이다.

14 행동주의 상담이론 – 주요 기법
벌의 강도를 점차 높이면 피처벌자가 벌에 익숙해져서 효과가 감소할 수 있으므로 처음부터 일관되면서도 적절한 강도의 벌을 주는 것이 중요하다. 또한, 너무 강한 벌은 부작용(공포, 반항, 회피행동)을 초래할 수 있으므로 신중해야 한다.

15 행동주의 상담이론 – 개요
행동주의 상담에서 관계형성은 치료적 변화를 위한 보조적 수단으로만 다루어지며, 관계 자체를 심층적으로 탐색하거나 강조하지 않는다.

정답 13 ③ 14 ④ 15 ④

16 다음 사례에서 사용된 행동주의 상담기법은? 21년

> 내담자는 낮은 학업 성적으로 인해 학교 적응에 어려움을 겪고 있다. 상담자는 내담자가 평소 컴퓨터 게임하는 것을 매우 좋아한다는 사실을 알았다. 상담자는 내담자가 하루 계획한 학습량을 달성하는 경우, 컴퓨터 게임을 30분 동안 하도록 개입하였다.

① 자기교수 훈련, 정적 강화
② 프리맥의 원리, 정적 강화
③ 체계적 둔감법, 자기교수 훈련
④ 자극통제, 부적 강화

17 벡(Beck)이 제시한 인지적 오류와 그 내용이 옳은 것을 모두 고른 것은? 22년

> ㉠ 개인화: 내담자가 두 번째 회기에 오지 않을 경우, 첫 회기에서 내가 뭘 잘못하였기 때문이라고 강하게 믿는 것
> ㉡ 임의적 추론: 남자친구가 바쁜 일로 연락을 못하면 나를 멀리하려 한다고 결론 내리고 이별을 준비하는 것
> ㉢ 과잉일반화: 한두 번의 실연당한 경험으로 누구로부터라도 항상 실연을 당할 것이라고 생각하는 것

① ㉠, ㉡
② ㉠, ㉢
③ ㉡, ㉢
④ ㉠, ㉡, ㉢

18 벡(Beck)이 제시하는 인지적 오류 중 '평범하다는 평가를 받는다는 것은 내가 얼마나 부족한지 증명하는 것이다.'라고 생각하는 경우는? 24년

① 전부 아니면 전무의 사고
② 긍정적인 면의 평가절하
③ 과장/축소
④ 과잉일반화

---

16 행동주의 상담이론 – 주요 기법

제시된 사례에서 상담자는 내담자가 좋아하는 행동(게임하기)을 활용하여 내담자의 비선호행동(학습하기)을 강화하고 있다. 이는 프리맥의 원리에 해당한다. 또한, 내담자가 바람직한 행동(학습목표 달성)을 했을 때 긍정적 보상(게임하기)을 제공하는 개입방식으로 활용하고 있는데, 이는 정적 강화에 해당한다.

17 인지적 상담이론 – 인지행동 상담

㉠, ㉡, ㉢ 모두 벡이 제시한 인지적 오류와 그 내용으로 옳다.

18 인지적 상담이론 – 인지행동 상담

오답해설
① 전부 아니면 전무의 사고(이분법적 사고)의 예시로, "내가 시험에서 100점을 받지 못했으니, 나는 완전한 실패자야."를 들 수 있다.
② 긍정적인 면의 평가절하의 예시로, "이번 프로젝트에 성공했지만, 그건 그냥 운이 좋았을 뿐이야."를 들 수 있다.
④ 과잉일반화의 예시로, "이번 시험을 망쳤으니, 나는 모든 시험에 실패할 거야."를 들 수 있다.

정답 16 ② 17 ④ 18 ③

19 벡(Beck)의 인지치료에서 인지도식에 관한 설명으로 옳지 않은 것은? 23년, 20년

① 인지도식이란 나와 세상을 이해하는 틀이다.
② 사람마다 인지도식이 다르기 때문에 같은 사건을 다르게 해석한다.
③ 역기능적 인지도식은 추상적 사고가 가능한 청소년기부터 형성된다.
④ 역기능적 신념이 역기능적 자동적 사고를 유발하여 부적응행동을 초래한다.

20 REBT 상담자들이 탐색, 자유토의, 통렬한 비난, 해석 등 보통의 상담기법에 첨가하여 사용하는 기법이 아닌 것은? 24년, 16년

① 구조화
② 직면
③ 교화
④ 재교육

빈출

21 벡(Beck)의 인지적 왜곡 중 개인화에 대한 예로 적절한 것은? 25년, 24년, 22년, 21년

① "관계가 끝나버린 건 모두 내 잘못이야."
② "이 직업을 구하지 못하면, 다시는 일하지 못할 거야."
③ "나는 정말 멍청해."
④ "너무 불안하니까, 고속도로를 달리는 것은 위험할 거야."

22 다음 중 REBT 상담에서 인지적 기법에 해당하지 않는 것은? 24년

① 역할연기
② 인지적 과제
③ 내담자 언어 변화시키기
④ 비합리적 신념 논박하기

---

19 인지적 상담이론 – 인지행동 상담
역기능적 인지도식은 주로 아동기의 초기 경험에 의해 형성될 가능성이 높으며 이후 성장하면서 다양한 경험을 통해 강화되거나 수정될 수 있다.

20 인지적 상담이론 – 합리적·정서적 행동 상담
구조화는 상담의 틀이나 진행방식을 안내하는 일반적 상담기법으로, 보통의 상담기법에 첨가하는 REBT 특수 상담기법에 해당하지 않는다.

21 인지적 상담이론 – 인지행동 상담
오답해설
② 파국화 또는 이분법적 사고에 해당하는 예시에 가깝다.
③ 낙인찍기에 해당하는 예시이다.
④ 감정적 추론에 해당하는 예시이다.

22 인지적 상담이론 – 합리적·정서적 행동 상담
역할연기는 REBT 상담의 기법 중 행동적 기법에 해당한다.

정답 19 ③ 20 ① 21 ① 22 ①

23 엘리스(Ellis)의 ABCDE 모형에 관한 설명으로 옳은 것은?   23년, 22년, 21년

① A – 문제 장면에 대한 내담자의 신념
② B – 선행사건
③ C – 정서적·행동적 결과
④ D – 새로운 감정과 행동

24 REBT 상담에 대한 설명으로 옳지 <u>않은</u> 것은?   24년, 23년, 22년, 20년

① 내담자의 비합리적 신념을 발견하고 규명한다.
② 주요한 상담기술로 인지적 재구성, 스트레스 면역 등이 있다.
③ 내담자의 무의식을 의식화하고 자아를 강화시킨다.
④ 합리적 행동 반응을 개발, 촉진하기 위한 행동연습을 실시한다.

25 아들러(Adler)의 상담이론에서 사용하는 기법이 <u>아닌</u> 것은?   23년, 20년

① 격려하기
② 전이의 해석
③ 내담자의 수프에 침 뱉기
④ 마치 ~인 것처럼 행동하기

---

23 인지적 상담이론 – 합리적·정서적 행동 상담
오답해설
- A(Activating Event, 선행사건): 문제 상황이나 사건
- B(Belief, 신념): 그 상황에 대한 개인의 신념
- C(Consequence, 결과): 신념에 의해 나타나는 정서적·행동적 결과
- D(Disputation, 논박): 비합리적 신념에 대한 논박
- E(Effect, 효과): 합리적 신념을 형성하여 새로운 감정과 행동을 경험

24 인지적 상담이론 – 합리적·정서적 행동 상담
내담자의 무의식을 의식화하고 자아를 강화시키는 것은 정신분석 상담이론에 해당하는 내용이다. REBT는 내담자의 무의식보다는 현재의 신념과 인지를 분석하여 수정하는 것에 초점을 두며, 자아의 강화보다는 합리적 사고의 학습과 적용을 중시한다.

25 기타 상담이론 – 개인심리학
전이의 해석은 정신분석치료(특히 프로이트)에 속하는 개념으로, 아들러의 개인심리학에서는 전이보다는 현재 생활양식과 목표 지향적 행동을 강조한다.

정답 23 ③ 24 ③ 25 ②

26 다음과 관련한 치료적 접근은? 24년, 19년

> 치료 과정에서 내담자의 열등감 극복을 주요과제로 상정하며, 보상을 향한 추구행동으로서의 생활방식을 변화시키는 데 주목한다.

① 에릭슨(Erikson)의 심리사회적 발달이론
② 프로이트(Freud)의 정신분석학
③ 아들러(Adler)의 개인심리학
④ 대상관계이론

27 형태치료(게슈탈트치료)에서 접촉-경계 혼란을 일으키는 여러 가지 심리적 현상 중 사람들이 감당하기 힘든 내적 갈등이나 환경적 자극에 노출될 때 이러한 경험으로부터 압도당하지 않기 위해 자신의 감각을 둔화시킴으로써 자신 및 환경과의 접촉을 약화시키는 것은? 24년, 16년

① 내사(Introjection)
② 반전(Retroflection)
③ 융합(Confluence)
④ 편향(Deflection)

---

26 심리상담의 주요 이론

오답해설
① 에릭슨의 심리사회적 발달이론은 인간발달단계의 특정 위기와 그 해결에 초점을 둔다.
② 프로이트의 정신분석학은 억압된 무의식적 갈등을 의식화하고 통찰을 얻는 데 초점을 둔다.
④ 대상관계이론은 인간의 초기 경험이 성격발달과 대인관계패턴 형성에 미치는 영향에 초점을 둔다.

27 기타 상담이론-게슈탈트 상담

오답해설
① 내사는 외부의 가치, 신념, 행동방식 등을 비판 없이 그대로 받아들여 자신의 것으로 소화하지 않고 삼키는 것을 말한다.
② 반전은 개인이 외부에 표현해야 할 에너지를 자신에게 돌려 자신을 해치거나 억압하는 것을 말한다.
③ 융합은 자신과 타인 또는 자신과 환경 간의 경계가 모호해져 분리되지 않은 상태를 말한다.

28 내담자로 하여금 예상되는 불안과 공포를 의도적으로 익살을 섞어 과장해서 생각하고 표현하도록 하는 상담기법은? 16년

① 비합리적 사고의 교정
② 역설적 의도
③ 역할연기
④ 자기표현 훈련

29 내담자의 현재 상황에서의 욕구와 체험하는 감정의 자각을 중요시하는 상담이론은? 25년, 23년, 22년, 21년

① 게슈탈트 상담
② 인간중심 상담
③ 교류분석 상담
④ 현실치료 상담

30 현대 상담에 대한 접근과 가장 거리가 먼 것은? 24년, 19년

① 다소 복잡하고, 역사적이고 이론적인 시야 등 이 분야의 종합적인 통찰을 얻어야 한다.
② 상담 접근방식들의 주된, 공통된, 효과적인 요소가 무엇일지에 대해 생각해야 한다.
③ 통합적인 상담방식보다 특정 상담방식을 고수해야 한다.
④ 상담 접근방식들 간의 핵심적인 차이에 대해 논의해야 한다.

---

28 심리상담의 주요 이론

오답해설

① 비합리적 사고의 교정은 합리적·정서적 행동 상담을 포함한 광범위한 인지적 행동 상담에서 활용하는 기법이다. 내담자의 비합리적이고 왜곡된 사고방식을 찾아내어, 그것이 비논리적이고 비현실적임을 입증하여 더 합리적이고 현실적인 사고로 변화시키는 과정이다.
③ 역할연기는 합리적·정서적 행동 상담을 포함한 다양한 상담이론에서 사용하는 기법으로, 상담자와 내담자 또는 내담자들끼리 특정 상황이나 관계를 설정하고, 각자의 역할을 실제로 연기해보는 기법이다.
④ 자기표현 훈련은 행동주의 상담에서 주로 사용하는 기법으로, 자신의 생각, 감정, 신념, 권리 등을 솔직하고 직접적이며 적절한 방식으로 표현하는 기술을 가르치고 연습시키는 훈련을 말한다.

29 기타 상담이론

오답해설

② 인간중심 상담은 내담자의 성장 잠재력을 신뢰하며, 경험의 주체로 인정하여 스스로 자신의 내면을 탐색하고 깨닫도록 촉진한다.
③ 교류분석 상담은 내담자를 스스로 생각하고, 결정하고, 그 결정에 책임질 수 있는 합리적이고 자율적인 존재로 본다.
④ 현실치료 상담은 내담자가 현재 무엇을 하고 있고, 앞으로 무엇을 할 것인지에 초점을 맞춰 내담자의 선택과 책임을 강조한다.

30 기타 상담이론

현대 상담의 흐름은 여러 이론과 기법을 융합하고 통합하려는 경향을 띠고 있다. 단일 이론만을 고수하기보다는 다양한 접근의 장점을 살리고, 내담자의 특성과 문제에 맞추어 융통성 있게 상담을 진행하는 것이 중요하다.

정답 28 ② 29 ① 30 ③

31 접촉, 지금-여기, 자각과 책임감 등을 중시하는 치료 이론은?

24년, 16년

① 인간중심적 치료
② 게슈탈트치료
③ 정신분석
④ 실존치료

32 개인의 일상적 경험 구조, 특히 소속된 분야에서 특별하다고 간주되던 사람들의 일상적 경험 구조를 상세하게 연구하고자 하는 목적에서 생겨난 심리상담의 핵심적인 전제조건에 해당하는 것은?

22년, 19년

① 매순간 새로운 자아가 출현하고 새로운 경험을 할 때마다 우리는 새로운 위치에 있게 된다.
② 어린 시절의 창조적 적응은 습관적으로 알아차림을 방해한다.
③ 내담자로 하여금 문제를 해결하는 것뿐만 아니라 그 문제를 유지시키는 보다 근본적인 기술을 변화시키도록 돕는 것이 중요하다.
④ 개인은 마음, 몸, 영혼으로 이루어진 체계이며, 삶과 마음은 체계적 과정이다.

빈출

33 특성-요인 상담에 관한 설명으로 옳지 않은 것은?

23년, 22년, 21년

① 상담자 중심의 상담방법이다.
② 사례 연구를 상담의 중요한 자료로 삼는다.
③ 문제의 객관적 이해보다는 내담자에 대한 정서적 이해에 초점을 둔다.
④ 내담자에게 정보를 제공하고 학습기술과 사회적 적응기술을 알려 주는 것을 중요시한다.

---

31 심리상담의 주요 이론

오답해설

① 인간중심적 치료는 무조건적인 긍정적 존중과 자기실현 경향성을 강조한다.
③ 정신분석은 무의식, 과거 경험, 심리성적 발달을 중시한다.
④ 실존치료는 인간 존재의 의미와 자유, 책임, 불안 등 피할 수 없는 실존적 조건에 직면하도록 돕는다.

32 기타 상담이론

오답해설

①, ② 게슈탈트치료와 관련된 진술이다.
③ 문제해결뿐 아니라 문제를 유지시키는 기술변화는 전략적 가족치료 등의 접근과 관련된 설명이다.

33 기타 상담이론

특성-요인 상담에서는 내담자의 감정이나 주관적 체험보다는 객관적 자료와 분석을 통한 진단과 처방을 중시한다.

정답 31 ② 32 ④ 33 ③

빈출
34 교류분석 상담에서 성격이나 일련의 교류들을 자아 상태 모델의 관점에서 분석하는 것은?

23년, 22년, 20년, 16년

① 구조 분석
② 기능 분석
③ 게임 분석
④ 각본 분석

빈출
35 다음 설명에 해당하는 상담기법은?

25년, 23년, 20년

> 내담자가 반복적으로 드러내는 자기파멸적인 행동의 동기를 확인하고 그것을 제시해서 감춰진 동기를 외면하지 못하고 자각하게 함으로써 부적응적인 행동을 멈추도록 한다.

① 수프에 침 뱉기
② 단추 누르기
③ 즉시성
④ 악동 피하기

---

34 기타 상담이론 – 교류분석 상담

오답해설
② 기능 분석은 자아 상태가 밖으로 어떻게 표현되고 행동으로 나타나는지, 즉 어떤 식으로 기능하는지를 분석하는 관점이다.
③ 게임 분석은 반복적이고 부정적인 대인관계의 의사소통패턴을 찾아내고 중단하는 기법이다.
④ 각본 분석은 개인이 어린 시절 외적 경험에 기반하여 형성한, 삶에 대한 무의식적 계획을 분석하는 기법이다.

35 기타 상담이론

오답해설
② 단추 누르기는 아들러의 개인심리학기법 중 하나로, 긍정적인 감정자극(단추)을 통해 내담자의 내적 자원을 활성화시키는 기법이다.
③ 즉시성은 게슈탈트 상담기법 중 하나로, 상담자와 내담자 간의 관계와 상호작용에 대해 상담자가 솔직하게 피드백을 제공하는 기법이다.
④ 악동 피하기는 교류분석 상담기법 중 하나로, 내담자의 어린이 자아에 휘말리지 않게 상담자는 어른 자아로 대응하여 내담자가 자신의 책임과 어른 자아를 활성화하도록 하는 기법이다.

정답 34 ① 35 ①

36 교류분석에서 치료의 바람직한 목표인 치유의 4단계에 해당되지 않는 것은? 22년, 21년, 17년

① 계약의 설정
② 증상의 경감
③ 전이의 치유
④ 각본의 치유

37 글래서(Glasser)의 현실치료이론에서 가정하는 기본적인 욕구가 아닌 것은? 21년, 16년

① 생존의 욕구
② 권력의 욕구
③ 자존감의 욕구
④ 재미에 대한 욕구

---

36 기타 상담이론 – 교류분석 상담
계약의 설정은 치료의 시작단계에서 이루어지는 절차이며, 치유단계 자체에 포함되지 않는다.

37 기타 상담이론 – 현실치료 상담
자존감은 글래서가 기본 욕구로 규정한 다섯 가지 항목[생존 욕구, 힘과 권력 욕구, 즐거움(재미) 욕구, 사랑과 소속 욕구, 자유 욕구]에 포함되지 않는다.

정답 36 ① 37 ③

38 실존적 심리치료에서 가정하는 인간의 4가지 실존적 조건에 해당하지 <u>않는</u> 것은? 20년

① 무의미
② 무한적 존재
③ 고독과 소외
④ 자유와 책임

39 주요 상담이론과 대표적 학자들의 연결이 옳지 <u>않은</u> 것은? 19년

① 정신역동이론 – Freud, Jung, Kernberg
② 인본(실존)주의 이론 – Rogers, Frankl, Yalom
③ 행동주의 이론 – Watson, Skinner, Wolpe
④ 인지치료이론 – Ellis, Beck, Perls

40 게슈탈트치료의 접촉-경계장애에 관한 설명으로 옳은 것을 모두 고른 것은? 20년

> ㉠ 내사: 개체가 환경의 요구를 무비판적으로 받아들이는 것
> ㉡ 투사: 자신의 생각이나 욕구, 감정을 타인의 것으로 지각하는 것
> ㉢ 융합: 밀접한 관계에 있는 두 사람이 서로의 독자성을 무시하고 동일한 가치와 태도를 지니는 것처럼 여기는 것
> ㉣ 편향: 다른 사람에게 하고 싶은 행동을 자기 자신에게 하는 것

① ㉠, ㉡
② ㉠, ㉡, ㉢
③ ㉡, ㉢, ㉣
④ ㉠, ㉡, ㉢, ㉣

---

38 기타 상담이론-실존주의 상담
무한적 존재는 얄롬이 제시한 인간의 4가지 실존적 조건에 해당하지 않으며, 얄롬은 인간이란 필연적으로 죽음을 맞이하는 유한한 존재라고 보았다.

39 심리상담의 주요 이론
펄스(Perls)는 게슈탈트 상담의 대표적 학자이다.

40 기타 상담이론-게슈탈트 상담
오답해설
㉣ 반전에 해당하는 내용이다.

정답 38 ② 39 ④ 40 ②

03 심리상담의 실제

V. 심리상담

22%
5과목 내 출제 비중

공략 포인트
- 상담의 단계별 특징과 각 단계에서 사용하는 기법에 대해 잘 정리해 두세요. 특히, 상담 초기단계와 관련된 문제가 자주 출제되는 편입니다.
- 심리상담의 유형에 대한 부분도 자주 출제되는 편입니다. 특히, 가족 상담(치료)과 집단 상담(치료)에 대한 대한 출제 비중이 높은 편이니 잘 알아두어야 합니다.

수험 키워드!
\# 초기단계(구조화)
\# 작업동맹
\# 윤리적 갈등
\# 상담목표
\# 집단 상담
\# 사이버 상담

1 심리상담의 과정 기출 21년

1. 초기단계

(1) 개념: 상담의 기틀을 형성하는 단계로, 상담자와 내담자 간 신뢰관계를 쌓고 상담목표를 세우는 단계이다.

(2) 주요 활동 기출 25~23, 21, 18~17년

① 접수면접(Intake Interview)

개념	내담자가 상담자를 처음 접촉하여 이루어지는 초기 면담
특징	• 내담자의 기본 정보(인적사항, 의뢰 경위 등)와 주 호소 문제, 현재 기능 수준과 심리적 상태 등을 파악함 • 이 단계부터 과거 경험과 같은 심층적인 질문은 상담관계⊕ 형성에 방해가 될 수 있으므로 삼가야 함

개념플러스 보딘(Bordin)의 작업동맹(Working Alliance) 기출 24~21, 17년

- **유대관계**: 상담자와 내담자 사이의 정서적 친밀감 및 신뢰감
- **작업의 동의**: 상담 과정에서 수행할 구체적인 활동이나 과제에 대한 상호 동의
- **목표에 대한 동의**: 상담을 통해 이루고자 하는 최종적인 목표에 대한 공감과 합의
  → 이 세 가지 요소는 상담 과정에서 상호작용하며, 효과적인 상담 성과를 예측하는 데 중요한 역할을 함

② 상담 구조화

개념	상담을 안정적으로 진행하고, 상담의 효과를 최대화하기 위하여 상담 과정과 목표, 상담자와 내담자의 역할 등을 명확하게 제시하는 과정
특징	• 상담 절차와 조건, 상담기간과 시간, 이중관계⊕ 가능성, 비밀보장에 대한 약속과 한계 등에 대해 설명 → 상담의 다음 진행 과정에 대한 내담자의 불안과 두려움을 줄여 긍정적인 상담관계형성에 도움을 줌 • 한번에 완료하는 것이 아닌, 상담의 전체 과정에서 지속적으로 조율하고 발전시켜야 함

빈출 핵심 발문
- 보딘(Bordin)이 제시한 **작업동맹(Working Alliance)의 3가지 측면**이 옳은 것은?
- 크럼볼츠(Krumboltz)가 제시한 **상담의 목표**에 해당하지 않는 것은?
- 상담에서 나타날 수 있는 **윤리적 갈등**의 **해결단계**를 바르게 나열한 것은?

심화 상담관계
- 상담관계의 정서적 기반
  → 라포(Rapport): 상담자와 내담자 간의 신뢰감, 안정감 등을 말함
- 상담관계의 협력적 기반
  → 작업동맹(Working Alliance): 정서적 유대감뿐만 아니라 상담목표와 과업에 대한 합의를 통해 협력적 관계를 형성하는 것을 말하며, 이는 초기부터 형성되고 상담 전 과정을 거쳐 유지하고 발전시킴

용어 이중관계
상담자와 내담자라는 상담관계 이외에 관계가 있는 경우를 말함
예 상담자 - 교사, 내담자 - 학생
  → 상담관계이면서 사제관계

③ 목표 설정

> TIP ㉠과 ㉡은 크럼볼츠(Krumboltz)가 제시한 내용입니다.

㉠ 내담자가 요구하는 목표를 바탕으로 구체적으로 설정하여야 하며, 이는 개별 내담자의 상황과 필요에 따라 달라져야 한다.

㉡ 상담자의 도움을 통해 내담자가 달성할 수 있는 목표이자 내담자가 상담목표 성취의 정도를 평가할 수 있는 목표로 설정하여야 한다.

㉢ 비자발적 내담자라고 하여도 상담목표는 설정되어야 한다.

> **개념플러스** 상담목표의 수준 기출 25~24년
> - **소극적 수준**: 문제해결, 적응, 예방
> - **적극적 수준**: 전인적 발달, 자아존중감, 개인적 강녕(안정과 보람에 초점)

(3) 주요 사용기법 기출 22, 20, 16년

개방형 질문	• '예', '아니오'로 간단히 답할 수 없는 질문 • 내담자가 자유롭고 편안하게 자신의 이야기나 감정을 자신만의 언어로 표현하도록 유도하며, 초기 관계형성과 상담 맥락 파악에 유용함
(적극적) 경청	• 단순히 소리를 듣는 것을 넘어, 내담자의 말에 주의집중하고 이해하려는 적극적인 행위 • 내담자의 말에 대해 언어적 표현뿐만 아니라 비언어적 표현(예 태도, 표정, 시선 등)으로도 잘 듣고 있음을 표현할 수 있음
관심 기울이기	내담자에게 적극적인 관심과 주의를 기울이는 기법
명료화	• 내담자의 이야기를 요약하거나 재진술하여 내담자가 자신의 이야기를 명확하게 이해하도록 돕고, 내담자의 이야기를 제대로 이해했는지 확인하는 기법 • 모호하고 모순된 내담자의 말을 정리하거나 질문으로 분명하게 해주는 기법
반영	• 내담자가 전하려는 의도의 본질을 더 잘 드러내도록, 상담자가 내담자의 말과 행동 속 감정·생각·태도를 새로운 표현으로 풀어내는 기술 • 내담자가 표현한 감정의 내용이나 의미를 파악하여 내담자의 진술을 반복하거나 재표현함 • 내담자의 태도를 거울처럼 비춰줌으로써 자기이해를 돕고, 동시에 자신이 이해받고 있다는 느낌을 갖게 함(라포형성 가능)
재진술	내담자가 말한 내용을 상담자가 자신의 언어로 요약하여 전달하는 기술로, 내담자와의 명확한 의사소통을 위해 사용됨

(4) 상담자의 태도 기출 21년

① 내담자와 시선 맞추기
② 최소반응 적절히 사용하기
③ 개방적인 몸 자세, 내담자를 향한 편안한 자세 취하기
④ 내담자를 지나치게 응시하지 않기
⑤ 상담과 관련된 윤리적 항목 안내하기

> **심화** 상담자가 지양해야 할 태도
> - 경청 소홀
> - 상담목표 설정 생략
> - 정보수집 실수
> - 자기주장 실수
> - 질문사용 실수(부적절하거나 지나친 질문 사용)
> - 강의하는 실수(상담이 일방적 강의로 변질되는 것 주의)
> - 이해 정도 파악 실패

개념플러스 상담과 윤리 [기출] 23, 19, 16년

- 상담자 필수 안내 윤리적 항목

비밀보장	상담 내용에 대한 비밀보장
비밀보장의 한계	법적·윤리적 책임이 있는 상황에서는 비밀보장이 지켜지지 않을 수 있음
이중관계 및 역할 갈등 지양	교사-상담자, 학생-내담자 등 다중 역할에서 발생할 수 있는 혼동 예방을 위한 논의가 필요함
상담 참여의 자발성	내담자는 상담 참여를 강요받지 않으며, 언제든 거부 혹은 중단할 수 있음

- 윤리적 갈등 발생 시 해결 과정
  ① 현재 상황에서의 윤리적 문제나 딜레마를 파악(문제 인식)
  ② 해당 문제와 관련된 윤리강령, 법, 규정 등 확인(윤리강령 및 법적 규정 검토)
  ③ 동료 상담자, 슈퍼바이저, 윤리 전문가에게 조언 구하기(전문가 자문)
  ④ 다양한 선택지와 결과를 검토한 후 최선의 결정 내리기(결정 및 실행)

2. 중기단계

(1) **개념**: 초기단계에 형성된 내담자와의 상담관계(라포)를 바탕으로, 본격적인 문제에 대한 탐색과 개입이 이루어지며 내담자의 행동변화를 촉진하는 단계이다.

(2) **주요 활동** [기출] 21년

① 상담 초기단계에서 파악한 내담자의 특성을 바탕으로 개입 전략을 수립한다.
② 내담자의 역기능적 사고·행동패턴을 수정하고 대안을 마련한다. 이때 내담자가 이를 실천할 수 있도록 격려하여 행동변화를 촉진한다.
③ 내담자의 회피·방어·저항❓을 적절히 다루고, 직면과 해석을 통해 자기이해와 통찰을 유도한다. → 자신의 문제를 이해하고 통찰한 내담자는 반복적인 학습, 피드백 반영을 통해 상담목표를 달성하고자 한다.

[참고] **내담자의 저항 다루기**
- 저항은 내담자가 자신의 억압된 감정 또는 불안을 직면하고 싶지 않기 때문에 출현하는 것으로, 침묵, 상담의 종결 요구, 상담자에 대한 비판 등 다양한 형태로 나타날 수 있음
- 상담자는 저항이 나타나는 이유와 의미를 파악해야 함

개념플러스 내담자의 상담 중단과 조기 종결❓ 요청 [기출] 23~20년

- 상담 중단
  - 내담자가 제3자로부터 위협을 받는 등 중대한 사유가 있는 경우 상담 중단이 가능함
  - 다만, 내담자의 불성실한 태도를 이유로 한 상담 중단은 불가능하며 이는 상담자의 윤리적 책임 위반으로 내담자 태도(저항, 문제)의 이유 탐색이 필요함
- 조기 종결

개념	상담목표가 달성되지 않은 상태에서 주로 내담자의 회피, 방어, 부담, 저항으로 내담자가 요청하는 것
상담자의 태도	솔직하고 절제된 감정표현(지나친 감정표현 자제)을 통해 내담자가 조기 종결을 요청하게 된 이유와 감정을 파악하고 다루기 → 이를 통해 신뢰 회복

[참고] **조기 종결**
- **부정적 조기 종결**: 초기~중기단계에 내담자의 저항, 회피 등으로 인해 발생하는 조기 종결을 말함
- **긍정적 조기 종결**: 종결단계 무렵에서 발생하며, 상담목표가 계획보다 빠르게 달성되었거나 개입이 더 이상 필요하지 않아 내담자와 합의 하에 상담의 종결을 앞당기는 것
  → 형식적으로 '조기 종결'이지만, 실질적으로는 계획된 종결에 가까운 긍정적 종결이라고 봄

(3) 주요 개입기법 `기출` 21~20년

> **TIP** 개입기법을 잘못 사용할 경우, 쌓아온 신뢰가 손상될 수 있기 때문에 기법 사용의 적절한 타이밍과 강도 조절이 매우 중요합니다.

직면	• 내담자 자신도 자각하지 못하고 있는 행동의 불일치 혹은 말의 모순을 상담자가 지적해주는 기법 • 충분한 신뢰관계가 형성된 이후에 사용하여야 함
해석	내담자의 무의식적 동기, 행동의 의미 등을 상담자가 설명해주는 기술
피드백	내담자의 사고·감정·행동에 대해 상담자가 관찰한 것을 전달해 주는 기법으로, 내담자와 충분한 신뢰관계가 형성된 이후에 사용하여야 함
자기개방	• 자기노출이라고도 하며, 상담자의 경험을 일부 공유하는 기법 • 공감을 형성하고, 내담자와 인간적 연결을 강화시킴(단, 신중하게 사용하여야 함)
감정의 반영	내담자가 말한 내용 뒤에 숨어있는 감정을 파악하고 그 감정을 다시 내담자에게 전달하여 내담자의 감정을 명확하게 하는 기법
즉시성	• 상담자와 내담자 간의 관계에서 즉각적으로 일어나는 감정이나 생각을 상담자가 내담자에게 전달하는 기법 • 내담자의 자기인식 및 통찰을 돕고 상담관계 강화에 기여함

3. 종결단계

(1) 개념: 상담의 마지막 단계로, 상담관계를 마무리하고 내담자의 변화를 현실영역으로 확장시키는 단계이다.

> **개념플러스 종결의 기준** `기출` 23~20년
>
> • 내담자의 문제에 대한 이해가 깊어졌고, 행동변화가 나타났으며, 내담자의 문제해결 능력이 증가한 경우
> • 내담자가 상담의 목표를 거의 달성하였거나, 더 이상의 적극적인 개입이 필요 없다고 판단된 경우
> • 내담자가 심리적으로 종결을 받아들일 준비가 되었는지도 함께 고려하여야 함

(2) 주요 활동 `기출` 21년

① 상담 과정을 요약 정리하며, 상담목표를 기준으로 상담 성과를 평가한다.
② 상담 종결에 대한 내담자의 감정(예 불안, 아쉬움, 상실감, 분노, 종결 저항❓ 등)을 수용하고 다룬다.
③ 내담자의 자립적인 대처능력을 강조하고 지원하며, 필요시 추수상담계획을 수립한다.
④ 상담이 종료된 이후에도 내담자의 경과를 관찰한다.

> **용어 종결 저항**
> 상담 종결에 대한 불안, 아쉬움 등으로 상담에 무단결석을 하거나 갑자기 상담을 중단해버리는 경우를 말함

(3) 주요 사용기법

요약	상담 내용과 변화 과정을 정리하여 내담자가 전체적인 흐름을 파악하도록 돕는 기법
강화	내담자의 성장을 구체적으로 칭찬하고 긍정하여 내담자의 자립성, 대처능력을 강화시키는 기법
종결 감정 다루기	이별을 비롯하여 종결에 대한 내담자의 감정표현 기회를 제공하고, 이에 대한 수용적인 자세를 취함

2 심리상담의 주요 유형

1. 단기 상담(치료)

(1) 개념: 상담의 회기 수가 평균 6~12회 이내인 비교적 짧은 상담으로, 내담자에 대한 전반적인 통찰을 목표로 하는 것이 아닌 내담자의 문제에 대한 즉시 해결에 목표를 둔 상담이다.

(2) 특징

① 내담자 수는 증가했으나 상담자 수는 제한되어 있기 때문에 등장한 상담 유형이다.
② 해결·실용·문제 중심의 접근방식이지만 문제의 원인에 초점을 두는 것이 아닌 내담자의 강점 또는 내담자가 가진 자원을 활용하여 문제를 해결하고자 한다.
③ 장기적 통찰이나 복잡한 성격 분석보다는 구체적인 문제해결에 초점을 둔다.
④ 과거 분석보다는 현재의 행동변화에 초점을 둔다.

(3) 단기 상담에 적합한 내담자의 특징 기출 24~22, 19년

① 내담자의 주 호소 문제가 구체적인 경우
② 주 호소 문제가 발달상의 문제와 연관된 경우
③ 단기 개입에 대한 동기와 수용성이 있는 경우
④ 일시적·급성적 스트레스 상황으로 인해 문제가 발생한 경우
⑤ 자기통찰능력이 비교적 있는 경우

> **개념플러스** **단기 상담에 적합하지 않은 내담자의 특징** 기출 24~22, 19년
> - 상담 동기가 낮아 문제해결 의지가 약한 경우
> - 만성적이고 복합적인 문제를 가진 경우
> - 중증 정신 질환과 성격장애를 가진 경우
> - 지지체계가 전무하거나 자원이 매우 부족한 경우

(4) 주요 모델

① 해결 중심 단기 상담 모델(Solution-Focused Brief Therapy, SFBT)

특징	• 내담자에게 이미 존재하고 있는 과거의 성공 경험을 문제해결을 위한 핵심 자원으로 여김 • 과거보다는 현재와 미래를 강조하며, 내담자가 바라는 상태에 초점을 둠 **TIP** 가족 상담(치료)의 모델로 활용되기도 합니다.
주요 개념	• '알지 못함'의 자세: 상담자가 언어적·비언어적 행동으로 내담자에게 풍부하고 진실한 호기심을 보이는 것 • 주요 기법으로 예외 질문, 기적 질문, 척도 질문 등 활용

빈출 핵심 발문
- 단기 상담에 적합한 내담자의 특성으로 옳은 것은?
- 액슬린(Axline)의 비지시적 놀이치료에서 놀이치료자가 갖추어야 할 원칙에 포함되지 않는 것은?
- 집단 상담에서 상대방의 행동이 나에게 어떤 반응을 일으키는가에 대하여 상대방에게 직접 이야기해주는 개입방법은?
- 집단 상담에서 침묵 상황에 대한 효과적 개입으로 틀린 것은?
- 사이버 상담에 대한 설명으로 옳지 않은 것은?

용어 지지체계
정서적·물리적·사회적 어려움을 겪을 때 도움을 받을 수 있는 사람·자원·제도적 네트워크 등을 말함

심화 해결 중심 단기 상담 모델의 주요 기법

- **예외 질문:** 문제가 없었던 순간을 떠올리게 하는 질문
  예) 문제가 없었던 순간은 언제였나요?
- **기적 질문:** 변화된 미래를 상상하게 하는 질문
  예) 자고 일어났더니 기적처럼 문제가 사라졌다면 어떤 일이 달라져 있을까요?
- **척도 질문:** 현재의 상태를 수치화하여 변화의 여지를 확인하는 질문
  예) 지금 상태를 0~10점 중 몇 점으로 평가하시겠어요?

② 위기개입 단기 상담 모델(Crisis Intervention Model)

> **TIP** 위기개입 상담에 대한 자세한 설명은 04. 문제별 상담 유형(495쪽)에서 정리하였습니다.

특징	• 내담자의 위기 상황에 즉각적으로 개입하여 단기전문원조를 제공함 • 개인이나 가족이 갑작스럽고 심각한 위험에 처하였을 때 단시간 내 집중적으로 개입함 • 위기에 처한 내담자가 자신의 심리적 능력과 사회적 자원을 동원할 수 있도록 원조함
주요 개념	• 제한된 목표: 최소한의 목표(예 파멸의 예방, 균형 상태 회복, 위기 이전 상태)를 달성하고자 함 • 자기상(Self-Image): 내담자와 신뢰관계를 형성하여 내담자 스스로 긍정적인 자기상을 확립할 수 있도록 지원함

2. 가족 상담(치료)

(1) 개념: 가족이 겪는 문제의 일시적 해결이 아닌 근본적 해결을 위해 원인을 파악하고 문제를 해결하는 상담이다.

(2) 기본적 원리 기출 20년

① 가족 구성원을 하나의 상호작용적 체계로 보고, 문제행동이나 증상의 원인을 특정 개인에게 돌리지 않고 가족 구성원 간의 관계 속에서 이해한다.
  → 순환적 인과성❓
② 행동의 맥락을 관계 안에서 분석한다.
③ 단순한 감정 배출이나 과거 원인 탐색이 아닌 현재의 기능적 변화와 통찰, 관계 재구조화, 생산적 이해에 초점을 둔다.

> **개념플러스** 가족 상담 진행 중 개인면담 요청 시 고려사항 기출 25~24년
>
> • 전체 가족치료에 미칠 영향
> • 전체 가족 구성원의 동의❓
> • 개인면담을 제의한 해당인의 의도
> • 개인면담 내용이 전체 가족 구성원에게 알려져도 되는지 여부
>
> **TIP** 해당 사항을 고려하지 않고 개인면담을 진행하는 경우, 가족 내 신뢰가 무너지고 상담 과정에 부정적 영향을 줄 수 있습니다.

(3) 목표 기출 23, 21년

① 세대 간 반복되는 패턴이나 신념체계를 파악하고 이를 재구조화한다.
② 가족 구성원 간의 역기능적 패턴을 수정한다.
③ 가족 구성원 간의 상호작용 구조를 변화시킨다.
④ 가족 간 의사소통의 유형을 파악하고 개선한다.

참고 순환적 인과성의 예시

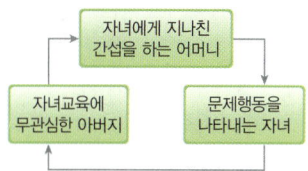

참고 개인면담 시 구성원 동의

개인면담에 대해 가족 전체 구성원의 동의나 면담 내용 공유 여부를 고려하는 이유는 가족 상담의 경우 가족 전체 구성원을 하나의 체계로 보기 때문임

(4) 가족 진단 및 사정 모델(평가 도구)

① 써컴플렉스 모델(복합순환 모델, Circumplex Model)

개념	가족의 기능과 건강성을 진단할 때 가장 널리 사용되는 모델

특징	• 두 가지의 핵심 차원과 한 가지의 촉진 차원으로 가족을 평가함
	• 핵심 차원
	  – 응집력: 가족 구성원 간의 정서적 결속력과 개인의 자율성 정도
	  – 적응력: 가족이 스트레스나 변화에 대응하여 규칙, 역할, 권력 구조를 바꾸는 능력
	• 촉진 차원(의사소통): 가족의 의사소통방식이 응집력과 적응력에 영향을 미치는 중요한 요소라고 봄

② 맥매스터 모델(McMaster Model)

개념	가족의 문제를 단순한 증상으로 보는 대신, 가족 시스템이 어떻게 기능하고 있는지에 초점을 둔 모델	
특징	가족의 기능성을 여섯 가지 차원으로 나누어 평가함	
	문제해결	가족이 문제에 직면했을 때 해결하는 방식
	의사소통	가족 구성원이 정보를 명확하게 교환하는 정도
	역할	가족 내에서 수행되는 역할의 분담과 책임
	정서적 반응	정서적 자극에 적절히 반응하는 능력
	정서적 몰입	가족 구성원들이 서로에게 보이는 정서적 관심의 정도
	행동 통제	가족의 행동 규칙과 규율을 정하고 유지하는 방식

③ 비버즈 모델(Beavers Model)

개념	가족의 건강성과 상호작용양식을 중심으로 진단하는 모델

특징	• 두 가지 핵심 차원을 중심으로 평가
	  – 가족능력: 가족이 목표를 달성하고, 상호작용하며, 외부 환경에 적응하는 능력
	  – 가족 상호작용양식➕: 가족 구성원이 서로 관계를 맺는 방식
	• 이 두 가지 핵심 차원을 조합하여 가족을 '건강한 가족', '경계선 가족', '적당히 건강한 가족' 등으로 분류함

> **심화** 가족 상호작용양식의 종류
> • **구심적 상호작용**: 가족 구성원이 서로에게 의존적이고, 가족 내부의 관계를 더 중요하게 생각하는 양식
> • **원심적 상호작용**: 가족 구성원이 서로에게 독립적이고, 가족 외부의 관계를 더 중요하게 생각하는 양식

(5) 주요 가족치료 모델(치료적 접근)

① 사티어(Satir)의 경험적 가족치료 모델

특징	• 가족의 특정 갈등과 행동양식에 맞는 경험을 제공하려고 노력함 • 가족관계의 병리적 측면보다는 긍정적 측면에 초점 • 가족과 개인의 상호작용이나 경험 등을 변화시킴으로써 성장할 수 있는 경험을 하게 하는 것을 목표로 함
주요 개념	• 자아존중감: 사티어의 경험적 가족치료 모델의 핵심이자 치료의 결과적 목적에 해당하는 개념으로, 개인의 낮은 자아존중감을 회복시켜 자신의 가치를 인정하고, 보유하고 있는 장점과 자원을 발견하여 활용함으로써 문제 상황에 잘 대처할 수 있게 함 • 의사소통: 가족의 역기능적 의사소통 맥락을 확인하고, 그러한 의사소통방법을 교정하게 함
치료기법	가족조각, 가족그림, 역할극, 역할반전 등

> **개념플러스** 사티어(Satir)의 의사소통 유형 기출 22, 19년

- 기능적 의사소통

일치형	언어적 메시지와 비언어적 메시지가 일치하는 의사소통 유형으로, 자신의 감정, 사고, 행동을 일치시켜 진정성 있게 반응하는 안정된 유형(높은 자아존중감)

- 역기능적 의사소통

초이성형	• 스트레스 상황에서 감정적 태도를 배제하고 이성적이고 논리적인 언어로만 반응함 • 매사에 비판적이고 분석적이며, 평가하는 반응을 많이 하는 의사소통 유형
산만형	타인의 말이나 행동과는 상관없는 의사소통을 하며, 상황을 제대로 파악하지 못하여 적절하게 반응이 어렵고, 의사표현에 초점과 요점이 없는 의사소통 유형
회유형	상대방의 의견에 무조건 동의하고 상대방이 원하는 대로 행동하며, 자기 탓을 많이 하여 상대방에게 죄의식을 갖게 함으로써 상대방으로부터 거부당하는 것을 방어하는 의사소통 유형
비난형	자기주장이 강하고 독선적·명령적이고 지시적인 사람들이 주로 사용하며, 잘못을 남의 탓으로 돌리며 자신에게 충성과 복종을 요구하는 의사소통 유형

② 보웬(Bowen)의 다세대 가족치료 모델

특징	• 가족의 특정 갈등과 행동양식에 맞는 경험을 제공하려고 노력함 • 가족관계의 병리적 측면보다는 긍정적 측면에 초점을 둠 • 가족과 개인의 상호작용이나 경험 등을 변화시킴으로써 성장할 수 있는 경험을 하게 하는 것을 목표로 함
주요 개념	• 자아분화: 한 가족의 정서적 혼란으로부터 자신이 자유로워지는 과정으로, 여러 세대에 걸쳐 전수될 수 있으며, 자아분화가 높을수록 생각과 감정이 적절히 분리되어 있고 사고와 감정이 균형을 이룸 • 삼각관계: 가족 내 두 사람 사이에서 스트레스나 긴장관계가 발생했을 때 제3자를 두 사람의 관계 속으로 끌어들여 긴장의 수준을 완화하려는 것
치료기법	탈삼각화, 가계도

3. 비지시적 놀이치료

(1) **개념:** 아동이 자신의 감정, 욕구, 갈등을 놀이를 통해 자유롭게 표현하도록 하여 정서적 치유와 성장을 돕는 치료방법을 말하며, 아동이 원하는 방식으로 자유롭게 놀이하도록 하는 방식이다.

> **TIP** 아동은 성인에 비해 언어발달이 덜 이루어진 상태이기 때문에, 놀이를 통해 자기표현을 합니다.

(2) **특징**
① 로저스의 인간중심이론에 기반한다.
② 아동은 스스로 성장하고 치유할 내적 자원을 가지고 있다는 전제를 가진다.

(3) 액슬린(Axline)의 비지시적 놀이치료 8가지 원칙 기출 25~24, 16년

① 아동과 따뜻하고 친숙한 관계를 가능한 빠르게 형성한다.
② 아동을 있는 그대로 수용(무조건적 수용)한다.
③ 아동이 감정을 자유롭게 표현할 수 있는 허용적 분위기를 형성한다.
④ 아동이 표현하는 감정을 민감하게 인식하여 그것을 아동에게 반영시켜 줌으로써 아동이 자신의 행동에 대해 통찰력을 얻도록 한다.
⑤ 아동에게 문제해결능력과 자기결정능력이 있음을 존중하여야 한다.
⑥ 어떤 방법으로든 아동에게 행동과 대화를 지시하지 않는다.
⑦ 치료자는 치료가 점진적 성격임을 인식하고 서두르지 않는다.
⑧ 아동의 책임감형성을 위해 아동의 행동에 제한을 둘 수 있다. 특히, 타인과의 관계 형성에 관하여 아동이 자신의 행동에 책임이 따른다는 것을 배우게 하려는 목적으로도 가능하다.

TIP 놀이치료에는 다양한 종류가 있습니다. 그 중 시험에는 비지시적 놀이치료가 주로 출제되어 본 교재는 비지시적 놀이치료에 대한 이론을 수록하였습니다.

4. 집단 상담(치료)

(1) 개념
① 비슷한 문제나 관심을 가진 사람들이 집단으로 모여 상호작용을 통해 심리적 문제를 해결하거나 성장을 도모하는 상담을 말한다.
② 한 명의 치료자가 동시에 4명 또는 5명 이상의 클라이언트들을 상대로 심리적 갈등을 명료화하며 문제행동을 수정해 가는 상담이다.

(2) 특징

장점	• 다른 집단원의 경험과 행동을 보며 간접적으로 배우고, 공감과 지지를 통해 정서적 안정과 자기이해의 증진 가능 • 자신의 생각과 감정을 표현하고, 이에 대한 타인의 즉각적인 반응을 관찰함으로써 자신에 대한 객관적 이해 가능 • 개인 상담보다 시간·비용 면에서 효율적임
단점	• 집단 상담이기 때문에 비밀보장의 한계 존재 • 집단의 압력, 소외되는 구성원 등의 문제로 오히려 집단에 대한 저항감을 야기할 수 있음 • 개인 상담에 비해 각자의 문제를 깊게 다루는 데 한계가 있음

(3) 집단 상담의 준비 기출 24, 16년

상담목표 설정	• 집단 상담의 목적과 목표를 명확하게 설정함 • 상담목표는 집단의 성격과 참여자들의 특성에 따라 달라질 수 있음

집단 구성	• 집단 구성원 선정
	  - 성별, 연령, 배경, 성격 등 다양한 측면을 고려하여 선정
	  - 구성원들이 너무 동질적이거나 너무 이질적인 집단은 좋지 않으며, 구성원들 간 균형을 이루어야 함
	• 집단의 크기
	  - 집단 성원의 수를 의미
	  - 보통 5~10명 정도가 적당하지만, 집단의 목표에 따라 융통성 있게 고려하여야 함
	• 집단의 성격, 프로그램 등을 결정함

상담 장소 및 시간 결정	• 참여자들의 접근성이 좋고 편안하게 상담에 참여할 수 있는 장소이자 집단 상담의 목적과 내용에 맞는 장소를 선택해야 함 • 보통 주 1회, 1시간 30분~2시간으로 상담 일정을 정하는 것이 일반적
사전 상담	• 개인면담의 접수면접과 동일한 것으로, 참여자들과 사전 상담을 진행하여 상담목표, 내용, 방법 등에 대해 충분히 설명하고 동의를 얻어야 함 • 이 시기 상담자가 반드시 다루어야 할 주요 내용 　- 집단 상담에 대한 오해 바로잡기 　- 집단 상담에 대해 가지는 불안과 공포 탐색 후 완화시키기 　- 집단 상담에 대한 기대와 동기 파악하기 　- 참여 적합성 판단하기 　- 비밀유지 의무와 규칙 설명하기

(4) 집단의 유형

① 집단의 개방 정도에 따른 구분

구분	폐쇄형 집단	개방형 집단
개념	치료가 시작되면 새로운 성원을 받아들이지 않는 집단	치료가 시작되어도 새로운 성원이 참여할 수 있는 집단
특징	• 집단 성원의 역할과 규칙·규범이 안정적임 • 집단응집력❓이 강함 • 새로운 정보나 내용이 없으면 성원들이 지루해 할 수 있음	• 새로운 집단 성원의 참여가 기존 성원들에게 새로운 자극이 될 수 있음 • 현실과 비슷하여 상담 종료 이후 전이가 용이함 • 집단 성원이 자주 교체되면 집단응집력이 약해짐

> **용어 집단응집력**
> 집단 성원이 다른 성원 또는 집단 전체에 느끼는 매력으로, 집단 구성원이 서로 일체감을 느끼는 정도를 의미함. 집단응집력은 집단형성 이후, 집단 과정 중에 점차 형성되고 강화됨

② 집단의 목적에 따른 구분

구분	치료집단	과업집단
개념	집단 성원의 교육, 성장, 행동변화 또는 사회화에 대한 욕구를 충족시키는 것이 목적인 집단	특수한 과업이나 목표를 달성하거나 성과를 산출해내는 것이 목적인 집단
특징	• 공동의 관심사, 문제, 특성 등에 따라 구성됨 • 개방적인 의사소통과 적극적인 상호작용이 강조됨 • 세부 집단 유형➕: 지지집단, 교육집단, 치료(치유)집단, 사회화집단 등	• 특정 과업에 대한 의사소통에 초점을 둠 • 집단 내 역할 분담과 책임 의식이 요구됨 예 위원회, 자원봉사팀 등

> **심화 치료집단의 세부 유형**
> • **지지집단**: 앞으로 일어날 사건에 효과적으로 대응하기 위한 대처기술을 발전시킴으로써 삶의 위기에 대처하도록 돕는 집단
> 예 한부모가정집단, 이혼가정집단 등
> • **교육집단**: 집단 성원들의 지식과 정보 획득, 기술 향상이 목적인 집단
> 예 청소년 성교육집단 등
> • **치료(치유)집단**: 집단 성원의 행동변화, 개인적인 문제의 완화 또는 제거가 목적인 집단
> 예 정신치료집단, 금연집단 등
> • **사회화집단**: 사회적 기술을 습득하고 사회생활에서 효과적으로 기능할 수 있도록 돕는 것이 목적인 집단
> 예 ADHD 아동 대상 활동집단

> **개념플러스 자조집단** 기출 24, 16년
> • **개념**: 유사한 문제나 공동의 관심사를 가진 집단 성원이 서로를 돕는 것을 목적으로 하는 집단
> • **특징**: 상담자는 최소한으로 개입하며, 비전문가인 집단 성원들이 집단을 이끎
> 예 단주(斷酒)집단, 한부모가정집단 등

(5) 집단 상담의 발달단계 [기출] 20년

① 초기단계(형성기)

개념	서로를 알아가고, 신뢰감을 형성하는 단계
특징	• 집단 구성원은 처음 형성된 집단에 대한 환경과 처음 만나는 구성원에 대해 긴장감, 불안감을 느끼기도 하지만, 기대감을 느끼기도 함 • 자기소개 혹은 집단에 들어오게 된 이유 등을 공유하며 친밀감을 형성함
상담자의 역할	• 집단의 목적·진행방식·규칙을 분명하게 안내하여 이해시켜야 함 • 아직 어색한 집단원들이 편안함을 느낄 수 있도록 친근하고 따뜻한 분위기를 조성함

> **TIP** 집단 상담의 발달단계는 학자나 이론서마다 다릅니다. 본 교재는 기출문제를 기준으로 하여 발달단계를 정리하였습니다.

② 전환단계(과도기)

개념	신뢰형성이 조금씩 이루어지며, 집단원들의 본격적인 상호작용이 이루어지는 단계
특징	서로 다른 성격, 대인관계패턴 등에서 갈등 또는 저항이 발생하거나 집단 내 역할, 신뢰 문제 등으로 혼란이나 불편감이 발생할 수 있음
상담자의 역할	• 저항과 갈등을 억누르지 않고, 그것을 있는 그대로 다루고 통과시켜야 함 • 집단원들이 저항과 갈등, 방어 등을 자각하고 정리하도록 도와줌 • 집단 규범을 세우고, 상호존중과 책임감을 기반으로 한 분위기 조성·유도

③ 작업단계(작업기)

개념	집단원이 서로 신뢰하며, 자기노출과 행동변화가 활발히 일어나는 단계
특징	• 집단원들이 서로를 의식하기보다는 자신의 문제를 솔직하게 꺼내고, 다른 사람의 말에 정직한 피드백과 지지를 줌 • 역할극이나 행동 실험을 통한 실제적 변화 촉진을 시도함
상담자의 역할	• 심화된 자기탐색에 도움을 주며, 행동변화를 촉진시켜야 함 • 피드백과 상호작용의 질을 유지시켜야 함

④ 종결단계(종결기)

개념	집단 경험을 정리하고, 현실생활로의 적응을 준비하는 단계
특징	지금까지의 경험을 정리하고, 변화된 자신을 실제 삶 속에서 유지할 방법을 고민하며, 이별에 대한 감정을 나누고 집단 내 관계와 정서적 감정을 정리함
상담자의 역할	• 상담 종료에 대한 감정 정리 기회를 제공하여야 함 • 상담을 통해 배운 내용을 실제 생활에 어떻게 적용할지 구체적인 계획 수립을 도와주어야 함

(6) 집단 상담의 주요 개입기법 ⊕ [기출] 25~24, 22, 20년

> **TIP** 개인 상담에서 활용하는 기법은 집단 상담에서도 활용됩니다. 대표적으로 반영, 해석, 명료화 등이 있으니 개인 상담에서 사용하는 기법과 병행하여 학습하시길 권장합니다.

연결하기	집단원들의 말과 행동을 다른 집단원의 관심사나 공통점과 서로 연결시켜 집단원 간의 상호작용 및 집단응집력을 촉진하는 기법
피드백 주고받기	타인의 행동에 대한 자신의 반응을 상호간에 솔직하게 이야기 해주어 자기이해를 증진시키고, 집단역동성❓을 강화시키는 기법
새로운 행동의 실험	일상생활에서는 시도하기 어려웠던 새로운 생각, 감정표현방식, 대인관계행동 등을 연습하고 시도하는 기법

> **[심화] 지양해야 하는 사용기법 - 조언**
> • 조언은 상담자가 집단원에게 특정 상황에 대해 행동의 방향이나 방법을 제안하는 것을 의미함
> • 사용 자체가 금지된 것은 아니지만, 직접적이고 과도한 조언은 주의할 필요가 있음
> • 집단의 목적이나 상황에 따라서 제한적인 사용은 가능함
>
> **[용어] 집단역동성**
> 집단 구성원 간의 상호작용으로 인해 발생하는 힘과 현상

침묵의 처리	집단 내내 아무런 표현 없이 침묵하는 것은 저항의 일종이기 때문에, 그대로 방치하는 것보다 침묵의 의미를 탐색하고, 필요한 경우 내담자가 안전하게 표현할 수 있도록 돕는 기법
행동에 모범을 보이기	내담자가 실천해야 할 바람직한 행동을 상담자가 시범적으로 보여주는 기법

TIP '행동에 모범을 보이기'는 직접적 개입방법보다는 상담자의 역할이자 간접적 개입방법에 해당합니다.

개념플러스 집단 상담 과정 중 **침묵 상황에 대한 효과적 개입** 기출 25~22년

- 회기 초기의 오랜 침묵 상황
  - 집단 초기 집단원들의 탐색 과정 중 침묵은 자연스러운 현상이지만, 이를 오랜 시간 방치한다면 집단은 방향을 잃어 집단원들의 불안·회피가 초래되고 무의미한 시간이 될 수 있음
  - 상담자는 적절한 개입을 통해 분위기 조성이 필요하며, 무조건 방임을 하는 것은 상담자의 지도력 부족으로 간주될 수 있음
- 생산적으로 여겨지는 침묵 상황
  - 때로는 침묵이 자신의 감정이나 생각을 정리하고 통찰을 준비하는 과정일 수 있음
  - 상담자는 집단원에게 즉각적인 반응을 유도하기보다는 침묵의 흐름과 시간을 존중하여야 하고, 다른 집단 성원이 말을 하려고 하면 제지하여야 함
- 발언 기회를 놓쳐 생긴 침묵 상황
  - 표현하고자 하는 의지가 있지만 타이밍을 놓치는 집단원이 존재할 수 있음
  - 상담자는 비언어적 단서를 통해 그러한 내담자를 파악하고, 부드럽게 기회를 제공하는 방식으로 참여를 촉진해야 함

5. 사이버(인터넷) 상담

(1) **개념**: 인터넷, 모바일, 이메일, 채팅, 영상통화 등 전자통신 수단을 활용한 비대면 상담을 말하며, 인터넷의 발전과 함께 일반적인 심리적 어려움을 가진 사람들의 상담 서비스 접근성을 높이고자 등장한 상담이다.

(2) **특징** 기출 25~23, 19, 16년

장점	• 시공간 제약 없이 언제든 상담 가능 • 새로운 내담자군(예 대인기피증, 사회불안을 가진 사람, 접근성이 낮은 지역에 사는 사람 등)이 상담 의사를 보임 • 익명성 보장 → 내담자가 더 솔직하게 자신의 문제나 고민을 말할 수 있음
단점	• 내담자의 비언어적 표현 파악 불가능 → 라포형성이나 상담의 질 및 효과가 떨어질 수 있음 • 내담자의 환경에 대한 직접적인 정보 부족 → 상담의 깊이가 제한됨 • 통신 환경에 따라 상담 과정이 원활하지 않을 수 있으며, 즉각적인 상호작용이 필요한 상황에서 한계가 존재함

개념플러스 **사이버(인터넷) 상담의 과제** 기출 25, 23, 19, 16년

- 사이버 환경을 통해 진행되어 익명성과 접근성이 높은 만큼, 상담자의 전문성과 윤리성을 통제·관리하는 명확한 체계가 필요함
- 면대면 상담과는 다른 특수한 매체적 특성을 고려하여, 사이버 상담에 최적화된 새로운 상담기법을 개발하고 그에 대한 효과를 검증하는 노력이 필요함

기출(복원)문제

01 상담 시 내담자에게 관심을 집중시키는 기술과 가장 거리가 먼 것은? 21년
① 개방적인 몸자세를 취한다.
② 내담자를 향해서 편안한 자세로 앉는다.
③ 내담자를 지나치게 응시하지 않는다.
④ 내담자에게 잘 듣고 있다고 항상 말로 확인해 준다.

02 다음 중 가장 소극적 수준의 상담목표에 해당하는 것은? 25년, 24년
① 전인적 발달
② 자아존중감
③ 문제해결
④ 개인적 강녕

03 다음에서 상담자가 소홀히 하고 있는 것은? 24년

> 내담자가 심리상담실에 찾아와서 자신이 어떻게 행동해야 할지(예를 들면, 무슨 말을 해야 하는지, 휴대폰을 어떻게 해야 하는지, 오늘은 언제까지 심리상담이 진행되는 것인지 등)를 모르고 불안해한다.

① 수용
② 해석
③ 구조화
④ 경청

---

01 심리상담의 과정-초기단계
태도, 표정, 시선, 몸의 방향 같은 비언어적 표현으로도 경청하고 있다는 사실이 전달된다.

02 심리상담의 과정-초기단계
오답해설
①, ②, ④ 적극적 수준의 상담목표에 해당한다.

03 심리상담의 과정-초기단계
제시된 사례에서 내담자가 상담에 어떻게 임해야 하는지 몰라 불안해하고 있는 것은 상담자가 내담자에게 상담의 목적, 절차, 규칙, 시간 등을 명확히 안내하고 정의를 내려주는 구조화가 충분히 제공되지 않았기 때문이다.

정답 01 ④ 02 ③ 03 ③

04 보딘(Bordin)이 제시한 작업동맹(Working Alliance)의 3가지 측면이 옳은 것은? 24년, 23년, 22년, 21년, 17년

① 작업의 동의, 진솔한 관계, 유대관계
② 진솔한 관계, 유대관계, 서로에 대한 호감
③ 유대관계, 작업의 동의, 목표에 대한 동의
④ 서로에 대한 호감, 동맹, 작업의 동의

05 상담의 구조화에 관한 설명으로 틀린 것은? 24년, 17년

① 상담의 다음 진행 과정에 대한 내담자의 두려움이나 궁금증을 줄일 수 있다.
② 구조화는 상담 초기뿐만 아니라 전체 과정에서 진행될 수 있다.
③ 상담의 효과를 최대한으로 높이기 위해 행해진다.
④ 상담에서 다루려는 내용을 구체적으로 정의하는 작업이다.

06 크럼볼츠(Krumboltz)가 제시한 상담의 목표에 해당하지 않는 것은? 25년, 23년, 21년, 18년

① 내담자가 요구하는 목표이어야 한다.
② 모든 내담자에게 동일하게 적용될 수 있는 목표이어야 한다.
③ 내담자가 상담목표 성취의 정도를 평가할 수 있어야 한다.
④ 상담자의 도움을 통해 내담자가 달성할 수 있는 목표이어야 한다.

07 상담 종결에 관한 설명으로 옳지 않은 것은? 23년, 20년

① 상담목표가 달성되지 않아도 상담을 종결할 수 있다.
② 조기 종결 시 상담자가 내담자에게 조기 종결에 따른 솔직한 감정을 표현하는 것은 도움이 되지 않는다.
③ 조기 종결 시 상담자는 조기 종결에 따른 내담자의 감정을 다뤄야 한다.
④ 상담의 진행 결과가 성공적이었거나 실패하였을 때에 이루어진다.

---

04 심리상담의 과정 - 초기단계
보딘은 작업동맹의 세 가지 요인으로 유대관계, 작업의 동의, 목표에 대한 동의를 제시하였다. 이 세 가지 요소는 상담 과정에서 상호작용하며, 효과적인 상담 성과를 예측하는 데 중요한 역할을 한다.

05 심리상담의 과정 - 초기단계
상담에서 다루려는 내용을 구체적으로 정의하는 작업은 문제의 사정(Assessment) 또는 상담목표 설정에 더 가까운 개념이다.

06 심리상담의 과정 - 초기단계
상담목표를 모든 내담자에게 동일하게 적용해서는 안 되며 각 내담자의 상황과 필요에 따라 달라져야 한다.

07 심리상담의 과정 - 중기단계·종결단계
상담자는 내담자가 조기 종결을 이야기하는 경우 이에 대한 지나친 감정 표현을 하여서는 안 되지만, 내담자와 진솔한 대화를 나누고 공감을 제공하는 것은 중요하다.

정답 04 ③ 05 ④ 06 ② 07 ②

08 상담에서 나타날 수 있는 윤리적 갈등의 해결단계를 바르게 나열한 것은? 23년, 19년, 16년

> ㉠ 관련 윤리강령, 법, 규정 등을 살펴본다.
> ㉡ 한 사람 이상의 전문가에게 자문을 구한다.
> ㉢ 현 상황에서 문제점이나 딜레마를 확인한다.
> ㉣ 다양한 결정의 결과를 열거해 보고 결정한다.

① ㉠ → ㉢ → ㉡ → ㉣
② ㉡ → ㉢ → ㉠ → ㉣
③ ㉢ → ㉠ → ㉡ → ㉣
④ ㉢ → ㉠ → ㉣ → ㉡

09 상담 초기단계에서 사용하기에 가장 적합한 기법은? 22년, 16년

① 경청
② 피드백
③ 자기개방
④ 감정의 반영

10 상담자가 내담자에 대한 치료를 중단 또는 종결할 수 있는 경우에 해당하지 <u>않는</u> 것은? 22년, 21년

① 내담자가 제3자의 위협을 받는 등 중대한 사유가 있는 경우
② 내담자가 치료 과정에 불성실하게 임하는 경우
③ 내담자에 대한 계속적인 서비스가 도움이 되지 않을 경우
④ 내담자가 더 이상 심리학적 서비스를 필요로 하지 않는 경우

---

08 심리상담의 과정-초기단계
상담 과정에서 윤리적 갈등이 발생한 경우, '현재 상황에서의 윤리적 문제나 딜레마를 파악(문제 인식, ㉢) → 해당 문제와 관련된 윤리강령, 법, 규정 등 확인(윤리강령 및 법적 규정 검토, ㉠) → 동료 상담자, 슈퍼바이저, 윤리 전문가에게 조언 구하기(전문가 자문, ㉡) → 다양한 선택지와 결과를 검토한 후 최선의 결정 내리기(결정 및 실행, ㉣)'의 과정을 거쳐 해결한다.

09 심리상담의 과정-초기단계
오답해설
②, ③, ④ 상담 중기단계에서 사용하는 기법이다.

10 심리상담의 과정-중기단계·종결단계
내담자의 불성실함을 이유로 일방적인 치료 중단 또는 종결은 윤리적 책임을 위반하는 것이다. 상담자는 내담자의 불성실한 참여 이유를 탐색하고 내담자의 저항이나 문제를 상담 과정에서 다루려고 노력해야 한다.

정답 08 ③ 09 ① 10 ②

11 상담 진행 과정에 관한 설명으로 옳지 <u>않은</u> 것은?

21년

① 초기 – 비자발적 내담자의 경우 상담목표를 설정하지 않음
② 중기 – 내담자가 자신의 문제를 이해하고 반복적인 학습이 일어남
③ 중기 – 문제해결 과정에서 저항이 나타날 수 있음
④ 종결기 – 상담목표를 기준으로 상담 성과를 평가함

12 중학교 교사인 상담자가 학생을 상담하는 과정에서 구조화를 하는 방법으로 틀린 것은?

21년

① 상담자와 내담자는 상담관계 이외에 사제관계를 맺고 있으므로 이런 이중적인 관계로 인해 예상되는 문제나 어려움을 사전에 논의한다.
② 상담에 대해 현실적으로 기대할 수 있는 바가 무엇인지, 기대의 실현을 위해 상담자와 내담자가 각각 해야 할 역할이 무엇인지에 대해 설명한다.
③ 정규적인 상담을 할 계획이라면 상담자와 내담자가 만나는 요일이나 시간을 정하고, 한번 만나면 매회 면접 시간의 길이와 전체 상담 과정의 길이나 횟수에 대해서도 알려 준다.
④ 상담 내용에 대한 비밀보장의 원칙을 내담자에게 알려주고, 비밀보장의 한계에 대한 정보는 내담자의 솔직한 자기개방을 저해할 수 있으므로 상담관계의 신뢰성이 충분히 형성된 이후에 알려 주는 것이 좋다.

13 다음 사례에서 직면기법에 가장 가까운 반응은 어느 것인가?

21년

> 집단모임에서 여러 명의 집단원들로부터 부정적인 피드백을 받은 한 집단원에게 다른 집단원이 그의 느낌을 묻자 아무렇지도 않다고 하지만 그의 얼굴표정이 몹시 굳어 있을 때, 지도자가 이를 직면하고자 한다.

① "○○씨, 지금 느낌이 어떤지 좀 더 말씀하시면 어떨까요?"
② "○○씨, 방금 아무렇지도 않다고 말씀하셨습니다."
③ "○○씨, 이러한 일은 창피함을 느끼게 만드는 것 같습니다."
④ "○○씨, 말씀과는 달리 얼굴이 굳어 있고 목소리가 떨리는군요."

---

11 심리상담의 과정
비자발적 내담자라고 하더라도 상담 초기단계에서 상담목표를 설정하는 것은 반드시 필요하다.

12 심리상담의 과정–초기단계
비밀보장의 원칙과 그 한계는 상담의 윤리적 핵심사항이기 때문에 상담 초기에 반드시 안내되어야 한다.

13 심리상담의 과정–중기단계

오답해설
① 감정을 묻는 열린(개방형) 질문으로, 탐색에는 해당되지만 직면에 해당되지는 않는다.
② 진술 내용을 단순히 반복하는 요약 또는 명료화 기법에 해당한다.
③ 상담자의 해석이 개입된 공감적 진술에 가깝다.

정답 11 ① 12 ④ 13 ④

14 다음에서 설명하는 상담기술은? 20년

> 내담자의 감정에 대한 명확한 이해를 포함하여 내담자의 진술을 반복하거나 재표현하기도 한다.

① 재진술
② 감정 반영
③ 해석
④ 통찰

15 상담기법 중 상담 초기단계에서 더 많이 사용하는 것은? 20년

① 직면
② 자기개방
③ 개방형 질문
④ 심층적 질문

16 가족 상담 중 한 명이 개인면담을 요청하는 경우에 대한 설명으로 옳지 않은 것은? 25년, 24년

① 개인면담이 전체 가족치료에 미칠 영향을 고려한다.
② 개인면담을 제의하는 개인의 의도를 파악한다.
③ 요청이 있을 경우 전체 가족 구성원이 동의하지 않더라도 개인면담을 실시한다.
④ 개인면담의 내용이 전체 가족에게 알려져도 되는지 확인한다.

---

14 심리상담의 과정-중기단계

오답해설
① 재진술은 내담자의 진술 내용에 초점을 두고 상담자가 자신의 언어로 내용을 요약하여 전달하는 기술이다.
③ 해석은 내담자의 무의식적 동기, 행동의 의미 등을 상담자가 설명해주는 기술이다.
④ 통찰은 상담 과정에서 내담자가 스스로 부정적 감정의 원인을 깨닫는 것을 말한다. 상담기술이라기보다는 상담의 목표 또는 결과에 가깝다.

15 심리상담의 과정-초기단계
상담 초기에는 내담자가 자유롭고 편안하게 자신의 이야기나 감정을 표현할 수 있도록 돕는 기술이 필요한데, 그중 대표적인 것이 개방형 질문이다.

16 심리상담의 주요 유형-가족 상담(치료)
가족 상담은 가족 전체를 하나의 체계로 보기 때문에, 개인면담 요청이 있을 경우 전체 가족 구성원의 동의를 얻어야 한다. 동의 없이 개인면담을 진행하면 가족 내 신뢰가 무너지고, 상담 과정에 부정적인 영향을 줄 수 있다.

정답 14 ② 15 ③ 16 ③

17 가족 상담의 기본적인 원리와 가장 거리가 먼 것은?

20년

① 가족체제의 문제성을 이해하도록 한다.
② 자녀행동과 부모관계를 파악한다.
③ 감정노출보다는 생산적 이해에 초점을 둔다.
④ 현재보다 과거 상황에 초점을 둔다.

18 액슬린(Axline)의 비지시적 놀이치료에서 놀이치료자가 갖추어야 할 원칙에 포함되지 않는 것은?

25년, 24년, 16년

① 아동을 있는 그대로 수용한다.
② 아동과 따뜻하고 친근한 관계를 가능한 빨리 형성하도록 한다.
③ 가능한 비언어적인 방법으로만 아동의 행동을 지시한다.
④ 아동이 타인과의 관계형성이 본인의 책임이라는 것을 알도록 하기 위해서는 제한을 둘 수 있다.

19 단기 상담에 적합한 내담자의 특성으로 옳은 것은?

24년, 23년, 19년

① 반사회적 성격장애가 있다.
② 문제가 구체적이거나 발달 과정상의 문제가 있다.
③ 지지적인 대화상대자가 전혀 없다.
④ 만성적이고 복합적인 문제가 있다.

---

17 심리상담의 주요 유형 – 가족 상담(치료)
가족 상담은 일반적으로 과거 원인 탐색보다는 현재의 기능적 변화와 관계 재구조화에 초점을 둔다.

18 심리상담의 주요 유형 – 비지시적 놀이치료
비지시적 놀이치료에서 놀이치료자는 아동에게 언어 또는 비언어적 방법으로 지시하여서는 안 되며, 아동이 주도권을 가지고 놀이를 이끌어가도록 하여야 한다.

19 심리상담의 주요 유형 – 단기 상담(치료)

오답해설

① 반사회적 성격장애는 장기적 개입과 성격 구조변화 중심의 상담이 필요하기 때문에 단기 상담이 적합하지 않다.
③ 지지체계가 전혀 없는 경우에는 위기 지원·심층정서 작업 등 장기 개입이 요구된다.
④ 만성적·복합적 문제는 문제의 심층 원인 탐색을 해야 하고, 지속적인 지지가 필요하기 때문에 단기 상담이 적합하지 않다.

정답 17 ④ 18 ③ 19 ②

20 가족치료의 주된 목표와 가장 거리가 먼 것은?

23년, 21년

① 가계의 특징을 파악하고 이를 재구조화한다.
② 가족 구성원 간의 잘못된 관계를 바로잡는다.
③ 특정 가족 구성원의 문제행동을 수정한다.
④ 가족 구성원 간의 의사소통 유형을 파악하고 의사소통이 잘 되도록 한다.

21 단기 상담에 적합한 내담자와 가장 거리가 먼 것은?

22년

① 위급한 상황에 있는 군인
② 중요 인물과의 상실을 경험한 자
③ 급성적으로 발생한 문제로 고통받는 내담자
④ 상담에 대한 동기가 낮은 내담자

22 사티어(Satir)의 의사소통 모형 중 스트레스를 다룰 때 자신의 스트레스를 무시하고 다른 사람에게 힘을 넘겨주며 모두에게 동의하는 말을 하는 것은?

22년, 19년

① 초이성형
② 일치형
③ 산만형
④ 회유형

---

20 심리상담의 주요 유형-가족 상담(치료)
가족치료의 목표는 가족체계를 건강하게 만들고 상호작용을 개선하는 것이기 때문에, 문제행동이나 증상의 원인을 특정 개인에게 돌리지 않고 가족 전체의 역동을 변화시키는 것이 핵심이다.

21 심리상담의 주요 유형-단기 상담(치료)
상담에 대한 동기가 낮은 내담자는 상담 과정에 적극적으로 참여하지 않거나 변화를 시도하려는 의지가 약하여 단기 상담에 적합하지 않다.

22 심리상담의 주요 유형-가족 상담(치료)

오답해설
① 초이성형은 스트레스 상황에서 감정 없이 이성적이고 논리적인 언어로만 반응하는 유형이다.
② 일치형은 자신의 감정, 사고, 행동을 일치시켜 진정성 있게 반응하는 안정된 유형이다.
③ 산만형은 스트레스 상황에서 초점 없이 주제를 빗나가거나 주의가 산만한 유형이다.

정답 20 ③ 21 ④ 22 ④

23 다음 설명에 해당하는 기법은? _{24년}

- 공통의 관심사를 공유함으로써 집단응집력을 촉진한다.
- 연계성에 주목하며 집단원 간의 상호작용을 촉진한다.
- 집단원의 말과 행동을 다른 집단원의 관심사나 공통점과 관련짓는다.

① 해석하기
② 연결하기
③ 반영하기
④ 명료화하기

24 집단치료의 준비 과정에서 다루어야 할 것과 가장 거리가 먼 것은? _{24년}

① 집단치료에 대한 오해
② 비현실적인 공포
③ 집단에 대한 기대
④ 집단응집력의 제고

25 집단 상담에서 침묵 상황에 대한 효과적 개입으로 틀린 것은? _{25년, 24년, 23년, 22년}

① 회기 초기에 오랜 침묵을 허용하는 것은 지도력 발휘가 안 된 것이다.
② 생산적으로 여겨지는 침묵 상황에서 말하려는 집단원에게 기다리라고 제지할 수 있다.
③ 말하고 싶으나 기회를 잡지 못하는 집단원에게 말할 기회를 준다.
④ 대리학습이나 경험이 되므로 침묵하는 집단원이 집단 상담 내내 말하지 않더라도 그대로 놔둔다.

26 집단 상담에 대한 설명으로 가장 적합한 것은? _{24년, 16년}

① 집단크기, 기간, 집단성격, 프로그램 등을 미리 결정해야 한다.
② 집단 상담에서는 개인 상담에 있는 접수면접과 같은 단계는 생략된다.
③ 집단 상담에서 상담자는 조언을 사용해서는 안 된다.
④ 만성적 우울증을 가진 내담자로 이루어진 집단은 자조집단에 어울린다.

---

23 심리상담의 주요 유형 – 집단 상담(치료)

오답해설
① 해석은 내담자의 무의식적 동기, 행동의 의미 등을 상담자가 설명해주는 기법이다.
③ 반영은 내담자가 표현한 감정이나 내용을 다른 말로 다시 표현하여 부연하는 기법이다.
④ 명료화는 모호하고 모순된 내담자의 말을 정리하거나 질문으로 분명하게 해주는 기법이다.

24 심리상담의 주요 유형 – 집단 상담(치료)
집단응집력은 집단형성 이후, 집단 과정 중에 점차 형성되고 강화되는 것이다.

25 심리상담의 주요 유형 – 집단 상담(치료)
집단 상담 내내 아무런 표현 없이 침묵하는 것은 문제가 될 수 있기 때문에, 그대로 방치하는 것보다는 침묵의 의미를 탐색하고, 필요한 경우 내담자가 안전하게 표현할 수 있도록 적절히 개입하여야 한다.

26 심리상담의 주요 유형 – 집단 상담(치료)

오답해설
② 집단 상담에서도 참가자의 적합성 판단을 위한 초기 접수면접이나 사전 선별 과정은 필수적이다.
③ 과도한 조언은 주의할 필요가 있지만, 조언 자체가 금지된 것은 아니다. 집단의 목적이나 상황에 따라 조언은 필요할 수 있다.
④ 만성 우울증은 전문가의 개입이 필수적인 치료집단이 더 적합하다.

정답 23 ② 24 ④ 25 ④ 26 ①

빈출

27 집단 상담에서 상대방의 행동이 나에게 어떤 반응을 일으키는가에 대하여 상대방에게 직접 이야기해 주는 개입방법은? 25년, 22년, 20년

① 자기투입과 참여
② 새로운 행동의 실험
③ 피드백 주고받기
④ 행동의 모범을 보이기

28 집단 상담의 발달단계 특징을 순서대로 나열한 것은? 20년

㉠ 구성원들에게 왜 이 집단에 들어오게 되었는지를 분명히 이해시키고, 서로 친숙해지도록 도와준다.
㉡ 상담자와 집단원들은 집단 과정에서 배운 것을 미래의 생활에서 어떻게 적용할 것인가를 생각한다.
㉢ 집단원들이 자기의 문제를 집단에서 논의하여 바람직한 행동변화를 모색한다.
㉣ 집단 과정 동안에 일어나는 저항, 방어 등을 자각하고 정리하도록 도와준다.

① ㉠ → ㉡ → ㉢ → ㉣
② ㉠ → ㉣ → ㉡ → ㉢
③ ㉠ → ㉣ → ㉢ → ㉡
④ ㉢ → ㉡ → ㉠ → ㉣

---

27 심리상담의 주요 유형-집단 상담(치료)

오답해설
① 자기투입과 참여는 집단원으로서 자신의 생각과 감정을 솔직하게 표현하고 집단 활동에 적극적으로 참여하는 것을 말한다. 이는 개입기법보다는 집단원의 기본적인 태도라고 볼 수 있다.
② 새로운 행동의 실험은 집단 내에서 평소와 다른 새로운 행동을 시도해보는 것을 말한다.
④ 행동의 모범을 보이기는 상담자가 바람직한 행동을 시범적으로 보여주는 것을 말한다. 이는 직접적 개입방법보다는 상담자의 역할이자 간접적 개입방법에 해당한다.

28 심리상담의 주요 유형-집단 상담(치료)

집단 상담은 일반적으로 '초기단계 → 전환단계 → 작업단계 → 종결단계'의 순서로 진행된다.
- 초기단계: 집단이 처음 형성되고, 서로 알아가고 친숙해지도록 도와주는 과정(㉠)이 필요하다.
- 전환단계: 집단원들이 집단 내 역할, 신뢰 문제 등에서 혼란이나 불편함을 겪기도 하는데, 이를 지각하고 도와주는 과정(㉣)이 필요하다.
- 작업단계: 신뢰와 개방성이 생긴 뒤 자기문제를 표현하고 행동변화를 도모(㉢)하는 시기로, 집단원 간 상호작용이 활발해진다.
- 종결단계: 집단 경험을 정리하고 외부 삶으로의 전이를 준비하며, 집단에서 배운 것을 어떻게 실제에 적용할지를 상담자와 논의(㉡)한다.

정답 27 ③ 28 ③

빈출
29 사이버 상담에 대한 설명으로 옳지 <u>않은</u> 것은?

25년, 23년, 19년, 16년

① 사이버 상담은 전화 상담처럼 자살을 비롯한 위기 상담이라는 뚜렷한 목적을 갖고 시작되었다.
② 사이버 상담자들의 전문성과 윤리성 등을 통제하고 관리하는 체계가 필요하다.
③ 사이버 상담의 전문화를 위해 기존 면대면 상담과는 다른 새로운 상담기법을 개발하고 실험을 통해 효과를 검증할 필요가 있다.
④ 사이버 상담은 기존의 면대면 상담과 전화 상담에 참여하지 않았던 새로운 내담자군의 출현을 가져왔다.

30 인터넷 상담의 장점으로 가장 적합한 것은?

25년, 24년

① 라포(Rapport)형성이 쉽다.
② 내담자의 정보를 얻기 쉽다.
③ 상담 공간과 시간이 용이하다.
④ 상담 과정이 원활하다.

---

29 심리상담의 주요 유형 – 사이버(인터넷) 상담
사이버 상담은 초기부터 위기 상담만을 목적으로 한 것이 아니라, 일반적인 심리상담, 진로 상담, 학습 상담 등 다양한 목적을 위해 발전해 왔다.

30 심리상담의 주요 유형 – 사이버(인터넷) 상담
오답해설
①, ②, ④ 인터넷 상담은 비대면으로 진행되기 때문에, 내담자의 비언어적 단서를 파악하기 어려워 라포형성이 쉽지 않으며, 상담 과정의 원활한 흐름에 방해될 수 있다.

정답 29 ① 30 ③

04 문제별 상담 유형

V. 심리상담

40%
5과목 내 출제 비중

공략 포인트
- 5과목 내에서 가장 출제 비중이 높은 부분입니다.
- 각 상담 유형마다 골고루 출제되는 편이며, 특히 청소년 상담과 진로 및 직업 상담의 출제 비중이 높은 편입니다. 상담에 대한 문제마다 다양한 주제를 다루므로, 각 상담에 대한 전반적인 부분을 잘 숙지해 두어야 합니다.

수험 키워드!
\# 약물 중독 상담
\# 성 피해 상담
\# 청소년 비행
\# 학습 상담
\# 진로 상담
\# 생애기술 상담

1 약물 중독 상담

1. 약물

(1) **개념**: 식품이 아닌 천연 또는 인공 화학물질로, 생체기관의 구조와 기능을 변화시키는 물질을 말한다.

(2) **특징**: 긍정적·부정적 영향을 초래하며, 지속적으로 사용할 경우 심각한 중독 증상이 나타날 수 있다.

(3) **분류** 기출 24~23, 21, 16년

① 신경계에 미치는 생물학적 작용방식에 따른 구분

구분	대표 약물	관련 신경전달물질
흥분제	코카인(Cocaine), 암페타민(Amphetamine)류, 니코틴(Nicotine), 카페인(Caffeine)	도파민, 노르에피네프린 증가
억제제	• 진정제: 알코올(Alcohol), 바비튜레이트(Barbiturate), 수면제·항불안제(Hypnotics·Anxiolytics) • 진통제(오피오이드 계열): 헤로인(Heroin), 모르핀(Morphine), 펜타닐(Fentanyl) 등 • 흡입제(Inhalants): 본드, 아세톤, 가스 등	• GABA 작용 증가 • 흡입제: 다양한 중추신경억제 효과 • 진통제: 오피오이드 수용체에 직접 작용
환각제	LSD, 메스칼린(Mescaline), 펜시클리딘(Phencyclidine)	세로토닌 수용체에 작용
기타	대마(Cannabis), 스테로이드(Steroid), 나이트레이트(Nitrate)	칸나비노이드 수용체에 작용(대마류)

② 치료 목적에 따른 구분

구분	특징 및 대표 약물
항우울제	• 우울증, 불안장애 등에 사용하며, 세로토닌·노르에피네프린을 조절함 • 대표 약물: 플루옥세틴(Fluoxetine), 벤라팍신(Venlafaxine), 삼환계(Tricyclic Antidepressant)
항불안제	• 급·만성 불안을 감소시키며, 대부분 GABA에 작용함 • 대표 약물: 벤조디아제핀(Benzodiazepine)-디아제팜(Diazepam)

빈출 핵심 발문
- 약물에 관한 설명으로 틀린 것은?
- 약물 중독의 진행단계로 옳은 것은?
- 다음 알코올 중독 내담자에게 적용할 만한 동기강화 상담의 기법과 가장 거리가 먼 것은?

용어 GABA
- 주요 억제성 신경전달물질
- 중추신경계에서 뉴런의 흥분을 억제하는 역할을 함

참고 삼환계 약물 종류
- 아미트립틸린(Amitriptyline)
- 노르트립틸린(Nortriptyline)

항갈망제	• 알코올, 니코틴, 오피오이드 등에 대한 갈망을 억제시킴 • 대표 약물: 날트렉손(Naltrexone), 아캄프로세이트(Acamprosate)

2. 약물 중독

(1) 관련 용어 기출 24, 21, 16년

약물 오용	• 약물을 의도치 않게, 또는 잘못된 방식을 사용하여 부작용이나 해를 입는 경우를 말함 • 의사의 처방이나 약사의 지시를 따르지 않거나, 약물의 본래 목적과 다르게 사용함으로써 발생하는 문제들을 포함함
약물 남용	• 약물을 의학적·사회적 통념에 맞지 않게, 즉 불법적이거나 부적절한 목적으로 사용하는 경우를 말함 • 보통 쾌락 추구나 기분변화를 목적으로 하거나, 사회적 규범을 위반하는 방식으로 약물을 사용함
약물 의존	• 약물 사용으로 인해 심리적 또는 신체적으로 약물에 대한 강한 갈망을 느끼고, 약물 없이는 정상적인 기능이나 생활이 어렵다고 느끼는 상태 • 약물 사용을 스스로 조절하기 어려워지는 특징을 보임 • 내성, 금단 증상, 강박적 사용 등의 문제 존재 • 공동의존: 약물 의존자와 정서적으로 밀접하게 관계된 사람(예 가족, 연인, 친구 등)이 의존자의 약물 문제에 지나치게 감정적으로 얽히거나 통제하려고 하는 심리적·행동적 패턴. 오히려 약물에 대한 의존을 초래하는 경우임
약물 내성	• 같은 양의 약물을 반복해서 사용할 경우, 점차 같은 효과를 얻기 위해 더 많은 양의 약물을 필요로 하게 되는 현상 • 내성이 생기면 약물의 용량이 증가하여 약물 의존 위험이 증가함 • 동기의 대립 과정이론⊕으로 설명 가능 • 교차내성: 한 약물에 내성이 생긴 경우, 유사한 작용 기전을 가진 다른 약물에 대해서도 내성이 나타나는 현상
약물 금단	• 약물 사용을 중단하였을 때 나타나는 신체적·심리적 증상 • 손 떨림, 불안, 불면, 경련, 두통 등의 증상이 나타남 • 동기의 대립 과정이론으로 설명 가능

(2) 약물 중독 과정 기출 24, 18년

단계	특징
1단계 (실험적 사용단계)	• 호기심, 또래의 압력 등의 이유로 약물을 실험적으로 사용하는 단계 • 약물의 정서적·신체적 영향에 무관심하거나 주의가 부족함
2단계 (사회적 사용단계)	• 사회적 상황(예 모임, 또래집단 등)에서 이루어지는 약물 사용단계 • 일시적인 기분 전환을 경험하지만, 대부분 약물 사용 후 정상적이라고 생각하여 심각성 인지를 못함
3단계 (도구적 사용단계 -남용단계)	• 특정 감정을 조절하거나 자극을 유발하기 위해 의도적으로 사용하는 단계 • 쾌락적 사용: 쾌감, 흥분 등을 느끼기 위한 목적으로 사용 • 보상적 사용: 스트레스나 분노 해소 등을 위한 목적으로 사용
4단계 (습관적 사용단계 -의존단계)	• 의존 증상이 나타나기 시작하여 일상생활에 영향을 미치는 단계 • 약물 사용 중단 시 불안이나 우울 등과 같은 금단 증상이 발생함 • 의존성 증가로 약물의 양이 증가하거나 새로운 약물을 시도함
5단계 (강박적 사용단계 -강박단계)	• 약물 사용이 강박적인 행동으로 나타나 전적으로 약물에 매달리는 단계 • 사회적·개인적 기능이 붕괴되고, 자기통제력이 약화되어 약물 중단 시도는 매번 실패로 돌아감

심화 동기의 대립 과정이론

• 솔로몬(Solomon)과 코빗(Corbit)이 제안한 약물 내성과 약물 금단 현상에 대한 설명이 가능한 이론
• **기본 전제**: 인간의 정서적 반응은 항상 대립되는 반응을 유도하는 경향이 있음
• 강한 긍정적 경험(A 과정)은 이후에 부정적 반응(B 과정)을 초래한다는 것으로, 반복적인 경험을 할수록 A 과정은 약화되고, B 과정이 강화된다는 것
• **약물을 처음 복용하였을 때 A, B 과정**
  - A 과정: 도파민이 증가하여 강한 쾌감을 느낌
  - B 과정: 이에 따른 반동적 불쾌감이 거의 없음
  → 강한 쾌감을 느끼며 재사용 유도
• **반복적인 사용 후 A, B 과정**
  - A 과정: 이전만큼의 쾌감이 없음
  - B 과정: 쾌감이 적어지다 보니 사용 후 불쾌감, 우울, 불안, 긴장 등이 커짐
  → 같은 양으로 이전의 쾌감을 느끼지 못하여 더 많은 양을 사용(내성)
  → 약물 사용 중단 시 B 과정이 강하게 남음(금단)

3. 약물 중독 상담의 방법

(1) 동기강화 상담 기출 23, 21년

① 밀러(Miller)와 롤닉(Rollnick)이 내담자의 변화 동기를 자연스럽게 끌어내고 강화하기 위해 개발한 상담 접근법을 말한다.
② 상담자가 변화를 강요하거나 조언을 하는 대신, 내담자 스스로가 변화의 필요성을 자기언어로 표현하도록 유도하는 방식이다.
③ 핵심 원리

공감표현	내담자의 관점과 감정을 정확하게 이해하고 수용하는 태도
자기효능감 강화	내담자 스스로 변화를 성공적으로 이룰 수 있는 능력과 자원이 있음을 믿고, 이를 강화하는 것
저항 다루기	저항을 문제가 아닌 변화에 대한 양가감정의 표현으로 보고, 그 저항에 맞서 싸우기보다 함께 움직이며 내담자의 관점을 이해하고 변화를 위한 새로운 시각을 탐색하는 것
불일치 인식 유도	내담자의 현재 행동이 자신의 중요한 가치, 목표 또는 소망과 얼마나 일치하지 않는지 스스로 깨닫도록 돕는 것

④ 주요 기법

OARS	열린 질문하기 (Open-ended Question)	• '예' 혹은 '아니오'로 답할 수 없는 질문을 하는 것 • 내담자가 자신의 생각과 감정을 자유롭게 설명할 수 있도록 유도 • 내담자가 대화의 주도권을 가지고 깊이 있는 탐색을 하도록 도우며, 변화 대화(Change Talk)를 촉진함
	인정하기 (Affirmation)	• 내담자의 노력, 감정, 성취, 긍정적인 의지 등을 진심으로 알아주고 격려하는 것 • 구체적이고 진솔한 칭찬과 인정을 통해 내담자의 자기효능감을 높임
	반영하기 (Reflective Listening)	• 반영반응, 반영적 경청이라고도 하며, 내담자가 한 말의 내용이나 감정적 의미를 상담자의 언어로 바꾸어 되돌려 주는 것 • 단순 반영: 내담자의 이야기를 그대로 표현하거나 상담자의 언어로 바꾸는 것 • 복합 반영: 내담자의 이야기의 숨은 의미와 감정, 양가감정을 표현하는 것
	요약하기 (Summarizing)	• 대화의 주요 내용을 정리하여 다시 들려주는 것 • 내담자 자신의 생각과 변화에 대한 동기를 재확인하도록 도움 • 대화 방향 설정 및 새로운 단계로 넘어가기 전 중요한 전환점이 됨
저항 다루기	재구성하기	내담자의 말을 긍정적이거나 중립적인 관점에서 새롭게 재진술하여, 내담자가 자신의 상황이나 행동을 다르게 인식하도록 돕는 기법
	초점 옮기기	내담자가 특정 주제에 과도하게 집착하거나 비생산적인 논쟁에 빠졌을 때, 상담자가 대화의 초점을 내담자의 동기나 다른 중요한 측면으로 부드럽게 전환하는 기법

심화 동기강화 상담

기본적인 상담 원리 중 하나는 인간의 심리에는 항상 양가감정(Ambivalence)이 존재한다는 것임. 예를 들어, 심한 알코올 중독자라 하더라도 술을 마시고 싶은 마음과 끊고 싶은 마음이 동시에 존재함. 따라서 상담에서는 이러한 양가감정을 긍정적인 방향, 즉 금주로 이끌기 위해 다루어야 함. 특히 단점을 공격하는 '공격치료(Attack Therapy)'는 변화를 촉진하기보다는 오히려 합리화를 강화할 가능성이 높음

심화 변화 대화

• 변화에 대한 내담자의 바람, 능력, 이유, 필요를 나타내는 준비 대화와 변화에 대한 준비를 마치고 실제로 행동하려는 의지를 보이는 동원 대화가 존재함
• 동기강화 상담은 '준비 대화'를 '동원 대화'로 이끌어내는 역할을 함

(2) 알코올 중독 상담: 익명의 알코올 중독자 모임(Alcoholics Anonymous, AA) 기출 20년

① 알코올 중독인 사람들이 서로의 경험과 힘, 희망을 나누며 알코올로부터 벗어나 일상을 회복할 수 있도록 돕는 자조집단을 말한다.

② 12단계치료: 중독을 인정하는 1단계부터 출발하여 다른 사람 앞에서 자신의 병을 고백하고, 치료를 통해 사회로 복귀하게 되기까지 12단계적 과정을 거쳐 치료하는 것을 말한다.

제1단계	우리는 우리가 알코올에 무력했으며, 우리의 삶을 수습할 수 없게 되었다는 것을 시인했다.
제2단계	우리보다 위대하신 힘이 우리를 본 정신으로 돌아오게 해주실 수 있다는 것을 믿게 되었다.
제3단계	우리가 이해하게 된 대로, 그 신의 돌보심에 우리의 뜻(의지)과 삶(생명)을 맡기기로 결정했다.
제4단계	두려움 없이 철저하게 우리 자신에 대한 도덕적 검토(성찰)를 했다.
제5단계	우리의 잘못에 대한 정확한 본질을 신과 자신에게, 그리고 다른 어떤 사람에게 시인했다.
제6단계	신께서 이러한 모든 성격성 결점을 제거해 주시도록 기꺼이 준비했다.
제7단계	겸손한 마음으로 신께서 우리의 단점을 없애 주시기를 간청했다.
제8단계	우리가 해를 끼친 모든 사람의 명단을 만들어서 그들 모두에게 기꺼이 보상할 용의를 갖게 되었다.
제9단계	어느 누구에게도 해가 되지 않는 한, 할 수 있는 데까지 어디서나 그들에게 직접 보상했다.
제10단계	인격적인 검토를 계속하여 잘못이 있을 때마다 즉시 시인했다.
제11단계	기도와 명상을 통해서 우리가 이해하게 된 대로의 신과 의식적인 접촉을 증진하려고 노력했다. 그리고 우리를 위한 그의 뜻만 알도록 해주시며, 그것을 이행할 수 있는 힘을 주시도록 간청했다.
제12단계	이런 단계들의 결과를 통해 우리는 영적으로 각성되었고, 알코올 중독자들에게 이 메시지를 전하려고 노력했으며, 우리 일상의 모든 면에서도 이러한 원칙을 실천하려고 했다.

③ 12전통: 모임의 원칙과 지침을 제시한 것이다.

1전통	우리의 공동복리가 무엇보다 우선되어야 한다. 개인의 회복은 AA의 공동유대에 달려있다.
2전통	우리의 그룹 목적을 위한 궁극적인 권위는 하나이다. 이는 우리 그룹의 양심 안에 당신 자신을 드러내 주시는 사랑 많으신 신이시다. 우리의 지도자들은 신뢰받는 봉사자들일 뿐이지 다스리는 사람들은 아니다.
3전통	알코올을 끊겠다는 열망이 AA의 멤버가 되기 위한 유일한 조건이다.
4전통	각 그룹은 다른 그룹이나 AA 전체에 영향을 끼치는 문제의 경우를 제외하고는 완전히 자율적이어야 한다.
5전통	각 그룹의 유일한 근본 목적은 아직도 고통 받고 있는 알코올 중독자들에게 메시지를 전하는 것이다.
6전통	AA는 관련 기관이나 외부의 기업에 보증을 서거나 융자를 해 주거나, AA의 이름을 빌려주는 일 등을 일체 하지 말아야 한다. 돈이나 재산, 명성의 문제는 우리의 근본 영적인 문제에서 벗어나게 할 우려가 있기 때문이다.

TIP AA는 특정 종교나 종파에 관련된 집단은 아니지만, 참여자의 영적인 성장에 초점을 맞춘 자조집단입니다. 이를 염두에 두고 다음의 12단계치료, 12전통을 학습하시길 바랍니다.

7전통	모든 AA는 자체 재정으로 자립하여야 하며, 외부로부터 그 어떤 기부도 받지 않는다.
8전통	AA는 항상 비직업적이어야 한다. 그러나 서비스 센터에는 전임 직원을 둘 수 있다.
9전통	AA는 결코 조직화되어서는 안 된다. 그러나 봉사부나 위원회를 만들 수는 있으며, 그들은 봉사 대상자들에 대한 직접적인 책임을 진다.
10전통	AA는 외부의 문제에 대해서는 어떠한 의견도 갖지 않는다. 그러므로 AA의 이름이 결코 공론에 들먹여져서는 안 된다.
11전통	AA의 홍보 원칙은 적극적인 선전보다 AA 본래의 매력에 그 기초를 둔다. 따라서 대중매체(신문, 라디오, TV, 영화등)에서 개인의 이름이 밝혀져서는 안 된다.
12전통	익명은 우리의 모든 전통의 영적 기본이며, 이는 각 개인보다 항상 AA의 원칙을 우선해야 함을 일깨워주기 위해서이다.

개념플러스 알코올 중독 가정에서 성장한 자녀의 특성 기출 25, 22년

- 알코올 중독 가정에서 성장한 자녀들은 성인 아이(Adult Child)의 특성을 보임
- 성인 아이의 특성
  - 어린 시절: 부모의 알코올 중독으로 인한 혼란과 불안한 환경 속에서 자라 가정 내에서 자신의 감정이 억압되거나 무시됨 → 안정된 애착형성 실패, 예측 불가능한 환경에 놓여짐 → 과잉적응 또는 감정 억제 경향형성
  - 자기비하를 하는 등 낮은 자존감이 형성됨
  - 일을 처음부터 끝까지 완수하는 데 어려움을 겪음(책임에 대한 두려움 또는 회피, 집중력 저하)
  - 감정표현이 미숙하고 타인을 신뢰하기 어려워 함
  - 타인의 인정에 집착함(외부기준에 의존)
  - 이분법적 사고(완벽 아니면 무가치)
  - 일반적으로 권위 있는 사람에 대해 두려움이나 불신을 느낌

용어 성인 아이
겉보기에는 성인이지만, 정서적·심리적으로는 미성숙한 아이처럼 기능하는 사람을 말함

2 성 피해 상담

1. 성 피해 상담의 개요

(1) 개념

성폭력	• 강간을 비롯한 추행, 희롱 등 타인을 대상으로 하는 가해자의 신체적·정신적·언어적 폭력을 총칭함 • 본질적으로 성적 자기결정권에 대한 침해에 해당함
성 피해 상담	성폭력 피해를 겪은 피해자들을 대상으로 진행하는 상담으로, 피해 초기에 신속하고 즉각적인 개입을 통해 피해자의 안정화를 도모하고, 이후 심층적인 개입을 통해 피해자의 자율성과 회복을 중점에 둔 상담

(2) **상담의 특징**: 성 관련 상담은 일반 상담보다 더 높은 수준의 전문성과 윤리의식을 요구하여 상담자의 역할이 특히 중요하다.

빈출 핵심 발문
- 성 상담을 할 때 상담자가 가져야 할 시행지침으로 옳은 것은?
- 성 피해자 심리상담 초기단계의 유의사항으로 옳지 않은 것은?
- 성 피해자에 대한 상담의 초기단계에서 상담자가 유의해야 할 사항으로 옳은 것은?

(3) 성 관련 피해자의 주요 심리적 반응

정서적 반응	수치심, 자책감, 분노, 불안, 무기력감, 복수심 등
인지적 반응	자기비난, 세상에 대한 불신, 혼란 등
행동적 반응	회피, 불면, 과도한 경계, 사회적 위축 등
신체적 반응	두통, 위장장애, 성기 통증 등
외상 후 반응	급성스트레스장애, 외상 후 스트레스장애(PTSD) 등

> **개념플러스** 성 피해 아동의 행동 경향과 심리치료 기출 25~24년
>
> | 행동 경향 | • 죄책감 경험: 성 피해 사실을 말한 후 죄책감을 경험함
• 비밀유지 경향: 가해자의 협박, 수치심, 보복에 대한 두려움 등으로 인해 성 피해 사실을 비밀에 부치는 경향이 강함
• 위기감: 성 피해 사실을 말하는 것에 대해 안전하지 않다고 느낌
• 논리적 진술의 어려움: 성 피해와 같은 외상 경험은 기억의 파편화를 초래하고, 감정적인 혼란 때문에 사건을 순서대로 말하는 등의 논리적 진술이 어려움 |
> |---|---|
> | 심리 치료 | • 피해 아동의 연령과 발달단계에 따라 적절한 심리치료방법을 실시함
• 피해 아동의 퇴행행동을 어느 정도는 수용하되, 발달에 적합한 범위 내에서 적절한 한계를 설정하고 바람직한 행동 방향으로 유도함
• 치료 초기에 아동의 주 양육자와 함께 치료를 시작하여 아동의 안정감을 높임
• 아동이 자신의 경험을 언어화하기 어려울 때 치료 보조 도구로써 신체 인형, 그림 놀이 등을 활용함 |

2. 성 피해 상담의 접근방식 기출 22~20년

(1) 일반적 시행지침

> **TIP** 성 피해를 포함한 전반적인 성 문제와 관련된 상담에 적용되는 지침입니다.

① 상담자는 자신의 성에 대한 개인적인 가치관, 편견, 선입견을 명확히 자각하고 있어야 한다.
② 내담자가 성에 대해 왜곡된 정보나 잘못된 신념을 가지고 있을 수 있으므로, 내담자가 성에 대해 올바른 지식을 가지고 있음을 전제로 상담을 시작하면 안 된다.
③ 상담자는 개방적인 태도로 내담자의 성 관련 지식 수준을 파악하고 필요한 정보를 제공할 준비가 되어 있어야 한다.
④ 상담 중 내담자와 성에 관해 개방적이고 솔직한 의사소통을 진행하여야 한다. 이는 내담자가 자신의 문제를 숨기지 않고 표현할 수 있는 안전한 환경을 조성하는 중요한 과정이다.
⑤ 상담자는 자신의 전문적인 지식과 기술의 한계를 명확히 인식하여, 자신의 역량을 넘어서는 복잡하거나 심각한 성 문제에 대해서는 주저 없이 다른 전문가(예 성 전문치료사, 정신과 의사, 법률 전문가 등)에게 의뢰한다.
⑥ 내담자의 성 관련 사고방식, 신념, 경험 등의 성 관련 개인적 사고를 다룬다. 이는 문제의 본질을 이해하고 해결책을 찾는 데 중요한 요소이다.

(2) 상담자의 태도

① 성폭력 피해자가 경험하는 대표적인 감정인 죄책감과 수치심을 다루어야 한다. 이러한 감정을 탐색하여 해소하는 것이 상담 과정의 핵심이다.

② 성폭력은 낯선 사람에 의해서만 발생하는 것이 아님을 인지하고 접근하여야 한다.
③ 성폭력은 성적 자기결정권의 침해임을 명확히 인지하고 감안하여 피해자의 잘못이 아님을 분명히 하여야 한다. 또한, 피해자를 비난하거나 책임을 전가하는 태도는 삼가야 한다.
④ 성 피해의 원인을 피해자에게 돌리지 않고, 피해자에겐 잘못이 없음을 명확히 한다.

3. 성 피해 상담의 과정

(1) 초기단계 기출 25~21, 18~17년

감정 중심 접근	내담자의 분노, 불안, 수치심 등의 감정 탐색과 반영, 호소 문제 구체화
통제감 회복	내담자가 원하는 속도와 방식으로 상담 진행
심리적 안정감 조성	상담(치료)관계형성에 집중하고, 비판 없이 내담자의 감정을 있는 그대로 수용하며 상담의 주도권을 내담자에게 제공
신체적 긴장 이완	내담자의 긴장 상태를 완화하는 신체중심기법 활용
조급한 문제해결 접근 지양	내담자가 침묵을 하더라도 재촉하지 않아야 하며, 정보수집 중 내담자가 불편감을 느끼면 그 즉시 중단하여야 함
피해 부정 시 수용	첫 면접에서 내담자가 피해 사실을 부인하거나 문제가 없다고 이야기할 경우(방어기제의 일종), 일단 이를 수용함 → 강요나 압박 시 신뢰관계 붕괴
기초 정보수집	• 내담자와의 신뢰형성과 동시에 내담자의 전반적인 환경과 피해로 인한 심리적 반응을 이해할 수 있는 기초 정보 파악 필요 • 가족관계, 생활 환경, 기존 심리적 어려움, 성폭력 피해로 인한 합병증 등에 대한 정보를 얻되, 자연스럽고 조심스럽게 탐색하는 것이 중요함

(2) 중기단계

문제 직면 돕기	초기단계에는 피해 사실에 대한 부정을 수정했지만, 상담관계가 형성된 중기단계에는 문제에 조심스럽고 점진적으로 피해 사실 직면 유도
감정 표출 유도	내담자의 두려움을 인지하여, 내담자의 억압된 감정을 표출하도록 유도
피해 원인 명확히 하기	수치심과 죄책감 등의 감정 원인과 피해에 대한 원인은 전적으로 가해자에게 있음을 명확히 하고, 반복적으로 확신시켜주어야 함
잘못된 죄의식수정	내담자가 성폭력 피해 사실에 대해 가지고 있는 잘못된 죄의식을 비롯한 비합리적 신념을 탐색하여 사고방식을 재구성하도록 도움 → 자기존중감 회복

(3) 종결단계

계획된 종결 수립	성 피해 상담의 경우, 내담자의 상담자 의존도가 높은 편이기 때문에 상담 종결에 따라 버림받은 느낌이나 상실감 등을 느끼지 않도록 사전에 체계적인 종결계획 수립
높은 의존도 관리	점진적으로 상담 간격을 늘려 내담자의 독립심을 키움
변화 확인 및 소감 나누기	• 내담자의 긍정적 변화를 구체적으로 언급하여 내담자의 자신감 고취 • 상담 과정 중 아쉬운 점을 솔직하게 나누어 감정 정리 및 추후 상담에 참고함
종결 감정 다루기	• 상담 종결에 따른 아쉬움과 이별의 감정을 회피하지 않고 솔직하게 나눔 • 다시 어려움이 생기거나 도움이 필요한 경우, 언제든 재상담이 가능함을 인지시켜 내담자에게 심리적 안정감 제공

개념플러스 위기 상담에서 사용하는 주요 개입 전략 기출 24, 22~20년

- **트라우마체계치료(Trauma Systems Therapy, TST)**

개념	개인의 외상반응뿐 아니라 그를 둘러싼 환경(가족, 학교, 사회 시스템 등)까지 함께 치료의 대상으로 보는 통합적 트라우마치료 접근법
특징	• 초기단계 이후 내담자가 어느 정도 안정되고 지속적인 외상반응과 환경 문제를 다루기 시작할 때 사용할 수 있음 • 트라우마체계치료의 10가지 원리 　- 무너진 체계를 조정하고 복원하기 　- 먼저 안전 확보하기 　- 사실에 근거하여 명확하고 초점화된 계획 만들기 　- 준비되지 않았을 때 시작하지 않기 　- 최소한의 자원으로 작업하기 　- 책임, 당사자의 책임 주장하기 　- 현실에 맞추기 　- 자신과 자신의 팀 돌보기 　- 강점으로 시작하기 　- 더 좋은 체계를 만들어 남겨 두기

- **최면**

개념	이완·집중된 주의 상태에서 외부자극에 대한 인식이 감소하고, 내부적인 경험에 대한 몰입이 깊어지는 의식 상태를 말함
특징	• 최면의 유형 　- 지시적 최면: 최면자가 직접적이고 명령적인 어조를 사용하여 최면을 유도함 　- 비지시적 최면: 형식적인 유도 절차 없이, 마치 일상적인 대화를 나누는 것처럼 자연스럽게 진행됨 • 최면 유도방식에 상관없이, 모든 최면은 내담자의 적극적인 참여와 의지가 없으면 성립할 수 없음 → 자기최면(Self-Hypnosis)으로 볼 수 있음 • 최면을 통해 내담자는 자신의 무의식이라는 거대한 내적 자원 창고를 탐색하고 활용하여 스스로 변화를 이끌어내며, 외상기억을 안정적으로 처리하고 내담자의 통제감을 높임 • 최면의 '안전한 장소' 기법을 활용하여 트라우마 상황에서 벗어나 평온함을 느끼는 장소를 상상하도록 유도함

- **위기개입 상담**

개념	갑작스럽고 심각한 위기 상황에 처한 사람을 대상으로 단기적이고 집중적인 개입을 통해 심리적 안정을 회복하고 기능적인 일상생활로 복귀할 수 있도록 돕는 상담
특징	• 일반적으로 1~6회 정도의 짧은 회기로 구성됨 • 내담자가 현재 직면한 위기 상황, 즉각적인 욕구에 집중하며 신속한 해결 촉구 • 위기는 일시적이기 때문에 '지금-즉시'의 개입 필요 • 상담자 혼자 해결하기보다는 병원, 보호자, 사회자원과의 연계가 중요함 • 내담자와 진실한 관계를 형성하고 내담자가 안정감을 느낄 수 있도록 지지적이고 구조적인 개입 진행 • 같은 사건이라도 내담자마다 위기반응은 다르기 때문에, 각각의 내담자의 특성과 상황을 고려하여 맞춤형 개입을 함 • 위기개입 상담의 7단계: 위기평가 → 관계형성 → 감정표현 격려 → 문제 명확화 → 대처 자원 탐색 → 대안 모색 및 행동계획 → 추후 계획 및 종결

참고 위기 상황의 예시
- 성 관련 피해
- 자살 사고 또는 시도
- 이혼, 사망 등 중대한 상실
- 교통사고, 화재 등 사고
- 정신적 붕괴 직전의 사태

3 청소년 상담 기출 20년

1. 청소년 상담의 개요

(1) 개념: 청소년의 발달특성과 심리적 요구를 바탕으로, 그들이 현재 겪는 어려움을 해결하고 건강한 자아 정체성을 확립하며, 유능한 사회 구성원으로 성장하도록 돕는 상담이다.

(2) 상담의 특징 기출 23, 19년

① 청소년 상담은 일반 성인 상담과 달리 발달적 특수성을 고려하여야 하고, 현재 처한 상황도 종합적으로 고려하여 상담을 진행하여야 한다.

② 상담 시 고려하여야 하는 요소
  ㉠ 발달적 특수성

규준적 발달 정보	일반적인 청소년이 어떤 발달 과정을 거치는지를 파악
개인 발달단계와 과업수행 수준	특정 청소년의 실제 심리사회적 발달단계 위치를 파악
영역별 발달 수준	인지, 정서, 대인관계 등 각 기능의 성숙도 파악

  ㉡ 가족 환경 및 역동: 가족구성 및 기능, 부모의 양육 태도, 가족 갈등, 가족 내 외상 경험 등
  ㉢ 학교 및 학업 요인: 학업 성취도 및 태도, 교사와의 관계, 학교 분위기 및 적응 수준, 학교 밖 학습 환경
  ㉣ 또래관계 및 사회적 지지망
  ㉤ 건강 상태 및 정신과적 병력

③ 대부분의 청소년은 비자발적으로 상담에 참여하는 경우가 많아, 상담에 저항적인 태도를 보일 수 있다. 따라서 상담자는 인내심과 비판단적 태도로 상담관계를 형성하여야 한다.

④ 청소년 문제는 가족 역동과 밀접하게 관련되어 있어, 부모 상담이나 가족 상담을 병행하는 것이 중요하다.

2. 청소년 상담의 대표 유형

(1) 비행 청소년 상담

① 개념: 사회의 규범이나 법규에 어긋나는 행동을 반복하거나 일탈적인 생활양식을 보이는 청소년을 대상으로 하는 상담을 말한다.

② 청소년 비행의 분류 기출 22, 20, 16년
  ㉠ 비행자의 심리적 특징에 따른 분류[와이너(Weiner)]

유형	특징	예시
사회적 비행	• 심리적인 문제 없이 환경적·사회적 요인에 의해 발생하는 비행 • 특히 또래집단의 영향을 가장 많이 받는 청소년들이 그 집단문화에 동조하여 비행을 저지름	집단 폭력 등
심리적 비행	심리적·개인적 요인에 의해 발생하는 비행	도벽, 방화, 자해 등

빈출 핵심 발문

- 청소년 비행의 원인을 사회학적 관점에서 설명하는 이론이 아닌 것은?
- 자살을 하거나 시도하는 학생들에게 공통적으로 나타나는 성격특성과 가장 거리가 먼 것은?
- 테일러(Taylor)가 제시한 학습부진아에 관한 특성으로 옳지 않은 것은?
- 학습 문제 상담의 시간 관리 전략에서 강조하는 것은?
- 효율적인 독서능력의 신장과 장기기억을 돕는 조직화 전략 SQ3R의 순서를 올바르게 나열한 것은?
- 청소년의 게임 중독치료와 관련하여 가장 적합하지 않은 개입은?

참고 청소년 관련 법률

- **청소년기본법(1991)**: 청소년의 권리 및 책임, 청소년육성정책에 관한 기본적인 사항 규정
- **청소년보호법(1997)**: 청소년에게 유해한 매체물과 약물 등이 청소년에게 유통되는 것과 청소년이 유해한 업소에 출입하는 것 등을 규제하고, 청소년을 유해한 환경으로부터 보호·구제함으로써 청소년이 건전한 인격체로 성장할 수 있도록 하는 사항 규정
- **청소년복지지원법(2005)**: 청소년 복지 향상에 관한 사항 규정

심화 심리적 비행의 하위 유형

- **성격적 비행**: 잘못 형성된 인성과 인격특성으로 인해 반복적이고 고착된 비행을 지지름
- **신경증적 비행**: 내면의 갈등, 불안, 죄책감 등의 정서적 문제가 비행의 동기가 되어 타인의 주목을 이끄는 방식으로 비행을 저지름
- **정신병적(기질적) 비행**: 신경학적, 생리학적 이상 또는 정신병적 상태에 기인하여 비행을 저지름

참고 청소년 도벽

우발적이고 기회적이어서, 한번 발생하면 반복되고 습관화되어 다른 비행 행동과 복합적으로 나타날 수 있는 특징이 존재함

ⓛ 법적 기준에 따른 분류

유형	특징	예시
지위비행	성인에겐 문제가 되지 않지만, 청소년이기 때문에 문제시되는 행위	음주, 흡연 등
범죄비행	법적으로도 처벌이 가능한 범죄행위를 저지르는 것	절도, 폭행, 성범죄 등

③ 사회학적 관점에 따른 청소년 비행의 원인론 기출 24~23, 21~20, 17년

㉠ 아노미 이론(Anomie Theory)

주요 학자	에밀 뒤르켐(Émile Durkheim), 로버트 머튼(Robert Merton)
전제	사회는 구성원들에게 성공이라는 목표를 제시하지만, 그 목표를 달성할 수 있는 합법적 수단은 공평하게 주어지지 않음 → 목표와 수단 간의 괴리
비행 원인	합법적인 수단을 통해 성공목표를 달성하기 어렵다고 느낄 때, 비합법적인 수단을 통해 목표 달성을 시도한다고 봄 → 현대사회의 가치관 혼란현상으로 인해 비행 발생

㉡ 사회통제이론(Social Control Theory)

주요 학자	트래비스 허쉬(Travis Hirschi)
전제	인간은 기본적으로 비행 성향을 가지고 있으며, 사회적 유대를 통해 비행 충동을 억제함
비행 원인	사회적 유대가 약하거나 결핍될 때 비행이 발생한다고 봄

㉢ 하위문화이론(Subculture Theory)

주요 학자	앨버트 코헨(Albert Cohen), 리처드 클로워드와 로이드 올린(Richard Cloward & Lloyd Ohlin)
전제	주류 사회의 가치와 다르게 비행을 긍정하는 하위 문화가 존재
비행 원인	주로 하층 계급의 청소년들이 주류 사회의 가치를 따르는 학교나 사회에서 좌절감을 경험하고 비행을 긍정하는 하위 문화에 소속되면서 비행이 발생한다고 봄

㉣ 낙인이론(Labeling Theory)

주요 학자	에드윈 레머트(Edwin Lemert), 하워드 베커(Howard Becker)
전제	어떤 행위 자체가 절대적으로 비행인 것이 아니라, 사회나 권력집단이 특정 행위나 개인에게 '비행'이라는 낙인을 붙임으로써 비행이 정의됨
비행 원인	사회적 낙인이 개인의 자아개념을 형성하고, 그 낙인에 따라 행동하게 만들어 오히려 비행을 강화시키고 재범으로 이어지게 만든다고 봄

㉤ 차별접촉이론(Differential Association Theory)

주요 학자	에드윈 서덜랜드(Edwin Sutherland)
전제	범죄나 비행행동은 타고나는 것이 아니라, 다른 행동과 마찬가지로 사회적 상호작용을 통해 학습됨
비행 원인	또래 등 가까운 사람과의 접촉을 통해 비행행동을 학습하고, 법을 위반하는 태도나 기술을 가까운 사람들로부터 습득하여 이를 모방함으로써 비행이 발생한다고 봄

심화 다른 관점에서의 원인론
- 사회배제이론: 특정 개인이나 집단이 사회의 주요 시스템에서 소외되고 고립될 때, 이로 인한 좌절과 기회 박탈이 비행 발생에 영향을 미친다고 보는 이론(사회학적 관점에 해당하는 이론이지만, 전통적 사회학적 관점에 해당하는 옆의 이론들과 다르게 현대적인 개념에서의 사회학적 관점에 해당됨)
- 욕구실현이론: 인간의 기본적인 욕구가 합법적인 경로로 충족되지 못할 때, 비행을 통해 결핍된 욕구를 대리적으로 충족하고자 비행이 발생한다고 보는 이론으로, 심리학적 관점에 따름

용어 아노미(Anomie)
사회적 규범이 약화되거나 혼란스러운 무규범의 상태

심화 사회적 유대의 요소
- 애착: 부모, 교사, 친구 등 중요한 타인과의 정서적 유대감
- 개입: 학교생활, 동아리 활동 등 합법적인 활동에 참여하는 정도
- 관여: 교육이나 직업 등 사회적 목표 달성을 위한 노력과 투자
- 신념: 사회 규범이나 법률에 대한 존중과 신뢰

ⓑ 문화갈등이론(사고충돌이론, Culture Conflict Theory)

주요 학자	토르스텐 셀린(Thorsten Sellin)
전제	범죄나 비행의 원인은 개인의 문제가 아닌, 서로 다른 문화적 규범 간의 충돌에 있음
비행 원인	• 일차적 문화갈등: 청소년이 속한 가정의 문화(예 이민자, 다문화 가정)가 주류 사회문화와 다를 때, 청소년이 의도적으로 일탈하려는 것이 아닌 자신이 배운 규범을 따르려는 과정에서 발생한다고 봄 • 이차적 문화갈등: 청소년들이 형성한 독특한 가치와 행동 규범을 가진 하위 문화의 규범(예 친구 간의 의리를 목숨보다 중시하는 것)이 때때로 성인 사회의 법률이나 도덕적 규범과 충돌하면서 발생하는 것으로 봄

개념플러스 약물 남용 청소년 진단과 평가 시 유의사항 기출 22, 20년

- **낙인 방지**: 청소년이 약물을 사용한 경험이 있다는 것만으로 약물 남용자라는 낙인을 찍지 않아야 함
- **이중 진단 고려**: 우울증, 품행장애, ADHD, 자살 위험 등과의 공존 가능성을 항상 염두에 두고 임상적 평가 필요
- **발달특성 반영**: DSM-5 진단기준은 대부분 성인 중심이므로, 청소년의 사용 동기·사회적 맥락·발달단계 등을 고려한 해석이 요구되며, 청소년에게 특화된 약물평가 도구를 활용해야 함
- **종합적 사정 필요**: 약물 사용 외에도 가족관계, 학교 적응, 또래관계, 자기효능감 등 전반적 심리·환경 요인을 함께 평가해야 함
- **개입목표의 명확화**: 약물 사용의 직접적 위험성과 반복 가능성을 우선 다루되, 환경적 요인⁺도 병행하여 개입 방향 설정

(2) 청소년 자살 상담

① 개념: 자살을 시도했거나 자살 충동을 가진 청소년 내담자에게 즉각적인 정서적 안정과 안전 확보, 자살 예방을 목표로 신속하고 전문적인 개입이 이루어지는 상담이다.

② 청소년 자살의 주요 위험 요인 기출 22~21년
  ㉠ 공격성, 약물 남용, 충동성
  ㉡ 급격한 성적 하락과 같은 학업 스트레스
  ㉢ 식습관 및 수면행동의 변화
  ㉣ 회피적 행동과 사회적 고립의 증가
  ㉤ 가정 불화와 결손가정 혹은 부모의 과잉 보호
  ㉥ 주변 사람의 자살 시도 모방(집단모방)

③ <mark>자살 시도 청소년의 일반적인 특징</mark> 기출 25, 23, 20, 17년

부정적 자아개념	자신을 가치 없다고 여기거나, 자신감 부족, 열등감 등 낮은 자존감과 부정적인 자기인식을 갖는 경향이 있음
부족한 의사소통기술	자신의 감정이나 어려움을 제대로 표현하지 못하고, 타인과의 관계에서 어려움을 겪는 등 의사소통기술이 부족하여 고립감을 심화시킴
부적절한 대처기술	스트레스나 문제 상황에 직면했을 때 회피, 충동적인 행동, 자기비난 등 건강하지 못한 방식으로 대처하는 경향이 있음

심화 요인에 따른 약물 남용 구분
- **일차적 약물 남용**: 청소년이 특별히 심각한 정신건강 문제나 심리사회적 어려움 없이 호기심, 또래의 압력, 스릴 추구, 일시적인 스트레스 해소 등의 이유로 약물 사용을 시작한 경우
- **이차적 약물 남용**: 청소년에게 이미 정신 질환이나 심각한 가족 갈등, 학교 폭력, 학업 부진, 낮은 자존감과 같은 심리사회적 어려움이 존재하여 이러한 어려움으로 인한 고통이나 불편함을 일시적으로 해소하거나 회피하기 위해 약물 사용을 시작한 경우

④ 청소년 대상 자살 위험평가❼ 시 고려사항
  ㉠ 자살 위험평가는 매우 민감하고 개인적인 정보를 다루기 때문에, 개별적이고 비밀이 보장되는 면담을 통해 이루어져야 한다.
  ㉡ 자살 위험도 판단을 위해서는 자살계획의 구체성(예 시기, 수단, 장소 등)에 대해 상세하게 물어보아야 한다.
  ㉢ 자살 의도가 당장 행동으로 이어질 가능성이 낮은 '유보' 상태이거나, 자살 생각을 하지만 아직 구체적인 계획이나 즉각적인 실행 의지가 없는 경우, 내담자의 내적 강점과 외적 자원(예 가족, 친구, 학교, 사회적 지지망 등)을 적극적으로 탐색하고 강화해야 한다.
  ㉣ 내담자가 자살 생각을 하고 있음을 인정한 경우, 다음 상담 전까지 행동으로 실천하지 않겠다는 구체적인 구두 또는 서면 약속을 한다. → 무자해 계약, 안전계획

> **용어 자살 위험평가**
> 개인이 현재 자신을 해칠 의도나 계획이 있는지, 그리고 그러한 행동으로 이어질 가능성이 얼마나 높은지를 체계적으로 파악하고 예측하는 과정

개념플러스 자살생존자에 대한 이해 기출 22년

- **자살생존자**: 가족, 친구 등 가까운 이의 자살을 경험한 사람을 말함
- **자살생존자 상담 시 상담자의 역할**

분노 감정 수용	• 분노는 자살생존자의 가장 흔한 감정으로, 자살한 사람, 상황, 자기 자신에 대한 분노 등 다양한 형태의 분노를 경험함 • 상담자는 이를 이해하고 수용하여야 함
죄책감 이해	• 자살생존자는 '내가 도와줬다면…' 등과 같이 자기 스스로를 비난하며 깊은 고통을 받음 • 상담자는 점진적으로 자살생존자의 자기인식변화를 유도하여야 함
상실 경험 다루기	• 자살생존자는 가까운 사람을 잃은 것에 대한 깊은 슬픔과 공허함을 느낌 • 상담자가 이러한 상실 경험에 대해 회피하거나 이야기하지 못하도록 하는 것은 오히려 감정의 처리와 회복, 애도 과정을 방해할 수 있기 때문에 상실 경험을 이야기하도록 하여야 함
낙인감 다루기	• 자살은 사회적으로 여전히 금기시되고 낙인화되는 경향이 있어, 자살생존자들은 이로 인해 수치심을 느끼고 자신의 고통을 외부에 드러내기 어려워 함 • 상담자는 생존자가 겪는 어려움을 인지하고, 그들이 사회적 낙인에 대처하는 데 필요한 지지를 제공하여야 함 예 자살은 누구의 잘못도 아니에요.

(3) 학업 및 학습 상담

① 개념: 학습자가 학업 과정에서 겪는 다양한 문제(예 성적 저하, 동기 부족, 시간 관리 실패 등)를 해결하고 학습효율을 높이며, 전인적 성장과 자기주도학습능력을 향상시킬 수 있도록 돕는 상담을 말한다.

② 특징 기출 21년
  ㉠ 비자발적 내담자: 보통 청소년 스스로 학습 상담의 필요성을 인식하기보다는 부모나 교사 등의 권유 또는 강압으로 상담을 시작하는 경우가 많다.

ⓒ **통합적 접근**: 학습 문제는 인지적 요인(예 학습 전략 부족, 기억력, 이해력)뿐만 아니라, 비인지적 요인(예 학습 동기 부족, 시험 불안, 낮은 자존감, 가정 환경, 또래관계, 주의력 문제, 정서 문제 등)의 다양한 요인에 의해 발생할 수 있기 때문에, 이를 통합적으로 고려하여야 한다.

ⓒ **부모의 관여 및 협력의 중요성**: 청소년의 학습 문제는 보통 가정 환경과 부모의 양육 태도와 밀접하게 관련되어 있기 때문에, 부모의 관여가 적절한 수준과 형태로 이루어지도록 돕고 부모와 협력관계를 구축하는 것이 중요하다.

ⓒ **유능한 학습자로서의 성장 조력**: 단순히 현재의 학업 문제를 해결하는 것을 넘어, 내담자가 학습 과정에서 겪는 어려움을 스스로 극복하고 유능한 학습자로 성장하는 것을 조력한다.

> **개념플러스 학습과 지능의 연관성 기출 22년**
> - 지능에 대한 학습자 자신의 주관적인 인식 중요 → 학습에 대한 태도(예 동기, 끈기, 노력)에 영향을 미침
>   예 본인 스스로 공부를 못한다고 생각하면, 노력을 덜 할 수 있음
> - 지능검사의 지능 점수를 통해 학습자의 인지적 강점 및 약점 파악 가능
>   → 단순 총점뿐만 아니라 언어이해, 지각추론, 작업기억, 처리속도 등의 다양한 하위 영역별 점수를 제공하여 학습자의 구체적인 인지적 강점과 약점 파악에 도움을 줌. 이를 통해 개인 맞춤형 학습 전략 수립 가능

TIP 지능 점수(지능지수)는 같은 연령대 학생들 간의 상대적 위치를 의미하며, 이를 파악할 수 있는 지능검사에는 스탠포드-비네 검사, 웩슬러 검사, 카우프만 검사 등이 있습니다.

③ 학습 문제⁺ 유형

시험 불안	• 시험 상황에서 인지적·정서적 불안이 과도하게 유발되어 학업 수행을 저해하는 상태 • 주 원인: 낮은 자기효능감, 평가불안, 부정적 자아개념, 실패 경험
학습부진	• 내재적 또는 환경적 원인으로 인해 잠재적인 지적 능력(지능지수)보다 실제 학습 성취 수준이 현저히 낮은 상태 • 주 원인: 주의력 결핍, 비효율적인 학습 습관, 낮은 학습 동기, 시험 불안, 가정 환경 문제, 또래관계 스트레스 등 개인의 정서나 환경적 문제
학습장애	• 일반적인 지적 능력은 정상이지만 특정 학습영역(읽기, 쓰기, 수학 등)에 현저한 곤란을 겪는 신경발달장애 • 주 원인: 뇌 기능의 정보처리 문제(기억, 주의, 지각), 유전적 요인, 실행기능 결함
학업 지연(지체)	• 전반적인 지적 능력이 낮아 학습속도나 성취도가 또래에 비해 현저히 떨어지는 상태 • 주 원인: 전반적인 지적 능력 저하, 신경발달장애, 환경적 박탈
학습 동기 부족	• 학업을 수행하는 데 필요한 흥미, 열정, 의지 등 내재적 또는 외재적 동기가 현저히 낮은 상태 • 주 원인: 낮은 효능감, 반복된 실패로 인한 무기력, 목표 부재

심화 학습 문제를 알아보는 방법
- **표본기록법**: 미리 정해놓은 시간 동안 관찰 대상에게서 발생하는 모든 행동과 상황을 가능한 한 자세하고 일어난 순서대로 서술하는 방법
- **일화기록법**: 관찰자가 미리 정해놓은 특정 행동이나 사건이 발생했을 때, 그 행동과 관련된 상황을 이야기 형식으로 육하원칙에 따라 기록하는 방법
- **사건표집법**: 관찰자가 미리 정해놓은 특정 행동이나 사건이 발생할 때마다, 그 행동의 빈도와 맥락을 기록하는 방법
- **시간표집법**: 미리 정해놓은 짧은 시간 간격(예 30초, 1분 등)마다 관찰 대상의 행동을 관찰하고 기록하는 방법

| 개념플러스 | 테일러(Taylor)가 제시한 학습부진아의 특성 | 기출 25, 23, 20, 16년 |

- 학업에 대한 막연한 불안감을 가지고 있음
- 자신에 대해 부정적인 평가(자기비판적)를 내리며, 부적절감❓을 가짐
- 달성하기 어려운 비현실적인 목표를 세우고, 이로 인해 계속된 실패를 경험함
- 학업에 대한 흥미가 낮고, 주의 집중 시간이 짧음
- 학습 외적인 것에 더 관심을 두는 경향이 있음

> **용어 부적절감**
> 자신이 어떤 상황이나 역할에 대해 '충분하지 않다.', '부족하다.', '능력이 없다.'라고 느끼는 주관적인 감정

④ 학습 상담 과정 기출 23, 21년

㉠ 초기단계

상담관계형성	• 내담자의 비자발성을 이해하고, 내담자에 대해 비판단적이고 수용적인 태도를 보여 라포를 형성함 • 내담자의 학습 문제와 관련된 감정(예 좌절감, 불안, 무기력 등)을 이해하고 공감하며, 표현하도록 격려함
문제 탐색 및 평가	내담자가 겪는 학습 문제의 구체적인 내용과 현재 상황 파악 → 이 과정에서 단순히 학습 문제만 보지 않고, 학습에 영향을 미치는 다른 요인(예 가족, 또래관계, 정서 상태, 건강 등)도 폭넓게 확인함
상담목표 설정	내담자와의 충분한 논의를 통해 현실적이고 구체적이며, 달성 가능한 상담목표를 함께 설정함 → 이때 내담자가 주도적으로 목표를 설정하는 것이 중요함

㉡ 중기단계

문제해결을 위한 개입	내담자의 학습 유형과 문제점에 맞는 학습 전략을 지도하고 동기를 증진시키며, 내담자의 강점(예 끈기, 흥미 등)이나 활용 가능 자원(예 학습 자료, 긍정적인 친구 등)을 파악하여 학습 문제해결
진행 상황 점검 및 평가	내담자의 변화 과정 점검 및 평가 → 계획대로 진행되지 않을 시, 원인 파악 및 목표/전략수정

㉢ 종결단계

변화 유지 및 재발 방지 교육	• 상담을 통해 얻은 성과와 변화들을 정리하고, 내담자 스스로 이러한 변화를 어떻게 유지할 수 있을지에 대한 계획 수립을 도움 • 앞으로 발생할 수 있는 학업적 어려움에 대한 대처 전략을 함께 모색함
상담관계 정리	상담자와 내담자 간의 관계를 정리하며, 종결에 따른 아쉬움이나 상실감을 다룸
성장 확인 및 격려	내담자가 상담을 통해 얼마나 성장했는지, 어떤 어려움을 극복했는지 구체적으로 언급하며 격려함

⑤ 개입 전략 기출 23, 19, 17년

㉠ **시간 관리 전략**

개념	제한된 시간을 효율적으로 배분하고 활용하여 학습 생산성을 극대화하는 전략
특징	• 구체적이고 측정 가능한 학습목표를 수립함 • 긴급도와 중요도에 따라 우선순위를 부여하여 수행함 • 공부에 방해가 되는 요소를 최소화하고 집중할 수 있는 환경을 조성함 • 장기간 연속학습보다 적절한 휴식 시간을 포함시킴

㉡ 시험 전략

개념	시험과 관련된 모든 과정에서 효율성을 높여 최상의 학업 성취를 이끌어 내고 다음 학습을 개선하는 전략
특징	• 시험 전: 합리적이고 효율적인 학습계획표 작성 및 난이도에 따른 시간 배분, 실전 연습, 컨디션 관리 등의 철저하고 효율적인 준비를 함 • 시험 중: 효과적인 문제해결 및 시간을 관리함 • 시험 후: 성찰과 개선을 통한 다음 학습을 준비함

㉢ 조직화 전략

개념	학습 내용을 의미 있는 방식으로 재구성하고 구조화하여 이해와 기억을 돕는 전략
특징	• 분리된 정보 조각을 연결하여 정보에 의미를 부여함 • 학습 내용을 체계적인 구조로 저장하여, 관련 정보를 쉽게 인출할 수 있도록 함 • 대표적으로 SQ3R, 마인드맵 등이 있음

개념플러스 능동적 독서 전략(SQ3R) 기출 25~24, 17년

- 단순히 책을 읽는 것을 넘어, 정보를 효과적으로 이해하고 장기기억으로 전환하는 체계적인 독서방법
- 능동적이고 체계적인 5단계 과정을 통한 학습

단계	명칭	특징
1	개관 (Survey)	전체적으로 훑어보며 큰 그림과 구조를 파악하는 단계 → 사전 지식 활성화 및 학습목표 설정
2	질문 (Question)	본격적인 내용을 읽기 전에 각 소제목이나 핵심 문장을 바탕으로 스스로 질문을 만들거나, 내용에 대해 궁금한 점을 질문으로 바꾸는 단계 → 능동적 학습 태도 유도
3	읽기 (Read)	앞서 만든 질문에 답을 찾는다는 목표 의식을 가지고 능동적으로 내용을 읽는 단계 → 내용의 깊이 있는 이해
4	암송 (Recite)	책을 보지 않고 스스로 질문에 답하거나, 주요 내용을 요약하여 소리 내어 말하거나, 글로 써보는 단계 → 이해도 점검 및 장기기억으로의 전환
5	복습 (Review)	학습 내용을 정기적으로 다시 훑어보며 기억을 강화하는 단계 → 망각 방지

(4) 게임 중독 상담 기출 25~24, 16년

TIP 게임 중독은 인터넷 중독의 유형 중 하나입니다. 본 교재에서는 인터넷 중독 중 청소년 중독 비율이 가장 높은 게임 중독에 대해서 정리하였습니다.

① 개념: 게임을 과도하게 사용하여 현실 생활에 문제가 발생했음에도 불구하고 게임 사용을 스스로 조절하지 못하고 끊임없이 게임에 몰두하는 청소년들을 대상으로 하는 상담을 말한다.

② 게임 중독 상담 과정

단계	명칭	특징
1	문제행동 탐색	• 내담자의 게임 사용 문제가 언제 시작되었고, 어떤 경과를 거쳐 왔는지 파악함 • 동반된 다른 문제나 변화 의지가 있는지 파악함
2	인터넷 사용에 대한 자기인식력 향상	게임 사용이 자신의 삶에 어떤 영향을 미쳤는지 돌아보고, 변화를 줄 필요가 있음을 스스로 인식하도록 도움
3	중독 관련 요인 탐색	내담자의 게임 중독에 영향을 미친 심리적·환경적 요인을 보다 구체적으로 탐색하며, 중독의 원인을 이해하도록 도움
4	행동목표 설정	내담자의 개인적인 상황과 문제에 맞추어 현실적인 행동변화목표를 설정하고, 구체적인 실행계획을 수립함
5	대안 탐색 및 실천 협상	내담자가 설정한 목표를 실현하기 위해 지금 실천 가능한 대체 활동을 찾고, 줄어든 게임 사용 시간을 어떻게 활용할 것인지 내담자와 협의함
6	목표 달성 점검 및 변화 유지	내담자가 행동목표를 얼마나 실천했는지 점검하고, 목표를 방해하는 재발 요인을 확인하며 변화된 행동이 지속될 수 있도록 지지하고 조정함

TIP 목표를 설정할 때 내담자의 주도성을 존중하여 스스로 자신의 문제에 대한 목표를 설정할 수 있도록 하여야 합니다.

③ **개입 전략**

사고의 재구조화	• 인지적 접근방식으로, 게임에 대한 왜곡된 믿음을 수정함 • 현실 감각을 강화시키고 문제해결능력 향상을 목적으로 함
자기관리 및 대안행동 개발	• 행동적 접근방식으로, 게임 시간을 기록하고 조절하도록 함 • 운동, 취미 등 대안 활동을 개발함
부모와 가족 개입	• 청소년의 게임 중독은 종종 가족 역기능과 관련되어 있거나, 가족 환경이 중독 유지에 영향을 미치는 경우가 존재 → 부모(특히 주 양육자)를 상담 조력자로 적극적 개입을 유도함 • 게임 중독에 대한 이해, 일관성 있는 양육 태도, 건강한 소통방식을 훈련함
자기관리 훈련	• 게임 중독은 기본적으로 자기통제력의 문제로, 이를 강화시키는 훈련 • 자기모니터링기법: 자신의 게임 사용패턴과 심리 상태기록 및 인지 예 PC방 다녀온 것 기록하기 • 충동 조절, 시간 관리기술 등

4 진로 및 직업 상담

1. 진로 및 직업 상담의 개요

(1) 개념

진로 상담	전 생애적 관점에서 개인이 자신에 대한 이해를 바탕으로, 진로를 탐색·계획·결정하고, 직업세계에 적응할 수 있도록 돕는 상담
직업 상담	자신의 능력, 흥미, 가치관 등을 바탕으로 특정 직업을 탐색하고 선택하며, 취업 및 직업 적응을 도울 수 있도록 하는 상담

(2) 상담의 특징

진로 상담	• 단순히 직업을 선택하는 것이 아니라 삶의 방향, 정체성 형성, 진로발달 전반을 다룸 • 어린 아이부터 노인까지 전부 진로 상담의 대상이 될 수 있음 → 전 생애적·발달적 관점이 강함
직업 상담	취업 준비, 직업 전환, 직업 유지, 실업 대처 등 실질적인 직업 문제에 초점 → 실용적·직업 중심적 관점

(3) **기본 원리와 상담자의 역할** 기출 24, 17~16년

① 내담자의 자율성과 주체성을 존중하여 최종 선택은 내담자 스스로 결정하도록 유도한다.
② 만성적 진로 미결정은 곧 직업 미결정으로 이어지기 때문에, 이들을 조기에 발견하고 개입한다.
③ 진로·직업 관련 정보 제공을 위해 상담자는 직업세계에 대한 정보를 숙지하는 것이 필요하다.
④ 상담자는 내담자를 존중하고, 그들의 감정과 경험을 공감하며 신뢰관계를 형성한다.
⑤ 진로 및 직업 문제는 종종 심리적 어려움과 연결되어 있기 때문에, 경우에 따라 심리상담을 병행하거나 전문 심리상담사에게 연계한다. 이는 곧 진로 및 직업 문제해결에도 효율적이다.

> **개념플러스** 직업 상담사(직업 상담원)의 역할 기출 24, 16년
>
> **TIP** 직업 상담에서 직업 상담사에게 추가적으로 요구되는 역할의 내용입니다.
> • 직업 관련 상담과 직업 소개
> • 직업 관련 심리검사 실시 및 해석
> • 직업 정보수집·분석·가공·관리
> • 직업지도 프로그램 개발 및 운영
> • 직업 상담 행정업무 등

(4) **상담의 목표** 기출 23~22, 20~19년

① 내담자 자신의 직업적 목표를 명확하게 하고, 합리적인 의사결정능력을 높인다.
② 내담자로 하여금 자아와 직업세계에 대한 구체적인 이해와 새로운 사실을 발견하도록 한다.
③ 일과 직업에 대한 올바른 가치관을 형성하는 데 도움을 준다.

빈출 핵심 발문

• 진로 상담의 일반적인 원리와 가장 거리가 먼 것은?
• 생애기술 상담이론에서 기술언어(Skills Language)에 해당하는 것은?
• 특정한 직업분야에서 훈련이나 직무를 성공적으로 수행할 가능성을 예측하는 데 가장 적합한 검사는?

TIP 진로 상담과 직업 상담은 많은 부분에서 겹치는 상호 보완적인 관계입니다. 어디에 초점을 맞추었느냐에 차이는 있으나 상담의 기본 원리, 검사, 상담자의 역할, 개입 전략 등에서 공통적인 부분이 많으니 이 점 참고하여 학습하시길 권장합니다.

④ 직업 선택과 직업생활에 유연하고 능동적인 태도를 함양하도록 돕는다.
⑤ 내담자가 이미 진로·직업을 결정했다면 그 결정이 충분한 자기이해와 정보 탐색으로 이루어졌는지 확인하고, 필요하다면 더 깊이 탐색할 수 있도록 돕는다.

> **참고** 선택한 진로·직업에 대한 후회
> 선택한 진로·직업에 대한 후회 혹은 재고는 정상적인 탐색 과정의 일부로, 상담자는 내담자가 후회 또는 재고를 한다면 그 감정의 원인을 탐색하고, 필요한 경우 진로 재결정 또는 경로수정을 고려할 수 있도록 도와야 함

2. 진로 및 직업 상담 관련 이론

(1) 하렌(Harren)의 의사결정이론 [기출] 22년

① 개념: 개인이 진로 결정을 내리는 과정과 이 과정에 영향을 미치는 요인들을 설명하며, 의사결정 과정이 단순한 선형적인 과정이 아닌 역동적이고 순환적인 과정으로 보는 이론이다.

② 의사결정 과정 4단계

단계	명칭	특징
1	인식	개인이 현재 진로 문제에 직면해 있거나, 진로 결정을 해야 할 필요성을 인식하는 단계
2	계획	인식된 진로 문제를 해결하기 위해 정보를 탐색하고, 가능한 대안들을 모색하며, 구체적인 계획을 세우는 단계
3	확신	여러 대안 중 특정 진로 선택에 대해 결정을 내리고, 그 결정에 대한 확신과 책임감을 가지는 단계
4	이행	확신을 가지고 결정한 진로계획을 실제로 실행에 옮기는 단계

③ 의사결정에 영향을 미치는 주요 요인

자아개념	개인이 자신에 대해 가지고 있는 총체적인 인식과 평가로, 명확하고 긍정적일수록 합리적이고 효과적인 진로 결정을 내릴 가능성이 높다고 봄
의사결정 유형	• 개인이 진로 결정을 내릴 때 주로 사용하는 방식이나 경향성 • 합리형: 문제를 논리적으로 분석하고 계획적으로 정보를 탐색하여 결정함 • 직관형: 감정, 가치, 직감 등에 기반하여 결정 • 의존형: 타인의 조언, 기대에 따라 결정

(2) 고트프레드슨(Gottfredson)의 직업포부발달이론 [기출] 21년

① 개념: 개인이 어린 시절부터 어떻게 직업에 대한 포부를 형성하고, 현실적인 제약 속에서 이를 조정해 나가는지에 초점을 맞춘 이론이다.

② 직업포부발달단계: 아동기부터 청소년기까지 직업포부가 발달하는 과정을 네 단계로 구분하며, 각 단계에서 '나에게 적합하지 않은' 직업들을 어떻게 배제해 나가는지 설명한다.

단계	지향성	연령대	특징
1	힘과 크기	3~5세	• 직업을 단순하고 구체적인 외형적 특징에 기반하여 생각함 • 현실적인 제약 없이 모든 직업에 대한 환상을 가짐
2	성 역할	6~8세	• 성별에 따른 사회적 역할에 대한 인식 강화 • 남자의 직업과 여자의 직업을 구분하기 시작하며 자신의 성별과 일치하지 않는 직업은 직업포부에서 배제

3	사회적 가치	9~13세	• 직업의 사회적 가치, 지위, 명성, 소득 수준 등 사회경제적 계층에 대한 인식발달 • 나에게 적합하지 않거나(너무 낮거나), 혹은 너무 어렵다고(너무 높다고) 판단되는 직업들을 직업포부에서 추가적으로 배제
4	내적 고유한 자아	14세 이후	• 자신의 흥미, 적성, 능력, 가치관 등 내적인 특성을 가장 중요하게 고려 • 남아 있는 수용 가능한 직업 대안들 내에서 자신에게 가장 적합한 것을 찾으려고 함 • 개인의 독특한 자아개념과 직업세계의 특성을 연결하려는 노력이 이루어짐

③ 직업포부 배제 시 주요 요인

제한	• 개인이 성장하면서 자신과 일치하지 않는다고 생각하는 직업 선택지들을 점진적으로 배제(제한)해 나가는 과정 • 주로 성별, 사회적 지위, 흥미/능력 차원에서 일어남
타협	• 제한 과정을 통해 걸러진, 수용 가능한 직업 대안들 내에서 개인이 직면하는 현실적인 제약(예 교육 기회 부족, 낮은 지능/능력, 시장 상황 등)으로 인해 선호하는 최선의 직업을 포기하고 차선책을 선택하는 과정 • 타협은 '흥미 → 사회적 지위 → 성 역할'의 순서로 이루어진다고 봄

개념플러스 생애기술 상담 기출 25~22, 17년

TIP 생애기술 상담에서 다루는 기술은 성공적인 진로 및 직업 상담의 수행을 위한 필수적인 기반이자 중요한 구성요소이며, 상담의 효율성을 높이는 기술입니다.

- **개념**: 개인이 전 생애에 걸쳐 성공적으로 기능하기 위해 필요한 사회적·개인적·직업적 기술을 가르치고 훈련시키는 과정
- **특징**
  - 주로 기술 중심이며, 내담자의 행동변화 및 대처능력 향상을 목적으로 함
  - 내담자가 행동을 통해 자신의 생각과 감정을 구체적으로 표현하는 것을 중시
- **주요 생애기술영역**: 의사소통기술, 대인관계기술, 자기관리기술 등
- **개입 전략**: 내담자의 행동을 변화시키기 위해 사용하는 전략
  - 생애기술언어의 활용

기술언어	• 내담자의 측정 가능한 행동에 초점을 맞추어 내담자가 행동을 구체적으로 설명하고 분석하기 위해 사용 • 상담자와 내담자는 무엇을 변화시켜야 할지 명확히 인식하고, 변화의 정도를 객관적으로 평가 가능 예 "자신감이 없어 보여요." → "상대방과 3초 이상 눈을 마주치지 못하고 목소리가 떨리는 행동을 보여요."
행동언어	• 내담자가 무엇을 할 것인지에 대한 구체적이고 실천 가능한 외현적 행동계획을 표현하는 언어 • 목표를 달성하기 위한 구체적인 단계를 설정하고, 내담자가 목표에 대한 실행력을 높이도록 도움 예 "진로 탐색을 합시다." → "다음주까지 관심 있는 분야의 전문가 3명에게 연락해 보아요."
책임언어	• 내담자가 자신의 삶과 진로 결정에 대한 책임감을 인식하고, 주도적인 자세를 갖도록 돕는 언어 • 내담자의 문제 회피 또는 수동적 태도를 방지하고, 자신의 삶을 스스로 통제하는 주체임을 깨닫게 함

과정언어	• 내담자가 목표를 달성하는 과정에서 겪는 사고, 감정, 정서적 반응을 설명하는 언어 • 내담자가 목표를 향해 나아가는 과정에서 발생하는 어려움을 부정적으로 보지 않고, 배움의 기회로 받아들이도록 도움

− 기타 활용기법

행동기술 메시지	• 상담자가 내담자에게 행동기술을 가르치고 피드백을 줄 때 다양한 형태로 메시지를 전달함
	• 특히, 대인관계 문제가 있을 때 보조적으로 활용할 수 있는 효과적인 의사소통기술임
	• 행동기술 메시지를 전달하는 방법
	  − 언어 메시지: 언어(말)를 통한 메시지 전달
	  − 음성 메시지: 청각적 요소(예 목소리의 톤, 크기, 속도 등)를 통해 전달
	  − 신체 메시지: 비언어적 신체 움직임(예 표정, 제스처, 눈 맞춤 등)을 통해 전달
	  − 접촉 메시지: 신체 접촉(예 악수, 어깨 두드리기 등)을 통해 전달

3. 문제 유형별 개입 전략 기출 22~20, 18년

TIP 진로 결정에 문제가 발생한 경우, 대부분 직업 선택 및 직업 적응에도 문제가 이어집니다.

(1) 진로 미결정 문제

개념과 특징	• 아직 자신의 진로를 명확하게 정하지 못하였거나, 어떤 방향으로 나아가야 할지 결정하지 못한 상태 • 주로 정보 부족이나 자기이해 부족이 주 원인 예 하고 싶은 일이 너무 많다며 진로를 결정하지 못한 경우
개입 전략	• 가장 우선적으로 자기이해에 대한 개입 필요 • 정보 제공이나 진로 선택에 관한 문제 명료화 개입

(2) 우유부단의 문제

개념과 특징	• 진로 결정을 해야 할 필요성은 느끼고 정보도 어느 정도 탐색했지만, 결정을 내리는 과정 자체를 어려워하고 망설이는 상태 • 실패에 대한 두려움, 완벽주의, 책임 회피, 또는 기저에 깔린 심리적 문제가 주 원인
개입 전략	• 장기적 상담 개입 • 대인관계나 가족 역동에 대한 개입 • 문제의 기저에 있는 역동이해 및 감정 반영

4. 진로 및 직업 상담 관련 검사 기출 23, 20년

TIP 아래의 검사들은 진로 상담의 주요 도구이자, 직업 상담에서 내담자의 직업 선택과 적응을 돕기 위해 필수적으로 활용되는 검사들입니다.

직업적성검사	특정한 직업 분야에서 훈련이나 직무를 성공적으로 수행할 가능성(잠재능력)을 예측하는 검사
직업흥미검사	개인이 어떤 직업 활동에 흥미나 선호를 보이는지 파악하는 검사
직업성숙도검사	개인이 자신의 발달단계에 적합하게 진로를 탐색하고 계획하는 태도와 능력(성숙도)을 평가하는 검사
직업가치관검사	직업을 통해 추구하고자 하는 가치(예 안정성, 보수, 사회봉사, 자율성 등)가 무엇인지 파악하는 검사

기출(복원)문제

01 약물 중독의 진행단계로 옳은 것은? 25년, 24년, 18년

① 실험적 사용단계 → 사회적 사용단계 → 의존단계 → 남용단계
② 실험적 사용단계 → 사회적 사용단계 → 남용단계 → 의존단계
③ 사회적 사용단계 → 실험적 사용단계 → 남용단계 → 의존단계
④ 사회적 사용단계 → 실험적 사용단계 → 의존단계 → 남용단계

02 항갈망제에 해당하는 것을 모두 고른 것은? 23년, 21년

> ㉠ 노르트립틸린(Nortriptyline)
> ㉡ 날트렉손(Naltrexone)
> ㉢ 아캄프로세이트(Acamprosate)

① ㉠
② ㉠, ㉡
③ ㉡, ㉢
④ ㉠, ㉡, ㉢

03 약물에 관한 설명으로 틀린 것은? 24년, 16년

① 약물 내성은 동기의 대립 과정이론으로 설명할 수 있다.
② 바비튜레이트는 자극제다.
③ 메스칼린은 환각제다.
④ 진정제는 GABA 시냅스에 영향을 준다.

04 진정제가 아닌 물질은? 24년

① 알코올(Alcohol)
② 바비튜레이트(Barbiturate)
③ 헤로인(Heroin)
④ 메스암페타민(Methamphetamine)

---

01 약물 중독 상담-약물 중독
약물 중독은 일반적으로 '실험적 사용단계 → 사회적 사용단계 → 남용단계 → 의존단계 → 강박단계' 순으로 진행된다.

02 약물 중독 상담-약물
오답해설
㉠ 노르트립틸린은 삼환계 항우울제에 해당한다.

03 약물 중독 상담-약물
바비튜레이트는 중추신경계 활동을 억제하여 진정, 수면, 불안 완화 등의 효과를 나타내는 진정제이다.

04 약물 중독 상담-약물
메스암페타민은 중추신경계 활동을 자극하여 각성 상태를 유도하고 에너지 증가, 집중력 향상, 식욕 억제 등의 효과를 나타내는 흥분제이다.

정답 01 ② 02 ③ 03 ② 04 ④

05 알코올 중독 가정의 성인 아이(Adult Child)에 관한 특성이 아닌 것은? 25년, 22년

① 처음부터 끝까지 일을 완수하는 데 어려움이 있다.
② 권위 있는 사람에게 친밀감을 느낀다.
③ 지속적으로 타인의 인정과 확인을 받고 싶어 한다.
④ 자신을 평가절하한다.

06 AA(익명의 알코올 중독자 모임)에서 고수하고 있는 12단계와 12전통에 해당하지 않는 것은? 20년

① 외부의 문제에 대해서는 어떠한 의견도 제시하지 않는다.
② 항상 비직업적이어야 하지만 서비스 센터에는 전임 직원을 둘 수 있다.
③ 홍보 원칙은 적극적인 선전보다 AA 본래의 매력에 기초를 둠에 따라 대중매체에 개인의 이름이 밝혀져서는 안 된다.
④ 외부의 기부금은 개인의 이익이 아닌 AA 전체의 이익을 위해서만 쓰여야 한다.

07 다음에서 설명하는 용어로 옳은 것은? 21년

> 두 약물의 약리작용 및 작용부위가 유사하여 한 가지 약물에 대해 내성이 생긴 경우. 다른 약물을 투여해도 동일한 효과를 나타내는 현상

① 강화
② 남용
③ 교차내성
④ 공동의존

---

05 약물 중독 상담-약물 중독 상담의 방법
알코올 중독 가정에서 성장한 성인 아이는 일반적으로 권위 있는 사람에 대해 친밀감을 느끼기보다는 두려움이나 불신을 느끼는 경향이 있다.

06 약물 중독 상담-약물 중독 상담의 방법
AA는 자조집단의 일종으로, 기부금 관련 전통에 따라 '모든 AA는 자체 재정으로 자립하여야 하며, 외부로부터 그 어떤 기부도 받지 않는다.'를 원칙으로 한다.

07 약물 중독 상담-약물 중독

오답해설
① 강화는 긍정행동을 증가시키기 위해 보상이나 긍정적 자극을 제공하는 것을 말한다.
② 남용은 약물을 부적절하게 사용하여 신체적·정신적 문제를 유발하는 것을 말한다.
④ 공동의존은 약물 의존자를 잘못 도와주어 오히려 약물에 대한 의존을 초래한 경우를 말한다.

정답 05 ② 06 ④ 07 ③

08 다음 알코올 중독 내담자에게 적용할 만한 동기강화 상담의 기법과 가장 거리가 먼 것은?

23년, 21년

> "제가 술 좀 마신 것 때문에 아내가 저를 이곳에 남겨 두었다는 것을 믿을 수가 없군요. 그녀의 문제가 무엇인지 모르겠어요. 이 방에 불러서 이야기 좀 하고 싶어요. 음주가 문제가 아니라 그녀가 문제인 것이니까요."

① 반영반응(Reflection Response)
② 주창 대화(Advocacy Talk)
③ 재구성하기(Reframing)
④ 초점 옮기기(Shifting Focus)

09 성 피해를 당한 아동이 보이는 행동 경향으로 보기 힘든 것은?

25년, 24년

① 성 피해 아동은 성 피해 사실을 말한 후 죄책감을 경험하는 경향이 있다.
② 성 피해 아동은 성 피해 사실을 비밀에 부치는 경향이 있다.
③ 성 피해 아동은 성 피해 사실을 말하는 것에 대해 위기감을 느끼는 경향이 있다.
④ 성 피해 아동은 성 피해 사실을 말할 때 그 과정을 순서대로 정확히 말하는 경향이 있다.

10 성 피해 아동의 심리치료에 대한 설명으로 틀린 것은?

25년, 24년

① 피해 아동의 연령에 따라 적절한 심리치료를 실시한다.
② 피해 아동의 심리적 상처를 자극하지 않기 위해서 퇴행행동을 모두 받아준다.
③ 치료의 초기에는 아동과 어머니(보호자)가 같이 치료를 시작한다.
④ 치료의 보조 기구(도구)로 신체인형을 사용한다.

11 성희롱 피해 경험으로 인해 분노, 불안, 수치심을 느끼고 대인관계를 기피하는 내담자에 대한 초기 상담 개입 전략으로 옳지 않은 것은?

21년

① 분노 상황을 탐색하고 호소 문제를 구체화한다.
② 불안감소를 위해 이완기법을 실시한다.
③ 수치심과 관련된 감정을 반영해 준다.
④ 대인관계 문제해결을 위해 가해자에 대한 공감 훈련을 한다.

---

08 약물 중독 상담-약물 중독 상담의 방법
주창 대화는 내담자의 저항행동을 불러일으키고 저항을 더 심화시키는 반응이나 말을 하는 것을 말한다. 이는 내담자의 중독 문제를 해결하는 방법으로는 적절하지 않으며, 동기강화 상담기법에 해당하지 않는다.

09 성 피해 상담-성 피해 상담의 개요
심리적 충격, 혼란, 두려움 등으로 인해 피해 사실을 사건 순서대로 진술하는 등 논리적 진술이 어려운 경우가 많다.

10 성 피해 상담-성 피해 상담의 개요
성 피해 아동의 퇴행행동에 대해 무조건 수용하는 것은 아동의 회복과 성장을 방해할 수 있기 때문에 옳지 않다. 아동의 퇴행행동을 이해하고 공감하되, 점진적으로 현실 적응을 촉진하는 방향으로 개입이 진행되어야 한다.

11 성 피해 상담-성 피해 상담의 과정
가해자에 대한 이해나 공감은 피해자의 정서 회복을 저해할 수 있으며, 오히려 2차 피해를 초래할 가능성도 있다.

12 트라우마체계치료(TST)의 원리에 대한 설명으로 옳지 않은 것은? 22년, 20년

① 무너진 체계를 조정하고 복원하기
② 현실에 맞추기
③ 최대한의 자원으로 작업하기
④ 강점으로 시작하기

13 임상적인 상황에서 활용되는 최면에 관한 가정과 가장 거리가 먼 것은? 21년

① 최면 상태는 자연스러운 것이나 치료자에 의해 형식을 갖춘 최면 유도로만 일어날 수 있다.
② 모든 최면은 자기최면이라 할 수 있다.
③ 각 개인은 치료와 자기실현에 필요한 자원을 담고 있는 무의식을 소유하고 있다.
④ 내담자는 무의식 탐구로 알려진 일련의 과정을 진행시킬 수 있다.

14 성 피해자에 대한 상담의 초기단계에서 상담자가 유의해야 할 사항으로 옳은 것은? 25년, 24년, 17년

① 피해자가 첫 면접에서 성 피해 사실을 부인할 경우 솔직한 개방을 하도록 지속적으로 유도한다.
② 가능하면 초기에 피해자의 가족 상황과 성폭력피해의 합병증 등에 관한 상세한 정보를 얻는다.
③ 성 피해로 인한 내담자의 심리적 외상을 신속하게 탐색하고 치유할 수 있도록 적극적으로 개입한다.
④ 피해 상황에 대한 상세한 정보수집이 중요하므로 내담자가 불편감을 표현하더라도 상담자가 주도적으로 면접을 진행한다.

---

12 성 피해 상담-성 피해 상담의 과정
트라우마체계치료(TST)는 과도하거나 비현실적인 자원 투입을 지향하지 않으며, 현재 존재하는 환경과 자원을 기반으로 실질적이고 지속 가능한 지원을 제공하는 것을 목표로 한다.

13 성 피해 상담-성 피해 상담의 과정
최면은 형식을 갖춘 것뿐만 아니라 내담자가 의식하지 못하고 자연스럽게 진행되는 비지시적 최면법도 있다.

14 성 피해 상담-성 피해 상담의 과정
성 피해자 상담의 초기단계에서는 내담자의 안정감과 신뢰형성이 가장 중요하지만, 상담자는 동시에 내담자의 전반적인 환경과 피해로 인한 심리적 반응을 이해할 수 있는 기초 정보를 파악해야 한다. 따라서 피해자의 가족 관계, 생활 환경, 기존의 심리적 어려움, 트라우마반응 여부 등에 대한 정보를 자연스럽고 조심스럽게 탐색하는 것이 필요하다.

정답 12 ③ 13 ① 14 ②

15 성 문제 상담에서 상담자가 지켜야 할 일반적 지침으로 옳지 않은 것은? 20년
① 상담자는 성에 대한 자신의 태도를 자각하고 있어야 한다.
② 내담자가 성에 대한 올바른 지식을 가지고 있음을 전제로 상담을 시작한다.
③ 상담 중 내담자와 성에 관하여 개방적인 의사소통을 한다.
④ 자신의 한계를 넘어서는 문제는 다른 전문가에게 의뢰한다.

16 성 상담을 할 때 상담자가 가져야 할 시행지침으로 옳은 것은? 22년, 21년
① 성과 관련된 개인적 사고는 다루지 않는다.
② 내담자의 죄책감과 수치심은 다루지 않는다.
③ 성폭력은 낯선 사람에 의해서만 발생함을 감안한다.
④ 성폭력은 성적 자기결정권의 침해임을 감안한다.

빈출
17 성 피해자 심리상담 초기단계의 유의사항으로 옳지 않은 것은? 25년, 23년, 22년, 18년
① 상담자가 상담 내용의 주도권을 가져야 한다.
② 치료관계형성에 힘써야 한다.
③ 성폭력 피해로 인한 합병증이 있는지 묻는다.
④ 성폭력 피해의 문제가 없다고 부정을 하면 일단 수용한다.

18 위기개입 전략으로 옳지 않은 것은? 24년, 21년
① 내담자의 즉각적인 욕구에 주목한다.
② 내담자와 진실한 관계를 형성하는 것이 중요하다.
③ 위기개입 시 현재 상황과 관련된 과거에 초점을 맞춘다.
④ 각각의 내담자와 위기를 독특한 것으로 보고 반응한다.

---

15 성 피해 상담-성 피해 상담의 접근방식
성 문제 상담 시 내담자가 성에 대해 잘못된 정보나 왜곡된 신념을 가지고 있을 가능성이 매우 높기 때문에, 상담자는 절대로 내담자가 올바른 성 지식을 가지고 있다고 가정해서는 안 된다.

16 성 피해 상담-성 피해 상담의 접근방식
성 상담에서는 성폭력을 단순한 성적 행위의 문제가 아닌 권리 침해와 폭력의 문제로 인식하고 다루어야 하며, 피해자의 감정과 권리를 존중하는 태도가 필수적이다.

17 성 피해 상담-성 피해 상담의 과정
성 피해자의 상담에서는 상담자가 상담을 주도하는 것이 아니라, 내담자가 자신의 속도에 맞춰 이야기할 수 있도록 배려하는 것이 중요하다. 또한 내담자는 상담 과정에서 통제력을 되찾는 경험을 할 필요가 있으며, 상담자는 이를 존중해야 한다.

18 성 피해 상담-성 피해 상담의 과정
위기개입 전략은 내담자가 현재 직면한 즉각적이고 급박한 위기 상황에 초점을 맞춘다.

정답 15 ② 16 ④ 17 ① 18 ③

19 청소년의 게임 중독치료와 관련하여 가장 적합하지 않은 개입은?　　　　　　　　25년, 24년, 16년

① PC방에 다녀온 것을 기록하게 한다.
② 상담의 목표를 부모님과 의논한 후 상담자가 정해 준다.
③ 상담 과정에 어머니를 조력자로 적극적으로 개입 시킨다.
④ 자기관리 훈련을 시킨다.

20 효율적인 독서능력의 신장과 장기기억을 돕는 조직화 전략 SQ3R의 순서를 올바르게 나열한 것은?　　　　　　　　25년, 24년, 17년

① 개관 – 질문 – 읽기 – 암송 – 복습
② 질문 – 개관 – 읽기 – 복습 – 암송
③ 읽기 – 질문 – 개관 – 복습 – 암송
④ 질문 – 개관 – 읽기 – 암송 – 복습

21 사회학적 관점에서 청소년 비행의 원인을 설명하기에 적합하지 않은 이론은?　　　　　　　　24년, 20년

① 아노미이론
② 사회통제이론
③ 하위문화이론
④ 사회배제이론

22 학습 문제 상담의 시간 관리 전략에서 강조하는 것은?　　　　　　　　23년, 19년, 17년

① 기억하고자 하는 의도를 갖도록 노력한다.
② 학습의 목표를 중요도와 긴급도에 따라 구체적으로 수립한다.
③ 시험이 끝난 후 오답을 점검한다.
④ 처음부터 장시간 공부하기보다는 조금씩 자주 하면서 체계적으로 학습한다.

---

19 청소년 상담-게임 중독 상담
청소년의 게임 중독치료의 상담목표는 내담자인 청소년 스스로가 적극적으로 참여하여 함께 설정하여야 한다. 상담자가 일방적으로 목표를 정하고 전달하는 방식은 청소년의 자율성과 동기를 저해할 수 있다.

20 청소년 상담-학업 및 학습 상담
로빈슨이 주장한 효율적인 독서방법인 SQ3R은 '개관(Survey) → 질문(Question) → 읽기(Read) → 암송(Recite) → 복습(Review)' 순서로 구성된다.

21 청소년 상담-비행 청소년 상담
사회배제이론은 사회적 약자나 소외집단의 배제현상을 기술하거나 복지정책 맥락에서 활용되는 이론으로, 청소년 비행의 원인을 모색하는 것과는 관련이 없다.

22 청소년 상담-학업 및 학습 상담
시간 관리 전략은 효과적인 학습을 위해 계획적으로 시간을 배분하는 전략으로, 학습목표를 구체적이고 측정 가능하도록 수립하고, 중요도에 따라 우선순위를 부여한다.

정답 19 ② 20 ① 21 ④ 22 ②

23 약물 남용 청소년의 진단 및 평가에 있어서 상담자가 유의해야 할 사항으로 옳지 않은 것은?
22년, 20년

① 청소년이 약물을 사용한 경험이 있다는 것만으로 약물 남용자로 낙인찍지 않도록 한다.
② 청소년 약물 남용과 관련해서 임상적으로 이중 진단의 가능성이 높은 심리적 장애는 우울증, 품행장애, 주의결핍 – 과잉행동장애, 자살 등이 있다.
③ 청소년 약물 남용자들은 약물 사용 동기나 형태, 신체적 결과 등에서 성인과 다른 양상을 보이므로 DSM-5와 같은 성인 위주 진단체계의 적용에 한계가 있다.
④ 가족 문제나 학교 부적응 등의 관련 요인들의 영향으로 인한 일차적인 약물 남용의 문제를 보이는 경우, 상담의 목표도 이에 따라야 한다.

빈출
24 청소년 비행의 원인을 사회학적 관점에서 설명하는 이론이 아닌 것은?
24년, 23년, 21년, 17년

① 아노미이론
② 사회통제이론
③ 욕구실현이론
④ 하위문화이론

25 청소년 상담에서 특히 고려해야 할 요인과 가장 거리가 먼 것은?
23년, 19년

① 일반적인 청소년의 발달 과정에 대한 규준적 정보
② 한 개인의 발달단계와 과업수행 정도
③ 내담자 개인의 영역별 발달 수준
④ 내담자의 이전 상담경력과 관련된 사항

빈출
26 자살을 하거나 시도하는 학생들에게 공통적으로 나타나는 성격특성과 가장 거리가 먼 것은?
25년, 23년, 20년, 17년

① 부정적 자아개념
② 부족한 의사소통기술
③ 과도한 신중성
④ 부적절한 대처기술

---

23 청소년 상담-비행 청소년 상담
가족 문제나 학교 부적응 등의 요인으로 약물 남용의 문제를 보이는 경우는 이차적 약물 남용에 해당한다.

24 청소년 상담-비행 청소년 상담
욕구실현이론은 욕구 충족을 중심으로 설명하는 심리학적 이론에 가까운 설명방식이다.

25 청소년 상담-청소년 상담의 개요
내담자의 이전 상담경력은 상담 과정 중 참고사항이 될 수는 있지만, 반드시 고려하여야 하는 핵심 요인은 아니다.

26 청소년 상담-청소년 자살 상담
과도한 신중성은 신중하게 계획하고 조심스럽게 행동하는 특성이므로, 자살 위험성과 직접적인 연관이 있다고 보기 어렵다.

정답 23 ④ 24 ③ 25 ④ 26 ③

빈출

27 테일러(Taylor)가 제시한 학습부진아에 관한 특성으로 옳지 <u>않은</u> 것은? 25년, 23년, 20년, 16년

① 학업에 대한 막연한 불안감을 가지고 있다.
② 자기비판적이고 부적절감을 가져 자존감이 낮다.
③ 목표 설정이 비현실적이고 계속적인 실패를 보인다.
④ 주의가 산만하고 학업지향적이다.

28 학습 상담 과정에 대한 설명과 가장 거리가 먼 것은? 23년, 21년

① 현실성 있는 상담목표를 설정해서 상담한다.
② 학습 문제와 관련된 내담자의 감정을 이해하고 격려한다.
③ 내담자의 장점, 자원 등을 학습 상담 과정에 적절히 활용한다.
④ 학습 문제와 무관한 개인의 심리적 문제들은 회피하도록 한다.

29 청소년 지위비행에 해당하는 것은? 22년

① 음주
② 금품갈취
③ 도벽
④ 인터넷

30 학업 상담에 있어 지능에 관한 설명으로 옳지 <u>않은</u> 것은? 22년

① 지능에 대한 학습자의 주관적인 인식은 학습 태도와 관련이 없다.
② 지능지수는 같은 연령대 학생들 간의 상대적 위치를 의미한다.
③ 지능검사는 스탠포드 – 비네 검사, 웩슬러 검사, 카우프만 검사 등이 있다.
④ 지능 점수를 통해 학생의 인지적 강점 및 약점을 파악할 수 있다.

---

27 청소년 상담 – 학업 및 학습 상담
학습부진아는 보통 학업에 대한 동기부여가 낮거나 회피하는 경향을 보인다.

28 청소년 상담 – 학업 및 학습 상담
학습 상담은 단순히 학습기술을 가르치는 것이 아니라, 내담자의 정서적·심리적 요인도 고려하면서 학습 문제를 해결하는 과정이기 때문에, 개인의 심리적 문제를 함께 다뤄야 한다.

29 청소년 상담 – 비행 청소년 상담
지위비행은 성인에게는 허용되지만 청소년에게 허용되지 않는 행위로, 대표적으로 음주, 흡연, 무단결석, 무단가출 등이 있다.

30 청소년 상담 – 학업 및 학습 상담
지능에 대한 학습자의 주관적 인식은 학습 동기, 자신감, 노력 수준 등에 영향을 미치기 때문에 학습 태도와 밀접하게 관련된다. 학습자가 자신의 지능을 어떻게 인식하느냐에 따라 학습에 대한 접근방식이 달라진다.

정답 27 ④ 28 ④ 29 ① 30 ①

31 자살로 인해 가까운 사람을 잃은 자살생존자에 관한 설명으로 옳지 <u>않은</u> 것은?

① 분노는 자살생존자가 겪는 흔한 감정 중 하나이다.
② 자살생존자는 스스로를 비난하기 때문에 고통받는다.
③ 자살생존자에게 상실에 대한 경험을 이야기하게 하는 것은 과거의 상황을 재경험하게 하므로 피하는 것이 좋다.
④ 자살생존자는 종종 자살에 관한 사회문화적 낙인에 대처하는 데 부담감을 느끼게 된다.

32 청소년기 자살의 위험인자와 가장 거리가 먼 것은?

① 공격적이고 약물 남용 병력이 있으며 충동성이 높은 행동장애의 경우
② 성적이 급락하고 식습관 및 수면행동의 변화가 심한 경우
③ 습관적으로 부모에 대한 반항이나 저항을 보이는 경우
④ 동료나 가족 등 가까운 이들과 떨어져 지내는 회피행동이 증가한 경우

33 청소년 비행 중 우발적이고 기회적이어서 일단 발생하면 반복되고 습관화되어 다른 비행행동과 복합되어 나타날 수 있는 것은?

① 약물사용
② 인터넷 중독
③ 폭력
④ 도벽

34 청소년의 권리 및 책임, 청소년육성정책에 관한 기본적인 사항을 규정한 청소년기본법의 제정 시기는?

① 1960년대
② 1970년대
③ 1980년대
④ 1990년대

---

31 청소년 상담 – 청소년 자살 상담
상실 경험을 회피하거나 이야기하지 못하도록 하면 오히려 감정의 처리와 애도 과정을 방해할 수 있기 때문에 상실 경험을 이야기하도록 하여야 한다.

32 청소년 상담 – 청소년 자살 상담
청소년기에 부모에 대한 반항이나 저항은 정상적인 발달 과정에서 흔히 나타나는 행동으로, 일상적 수준의 반항만으로 자살 위험이 직접적으로 높아진다고 보지는 않는다.

33 청소년 상담 – 비행 청소년 상담
도벽 초기에는 호기심이나 충동에서 시작되기도 하지만, 반복 경험을 통해 죄책감이 둔화되고, 결과적으로 다른 비행(폭력, 약물 남용 등)과 함께 복합적으로 나타날 수 있다.

34 청소년 상담 – 청소년 상담의 개요
청소년기본법은 1991년에 제정되었다.

정답 31 ③ 32 ③ 33 ④ 34 ④

35 청소년 비행의 원인을 현대사회의 가치관 혼란현상으로 설명하는 것은? 21년, 17년

① 아노미이론
② 사회통제이론
③ 하위문화이론
④ 사고충돌이론

36 와이너(Weiner)의 비행 분류에 관한 설명으로 옳지 않은 것은? 20년, 16년

① 비행자의 심리적인 특징에 따라 사회적 비행과 심리적 비행을 구분한다.
② 심리적 비행에는 성격적 비행, 신경증적 비행, 정신병적(기질적) 비행이 있다.
③ 신경증적 비행은 행위자가 타인의 주목을 끌 수 있는 방식으로 비행을 저지르는 경우가 많다.
④ 소속된 비행 하위 집단 내에서 통용되는 삶의 방식들은 자존감과 소속감을 가져다주므로 장기적으로 적응적이라고 할 수 있다.

37 학업 상담의 특징에 관한 설명으로 틀린 것은? 21년

① 비자발적 내담자가 많다.
② 부모의 관여가 적절한 수준과 형태로 이루어지도록 돕는다.
③ 학습의 영역에서 문제가 발생하였으므로 문제의 원인은 인지적인 것이다.
④ 학습 과정에서 겪는 문제를 통합적으로 해결하여 유능한 학습자가 되도록 조력하는 과정이다.

---

35 청소년 상담-비행 청소년 상담

오답해설

② 사회통제이론은 인간은 원래 비행을 저지를 잠재력을 가지고 있으며, 사회적 유대가 약화되거나 단절될 때 비행이 발생한다고 보는 이론이다.
③ 하위문화이론은 하류층 청소년들이 주류 사회의 가치와 규범에 적응하지 못하거나 좌절을 경험할 때, 그들만의 독특한 가치와 규범을 가진 '하위 문화'를 형성하고 이를 통해 비행을 저지른다고 설명하는 이론이다.
④ 사고충돌이론은 서로 다른 문화적 규범이 충돌할 때 비행이나 범죄가 발생한다고 보는 이론이다.

36 청소년 상담-비행 청소년 상담

비행 하위 문화나 또래집단의 일시적 지지 속에서 자존감이나 소속감이 증가할 수 있다는 점은 인정되지만, 장기적으로는 사회 적응을 방해하고, 더 심화된 비행 및 탈사회화를 초래한다.

37 청소년 상담-학업 및 학습 상담

학습 문제는 인지적 요인뿐만 아니라 정서적·동기적·환경적·사회적 요인까지 다양하게 얽혀 있을 수 있기 때문에 전체적인 맥락을 통합적으로 고려하여야 한다.

정답 35 ① 36 ④ 37 ③

38 학교진로 상담의 기본 원리로 고려해야 할 사항이 아닌 것은? 24년, 17년

① 최종 선택은 내담자 스스로 결정하도록 유도한다.
② 만성적 진로 미결정자를 조기에 발견할 수 있도록 해야 한다.
③ 진로 관련 정보 제공을 위하여 상담자는 직업세계에 대한 정보를 숙지하는 것이 필요하다.
④ 학생을 위한 집단학습의 경험을 제공한다.

39 생애기술 상담에서 행동기술 메시지를 전달하는 방법이 아닌 것은? 25년, 24년

① 전환 메시지
② 음성 메시지
③ 신체 메시지
④ 접촉 메시지

40 직업 상담원의 역할에 해당하지 않는 것은? 24년, 16년

① 직업 상담
② 직업 창출
③ 직업 정보 분석
④ 직업지도 프로그램 운영

41 진로 상담의 일반적인 원리와 가장 거리가 먼 것은? 24년, 16년

① 만성적인 미결정자의 조기 발견에 특히 유념해야 한다.
② 경우에 따라서는 심리상담을 병행하면 더욱 효율적이다.
③ 최종 결정과 선택은 상담자가 분명하게 정해주어야 한다.
④ 내담자에 대한 기본적인 신뢰와 공감적 이해는 진로 상담에서도 중요하다.

---

38 진로 및 직업 상담 – 진로 및 직업 상담의 개요
집단학습에 대한 경험은 학교교육(수업)에서 다루어야 할 내용이다.

39 진로 및 직업 상담 – 진로 및 직업 상담 관련 이론
생애기술 상담에서 행동기술 메시지를 전달하는 방법에는 언어·음성·신체·접촉 메시지가 있다.

40 진로 및 직업 상담 – 진로 및 직업 상담의 개요
직업 창출은 정부, 정책 입안자, 고용노동 행정의 역할에 더 가깝다.

41 진로 및 직업 상담 – 진로 및 직업 상담의 개요
상담자가 내담자에게 정보를 제공하고 의사결정 과정을 지원하지만, 최종적인 결정은 내담자가 하여야 하며, 타인이 대신 결정하여서는 안 된다.

정답 38 ④ 39 ① 40 ② 41 ③

42 생애기술 상담이론에서 기술언어(Skills Language)에 해당하는 것은? 23년, 22년, 17년

① 내담자의 행동을 설명하고 분석하기 위해 사용하는 것을 의미하는 것이다.
② 내담자가 어떤 외현적 행동을 하는가를 의미하는 것이다.
③ 내담자 자신의 책임감 있는 삶을 의미하는 것이다.
④ 내담자가 어떻게 생각하고 느끼는가를 의미하는 것이다.

43 다음 ( ) 안에 들어갈 내용을 옳게 나열한 것은? 22년

> 하렌(Harren)은 의사결정 과정으로 인식, 계획, 확신, 이행의 네단계를 제안하고, 이 과정에 영향을 미치는 주요 요인으로 (㉠)과 (㉡)을 제시하였다.

	㉠	㉡
①	자아개념	의사결정 유형
②	자아존중감	정서적 자각
③	자아효능감	진로성숙도
④	정서 조절	흥미 유형

44 특정한 직업분야에서 훈련이나 직무를 성공적으로 수행할 가능성을 예측하는 데 가장 적합한 검사는? 23년, 20년

① 직업적성검사
② 직업흥미검사
③ 직업성숙도검사
④ 직업가치관검사

---

42 진로 및 직업 상담 – 진로 및 직업 상담 관련 이론
오답해설
② 행동언어에 해당한다.
③ 책임언어에 해당한다.
④ 과정언어에 해당한다.

43 진로 및 직업 상담 – 진로 및 직업 상담 관련 이론
하렌은 의사결정 과정을 네 단계(인식, 계획, 확신, 이행)로 설명하며, 이 과정에 영향을 미치는 주요 요인으로 자아개념과 의사결정 유형을 제시하였다.

44 진로 및 직업 상담 – 진로 및 직업 상담 관련 검사
오답해설
② 직업흥미검사는 개인이 선호하는 직업이나 활동 분야를 파악하는 검사이다.
③ 직업성숙도검사는 개인이 자신의 발달단계에 적합하게 진로를 탐색하고 계획하는 태도와 능력을 평가하는 검사이다.
④ 직업가치관검사는 개인이 직업을 선택할 때 어떤 가치를 중요하게 생각하는지를 측정하는 검사이다.

정답 42 ① 43 ① 44 ①

45 진로 상담의 목표와 가장 거리가 먼 것은? 23년, 19년

① 내담자가 이미 결정한 직업적인 선택과 계획을 확인하도록 돕는다.
② 내담자 자신의 직업적 목표를 명확하게 해준다.
③ 내담자로 하여금 자아와 직업세계에 대한 구체적인 이해와 새로운 사실을 발견하도록 한다.
④ 직업 선택과 직업생활에 순응적인 태도를 함양하도록 돕는다.

46 진로 상담에서 "하고 싶은 일이 너무 많아요."라고 호소하는 내담자에게 가장 먼저 개입해야 하는 방법은? 22년, 20년

① 자기이해
② 직업 정보 탐색
③ 진학 정보 탐색
④ 진로 의사결정

---

45 진로 및 직업 상담 – 진로 및 직업 상담의 개요
진로 상담은 내담자가 수동적으로 순응하는 것이 아니라 자율적으로 선택하고 주도적으로 결정하도록 돕는 것이 핵심이다.

46 진로 및 직업 상담 – 문제 유형별 개입 전략
하고 싶은 일이 너무 많다고 호소하는 내담자의 경우, 자신의 흥미, 가치관, 성격, 능력 등에 대한 근본적인 자기이해가 부족하다고 볼 수 있다. 따라서 내담자가 자신에 대해 보다 정확히 이해할 수 있도록 개입하여야 한다.

정답 45 ④ 46 ①

47 진로 상담에서 진로 미결정 내담자를 위한 개입방법과 비교하여 우유부단한 내담자에 대한 개입방법이 갖는 특징이 아닌 것은? 21년, 18년

① 장기적인 계획하에 상담해야 한다.
② 대인관계나 가족 문제에 대한 개입이 필요하다.
③ 정보 제공이나 진로 선택에 관한 문제를 명료화하는 개입이 효과적이다.
④ 문제의 기저에 있는 역동을 이해하고 감정을 반영하는 것이 효과적이다.

48 고트프레드슨(Gottfredson)의 직업포부발달이론에서 직업과 관련된 개인발달의 단계에 해당하지 않는 것은? 21년

① 힘과 크기 지향성
② 성 역할 지향성
③ 개인선호 지향성
④ 내적 고유한 자아 지향성

---

47 진로 및 직업 상담 – 문제 유형별 개입 전략
우유부단형은 성격상의 문제가 더 크므로 단순히 정보 제공이나 선택 명료화만으로는 충분하지 않으며, 내담자의 정서적 역동을 이해하고 장기적인 계획을 통해 심리적 개입을 병행하는 것이 필요하다.

48 진로 및 직업 상담 – 진로 및 직업 상담 관련 이론
고트프레드슨이 주장한 직업포부발달단계는 '힘과 크기 지향성(①) → 성 역할 지향성(②) → 사회적 가치 지향성 → 내적 고유한 자아 지향성(④)'의 순으로 발달한다고 보았다.

정답 47 ③ 48 ③

memo

memo

memo

memo

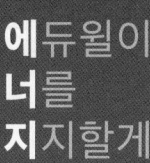

잘 시작하는 것은 중요합니다.
잘 마무리하는 것은 더 중요합니다.

– 조정민, 『인생은 선물이다』, 두란노

여러분의 작은 소리
에듀윌은 크게 듣겠습니다.

본 교재에 대한 여러분의 목소리를 들려주세요.
공부하시면서 어려웠던 점, 궁금한 점,
칭찬하고 싶은 점, 개선할 점, 어떤 것이라도 좋습니다.

에듀윌은 여러분께서 나누어 주신 의견을
통해 끊임없이 발전하고 있습니다.

에듀윌 도서몰 book.eduwill.net
- 부가학습자료 및 정오표: 에듀윌 도서몰 → 도서자료실
- 교재 문의: 에듀윌 도서몰 → 문의하기 → 교재(내용, 출간) / 주문 및 배송

2026 에듀윌 임상심리사 2급 필기 통합이론서

발 행 일	2025년 10월 2일 초판
저 자	진성오, 에듀윌임상심리LAB
펴 낸 이	양형남
개 발	정상욱, 김민서, 허유진
펴 낸 곳	(주)에듀윌
등록번호	제25100-2002-000052호
주 소	08378 서울특별시 구로구 디지털로34길 55 코오롱싸이언스밸리 2차 3층
I S B N	979-11-360-3894-4(13180)

* 이 책의 무단 인용·전재·복제를 금합니다.

www.eduwill.net
대표전화 1600-6700